노동자가 잃은 것이라곤 쇠사슬뿐이요 얻을 것은 전 세계다.

만국의 노동자여, 단결하라!

인간의 모든 역사는 계급투쟁의 역사다.

역사는 두 번 반복된다.

한 번은 비극으로, 또 한 번은 희극으로….

화폐는 인간의 노동과 생존의 양도된 본질이다.
이 본질은 인간을 지배하며, 인간은 이것을 숭배한다.

Karl Marx
A Biography
1

마르크스 전기 1

초판 1쇄 인쇄 · 2018년 5월 1일
초판 1쇄 발행 · 2018년 5월 5일

지은이 · 마르크스 · 레닌주의연구소
옮긴이 · 김대웅 · 임경민
펴낸이 · 이춘원
펴낸곳 · 노마드
기   획 · 강영길
편   집 · 이경미
디자인 · 디자인오투
마케팅 · 강영길

주   소 · 경기도 고양시 일산동구 무궁화로120번길 40-14(정발산동)
전   화 · (031) 911-8017
팩   스 · (031) 911-8018
이메일 · bookvillagekr@hanmail.net
등록일 · 2005년 4월 20일
등록번호 · 제2005-29호

잘못된 책은 구입하신 서점에서 교환해 드립니다.
책값은 뒤표지에 있습니다.

ISBN 979-11-86288-21-4 (04300)
     979-11-86288-20-7 (세트)

이 도서의 국립중앙도서관 출판예정도서목록(CIP)은 서지정보유통지원시스템 홈페이지(http://seoji.nl.go.kr)와 국가자료공동목록시스템(http://www.nl.go.kr/kolisnet)에서 이용하실 수 있습니다.(CIP제어번호: CIP2018008365)

마르크스 전기

마르크스 · 레닌주의연구소 | 지음
김대웅 · 임경민 | 옮김

1

노마드

이 책은 소련공산당 중앙위원회 부설기관인 마르크스·레닌주의연구소 (Institute of Marxism-Leninism)가 공식적으로 공동 저술한 마르크스의 전기 이다. 이 책 이외에도 지금까지 여러 권의 마르크스 전기가 간행되었는데, 머리말에서도 소개되었지만 맨 처음 프란츠 메링의 『카를 마르크스; 그의 삶에 관한 이야기』가 출판되어 주목을 끌었고, 랴자노프(David Borisovich Ryazanov)의 『카를 마르크스; 인간, 사상가 그리고 혁명가Karl Marx: Man, Thinker, and Revolutionist』(A Symposium. [Editor.] London: Lawrence and Wishart; 1927), 이사야 벌린(Isaiah Berlin)의 『카를 마르크스; 그의 삶과 시대상황 Karl Marx: His Life and Environment』(Thornton Butterworth; 1939), 오귀스트 코르 뉘(Auguste Cornu)의 『카를 마르크스와 근대사상Karl Marx et la pensée moderne』 (Contribution à l'étude de la formation du marxisme. Ed. sociales, Paris; 1948), 존 루 이스(John Lewis)의 『카를 마르크스의 생애와 교훈The Life and Teaching of Karl Marx』(Lawrence & Wishart; 1965), 그리고 독일 통일사회당 부설 마르크스· 레닌주의연구소가 펴낸 마르크스의 전기가 바로 그것들이다. 하지만 이 것들 중에는 마르크스와 엥겔스의 초고들이 발견되기 이전에 집필되거나 (프란츠 메링의 책), 혹은 왜곡된 시각으로 저술된 것(이사야 벌린의 책)도 있 다. 하지만 1999년 영국 『가디언』지의 칼럼니스트 프랜시스 윈(Francis Win) 이 펴낸 평전(원제는 『Karl Marx』이며 2000년 푸른숲에서 정영목 번역으로 출판 됨)은 마르크스 개인사에 대한 또 다른 시각의 저술로 눈여겨볼 만하다.

페도세예프(P. N. Fedoseyev), 이레네 바흐(Irene Bakh), 골만(L. I. Golman), 콜핀스키(N. Y. Kolpinsky), 크릴로프(B. A. Krylov), 쿠즈미노프(I. I. Kuzminov), 말리쉬(A. I. Malysh), 모솔로프(V. G. Mosolov), 예프게니아 스테파노바

(Yevgenia Stepanova) 등이 집필하고 유리 스도브니코프(Yuri Sdobnikov)가 영역한 이 책은 마르크스의 단순한 전기가 아니라 그의 사상 형성과정, 저작 경위 등을 실천의 관점에서 총체적으로 서술하고 있다. 특히 이 책을 출판한 프로그레스 출판사(Progress Publishers)는 구소련이 영어권 세계에 사회주의에 관한 저작들을 쉽고도 정확하게 전달하기 위해 설립한 것이다.

1989년 당시 무려 2년이라는 시간을 투여해 이 책을 번역했지만, 아무래도 번역이 잘되어 있는지 걱정이 많았었다. 당시에는 그것에 대한 평가가 이미 독자들의 몫으로 넘겨졌다고 여겨 질책을 기다려보는 수밖에 없었다. 다행히도 당시 고려대 행정학과 최장집 교수님이 『한겨레신문』에 기고한 서평에 안도의 한숨을 내쉰 기억이 있다. 하지만 당시의 어투가 지금과는 좀 달라 수정을 가했으며, 조금 부족했던 부분과 사진자료들을 대폭 보충해서 이번에 개정판을 선보이게 되었다. 그리고 이 자리를 빌려 초역 당시 원본을 빌려주신 윤소영 교수님께 다시 한 번 고마움을 표하고자 한다.

끝으로 본문에 나오는 인명과 단체명 그리고 여러 가지 참고사항은 『岩波西洋人名辭典』(증보판, 1981)과 『現代マルクス=レーニン主義事典』(사회사상사, 1980)을 참조했으며, 번역의 텍스트는 『Karl Marx, A Biography』 (Progress Publishers, Moscow, 1973)를 사용했음을 밝혀둔다.

2018년 3월
마르크스 탄생 200주년을 맞이하여
김대웅

우리나라의 학문적 수용에 큰 기여할 듯

카를 마르크스의 생애를 기록한다는 것은 그 일이 누구의 것이든 지난한 일이 아닐 수 없을 것이다. 마르크스는 엥겔스와 더불어 인류의 사고와 역사를 바꾸어 놓을 만한 방대한 사상체계를 만들어냈다. 동시에 1848년 혁명으로부터 그 자신 세상을 떠날 때까지 실천적 사회주의 운동가로서 헌신하였다. 그뿐만 아니라 이후 세계 도처에서 발전한 사회주의 운동이 그의 사상에 대한 다양한 해석과 적용을 가능케 하였다. 마르크스가 끼친 실천적 영향은 그만두고라도, 그가 남긴 저작과 문건은 너무나 방대한 것이어서 1950년대 말 동독에서 펴낸 마르크스·엥겔스 저작집은 4권으로 묶고도 그에 포함되지 않은 문건이 아직도 방대한 형편이다. 지금 동독에서 편집 중에 있는 저작집은 결정판이 될 것으로 예상되는데 그것은 무려 100권으로 4반세기의 시간을 요하여 21세기 초에나 출간될 예정으로 있다.

국제적으로 마르크스의 선구적 역할을 해온 마르크스·레닌주의연구소가 1973년 펴낸 마르크스의 전기는 가장 풍부한 자료와 정보의 발굴을 토대로 한 하나의 커다란 업적임에 의심의 여지가 없다.

이번에 김대웅·임경민 번역으로 펴낸『마르크스 전기』를 접할 수 있게 된 것은 우리나라의 마르크시즘의 학문적 수용에 하나의 사건이라고 할 수 있을 것이다. 지금도 고전으로 평가되고 있는 프란츠 메링(Franz Mehring)의『카를 마르크스; 그의 삶에 관한 이야기*Karl Marx: The Story of His Life*』(1935, 독일어판은 1918) 이래 수많은 전기 가운데서 데이비드 맥렐런(David McLellan)의『카를 마르크스; 생애와 사상*Karl Marx: His Life and Thought*』(1973)과 막시밀리앙 뤼벨(Maximilien Rubel)의『마르크스; 생애와 저작*Marx, Life and Works*』(1980)은 하나의 업적으로 평가된 바 있으나 그 나름대로의 한계를 보여주기도 했다.

사회주의 국가의 마르크시즘 연구는 개별 연구가들이 학문적 노동 분업을 통해 지나치게 협애하다시피 한 전문적·실증적 분야나 문제에 대한 연구를 수행하고, 이러한 개별적·부분적 연구를 종합하는 독특한 공동 연구의 방법으로 외부에 널리 알려져왔다. 이러한 연구방법을 반영하는 마르크스·레닌주의연구소의 전기는 따라서 그 사용된 기초자료의 방대함과 문헌적 엄밀성이 무엇보다도 돋보인다. 이 저작에서는 연구소의 명칭이 그러하듯이 마르크스의 이론이 이후 사회주의 운동에서 갖는 실천적 함의에 초점을 두면서 마르크스와 레닌 각각의 이론과 실천 간의 내적 연관관계를 중요시한다. 바꾸어 말하면 소비에트의 공식적 교리라고 할 수 있는 레닌주의 관점에서 마르크스를 투사한다고 볼 수 있다. 한계라면 마르크스의 서구사상사와의 관계, 특히 헤겔과의 관계 그리고 마르크스의 철학적·인간학적 측면이 상대적으로 소홀히 다루어진 점을 지적할 수 있다.

끝으로 이 책의 번역은 평자가 최근년에 들어와 번역본을 접했던 것 가운데 가장 훌륭한 번역의 하나로, 찬사를 표하고 싶다.

1장 유물론과 과학적 사회주의에 이르는 길

2장 프롤레타리아적 전망의 원리에 대한 최초의 정식화

CONTENTS

3장 사적 유물론

4장 프롤레타리아 당을 위한 투쟁의 출발
– 국제노동계급 운동을 위한 강령

CONTENTS

5장 1848~49년 혁명기

6장 혁명의 교훈 요약

7장 반동기

마르크스 전기 2

머리말

카를 마르크스, 그는 역사의 반열에 오른 여러 위대한 인물들 중에서도 단연 두드러진 인물이다. 그는 절친한 친구이자 동지였던 프리드리히 엥겔스와 함께 공산주의의 승리를 쟁취하기 위한 프롤레타리아 계급투쟁의 이론과 전술을 제시한 사람이다. 이 두 인물은 세계 노동계급의 추앙을 받는 스승이자 그들의 대의명분을 위해 싸운 위대한 전사(戰士)로서, 그리고 혁명적 노동계급 운동의 이론가이자 조직가로서 역사 속에 전해져 내려오고 있다.

인류에게, 그중에서도 가장 혁명적 계급인 프롤레타리아트에게 세계를 인식하고 변화시키는 데 필요한 위대한 도구를 선사했던 가장 진보적이고 과학적인 세계관이야말로 다름 아닌 마르크스에 의해 제시되고 또 마르크스의 이름을 따서 지어졌다.

사회주의를 유토피아로부터 과학으로 변형시킨 사람도 마르크스였고, 자본주의의 필연적 몰락과 공산주의의 승리에 심오한 이론적 설명을 가한 사람도 다름 아닌 마르크스였다. 그뿐 아니라 그가 국제공산주의운동의 형성에 일조를 했으며, 과학적 공산주의 이념을 채택한 최초의 몇몇 노동계급 혁명정당의 창설에 그의 힘이 작용했다는 데에는 이론의 여지가 없다. 또한 자본주의의 압제에 맞선 자발적인 노동자 운동을 자본주의의 전복을 위한 의식적 계급투쟁으로, 그리고 사회주의 노선에 의거한 혁명적 사회변혁으로 방향을 전환시키는 데에도 크게 기여했다.

마르크스의 여러 과학적 업적들은 저 장구한 사회사상사 속에서도 그에 필적할 만한 대상을 찾을 길이 없다. 사람들은 심지어 청년 마르크스를 두고서, 인간을 굶주림과 추위와 어둠으로부터 해방시키기 위해 신에게서 불을 훔쳐왔고 인류에게 예술과 과학을 건네준 것으로 알려진 프로메테우스(Prometheus)와 비교했다. 프로메테우스는 인간의 창조적 재능, 진보와 자유 그리고 행복을 추구하는 지칠 줄 모르는 충동의 상징이었다. 그는 사회 발전을 지배하는 법칙을 발견함으로써 노동계급에게 사회적 압제를 떨쳐버리고 삶의 존엄성, 즉 인류 복지와 각 개인의 육체적·정신적 재능의 자유롭고도 전면적인 발전을 위한 필요조건을 창출해낼 수 있도록 진정한 길을 제시해준 최초의 사상가로 기억되었다.

대체로 마르크스 이전의 사회 이론들은 부유한 계급에 대해서는 호의적이면서도 가난한 사람들에게는 어떤 청사진도 제시해주지 못했다. 계급사회의 역사 전반을 통틀어서 지배·착취계급은 교육에 대한 독점권과 과학·예술·정치 추구에 대한 독점권을 행사하고 있었던 반면에, 노동계급은 주인의 이익을 위해 혹사당하고 고통받아야만 했다. 때때로 피압제자를 대변한다는 사람들이 자신들의 사회적 견해를 정식화한 적이 없었던 것은 아니지만, 그들의 견해는 비과학적이었던 만큼 기껏해야 일순간의 통찰을 담기 일쑤였고, 대부분 역사 발전의 과정과 전망에 대한 이해가 결여되어 있었다. 그러한 것들은 본능적인 항변과 자발적인 운동의 한 표현이었다.

수세기에 걸쳐서 무지몽매한 피착취 노동자들은 이상화된 과거, 즉 사라진 '천년왕국(millennium)'으로의 회귀나 내세에 전개될 낙원이라는 종교적 신화에서 구원을 찾았다. 마르크스가 역사의 무대에 등장하기 전만 하더라도 최초의 노동계급 운동은 어떤 과학적 근거를 둔 목표나, 자본의 명에로부터 해방되기 위한 진정한 길을 찾지 못한 채 어둠 속을 헤매고 있었다. 여러 사회사상가들과 이상주의자들은 프티부르주아적 미신으로 노동자들의 정신을 미궁에 빠져들게 했고, 공상적인 계획을 통해 그들을 혼란에 빠뜨렸다. 자연법칙에 대한 무지가 인간에게 의학적 만병통치약을 찾아 헤매도록 했다면, 사회법칙에 대한 무지는 그들에게 사회적 만병통치약을 추구하도록 오도했다.

그런 상황 아래서 진보적 해방운동은 과학적 이론의 필요성을 절감하고 있었다. 그리고 그러한 운동에 필요한 물질적, 이념적 선행조건들 역시 이미 성숙단계에 들어서고 있었다.

산업혁명을 통한 생산력의 급속한 성장은 인간에 의한 인간의 착취를 종식시키고 노동에서 해방시켜야 한다는 거대한 역사적 과업을 수행해나갈 수 있는 그 현실적 기초를 마련해주었다. 마침내 자본주의의 발달과 더불어 그러한 과제를 본격적으로 붙들고 씨름할 만한 사회세력이 부상했는데, 그것은 다름 아닌 노동계급이었다.

폭풍우처럼 밀어닥친 수차례의 혁명과, 봉건제도를 붕괴시키고 자본주의를 확립하는 데 기여했던 다수 노동자 집단의 행동은 계급모순과 심각한 사회문제들을 적나라하게 드러내주었고, 따라서 그것들은 더 이상 묵과할 수 없는 것으로 부각되었다. 진보적 사상가들은 역사를 통해 제기된 여러 질문들에 대한 해답을 구하면서 갖가지 형태로 그러한 것들을 표현했다. 그리고 이러한 상황 역시 새로운 전망에 필요한 이론적 전제조건을 형성했다. 하지만 그것들은 계급구속적인(class-bound) 성격을 갖고 있었기 때문에, 유산계급의 이데올로그들은 사회학에 대해서 과학적으로 일관된 자세를 취할 수 없었다. 사회과정들에 대한 과학적 견해란 사회주의와 불가분의 연관을 갖게 되는데, 그 사회주의의 물적 담지자(物的 擔持者; the material bearer)는 다름 아닌 프롤레타리아 계급이었기 때문이다.

마르크스주의 이데올로기는 물론 사회사상이나 세계 문명 발전의 주류로부터 동떨어져 생성된 것은 아니었다. 마르크스주의는 자연과 사회적 삶에 대한 연구를 통해 인류가 밝혀낸 여러 위대한 발견들의 정당한 상속자로서 등장한 것이다. 그것은 사회사상, 그중에서도 특히 독일 철학, 영국 정치경제학, 프랑스 사회주의 속에서 이루어진 가장 눈부신 진보들에 기초를 두고 있다.

이러한 사상들 자체로서는 하나의 과정으로서의 역사에 대한 포괄적이고도 과학적인 관점을 제시하지 못했거나, 하나의 총체적인 세계관을 구성해내지 못했다. 따라서 역사와 하나의 과정으로서의 역사에 대한 개념, 그리고 그 속에서 여러 다양한 계급·개인·집단들이 담당하는 역할에 대해 전혀 새로운 접근을 시도해야 할 필요성이 대두되었다. 마르크스가 제시한 것, 그것이야말로 바로 이 새로운 접근이었다.

마르크스는 사회사상의 여러 지배적 경향들 속에 존재하는 모든 합리적 요소들을 비판적으로 고찰하면서, 그것들을 노동계급 운동의 관점에서 입증했으며 프롤레타리아 입장에서 창조적으로 재구성했다.

노동계급과 모든 노동인민에 대해 마르크스의 과학적 발견물들이 갖는 의미를 가장 심층적이고도 명백한 형태로 정의 내린 사람은 바로 레닌이었다. 레닌은 "마르크스의 철학적 유물론만이 오직, 모든 피압박계급이 여태까지 허우적대고 있던 정신적 노예상태에서 빠져나올 탈출구를 프롤레타리아 계급에게 제시해주었다. 마르크스의 경제이론만이 오직, 전반적인 자본주의 체제 내에서 프롤레타리아트가 갖는 진정한 위치를 밝혀주었다."[1]라고 설파하고 있다.

노동계급의 이해관계에 대한 과학적 표현으로서 마르크스주의는 프롤레타리아트의 계급투쟁과 밀접한 연관을 맺으면서 형성·발전했다. 자본주의의 내부 모순에 대한 폭로는 부르주아 사회의 붕괴가 불가피하다는 결론을 시사했던 반면에, 노동계급 운동의 진전은 프롤레타리아트가 바로 자본주의 체제의 매장자이자 새로운 사회주의 사회의 창조자라는 결론을 함축하고 있었다.

마르크스와 엥겔스는 사회적 관계의 발전에 대한 심층적인 분석을 통해, 이러한 관계들에 근본적인 변혁을 가져왔다. 그리하여 인간에 의한 인

---

1) V. I. Lenin, *Collected Works*, Vol. 19, 28쪽.

간의 착취를 종식시키고, 사회주의 사회를 건설할 능력을 갖춘 세력으로서 프롤레타리아트가 담당해야 할 위대한 역사적 과업을 깨닫게 되었다. 프롤레타리아트의 이러한 신기원적인 역할은 바로 그 계급이 처한 조건들로부터 도출된다. 프롤레타리아트는 모든 노동인민을 자본주의적 착취의 멍에로부터 해방시키지 못하는 한 자신도 해방될 수 없다. 마르크스는 이것을 자본주의 사회의 비인간적인 온갖 조건들로부터 노동자를 자유롭게 하는 데 목표를 둔 프롤레타리아 계급투쟁의 고귀한 인간주의적 목적이라고 보았다.

그리하여 과학적 분석은 공산주의가 이제 더 이상 탁상공론가들의 꿈이 아니라 현실적·역사적 운동이라는 증거를 제시했다. 19세기 이후로부터 공산주의 건설을 위한 투쟁은 하나의 역사법칙이 되었다. 소련의 저명한 시인 블라디미르 마야코프스키는 이러한 법칙을 발견하고 공산주의 이념을 대중 속에 확산시키는 데 마르크스가 기여한 몫을 다음과 같이 훌륭히 묘사하고 있다.

몽롱한 신비를 간직한 채
여전히 안개 자욱한
공산주의의 만(灣)

지옥으로부터 그곳으로
우릴 인도할 것은
오직 우연의 물결
그것뿐이라 생각했네

마르크스 그는
저 깊디깊은
역사의 법칙을

우리 눈앞에 펼쳐 보여주고

프롤레타리아트에게
그 배의 키를
잡게 했네

아닐세
마르크스의 책들은
한낱 인쇄물이나 종이 부스러기가 아닐세

따분한 통계표로 가득 찬
마른 먼지 푸석이는 원고도 아닐세

그의 책은
낙오된 노동 병사들에게
질서를 불어넣어 줬고

믿음과 활기를 가득 안고
전진, 전진하도록 했네

마르크스와 엥겔스는 노동계급의 혁명적 세계관에 이론적 기초를 제공
했으며, 역사상 최초로 종교적 환상과 공상적 백일몽 대신에 과학적 이데
올로기를 대중운동에 제시해주었다.

위대한 사회과학자 마르크스는 또한 그 누구보다도 열정적인 혁명가였
다. 그는 과학이야말로 혁명적 원동력으로 작용할 때 가장 높은 가치를 지
닌다고 보았다. 자신의 삶에 최고의 의미를 부여한 주된 목표는 자본주의
를 전복시키고 사회주의 승리를 쟁취하기 위한 혁명적 투쟁에 대비해서

노동계급을 조직화하는 데 힘쓰는 일이었다. 그는 19세기 노동계급 운동의 주요한 역사적 사건들에 단초를 제공했고, 그것들을 고무했을 뿐만 아니라, 직접 거기에 참여했다. 그리고 각국 노동자들의 국제적 연대를 강화시키는 데에도 지대한 역할을 담당했다. 이와 같은 그의 모든 행위 속에서는 국제주의가 신성한 깃발이자 지도 원리로서 자리 잡고 있었다.

국제 노동계급 운동의 지도자로서 마르크스의 행위는 해방을 위한 대중투쟁의 역사에 새로운 장을 열어주었다. 마르크스는 그의 모든 행위 속에서도 입증되듯이 일종의 혁신개혁자였다. 여기에서도 역시 그는 변증법적 통일을 통해 이론과 실천을 결합하는 능력을 유감없이 발휘했다. 즉 그의 행위는 대중과 그 지도자들의 유기적 융합이자 반영이었다. 마르크스는 대중 앞에서 설교하는 예언자가 아니라 과학을 피압제자에 봉사토록 하고, 그것을 대중 스스로가 휘두를 수 있는 무기로 변형시킨 한 인간에 불과했다. 마르크스는 노동자들과의 밀접한 유대 그리고 모든 운동 형태에 관한 심오한 지식 덕분에 전 세계 프롤레타리아트의 사회의식을 표현하는 역할, 말하자면 진정한 의미에서 전향적인 노동자들을 위한 대변자 역할을 담당할 수 있었다.

국제 노동계급 운동의 전(全) 역사와 세계 혁명 과정 전반의 진전, 그리고 여러 국가들에서 보여준 혁명적 투쟁의 성쇠는 마르크스·레닌주의의 혁명적 이론에 따르는 당만이 전위 투사의 역할을 담당할 수 있다는 명백한 증거를 제시해주고 있다. 마르크스의 이론이 갖는 혁명적 본질을 매우 정확히 표현한 사람은 역시 레닌이었다. 그는 러시아에서 노동계급 운동이 태동하기 시작할 무렵에 다음과 같이 말했다.

"모든 나라의 사회주의자들을 불가항력적으로 빠져들게 하는 이 이론의 매력은, 정확히 말해 그것이 치밀하고도 가히 최상이라고(사회과학에서 일종의 결론이라고) 할 만한 과학성과 혁명성을 결합시키고 있다는 사실에 있다. 그 이론이 이 같은 자질들을 우연히 결합시키고 있는 것은 아니다. 그 이론의 창시자가 과학자의 자질과 혁명가의 자질들을 자신의 몸속에

융해시키고 있다는 점 때문이기도 하지만, 어쨌든 그것은 매우 본질적이고도 불가분한 형태로 결합되어 있다."

공산주의의 주요 동인은 엄밀한 과학성을 지닌 혁명적 이론과 혁명적 실천의 통일이다. 혁명적 실천 없이는, 그리고 마르크스주의 이념을 생활 속에 용해시키지 않는 한 이론이란 한낱 낡아빠진 독단론의 집합이거나 수정주의와 기회주의의 은신처에 불과한 것이다. 또한 과학 없이는, 즉 사회 발전에 관한 엄밀하게 과학적인 관점 없이는 혁명적 행동은 모험주의로 전락하거나 무정부주의로 퇴화하고 말 것이다.

마르크스의 삶과 저작 전체는 가히 눈부신 과학적 사고와 혁명적 영감의 한 본보기라 할 수 있을 것이다.

카를 마르크스는 어려운 삶을 살았다. 하지만 그는 결코 안이한 삶을 추구하지 않았다. 그는 무엇보다도 한 사람의 투사였다. 그는 생애 전반에 걸쳐 착취자 및 그 추종자들과 싸우면서, 노동하는 인간들의 자유와 행복을 위한 투쟁에 몸 바쳤다. 청년시절에 이미 그는 전제주의, 반(反)계몽주의 그리고 정치·사회적 압제와 투쟁하는 데 투신했다. 그는 전 생애에 걸쳐 그릇된 개념, 겉만 그럴듯한 슬로건, 사이비 이론, 비활동성, 위선, 무기력 등에 대해 가차 없이 비판의 무기를 휘두르면서 지배계급과 그 이데올로기의 제공자 및 정치지도자들에게 도전장을 내밀었다.

유산계급 출신이었던 그는 찬란한 과학적 경력과 유복한 학자 혹은 인기 저술가로서 누릴 수 있는 안락한 삶을 내팽개치고 정치적 망명이라는 험난한 운명을 선택했다. 그는 자신이 처한 환경으로부터 과감히 떨쳐 일어섰으며 결국 조국을 떠나야 했다. 그리하여 자신은 물론 부인과 자녀들까지도 유랑과 궁핍, 경찰의 끈질긴 감시에 시달려야만 했다.

마르크스는 힘든 작업과 극도로 고되면서도 자주 처하게 되는 긴박한 상황 때문에 생긴 갖가지 질병으로 급작스럽게 생을 마감하게 된다. 그러나 그는 자신의 이론적·실천적 행위의 첫 결실을 직접 목격하는 행운을 갖게 되었을 뿐만 아니라 생전에 성취한 업적을 인정받았고, 평생 동안 관심을 갖고 그를 위해 일했던 바로 그 노동자들의 열렬한 애정을 한 몸에 받았던 행운아이기도 했다.

이 책은 고난에 찬, 그러나 찬란히 빛나는 그의 삶을 기술하고 있다.

마르크스는 다양한 개성을 지닌 인물이었다. 그는 지칠 줄 모르는 정열로 과학적 진실을 연구·모색했던 위대한 과학자였을뿐더러 불같은 열정을 지닌 혁명적 웅변가였고, 능수능란한 프롤레타리아 대중의 해방투쟁에 앞장선 지도자이기도 했다. 또한 그는 천성적으로 매우 훌륭한 인간성을 지니고 있었다. 겸손하고 온화하면서도 대담무쌍하고 용감했던 마르크스는 항상 활력으로 가득 차 있었고, 강철 같은 의지와 함께 불가사의한 업무수행 능력을 지니고 있었다. 따라서 이 모든 것을 하나의 전기를 통해 보여주는 작업은 매우 복잡할 것이다.

그의 위대한 동지였던 프리드리히 엥겔스는 이 과학적 사회주의 창시자에 관한 매우 훌륭한 전기 형식의 에세이를 썼고, 마르크스가 생애의 각 시기마다 보여줬던 여러 활동을 조명해주는 수많은 글들도 남겼다. 말년에 엥겔스는 친구의 전 생애를 돌이켜볼 수 있는 포괄적인 전기를 쓰고자 했다. 그것은 특히 마르크스가 인터내셔널에서 수행한 역할을 보여주고자 했던 것이었지만, 불행히도 그 뜻은 이루어지지 못했다.

레닌은 1914년 『그라나트 사전Granat Dictionary』에 게재될 마르크스의 약전(略傳)을 썼다. 이것은 간결하면서도 백과사전적인 성격을 지닌 글이었으며, 마르크스의 생애에서 하나의 이정표가 될 만한 것들뿐 아니라 그의 사상의 본질에 관해서도 대중적이면서도 한편으로는 매우 심오한 견해를 담고 있었다. 레닌의 이 글은 마르크스에 관한 매우 과학적인 전기로서, 즉 그의 생애와 저작에 관한 창조적인 반영으로서 고전적인 귀감이 될 만한 것이었다.

1918년에는 저명한 철학자요 역사학자이자 좌익 독일 사회민주당원이면서 독일 공산당의 창설자 중 한 사람인 프란츠 메링의『카를 마르크스; 그의 삶에 관한 이야기』가 출판되었다. 이 책은 오랜 탐구의 결과였던 만큼 풍부한 내용과 문체로 그 진가를 널리 인정받아왔다. 하지만 메링은『1844년 경제철학 초고』,『독일이데올로기』전문(全文)이라든가『1857~1858 정치경제학 초고』등과 같은 매우 중요한 저서와 많은 전기적 사실들에 대해서는 아는 바가 없었다.

메링의 책이 출간된 이후, 많은 마르크스주의 이론가들은 마르크스의 삶과 행위의 각기 상이한 단계들에 대해 풍부한 연구 성과를 보여줬고, 그의 과학적 혹은 문학적 저술들에 대해서도 다방면에 걸쳐 검토·고찰했다. 그리고 최근 몇 년 동안에는 기왕에 축적된 자료들을 전기적인 저술 형태로 요약하는 식의 많은 노력을 기울였다. 그러한 노력의 결과로 출판된 책들을 살펴보면 다음과 같다. 프랑스 마르크스주의자 오귀스트 코르뉘가 쓴 마르크스와 엥겔스의 주요 일대기를 그린 몇 권의 책을 비롯해서, 영국 작가 존 루이스의『카를 마르크스의 생애와 교훈』그리고 독일 통일사회당 중앙위원회 부설 마르크스·레닌주의연구소가 펴낸 마르크스에 관한 전기적 공동 저작 등이 바로 그것이다.

마르크스의 생애와 저서는 마르크스주의와 노동계급 운동의 역사를 왜곡하는 데만 관심을 두었던 부르주아적, 수정주의적 이데올로그들도 언급해왔다. 이 위대한 과학적 공산주의 창시자의 일대기는 특히 최근 들어 이념논쟁의 주요 논점들 중 하나가 되었다. 마르크스주의의 적들은 청년 마르크스가 결코 성숙한 인물이 못 된다는 식으로 매도하거나, 그의 가르침에 내포된 모순들을 꼬집어내는 데 혈안이 되어 있었다. 반공주의자들은 특히 마르크스의 교리가 시대에 뒤떨어진 것이며 역사는 결코 그가 예언한 방향으로 나아가지 않았다는 점을 증명하는 데 온 힘을 쏟아부었다.

그러나 반공주의자와 사이비 사회주의자들에 의해 이루어진 이러한 왜곡들은 마르크스의 일대기에 관한 과학적인 묘사와 그의 교리가 갖는 역사적 의미, 세계 발전과정에 그의 사상이 미친 심대한 영향, 국제 노동계급 운동과 공산주의 운동에서 그의 사상이 올린 개가, 또한 소련을 필두로 한 수많은 다른 국가들의 사회주의 체제가 띄운 승전보에 내재된 그의 사상의 영향력 등으로 인해 깡그리 뒤집어졌다.

과학적 전기란 모름지기 기록과 엄격한 검증을 거친 역사적 사실들에 기초해서 사상과 그 영향력, 즉 이론과 실천을 대조함으로써만 이루어질 수 있다. 이것이야말로 마르크스주의가 생활 속에서, 그리고 역사의 전 과정 속에서 검증되고 확인되어왔다는 사실을 보여주는 최선의 길이다.

카를 마르크스의 이번 전기를 저술하는 데 이용된 주요 출전은 『전집The Collected Works』, 『초기 저작집Early Works』이라는 표제의 논문집, 마르크스·엥겔스 문서보관소의 장서들, 그리고 별책 간행물들, 예컨대 『인도 역사에 관한 노트Notes on Indian History』, 『수학 초고Mathematical Manuscripts』 등의 러시아판에 수록된 마르크스주의 창시자들의 저작과 서한들이다.

마르크스주의와 노동계급 운동의 역사에 관해 입수 가능한 자료의 범위는 이제 매우 넓어졌다. 마르크스와 엥겔스의 『전집』 러시아 제2판에, 초판에는 누락돼 있던 무려 400개에 이르는 저작과 600개의 편지들이 새로 추가되었다는 사실이 이를 단적으로 설명해준다. 그리고 이 저작들의 대부분은 마르크스를 연구하는 사람들에게 처음 소개되는 것들이다. 『전집』 각 권의 부록에는 마르크스·엥겔스와 관련된 수많은 전기적 기록들이 수록되어 있다.

이와 함께 이제까지 출판되지 않고 있던 방대한 양의 마르크스 저작들이 발굴되었다. 그중에는 『자본론The Capital』의 예비판과 각종 요약·발췌문이 포함된 수많은 메모 모음, 그의 개인 수첩에 수록된 각종 방주(傍註)들도 있다. 이것들은 마르크스의 창조적 시도와 그의 관심 범위에 대한 보다 진전된 통찰을 가능하게 해주고, 미처 완성되지 못한 그의 몇몇 과학적·문학적 계획에 대해서도 보다 완벽한 개념을 제공해준다. 모스크바 소재 마르크스·레닌주의연구소의 중앙당 문서보관소에 소장된 그 밖의 기록들도 이 전기의 저술 작업에 필요한 중요 자료들을 제공해주었다. 그 중에는 마르크스 가족들과 관련된 자료, 엥겔스의 원고, 여러 노동계급 운동과 민주주의 운동의 지도자들로부터 이들 과학적 공산주의의 창시자들에게 배달된 각종 서한, 마르크스에 관한 가치 있는 정보가 포함된 왕복 서한들도 있다.

또한 당대인들의 회고담도 과학자로서, 투사로서 마르크스의 생생한 모습을 재현해준다. 따라서 그러한 회고록 역시 당연히 본 전기 기술 작업에 동원되었다.

한편 국제 프롤레타리아 운동에 관한 마르크스의 지침이 갖고 있는 여러 다양한 측면들을 조명해주는 많은 정보들이 19세기에 존재했던 여러 노동계급 조직들의 기록에서 발견되고 있다. 따라서 이런 기록들이 수록되어 있는 입수 가능한 여러 출판물들(제1인터내셔널 총회 의사록, 공산주의자동맹의 기록들, 기타 기록 모음집)뿐 아니라 언젠가는 출판되어야만 할 여러 기록들까지도 고찰의 대상에 포함시킬 필요가 있었다. 공산주의자동맹, 제1인터내셔널 그리고 여러 국가의 노동계급 조직들을 이끌었던 지도자들이 개인적으로 소장하고 있던 자료들도 본 연구에 상당한 가치를 지니는 것이었다. 한편 프로이센, 벨기에, 프랑스의 경찰 자료실로부터 입수된 자료들도 동원되었다.

마르크스 생전에 출판된 각종 정기간행물은 일종의 특수한 자료군을 이루었다. 본 연구를 위해서는 마르크스가 편집했거나 참여했던 기관지들뿐 아니라 그의 활동에 관한 논평이나 그의 책에 관한 각종 평론을 게재한 부르주아 신문과 간행물들도 고찰의 대상으로 삼을 필요가 있었다.

한편 블라디미르 레닌의 저작, 그중에서도 특히 마르크스와 엥겔스 그리고 마르크스주의를 다루고 있는 저작들은 가장 중요한 조언자였으며 가치를 헤아릴 수 없는 방법론적 지침이 되어주었다.

이 책의 저자들은 이 책에서 다루고 있는 이론적 문제들에 대한 과학적 해석과 노동계급 운동의 이론 및 전술을 담고 있는, 소련 공산당과 형제애로 뭉친 여러 마르크스·레닌주의 당의 각종 기록들을 사려 깊게 참조했다.

또한 소련과 해외에서 출간된 마르크스 및 마르크스주의에 관한 모든 주요 연구 업적들, 특히 기록적 가치가 있는 자료들도 참고 대상이 되었다.

이와 함께 이 책에 수록된 각종 화보들은 마르크스의 생애와 저작들을 반영하는 것으로서, 소련 공산당 중앙위원회 부설 마르크스·레닌주의연구소의 중앙당 문서보관소와 카를 마르크스·프리드리히 엥겔스 박물관에 소장된 역사 자료 및 기록물들 중에서 엄선한 것들이다.

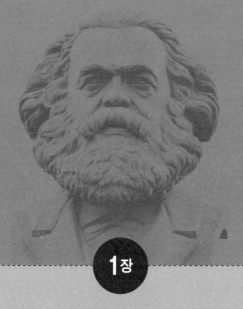

1장

유물론과
과학적 사회주의에
이르는 길

★

만일 우리가 우리의 삶 속에서 그 무엇보다도
우선 인류를 위해 일할 수 있는 길을 선택했다면,
그 어떠한 시련도 우리를 굴복시킬 수 없을 것이다.

― 카를 마르크스 ―

마르크스(Karl Marx)는 유년시절과 청년시절을 라인란트(Rheinland)에서 보냈다. 그곳은 독일에서 경제적으로나 정치적으로 가장 발달한 지역이었다. 그곳은 독일의 다른 어떤 지역보다도 18세기 후반의 프랑스 부르주아 혁명의 영향을 가장 많이 받은 곳이었다. 당시 라인강 유역은 혁명군의 군사작전과 농민봉기, 자유·평등·박애라는 자코뱅파의 이념에 자극을 받은 독일 민주주의자들의 행동무대였다. 프랑스가 승리를 거둠으로써 라인강 서쪽 유역은 프랑스 공화국에 합병되었고, 훗날에는 나폴레옹 제국에 편입되었다. 그곳에서는 봉건제도가 대체로 폐지되었다. 다시 말해 지주계급과 교회의 대토지가 해체되었고, 봉건적 특권이 소멸되었으며, 배심원에 의한 판결과 부르주아적『나폴레옹 법전*Code Napoléon*』이 도입되었다. 그리고 이 모든 상황이 그 지역의 산업발전을 부추겼다.

　1815년 빈 회의는 라인란트의 대부분이 프로이센에 귀속됨을 선포했다. 이는 곧 라인란트가 가장 거대한 독일의 공국(state)인 프로이센의 라인주(州)로 편입되면서 그 나라의 절대봉건체제 아래 놓이게 됨을 의미했다. 귀족인 융커(Junker)는 일종의 특권계급으로서 그 특권을 대부분 그대로 유지했으며, 바로 이 계급으로부터 강력한 프로이센 관료정치의 엘리트와 군국주의를 숭배하는 전문 장교단이 배출되었다. 그곳에는 나라 전체를 위한 대표기관이 존재하지 않았다. 주 의회(Landtag)는 고문(顧問) 기구를 두고 있을지언정 투표란 아예 존재하지도 않았다. 토지 소유에 따른 대표 선출 원칙은 부르주아의 권리를 심각하게 침해했다. 예컨대 라인주 의회의 경우 인구가 10만에 가까운 아헨(Aachen)과 쾰른(Köln)에는 겨우 3명의 대의원이 할당되었던 반면, 6,520명의 지주들에게는 무려 25명의 대의원이 할당되었다.

경제적으로 프로이센은 영국이나 프랑스에 비해 낙후되어 있었다. 따라서 일정한 산업발전에도 불구하고 프로이센은 여전히 미숙한 단계의 프롤레타리아트가 존재하는 농업국으로 남아 있었다. 따라서 국민 대다수가 대지주, 반(半)봉건적 예속관계에 묶여 있는 농민들, 도시 소부르주아지(장인과 무역상인)로 구성되어 있었다.

그럼에도 불구하고 독일 내에서는 한편으로는 일정 정도의 산업발전이 진행되고 있었다. 자본주의적 생산의 중심지와 공장·탄광 등이 여러 지방에서 생겨났고, 1835년에는 철도가 개설되었다. 라인주는 다른 지역, 심지어는 프로이센의 산업화된 지역보다도 앞서 있었기 때문에 봉건주의의 대들보가 근본적으로 침식당하고 있었다. 그리하여 프로이센 정부는 프랑스 혁명의 결실들을 깡그리 일소시킬 수 없었고, 특히 『나폴레옹 법전』을 프로이센 법률로 대체하는 데 실패하고 말았다. 그럼에도 불구하고 부르주아지는 라인주에까지 확산된 절대왕정 체제에 의해 제한받아야 했다. 그들은 대외 경쟁에 맞서서 적절한 보호막을 쳐주지 못하는 프로이센의 조세·관세 정책에 불만을 터뜨리고 있었는데, 사실상 그들은 프로이센과 독일 전체 부르주아 사회에 풍미하고 있던 저항의 목소리를 대변하고 있었다 해도 과언이 아니다.

1820년대와 30년대에 라인주에서 나타난 각종 경제적·정치적 변화들은 독일 전체와 다른 많은 유럽 국가들 내부에서 발생하고 있던 사회적 과정의 한 반영이었다. 도처에서 부르주아 혁명에 이르는 길이 다져지고 있다는 징후가 나타났다. 부르주아 혁명이란 곧 사회·정치 체제 내에 남아 있던 봉건주의적 잔재를 제거하고, 이미 영국과 프랑스에서 나타났던 것처럼 자본주의에 이르는 길을 보다 명확히 하는 것이었다. 그 나라의 정치·경제상의 분열과 중세의 잔재야말로 독일의 자본주의적 발전을 가로막는 주요한 장해물이었다. 독일 내에는 38개의 공국이 난립해 있었고, 또 그 공국들은 제각기 나름의 관세장벽과 상이한 화폐단위, 도량형 체계를 갖고 있었기 때문에 경제발전은 매우 어려웠다. 라이벌 오스트리아에 맞서는 일종의 평형추로서, 1834년 프로이센을 비롯한 18개 국가 사이에 체결된 관세동맹은 경제적 분열을 극복하기 위한 첫걸음에 불과했다. 독일 군소 공국의 통치자들은 자신의 권력과 특권에 매달린 채 어떠한 형태의 진보에도 극구 반대했다. 이러한 군소 공국들의 통치자들 중 한 사람은 다음과 같이 선언했다.

"짐은 내 나라에 어떠한 철도도 건설할 의사가 없다. 짐은 제화공이나 재단사가 나만큼 빨리 달리는 것을 원치 않는다."

그 나라의 진보세력들은 독일 통일 문제에 관심을 집중했다. 1830년 7월 프랑스에서 발생한 부르주아 혁명은 다시금 독일 부르주아지와 인텔리겐치아(지식층) 내부에 저항의식을 촉발시켰다. 하지만 부르주아지는 망설인 끝에 결국 상대적인 경제적 열세 그 이상의 어떤 이유로 지주들과 타협하는 쪽으로 기울었다. 새로운 사회세력, 즉 노동계급이 부르주아지 뒤편에서 그 희미한 모습을 드러내고 있었던 것이다. 그리고 그들은 부르주아지를 위협하는 미래의 적으로 감지되었다(당시 독일의 노동계급 운동은 겨우 걸음마 단계에 있었다).

한편 프랑스와 영국 등 유럽 선진 자본주의 국가 내부에서는 객관적으로 볼 때도 그 당시 프롤레타리아트가 이미 자본가 계급의 적대자로서, 그리고 부르주아 사회에 적대적인 세력으로서 역사의 무대 위로 부상하고 있었다.

산업혁명의 진전, 즉 수공업(handicrafts)과 공장제 수공업(manufactories)으로부터 기계를 이용한 대규모 자본주의적 공업으로의 전환은 노동대중에게는 궁핍을, 소규모 직인(artisans)과 소상인들에게는 파산을, 그리고 자본주의적 공장에서 야만적으로 착취당하는 노동자들에게는 엄청난 고통을 안겨주었다. 수백수천의 노동자들이 새로운 기계의 도입으로 실업자가 되었다. 그리고 이러한 고통은 1825년 이후 자본주의 경제를 정기적으로 뒤흔들어 놓았던 공황 때문에 한층 강화되었다.

동시에 대규모 기계생산의 확산은 공장에서 노동자 대중의 집중을 가져오고, 공장에서 장인들로 하여금 소(小)부르주아적 정신 상태나 소규모 사업을 통해 재기할 수 있으리라는 헛된 꿈에서 거의 벗어나도록 하면서, 그들을 한데 뭉치도록 해주었다. 노동자들은 점차 계급의식에 눈떠가면서 자신들의 적이 한때 상상했던 것처럼 기계가 아니라 공장주, 그리고 하나의 전체로 보자면 특권 유산계급이라는 사실을 깨달았다. 그들은 처음에 동업조합(trade)을 통해서, 나중에는 보다 대규모로 노동조합과 공제조합 등의 최초의 노동계급 조직을 설립함으로써, 압제에 저항하기 위해 단결해야 할 절박한 필요성이 점증하고 있음을 느꼈다.

1831년과 34년에 프롤레타리아 봉기가 프랑스의 주요 산업 중심지인 리옹(Lyon)에서 발생했다. 당시 지방 방직공들은 "일하며 살지 못하느니 싸우다 죽으리라!"라는 구호가 적힌 깃발을 들고서 바리케이드를 치고 투쟁했다. 이 봉기는 비교적 쉽게 진압되었지만 부르주아지를 경악으로 몰아넣었던 것만은 사실이었다. 1차 봉기가 발생했을 당시 1831년 12월 8일자 정부기관지 『주르날 데 데바Journal des Débats』[2]는 다음과 같은 내용의 기사를 게재했다.

"리옹의 폭동은 하나의 중요한 비밀, 즉 우리 사회에서 발생하고 있는 유산계급과 무산계급 사이의 내부적 투쟁을 여실히 폭로해주었다."

인민헌장운동은 최초로 조직화된 노동계급의 대중정치운동으로서 1830년대 후반 영국에서 발생했다. 그 운동의 6개 요구사항 중 가장 중요

---

2) 영어로는 'Journal of Debates'. 파리에서 1789년 '프랑스 혁명' 직전에 프랑수아 장 보두앵의 주도로 창간된 주간신문. 주로 의회의 논쟁과 조례를 게재했다. 1944년에 폐간되었다 – 옮긴이.

(왼쪽부터) 로버트 오언(1771~1858), 루이 블랑(1811~82), 앙리 드 생시몽(1760~1825), 샤를 푸리에(1772~1837)

시되었던 것은 보통선거권의 요구였는데, 이는 인민헌장운동가들이 정치 투쟁이야말로 노동자들의 조건을 개선할 수 있는 수단을 제공해줄 것으로 믿고 있었기 때문이다.

착취에 대항하는 인민집단의 자발적인 항의와 좀 더 나은 삶을 영위하기 위한 그들의 투쟁은 이미 오래전부터 보다 공평한 사회에 대한 전망을 제시해주었다. 그리고 바로 이것이 공상적 사회주의의 기반이 되었다. 공상적 사회주의는 18세기 후반과 19세기 초의 뛰어난 사상가 세 사람, 즉 앙리 드 생시몽(Henri de Saint-Simon), 샤를 푸리에(Charles Fourier), 로버트 오언(Robert Owen)에 의해 고전적인 형태로나마 제시되었다. 그들의 글에는 자본주의 체제의 해악과 결점에 대한 날카롭고도 충격적인 비판, 미래의 공산주의 사회에 대한 상당히 정확한 몇몇 예언들도 담겨 있었다. 수십 년이 지난 1874년에 프리드리히 엥겔스(Friedrich Engels)는 과학적 사회주의가 "생시몽과 푸리에 그리고 오언 이 세 인물에 의지하고 있으며, 그들의 공상적 개념과 이상주의에도 불구하고 이들은 역사상 매우 탁월한 사상가들로 손꼽히고 있다."라고 말하면서 "그들의 천재적 재능은 지금에 와서 우리들에 의해 그 정확성이 과학적으로 증명되고 있는 헤아릴 수 없이 많은 것들을 예견하고 있었다."라고 기술하고 있다. 3)

----
3) Marx and Engels, *Selected Works*(in three Volumes), Vol. 2, Moscow, 1969, 169쪽.

유년시절과 청년시절

카를 마르크스는 1818년 5월 5일 트리어(Trier)시의 한 변호사 집에서 태어났다. 당시 그의 아버지 하인리히 마르크스[4]는 지금은 브뤼켄가(Bruckenstrasse) 10번지인 브뤼켄가 664번지의 자그마한 이층집에서 살았다. 2년 후 그들은 지메온가로 이

트리어에 있는 마르크스 생가

사를 하는데, 마르크스는 1835년 트리어를 떠날 때까지 그곳에서 살았다.

라인강의 한 지류인 모젤강 유역에 자리 잡고 있는 트리어시는 독일의 전통적인 도시 가운데 하나이다. 그곳은 중세기에 트리어시 대주교가 거주하고 있던 거대한 감독 관구 소재지였다. 그러나 이곳은 비록 프로이센의 라인주를 대표하는 행정상의 중심지 역할을 계속해서 유지하고 있었음에도 불구하고 날이 갈수록 라인강 연안의 다른 도시들, 예컨대 쾰른(Köln)이나 뒤셀도르프(Düsseldorf) 등에 비해 상대적으로 그 중요성이 퇴락해갔다. 그 당시 트리어시는 인구가 1만 5,000명이 채 못 되는 한적한 도시였다. 하지만 그곳이라고 해서 독일 전체를 휩쓸고 있는 사회운동으로부터 고립돼 있을 수는 없었다. 그곳에서도 역시 비참한 삶에서 헤어날 길이 막연한 도시빈민과 번영을 구가하는 소수 시민들 사이에 사회적으로 명확한 격차가 나타나고 있었다. 사회주의 이론이 트리어시에서도 일정한 반향을 불러일으키고 있었고, 독일 최초의 공상적 사회주의자로 알려진 루트비히 갈(Ludwig Gall)은 1820년대와 30년대에 그곳에서 자신의 팸플릿을 제작·배포하기도 했다.

루트비히 갈(1791~1863)

---

4) Heinrich Marx(1777~1838). 어머니는 Henrietta Pressburg(1788~1863) — 옮긴이.

카를 마르크스의 아버지인 하인리히 마르크스는 결코 평범한 소양을 지닌 인물이라고는 할 수 없었다. 그는 18세기 프랑스의 지도적 사상가들이 펴낸 글들을 골고루 섭렵해서 그 방면에 상당히 해박했다. 이 트리어의 변호사에게는 루소와 볼테르가 매우 탁월한 존재로 인식되었으며, 로크·라이프니츠·레싱의 저작들에 대해서도 해박한 지식을 갖고 있었다. 고등항소법원에서 유능한 변호사로 활약했던 그는 동료들 사이에서도 상당히 존경받는 인물이었다. 마르크스는 훗날 그의 아버지가 "법률적 재능뿐만 아니라 개인적 성실성을 따져보더라도 남다른 데가 있었다."[5]라고 회상하고 있다.

하인리히 마르크스는 결코 자유주의의 경계를 넘어서는 정치적 견해를 품지 않았음에도 불구하고 그것조차도 프로이센 정부당국의 의심을 샀다. 그는 1834년 1월 18일 라인주 의회 의원들에게 경의를 표하기 위해 카지노 홀에서 열린 한 향연에 참석하여 대의제를 지지하는 연설을 한 이후로 줄곧 경찰의 감시를 받아왔다.

하인리히 마르크스는 랍비 가문 출신이었음에도 불구하고 계몽주의 이념을 수용했으며, 종교에 대해서도 자유로운 생각을 갖고 있었다. 그는 종교의 딱딱한 형식이라든가 정통교리에 아주 무관심했다. 카를 마르크스가 태어나기 직전에 그는 유대교를 포기하고 루터 신앙을 받아들였다. 당시 독일에서 유대인들에게 가했던 온갖 구속 때문이었다. 그리고 훗날 그의 부인과 자녀들도 세례를 받았다.

그는 아들의 정신적 발전에 지속적인 관심을 쏟아준 온화한 아버지였다. 이에 대해 카를 역시 각별한 정을 갖고 아버지를 따랐다. 그리고 이러한 부자간의 관계는 카를의 인생행로 선택을 놓고 두 사람 사이에 의견충돌이 생겼을 때에도 결코 금이 가지 않았다. 카를은 전 생애에 걸쳐서 아버지에 대한 추억을 소중히 간직했으며, 아버지의 낡은 은판 사진조차 한시도 몸에서 떼어놓지 않았다. 이 사진은 마르크스가 세상을 떠났을 때 엥

---

5) Marx, Engels, *Werke*, Bd., 30, 504쪽.

겔스가 그의 관 속에 넣어 함께 묻어주었다.

카를의 어머니 헨리에타 프레스부르크(Henrietta Pressburg)는 네덜란드 태생이었다. 슬하에 아홉의 자녀를 둔 어머니로서 그녀는 오로지 가사에 묻혀 지냈다. 그녀의 정신세계는 편협했고, 따라서 하인리히처럼 자녀에게 진정한 친구로 받아들여질 수는 없었다. 카를은 세 명의 형제와 다섯 명의 누이를 두고 있었지만, 그의 형제들은 젊어서 죽었고 맏누이인 소피(Sophie)와 여동생 에밀리(Emilie), 루이제(Louise)는 그가 죽을 때까지도 살아 있었다.

카를은 가족들의 지극한 사랑을 받았다. 명석한 두뇌, 놀이할 때의 창의력, 공상적 이야기들을 꾸며내서 몸짓까지 섞어가며 이야기해주는 능력 등은 또래의 아이들 사이에서 단연 돋보이게 했다. 훗날 그의 딸 엘레아노르(Eleanor)는 카를이 그의 누이들에게 엄청난 영향을 끼쳤다는 이야기를 고모가 자주 들려주었다고 회상했다.

1830년 카를은 트리어 김나지움에 입학했다. 거기에서 그는 창의력이 요구되는 분야에서만큼은 빛을 발했다. 이렇듯 좋은 학생이었음에도 불구하고 그는 수석을 차지하지 못했다. 그의 졸업증명서는 그의 논문이 풍부한 생각으로 넘쳐흐르고 있으며 주제에 대한 깊은 이해를 가지고 있음을 그대로 드러내주고 있고, "언어의 특성보다는 그 주제와 사상의 흐름이 한층 더 어려운"6) 라틴어와 그리스어 원문을 해독하는 데 탁월했다는 사실을 시사해주고 있다. 카를은 수학에서도 해박한 지식을 발휘했다. 그는 친구들이 많이 따르는 편이었지만, 그들은 친구들에 대해 조소하는 듯한 카를의 날카로운 기지와 풍자적인 글에 대해서는 다소간 우려의 눈길을 보내기도 했다.

카를은 좋은 스승을 만나는 행운도 안았다. 당시 트리어 김나지움의 교장은 학식이 풍부하기로 소문난 요한 후고 비텐바흐(Johann Hugo Wyttenbach)였다. 그는 독일과 프랑스의 계몽사상에 깊은 감화를 받아, 젊

---

6) Marx, Engels, *Gesamtausgave(MEGA)*, Abt. 1, Bd. 1, Halbband 2, 183쪽.

요한 후고 비텐바흐(1767~1848)

은이는 모름지기 '진보와 정련(精練)에 대한 신성한 믿음'을 갖도록 교화되어야 한다고 믿었던 자유주의자였다. 따라서 당연한 얘기지만 비텐바흐는 프로이센 관헌의 신임을 받지 못했고, 말년에 가서는 결국 경찰의 감시를 받는 처지에까지 놓이게 되었다. 수학과 물리학 교사였던 요한 슈타이닝거(Johann Steininger)는 유물론 신봉자로 여겨졌던 인물로서 그의 애국심에 대해서는 의심하는 사람이 없지 않았다.

트리어시에 있는 프리드리히 빌헬름 김나지움의 견고한 돌담장도 학생들을 외부 세계의 들끓는 현실로부터 차단시키지는 못했다. 1833년 관헌 당국을 비판하는 풍자문과 금지된 인쇄물이 교내에서 발견되면서 한 학생이 체포되는 사태가 발생했다.

당시는 카를이 최초로 모든 반동적인 것들에 증오심을 품기 시작했던 시기였다. 1835년 가을, 졸업을 앞둔 시점에 그는 당시 학교에 대한 정치적 감독이라는 특수 임무를 띠고 교감으로 임명되어 그 반동적 견해로 악명 높았던 비투스 로에르스(Vitus Loers)와의 고별면담을 거절했다.

1835년 가을에 썼던 카를의 졸업논문 「직업 선택을 앞둔 한 젊은이의 성찰Reflexions of a Young Man on the Choice of a Profession」은 그의 정신구조를 이해하는 데 좋은 지침이 된다. 그는 인류를 위해 일할 최상의 기회를 부여해 줄 수 있는 직업을 선택하는 일이야말로 지극히 중요하다고 말하고 있다. 그는 선택이라는 것이 결코 쉬운 일이 아님을 깨닫고 있었다. 사람들은 항상 자신의 기호에 맞는 직업만을 선택할 수는 없다. 그것은 "우리의 사회관계들이란 우리가 그것들을 결정할 만한 위치에 서기도 전에 이미 어느 정도 확립되어 있기"[7] 때문이다. 그러나 논문의 기조는 편협한 이기주의

---

7) *MEGA*, Abt. 1, Bd. 1, Halbband 2, 165쪽.

의 단단한 껍질 속에 웅크리고 있지 말고 인간을 위해 봉사할 수 있는 길과 수단을 찾으라는 것이었다.

청년시절의 마르크스(1838)

"만일 그가 오로지 자기 자신만을 위해 일한다면 혹 저명한 학자나 위대한 현인이나 훌륭한 시인이 될 수 있을지언정 결코 완벽하고도 진실로 위대한 인간이 될 수는 없을 것이다."

카를은 "만일 한 인간이 자신의 삶 속에서 인류에 가장 훌륭하게 봉사할 수 있는 위치를 선택한다면, 그는 자신의 행복이 다수에 속해 있기 때문에 결코 사소하고도 한정적인 자기 본위의 기쁨에 젖어들지는 않을 것이다."8)라고 적고 있다.

이 논문은 마르크스가 18세기의 계몽사상, 즉 인간의 사명은 공익을 위해 일하는 것이라는 심오한 확신과, 인간은 자신의 환경에 의존한다는 생각에 영향을 받고 있다는 사실을 보여주고 있다. 이때까지만 해도 카를의 자유에 대한 애정과 인간주의적 감정이 다소 모호했던 것은 사실이다. 그러나 독일에서 풍미하고 있던 반동적인 질서와 충돌하게 되면서부터 그의 예리한 지성은 그로 하여금 다음의 결정적 단계로 나아가도록 부추겼다.

본과 베를린에서 보낸 학창시절

아버지는 카를에게 커다란 희망을 품고 있었다. 그는 카를이 과학자로 성공하기를 바라면서 교육에 힘을 기울였다. 그리하여 그는 한때 자신의 바람을 다음과 같이 표현하기도 했다.

"신의 뜻이 허락하는 한 너 자신과 너의 가족들을 위해, 그리고 만일 내 추측이 들어맞는다면 인류의 이익을 위해 네가 살아가야 할 날은 전도양양하다."9)

---

8) Ibid.
9) Ibid., 196쪽.

1835년 10월 카를은 본 대학에 입학하여 젊음이 넘치는 정열을 법학 공부에 쏟아부었다. 얼마나 공부에 열중했는지 아버지가 카를의 건강을 걱정한 나머지 열정을 적당히 자제하도록 당부하는 편지를 띄울 정도였다. 카를은 대여섯 개 교과과정에 등록하고, 다방면에 걸친, 특히 역사 관련 서적들을 닥치는 대로 구입했다. 법학 전공과목은 차치하고서라도 그리스·로마 신화와 호메로스(Homeros), 현대예술사 등의 강의까지도 경청했다. 그의 풍부한 상상력은 창조적인 작업을 간절히 원했고 **순수문학**(belles-lettres)의 습작에 열중하기도 했다. 즉 그는 시를 쓰기도 했으며 괴팅겐 대학의 비슷한 서클과 접촉하고 있던 대학 시우회(the university poets' circle)의 일원이 되기도 했다.

독일의 다른 대학들과 마찬가지로 본 대학의 학생들도 향우회(鄕友會; Landsmannschaften)를 결성했다. 마르크스는 트리어 향우회에 가입해서 간부로 선출되었다. 당시 이 향우회 회원들의 면모를 알게 해주는 석판화 한 장이 지금까지 남아 있는데, 거기에서 청년 마르크스는 검고 숱이 많은 머리칼을 지닌 매우 진지하고 사려 깊은 얼굴을 하고 있다. 학생으로서 마르

본 대학 트리어 향우회

크스가 학교와 가정에서 그의 머리에 주입된 여러 전통적 개념들에 의문을 품었던 것은 너무도 자연스런 일이었다. 이러한 의문들은 그의 아버지에게 보내는 편지(지금은 남아 있지 않지만)에 반영되었음에 틀림없다. 이런 편지에 대한 답장에서 하인리히 마르크스는, 종교가 윤리의 기초로서 봉사할 수 있을 것인지에 대한 자식의 심각한 의문을 해결해주려는 노력을 구구절절 내비치면서 다음과 같이 답하고 있다.

"너는 이 아비가 결코 광신자가 아니라는 사실을 알고 있을 것이다. 그러나 …… 신앙이란 언젠가는 지녀야 할 인간의 진정한 필요물이다."

그는 자신의 논거를 보다 강력히 전달하기 위해 신의 존재를 믿었던 뉴턴이나 라이프니츠와 같은 위대한 과학자들을 예로 인용했다.[10] 그러나 마르크스의 비판적 정신은 어떤 권위에 대한 호소로도 동요할 줄 몰랐다.

마르크스는 본 대학에서 겨우 두 학기만 수료한 뒤 아버지의 조언에 따라 베를린 대학에서 학업을 계속하기로 마음먹었다. 베를린 대학 강사진에는 당시 법학의 권위자로 명성이 높았던 교수들이 상당수 포함되어 있었다.

마르크스는 베를린으로 가기 전 1836년 여름방학을 집에서 보냈다. 그때 그는 어릴 적 친구였던 예니 폰 베스트팔렌(Jenny von Westphalen)과 장래를 약속했다. 1814년생인 예니는 추밀고문관 루트비히 폰 베스트팔렌(Ludwig von Westphalen)의 딸이었다. 그녀의 할아버지는 탁월한 군인으로서 브룬스비크 공작(the Duke of Brunswick)의 고문을 지냈으며, 스코틀랜드 귀족의 혈통을 이어받은 스코틀랜드 여인과 결혼했다. 그러나 예니의 아버지는 예니의 의붓오빠이자 훗날 프로이센의 대신이

예니 폰 베스트팔렌(1814~81)

10) Ibid., 186쪽.

된 맏아들 페르디난트(Ferdinand)를 포함한 그의 가족 몇몇이 즐겼던 귀족적 오만으로부터 자유로웠다.

루트비히 폰 베스트팔렌은 침례교파 유대인인 '평민(plebeian)' 하인리히 마르크스와 매우 절친한 관계를 맺고 있었으며, 그의 아들에게도 호감을 갖고 있었다. 카를에게 생시몽의 사상을 최초로 소개한 사람도 바로 그였다. 카를은 대단히 생생한 호감을 갖고 그를 따랐으며, 그를 도덕적 스승으로 모셨다. 훗날 박사학위 논문을 그에게 헌사하기도 했다. 예니의 어머니 카롤리네 폰 베스트팔렌(Karoline von Westphalen)은 공무원의 딸로서 꾸밈없는 성격과 매우 온화한 성품을 지닌 여인이었다. 예니와 남동생 에드가(Edgar; 마르크스의 동급생이자 친구)와 같은 자녀들이 출신계급의 편견에 사로잡혀 있지 않았던 것은 거의 부모 덕분이었다.

예니는 뛰어난 두뇌와 소양 그리고 외모를 갖춘 여성이었다. 그녀는 트리어시에서 가장 아름다운 여인이자 그곳 무도회에서 항상 인기를 독차지하는 미인으로 평판이 자자했다. (오랜 세월이 흐른 뒤 마르크스는 트리어에서 그녀에게 다음과 같은 편지를 부쳤다. "도시 전체가 자신의 아내를 항상 '요정나라의 공주'로 여기고 있다는 사실을 깨닫는 일이야말로 한 사내에겐 참으로 대단한 기쁨이 아닐 수 없소."[11]) 그럼에도 불구하고 그녀는 이 풍족하지도 않고, 그렇다고 귀족 혈통을 물려받지도 못한 가문 출신의 청년학도와 운명을 같이하는 데 결코 주저하지 않았다. 물론 그녀는 자신과 같은 신분의 남성들로부터 온갖 유리한 조건들이 따른 청혼을 받았지만 이를 모두 거절했다.

카를과 예니는 어린 시절부터 이미 매우 절친한 사이였다. 그리고 시간이 흐름에 따라 그들의 감정은 깊은 애정으로 무르익어갔다. 감정뿐 아니라 서로 엇비슷한 성품도 이 격정적이고 개성이 강한 청년과, 동정심이 넘쳐흐르는 마음으로 보기 드물게 여성적인 재치를 자랑하는 매력적인 소녀 사이에 끈끈한 유대감을 이루어냈다. 예니는 카를의 재능과 독특한 개

---

11) Marx, Engels, *Werke*, Bd. 30, 643쪽.

성을 인정했고 항상 그에게 어울리는 벗이 되고자 애썼다. 카를은 예니를 존경했다. 그리고 연인들이 늘 그러하듯 시로써 자신의 감정을 표현하고자 했다. 그가 그녀에게 쓴 것 중 상당 부분은 시였다. 그리고 그 자신도 훗날, 모든 초심자들의 시가 그렇듯 경탄과 무절제한 과정으로 뒤범벅된 자신의 몇몇 초기 시에 대해 빈정거리는 투로 말하기도 했지만, 그중 몇 편은 그의 감정의 심연을 이해할 수 있게 해주는 매혹적인 서정성을 보여주고 있다.

> 내 가슴 저 깊숙한 곳에 차꼬를 채우고
> 내 영혼의 눈은 갈수록 맑아지네
> 내 어렴풋이 그려오던 것
> 마침내 당신에게서 찾았구려
>
> 저 거친 삶의 가시밭길 속에서
> 내 끝내 다스리지 못했던 것
> 당신의 황홀한 눈길과 함께
> 까닭 없이 내게로 다가왔네[12]

그들의 약혼은 예니의 가문이 반대할지도 모른다는 두려움 때문에 상당 기간 비밀에 부쳐졌다. 그리고 그녀는 사랑하는 남자와 결혼할 권리를 수호하기 위해 귀족적인 인척들과 오랜 동안 끈질기게 싸워야만 했다. 그래서 그들이 결혼에 이르기까지는 7년이라는 세월이 흘러야 했다. 그러나 그러는 동안 많은 것이 변했다. 카를의 선택을 인정했던 하인리히 마르크스가 1838년 세상을 떠났고, 카를을 자식처럼 여겼던 루트비히 폰 베스트팔렌도 1842년에 유명을 달리했다.

1836년 10월 카를 마르크스는 베를린 대학교 법과대학에 입학했다. 프

---
12) 초고에서 번역.

에두아르트 간스(1797~1839)

로이센 왕국의 수도에서 마르크스는 그 당시 독일 사회를 에워싸고 있던 첨예한 모순들, 이를테면 융커의 권세와 부르주아지의 정치적 불평등, 나머지 국민 대다수의 빈곤 등을 직접 목격했다. 그 대학에서는 많은 훌륭한 학자들이 강의를 맡고 있었다. 카를이 그 대학에 입학하기 직전까지만 해도 헤겔(Hegel)이 그곳에서 철학을 강의했었고, 저명한 진보적 법률학자인 에두아르트 간스(Eduard Gans)가 법률학 강의를 맡고 있었다. 카를은 간스 교수의 강의를 선택했고, 그 교수한테서 '매우 부지런한' 학생으로 인정받았다. 카를은 1838년 그 대학 학생들이 간스 교수의 생일을 특이하게 장식하기 위해 계획한 교수의 집 부근에서 벌였던 간스 교수 생일축하 시위에 참여했을지도 모른다. 아무튼 이 사건은 경찰의 관심을 끌기에 충분했다.

그는 처음에는 외톨이로 생활하면서 본 대학에서보다 더 열심히 공부했다. 훗날 그는 아버지에게 보낸 편지에서 "베를린에 도착한 이후부터 저는 지금까지 맺고 있던 모든 관계를 끊어버렸습니다. 여간해서는 남을 방문하지도 않았고, 한다고 해야 마지못한 방문이 고작이었습니다. 그러고는 과학과 예술에 내 온몸을 투신하고자 했습니다."[13]라며 당시의 상황을 술회하고 있다. 예니에게 바친 세 권의 소네트와 다른 시들은 일단 제쳐두고서라도, 그 결과물로 꽤 많은 양의 단가(短歌)와 발라드, 연애시, 풍자시 등을 남길 수 있었다.

그의 시작(詩作)은 많은 부분이 혁명적 낭만주의로부터 분출되어 나온 반란적 분위기로 점철되어 있다. 마르크스는 희곡 「울라넴」[14]을 습작하기도 했으며, 심지어는 풍자소설(『Scorpion and Felix』)에도 손을 댔다. 하지만

---

13) *MEGA*, Abt. 1, Bd. 1, Halbband 2, 214쪽.
14) Oulanem, 1839년에 쓴 일종의 비극시 ─ 옮긴이.

이것들은 모두 완성하지는 못했다.

카를의 시들은 그 스스로 정해놓은 높은 기준에 미치지 못했으며, 그도 어떤 감정의 격랑을 표현했던 점이 그 시들의 유일한 장점이라고 느끼고 있었다. 실제로 그가 썼던 꽤 많은 작품들 중에서 오로지 「야성의 노래*Wild Songs*」만이 1841년 『아테네움*Athenäum*』에 실렸을 뿐이다. 그럼에도 불구하고 그의 시들은 전기적 자료로서는 관심을 끌기에 충분하다. 그것들은 현실상황에 불만을 터뜨리며 단호한 행동과 투쟁을 갈구하면서도, 아직 무엇을 해야 할 것인지는 제대로 인식하지 못하는 젊은 마르크스를 여실히 보여준다. 그는 잘 닦인 길을 따라가거나 운명에 만족하는 것이 그릇된 일이라는 사실을 온몸으로 느끼고 있는 듯하다.

내 어찌 평화로이 행할 수 있으리
내 영혼을 온통 사로잡고 있는 그 일을
내 어찌 넋 놓고 쉴 수 있으리 싸워야 한다, 오로지 끊임없이

그러므로 우리, 모든 일에 분연히 일어나세
휴식도 없이 피곤도 잊은 채
부드러운 목소리는 내팽개쳐라
그러고는 희망하고 갈구하며

고통의 멍에 아래 고개를 떨어뜨린 채
절망에 흐느낄 수야 없지
분투와 갈망 그리고 행동을 위하여
그렇지, 그것들은 그대로 여기에 있구나[15]

그는 현실과 유리된 추상적·철학적 체계를 가지고 자신의 불만을 토론

---

15) 초고에서 번역.

하고 있으며, 그것을 통해 자신으로 하여금 생활 속에서 진행 중인 여러 과정들을 깨닫게 하고, 그 과정 속에서 일정한 역할을 담당할 어떤 전망을 제시하고자 무척 애쓰고 있다. 따라서 헤겔에 관한 마르크스의 묘사는 상당 부분 그 자신에게 적용된다.

칸트와 피히테는 아스라한 대지를 갈구하며
푸른 창공에서 활개를 쳤네
하지만 나는 저 거리에서 목격한 것을
정확히 진실 되게 끌어안으려 하네[16]

그러나 베를린에서 마르크스가 주로 추구한 대상은 역시 시가 아니라 과학이었다. 당시 아버지에게 보낸 편지 중에서 현재까지 유일하게 남아 있는 1837년 11월 10일자 편지에는 그동안 읽은 책들과 연구해온 방대한 자료들을 정리하고자 하는 노력, 그리고 이론적 의문점들이 적혀 있다. 이 편지는 당시 그가 갖고 있던 관심의 폭과 다양성, 그의 보기 드문 근면성, 스스로에게 설정했던 높은 기준, 그리고 자신이 내린 결론들에 대한 비판적 태도(그는 그것들이 더 이상 타당하지 않다고 생각하는 순간 가차 없이 포기했다)를 엿보게 해준다.

마르크스는 베를린에서 법학, 역사, 예술이론, 외국어 등과 함께 철학에서도 탄탄한 기초를 다지기 시작했다. 철학에 대한 최초의 자극은 법철학에 관한 장편의 논문을 준비하는 과정에서 비롯되었지만, 철학에 대한 그의 관심은 역시 당대의 현실과 그것이 안고 있는 모순들을 이해하려는 충동에서 자극을 받았다.

청년헤겔학파와 헤겔 철학 연구

마르크스는 공부를 하면서 세계를 주관적 관념론의 입장에서 설명하려

---

16) 초고에서 번역.

는 시도가 공론에 불과하다는 사실을 깨달았다. 마르크스는 현실을 그 고유한 질서를 바탕삼아 해석하려는 충동에 따라, 또는 당시 그가 주장해왔던 철학적 관념론에 근거해서 관념을 표현했던 것처럼, 현실 그 자체 내에서 관념을 추구하려는 충동에 따라 헤겔 철학에 경도되었다. 그는 "객체 그 자체는 그 발전 속에서 관철되어야 하지 결코 독단적인 구분이 도입되어서는 안 된다."[17]라고 주장했다.

헤겔 철학은 18세기 말과 19세기 초에 유럽에서 발생했던 역사적인 갖가지 변화들의 한 반영이었다. 즉 헤겔 철학은 프랑스 혁명의 충격으로 봉건적 사회적 관계가 붕괴되면서 파생된 수많은 변화들 속에서 그 모습을 드러냈다. 이러한 사회적 과정들은 과학, 그중에서도 특히 자연과학의 급속한 발달과 함께 고루한 형이상학적 사고방식에 결정타를 가했다. 훗날 엥겔스는 이 같은 상황을 다음과 같이 묘사하고 있다.

"그러나 정확히 말해서 바로 그 점에 헤겔주의 철학의 진정한 의미와 혁명성이 존재하고 있었다. …… 즉 헤겔 철학은 이제까지 인간의 사고와 행동이 빚어낸 모든 산물들의 궁극성에 주저 없이 치명타를 가했던 것이다."[18]

헤겔의 위대한 업적은 그가 바로 변증법적 방법론을 체계적으로 정교화한 최초의 인물이었다는 데 있었다.

헤겔 철학은 세계를 낮은 곳으로부터 보다 높은 곳으로 지속적으로 발전·상승하는 과정에 있는 하나의 총체로 표현하고 있다. 헤겔의 관점에서 보면 발전은 투쟁과 내부적 모순의 해소를 통해서 진전되는데, 그것은 결국 새로운 단계로의 이행, 또는 낡은 모순의 '제거'와 새로운 질(質)에 고유한 새로운 모순의 출현으로 귀결된다. 발전은 연속성과 불연속성의 통일, 점진적인 양적 변화와 점진적 발전 내의 여러 단속 사이의 통일, 그리고 여러 비약적인 이행들의 새로운 질로의 통일이다. 헤겔은 이러한 원리를 주로 인간사회의 역사에 적용했다. 그는 세계사를 법칙에 지배되는 정

---

17) *MEGA*, Abt. 1, Bd. 1, Halbband 2, 42쪽.

18) Marx and Engels, *Selected Works*, Vol. 3, Moscow, 1970, 339쪽.

신의 발전이며, 스스로가 이러한 발전의 진정한 목적인 자유를 실현하는 것으로 보았다.

그러나 헤겔의 변증법은 그 스스로 모든 사물의 실재는 절대이념(Absolute Idea)이라고 언명했기 때문에 그 토대를 이념에 두고 있다. 그리고 그는 변증법적 운동의 전 과정을 이 절대이념의 자기발전으로 환원시켰다. 헤겔에 따르면 "절대이념은 …… 스스로를 자연으로 '외화시켜(전화시켜)' 다시 그 이후에는 정신 속에서, 즉 사상과 역사 속에서 자신으로 복귀한다."[19]라고 엥겔스는 기술하고 있다. 절대이념의 발전은 헤겔 철학 속에서 절대진리라는 형식을 통해 극에 달한다. 자신의 철학적 체계를 이렇듯 인간의 사상적 발전의, 일반적으로는 모든 발전의 궁극적 목표로 간직하는 것은, 그 스스로 모든 현상은 영속적인 운동과 끊임없는 변화 속에서 조망되어야 한다고 주장했기 때문에 자신이 제창했던 변증법적 방법론과 첨예한 모순관계에 빠진다. 헤겔 철학이 안고 있는 한계는 그의 정치적 견해에서 극명하게 드러나고 있다. 그는 사회 발전의 정상에는 제한적인 왕정이 자리 잡아야 한다고 주장했고, 그 왕정의 유일한 과업은 부르주아지의 요구에 부응하여 프로이센 국가에서 일정 정도의 '개선'을 이룩해내는 일이라고 보았다. 이러한 관점은 보수적인 형이상학적 체계를 세우는 데 급급한 나머지 헤겔의 변증법적 방법론이 갖는 객관적, 혁명적 내용을 희생시킨 것에 다름 아니었다.

헤겔의 변증법적 방법론과 그의 형이상학적 체계 사이의 모순은 봉건주의의 족쇄로부터 해방되고자 하면서도, 이를 위한 방법으로서 혁명적인 길을 기피하고 반동세력과 타협하는 방식을 선호했던 독일 부르주아지의 일관성 없고 모호한 세계관의 한 반영이었다.

마르크스는 베를린에 오기 전부터 이미 헤겔 철학에 어느 정도의 지식을 갖고 있었다. 하지만 그가 헤겔 철학을 본격적으로 연구하기 시작한 것은 1837년 봄 이후의 일이었다. 당시 그는 매일 밤을 꼬박 새워가며 독서에 열

---

19) Ibid, 340쪽.

중하는 바람에 건강을 심하게 해쳐 베를린 교외의 슈트랄준트(Stralsund)에서 요양 중이었다. 그리고 바로 그곳에서 "그는 다른 대부분의 헤겔 문하생들과 함께 철두철미하게 헤겔을 알고자 하는 작업에 착수했던 것이다."[20]

그 과정에서 1831년에 헤겔이 세상을 떠나자, 이 철학자의 문하생들 사이에 분열이 일기 시작했다. 그들 중 힌리히스(Hinrichs), 가블러(Gabler), 괴셸(Göschel) 등을 포함한 그룹은 종교의 수호에 호전적인 입장을 취하고 있었다. 이들 헤겔 우파들은 헤겔 철학을 기독교적 정통성으로 파악하고 기존의 정치질서 전반을 옹호하려 들었다.

흔히 청년헤겔학파로 알려져 있는 헤겔 좌파는 헤겔 철학으로부터 급진적인 결론을 추출해내려고 했으며, 기독교와 일반적으로는 종교의 도그마를 비판하는 데 그의 변증법적 방법론을 동원했다. (헤겔 좌파에는 다피트 슈트라우스, 형제간인 에드가 바우어와 브루노 바우어, 아르놀트 루게, 루트비히 포이어바흐 등이 포함되어 있었다.) 이러한 작업에 최초로 착수한 사람은 두 권으로 된 『예수의 생애Life of Jesus』(1835~36)의 저자 다피트 슈트라우스(David Strauss)였다. 이 책은 복음서를 초기 기독교 사회의 희망과 열망을 표현하고 있는 자생적 신화의 집합체로 여겼다.

이와는 대조적으로 브루노 바우어(Bruno Bauer)는 복음서가 인간의 자아의식의 발전에서 한 단계, 즉 인류가 계속적인 발전과 의식의 완성에서 반드시 극복할 수 있을 것으로 확신했던 한 단계를 반영하는, 신중한 고려가 담긴 신화 발생의 산물이라고 믿었다. 바우어는 슈트라우스보다 종교와 복음서에 대한 비판을 한층 더 확대시켰다. 그는 신의 기원뿐 아니라 예수 그리스도의 실존 그 자체에 대해서도 의심을 품었고, 기독교의 기원을 고대의 영적 생활과 철학적 경향에 연관시켜 고찰했다.

다피트 슈트라우스(1808~74)

----

20) *MEGA*, Abt. 1, Bd. 1, Halbband 2, 219쪽.

청년헤겔학파와 정통적인 종교 옹호자들 사이의 이러한 논쟁은 형식상 이론적인 색채를 띠고 있었다. 하지만 거기에는 명확한 정치적 내용이 담겨 있었다. 즉 절대왕정 체제의 주춧돌 중 하나인 신의 계시로서의 종교를 부정하고, 종교가 인간 정신의 산물이라는 주장에 의해 심각한 침해를 받았던 것이다. 청년헤겔학파는 비판을 통한 현실 변혁이라는 원칙을 제시함으로써 종교에 대한 비판으로부터 정치, 반동적 낭만주의 이데올로기, 프로이센 절대군주 체제에 대한 비판으로 한 걸음 더 나아갔다. 그리고 이것은 그들의 철학을 급진 독일 부르주아지 철학으로 탈바꿈시켰다.

관념론은 청년헤겔학파의 근본적 약점이었다. 헤겔과는 대조적으로 그들은 주관주의적 역사관으로 경도되었고, 이론적 비판의 전능함을 굳게 믿고서 특출 난 인물에 대한 비판적 사고가 인간 자아의식의 진보를 보증해주고, 결과적으로 모든 일반적 진보를 보장해준다고 믿고 있었다. 따라서 인간의 실천적 행위, 특히 집단적 행동을 과소평가하는 우를 범했다.

마르크스는 베를린 대학 시절에 청년헤겔학파를 알게 되었고, 흔히 세인들이 신성불가침으로 주장해오던 종교적·철학적 도그마에 대한 과감한 비판, 그들 중 몇몇이 갖고 있는 정치적 신념의 급진성, 그리고 양심과 출판의 자유에 대한 그들의 입장 등으로 해서 그 학파에 즉각적인 공감을 표시했다. 그는 '박사클럽(Doktor Klub)'으로 알려진 베를린 청년헤겔주의자 모임의 멤버들과 가깝게 지냈다. 그리고 당시 신학강사였던 브루노 바우어는 이 모임의 생명이자 정신이었다. 이 모임의 회원 중에는 역사 선생이자 탁월한 계몽사상 전문가요 찬미자로서 이내 마르크스의 좋은 벗이 되었던 카를 프리드리히 쾨펜(Karl Friedrich Köppen)과 지리학 선생 아돌프 루텐베르크(Adolf Rutenberg)도 끼어 있었다.

마르크스는 얼마 후 이 모임을 지적인 면에서 지도해나가는 사람 중 하나로 부각되었다. 그의 해박한 지식과 강력한 논리, 추론의 깊이와 일관성 등은 상당한 지위에 있던 연장자들조차도 감탄을 자아낼 만했다. 마르크스는 그저 남들과 동등한 대우를 받았던 정도가 아니었다. 많은 사람들이 그의 우월성을 인정하는 데 주저하지 않았던
것이다. 마르크스는 1840년 자신의 저서 『위대
한 프리드리히와 그의 적수*Friedrich der Grosse und
seine Widersacher*』를 마르크스에게 헌정했던 쾨펜
에 지대한 영향을 미쳤다. 1841년 탁월한 청년
헤겔주의자 모제스 헤스(Moses Hess)는 친구 베
르톨트 아우어바흐(Berthold Auerbach)에게 다음
과 같은 서한을 보냈다.

　"자네는 가장 위대하고 아마 생존하는 인물

모제스 헤스(1812-75)

중에서는 **유일하게 진정한 철학자**라 할 만한 인물을 만나보게 될 걸세.
…… 내가 상정한 우상이 남들에게서 듣고 있는 칭호를 그대로 사용하자
면 마르크스 박사가 되겠지만, 어쨌든 이 마르크스 박사는 중세의 종교와
정치에 마지막 결정타를 가할 인물치고는 아직 매우 젊은 청년(많아 봐야
24세 정도)이네. 그는 가장 심오한 철학적 진지성과 예리한 기지를 결합해
서 지니고 있다네. 루소와 볼테르, 돌바흐(D'holbach), 레싱, 하이네 그리고
헤겔이 한 인간의 몸속에서 혼융되어 있다고 상상해보게. 여기서 혼융이
란 결코 기계적인 혼합이 아닐세. 이것이 자네에게 마르크스 박사를 이해
할 수 있는 길을 열어줄 것으로 생각하네."[21]

　그리고 많은 사람들이 이와 비슷한 견해를 갖고 있었다.

박사학위 논문

　1839년 벽두부터 마르크스는 고대 세계의 철학적 사고, 특히 에피쿠로
스학파·스토아학파·회의론 등을 광범위하게 조망하는 데서 시작해서 철
학사 연구에 몰두했다. 이러한 선택을 한 것은 이들 철학체계에 대한 청년
헤겔주의자들의 관심과(그들은 이 철학체계들을 자의식의 철학의 선구적인 것
으로 간주하고 있었다) 주로 마르크스 개인의 관심이 작용했기 때문이었다.

------

21) *MEGA*, Abt. 1, Bd. 1, Halbband. 2, 216쪽.

마르크스는 자신의 무신론적 사고가 틀을 잡아감에 따라 그가 가장 위대한 고대 그리스 계몽사상가로 여겼던 탁월한 사상가들 중 한 사람, 즉 에피쿠로스의 철학에 자연스럽게 매력을 느꼈다. 마르크스는 윤리적 문제들과 주변 세계에 대한 인간의 태도를 다루는 철학적 경향에 깊은 관심을 표명했다. 결국 마르크스의 철학사 탐구는 그가 갖고 있던 한 가지 중요한 의문, 즉 철학이 외부 세계를 어떻게 다루고 있는지, 존재하는 모든 것들을 합리적이고 필연적인 것으로 수용하고 있는지, 현 상태와는 반대되는 것으로 존재해야 할 그 무엇인가를 자체 내에 담고 있는지의 여부에 대한 해답을 구하는 데 일정한 역할을 했다. 따라서 마르크스는 초기 연구 작업에서부터 이미 추상적이거나 순수이론적인 것들을 뛰어넘어 인간이 노예 상태로부터 해방될 수 있는 방법은 무엇인가, 인간이 자유로워질 수 있는 방법은 무엇인가라는 중차대한 질문에 답해줄 어떤 전망을 구성해내야 할 필요가 있었다.

이러한 연구 작업은 1839년에 첫 결실을 보았다. 그는 오늘날 『에피쿠로스, 스토아 철학, 회의론 철학에 관한 노트Notebooks on the Epicurean, Stoic and Sceptis Philosophies』로 알려진 예비 자료를 포함하는 일곱 권의 노트를 썼다. 이 노트를 통해 마르크스는 철학이 종교와 결코 양립할 수 없음을 보여주었다. 그는 철학이 세계에 어떤 영향력을 발휘할 만한 능력을 지닌 일종의 활동적 힘이라는 사실에 이미 확신을 갖고 있었다. 그는 "천상으로부터 불을 훔친 프로메테우스가 이 지상에 집을 짓고 정착하기 시작하는 것처럼 전 세계를 포용하기 위해 확장된 철학은 현상 세계를 거역한다."[22]라고 말했다.

마르크스가 "평범(mediocrity)은 절대정신의 전형적인 표현이다."[23]라고 주장한 몇몇 헤겔 추종자들을 비판했던 것도 바로 현실에 적극적으로 개입해 들어가는 철학에 근거해서였다. 그는 철학이야말로 가장 포괄적인

---

22) Ibid, Halbband 1, 131쪽.
23) Ibid, 132쪽.

인식 가능성을 갖고 있으며, 세계에 지대한 영향력을 행사할 수 있다고 주장했다. 그는 또한 정신은 강력하다고 역설했다. 따라서 그의 가장 예리한 비판의 화살은 당연히 인간 정신이 사물의 본질을 이해할 능력이 없다고 주장하면서, 인식 불가능한 현상들로 이루어진 세계를 맹목적으로 수용하라는 사람들에게 집중되었다. 그가 무지한 전문적 사제들이라는 교묘한 표현으로 묘사했던, 따라서 "그들의 일상사라면 오로지 자신들의 무력함과 사물의 권능을 통탄해하는 것이 전부인"[24] 칸트주의적 불가지론자들도 이런 부류에 속했다.

청년 마르크스의 급진주의와 자유로운 사고는 그의 에피쿠로스 철학에 대한 접근을 통해서 가장 두드러지게 나타난다. 그는 자유와 관련된 문제에 대한 에피쿠로스의 견해를 각별히 강조하면서 자유와 정신의 독립을 위해, 그리고 종교와 미신 및 내세의 천벌에 대한 공포가 채운 차꼬로부터 해방되기 위해 고군분투한 그의 노력에 찬사를 보냈다. 마르크스는 로마 시대의 저명한 철학자이자 시인인 루크레티우스(Lucretius)의 작품에서 발견한, 이와 동일한 유(類)의 생각을 제시해 보이기도 했다.

마르크스는 에피쿠로스를 무신론자로 고발한 교훈적 역사가 플루타르크(Plutarch)와 에피쿠로스 사이에 벌어졌던 논쟁을 놓고, 전적으로 에피쿠로스 편에 서서 그의 무신론적 결론들을 남김없이 수용했다. 그는 종교적인 사람들은 자신들이 신이라고 부르는 보다 높은 존재에 자신들의 속성들을 투영시킨다는 점에 대해서 이 고대 무신론자와 궤를 같이했다.

마르크스는 통상적으로 보여줬던 완벽성을 발휘해서 1839년 전부와 40년의 일부를

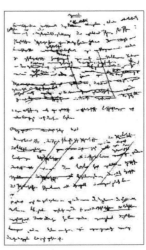

「데모크리토스와 에피쿠로스의
자연철학의 차이」 초고

---

24) Marx, Engels, *Werke*, Ergänzungsband, Erster Teil, 70쪽.

온통 고대철학사 연구에 바쳤다. 그리하여 1841년 초에는 「데모크리토스와 에피쿠로스의 자연철학의 차이*Difference between the Democritean and Epicurean Philosophy of Nature*」라는 제목의 박사학위 논문을 쓰기로 작정했다. 사실상 그 논문에 기술될 많은 사항들이 이미 윤곽을 드러내고 있었고, 부분적으로나마 그의 「노트」를 통해서 다듬어졌다. 하지만 이러한 주제를 정식화하는 일은 그 자체만으로도 데모크리토스, 에피쿠로스, 루크레티우스의 고대 원자론과 유물론에 명백한 편견을 갖고 있었던 헤겔과의 논쟁을 의미하는 것이었다. 그리고 실제로 1841년 3월에 쓴 논문의 서문에서 마르크스는 이들 철학체계를 과소평가한 헤겔을 논박하면서 그 철학체계들이 "그리스 철학의 진정한 역사에 이르는 열쇠"[25]를 제공했다고 지적했다.

그는 이 논문에서 인류의 정신적 발전과정상 데모크리토스와 에피쿠로스의 견해가 갖는 중요성을 강조했고, 에피쿠로스의 철학체계 속에 존재하는 변증법적 요소들, 특히 원자의 자발적인 쇠퇴에 관한 이론까지 밝혀놓았다. 에피쿠로스는 그러한 현상을 자기운동의 변증법적 원리의 표현으로, 즉 그가 활동의 원리로서 해석했던 원리의 표현으로 간주했다. 마르크스는 "따라서 선은 악으로부터의 탈출이며, 쾌락은 고통으로부터 벗어나는 것"[26]이라고 말했다. 한편 데모크리토스와 에피쿠로스의 자연관을 비교하면서 그는 후자 쪽을 지지했다. 에피쿠로스의 철학은 마르크스의 윤리관, 그중에서도 특히 자유론에 기초를 제공했다. 도덕적 문제들에 대한 마르크스의 접근은 그가 불합리한 세계를 개조하는 데 찬성하고 철학과 생활의 변증법적 통일을 강조했기 때문에 삶에 대한 철학의 적극적 개입을 함축하는 것이었다. 그는 "세계가 철학적인 것으로 변하면 철학 역시 세속적인 것으로 변한다. …… 그것의 현실화는 또한 그것의 상실이다."[27]라고 설파했다. 결국 이 말은 철학이 삶으로 탈바꿈하면 그 자체는 더 이상 순수이론이 아니며, 실천적 행위 속에서 자신의 화신을 발견하고

----
25) Marx, Engels, *Werke*, Ergänzungsband, Erster Teil, 262쪽.
26) Ibid, 283쪽.
27) Ibid, 328쪽.

삶을 새롭고 보다 높은 단계로 끌어 올린다는 의미이다. 여기에서 우리는 이론과 실천의 상호연관성과 통일이라는, 앞으로 마르크스가 펼칠 이론의 맹아를 발견하게 된다.

마르크스의 논문은 그의 무신론적 견해에 일정한 발전이 이루어졌음을 보여준다. 이 논문은 투쟁적이고 무신론적인 기풍과 미신에 대한 증오로 점철되어 있으며, 과학적 의문을 종교적 영역 내부로 국한시키고 그것을 종교적 이해관계에 종속시키려는 모든 반동적 철학을 과녁으로 삼고 있다. 앞서의 서문에서 마르크스는 무신론을 자신의 신조로 공언했다.

"철학은 …… 자신의 적들에게 에피쿠로스의 다음과 같은 외침으로 대답하는 데 결코 싫증을 내지 않을 것이다. 다수 대중이 숭배하고 있는 신들을 부정하는 사람이 아니라 대중이 신에 관해서 믿고 있는 바를 신에게 확언하는 자야말로 진실로 불경스러운 자이다. …… 프로메테우스의 '단적으로 나는 신들의 보따리를 증오한다.'라는 고백은 바로 철학 자신의 고백이며 천상과 지상에 존재하는 모든 신들에 맞서는 철학 자신의 경구이다."[28]

마르크스는 자신의 논문에서 신의 존재에 대한 이른바 증명이란 것이 한결같이 단순한 동어반복에 지나지 않는다는 사실을 강조하면서도, 한편으로는 종교적 전망이 비합리적임에도 불구하고 종교가 하나의 현실적 힘을 구성한다는 사실을 인식했다. 종교를 극복하는 데 조력하고 그것의 도그마를 타파함과 동시에, 그 본질과 기원 그리고 광범한 수용 현실을 분석하는 일이야말로 진정한 과학의 임무이다. 마르크스는, 신의 존재에 대한 믿음의 출현은 인간 의식의 발달과정에서 최초의 단계, 즉 아직 주변 세계를 인식하고 설명할 능력을 갖추지 못해서 갖가지 초자연적이고 비합리적인 속성들을 주변 세계 탓으로 돌렸던 미개한 사고 수준의 한 반영이라는 결론에 도달했다. 마르크스는 "세계가 아무런 까닭 없이 눈앞에 출현한다고 생각하는 사람, 따라서 자기 자신도 아무런 까닭 없이 존재한

---

28) *MEGA*, Abt. 1, Bd. 1, Halbband 1, 10쪽.

다고 생각하는 사람, 바로 그런 사람들을 위해 신은 존재한다."[29]라고 역설했다.

당시 베를린 대학에서는 누구든 학위논문을 끝까지 관철시키는 일이 매우 성가시면서도 상당한 희생을 감수해야 하는 일이었다. 그래서 마르크스는 논문을 예나 대학에 제출했고, 이윽고 1841년 4월 15일에 그곳에서 철학박사 학위를 수여받았다.

그가 여전히 관념론자요 헤겔주의자였음에도 불구하고 공공연히 무신론을 내세우고 철학이 현실에 관해서 활동적인 입장을 취한다고 주장했던 점에 비추어볼 때, 학위논문은 그의 이념적 발전에서 중요한 일정 단계를 이루었다고 할 만하다. 헤겔은 여전히 그에게는 위대한 권위('거인과도 같은 사상가')였다. 그러나 이 젊은이는 헤겔과는 다른 결론을 함축하는 몇 가지 질문에 대한 자기 나름의 접근방식을 제기하고 싶어 했다. 마르크스의 논문은 그가 자신의 전망을 세우는 데 중요한 의미를 지닌 이 문제들을 확인하는 데 일정한 역할을 했다. 그는 철학이 현실과 어떠한 관계를 맺는가 하는 문제와 씨름을 계속했고, 조만간 그는 사고와 존재 사이의 관계라는 문제에 부딪힐 수밖에 없었다. 그의 투쟁적인 무신론은 관념론과 양립할 수 없었는데, 이는 차후 그가 유물론을 수용하는 데 크나큰 도움이 되었다.

포이어바흐에 대한 입장

마르크스가 논문을 완성하던 바로 그해에 독일의 관념학계에는 중요한 사건이 일어났다. 그것은 다름 아닌 포이어바흐(Ludwig Feuerbach)의 저서 『기독교의 본질The Essence of Christianity』의 출판이었다. 이는 당시의 지도적 지성들에게 강력한 영향력을 발휘한 일대 사건이었다. 어떤 의미에서 보면 포이어바흐는 청년헤겔학파의 관념론을 그 경계 내에서나마 극복한 최초의 철학자였다.

---

29) Ibid, 81쪽.

그의 이 저서는 종교에 대한 유물론적 비판이었는데, 그는 이 책에서 자연이 인간 정신에 독립적으로 존재하며 그 자체로서 자연의 산물이라 할 인간이 출현하는 기반이라고 역설했다. 그는 또한 자연과 인간 외부에는 아무것도 존재하지 않는다면서, 인간의 종교적 상상력에 의해 창조된 신이란 존재는 인간 자신의 본질에 대한 환상적인 반영물에 지나지 않는다고 못 박았다. 포이어바흐 자신이 말했듯이, 인간의 신에 대한 개념은 개개인에게서 나타나는 특징이 아닌 하나의 전체로서의 인간, 인류, 영장류 혹은 하나의 유적 존재(類的 存在, Gattunswesen, a generic being)로서 인간에 귀속되는 모든 성질들을 구체화한 것이다.

그는 다음과 같이 언급하고 있다.

"당신은 당신 스스로 사랑하기 때문에 신의 한 속성으로서 사랑의 존재를 믿는다. 당신은 선(善)과 이성을 자신이 갖고 있는 최상의 성질로 여기는 까닭에 신이 현명하고 자비로운 존재라고 믿고 있는 것이다. …… 따라서 최상의 진리로 여겨지는 신은 다름 아닌 인간의 본질이다."[30]

결국 인간은 그 스스로 신의 개념 속에 소외시켰던 인간적 본질을 되찾아야만 했다.

하지만 당시에 이미 포이어바흐의 몇몇 개념들은 청년 마르크스가 혼자의 힘으로 일구어내고 있던 개념들과 상충되었다. 그는 포이어바흐의 관조적 접근방식을 받아들일 수 없었다. 철학을 일종의 활동적 요소로 보고 있었기 때문이었다. 한편 변증법에 대한 포이어바흐의 과소평가는 그것의 혁명적 역할에 대한 마르크스의 심층적 이해와 정면으로 충돌했다. 그러나 마르크스는 과학의 인식지평을 넓혀주는 데 일익을 담당했다는 의미에서 이 책을 대체로 환영

포이어바흐의 저서
『기독교의 본질』(1841) 초판 표지

---

30) L. Feuerbach, *Das Wesen des Christenthums*, Leipzig, 1904, 75, 77쪽.

했다. 그뿐만 아니라 마르크스는 종교의 현세적 기원에 관한 그 자신의 개념 때문에 포이어바흐에게 매력을 느꼈다. 그리고 마르크스 자신의 유물론적 시각이 성숙해지자 독일 관념론의 지반에 결정타를 가한 독일 고전철학의 마지막 대표자 포이어바흐는 마르크스에게 점차로 더 강력한 영향력을 발휘하게 되었다.

마르크스는 1842년 1월에 탈고한 뒤 이듬해에 출판된 『슈트라우스와 포이어바흐 사이의 중재자로서의 루터Luther as Arbiter Between Strauss and Feuerbach』라는 짧은 논문에서 처음으로 포이어바흐의 책에 논평을 가했다. 이 논문은 그 당시 마르크스가 포이어바흐에 대해 어느 정도 열광적이었는가를 보여준다. 사실 여느 청년헤겔주의자들과 마찬가지로 마르크스 역시 그 당시만 하더라도 『기독교의 본질』을 미처 그 유물론적 내용까지는 파악하지 못한 채(그가 전체적으로 볼 때는 여전히 관념론자에 머물러 있었던 까닭에) 주로 철저한 무신론 선언문으로 여기고 있었다. 하지만 마르크스는 그의 논문에서 "사물을 명상적인 신학의 눈에 **비친** 대로"[31] 보았던 슈트라우스와는 대조적으로 사물을 "**있는** 그대로" 보았던 포이어바흐 쪽을 지지했다. 마르크스는 포이어바흐의 견해에 대해 슈트라우스처럼 적대적인 반응을 보인 온건파 청년헤겔주의자들의 태도를, 진실을 이해하는 데 방해가 되는 미신으로부터 탈출하기를 명백히 꺼려하는 것으로 보았다. 그리고 그는 다음과 같은 결론에 도달했다.

"사실상 **불의 강**(the brook of fire)을 **건너는** 길 이외에는 **진리**와 **자유**에 이르는 어떤 다른 길도 당신에겐 존재치 않는다. 포이어바흐는 바로 우리 시대의 연옥(煉獄)이다."[32]

마르크스의 이 논문은 그의 견해 속에서 유물론적 요소들이 나타나는 경우 거기에는 거의 대부분 포이어바흐의 영향이 내재해 있다는 사실을 보여주고 있다.

---

31) Marx, Engels, *Werke*, Bd. 1, 26쪽.
32) Ibid, 27쪽, 동음이의어를 이용한 풍자, 즉 Feuer(fire)와 Bach(brook).

정치활동의 개시 _ 프로이센 검열제도에 대한 평론

박사학위 논문이 완성된 뒤 마르크스의 머릿속은 장래에 대한 계획들로 가득 찼다. 그는 본 대학에서 브루노 바우어와 함께 철학을 강의하고, 포이어바흐를 참여시킨 가운데『무신론의 기록*Archives of Atheism*』이라는 간행물을 창간하고, 또 기독교 예술에 관한 글을 쓸 작정이었다. 마르크스는 트리어에서 두 달 남짓 머문 뒤 1841년 7월 초에 생활 터전을 본으로 옮겼다. 그곳에서 그는 브루노 바우어와 친교를 맺게 되었는데, 헤겔 우파를 겨냥한 무신론적 사상이 담긴 소책자『헤겔의 심판을 알리는 나팔소리*The Trumpet Call of Hegel's Doomsday*』의 저술 작업을 돕기도 했다.

그러나 교수 자격을 취득하고자 했던 그의 희망은 실현되지 못했다. 프리드리히 빌헬름 4세는, 여러 반대세력들이 1840년에 있었던 그의 권좌 계승을 자유주의적인 정부시책의 서광으로 받아들였음에도 불구하고 권좌에 오른 즉시 헌법을 개정할 용의가 없음을 분명히 했다. 비록 온건한 방식을 택했지만 프로이센 왕정에 대한 비판에 대해서는 여전히 가차 없는 탄압이 자행되었다. 요한 야코비(Johann Jacoby)는 프로이센에 의회제도를 도입해야 한다고 주창한 팸플릿을 발행하여 대역죄로 고발당했다. 또한 브루노 바우어는 본 대학에서 해고당했다.

가장 급진적 성향을 지닌 청년헤겔주의자들(그 선두에 마르크스와 브루노 바우어, 아르놀트 루게를 내세운)은 날이 갈수록 기승을 부리는 정부의 보복 조치와, 자발적으로 헌법과 자유주의적 질서를 도입하리라 믿었던 '계몽 군주'에 대한 환상이 붕괴되면서 점차 정치에 눈길을 돌리게 되었다. 마르크스는 정치적 투사의 길을 단호히 선택했고, 젊은이 특유의 정열을 가지고 민주주의적 자유를 위해 프로이센 절대왕정과의 투쟁 한가운데로 투신했다. 그는 이미 진행 중이던 이론적 작업들을 일단 제쳐두고 1842년 1월 중순과 2월 초에「최근의 프로이센 검열훈령에 대한 논평*Comments on the latest, Prussian Censorship Instruction*」이라는 글을 썼다. 이것은 그가 쓴 최초의 정치평론적인 성격의 글이었다. 여기서 그는 당시 정부와 일부 온건파 반정

브루노 바우어(1809~82)와 아르놀트 루게(1802~80)

부 신문들이 새로이 등극한 왕의 자유주의적 의지를 드러낸 한 증거로서 쌍수를 들어 환영했던 검열법을 신랄하고도 비판적으로 공격했다.

마르크스는 이 글에서 가식으로 뒤덮인 훈령의 진정한 의미를 폭로했다. 그는 이것이 겉으로는 출판의 자유를 확대시킨 것처럼 보이지만 사실상 기세 좋게 날뛰던 반동적 검열제도에 칼자루를 쥐어준 꼴이 되었다고 말하고 있다. 그는 "무언가 양보하도록 강요받을 때 몇 사람과 몇몇 방편들을 희생시키고 대신에 문제가 되는 것 자체, 즉 제도는 보호하는 것이 **사이비 자유주의**(pseudo Liberalism)의 오랜 관습이다. 바로 이런 방식을 통해 미천한 대중의 관심을 딴 데로 돌리는 것이다."[33]라고 언급하고 있다. 그 훈령의 핵심은 기독교에 관한 비판을 철저히 금지하는 것이었던바, 당시에는 기독교 비판이 반정부적 정견의 주요 창구였기 때문에 정부로서는 이를 금지함으로써 기존 체제에 대한 모든 비판의 예봉을 꺾어버리고 싶었을 것이다.

마르크스는 언론에 재갈을 물리려는 프로이센 정부의 의도를 맹렬히 비난했다. 사상에 유죄를 선언하는 법률이란 애초부터 자기 혼자서만 공동의 지혜를 소유하고 있다고 상상하고 국민으로부터 등을 돌린 정부만이 생각할 수 있는 발상이기 때문이었다. 그러한 정부는 어떤 관료장치에 의존할 수밖에 없고 오직 관리들만을 신임할 수밖에 없었다. 프로이센 국가 체제의 치명적 약점은 관료들, 즉 오만하고 거칠 것 없는 권세를 틀어쥐고 있는 관리들의 횡포였다. 그들의 말과 행동은 사실상 신성불가침이었다.

따라서 마르크스는 검열제도 비판에, 프로이센 국가제도 전반에 관한,

---

33) Ibid, Bd. 1, 4쪽.

그리고 절대주의적 봉건체제의 근본적 결점에 대한 결연하면서도 일관된 비판을 연결시켰다. 그러므로 그의 다음과 같은 결론에는 어떤 혁명적인 메아리가 존재한다.

"제도 그 자체가 그릇된 것이기 때문에 **검열제도의 근본적 치유책**이라면 그것은 **폐지**밖에 있을 수 없다."[34]

이것은 독자들에게 독일의 사회질서가 어떤 부분적 개선이 아닌 근본적 변혁을 필요로 하고 있

『새로운 독일 철학과 저널리즘에 대한 일화집』(1843) 초판 표지

다는 사실(그의 논리 전반에 걸쳐서 암시되고 있는 것이지만)을 시사해주었다. 물론 그가 그러한 변혁의 추진세력과 계급적 목표에 대해 아직 명확한 인식에 이르지 못했지만, 그의 첫걸음은 가히 혁명적·민주주의적 확신의 충격적 표현이었다고 말할 수 있다.

마르크스의 이 글은 기존의 검열제도가 엄존하는 한, 독일에서는 출판이 불가능했다. 따라서 이 글은 스위스에서 아르놀트 루게(Arnold Ruge)에 의해 간행된 『새로운 독일 철학과 저널리즘에 대한 일화집*Anekdota zur neuesten deutschen Philosophiie und Publizistik*』이라는 전집 제1권에 수록되면서 1843년에야 빛을 보게 되었다.

『라인신문』의 기고가이자 편집장

마르크스의 혁명적·민주주의적 시각은 그로 하여금 폭넓은 행동 분야와 자신의 사상을 피력할 연단을 찾아 헤매도록 부추겼다. 그는 1842년 쾰른에서 창간된 『라인신문*Rheinishe Zeitung*』이라는 반정부지에 참여했다. 그 신문은 라인란트의 부유한 부르주아들(캄프하우젠[Camphausen], 한제만[Hansemann]과 그 밖의 자유주의적 반정부 지도자들)이 설립했고, 재원도 그들로부터 조달했다. 그들은 최상의 작가를 모집하려는 노력의 일환으로 급

---

34) Marx, Engels, *Werke*, Bd. 1, 25쪽.

진주의자들, 그중에서도 특히 청년헤겔주의자들에게 눈을 돌렸다. 이것은 결국 공동의 적과 맞서 싸운다는 데 합의한 일종의 사적인 계약이 되었다. 마르크스의 추천을 받아(당시에 이미 마르크스는 라인주의 각종 정치적 서클에서 그 권위를 인정받고 있었다) 베를린의 청년헤겔주의자인 아돌프 F. 루텐베르크가 편집자로 발탁되었다. 바우어 형제와 모제스 헤스 그리고 프리드리히 쾨펜과 같은 청년헤겔학파 소속 정치평론가들이 그 신문의 기고가로 활약했다. 그러나 처음에는 자유주의적 논조가 우세하기는 했지만 그 노선이 다소 모호한 편이었다. 따라서 그리 많은 독자를 확보하지는 못해서 1842년 1월 당시 구독자 수는 400명에 불과했다.

마르크스는 라인주 의회의 활동에 관한 그의 연재기사 제1회가 실렸던 1842년 5월부터 『라인신문』에 기고하기 시작했다. 그 기사는 나라 전체를 퍽 떠들썩하게 만들었다. 1842년 여름 이후 그는 기고하는 일 외에 편집 과정상 보다 강력한 발언권을 행사하면서 그 신문에 한층 더 적극적으로 참여하게 되었다. 1842년 10월 중순에 신문과 관련된 작업이 그를 아예 쾰른으로 옮겨 앉도록 유혹했는데, 결국 10월 15일에는 그 신문의 편집장이 되었다. 그 이후로부터 이 신문은 혁명적 민주주의의 색채를 분명히 드러내기 시작했고, 프로이센 전제주의와 그 이념적 옹호자들을 비판하는 데도 점차 날을 세우기 시작했다. 이 최초의 현장학습은 마르크스가 갖고 있던 재능의 여러 측면을 유감없이 드러내 보였다. 즉 그의 조직 능력, 편집요원 선발 과정에서 나타난 노련미, 비상한 업무수행 능력, 집필과 편집 양쪽에서 보여준 천부적인 문학적 재능 등이 그것이었다.

대형 일간신문 편집장의 입장에서 그는 갖가지 사회·경제적인 문제들과 끊임없이 접하게 되었다. 그리고 이 문제들은 편집진과 검열당국 직원들이 참석하는 주례회의에서 항상 뜨거운 논쟁거리가 되었다.

마르크스는 보다 많은 기고자들을 모집했고 신문을 훨씬 더 대중적으로 만들었다. 그리하여 이 신문은 이내 라인주, 심지어는 프로이센 공국의 경계 너머에서도 흔히 읽히게 되었다. 이 신문의 통신원들 중에는 영

『라인신문』 창간호

국에 주재하면서 기사를 송고하고 있던 청년 엥겔스도 끼여 있었다. 『라인신문』은 독일 전역 민주주의자들의 정서를 대변하는 신문이 되었다. 발행 부수도 늘어 1842년 8월에 885부이던 것이 11월에는 1,820부, 그리고 1843년 1월에는 3,400부(그 당시로서는 상당히 견실한 것으로 평가되는)에 이르게 되었다. 1842년 12월에 『만하임 석간신문Mannheimer Abendzeitung』은 다음과 같이 논평하고 있다.

"그 신문의 국내외 구독자 수는 하루가 다르게 증가일로에 있다. 이제 진보와 자유의 벗들은 …… 자신들의 관심을 옹호해주는 기관지를 하나 갖게 된 셈이다."

마르크스의 기사가 논조를 규정하게 되면서 이 신문의 노선은 프로이센 정부에게 예사롭지 않은 경계의 대상이 되었다. 마르크스의 라인주 의회에 관한 연재기사 제1회가 실리자 주 검열관들은 촉각을 한층 곤두세웠다. 그러더니 교회와 국가 사이의 관계를 다룬 두 번째 기사의 게재를 금지시켰다. 하지만 정부당국자들은 벌목에 관한 법률을 놓고 주 의회에서 벌어진 논쟁을 다룬 그의 기사에 이르러서는 그야말로 노발대발하지 않을 수 없었다. 그리하여 라인란트 지방장관(Oberpäsident)인 에두아르트 폰 샤퍼(Eduard von Schaper)는 "기존 국가제도에 대한 무례하고도 불경스런 비판에 비추어" 그 신문에 대해 소송절차를 밟기로 결정했다. 그리하여 이 신문은 발간금지에 직면하게 되었다. 1842년 11월 20일에 마르크스는 루게에게 다음과 같은 편지를 띄웠다.

"지금 우리는 하루 종일 검열과 정부의 전언, 지방장관의 불평, 주 의회 내의 비판, 주주들의 호통 등 참으로 끔찍스런 고통들을 견뎌내야 한다.

하지만 나는 능력이 미치는 한, 권력을 쥔 자들이 그들의 계획을 실행에 옮기지 못하도록 하는 것이 내게 주어진 임무라고 생각하기 때문에, 단지 그 이유만으로 지금 이 자리를 지키고 있다."[35]

이러한 상황 아래서 그 신문을 폐간시킬 구실만을 찾고 있던 프로이센 반동주의자들에게 그러한 빌미를 주지 않고 신문의 기본 노선을 지켜나 간다는 것은 마르크스 편에서 보면 엄청난 침착성과 유연성을 요구하는 것이었다.

마르크스의 정치평론에 나타난 혁명적 민주주의 사상

독일에서 중대한 정치적·사회적 쟁점을 둘러싼 지속적이고도 격렬한 논쟁을 통해 마르크스는 자신의 혁명적 민주주의에 대한 신념을 더욱 굳 혀나갔으며, 열렬한 혁명적 정치평론가로서 붓끝도 더욱 예리하게 다듬 어갔다.

그가 쓴 모든 평론들은 현존체제가 비합리적임을 인식시키고, '전제정 치와 폭력'을 옹호하는 자들의 논의가 오류임을 보여주었다. 그의 평론은 진보에 대한 확고한 신념, 낡은 것과 소멸해가는 것에 맞서는 새롭고 진보 적인 것의 필승에 대한 신념으로 빛났다.

또한 그의 평론들은 혁명기의 문학, 즉 냉혹한 비판 속에서 **"새로운 삶의 자신의 힘에 대한 지각**, 다시 말해 산산이 **부서진** 것을 **부수고, 거부된** 것을 **거부하는** 힘에 대한 지각"[36]에 의존하는 문학에 관해서그가 했던 말을 그대로 축약하고 있다.

『라인신문』에 실린 그의 최초의 평론「언론의 자유와 신분제 의회의 회의록 간행에 대한 논쟁*Debates on Freedom of the Press and Publication of Proceedings of the Assembly of the Estates*」은 그 자신이 밝혔듯이 검열제도와 언론의 자유를 지금까지와는 다른 각도에서 다룬 것이었다. 최근의 프로이센 언론검열

---

35) Ibid, Bd. 17, 413쪽.
36) Marx, Engels, *Werke*, Bd. 1, 80쪽.

제도에 대한 앞선 논평에서는 두 문제를 일반적인 관점에서 다루었다. 하지만 이번 평론에서는 이를 상이한 사회집단 및 신분의 태도와 결부시키고, 그의 비판을 프로이센의 절대주의적 봉건체제를 떠받들고 있는 사회적 기초, 즉 프로이센 정치제도의 실체를 해명해주는 융커계급의 지배와 계급적 특권으로까지 확대시켰다. 그는 신분 대표의 원칙 자체에 대해 맹렬한 공격을 가하고, 이 원칙이 인민의 의사에 위배된다는 점을 지적했다.

라인주 의회는 귀족계급이 지배하고 있는 전형적인 봉건적 신분지배제도로서 대의제의 원칙을 우롱하고 있었다. 따라서 주 의회가 주의 이익을 보호한다고는 하지만 주는 "의회 대표자들을 통해서가 아니라 오히려 이들에 맞서 투쟁하지 않으면 안 되었다."[37]

의회의 신분제적 성격은 언론의 자유에 관한 토의에서도 그 흔적을 남겼다. 귀족계급을 대표하는 자들은 언론의 자유가 결국 혁명에 이른다고 주장하면서 이를 반대했다. 마르크스는 귀족계급의 그 같은 주장이 혁명을 어떤 사람의 악의적인 음모의 탓으로 돌리려는 시도임을 폭로하면서, 혁명이란 법칙에 의해 지배되는 객관적인 과정이라고 지적했다. 혁명이 언론의 자유를 통해 일어나지 않는 것은 천체의 운동이 천문학자의 망원경 때문에 발생하지는 않는다는 이치와 마찬가지라는 것이다.

마르크스의 평론 가운데 두드러진 점은 의회 내 부르주아 출신 의원들의 모호한 태도에 대한 비판이었다. 마르크스는 그들이 편협한 계급적 이익에 따라 움직이고 있으며, 언론의 자유 문제만 하더라도 "**공민**(citoyen)으로서가 아니라 **부르주아**(bourgeois)로서"[38] 반대하고 있음을 에누리 없이 인식하고 있었다.

마르크스는 의회 내 농민 출신 의원들을 지지했다. 이들의 '대담하고 당당하고 단호한 입장'은 언론의 자유를 반대하는 자들의 애처로운 노력과 뚜렷한 대조를 이루고 있었다. 그는 자유란 백해무익한 푸념과 겸손한 요

---

37) Ibid, 43쪽.
38) Ibid, 65쪽.

구로 얻어지는 것이 아니라 창과 도끼로 쟁취하는 것이라고 주장했다.

이 평론은 마르크스의 혁명적·민주주의적 핵심 견해, 즉 봉건군주제의 사회적 신분제에 대한 증오, 일부 사회적 신분계급의 특권 대신 전체 인민을 위한 민주주의적 제반 자유의 쟁취 요구, 편협한 독일 부르주아 자유주의의 비판, 그리고 대중을 수수방관적 태도로 이끌 자유주의적 전술에 맞서 단호한 혁명적 행동으로 대처할 것 등을 분명히 밝히고 있다. 정치평론가로서 마르크스는 독일의 정치적·사회적 질서뿐만 아니라 그것을 옹호하는 반동적 철학자들과 역사가들에 대해서 선전포고를 했다. 그는 무엇보다도 반동적인 낭만주의를 혹평했다. 독일의 법학자 슈탈(Stahl)과 역사가 레오(Leo), 프랑스의 보날(Bonald)과 메스트르(Maistre), 스위스의 할러(Haller) 등 낭만주의 신봉자들은 당시 프랑스 부르주아 혁명을 저주하고 중세시대의 찬가를 부르면서 계몽주의를 공격하고 있었다. 또한 후고(Hugo), 사비니(Savigny) 등 역사법학파는 귀족주의적인 봉건제도를 찬양하고 있었다. 그들은 역사적 전통과 유서 깊은 제도를 함부로 변경해서는 안 된다고 주장했다. 이들 전통과 제도는 독특한 민족정신의 산물로서 합리적인 설명이나 변경의 대상이 될 수 없기 때문이라는 것이다.

마르크스의 평론 「역사법학파의 철학적 선언*The Philosophical Manifesto of the Historical School of Law*」은 바로 이 같은 경향의 반동적 성격과 진보적 관념에 대한 적대적인 입장, 그중에도 특히 기존질서의 혁명적 전복이라는 관념에 대한 이들의 적대감을 폭로한 글이었다. 마르크스는 후에 그러한 경향을 "과거의 악으로 현재의 악을 정당화하는 부류, 예를 들면 태형(笞刑)이 전통적으로 물려받은 역사적인 제도인 한, 그 태형의 부당성을 외치는 농노들의 행위까지도 반란으로 낙인찍을 그런 부류다."[39]라고 좀 더 예리하게 규정하고 있다.

『라인신문』에 게재된 이 평론을 쓸 때까지만 해도 국가의 성격과 역할, 물질적 활동과 정신적 활동의 관계에 대한 그의 견해는 대체로 관념적이

---

39) Ibid, 380쪽.

었다. 그러나 현실을 비판적으로 평가하려는 충동과 자유의 이상을 순수한 이성의 영역에서가 아니라 현실 속에 구현하려는 충동은 인민의 현실적 이해관계를 이해(理解)하고 옹호하려는 의욕과 더불어 주변 세계, 특히 모든 사회적 관계에 대한 그의 인식을 더욱 심화시키고 구체화시켰으며, 이는 마침내 마르크스를 유물론에 도달하게 만들었다.

그가 『라인신문』 편집장에 취임한 다음 날, 이 신문은 그의 논설 「공산주의와 아우크스부르크의 종합신문Communism and Augsburg-Allgemeine Zeitung」을 게재했다. 이 논설의 요지는 그의 신문이 공산주의를 선전하고 있다는 『종합신문』의 비난을 반박하는 것이었다. 마르크스는 이 논설에서 공산주의 문제는 유럽의 선진국, 특히 영국과 프랑스에서 엄청난 중요성을 띠어가고 있다고 썼다. 그는 공산주의는 '전 유럽적인 의미를 지닌' 동시대의 가장 심각한 쟁점이라고 말했다. 나아가 마르크스는 공산주의 사상과 이들 국가에서 전개되고 있는 프롤레타리아 대중투쟁이 밀접한 관련을 맺고 있음을 깨닫기 시작했다. 그는 이렇게 썼다.

"오늘날 아무것도 소유하지 않고 있는 신분이 중간계급의 부(富)를 함께 나눌 것을 **요구**하고 있음은 맨체스터, 파리, 리옹에서 모든 사람들에게 분명한 사실로 드러났다."[40]

그가 특히 세 도시를 언급한 데는 그럴 만한 충분한 이유가 있었다. 맨체스터는 인민헌장운동의 중심지였고, 파리와 리옹은 프롤레타리아 혁명 활동의 무대였기 때문이다. 많은 사람들은 아직도 1831년과 1834년 리옹의 직공(織工)들이 일으킨 봉기를 기억하고 있었다.

나중에 마르크스는 그가 당면한 문제의 중요성을 깨닫자마자 자신의 지식이 사회주의와 공산주의의 본질에 대해 최종적인 판단을 내리기에는 부적절함을 알게 됐다고 술회한 적이 있다. 하지만 그는 피에르 르루(Pierre Leroux), 빅토르 콩시데랑(Victor Considérant), 프루동(Pierre Joseph Proudhon)의 저서를 읽고 그들의 유토피아적 사회주의에 이론적 결함이 있다는 점

----

40) Marx, Engels, *Werke*, Bd. 1, 106쪽.

을 분명히 인식하고 있었다. 당시에는 대지주계급의 옹호라든가 동직길드(craft guild, 동업자조합)의 유지 요구와 같은 반동적·봉건적 원리들이 흔히 공산주의라는 가면을 쓰고 유포되고 있었는데, 이런 상황은 민주주의적 성향이 강한 마르크스가 이들 교리에 대해 취하는 태도를 결정짓는 데에도 영향을 미쳤다.

마르크스는 당시 광범위하게 유포되고 있던 유토피아적 사회주의의 아류적인 교리들 속에서 분명하게 나타난 교조주의와, 세인들에게 절대진리를 계시하려는 듯한 작태를 비판했다. 그는 이렇게 썼다.

『라인신문』은 …… 지금과 같은 형태를 띤 공산주의 이념은 **이론적 현실성**조차 지니고 있지 않다고 보며, 따라서 이들 사상이 **현실적으로 실현**되기를 바라지도 않거니와 실현될 가능성이 있다고 보지도 않는다."[41]

청년 마르크스는 현실에 대한 교조적인 처방을 선언하거나 제시하는 것을 삼가고, 끊임없이 현실의 모순들을 깊이 연구함으로써 그 모순을 해결할 방법을 모색하려고 했다. 그 후 탁월한 공상적 사회주의자들의 사상을 보다 폭넓고 깊이 있게 고찰하면서 마르크스는 그들의 이론이 지닌 합리적인 요소를 제대로 평가할 수 있게 되었고, 이를 그의 과학적 공산주의 이론을 구축하는 데 창조적으로 이용할 수 있었다.

마르크스는 1842년 10월 25일부터 11월 3일까지 『라인신문』에 게재된 「도벌방지법에 관한 논쟁Debates on the Law on Thefts of Wood」이라는 논설에서 중요한 사회문제를 다루었다. 이 논설은 「제6차 라인주 의회 의사록 Proceedings of the Sixth Rhine Province Assembly」이라는 제목의 연재기사 가운데 세 번째 주제에 해당하는 것이었다. 이 논설에서 그는 단지 사회 전체의 이익을 대변하는 데 그치지 않고 "정치적·사회적 특권이 없는 가난한 대중들의 이익"[42]을 대변했다. 이를 계기로 그의 혁명적 민주주의는 보다 뚜렷한 사회적 목표를 갖게 되었다. 이제 그는 기존 체제에서 억압받는 광범위

---

41) Ibid, 108쪽.
42) Ibid, 108쪽.

한 근로인민대중의 이익을 옹호하는 것을 목표로 삼은 것이다.

마르크스는 라인주 의회가 도벌에 형벌을 가하고, 바람에 떨어진 나뭇가지를 가난한 사람들이 채취하는 것조차도 처벌을 가하게끔 한 새 법률안을 지지함으로써 완전히 산림의 사적 소유자(이들의 이익은 무산근로인민의 이익과 정면으로 충돌하는데) 편을 들고 있음을 지적했다. 마르크스는 이때까지만 해도 국가기구란 사회 전체의 이익을 대변한다는 관념론적 견해를 취하고 있었지만, 주 의회뿐만 아니라 국가 자체도 사유재산의 보호자로 나서고 있다는 사실을 깨닫기 시작했다. 그는 프로이센 국가가 계급적 특권과 관료주의적 경찰제도를 보유함으로써 국가 그 자체의 원칙과 성격을 포기했다고 믿었다. 그는 분기탱천하여 "프로이센에서 국가는 지나치게 저자세를 취함으로써 독자적인 행동을 취하는 대신 마치 사유재산과 같은 자세로 행동하고 있다."[43]라고 썼다. 하지만 마르크스는 이미 사유재산의 이익과 기존 국가의 정책이 연관되어 있다는 중대한 사실을 인식하기 시작했다.

그는 프로이센 국가가 산림 소유자를 옹호하고 사적 이익의 노예가 되어버렸다고 비난하면서, 인민의 이익에 대한 국가의 적대성을 강조했다. 당시 마르크스가 그의 글에서 자주 사용한 사적 이익이라는 개념은 점점 더 구체적인 내용을 획득해가고 있었다. 보편성과 특수성이라는 철학적 반명제의 이면에서는 가진 자와 못 가진 자 사이의 모순이 그 윤곽을 잡아가고 있었던 것이다.

이 같은 모순과 프로이센 국가의 반민중적 실체는 「모젤 특파원 보고의 정당성Justification of the Correspondent from the Moselle」이라는 그의 논설 속에서 보다 강렬히 제시되었다. 이 논설은 1843년 1월 15~20일 사이에 『라인신문』에 게재되었다. 이 논설은 모젤 지방의 포도 재배 농민들이 입은 재난과, 정부가 이들을 도와주려 하지 않았던 사실을 보도한 『라인신문』 기자 페터 코블렌츠(Peter Coblenz)의 기사를 부인하려는 폰 샤퍼의 시도를 반박하

---

43) Ibid, 126쪽.

라인란트 지방장관인
에두아르트 폰 샤퍼(1792~1868)

기 위해 기고한 것이었다. 이 신문 편집장인 마르크스는 폰 샤퍼와 논쟁을 벌임으로써 프로이센 당국과 공식적으로 대결했던 것이다.

그의 논설은 그가 절대주의와 봉건잔재 아래서 농민들이 겪는 고난의 근본적 원인을 보다 깊이 이해하고 있음을 보여주었다. 그는 모젤 지방의 포도 재배 농민의 심각한 상황을 날씨와 지방 관리들의 온갖 과오 탓으로 돌리려는 자들의 견해에 단호히 맞섰다.

그는 다음과 같이 기술하고 있다.

"국가와 관련된 상황의 실태를 조사하는 데 사람들은 너무나 쉽게 **상황의 객관적 성격**을 간과하고 일체를 관련자들의 **의지**만으로 설명하려는 경향을 보인다. 하지만 개인적 인간의 개별적 기관의 행동을 규정하는 **상황**이 있는 법이며, 이들 상황은 인간의 호흡방식과 마찬가지로 그들의 의지와는 독립해서 존재하는 것이다."[44]

마르크스는 여기서 인민이 겪는 고난의 주원인이 프로이센의 사회체제와 프로이센 군주정치의 본질 속에 담겨 있음을 시사하고 있다. 인민과 유리되어 있고, 그들 위에서 지배하며, 인민의 이익을 무시하는 관료주의 기구에 대해 설득력 있게 묘사했던 것이다. 그는 인민의 이익과 프로이센 국가의 제반 정책 사이에는 늘 모순이 존재한다고 주장했다. 그의 논조 전반을 관통하는 관념은 하나였다. 즉 기존질서 아래서 인민은 정부에 대해 어떤 선의의 조치도 기대할 수 없다는 것이었다. 따라서 당시에 폰 샤퍼를 상대로 한 5부의 반박문 가운데 2부만이 보도되고, 나머지는 금지됐다고 해도 그리 놀라운 일은 아니다.

이 논평은 마르크스의 정치평론 스타일상 일정한 변화의 조짐을 보여주었다. 즉 논리적인 면에서는 지극히 정연함에도 불구하고 추상적인 느

---

44) Ibid, 177쪽.

낌을 주는 구문들이 거의 눈에 띄지 않는다는 점이 바로 그것이다. 그는 이 평론에서 인민의 이익을 위해 싸우는 투사로서 크고 분명한 목소리로 이렇게 말했다.

"주변 사람들에게서 자주 궁핍에 찌든 냉혹한 목소리를 들어야 하는 사람은 자신의 사상을 가장 세련되고 절도 있는 이미지로 표현해주는 미학적 재치를 쉽사리 잃고 만다. 그리고 고향에서 자신의 뇌리를 한시도 떠나지 않았던 인민들의 고통스런 언어로 공공연히 말하는 것이야말로 잠시나마 자신의 **정치적**인 의무라고 생각할지도 모른다."45)

'자유인'들과의 갈등

청년헤겔학파와 점차 결별을 선언하고 있던 마르크스의 이론적 견해들과 『라인신문』에서의 전술노선은 '자유인(Die Freien, The Free)'을 자칭하는 베를린의 한 모임과 갈등을 일으켰다. 그들 중에는 에드가 바우어와 훗날 막스 슈티르너(Max Stirner)라는 필명을 사용한 카스파 슈미트(Kaspar Schmidt)의 지도를 받고 있던 청년헤겔주의자들도 있었다. '자유인'의 독특한 특징은 만사에 무차별적인 비판을 가하고 어떤 긍정적인 계획을 제시하지 못하면서도 철저한 부정을 주창하며, 전혀 적절치 못한 상황에서 공산주의와 무신론에 관해 목청을 돋우어 초급진적으로 발언한다는 점이었다. 그들은 어떠한 타협이나 협의도 거절했다. 그들의 이 거칠고 기묘한 태도는 베를린 부르주아들을 공포의 도가니로 몰아넣었지만, 사실상 정부에 대해 현실적인 위협으로 다가가지도 못했고, 단지 민주주의 운동에 대한 비방을 일삼았을 뿐이었다.

마르크스는 '자유인'들의 추상적 비판은 결코 바람직한 일이 못 된다는 점을 누차 강조하면서, 올바른 이론이라면 구체적 조건들의 맥락하에서, 또 그러한 조건들의 힘을 근거로 설명하고 다듬어야 할 것이라고 주장했다. 그래서 마르크스가 『라인신문』의 편집장 자리에 앉자마자 더 이상 그

---

45) Marx, Engels, *Werke*, Bd. 1, 172쪽.

왼쪽부터 아르놀트 루게, 루트비히 불, 키가 큰 카를 나우베르크, 두 손을 내밀면서 루게를 반박하는 브루노 바우어, 오토 비간트, 오른손을 든 에드가 바우어, 담배 피우는 막스 슈티르너, 에두아르트 메옌, 두 명은 신원 미확인, 그리고 맨 오른쪽 앉아 있는 인물이 프리드리히 쾨펜 (엥겔스의 스케치)

들의 평론을 싣지 않았다. 1842년 11월에 루게에게 보내는 한 서한에서 그는 다음과 같이 심정을 피력한다.

"이 사람들은 『라인신문』이 마치 **자기네들 것**인 양 생각하는 데 익숙해져버렸습니다. 그러나 나는 이 맥 빠진 낱말들의 홍수를 그전처럼 수수방관할 수만은 없다고 믿고 있습니다."[46]

'자유인'은 이에 대해 마르크스가 보수주의에 빠져 있다는 선동적 비난으로 앙갚음했다. 마르크스는 그 모임의 일원인 에두아르트 메옌(Eduard Meyen)에게 보낸 답장에서 "모호한 추론, 떠들썩한 표현, 독선, 자기 경탄은 자제하고 명확성, 구체적 현실에 대한 관심, 전문적 지식에 대해서는 좀 더 정진할 필요가 있다."라고 주장했다. 그는 공산주의와 사회주의 교리가 매우 피상적으로 다루어지거나, 간헐적으로 이루어지는 과장 섞인 평론 속에서 다루어진다는 것은 참을 수 없는 일이라고 말하면서 "공산주의에 관한 전혀 상이하면서도 보다 철저한 논의"[47]를 요구했다. 그러

---

46) Ibid, Bd. 27, 411쪽.
47) Ibid, 412쪽.

나 '자유인'은 이러한 비판을 무시하고 주관론과 무정부주의적 개인주의 속으로 한층 깊숙이 침잠해 들어갔다. 그들과의 결별은 불가피했다. 그리고 그것은 마르크스가 청년헤겔학파와 공개적으로 결별하는 출발점이 되었다.

『라인신문』의 폐간

마르크스는 『라인신문』에서 일하기가 점점 더 어려워지고 있음을 깨달았다. 신문은 이중의 검열제도 아래 놓이게 되었다. 관할지역 담당 검열관을 거친 뒤 그보다 고위직 검열관인 주지사(Regierungspräsident)[48]의 철저한 검열을 받아야 했다. 마르크스는 프로이센 경찰국가의 분위기가 점점 굳어지고 있음을 느꼈다. 1843년 1월에 마르크스는 루게에게 보내는 편지에서 다음과 같이 말하고 있다.

"머슴의 의무들을 실행에 옮기는 것은 그것이 아무리 자유를 위한 것이라 할지라도 그릇된 것입니다. 그것은 곤봉 대신 송곳으로 싸우는 것에 다름 아니기 때문입니다. 나는 지금 위선과 어리석음, 엄청난 도그마에 지쳐 있고, 우리의 굴종과 어설픈 비판과 단어에 대한 속임수와 사소한 집착에 신물이 나 있습니다."[49]

정부는 점점 『라인신문』을 프로이센 국가에 위협적인 존재로 보았고, 편집장을 매우 우려하는 눈초리로 바라보았다. 1843년 1월, 베를린 당국이 기존 검열관 두 명에 추가해서 특별 감시임무를 주어 쾰른에 파견한 정부검열관은 마르크스야말로 『라인신문』의 배후에 있는 '움직이는 정신'이며, '이 신문의 모든 이론에 생명을 불어넣어주는 원칙'이라고 말했다. 당국은 『라이프치히 종합신문 Leipziger Allgemeine Zeitung』과 『독일연보 Deutsche Jahrbücher』 등과 같은 민주주의적인 언론기관의 폐간 조치에 항의하는 마르크스의 논설에 격분하고 있었다. 그리고 모젤 지방 포도 재배 농민의 재앙

---

48) Regierungspräsident. 프로이센 중앙정부의 지역대표.
49) Marx, Engels, *Werke*, Bd. 27, 415쪽.

에 관한 그의 논설은 정부에게 이 신문을 폐간시킬 최후의 빌미를 주었다.

1843년 1월 19일에 정부는 이 신문을 1843년 4월 1일자로 폐간시키기로 결정하고, 그때까지 특별히 엄격한 검열을 실시했다. 공식적인 통첩장은 『라인신문』이 "교회와 국가의 현존질서에 대한 적대의식을 유포하고, 그들의 존립을 위협하여 불평불만을 고취하고 …… 우방국을 중상모략하려는 뚜렷한 경향을 띠고 있다."50)라고 지적했다. '우방국의 중상모략 운운'은 이 신문이 독일 내정문제에 대한 제정러시아의 간섭에 날카로운 비판을 가한 것을 말한다. 이 비판은 당시 러시아 귀족계급 사이에 불만을 일으켰었다. 차르의 베를린 주재 공사는 "노골적으로 혁명적 경향을 유지하고 있는"51) 그 신문의 폐간에 만족을 표시하면서 이 소식을 상트페테르부르크에 보고했다.

『라인신문』의 폐간은 일련의 항의파동을 낳았다. 라인란트 전역에서 폐간명령을 철회할 것을 프로이센 왕에게 요구하는 서명운동이 벌어졌다. 쾰른에서만 삽시간에 1,000명의 서명을 받아냈다. 청원서를 보낸 사람들 가운데는 마르크스가 이 신문을 통해 그들의 이익을 열렬히 옹호한 모젤 지방의 포도 재배 농민들도 있었다. 그들은 청원서에서 이렇게 말했다.

"우리는 『라인신문』이 허위사실을 유포했거나 정부를 중상한 사실을 알지 못한다. 오히려 우리는 이 신문이 우리 지방과 우리의 처지, 그리고 관계당국과 우리의 운명에 대해 오로지 진실만을 보도한 것으로 알고 있다."52)

반정부 언론들은 이번 정부의 조치를 독일 언론이 그나마 보유하고 있던 이 나라의 중대한 사회적 쟁점에 대한 제한된 토론의 자유를 반동세력이 뻔뻔스럽게 침해한 것으로 보았다. 그러나 이 신문의 재정을 맡고 있던 라인 지방의 자유주의 부르주아 계급은 이 신문을 수호하기 위해 어떠한

---

50) Joseph Hansen, *Rheinische Briefe und Akten Zur Geschichte der Politischen Bewegung 1830~1850*, Bd. 1, (1830~45). Essen, 1919. 402~03쪽.

51) *From the History of the Working-Class and Revolutionary Movement*, Russ. ed., Moscow, 1958, 660쪽.

52) *Trier'sche Zeitung*, March 2, 1843.

근본적인 조치도 취하려 하지 않았다. 사실 그들은 이 신문이 마르크스의 지도로 획득한 혁명적 민주주의의 논조를 결코 달가워하지 않고 있던 터였다.

국왕에게 제출할 청원서에 대해 논의하고 있을 때, 주주이자 이사회 멤버 한 사람이 장광설을 늘어놓으면서 이 신문의 노선을 공격했다. 1843년 2월에 열린 주주총회에서, 발행인 가운데 한 사람인 다고베르트 오펜하임(Dagobert Oppenheim)은 1842년 11월 이전까지만 해도 당국이 이 신문의 논설에 대해 불만을 품은 일이 없었다고 말하면서, "11월에 접어들고 나서야 정부당국과 갈등을 빚었고 마침내 이와 같은 예기치 않은 파국을 가져왔다."[53]라고 불평했다. 이는 마르크스의 정치노선에 대한 노골적인 질책이었다. 왜냐하면 그가 편집장을 맡은 것이 1842년 10월이었기 때문이다.

이런 상황에서 마르크스가 이 신문에서 계속 일한다는 것은 불가능한 일이었다. 1843년 3월 18일자 『라인신문』은 마르크스가 편집장에서 사퇴했다는 공고문을 실었다. 그렇다고 마르크스의 사퇴가 이 신문을 살리는 데 도움이 되는 것은 아니었다. 결국 이 신문은 3월 31일에 최종호를 발행하고 폐간되었다.

프로이센에서 혁명적 사상을 공개적으로 옹호하는 것이 불가능함을 깨닫자, 마르크스는 프로이센을 떠나기로 마음먹었다. 편집장을 그만두기 전에도 그는 루게와 서신 연락을 통해 해외에서 혁명기관지 발행 계획을 상의했다. 그는 지금 필요한 것은 한정된 집단을 위한 현학적인 논설이 아니라 인민을 위한 정기간행물, 가능하다면 월간

『라인신문』 폐간호에 실린 풍자화. 그리스 신화에 나오는 프로메테우스를 인쇄기에 묶여 있는 마르크스로, 그의 간을 쪼는 독수리는 프로이센의 검열로 묘사했다.

---

53) *Frankfurter Journal*, February 21, 1843.

지를 발행하는 것이라고 확신하고 있었기 때문이다. 1843년 5월 말에 마르크스는 드레스덴(Dresden)에 가서 며칠간 묵으면서 루게와 이 계획을 상의했다.

마르크스는 혁명이 다가오고 있음을 더 이상 의심하지 않았다. 그는 프로이센 국가라는 배에는 바보들로 가득 차 있으며, 파멸이 예정되어 있는 혁명의 폭풍 속으로 곧장 항해 중이라고 썼다.

이때부터 혁명의 문제와 혁명의 성격, 무엇보다도 혁명의 원인과 원동력의 문제야말로 무엇보다도 마르크스의 관심을 사로잡기 시작했다. 당시 이론가로서 그의 발전은 괄목할 만했고, 이 과정에서 그의 실천적인 정치활동이 결정적인 역할을 했다. 『라인신문』에서의 활약은 그의 사상에 근본적인 변화를 가져왔다. 그는 관념론(idealism)에서 유물론(materialism)으로, 그리고 혁명적 민주주의에서 공산주의로 전환하기 시작했던 것이다. 이 기간 중에 그는 단순히 인민의 이익을 옹호하고, 인민을 억압하는 봉건절대주의 국가인 프로이센에 반대하는 격렬한 발언에만 몰두해 있었던 것은 아니었다. 그는 각기 상이한 사회적 집단에 속한 인간들의 행동은 모종의 객관적 요인에 근거하며, 그들의 사적인 이해관계도 그들의 객관적인 사회적 지위에 따라 좌우된다는 점을 인식하기에 이르렀다. 마르크스는 그가 추구하는 주요 노선, 즉 "개인적 인간과 각 정부당국의 행동을 결정하는"54) 객관적인 여러 관계들의 본질을 밝혀내는 문제에 대해 보다 명확한 관점을 획득했던 것이다.

편집장으로서 그는 갖가지 경제문제에 부딪히게 됐고, 그로부터 이 분야에 대한 그의 지식이 부족하다는 점뿐만 아니라 경제문제가 인간생활에서 우선적인 역할을 하고 있다는 점을 깨닫게 되었다. 엥겔스는 나중에 "마르크스가 순수 정치학으로부터 경제적 관계들과 사회주의에 대한 연구로 전환하도록 만든 것은 「도벌방지법」과 모젤 지방 농민 실태에 대한

---

54) Marx, Engels, *Werke*, Bd. 1, 177쪽.

연구였다고 술회하는 것을 여러 차례에 걸쳐 들었다."⁵⁵⁾라고 회고했다.

마르크스는 현존체제를 변혁시킬 수 있는 동력을 발견하기로 결심했다. 그가 취한 방향이 얼마나 정확했는가는『라인신문』폐간 6주 후 루게에게 보낸 편지에 잘 드러나 있다. 그는 이렇게 말했다.

"공업과 상업 체제, 소유와 인간의 착취 체제는 인구성장 속도보다도 더 빠르게 현존사회 내에서 (낡은 체제로는 치유할 수 없는) 분열에 이르고 있소."⁵⁶⁾

『라인신문』에서 근무한 덕택에 그는 국가와 관련된 또 다른 분야에서도 많은 경험을 쌓을 수 있었다. 그는 국가란 결코, 헤겔이 주장한 대로 보편적 이성의 구현(具現), 즉 각 개인의 사적 이해관계를 초월한 보편성의 구현이 아니라는 사실을 깨닫게 되었다.

따라서『라인신문』폐간 이후 새로운 혁명적 언론의 발간 계획을 일단 유보한 채 당분간 연구실로 물러난 마르크스는 이중의 과제에 당면하게 되었다. 하나는 사회와 국가에 대한 헤겔의 관념론적 개념에 대한 비판적 검토였고, 또 하나는 사회적 과정 이면에 있는 원동력과 이 세계의 혁명적 변혁을 수행할 수단과 방법을 발견해내는 일이었다.

크로이츠나흐에서,『헤겔 법철학 비판』초고 _ 역사에 관한 노트

1843년 5월에 마르크스는 약혼녀 예니 폰 베스트팔렌과 그녀의 어머니가 살고 있는 라인 지방의 소읍 크로이츠나흐로 이사했다. 마르크스와 예니는 이곳에서 1843년 6월 19일에 결혼했다.

1843년 5월부터 10월까지 몇 개월 동안 크로이츠나흐에서 보낸 기간이 아마도 그의 길고 험난한 생애 중 가장 행복한 시절이었을 것이다. 감정을 잘 표현하지 않던 마르크스는 루게에게 다음과 같이 당시의 심정을 피력하고 있다.

---

55) Ibid, Bd. 39, 466쪽.
56) Ibid, Bd. 1, 342~43쪽.

"나는 사랑에 흠뻑 빠져 있으며, 그것도 매우 진지한 사랑에 빠져 있음을 아무런 낭만주의적 과장 없이 확실히 말할 수 있습니다."[57]

마르크스는 예니에게서 헌신적인 아내와 그의 일을 전심전력으로 도와주는 조력자를 발견했다. 그는 그녀와 함께 창조적인 계획을 세우고, 그의 대담무쌍한 사상을 함께 나누었다. 마르크스는 그의 글들을 훌륭한 교양과 지성을 갖춘 아내에게 보여주고 그녀의 비평을 요구했다. 그

『헤겔 법철학 비판』의 독일어판 첫 페이지

녀는 그의 글을 맨 처음 읽는 사람 가운데 하나였고, 흔히 그의 글에 대해 최초의 비평을 가하는 사람이기도 했다. 그녀는 문학에 대해 나무랄 데 없는 감식력을 지니고 있었기 때문에, 마르크스는 그녀의 비판적인 논평을 존중했으며 그녀의 충고를 기꺼이 받아들였다.

마르크스로서는 크로이츠나흐 시절이 가장 창조적인 작업에 집중적인 노력을 기울였던 때였다. 그의 앞에 놓인 주요한 문제는 국가와 법에 대한 헤겔의 이론을 비판하는 일이었다. 이 이론은 헤겔의 관념론적 사회관을 요약한 것이었다. 이 연구 작업의 결과가 바로 1927년에 소련에서 『헤겔 법철학 비판*A Critique of Hegel's Philosophy of Law*』이라는 제목으로 처음 출판된 미완성 초고였다.

마르크스는 1842년 초에 국가와 법에 대한 헤겔의 견해를 맨 처음 비판했다. 이때 그는 헤겔의 중심적인 사상 가운데 하나인 입헌군주제의 옹호를 단호히 거부했다. 1842년 3월 5일에 마르크스는 헤겔의 법적·정치적 개념에 관해 비판적 논문을 쓸 계획임을 루게에게 알려주었다.

"이 논문의 핵심적인 논점은 **입헌군주제**(constitutional monarchy)에 대한

---

57) Marx, Engels, *Werke*, Bd. 27, 417쪽.

투쟁"58)이라고 그는 썼다. 이 논문은 오늘날까지 전해지지 않고 있으며, 어쩌면 완성되지 않았을지도 모르지만, 마르크스의 사고방향만큼은 매우 분명했다. 그는 당시 민주주의적 원칙들이 군주제와 양립할 수 없음을 입증하기 위해 노력하고 있었다. 그렇지만 아직은 헤겔의 사회이론 전반에 대한 비판적 검토라는 과제에 착수할 만한 능력은 갖추지 못했다. 그가 이 과제에 착수한 것은 1년 뒤였다.

마르크스가 헤겔의 관념론을 비판하는 데 크나큰 도움이 된 것은 1843년 초에 스위스에서 출판된 『최근 독일 철학과 저널리즘에 관한 일화집 *Anekdota zur neuesten deutschen Philosophie und Publizistik*』이라는 두 권의 선집 속에 수록된 루트비히 포이어바흐의 「철학개혁을 위한 예비명제*Preliminary Theses for a Reform of Philosophy*」라는 논문이었다. 이 논문에는 포이어바흐의 유물론적 관점이 정식화되어 있었다.

"사유(thinking)와 존재(being)의 참다운 관계는 다음과 같다. **존재는 주어 (主語, Subject)이며, 사유는 술어(述語, Predicate)이다.** 사유는 존재로부터 비롯되나 존재는 사유로부터 비롯되지 않는다."59)

포이어바흐는 헤겔 철학이 신학의 마지막 도피처임을 지적했다. 그는 자신이 종교비판에서 사용한 방법론을 관념론 철학에 적용해 "단순하고 적나라하며 순수한 진리를 획득하기 위해서는 단지 **주어**를 **술어**로 대치하고 **대상**과 **원칙**을 **주체**로 대치하기만 하면, 다시 말해 사변철학을 완전히 뒤집어놓기만 하면 된다."60)라고 강조했다.

사변철학을 '뒤집는다'는 개념과 사고와 존재의 참다운 관계를 확립한다는 개념은 마르크스가 『헤겔 법철학 비판』 초고에서 헤겔의 관념론을 비판하는 데 일반적·방법론적 원칙으로 적용했다. 헤겔의 견해에 대한 포이어바흐의 비판은 마르크스가 독자적으로 발견하게 되는 유물론에 보

---

58) Ibid, 397쪽.

59) L. Feuerbach, "Vorläufige Thesen Zur Reform der Philosophie", *Sämtliche Werke*, Bd. II, Leipzig, 1846, 263쪽.

60) Ibid, 246쪽.

다 가까이 접근하는 데 도움이 되었다. 마르크스는 또한 당시 포이어바흐 철학의 취약점, 그중에서도 특히 현안의 정치적 쟁점을 회피하려는 태도를 지적했다. 『철학개혁을 위한 예비명제』가 출판된 직후 아르놀트 루게에게 보낸 편지에서 마르크스는 이렇게 논평했다.

"포이어바흐의 경구(警句)들은 그것들이 자연만을 너무 지나치게 강조하고 정치에 대해서는 지나칠 정도로 소홀히 하고 있기 때문에 나를 만족시키지 못합니다. 사실 정치야말로 현대철학이 진리에 도달하기 위한 필수적이고 유일한 담보가 될 것입니다."[61]

여기서 우리는 인간에 대한 두 사람의 견해 차이의 실마리를 발견하게 된다. 포이어바흐는 인간을 추상적 인간주의의 관점에서 주로 자연적이고 본능적인 존재로 파악했다. 이는 포이어바흐가 갖가지 철학적 문제에 적용했던 편협한 인간학적 원칙이었다. 하지만 이때 마르크스는 이미 인간을 사회적 존재로, 역사에 뿌리박은 사회적 제 관계의 산물로 파악하고 있었다.

따라서 마르크스의 『헤겔 법철학 비판』 초고에서 국가(state)와 시민사회(civil society)의 관계가 중심문제가 되고 있었음은 지극히 자연스러운 일이 아닐 수 없다. 당시 '시민사회'란 사적인(주로 물질적인) 이해관계와 그에 따른 제반 사회적 관계의 영역을 가리키는 데 사용되었던 용어이다. 시민사회의 개념이 각 개인이 폐쇄적이고 적대적인 실체로서 서로 대립 충돌하는 영역으로 광범하게 인식되었다는 것은, **만인은 만인에게 늑대**(homo homini lupus est)라는 원칙이 지배하는 자본주의 사회의 인간관계가 갖는 특징을 그대로 반영하는 것이었다. 시민사회의 본성과, 시민사회에 대한 국가의 관계를 올바른 관점에서 바라본 것은 사회질서에 대한 과학적이고 유물론적인 관점을 향한 중요한 일보였으며, 역사적 과정 전체의 배후에 존재하는 주요 원인을 파악할 수 있도록 단서를 제공해주기도 했다.

헤겔은 국가란 시민사회보다 더 고차원적인 발전단계에 있으며 시민사

---

61) Marx, Engels, *Werke*, Bd. 27, 417쪽.

회를 규정한다고 주장했다. 그러나 마르크스는 정반대의 견해, 즉 시민사회는 국가의 선행조건(prerequisite)이라는 견해를 취했다. 마르크스는 국가의 실체와 구체적인 사회적 관계 사이의 연관성을 탐구하는 가운데 사유재산이 정치체제와 관련해서 결정적인 역할을 수행한다는 탁월한 견해를 피력했다.

"정치체제의 최고단계는 …… **사유재산제도**이다."[62]

그는 아직도 사유재산을 주로 법률적 측면에서 파악했지만, 사회·정치제도를 설명하면서 그가 취한 노선은 분명히 유물론적이었다.

마르크스는 그의 비판을 헤겔의 정치적 견해에 집중했고, 그중에서도 특히 프로이센 관료기구와 군주정치에 대한 헤겔의 옹호를 비판의 초점으로 삼았다. 현존제도를 그 성격상 찬양할 수밖에 없었던 헤겔의 법철학에 대해 마르크스는 비판적으로 분석·요약하면서 이렇게 썼다.

"헤겔은 근대국가의 본질을 있는 그대로 기술했다는 점에서가 아니라, 현존하는 것을 **국가의 본질**인 양 기만했다는 점에서 비난을 받아 마땅하다."[63]

그는 헤겔을 비판하면서 인간에게 적합한 사회체제, 즉 민주주의에 관해 나름대로의 견해를 제시했다. 그는 민주주의를 인간의 존재(즉 인간의 이해관계, 인민의 이해관계)가 그 기본법칙을 이루는 인민의 자기규정(self-determination)으로 파악했다. 헤겔의 용어를 빌려 마르크스는 민주주의는 모든 국가의 진리, 즉 모든 국가발전의 이상적이고 궁극적인 목표라고 썼다. 그는 인간은 민주주의 아래에서만 오로지 자신이 창조하는 힘(정치제도)의 노리개로 전락하는 상황으로부터 벗어나 그 힘의 주인이 될 수 있을 것이라고 확언했다. 그때야 비로소 국가는 인민에 적대적인 입장을 떨쳐버리고 인민의 **특수한 존재형태**[64]가 될 것이다. 마르크스는 "참다운 민

---

62) Marx, Engels, *Werke*, Bd. 1, 303쪽.

63) Ibid, 266쪽.

64) Ibid, 232쪽.

주주의 아래서 **정치적인 국가는 소멸될 것**"[65]이라는 점을 깨닫게 된 '근대 프랑스인'에 관해 언급했다. 그는 의심할 여지없이 위대한 공상적 사회주의자 생시몽과 그의 미래사회, 즉 인간의 통치기관이 사물의 관리기관으로 전화하게 된다는 미래사회에 대한 구상을 염두에 두고 있었다.

민주주의를 인민에 의한 실질적인(명목적으로가 아니라) 지배로 파악하려는 욕구는 당연히 마르크스로 하여금 이것이 실현될 수 있는 사회체제를 모색하도록 해주었으며, 그래서 그는 공산주의를 향해 한 걸음 더 나아가게 됐다. 하지만 아직까지도 그의 민주주의 개념 자체에는 초고에 나타난 바와 같이 포이어바흐의 인간학 지상주의(anthropologism)와 추상적 인간주의(humanism)의 영향을 받은 흔적이 남아 있었다.

마르크스의 사고방식에 담긴 유물론적 요소는 헤겔의 관념론에 대한 비판이 심화됨에 따라 구체화되었다. 마르크스는 헤겔 철학의 여러 측면에 대한 비판으로부터 그의 관념론적 원칙들에 대한 비판적 검토로 옮아갔다. 그는 아직 유물론자로 자처할 수는 없었으나, 그의 헤겔 비판은 이미 본질적으로 유물론적이었다.

그는 관념론적 방법론에 내재된 치명적인 결함을 지적했다. 그에 따르면, 관념론적 방법론은 "그 사상을 객관적 대상으로부터 전개시키는 것이 아니라 이미 자기 임무를 완성한, 그것도 논리의 추상적 영역에서 자기 임무를 완성한 사고의 모형에 따라 그 대상을 구성하고 있다."[66]라는 것이다.

마르크스는 헤겔 철학을 증거로 들어, 관념론은 필연적으로 종교와 신비주의로 전락한다는 결론을 이끌어냈다. 그는 헤겔의 관념론적 철학과 그의 보수적 정견(政見) 사이의 연관성을 들춰내고, 구체적인 역사적 사실인 프로이센 군주정치가 헤겔 철학 체계 속에서 어떤 식으로 절대이념의 한 발전관계로 변형되었는가를 입증했다. 헤겔은 이와 비슷한 방식으로

---

65) Ibid.
66) Ibid, 213쪽.

반봉건 국가의 다른 속성들, 그중에서도 특히 신분제와 관료제 및 장자상속제(primogeniture)를 신비의 베일 속에 덮어두고 있었다.

헤겔 철학에 대한 비판 작업은 마르크스에게 헤겔의 철학적 구조물을 반박하는 데 필요한 사실을 역사 자체에서 구하도록 자극했다. 그리하여 『헤겔 법철학 비판』 초고 전반에서는 추상적 전제 대신 구체적인 현실 분석으로부터 출발하는, 다시 말해 '논리의 실천'이 아니라 '실천의 논리'로부터 출발하는 유물론적 경향이 지배하고 있다. 그는 사회사(history of society)에 대한 가장 진지한 연구야말로 시민사회와 국가의 관계를 규정하는 데 도움이 될 수 있다는 점을 인식하고 있었다. 따라서 그는 문제의 일반적 제시에 만족하지 않고 역사적 접근방법을 취하고자 했다. 그래서 마르크스는 1843년 여름에 『헤겔 법철학 비판』 초고 작성과 병행해서 역사에 대한 근본적 연구에 착수했던 것이다.

5권으로 된 『크로이츠나흐 노트*Kreuznach Notebook*』에는 국가의 이론과 역사 그리고 영국, 프랑스, 독일, 미국, 이탈리아, 스웨덴 등 개별 국가의 역사에 관한 저서에서 발췌한 수많은 인용문이 수록되어 있다. 이 중에는 탁월한 독일의 역사가 바크스무트(E. W. Wachsmuth)의 저서를 포함한 18세기 말 프랑스 혁명에 관한 전문적인 역사문헌들이 특히 큰 비중을 차지하고 있다. 그가 프랑스 혁명에 관한 자료수집에 집중적인 노력을 기울인 까닭은 동시대의 사회를 형성하는 데 프랑스 혁명이 끼친 영향을 충분히 인식하고 있었고, 사회 발전의 배후에 있는 사회적 주요인을 연구하는 데 프랑스 혁명을 이용하려 했기 때문이었다. 당시 마르크스가 연구한 저서 가운데는 르네상스기 이탈리아의 탁월한 사상가인 마키아벨리, 프랑스 계몽주의 사상가인 몽테스키외와 루소, 그리고 반동적 낭만주의 이론가인 샤토브리앙(F. R. Chateaubriand)과 유스투스 뫼저

독일의 역사가이자 문헌학자이며
신학자인 바크스무트(1784~1866)

(Justus Möser) 등의 저서가 있었다.

『크로이츠나흐 노트』에 기록된 발췌문의 주제와 성격, 그리고 이들에 대한 색인의 내용을 통해 우리는 당시 그의 관심을 사로잡은 문제의 범위를 짐작할 수 있으며, 경우에 따라서는 이들 문제에 대한 그의 접근방법도 분명히 이해할 수 있다. 발췌문에서 가장 눈에 띄는 것은 봉건적 소유관계와 그것이 사회의 계급구조 및 정치제도에 미친 영향에 관한 문제이다. 여기서 마르크스는 프랑스 부르주아 대혁명(Great French Bourgeois Revolution)의 역사에 대한 분석에 상당한 관심을 기울이고 있다. 이는 마르크스가 다양한 계급 사이의 이해관계의 충돌과, 그것이 혁명의 전개과정에 미친 영향에 대해 보다 심오한 견해를 획득하는 데 도움이 됐다. 여기서 가장 주목할 만한 사실은 그가 부르주아 계급의 정책이 경제적 요인, 특히 소유관계에 좌우된다는 것을 추적하려고 애쓰고 있다는 점이다. 마르크스의 발췌문집을 살펴보면, 부르주아 혁명은 '법 앞에 만인은 평등하다'는 식의 명목적인 평등의 확립을 통해서가 아니라 소유관계의 근본적인 변화를 통해서만 비로소 확립될 수 있는 **참다운** 평등을 실현하지 못했음을 분명히 하고 있다.

주제에 관한 색인 역시 자신의 유물론적 사고가 관념론적 사회이론에 대한 비판을 통해서뿐만 아니라, 역사적 현상에 대한 유물론적 인식을 획득하려는 독자적인 노력을 통해서도 발전되었음을 보여주고 있다. 가령 '소유와 그 영향'이라는 핵심적인 주제에서는 정책이 소유관계에 의해 좌우됨을 입증하는 자료를 한 군데에 묶어놓고 있다.

마르크스는 역사의 교훈을 연구하는 가운데 진정으로 인간적인 사회라고 불릴 만한 사회체제로 전진해나갈 방법도 모색했다. 게다가 과거의 혁명이 지닌 제한적인 성격을 발견한 것도 그가 혁명적 민주주의 틀에서 탈피해 공산주의적 견해를 형성해가는 데 영향을 미쳤던 것이다. 역사연구는 그의 이론적 연구에 튼튼한 과학적 기초를 제공했으며, 공상주의에 대한 효과적인 해독제 역할도 했다.

크로이츠나흐에서 머문 몇 개월이야말로 마르크스 사상의 발전과정에 중요한 이정표를 세워주었다. 몇 년이 지난 뒤 엥겔스는 이렇게 썼다.

"마르크스는 당시, 인류의 역사 발전과정을 이해하는 데 핵심적인 열쇠를 제공하는 것은 헤겔이 '전 구조물의 대들보'라 일컬은 국가가 아니라, 헤겔이 매우 경솔하게 다룬 '시민사회'라는 결론에 도달했다."[67]

헤겔의 법철학과 그의 관념론 일반에 대한 포괄적인 비판은 과거 역사적 경험의 요약 및 포이어바흐의 유물론적이고 인간주의적인 견해에 대한 연구와 더불어 마르크스 사상의 유물론적 경향을 형성·촉진시켰다. 그는 변증법적 방법의 혁명적 성격을 파악하고 보다 구체화시킨 변증법의 대가(大家)로서, 현존사회는 내부에 근본적인 변혁의 필요성을 안고 있다고 보았다. 하지만 그는 그 변혁과정에 대해서는 조야한 윤곽밖에 제시하지 못했다(즉 '민주주의'의 이상적 상태라든가 '진정한 민주주의'라는 형식으로). 그는 아직도 그러한 변혁을 실현할 수 있는 사회적 힘을 모색하고 있는 중이었던 것이다.

『독불연보』의 발행 준비, 파리로 가다

크로이츠나흐에서도 마르크스는 『라인신문』 폐간 이전부터 시작한 독일과 프랑스 민주주의자들을 단결시킬 정기간행물의 발행계획과 관련한 서신 연락을 계속했다.

마르크스는 1843년 9월에 아르놀트 루게에게 보낸 편지에서 파리에서 발행할 잡지의 대략적인 계획표를 제시했다. 마르크스는 현존 세계질서에 대한 가차 없는 비판을 이 잡지의 주요 노선으로 채택해야 한다고 주장했다. 이 잡지는 독자적인 결론을 내리는 데 대담해야 하고, 현존하는 권력과의 충돌을 두려워하지 말아야 한다는 것이었다. 마르크스는 이 같은 비판을 목적 그 자체, 즉 비판을 위한 비판으로 간주한 것이 아니라 새로운 세계관을 구축하고 새로운 세계를 향한 길잡이를 세우기 위한 수단으

---

67) Marx, Engels, *Werke*, Bd. 16, 362쪽.

로 간주했다.

그는 당파정신(party spirit)이야말로 이 같은 세계관의 핵심적 원칙 가운데 하나로 보았다. 이론적 비판을 실천적인 혁명적 행동으로 옮기고, 현존체제에 대한 비판을 "정치에 대한 일정한 당파적 태도와 연계시키며, 그리하여 우리의 비판을 **실질적인** 투쟁과 결합·일치시키는"[68] 과제를 수행하는 과정에서, 마르크스는 처음으로 이론과 실천의 통일이라는 가장 중요한 개념을 정식화했다.

그는 현존체제를 비판하고 미래사회에 대한 견해를 피력하면서도, 여전히 포이어바흐의 인간주의가 제기한 여러 개념들을 폭넓게 다루었다(가령 '진정한 인간적 실체'의 구현 등과 같은 개념). 그리고 포이어바흐의 인간주의는 민주주의적이고 반(反)절대주의적인 감정과 더불어, 이미 진정한 과학적 공산주의의 세계관을 향해 매진하고 있던 마르크스와 부르주아적 급진주의자 아르놀트 루게, 민주주의자 율리우스 프뢰벨(Julius Fröbel), 혁명시인 게오르크 헤르베크(Georg Herwegh), 급진적인 정치평론가 카를 루트비히 베르나이스(Karl Ludwig Bernays), 장차 '진정한 사회주의(true socialism)'의 이론가가 될 모제스 헤스, 그 밖에 몇 사람들의 공동 활동을 위한 공통의 기반을 형성했다(이러한 공통의 기반은 결국 얼마 안 가 무너지고 말았다).

수많은 쟁쟁한 프랑스 사회주의자들로부터 기고를 받는다는 계획도 세웠다. 그중에는 라므네(Lamennais), 루이 블랑(Louis Blanc), 에티엔 카베(Etienne Cabet), 프루동도 끼어 있었다. 마르크스는 또한 포이어바흐에게 셸링의 반동적 철학을 비판하는 평론을 부탁하기도 했다. 레닌은 1843년 10월 3일자로 마르크스가 포이어바흐에게 보낸 서한을 매우 가치 있는 것으로 평가했다. 이 서한에서 "마르크스는 철학의 기본 경향들을 놀라울 정도로 명료하게 지적했다."[69] 포이어바흐는 대체로 이 잡지에 개입하지

---

68) Marx, Engels, *Werke*, Bd. 1, 345쪽.
69) V. I. Lenin, *Collected Works*, Vol. 14, 336쪽.

않으려는 입장을 취했다. 그러나 마르크스는 파리에서 보낸 1844년 8월 11일자 서한에서도 알 수 있듯이, 포이어바흐가 혁명적 행동에 적극적으로 참가하리라는 희망을 버리지는 않았다. 포이어바흐를 기고자로 끌어들이지 못한 부분은 독일의 위대한 혁명시인 하인리히 하이네가 이 잡지에 기고하기로 동의함으로써 어느 정도 상쇄되기는 했다.

마르크스는 이 잡지의 창간을 위한 조직상의 업무를 처리하기 위해 파리에 머물러야만 했다. 그는 오래전부터 독일을 떠날 결심이었다. 그런데 프로이센 정부당국이 그에게 한직을 제공하겠다는 미끼로 매수하려는 바람에 독일 출국이 앞당겨졌다. 그는 선친의 친구인 크리스티안 요제프 에서(Christian Joseph Esser)를 통해 프로이센 관공서의 한 자리를 제의받았던 것이다. 마르크스는 "이러한 제안을 받고서 나는 프로이센을 떠나 파리로 갔다."[70]라고 당시를 회상하고 있다. 1843년 10월 말경에 마르크스와 그의 아내 예니는 파리의 바노가(Rue Vanneau) 38번지에 정착했다.

마르크스는 그 뒤에도 여러 차례에 걸쳐 프랑스의 수도를 방문했다. 그는 이 나라를 소상히 알게 됐고, 이 나라의 역사에 대해서도 해박한 지식을 습득했으며, 늘 이 나라 근로인민의 혁명적 정열을 찬탄해 마지않았다.

그의 사상은 약 18개월 동안의 첫 번째 파리 체류를 통해 가장 강력한 영향을 받았다. 여기서 결국 그는 혁명적 공산주의자의 정신적 틀을 수용했으며, 그가 평생 추구해온 목적, 즉 가장 혁명적인 계급인 프롤레타리아트의 권익을 대변하고 그들의 대의를 위해 싸운다는 목표를 설정했던 것이다.

파리의 바노가 38번지에 정착했을 당시의 마르크스 부부

파리에 체류한 지 몇 개월도 채 지나지 않아, 마르크스는 당시 학문과 문화의 세계적 중심지이며 혁명운동의 지

---

70) Marx, Engels, *Werke*, Bd. 30, 509쪽.

도적 중심인 파리의 자극적인 정치·사회생활로부터 충격을 받았다. 레닌은 "당시의 파리는 정치와 각종 사회주의 이론에 대한 토론으로 들끓고 있었다."[71]라고 말한 적이 있다. 파리는 부르주아 세계를 뒤흔들고 있는 계급모순과 계급대립을 연구하는 데 더할 나위 없는 기회를 제공해주었다. 파리는 또한 마르크스가 프롤레타리아 출신의 인물들과 최초의 정치적 접촉을 가진 곳이기도 했다.

궁극적으로 채택한 유물론과 과학적 사회주의

『독불연보Deutsch-Französische Jahrbücher』 최초의 합본호(제1호와 제2호)가 1844년 2월 말에 발행되었다. 이 잡지에는 마르크스의 평론 이외에도 엥겔스의 평론 2편(「정치경제학 비판 대강」, 「영국의 상태」)과 하인리히 하이네와 헤르베크의 시, 모제스 헤스와 베르나이스의 평론 및 그 밖의 많은 기사들이 실렸다.

「우리의 서신으로부터」라는 제목의 지면에는 마르크스가 이 신문 발행을 준비하는 동안 아르놀트 루게에게 보냈던 편지 몇 통과 루게가 마르크스에게 보낸 편지, 러시아 혁명가 미하일 바쿠닌(Mikhail Bakunin)과 포이어바흐가 보낸 편지들이 게재되었다. 이 잡지의 핵심노선은 마르크스가 쓴 2편의 평론에 의해 결정되고 있었다. 그중 하나는 「유대인 문제에 관하여 On the Jewish Question」로서 크로이츠나흐 시절에 집필한 것이 분명하고, 다른 하나는 「헤겔 법철학 비판 서설A Contribution to the Critique of Hegel's Philosophy of Law. Introduction」로 1843년 12월에서 1844년 1월에 걸쳐 파리에서 집필한 것이었다.

첫 번째 평론은 브루노 바우어를 비판하는 글이었다. 바우어는 그의 논문에서 정치적 권리를 박탈당한 독일 유대인의 해방에 대해 관념론적 접근방법을 채택하여, 유대인 해방의 해결책을 종교에서 찾으려고 했다. 마르크스는 이 같은 입장이 오류임을 입증했다. 그는 유대인 해방문제는 사

---

71) V. I. Lenin, *Collected Works*, Vol. 19, 556쪽.

회적·정치적 억압이라는 큰 짐으로부터 인류를 해방시킨다는 보다 큰 문제의 일부임을 지적하고, 정치적 해방과 인간의 전체적인 해방을 분명히 구분했다.

마르크스는 정치적 해방을 봉건적 속박으로부터 인간의 해방으로, 또 부르주아 혁명 과정에서 부르주아의 민주주의적 자유의 선언으로 이해하고 있었다. 마르크스는 정치적 해방에 큰 중요성을 부여하면서도 그것의 한계성을 파악하고 있었다. 그는 이렇게 썼다.

"정치적 해방은 말할 나위도 없이 커다란 진보를 의미한다. 그렇지만 그것은 인간의 총체적 해방의 궁극적인 형태가 아니라, 지금까지 존재해 온 세계질서의 범위 **내에서만** 인간해방의 궁극적인 형태일 따름이다."[72]

정치적 해방의 한계는 사유재산의 존재로부터 비롯되는데, 부르주아 혁명은 이 같은 사유재산제도를 신성불가침의 사회제도로서 보장하는 경향이 있었다.

마르크스는 기본적인 부르주아적 자유에 대해 심층적으로 유물론적 분석을 가했다. 이 부르주아적 자유는 정치적 해방을 통해 실현된 것으로서, 부르주아 계급의 이데올로기 담당자들은 이를 천부적 인권의 표출이라고 주장했다. 그러나 마르크스는 이러한 '인권'이란 무엇보다도 시민사회의 구성원, 즉 부르주아 계급의 권리임을 지적했다. 부르주아적 용어로 자유란 본질적으로 개인이 자신의 사유재산을 제멋대로 처리할 수 있는 자유이며, 개인의 방어권(right to security)은 소유자로서의 불가침권, 즉 개인의 신체와 무엇보다도 개인의 재산에 대한 불가침권을 말하는 것이다. 따라서 정치적 해방 또는 정치적 혁명(마르크스는 이 두 용어를 부르주아 혁명을 가리키는 것으로 사용했다)은 시민사회의 한 구성원으로서 인간의 해방, "인간적 본질과 공동체로부터 소외된 이기주의적 인간"[73]의 해방에 불과했다.

---

72) Marx, Engels, *Werke*, Bd. 1, 356쪽.

73) Ibid, 364쪽.

마르크스는 이 같은 정치적 해방과는 대조적인 인간해방의 개념을 제시했다. 즉 그가 제시한 인간해방이란 당시 시민사회의 갖가지 악으로부터 인간을 구제하고, 현실적인 불평등과 억압 및 상호 소외를 소멸시키며, 참다운 사회적 원칙들이 편협한 이기주의와 개인 사이의 상호 적대감을 불식시키는 조건을 창출하는 것을 의미했다. 마르크스는 아직도 포이어바흐의 용어를 광범위하게 (그러나 새로운 의미로) 사용하면서 다음과 같이 역설하고 있다.

"인간은 '자신의 힘'에 관한 지식을 획득해서 이들 힘을 **사회적** 힘으로 조직, 그러한 사회적 힘을 더 이상 **정치적** 힘의 형태로 자신과 분리시키지 않을 때에야 비로소 자신의 해방을 실현시킬 수 있게 될 것이다."[74]

이 같은 논의는 시민사회의 기초 자체를 근본적으로 변혁시켜 참다운 인간 공동체를 확립한다는 사회주의 혁명 개념의 윤곽을 최초로 제시한 것이었다. 여기에는 아직도 그 용어뿐만 아니라 인간해방에 대한 다소 추상적인 접근방법을 사용하고 있다는 점에서 포이어바흐의 인간학 지상주의의 영향이 남아 있는 반면에, 정치적 해방(부르주아 혁명)에 대한 비판은 이때 이미 구체적인 용어로 기술되고 있음을 알 수 있다. 그럼에도 그의 첫 번째 평론 「유대인 문제에 관하여」는 부르주아 혁명과 사회주의 혁명의 근본적 차이점을 정식화시켰으며, 동시에 사회주의 혁명이 부르주아 혁명에 이어 필연적으로 일어날 것이라는 명제도 제시하고 있었다. 그의 두 번째 평론 「헤겔 법철학 비판 서설」은 정치적 해방의 한계를 극복함으로써 인간의 해방을 실현할 주체는 누구인가, 그리고 어떠한 사회적 힘이 사회적 진보의 구현인가 하는 물음에 대한 해답을 제시했다.

그는 종래의 혁명을 분석한 결과, 혁명 과정에서 어느 한 사회계급은 자신의 특수한 계급적 조건에 충실하고, 계급 자체의 목표를 추구하는 가운데 사회 전체의 해방자로서 행동하고자 노력한다는 결론을 내렸다. 그러나 그러한 계급이 사회 전체의 해방자로서 행동하는 경우는 객관적으로

---

74) Ibid, 370쪽.

그 계급 "자체의 요구와 권리가 …… 진정으로 사회 그 자체의 요구이자 권리일 때뿐"[75]이다. 따라서 모든 인간의 해방을 담당할 수 있는 계급은 근대사회 전체와 모순관계에 있는 계급, 따라서 사회 전체를 해방시키지 않고서는 해방될 수 없는 계급이어야 한다. 프롤레타리아트가 바로 그러한 계급이다.

자본주의 사회의 파괴자이자 새로운 사회주의 세계의 창조자로서 프롤레타리아 계급의 세계사적 역할에 대한 마르크스의 인식은 획기적인 의미를 지니는 것이었으며, 유토피아적 사회주의를 과학적 사회주의로 변혁시키는 출발점이기도 했다. 이를 출발점으로 해서 마르크스의 사고방식의 틀은 과학적 공산주의, 즉 혁명적·프롤레타리아적 사고방식의 정식화와 그 궤를 같이하여 형성되었다.

마르크스의 두 번째 평론은 또 다른 핵심적인 명제를 정식화했다. 즉 선진적인 이론은 거대한 혁명적 영향력을 행사하며, 급진적 사회변혁을 위한 투쟁의 강력한 요인으로 작용한다는 것이다. 그는 "물론 비판의 무기는 무기의 비판을 대신할 수 없으며, 물질적인 힘은 물질적인 힘에 의해 전복되지 않으면 안 된다. 그러나 이론 그 자체는 대중을 장악하자마자 물질적 힘으로 된다."[76]라고 서술하고 있다.

마르크스는 프롤레타리아트야말로 혁명적 교리의 결론을 현실적으로 이용하고 그것을 실제생활에 구체적으로 응용할 수 있는 사회세력이라고 생각했다.

"철학이 프롤레타리아 계급 속에서 물질적 무기를 발견하듯이, 프롤레타리아는 철학 속에서 자신의 정신적 무기를 발견한다."[77]

프롤레타리아의 획기적 역할에 대한 마르크스의 정식화는 그가 프롤레타리아에 적대적인 계급들이 동원한 모든 이론들을 거부하는 데 일보 전진했다는 사실을 의미하는 것이기도 했다. 따라서 마르크스가 평론에서 수많

75) Marx, Engels, *Werke*, Bd. 1, 388쪽.
76) Ibid, 385쪽.
77) Ibid, 391쪽.

은 보수주의적, 반혁명적인 이념적 경향들에 대해 종전보다 훨씬 더 강력한 비판을 가한 것은 지극히 자연스런 일이었다. 나아가 마르크스는 청년헤겔학파의 이론이 안고 있는 기본적인 결함과 투쟁을 이론적 영역에만 국한시키려는 자들의 태도에 대해서도 최초로 공식적인 언급을 했다.

위대한 우정의 서막

카를 마르크스와 프리드리히 엥겔스라는 두 이름이 『독불연보』의 내용 속에서 나란히 발견되고 있는 것은 우연의 일치치고는 매우 상징적인 것이 아닐 수 없다. 왜냐하면 이후 엥겔스는 마르크스의 동지이자 진정한 전우(戰友, comrade-in-arms)가 되었으며, 마르크스는 나머지 생애를 실질적으로 엥겔스와 함께 보냈기 때문이다. 엥겔스는 마르크스의 학문적 연구와 실천적 투쟁에서 소중한 보조자 역할을 했고, 그의 이름은 마르크스의 이름과 항시 붙어 다니게 되었다.

엥겔스의 정신적 발전과정은 자기 나름대로의 특징을 지니면서도 마르크스와 거의 비슷한 노선에 따라 진행되었다.

고향 부퍼탈에 있는 엥겔스의 동상

엥겔스 역시 프로이센의 라인란트 출신이었다. 그는 1820년 11월 28일에 부퍼탈(Wuppertal)의 바르멘(Barmen)이라는 마을에서 독재적이고 보수주의적인 성격을 지닌 직물제조업자의 집안에서 태어났다. 독실한 신자인 그의 아버지는 아이들을 엄격한 부르주아적 규율과 정통적인 신앙에 따라 교육시켰는데, 이것이 엥겔스에는 어떤 강한 반항심을 불러일으켰던 것이다.

그의 아버지는 프리드리히 김나지움 교과과정을 채 이수하기도 전에 그를 사업가로 키우려고 브레멘(Bremen)으로 보냈다. 그는 점원으로 일하면서도 틈틈이 어릴 때부터 특별한 재능을 보였던 역사, 철학, 문학, 언어학 및 외국어 등을 공부하면서 지식을 쌓아갔다. 그는 청년헤겔학파를 비롯한 당시의 진보적인 사상을 접하면서 가정교육을 통해 주입받은 종교적 견해를 떨쳐버렸다.

그의 혁명적, 민주주의적 견해는 당시의 진보적인 사회적 경향(뵈르네 [Börne]의 민주주의와 청년헤겔학파의 사상들)과 그가 고향에서 노동자들의 생생한 착취상황을 직접 보며 체득한 사실들로부터 영향을 받아 이루어졌다. 문필가로서 그의 재능은 곧 두각을 나타냈다. 그는 이미 1839년에 진보적인 잡지 『독일통신Der Telegraph für Deutschland』에 글을 기고했다. 이 잡지는 '청년독일파(Young Germany)'로 불리는 급진적인 문학단체의 기관지로서, 엥겔스는 이들의 견해에 강한 공감을 느끼고 있었다. 「부퍼탈에서 온 편지Letters from Wuppertal」라는 제목이 붙은 그의 최초의 기사는 노동자들이 주인에게 가혹하게 억압받는 상황을 묘사하고 있었다. 그 뒤에 쓴 그의 문예작품이나 비평 그리고 정치평론 등은 혁명적인 민주주의 사상과 독일의 현존질서에 대한 맹렬한 비판을 담고 있었다.

1841년 9월 하순부터 1842년 8월 중순까지 그는 당시 프로이센의 수도 베를린에 주둔하고 있던 포병부대에서 지원병으로 복무했다. 이 때문에 그는 베를린 대학교에서 청강할 기회를 가졌고 보다 많은 사람들과도 사귈 수 있었다. 그는 청년헤겔학파에 가담하여 당시 독일에서 한창 진행 중이던 이념투쟁에 적극적으로 참여했다. 당시 그의 견해에 상당한 영향을 미쳤던 것은 포이어바흐의 저서들, 그중에서도 『기독교의 본질』이었다. 훗날 그는 "혹자는 스스로 그 책의 '해방효과'를 경험함으로써 그 책을 이해할 수 있었음에 분명하다."[78]라고 기술했다.

베를린에 머물고 있는 동안 당시 우익으로 크게 선회하면서 신비주의와

----

78) Marx and Engels, *Selected Works*, Vol. 3, 344쪽.

반동적인 사상을 유포하고 있던 유명한 철학자들을 겨냥해서 많은 저서들, 즉 「셸링과 계시*Schelling and Revelation*」, 「셸링, 그리스도 속의 철학자*Schelling, Philosopher in Christ*」를 집필했다. 엥겔스의 재기 넘치는 탁월한 팸플릿들은 무신론과 몽매주의에 대한 단호한 거부자세를 보여주고 있다. 그 팸플릿들은 매우 인기가 높았는데, 이를 읽은 사람들 가운데 그 필자가 노련한 철학자가 아니라 젊은 지원병이라는 사실을 아는 사람은 거의 없었다.

1842년 가을에 엥겔스는 그의 아버지가 동업하고 있던 회사에 근무하기 위해 영국 맨체스터로 건너갔다. 그는 거기서 2년가량 머물면서 당시 첨예한 모순을 내포한 선진적 형태의 영국 자본주의를 관찰함으로써 수많은 것들을 배울 수 있었다. 그는 또한 영국의 정치경제학과 영국의 공상적 사회주의자, 특히 로버트 오언의 저서를 연구함으로써 수많은 사상적 자양분을 흡수했다. 그곳에서 그는 당시 유럽에서 가장 선진적인 노동계급 운동이던 '인민헌장운동(Chartist Movement)'을 목격하게 되었다.

엥겔스는 영국에서 정치평론가로 활약하면서 오언주의와 '인민헌장운동' 기관지에 기고하거나, 독일의 『라인신문』과 『슈바이츠 공화파*Schweizerischer Republikaner*』 등의 신문에 기사와 평론을 투고했고, 『독불연보』에는 2편의 평론을 쓰기도 했다.

그의 영국 체류, 영국의 경제생활 및 정치발전에 대한 연구, 영국 노동계급 운동과 그 지도자들에 대한 깊은 지식, 그리고 운동에 직접적으로 참여한 것 등은 그가 공산주의로 선회하는 데 결정적인 역할을 했다. 상당 기간이 흐른 뒤에 그는 당시를 이렇게 회상했다.

"맨체스터에 머물 당시 나는 그때까지만 해도 역사기술에서 아무런 역할도 하지 못했던, 혹은 거의 무시할 만한 역할밖에 하지 못했던 경제적 사실들이 적어도 근대세계에서만큼은 결정적인 역사적 힘이라는 사실을 뼈저리게 느꼈다. 아울러 그것들은 현대의 계급대립 발생의 기초를 이루며 대규모 공업 덕분에 계급대립이 충분히 고조된 나라, 특히 영국에서는 바로 그 계급대립이 정당구성과 당파투쟁 및 모든 정치사의 기초를 이룬

다는 사실을 절감했다.'[79]

마르크스와 마찬가지로 엥겔스 역시 노동계급을 사회를 재조직할 수 있는 세력으로 파악했다. 이 같은 새로운 전망을 구성하는 여러 가지 요소들은 당시 각종 언론에 게재된 그의 평론에 반영됐으며, 특히 오언주의 경향의 『새로운 도덕 세계New Moral World』에 게재된 평론에서는 대단히 명백한 형태로 나타났다. 하지만 그가 유물론과 공산주의를 수용했다는 가장 명백한 증거라 한다면 『독불연보』에 실린 「국민경제학 비판 개요Outlines of a Critique of Political Economy」

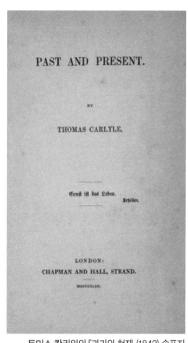

토머스 칼라일의 『과거와 현재』(1843) 속표지

와 「영국의 상태, 토머스 칼라일의 '과거와 현재'The Position of England, 'Past and Present' by Thomas Carlyle」(1843)를 들 수 있을 것이다.

그 당시 청년 엥겔스는 마르크스처럼 아직 그의 이념적 선배로부터 받은 영향력의 잔재를 불식시켜야 할 과제를 안고 있었으며, 포이어바흐의 철학을 프롤레타리아 계급 전체가 채택해야 할 혁명철학으로 간주했다. 엥겔스는 유토피아적 사회주의자들처럼 공산주의가 근로인민뿐만 아니라 자본가계급 자체까지도 편협한 부르주아적 관계들로부터 해방시킬 수 단이라고 보았다.

엥겔스가 마르크스를 처음 만난 것은 1842년 11월 영국에 가는 도중에 『라인신문』 편집실을 방문했을 때였다. 그 당시 마르크스는 베를린의 '자유인'과 갈등관계에 있었다. 그리고 엥겔스는 베를린에 머무는 동안 이들과 교류하고 있었기 때문에 두 사람의 첫 만남은 약간 냉랭한 분위기 속

---

79) Marx and Engels, *Selected Works*, Vol. 3, 178쪽.

에서 이루어졌다. 그러나 이것이 마르크스가 엥겔스를『라인신문』의 영국 통신원으로서 높이 평가하는 데 지장을 주지는 못했다.

마르크스는『독불연보』에 게재된 엥겔스의 평론을 통해서 두 사람의 사상이 동일한 노선을 따라 발전하고 있음을 깨닫게 되었다. 그들은 서로 편지를 주고받기 시작했으며, 이는 곧 그들의 절친한 친교의 서막을 알리는 것이었다. 엥겔스 역시 이 잡지의 편집장이 사회주의 사상을 발전시키는 데 수행해야 할 역할에 대해 보다 명확한 견해를 갖게 되었다.

『독불연보』에 대한 동시대의 평가

『독불연보』는 광범위한 반응을 불러일으켰고 부수도 늘어나기 시작했다.『만하임 석간신문』은, 파리를 방문한 독일인이면 누구나 이 잡지 한 부씩을 가지고 온다고 보도했다. 또 라이프치히, 베를린, 빈(Wien) 등지에서 구독신청이 쇄도했다. 프랑스 주재 프로이센 대사가 본국 정부에 이 잡지의 '위험한' 노선을 보고하자, 프로이센 정부는 이 잡지의 군내 반입을 금지하는 한편 마르크스·루게·하이네 및 그 밖의 관련 인물들이 프로이센 영토에 발을 들여놓을 경우 즉각 체포하도록 명령했다. 이 잡지는 국경에서 압수당했으며 1회 발행분 3,000부 중 2,000부 정도가 경찰에 몰수된 것으로 알려졌다.

이 잡지의 발간은 우익지와 중도지로부터 악의적인 공격을 받았다. 이들 신문은 이 잡지의 혁명적, 프롤레타리아적 논조를 분명히 파악하고 있었던 것이다. 라이프치히의 반동적 신문 1844년 4월 4일자『철도Die Eisenbahn』는『독불연보』의 편집자들과 기고가들은 "만국의 프롤

러시아의 서구 지향적 문학비평가 비사리온 벨린스키 (1811~48)

레타리아를 신성시하고 있다. 왜냐하면 그들은 희망과 신념을 갖고 오직 이들에게만 기대를 걸고 있기 때문"이라고 주장하면서, 따라서 "이들에 대한 분노를 단호히 표명하고, 이들과 어떠한 동류의식도 맹렬히 거부하는 것이 독일 자유주의 언론들의 신성한 의무이다."라고 썼다. 보수적인『종합신문』역시 불쾌감을 표명하는 데는 남 못지않게 신속했다. 1844년 3월 10일자 이 신문에는 다음과 같은 사설이 실려 있다.

"파리에서 새로 발간된 잡지는 한마디로 무자비하고, 거기에 실린 논쟁은 모든 미학적 기준을 무시하며, 그 풍자적 논조는 단도로 들쑤시는 것은 아니라 하더라도 마치 무지막지한 주먹을 망치처럼 휘두르는 것과 같다."

그러나 이 잡지의 복사본은 독일과 그 밖의 나라들, 특히 러시아에서 혁명적 사상에 민감한 독자들이 어떤 경로를 통해서든 손에 넣었다. 러시아의 위대한 계몽사상가이자 혁명적 민주주의자인 비사리온 벨린스키(Vissarion Belinskii)는 그 잡지에 실린 마르크스의 글을 읽고서 알렉산드르 게르첸(Aleksandr Gertsen)에게 "나는 자신을 위해 진리를 받아들였으며, 따라서 지금은 **신**과 **종교**라는 단어가 암흑·무지몽매·사슬 그리고 태형과 동의어라는 것을 알게 되었고, 후자의 4개 단어를 좋아하는 만큼만 전자의 2개 단어를 좋아할 뿐입니다."[80]라고 썼다. 러시아에서는 마르크스의 평론 번역본이 사적으로 배포되기도 했다.『독불연보』에 실린 마르크스의 평론들은 마르크스의 전 생애와 저서를 요약한 것으로서, 이를 통해서 그는 관념론을 극복하고, 이제 과학적 사회주의자이자 노동계급의 이념가가 되어버린 초지일관의 혁명적 민주주의자로서 유물론적 입장을 최종적이고도 확고하게 채택했던 것이다.

레닌은 이렇게 썼다.

"이 잡지에 실린 마르크스의 평론들은 그가 이미 '현존하는 모든 것에 대한 냉혹한 비판', 특히 '무기의 비판'을 옹호하고 **대중**과 **프롤레타리아**에

---

80) V. G. Belinskii, *Letters*, Russ. ed., Vol. III, St. Petersburg, 1914, 87쪽.

게 직접 연설하는 혁명가임을 보여주었다."[81]

이는 마르크스 세계관의 발전과정상 새로운 단계의 개시를 알리는 것
이었다. 그는 이제 변증법적 유물론과 과학적 공산주의의 이론을 보다 정
교하게 다듬는 작업에 착수한 것이다.

---

81) V. I. Lenin, *Collected Works*, Vol. 21, 47쪽.

2장

프롤레타리아적
전망의 원리에 대한
최초의 정식화

★

우리들을 위해 사고하는 철학자와 투쟁하는 노동자가 함께한다면
도대체 어떤 지상의 권력이 우리의 진보를 막을 수 있을 것인가?
— 프리드리히 엥겔스 —

루게와 결별

마르크스가 『독불연보』에서 펼친 새로운 견해는 지난날의 과학의 진보와 사회의 역사적 발전의 집약에 토대를 둔 하나의 빛나는 가설일 뿐이었다. 이제 그것은 역사적인 실증을, 무엇보다 중요하게는 철학적·경제학적인 철저한 실증을 요구하고 있었다.

그러므로 마르크스는 이 과제를 위해 지칠 줄 모르는 투지로 이론적 작업을 수행해나갔다. 그러나 『독불연보』를 중심으로 한 그의 학문적 작업과 저술활동은 곧 중단될 수밖에 없었다. 『독불연보』는 그 첫 호가 나온 직후부터 속간될 수 없음이 명백해졌다. 이 잡지에 대한 독일의 금지령은 독일에서 이 간행물을 배포하는 데 더욱 가공할 만한 장애를 가져다주었다.

그러나 『독불연보』가 그렇듯 단명으로 끝날 수밖에 없었던 데에는 그밖에도 좀 더 뿌리 깊은 이유가 있었다. 제1집의 인쇄 준비가 진행되고 있을 때부터 마르크스와 루게, 두 편집자 사이에는 원칙문제를 둘러싼 견해차가 있음이 드러났으며, 그것은 곧 공공연한 충돌로 발전했다. 부르주아 급진주의자인 루게는 마르크스의 공산주의적 견해에 찬성하지 않았다. 청년헤겔학파의 한 사람인 루게는 '무비판적인' 대중, 노동자계급에 대해 더욱더 오만한 태도를 취했다. 그는 마르크스와 엥겔스의 글들에서, 또 기존질서에 대한 그들의 가차 없는 비판에서, 그리고 노동자들과 긴밀한 연대를 확립할 것을 촉구한 마르크스의 주장에서 강력한 혁명적 분위기를 감지할 수 있었다. 『독불연보』 제1집을 읽은 독자들은 마르크스와 엥겔스가 쓴 글들과, 루게가 쓴 글들의 차이를 즉각 느낄 수 있었다. 마르크스와 엥겔스는 훗날 「위대한 망명객들」(이 책 6장 참조 – 옮긴이)이라는 팸플릿에서, 『독불연보』에 실린 그들의 글들이 이 잡지의 첫 호에 실린 루게의 서문에 정확히 상반되는 것이었다고 술회했다.[82] 제1집이 나오자 마르크스와 루게는 그들이 서로 다른 길을 걷고 있음을 확인하게 되었으며 따라서 더 이상 서로 협력할 수 없음이 명백해졌다.

한때의 동지가 서로 다른 진영에 있음을 알게 된 마르크스는 그 후 많은 논문에서 프롤레타리아 운동에 대한 부르주아적 적대자인 루게를 비판하지 않을 수 없었다. 그러나 1845년 1월에 마르크스는 지난날의 동지 루게에게 경찰의 보복이 임박했음을 알고는 즉시 그에게 편지를 보내 이를 알려주기도 했다.

1844년 파리에서의 마르크스

마르크스는 파리에 체류하면서 7월 왕정의 사회적·정치적 기류와 더불어, 당시 프랑스 사회의 다양한 정치적·사회주의적 동향들을 더욱 깊이 통찰할 수 있었다. 그는 또한 프랑스의 사회주의자들, 혁명적 노동자들 그리고 망명해온 독일의 혁명가들 등 다양한 서클들과 긴밀한 관계를 맺었다.

프랑스에서 일어난 1830년 부르주아 혁명은 대토지소유자들(big landed proprietors) 대신에 은행가, 증권업자, 철도경영자, 대 탄광 및 철광 소유자들과 같은 금융 및 공업 부르주아지들을 권력의 최상층부에 올려놓았다. 이들 금융귀족들은 자본주의의 급속한 발전으로부터 최대의 이익을 얻고 있었다. 1830년에서 1840년에 이르는 10년 사이에 프랑스의 증기기관 수는 4배 이상 증가했다. 1828년에서 1847년에 이르는 사이에는 철과 강

---

82) Marx, Engels, *Werke*, Bd.8, 277쪽.

철 생산량이 2배 이상 증가했으며 석탄 생산량은 3배로 늘어났다. 마르크스는 훗날 이 7월 왕정이 "프랑스의 국부(國富)를 착취하기 위한 하나의 주식회사였으며, 그로부터 나오는 배당금을 각료들과 국회의원과 24만 명의 유권자들과 지지자들이 나누어 가졌다."[83]라고 적절히 지적했다. 프랑스의 산업혁명은 노동자들에게는 더욱 가중되는 착취와 실질임금의 저하, 그리고 늘어난 노동시간을 의미했다. 많은 재산을 가진 자에게만 선거에 참여할 자격을 주는 재산자격제도(the high property qualification)는 노동자계급과 도시·농촌 중간계급의 정치적 권리를 억제했다. 불만은 고조되고 있었다. 그들은 급진적 공화주의뿐만 아니라 사회주의적 사상에도 이끌려가고 있었다.

1830년대 말부터는 노동자들 사이에서도 유토피아적 사회주의 사상이 확산되었다. 프랑스에서 그것은 다양한 형태를 띠었다. 생시몽과 푸리에의 후계자들에 의해 더욱 확대된 유토피아적 사회주의는 아무런 객관적, 혁명적 내용도 갖추지 못한 채 지극히 교조주의적이고 종파적인 모습을 띠고 있었다. 프롤레타리아의 독자적인 혁명적 행동에 대한 부정적 태도와 평화적인 개혁주의를 통해 사회주의에 도달할 수 있다는 그들의 주장, 계급조화론(class harmony), 혁명적 행동에 대한 그들의 공포는 그들로 하여금 오히려 프티부르주아에 대해, 그리고 피에르 르루·필리프 뷔셰(Philippe Buchez)의 '기독교' 사회주의에 대해 친근감을 갖게 했다. 그리고 루이 블랑(Louis Blanc)의 '국가' 사회주의로부터 프루동의 무정부주의적 사회주의에 이르기까지 비(非)프롤레타리아적 사회주의 경향에 대해 친근감을 갖게 했고 또 의존케 했다. 이러한 사상이 노동자들 사이에서 확산되고 있었다는 사실은 프랑스의 프롤레타리아가 아직도 이념적·정치적 성숙을 획득하지 못했음을 의미했다.

유토피아적 공산주의의 이론 역시 다양했다. 이들 중 어떤 것은 관념론에, 심지어는 환상에 토대를 두고 있었고, 에티엔 카베와 같은 일부 사상

---

83) Marx and Engels, *Selected Works*, Vol. 1, 208쪽.

가들은 평화주의적인 선전활동을 통해, 그리고 협동적 공동체를 수립함으로써 공산주의 사회로 진입할 수 있다고 믿고 있었다. 그러나 그들의 공통된 이상은 일부 제도를 수정하여 기존

에티엔 카베(1778~1856)와 『이카리아 여행기』

사회를 개선한다는 생각을 넘어서 있었다. 그들은 전면적으로 새로운 체제를 수립해야 한다고 촉구하면서, 기존의 부르주아 사회는 그들이 쟁취해야 할 미래 사회를 위해 극복되어야 할 대상이라는 인식을 노동자 대중에게 심어주고자 했다. 카베가 자신의 신문 『민중Le Populaire』지에 실은 그의 저서 『이카리아 여행기Voyage to Icaria』(1840)는 이런 점에서 적지 않은 영향을 주었다고 말할 수 있다.

자본주의적 질서에 대한 노동자들의 불만은 프랑스의 유토피아적 공산주의 사상 가운데 가장 앞서나가 있던 혁명적 경향, 예컨대 테오도르 데자미(Theodore Dezamy)나 18세기 프랑스의 유명한 혁명가 바뵈프(Babeuf)의 가르침을 실천에 옮기고 있던 오귀스트 블랑키(Auguste Blanqui)의 사상 속에 강력히 반영되었다. 그들은 기존 체제를 혁명적으로 번복하고 혁명적 독재를 수립해야 한다고 생각했다. 블랑키가 바뵈프를 따라 잘 조직된 소수의 음모를 옹호하고 있었던 데 반해, 데자미는 모든 음모적 전술을 배격했다. 하지만 그들도 자본주의가 사회주의로 이행되는 데 필요한 객관적 조건들을 보지 못했고, 노동자계급이야말로 새로운 사회 창조라는 획기적 과업을 담당할 계급이라는 사실을 미처 인식하지 못했다.

마르크스는 파리의 여러 노동자 서클에서 다양한 사회주의 이론들을 놓고 열띤 토론이 벌어지고 있음을 지켜보았다. 그는 대부분 비밀리에 움직이고 있는 노동자 조직들에서 사상투쟁이 전개되고 있음을 알게 되었고, 프랑스의 노동계급이 상당한 정치적 경험을 갖고 있다는 것도 알게 되었다. 하지만 프랑스의 노동자들은 다양한 사회주의 사상들 때문에 혼란

에 빠져 있었다. 프랑스 노동계급의 이 같은 사상적 경향들은 프랑스의 사회구조, 즉 소규모의 반수공업적인 기업들이 지배적이었던 프랑스의 산업구조에 기인한 것이었다. 노동자들은 1830년에 그랑(大)부르주아지들의 배신을 보았으면서도 여전히 부르주아, 즉 프티부르주아 공화주의자들을 신뢰하고 있었다.

마르크스는 파리에서 프랑스의 노동자들 및 독일에서 망명한 단체들과 접촉을 갖는 한편, 그 지도자들과 만나고 그들의 집회에 참석했다. 당시 독일에 전달된 경찰의 한 보고서에는 독일 공산주의자들의 일요집회에는 100~200명가량이 참가하곤 했는데, 그 연사들 중에는 마르크스도 들어 있다고 적혀 있다.

1844년에 마르크스는 포이어바흐에게 다음과 같이 썼다.

"귀하가 이들 프랑스 노동자들의 집회에 참석하여 고통에 찌든 이 사람들의 순박한 신선함과 고결함을 직접 볼 수 있다면 얼마나 좋겠습니까. …… 역사는 우리 문명사회 속의 이 '야만인들'을 인간해방을 이룩해낼 실천적 요소로 만들어가고 있습니다."[84]

마르크스는 프롤레타리아화하고 있던 독일의 망명 수공업 직인들의 조직인 '의인동맹'의 지도자들과 만났는데, 그 조직은 1837년에 출범하여 독일과 영국 그리고 그 밖의 여러 나라에 지방조직을 가지고 있었다. 그것은 프랑스의 비밀단체들, 특히 블랑키주의적인 '계절사(季節社, Society of the Seasons)'와 연계를 맺고 있었다. 처음에 그것은 바뵈프의 사상에 좌우되었고, 나중에는 독일 최초의 공상적 공산주의자 빌헬름 바이틀링(Wilhelm Weitling)의 사상에 좌우되었다.

그는 프루동과도 가까이 사귀었는데, 때로는 밤을 새우는 토론 속에서 프루동으로 하여금 변증법적·유물론적 세계관을 받아들이게 하려고 애썼다. 마르크스는 블랑이나 카베와도 개인적으로 알고 지냈다.

그는 프랑스의 여러 노동자 단체와 접촉을 가졌지만 어떤 단체에도 가

---

84) Marx, Engels, *Werke*, Bd. 27, 426쪽.

입하지는 않았다. 그는 여러 사회주의 분파들의 비과학적 경향들을 매우 잘 알고 있었기 때문에 어떤 사회주의 단체에도 자신을 개입시켜 가두고 싶지는 않았던 것이다. 마르크스는 기존 체제를 새로운 사회로 전면적으로 전환시키기 위한 올바른 길과 방법을 노동자계급에게 보여주기 위해, 과학적이고도 혁명적인 진정한 이론을 만들어 이를 전파하는 것이 자신의 임무라고 믿었다. 그는 노동운동에 참여하고 있는 사람들의 사상적 수준이 고양되기를 바랐고, 종파주의적인 배타성과 편향성에서 벗어난 진정한 혁명가를 양성하는 데 보탬이 되고자 했다. 훗날 마르크스는 관념이란 "어떤 유토피아적 체계를 충족시키는 것이 아니라, 바로 우리 눈앞에서 전개되고 있는 혁명적 사회변혁의 역사적 과정에 의식적으로 참여하는 것이어야 한다."[85]라고 말하고 있다.

그의 활동은 이미 방대한 이론적 작업이나 노동운동에 대한 연구를 넘어서고 있었다. 그는 프랑스의 급진적 단체들과 광범위한 접촉을 가졌다. 이 가운데는 프랑스의 신문 『개혁La Réforme』지를 중심으로 한 프티부르주아 민주주의자들과 사회주의자들도 포함돼 있었고, 여러 나라에서 파리로 망명한 혁명가들도 들어 있었다. 1844년 3월 말에 그는 한 국제적인 민주주의자 집회에도 참석했다.

반노가에 있는 그의 아파트를 찾아온 많은 사람들 가운데는 시인 게오르크 헤르베크와 하인리히 하이네가 있었고, 에버베크(Ewerbeck)와 모이러(Mäurer), 저널리스트인 베르나이스 그리고 러시아의 혁명가 바쿠닌도 있었다. 급진주의 사상가인 롤란트 다니엘스(Roland Daniels)와 정치평론가인 하인리히 뷔르거스(Heinrich Bürgers)는 1844년 11월에 그를 만나보기 위해 독일의 라인주를 떠나 파리를 방문했다.

마르크스는 지난날 『라인신문』에 글을 썼던 민주주의자이자 시인인 헤르베크와 친하게 지냈다. 그는 헤르베크의 부르주아적 민주주의 입장을 못마땅하게 생각했지만 그가 루게로부터 난폭하고도 속물적인 공격을 받

---

85) Ibid, Bd. 14, 439쪽.

왔을 때는 그를 방어하고 변호했다.

마르크스와 하이네는 절친한 사이로, 파리에서는 거의 매일같이 만나는 때도 자주 있었다. 하이네는 자신의 시를 마르크스와 예니에게 낭송해주었고, 자신의 작품에 대한 그들의 비평을 매우 중시했다. 마르크스는 그의 시가 발표되기에 앞서 맨 처음의 편집자로서 그의 작품들을 검토해주었다. 마르크스의 셋째 딸 엘레아노르는 이 두 사람이 하이네의 이시 저시들을 놓고 그것을 되풀이해 읽으면서 그 작품이 완전해질 때까지 시 한 줄 한줄을 다듬고 또 다듬곤 했다고 훗날 회상했다. 마르크스의 영향 아래서 하이네의 시 작품 속의 사회의식은 점점 더 분명해져갔다. 하이네가 시작(詩作)의 정점을 이루는 「직조공들*Weavers*」과 「독일, 어느 겨울 이야기 *Germany, A Winter's Tale*」와 같은 작품을 쓸 수 있었던 것은 결코 우연의 일치가 아니다. 「독일, 어느 겨울 이야기」는 1844년 별도의 단행본으로 나오기에 앞서 하이네로부터 교정쇄(校正刷)를 받은 마르크스가 『전진*Vorwärts!*』지에 발표하기도 했다. 감정이 예민하고 곧잘 흥분했던 하이네는 심술궂거나 적대적인 비평가들로부터 공격을 받고는 매우 낙담하여 마르크스 가족을 찾아 위안을 얻곤 했다. 그는 손아래 친구인 마르크스의 가족에게 깊은 애정을 느꼈으며 그들의 헌신적인 배려 속에서 평화를 얻곤 했다. 그러던 하이네가 마르크스 가족에게 크게 봉사할 수 있는 기회를 맞게 되었다. 1844년 5월 1일에 태어난 마르크스의 첫째 딸 예니가 생후 여섯 달 되던 어느 날 급작스런 경련을 일으켰고, 그래서 이 아기의 부모는 크게 당황하고 있었다. 그러나 때마침 마르크스 집의 문간을 들어서던 하이네는 놀라운 침착성을 발휘하여 의사를 기다릴 것도 없이 아기를 목욕시킴으로써 정상으로 회복시켜주었다.

당시 하이네는 파리에서 마르크스에게 아마도 가장 가까운 친구였을 것이다. 탁월한 시인 하이네는 당시 가장 박식한 사람 중 한 사람이었는데 마르크스는 그와 친밀하게 지내면서 많은 것을 얻었다. 마르크스는 자신이 파리에서 곧 추방당하리라는 것을 알고는 하이네에게 이렇게 썼다.

"하이네, 내가 이곳에 남겨두고 가야 하는 것들 중에서 당신과 헤어지는 것만큼 고통스런 것은 없을 것이오. 당신이 나와 함께 갈 수 있다면 얼마나 좋을까."[86]

죽는 날까지 하이네는 인간으로서, 과학자로서, 혁명가로서 마르크스를 깊이 존경했다. 죽기 직전인 1856년에 그는 독일의 공산주의 지도자들을 가리켜 "독일에서 가장 유능한 두뇌와 가장 정열적인 성격을 갖고 있는 사람들"이라 말하고, 이 나라의 미래를 짊어진 "진정으로 살아 있는 사람들이 이들밖에는 없다."라고 술회했다.[87]

마르크스가 파리에서 만난 러시아의 혁명가들 가운데는 바쿠닌, 보트킨(V. P. Botkin), 게르첸의 친구 사조노프(N. I. Sazonov)가 있었다. 그는 다른 사람들에 비해 바쿠닌과 더 많이 만났다. 당시 감상적 이상주의와, 그 자신의 표현대로 '본능적' 사회주의가 혼합된 세계관을 갖고 있던 바쿠닌에게 영향을 주려는 생각에서 마르크스는 자신의 유물론적·공산주의적 세계관을 자세히 설명해주곤 했다.

마르크스의 친구들은 그의 가정에서 따뜻한 위로뿐만 아니라 아낌없는 도움을 받았다. 마르크스의 장녀 예니의 회상에 따르면, 마르크스의 부인은 결혼 후 그녀의 부모로부터 약간의 유산을 물려받았는데, 이들 신혼부부는 이 돈을 조그만 상자 속에 넣어두고는 궁핍한 친구들이 방문하면 이 상자를 열어놓은 채 테이블 위에 놓아두어 그들이 필요한 만큼 가져가게 했다고 한다.

과학적 탐구

파리에 정착한 이후 마르크스는 "정치경제학과 프랑스의 사회주의 사상, 그리고 프랑스의 역사를 열심히 연구하기 시작했다."[88]라고 엥겔스는

----

86) Ibid, Bd. 27, 434쪽.

87) Heinrich Heine, "Aveux de l'auterur" en Vermeil Edmond "Henri Heine. Ses vues sur l'Allemagne et les revolutions européennes", Paris, 1939, 275쪽.

88) Marx, Engels, *Werke*, Bd. 22, 338쪽.

술회했다. 그는 식사를 하거나 잠시 눈을 붙이기 위해 자리를 뜨는 것 외에는 하루 종일 앉아 책에 몰두했다.

그는 자본주의를 움직이는 내부의 운동원리와 그 발전과 모순의 법칙을 인식하려고 애썼으며, 정치와 경제 사이의 관계도 해명하려고 노력했다. 이 연구과정에서 그는 특히 현대사회의 계급투쟁이 갖는 다양한 측면들에 대해 골몰했다. 또한 프랑스의 부르주아 혁명이 제공해준 고전적 사례들로 거듭 돌아가 이를 음미했다. 1792년에서 1793년에 이르는 시기에 대해서는 특히 철저히 연구했는데, 이 시기는 1792년 8월 10일에 왕정이 붕괴된 후 부르주아 온건론자들인 지롱드파와 급진적 부르주아 혁명론자들인 자코뱅파의 투쟁이 이어진 시기였다. 마르크스는 '국민공회(Convention)'의 역사를 써보려는 희망을 가지고 그 배경에 대한 많은 자료를 수집했다. 그는 로베스피에르(Robespierre)·생쥐스트(Saint-Just)·데물랭(Desmoulins) 등 자코뱅 지도자들의 저서를 읽었으며, 「지롱드파에 대한 자코뱅의 투쟁」이라는 제목을 붙여 국민공회파의 일원인 자코뱅과 르바쇠르(Levasseur)의 사상을 개괄해놓기도 했다.

그는 이 책을 끝내 완결짓지는 못했다. 그러나 이 프랑스 혁명사 연구에서 끌어낸 결론들을 다른 저서에서 광범위하게 활용했다. 그에게는 프랑스 혁명에 관한 기초자료들이 매우 유용했다. 왜냐하면 위대한 혁명기의 프랑스 계급투쟁에 관한 연구와, 이 투쟁의 물질적 기초에 대한 통찰은 그의 유물사관을 구체화시키는 데 커다란 도움을 주었기 때문이다.

계급투쟁의 기원과 법칙, 형태들을 연구하면서 마르크스는 왕정복고 시대의 부르주아 역사가들, 특히 티에리(Thierry)와 미네(Mignet) 그리고 기조(Guizot)의 저작들을 참고했다. 이들은 이 인식의 한계에도 불구하고 사회가 계급으로 나뉘어 있다는 것과 역사에서 계급투쟁이 지니는 의미를 받아들이고 있었다. 그러나 그들은 자본주의 단계에서의 계급의 경제적 기원과 계급투쟁의 진정한 본질을 이해하지는 못했다. 이들과는 대조적으로 마르크스의 주요 관심사는 계급구조의 기초를 이루는 사회의 경제구조에 있었으며, 그것은 그의 시대의 계급투쟁을 이해하는 데 중요한 열쇠를 제공해주는, 현대사회에서 경제관계의 본질에 관한 것이었다. 그러므로 정치경제학은 그의 과학적 연구에서 이전보다 더 중요시되었다.

1843년 여름 쓴『헤겔 법철학 비판』에서 마르크스는 '시민사회'의 해부, 즉 사회적 관계의 총체에 대한 해부는 정치경제학을 통해서만 가능하다는 결론에 도달했다. 그러므로 그 이후부터 남은 생애에 걸쳐 경제학에 관한 연구는 마르크스의 가장 중요한 관심사가 되었다.

마르크스는 파리에 머무는 동안 많은 경제학자들 가운데서도 특히 애덤 스미스, 리카도, 장 바티스트 세이(Jean Baptiste Say), 스카벡(Skarbek), 제임스 밀(James Mill), 데스튀트 드트라시(Destutt de Tracy), 매컬로흐(McCulloch), 부아기유베르(Boisguillebert) 등의 저서를 연구했다. 그는 이들 저작들의 많은 부분들, 특히 제임스 밀의『정치경제학 원리Elements of Political Economy』에 대해 풍부한 논평을 가했다. 이 논평들은 당시 마르크스와 부르주아 경제학자들 사이의 경계선이 아직 뚜렷하지는 않았다 하더라도 이미 부르주아 경제이론들을 맹렬히 비판하는 가운데 그의 경제적 관점의 맹아가 태동되고 있음을 보여준다. 그는 부르주아 정치경제학의 주요 맹점, 즉 역사적으로 정착된 것이기 때문에 일시적일 수밖에 없는 자본주의적 제 관계가 마치 역사의 시원으로부터 계속되어 '인간의 주어진 운명'인 것처럼 주장하는 식의 그릇된 교의(敎義)를 지적했다.[89]

마르크스는 고유한 자본주의 경제 그 자체와 그 위에 기초하고 있는 부르주아 사회에 대해 매우 예리한 논평을 가했다. 이 같은 논평은 맹아적 형태이긴 하지만 착취의 경제적 토대에 대한 비판과 더불어 생산수단의 부르주아적 사적 소유에 내재한 모순들을 지적하고 있다.

마르크스는『독불연보』에 실렸던 엥겔스의「국민경제학 비판 개요」에서 깊은 감명을 받았다. 부르주아 경제학과 그 사회체제를 최초로 사회주의적 관점에서 비판한 엥겔스의 이 논문을 마르크스는 탁월한 업적으로 평

---

89) *MEGA*, Abt. 1, Bd. 3, 537쪽.

가했으며, 그 때문에 『자본론』을 포함한 그의 수많은 저작에서도 그의 이 글을 인용했다.

『1844년 경제학·철학 초고』

마르크스는 그간의 연구 결과를 3개의 다소 단편적인 미완성 초고 형태로 정리했다. 그것이 1844년 4월부터 8월 사이에 집필한 『1844년 경제학·철학 초고Economic and Philosophic Manuscripts of 1844』이다.

이 『초고』는 이 시기의 마르크스의 경제적·철학적 관점이 어떤 것이었는지 집약적으로 보여준다. 그는 서문에서 "정치경제학에 대한 냉엄한 비판적 연구에 기초한 전적으로 경험적인 분석을 통해"[90] 결론에 도달하게 되었다고 말했다.

그는 『독불연보』에서 처음으로 밝혔던 그의 사상, 즉 인간해방은 '문명사회'가 전면적이고도 급진적으로 변혁됨으로써만, 즉 인간을 착취하는 자본주의 체제가 파괴됨으로써만 가능하다는 사상을 더욱 발전시켰다. 또한 여기에서 그는 노동계급에 대한 정치적 지지를 명백히 했다. 그는 프랑스의 프롤레타리아에 대해 "인간의 형제애란 그들에게는 말로만의 문제가 아닌 삶의 문제이다. 고결성은 노동으로 굳어진 그들의 몸으로부터 빛나 우리에게 다가온다."[91]라고 말하고 있다. 이 『초고』에서 그는 "노동자를 궁핍화시키고 그들을 기계로 전락시켜버리는"[92] 체제를 폭로했다.

마르크스는 부르주아 경제학에 대한 입장을 명확히 하는 한편, 자본주의의 발전을 유물론적으로 설

『1844년 경제학·철학 초고』의 친필

---

90) Karl Marx, *Economic and Philosophic Manuscripts of 1844*, Moscow, 1967, 18쪽.

91) Ibid, 115쪽.

92) Ibid, 30쪽.

명했다. 즉 경제사상이란 어떤 절대정신의 운동에 의해 전개되는 것이 아니라 사적 소유의 역사적 변형을 통해 전개되는 것이라고 말했다. 경제사상의 역사적 연속성은 봉건제가 해체되고 전체 사회·경제 체제가 점차 자본에 종속되어가고 있음을 반영하는 것과 같은 일종의 거울이다. 그는 정치경제학이 전능한 자본의 시녀가 되고 있으며, 정치경제학자는 자본주의를 '실제로 움직이는 자들', 즉 자본가들의 과학적 양심으로 자리를 잡아가고 있음을 지적했다. 생산 부문에서 실제로 일어나고 있는 변화가 바로 그것을 말해주는데, 그는 자본주의가 결국은 토지소유자들을 정복하고 있으며 고도로 발달한 사유재산이 '발달하지 못한' 또는 '성숙하지 못한 사유재산'에 대해 지배력을 획득하고 있음[93]을 지적했다.

애덤 스미스와 리카도는 중농주의자들과 마찬가지로 전반적으로 농업노동을 포함한 노동 일반을 모든 부의 원천으로 인식함으로써 경제학 분야에서 상당한 진전을 이룩했다. 그 때문에 마르크스는 노동가치설이라는 그들의 주요 업적을 강조하면서, 그들의 '계몽된 정치경제학(enlightened political economy)'을 과학발전의 최고 단계로 높이 평가했다. 그러나 그는 이 같은 긍정적 평가와 더불어 부르주아 경제사상을 변호고립 속에서 파악함으로써, 그리고 그것들을 외부의 힘이나 의지에 의한 행위의 결과로 파악함으로써 '운동의 상호연관성'을 이해하는 데 실패했다고 비난했다. 그것은 바로 부르주아 경제학의 형이상학적 방법에 대한 비판이었다.

마르크스는 부르주아 경제학의 형이상학적·비역사적 접근방법을 분명히 보여줌으로써, 그리고 자본주의적 현실 그 자체를 긍정하는 그것의 의존성(이것이 그들의 한계의 주요 원천이다)을 보여줌으로써 기존의 경제학과 그가 형성해가고 있는 새로운 경제학 사이에 명백한 선을 그었다. 그는 사유재산과 탐욕과 경쟁, 인간의 가치와 그것의 절하 등등[94] 사이의 본질적인 상호연관성에 대한 이해를 주요 과제로 설정했다.

---

93) Ibid, 85쪽.
94) Ibid, 65쪽.

부르주아 경제학에 대한 마르크스의 비판의 중심은 소외와 소외된 노동의 범주에 있었다. 이 같은 소외는 노동하는 인간이 생산해내는 부가 증가할수록 궁핍화가 더욱 증대되는 사실로부터, 또 정치경제학 그 자체가 인정하고 있는바 '현존하는 정치·경제적 사실'로부터 기인하는 것이었다.

'소외(疏外, alienation)'란 말은 마르크스 이전에도 여러 철학적 저작 속에서 널리 사용되고 있었다. 예컨대 헤겔은 자체로부터 소외된(외화된 – 옮긴이) 정신세계란 말을 사용했었다. 그에 따르면 절대이념은 자연 속으로 그 자체를 소외(외화 – 옮긴이)시키며 그리고 정신 속에서(역사와 사유 속에서) 자기 자신으로, '순수이성의 에테르(ether)'로 복귀한다. 포이어바흐가 말하는 소외란 인간이 신을 창조해내고 신을 세계의 창조자로 만듦으로써 인간이 자신의 본질적인 '유적(類的)' 속성으로부터, 즉 모든 인간의 독특한 자연적 속성에서 오는 인간의 공통적 속성으로부터 소외되는 것을 말한다.

이 때문에 지상의 인간은 자기 자신의 진정한 본질로부터 소외된 개인주의적 삶을 살지 않으면 안 되었으며, 서로 조화를 이루며 살아가는 '유적' 존재로서의 인간은 오직 종교적 상상의 세계나 환상의 세계에서만 찾아볼 수 있게 되었다. 포이어바흐는 헤겔의 이같은 관념적 소외관을 극복하기 위해 소외를 인간의 자연적 속성의 소외로 보고, 그것을 사회적 내용은 간과한 채 소외를 추상적 인간주의의 정신 속에서만 다루었다.

그러나 마르크스는 처음부터 인간의 사회적 삶에 주목하여 소외를 생산수단의 사적(私的) 소유에 의해 결정되는 사회적 조건에 기인하는 것으로 보았다. 그는 무엇보다도 소외를 사회적 연관의, 인간 상호 간에 맺어지는 사회적 관계의 한 형식으로 보았다. 이 같은 사회적 조건에 의해 인간의 삶과 노동조건과 그들의 생산과 인간관계는 소외되어 절대적인 힘으로 작용한다. 마르크스는 소외를 사유재산제도의 직접적인 결과로 믿었다. 경제 분야의 소외는 물질적인 분야의 여러 형태의 소외가 되며, 궁극적으로는 정신적·사회적 제 관계에서 소외의 기초가 된다. 마르크스는 고전 철학자들과 그 후계자들이 주장했던 '순수한 사유의 투쟁'[95]이 아니라, 소외를 낳고 그것을 불가한 것으로 만드는 정의롭지 못한 비인간적 사회 현실에 맞서는 투쟁에 시선을 집중시켰다. 그것은 헤겔과 포이어바흐의 철학적 결함을 극복하는 것일 뿐만 아니라, 자본주의적 생산양식을 합리적이고 정상적이며 영원한 것으로 보는 부르주아 정치경제학의 기본적인 교의를 극복하는 것이었다.

소외된 노동, 즉 노동의 소외는 마르크스가 가장 심층적으로 탐구했던 범주 중 하나였다. 의식 있는 사회적 존재로서 인간의 가장 중요한 활동과 자기 확인은 무엇보다도 사회적 생산과정에서 물적 세계를 실천적으로 창조하는 데서 발현된다. 노동자가 하나의 물건을 만들어낸다는 것은 노동자의 자기표현이며 자기 확인이다. 그러나 사유재산의 지배에 의해 노동자가 그 물(物)을 상실함으로써 그의 노동은 소외된다. 왜냐하면 그 물이 노동자와는 **어떤 낯선 것**, 그리고 생산자와는 **독립된 하나의 힘**[96]으로 대립하기 때문이다. 그의 노동생산물은 그것을 창조한 사람에게 돌아오는 것이 아니라 자본을 소유한 자에게 돌아간다. 여기에서 마르크스는 자본을 타인의 노동생산물에 대한 사적 소유로 규정했다. 노동(인간의 생산적 활동)을 통해 인간은 생산과 생산물에 대한 비생산자의 힘까지도 창출해낸다. "노동자가 생산해내는 생산물이 많아지면 많아질수록 그가 가질 수 있는 것은 적어지며, 노동자는 자신의 생산물에 의한 지배, 즉 자본의 지배 아래 들어감에 따라 그 생산물은 노동자에게 그만큼 더 낯선 것으로 변해버린다."[97] 자신의 손밖에 가진 것이 없는 노동자는 자본의 힘이 증가할수록 점점 더 가난해질 수밖에 없는 것이다.

한편에서는 생산수단을 소유한 자들을 만족시키기 위한 필요와 수단의 세련화가 진행되는가 하면, 다른 한편에서는 '필요의 거칠고 추상적인 단순화'가 진행된다. 노동의 소외는 이처럼 물질적 불평등의 확대로, 그리고

---

95) K. Marx and F. Engels, *The Holy Family, or Critique of Critical Criticism*, Moscow, 1956, 111쪽.

96) K, Marx, *Economic and Philosophic Manuscripts of 1844*, 66쪽.

97) Ibid.

자본과 노동 사이의 격차의 심화로 표현된다.

자본주의 아래서 노동조건과 노동 그 자체는 노동자의 저주의 대상이 되며, 노동자에게 **외적인 것**, 즉 그 '자신의 본질적인 존재에'[98] 속하지 않는 것으로 변해버린다. 자본의 지배 아래서 임노동자는 "자기 자신을 긍정하지 못하고 부정하며, 만족을 느끼지 못하고 불행을 느낀다."[99] 그리고 노동자는 자신의 정신적·육체적 자질을 발전시키지 못하고 몸과 혼을 황폐화시키고 파괴한다. 물질적 가치의 생산자는 노동 분업화의 노예가 되고, 생존을 위해 자신의 직업에 속박된다. 노동자의 직업이 어떤 것이든 공장 노동은 노동자에게 일종의 멍에가 되며, 노동자 자신의 상실을 의미하게 된다. 그는 순전히 먹고 마시는 동물적 기능에서만 사실상의 자유를 느낀다. 그는 노동을 하지 않을 때에만 자기 자신일 뿐이며, 노동을 할 때는 자기 자신이 아니다.

『경제학·철학 초고』에서 전개한 마르크스의 노동소외 개념은 타인의 임노동에 대한 자본가의 착취를 밝히고 있는 그의 이론과, 그가 훗날『자본론』에서 발전시켰고 과학적으로 뒷받침한 중요한 사상의 맹아가 되었다.

마르크스에 따르면, 노동생산물로부터 인간의 소외와 그 같은 조건 속에서 일어나는 인간 상호 간의 적대적인 대립은 필연적으로 **유적(類的) 존재**로서 인간의 퇴보와 **인간으로부터 인간의 소외**(estrangement)[100]를 가져온다. 따라서 인간의 본성과 일치하는 인간 상호 간의 정상적인 사회적 결합 또는 사회적 관계는 전통적인 종교를 보다 고차원적 형태의 종교로 대체시키거나, 포이어바흐가 믿었던 바와 같은 사랑의 설교에 의해 실현될 수 있는 것이 아니라, 오직 소유관계와 사회의 근본적 변혁에 의해서만 실현된다고 보았다.

사적 소유는 소외의, 즉 노동의 자기소외의 기초이며 원인이다. 또한

---

98) Ibid, 69쪽.
99) Ibid.
100) Ibid, 72쪽.

사적 소유는 소외의 결과이다. 노동의 소외는 사유재산의 재생산을 가져온다. 마르크스는 사적 소유를 소외된 노동의 일반화된 물적 표현[101]이라고 불렀다. 그러므로 사적 소유로부터의 사회의 해방은 노동자의 경제적·정치적 해방을 위한 필수적이고도 기본적인 조건이 된다는 것이 마르크스의 결론이었다. 그것은 소외의 명백한 폐지를 의미하는 것이었다. 마르크스는 노동자의 해방[102]이 또한 '보편적 인간해방'을 실현시키는 것임을 강조했다.

마르크스는 『경제학·철학 초고』에서 공산주의를 휴머니즘과 동일한 완전한 자연주의, 또는 자연주의와 동등한 완전하고도 진정한 휴머니즘으로 규정했다. 그는 여러 문맥 속에서 '진정한' 공산주의란 사적 소유의 폐지, 따라서 모든 소외의 폐지, 특히 경제적·정신적·종교적인 면에서 인간의 모든 자기소외의 폐지라는 최고의 형태를 의미하는 것이라고 밝혔다.

사적 소유 아래서 자연과학과 응용과학의 발달은 산업에서 구체화되는 가운데, 한편에서는 경제적 부를 산출해내지만 다른 한편에서는 경제적 빈곤을 만들어낸다고 마르크스는 말했다. 그는 진정한 공산주의 아래서 자연과학이나 응용과학은 인간으로 하여금 그가 부여받은 풍부한 자질을 완전하게 발현시킬, 그리고 인간이 필요로 하는 것들을 풍요롭게 충족시킬 조건들을 창출해낼 것이라고 말했다. 마르크스는 공산주의의 의미를 왜곡하고 그 개념 자체를 불신했던 과거의 미숙한 공산주의 개념을 배격하면서, 공산주의라는 이름에 값할 유일한 사회적 질서란 인간과 자연 사이의 모순, 인간과 인간 사이의 모순이 극복된 사회질서를 말하는 것이라고 강조했다.

따라서 그것은 인간의 감각들을 인간화시키고, 또한 그것을 인간의 사회적·자연적 본질과 일치시키는 것이며, **"모든 감각들을 심원하게 부여받은 풍부한 인간을 영속적인 현실로서"**[103] 실현시키는 것이라고 그는 강조

---

101) Ibid, 77쪽.
102) Ibid.
103) Ibid, 102쪽.

했다. 마르크스는 인류 역사의 한 단계로서 미래사회는 인간의 개성을 꽃피우고, 인간의 물질적·정신적 요구를 충분히 만족시키며, 개인적 이익과 사회적 이익을 조화시키는 최고의 인간주의적 원리들을 충족시키는 그런 사회가 될 것이라고 보았다.

마르크스는 여러 유토피아적 공산주의 사상이 사적 소유와 물질적 불평등의 지배에 대항한 하나의 역사적 형태의 저항이었다는 점에서 그 중요성을 인정하긴 했지만, 유토피아적 공산주의 사상과 평등주의적 접근 방식에 대해서는 날카로운 비판을 통해 그것을 미래의 이상으로 받아들이기를 거부했다. 평등주의적 공산주의가 인간의 개별성을 부정하고 평준화를 고취시키는 데서 보이는 것처럼, 마르크스는 그것을 거칠고 충분히 숙고되지 못한 사상이라고 말했다. 또 유토피아적 공산주의 원리 중 하나는 인간을 "**가난한 자**, 요구하지 않는 자라는 **비자연적**인 단순성으로 후퇴시키는 것"104)이라고 보았는데, 그것은 진정한 공산주의의 아류에 불과한 것이었다.

마르크스는 공산주의의 승리가 사적 소유를 기반으로 하는 체제의 내부 한구석에서 이미 꿈틀거리고 있으며, 그것을 이룩하는 일은 이론적 인식 이상의 것을 요구한다고 믿었다.

"사적 소유 **개념**을 철폐하기 위해서는 공산주의 **개념**만으로도 충분하다. 그러나 사유재산제도라는 현실을 종식시키기 위해서는 **실제적인** 공산주의적 행동이 필요하다."105)

말하자면 마르크스는 공산주의 혁명을 실현시킬 수단으로서 대중적 혁명투쟁이 필요하다는 점을 역설하고 있는 것이다.

철학적인 면에서 마르크스는 무엇보다도 "우리는 헤겔의 **변증법**에 대해 어떤 입장을 취해야 하는가."106) 하는 문제에 대한 대답을 찾으려고 노력했다. 그의 이 저작의 주요한 목적 중의 하나는, 특히 마지막 장 결론 부

---

104) Ibid, 94쪽.
105) Ibid, 115쪽.
106) Ibid, 132쪽.

분의 목적은 헤겔 철학을 비판적으로 분석하는 데 있었다.

그렇기 때문에 『경제학·철학 초고』에는 헤겔의 교의, 특히 『정신현상학』에 대한 철저한 비판이 담겨 있다. 그는 일관된 유물론의 입장에서 포이어바흐가 이룩한 긍정적인 성과들을 활용하면서 헤겔 철학에 대한 깊이 있는 분석을 가하고, 헤겔 철학의 혁명적 측면과 보수적 측면들 사이에 명백한 선을 그어놓았다. 그는 헤겔의 관념론을 단호히 배격하면서, 헤겔이 추상의 여러 형태와 사고의 형태를 현실로부터 분리시켰다고 지적하고, "절대이념이란 그야말로 공허한 것이며 오로지 **자연**만이 의미 있는 존재임"[107]을 강조했다. 마르크스는 소외의 범주에 대해 유물론적 입장을 고수하면서도 헤겔의 변증법이 지닌 **긍정적** 측면들[108]에 대해, 그리고 소외의 발전과 소멸과정에 대한 그의 사상들(비록 그것이 형식상 추상적이고 관념적인 것이긴 했지만)의 긍정적인 측면들을 높이 평가했다.

포이어바흐에 대한 경탄에도 불구하고 마르크스는 모든 인간관계를 자연적 유대로만 보았던, 그리고 인간의 유적 존재를 인간과 자연의 자연적 실재(natural entity)로만 보았던 포이어바흐의 생각을 뛰어넘어 인간의 사회적 생산과 사회적 실천을 강조했다.

마르크스는 사회적 환경이 인간 사이의 여러 관계를 형성하는 데 결정적인 영향을 준다고 믿었다. 그리고 그는 사회적 관계의 이면에 있는 환경의 변화, 즉 물질적 생활을 생산해내는 조건들의 변화가 이루어지지 않는 한 인간의 사회적 관계를 개선하려는 어떠한 희망도 무모한 것이 될 것임을 증명하고자 했다.

이처럼 마르크스의 『초고』는 아직 그 용어 사용상 미비점이 드러나고 있음에도 불구하고, 변증법적 유물론과 사적 유물론의 여러 중요한 명제들을 정식화하는 데 매우 중요한 단계를 반영하고 있다.

---

107) Ibid, 154쪽.
108) Ibid, 151쪽.

『전진』에서의 활동

마르크스는 『독불연보』를 계속 발행할 만한 희망이 엿보이지 않자 다른 간행물에 기고할 수 있는 기회를 모색했다. 그러던 중 그를 비롯해서 예전 『독불연보』 기고가들에게 글을 쓸 기회가 주어졌다. 그들은 일주일에 두 차례씩 해외에 배포되고 있던 『전진』에 기고할 수 있게 된 것이다.

『전진』은 1844년 초에 하인리히 뵈른슈타인(Heinrich Börnstein)이라는 모험심 많은 독일 상인이 창간했다. 그는 프로이센의 퇴직 관리인 아달베르트 보른슈테트(Adalbert Bornstedt)를 편집장으로 임명했다. 나중에 밝혀진 바에 따르면, 그는 프로이센과 오스트리아 경찰의 비밀 첩보원이었다. 초기의 『전진』은 매우 온건한 정치노선을 취했으며, 따라서 『독불연보』의 출현을 신랄하게 공격하면서, 이 잡지에 기고하는 사람들을 '어중이떠중이 공산주의자(communistic rabble)'라고 빈정거렸다. 『전진』은 1844년 5월에 급진주의자 카를 루트비히 베르나이스를 편집장으로 맞이하면서 노선에 변화가 일기 시작했다. 마르크스의 친구였던 그는 박식하고 혁명적인 정치평론가였으며, 선임 편집장의 저항에도 불구하고 그것을 민주적인 신문으로 탈바꿈시키는 데 성공을 거두었다. 그리하여 마르크스도 여기에 기고할 수 있게 되었다. 그 밖의 기고가로는 하이네, 헤르베크, 에버베크, 바쿠닌, 뷔르거스, 루게 등이 있었다.

한 편집자의 회고에 따르면, 일주일에 한 번씩 열리는 편집회의는 너무도 격렬한 나머지 창문을 열 때마다 소란의 까닭을 알아보려고 밖에서 사람들이 웅성거리곤 했다고 한다. 마르크스와 루게가 그 소란의 주역이었다. 결국 마르크스는 이 논쟁에서 승리했고, 1844년 여름 이후 이 신문의 노선에 강력한 영향력을 행사하기 시작했다. 훗날 엥겔스는 마르크스의 영향 아래 『전진』이 "당시의 애처로운 독일 전제주의와 사이비 입헌주의에 대해 날카로운 조소를"[109] 퍼부었다고 썼다.

---

109) Marx, Engels, *Werke*, Bd. 22, 338쪽.

부르주아 신문들은『전진』의 이렇듯 새로운 경향을 감지했고, 슈투트가르트의『슈바벤 수성(水星)Schwäbischer Merkur』지는 '급진적 과격파'가『전진』의 편집회의를 장악했다고 보도했다. 독일의 민주주의적 저널리스트인 알렉산드레 바일(Alexandre Weill)은 함부르크의 정기간행물『독일통신』6월호에 다음과 같이 썼다.

"이제 마르크스와 루게는 영원히 헤어졌다. 이것은 차라리 잘된 일이다. 마르크스와 그의 동료들은 젊고 유능하므로 무언가 중요한 일을 할 것이 확실하다."

마르크스의 주도적인 역할은 신문의 전반적인 노선에만 영향을 미친 게 아니었다. 몇몇 기사들은 마르크스가『경제학·철학 초고』에서 상세히 전개했던 사상의 직접적인 영향을 받고 있음을 보여주었다. 당시 마르크스와 개인적으로 알고 지내려고 했던 바이틀링은 1844년 10월에 런던에서 마르크스에게 다음과 같은 편지를 썼다.

"몇몇 기사들에 내재된 정신과, 귀하에 대해 내가 들어왔던 바를 비교해 봄으로써 나는『전진』의 기사들 가운데 귀하가 있음을 알았습니다."[110]

마르크스와 루게의 견해 차이는 곧 공개적인 논쟁으로 분출되었다. 1844년 6월에 슐레지엔(Schlesien)의 직조공들이 견딜 수 없는 착취와 극심한 저임금에 항거하여 행동함으로써 독일 전체에 커다란 반향을 불러일으켰다. 1844년 6월과 7월에는 노동자의 데모와 파업의 물결이 바이에른(Bayern)에서 동프로이센(East Prussia) 전역으로 확대되었으며, 이것은 당시 합스부르크 제국에 속했던 보헤미아의 노동자들에게도 심각한 동요를 불러일으켰다. 이에 크게 놀란 독일의 부르주아들은 영국과 프랑스에서뿐만 아니라 독일에서도 이제 프롤레타리아가 그들의 존재와 요구를 명백하고도 위협적으로 표명하고 있다는 것을 깨달았다. 부르주아 신문들은 크게 동요했다. 한 신문은 다음과 같이 썼다.

"직조공들의 소요는 자본가와 프롤레타리아 사이에 깊은 심연이 있음

---

110) Weitling to Marx, October 18, 1844(마르크스·레닌주의연구소 중앙당 문서보관소)

을 보여주는 것이다.”[111]

봉기에 대한 루게의 반응은 부르주아 평론가의 한 전형을 보여주는 것이었다. 그는 '어느 프로이센인'이란 필명으로『전진』에 기고한 신랄한 어조의 글에서 프롤레타리아의 독자적 행동을 공격하면서, 그들의 행동은 '정치적 정신'이 결여된 무의미하고 무모한 반란이라고 평했다.

마르크스는 이에 대답하여 1844년 8월 7일과 10일에「어느 프로이센인의 '프로이센 왕과 사회개혁(The Prussian King and Social Reform)'이란 기사에 대한 비판적 논평」이라는 제목의 글을 발표했다. 여기서 그는 슐레지엔 봉기의 중요성을 강조하면서, 이 봉기야말로 독일 노동자들의 계급의식이 성장했음을 보여주는 것이며, 그들이 사유재산에 기초한 사회를 직접적으로 반대하고 있음을 보여주는 것이라고 말했다. 또한 그것은 사회혁명의 수행자로서 노동자계급의 잠재력을 말해주는 중요한 지표라고 평가했다.

프롤레타리아가 보여준 이 같은 행동과 속물적인 반응은 마르크스로 하여금 인류사에서 수행해야 할 노동자계급의 사명에 대한 자신의 사상들을 보다 구체적인 언어로 정식화해야 하며, 사회주의 노선을 따라 세계를 새롭게 하는 방법들에 대해 보다 많은 고찰을 해야 한다는 것을 깨닫게 했다.

프로이센 왕국의 경우 사회문제를 붙들고 씨름하는 일은 프롤레타리아 대중의 임무가 아니라 정치세력, 즉 국가의 임무라고 주장했던 루게의 입장을 전면 부정하면서, 어떻게 현존 국가체제를 대표하고 있는 사람들이 급진적인 사회변혁을 가져올 수 있으며, 노동자들의 사회적 궁핍을 치유할 수 있겠는가 하고 반문했다. 그는 사적 소유의 산물인 빈곤은 현존체제 구조 내에서 어떠한 정부 개입이나 개혁으로도 결코 폐지될 수 없다는 결론에 도달했다.

일찍이 그는「헤겔 법철학 비판 서설」과『경제학·철학 초고』에서 새로

---

111) S. B. Kan, *Two Uprisings of the Silesian Weavers*, Moscow-Leningrad, 1948, Russ. Ed., 363쪽.

운 사회로 나아가는 것은 프롤레타리아트의 대중적·혁명적 활동 없이는, 즉 혁명 없이는 불가능하다고 말한 적이 있었다. 그리고 이 논문에서 다음과 같은 기본명제를 정식화함으로써 그의 사상을 더한층 심화시켰다.

즉 혁명에서 기존 권위의 전복이라는 정치적 측면과 낡은 사회관계의 파괴라는 사회적 측면은 상호의존적이고 지극히 상호연관적이다.

"모든 혁명은 **낡은 사회**를 파괴한다. 그런 의미에서 그것은 **사회**혁명이다. 또한 모든 혁명은 **낡은 정치권력**을 전복한다. 그런 의미에서 그것은 **정치**혁명이다."[112]

마르크스는 프롤레타리아트의 정치권력 쟁취에 대한 필요성을 더욱더 절박하게 인식하고 있었다.

역사적인 만남

1844년 8월 말에 마르크스는 파리에서 엥겔스의 방문을 받았다. 엥겔스는 영국에서 독일로 귀국하던 중이었다. 엥겔스가 파리에서 열흘 동안 체류하면서 이들 두 사람은 거의 모든 시간을 함께 보냈다. 그들은 매일매일 진지한 대화를 통해 이론과 실천의 모든 면에서 그들의 견해가 일치한다는 것을 깨닫게 되었다. 엥겔스는 당시를 다음과 같이 술회하고 있다.

"1844년 여름에 파리에서 마르크스를 만났을 때, 우리의 견해가 모든 이론적인 분야에서 완전히 일치하고 있다는 사실을 명백히 깨닫게 되었으며, 그때부터 우리의 공동 작업은 시작되었다."[113]

그들은 서로를 친애하는 절친한 사이가 되었고, 장래의 모든 활동에서 서로 협력하기로 약속했다. 그들은 각종 계획에도 손발을 맞췄으며 함께 활동하고 저술한다는 데 동의했다. 따라서 엥겔스는 정치경제학에 관한 책을 집필하려는 마르크스의 계획에 전적으로 찬동했다.

마르크스는 그의 새로운 친구에게 『전진』에 기고할 것을 권유했다. 마

---

112) Marx, Engels, *Werke*, Bd. 1, 409쪽.
113) Marx and Engels, *Selected Works*, Vol. 3, 178쪽.

르크스를 통해 엥겔스는 여러 프랑스 노동운동 지도자와 망명한 혁명가들, 특히 그 가운데서도 바쿠닌을 알게 되었다. 그들은 프랑스의 사회주의자와 공산주의자들 모임에 함께 참석했다. 엥겔스의 귀국에 앞서 이들 두 사람은 앞으로 각자가 계획하고 있는 일들을 서로에게 알리기로 약속했으며, 이때부터 그들은 정기적으로 편지를 주고받았다.

그들의 이 만남은 유례를 찾아보기 어려운 우정의 출발이었다. 레닌은 다음과 같이 썼다.

"옛 전설은 우리에게 우정에 관한 여러 감동적인 이야기를 들려준다. 유럽의 프롤레타리아트는 그들을 위한 과학이 이 두 사람의 학자와 투사에 의해 창조되었다고 말해도 좋을 것이다. 인간의 우정에 관한 고대의 그 어떤 이야기도 이 두 사람의 우정만큼 감동적일 수는 없을 것이다."[114]

청년헤겔학파에 대한 연대 공격의 준비

엥겔스가 파리를 방문했을 당시에 마르크스는 청년헤겔파를 겨냥한 저술을 계획하고 있었다. 「헤겔 법철학 비판 서설」에서 이미 마르크스는 독일의 반동적 질서에 대한 투쟁을 오직 철학의 영역에만 국한시키고 있었던 '이론주의자들(theoretical party)'을 노골적으로 비난했으나 그에 대한 보다 상세한 비판은 보류하고 있었다.[115] 그는 『1844년 경제학·철학 초고』의 서문에서도 "구태의연한 **철학적**, 특히 **신학적 회화**(theological caricature)로 왜곡된 **헤겔적** 초월주의의 유물이자 최고봉인"[116] 청년헤겔학파에 대해 이론적으로 확실히 경계선을 그어야 할 필요성을 공개적으로 촉구한 바 있었다. 그는 1844년 8월 초에 바우어를 공격하려는 자신의 의도를 포이어바흐에게 전달했다.

파리에 체류하고 있는 동안 엥겔스는 청년헤겔학파에 대한 자신의 견해가 마르크스의 그것과 동일하다는 것을 알았으며, 그와 더불어 바우어

---

114) V. I. Lenin, *Collected Works*, Vol. 2, 26쪽.
115) Marx, Engels, *Werke*, Bd. 1, 384쪽.
116) Karl Marx, *Economic and Philosophic Manuscripts of 1844*, 22쪽.

형제를 겨냥한 팸플릿을 쓰자는 마르크스의 제안에 동의했다. 그들은 즉시 이 일에 착수했다. 엥겔스는 파리에 머물면서 자신의 몫으로 약 30페이지 분량의 글을 썼으며, 마르크스는 엥겔스가 독일로 떠난 후에도 1844년 9월부터 11월까지 이 작업을 계속했다.

그들이 청년헤겔학파를 공개적으로 비판해야 할 필요를 느낀 데에는 몇 가지 이유가 있었다. 프롤레타리아의 과학적 세계관은 잘못된 여러 이데올로기적 경향과 자신들의 그것 사이에 놓여 있는 차이점을 끊임없이 밝혀냄으로써만 비로소 정립 가능하다는 것을 깨달았기 때문이었다. 베를린의 바우어 형제를 중심으로 모여 있었던 청년헤겔학파는 그들의 민주주의적 온갖 신념들을 포기함으로써 뚜렷한 변화를 보여주고 있었다. 즉 그들은 부르주아의 이데올로그가 되어 여러 사회적인 문제에서 우익으로 돌아서버렸다. 프로이센 정부와 싸우는 데, 그리고 종교와 투쟁하는 데 그들은 더 이상 동지가 아니었다. 그들은 '대중'을 수동적이고 활력도 없으며 진보에 장애가 되는 자들이라고 비난해 마지않는 무정부주의적 지식인 그룹에 불과할 뿐이었다. 바우어 형제에 따르면, 그들의 유일한 동력(動力)은 '비판적 비판(critical criticism)'에 있었으며 그들 자신을 이 같은 신념의 화신으로 여기고 있었다.

청년헤겔학파는 바우어 형제에 의해 1843년부터 44년까지 샬로텐부르크(Charlottenburg)에서 발행되었던 주간지 『종합문학신문Allgemeine Literatur Zeitung』을 통해 그들이 과거에 표명했던 비판적 태도를 공공연히 부정했다. 브루노 바우어는 이 주간지 제8호에 실린 「1842년」이란 글에서 "『라인신문』에서 표명했던 1842년의 급진주의"를 스스로 부정했다. 바우어는 마르크스와 엥겔스, 그리고 독일 공산주의 지지자들을 분명히 암시하면서 "사회주의 속에서 무언가 새로운 것을 발견했다고 믿는 자들"을 경멸했다. 그는 정치에 대한 공공연한 모멸감을 서슴없이 드러내면서 비평은 더 이상 정치적이기를 그만두어야 한다고 말했다. 그들은 노동계급과 광범위한 대중의 힘을 무시했던 까닭에, 부르주아 혁명의 분위기가 무르익고 있던 당시의 독일에서 이러한 견해는 특히 해로운 것이었다. 사실 노동대중이야말로 반(半)봉건적 절대왕정에 맞서 완전한 승리를 담보할 수 있는 유일한 세력이었다.

프로이센 정부의 한 검열관이 쓴 다음과 같은 보고서에도 알 수 있듯이 『종합문학신문』에 나타난 바우어 형제의 노선은 반동주의자들에게 명백한 득이 되었다. 검열관은 이렇게 썼다.

"바우어 형제는 참으로 우리에게 커다란 기쁨을 안겨다주고 있다. 그들은 검열지침에 스스로 훌륭하게 적응해왔다."

그러나 이와는 대조적으로 바우어의 노선은 민주주의적 신문들로부터 날카로운 비난의 대상이 되었다.

객관적으로 보아 그들의 철학이 지니고 있는 사회적 의미의 반동성은, 정신의 모든 모순의 해결은 곧 현실상의 해결과 동일하다고 하는 그들의 주관주의적 견해에 있었다. 마르크스는 그들이 "나의 외부에 존재하는 **현실적이고 객관적인** 사슬을 단지 **나의 내부**에 존재하는 **관념적이고 주관적** 사슬로 바꾸어놓는"[117] 재주를 터득하고 있었다고 말했다.

마르크스와 엥겔스는 청년헤겔학파의 사이비 급진주의를 폭로하고, 아울러 유물론적·공산주의적 견해를 동원해서 그들의 '비판적 비판'에 맞서야 할 과제에 직면하게 되었다.

바우어 형제를 비판하는 마르크스의 작업은 애초 팸플릿 형태로 발간하려던 계획과는 달리 전지 20여 매에 달하는 한 권의 책으로 출간되었다. 그는 여기서 『1844 경제학·철학 초고』에 담겨 있는 사상과 자료들을 동원했다. 또한 부르주아 경제학자들의 저서에서 뽑아낸 자료들, 그리고 프랑스 '국민공회'의 역사에 대해 쓰려고 준비했던 글들을 인용했다. 그는 또 영국과 프랑스의 유물론자들, 그중에서도 베이컨·존 로크·토머스 홉스·엘베시우스(Helvétius) 등에 대해서도 각별한 관심을 갖고 연구에 정진했다. 엥겔스는 마르크스의 이 저술이 매우 방대한 작업이 될 것임을 알

---

117) K. Marx and F. Engels, *The Holy Family*.

고, 마르크스에게 다음과 같은 서신을 띄웠다.

"그것은 훌륭한 일이네. 어쨌든 그렇지 않았으면 당신의 책상서랍 안에서 오랫동안 묻혀 있을 뻔한 많은 것들이 이제야 빛을 보게 될 것이네."[118]

초고는 1844년 11월 말에야 완성되었다. 그러나 9월 말과 10월 초에 이미 독일의 신문에는 마르크스가 비판적 비판을 '박살내려고'[119] 바우어 형제를 공격하는 『비판적 비판에 대한 비판A Critique of Critical Criticism』이라는 팸플릿을 준비한다는 기사가 보도되었다. 마르크스는 책을 출판하기 위해 취리히의 프뢰벨과 접촉했으나 프뢰벨의 친구인 루게가 이를 방해하여 뜻을 이루지 못했다. 그리하여 새로운 출판업자를 찾아 나섰으나 그것도 성공을 거두지 못했다. 결국 그의 글은 1845년 2월 말에 프랑크푸르트암마인(Frankfurt am Main)에서 『신성가족 또는 비판적 비판에 대한 비판, 브루노 바우어와 그 일파에 반대하여The Holy Family, or a Critique of Critical Criticism, Against Bruno Bauer and Co.』라는 제목으로 출판되었다.

『신성가족』

마르크스의 이 『신성가족』은 우선 철학적 저작이다. 이 저작은 가장 중요한 철학의 문제들을 초지일관 유물론의 입장에서 해석하고 있으며, 새로운 세계관을 철학적으로 반대하는 자들에게 단호한 공격을 가하고 있다. 『신성가족』의 대부분은 청년헤겔학파의 주관적 관념론에 대한 비판으로 이루어져 있다. 청년헤겔학파는 고전적 독일 관념론의 결점들을 악의적으로, 때로는 희화적인 형태로 구현하고 있었다. 따라서 이에 대한 마르크스의 비판은 관념론 전체에 대한, 그리고 그 방법에 대한 비판이며 왜곡된 변증법에 대한 비판이라고 말할 수 있다. 마르크스와 엥겔스는 청년헤겔학파의 자아의식에 대한 숭배를 비웃으면서 다음과 같이 썼다.

"비판적 비판가들(critical critic)은 …… **의식**과 **존재**가 따로 떨어져 세계

---

118) Marx, Engels, *Werke*, Bd. 27, 16쪽.

119) Frankfurter Ober-Postamts-Zeitung, October. 14, 1844.

『신성가족 또는 비판적 비판에 대한 비판』의 초판 표지

속에 존재한다는 것을 이해하지 못하고 있다. 세계는 내가 사고 속에서 그 존재를 부정하더라도 계속 존재한다는 사실을 그들은 이해하지 못한다."120)

마르크스와 엥겔스는 이 저작에서 17세기에서 19세기 초반에 이르기까지 철학사에 대해 최초로 유물론적인 분석을 가하고, 철학사의 가장 큰 두 개의 흐름을 유물론과 관념론의 투쟁으로 보았다. 그리고 유물론적 사상과 유토피아적 사회주의 및 공산주의의 본질적인 연관뿐만 아니라, 유물론의 역사와 자연과학의 발전의 연관을 특히 강조하고 있다.

그러나 마르크스는 철학사에서 유물론의 진보적인 중요성을 인식하면서도, 자신의 견해를 초기 유물론자들의 그것과 같이 보지 않았다. 그는 변증법적 방법, 변증법적 유물론의 성과들을 가지고 보다 풍부해진 새로운 유물론의 기초를 구축하고 있었기 때문이다.

『신성가족』에서 그는 변증법을 물질세계의 객관적 과정이 지니는 본질적 속성이 사고 속에 반영되는 것으로 보았다. 그는 사회현상을 변증법적 운동과정 속에서 분석했다. 즉 사물의 내적 모순이야말로 운동의 원천이며, 그것들의 투쟁이 새로운 질(質)로 나아가는 혁명적 전화(轉化)의 필수적인 조건이라고 보았던 것이다.

마르크스는 관념론의 인식론적인 근거를 폭로했다. 특히 그는 보편으로부터 개체를 분리시키며 구체적인 것, 개별적인 것들을 그 내부에 일반적인 개념이 존재하는 형식으로만 취급하는 관념론적 인식론을 폭로했다. 마르크스는 사변적인 철학자들이 "사과, 배 등의 현실적인 **자연적 존재**를 '과일'이라는 비현실적인 **이성적 존재**로부터 만들어냄으로써 세상을

---

120) K. Marx and F. Engels, *The Holy Family*, 254~55쪽.

놀라게 했다."[121]고 비꼬았다. 관념론자들에게는 사물들 내에서 일반성의 확인을 통한 사물의 인식이야말로 그 자체로서 이러한 사물의 '창조행위'로 간주되었다. 마르크스는 이들 관념론적·형이상학적 개념들을 개체와 보편 간의 관계에 대한 변증법적·유물론적 견해와 대립시켰다. 그러면서 특수한 것, 개별적인 것들을 일반적인 것으로부터 분리시키는 것은 완전한 오류라고 지적했다. 구체적·감각적 대상의 세계에서 일반적 개념으로 이행하는 것을 이해하기 위한 유일한 길은 이들 대상(對象) 속에 내재하는 객관적 성질을 밝혀내는 데 있다고 여겼기 때문이었다.

『신성가족』은 또한 대립물의 투쟁과 통일이라는 변증법을 이해하는 데 크게 기여했다. 부르주아지와 프롤레타리아트 사이의 적대적 모순이 갖는 성격을 분석하는 가운데, 마르크스는 이 같은 내적 구조가 보수적 측면과 혁명적 측면으로 구성되어 있으며, "이 대립의 내부에서 유산자는 …… **보수적** 당파를 이루고, 프롤레타리아는 **파괴적** 당파를 이룬다."[122]라고 말했다. 그는 또한 유산자는 그 같은 대립을 유지하려고 하고, 프롤레타리아트는 대립을 파괴하려 하기 때문에 투쟁하는 양측 사이의 화해란 전혀 불가능함을 강조했다. 그러나 대립물로서 프롤레타리아트와 부르주아지는 양자 모두 자본주의 체제의 산물인데, 일종의 상대적 통일을 유지하고 있다. 따라서 프롤레타리아 혁명을 통한 모순의 해결은 사유재산과 그 산물로서 프롤레타리아트를 함께 지양하는 데 있다.

『신성가족』은 또한 유물론적 역사 이해에 대한 여러 기본적인 명제들을 상세히 전개하고 있다. 청년헤겔학파는 논리적 범주들이 그 스스로 존재하는 것이며, 또한 인간의 행위를 지배하는 것이라 주장했었다. 이에 대해 마르크스와 엥겔스는 다음과 같이 말했다.

"역사는 인간의 활동이다. …… '역사'는 **그 자체의** 특수한 목적을 위해 인간을 수단으로 삼고 있는 별도의 인격체가 아니다. 즉 역사는 인간 자신

---

121) Ibid, 81쪽.
122) Ibid, 51쪽.

의 목적을 추구하는 인간의 활동 **외에 아무것도 아니다.**"[123]

마르크스는 또한 국가와 시민사회 사이의 관계에 대해서도 보다 깊은 인식에 도달했으며, 이에 기초하여 토대와 상부구조에 대한 유물론적인 이론을 수립했다. 그는 모든 역사적 시대마다 특정한 경제구조와 이에 상응하는 정치체제를 가지고 있다고 보았으며, "고대국가가 그것의 **자연스런 토대**로서 노예제를 갖고 있었던 것과 …… 마찬가지로 **근대국가** 역시 시민사회를 갖고 있다."[124]라고 말했다. 그는 엥겔스와 자신의 견해를 정식화하여 부르주아 국가를 부르주아 사회의 '정치적 수뇌부(political head)'로 파악했고, 나아가 국가를 경제적 토대에 서 있는 정치적 상부구조로 보는 국가론으로 전진해나갔다.

마르크스는 국가와 경제체제 사이에는 일종의 상호연관성뿐만 아니라 밀접한 변증법적 관계가 있다는 것을 충분히 인식하고 있었다. 어떤 형태의 국가도 궁극적으로는 그 사회의 경제체제에 의해 결정되지만, 거꾸로 국가 자체 또한 경제체제에 영향을 미친다. 따라서 부르주아 국가는 부르주아지에게 장애가 되는 온갖 봉건적인 권리와 특권을 파괴함으로써 자본주의의 발전을 위해 새로운 지평을 제공하고 그것을 진흥시킨다.

그는 '시민사회'라는 모호한 개념을 적시하기 위해 전반적인 사회 발전을 규정하는 주요인을 밝히려고 했다. 그는 그 주요인을 물질적 재화의 생산으로 인식하고 있었으며, 생산관계를 인간들의 사회적 관계로 파악했다. 이들 관계는 특수하다. 이들 관계 속에서 "**인간에 대한 존재**(being for man)로서의 **대상**, 즉 **인간의 객관화된 존재**로서의 **대상**은 동시에 **타인에 대한 인간의 실존, 타인에 대한 인간의 인간적 관계**, 그리고 **인간에 대한 인간의 사회적 관계**이다."[125]

마르크스는 물질적 생산을 인류 역사의 기초로 보았으며, 이것은 그의

---

123) Ibid, 125쪽.
124) Ibid, 152쪽.
125) Ibid, 60쪽.

인식이 『경제학·철학 초고』에서 진일보했음을 말해주는 것이다. 그는 "예컨대 당시의 산업, 즉 삶 자체의 직접적인 생산양식을 인식하지 않고서는"[126] 그 어떤 역사 시대도 이해할 수 없다고 말했다.

『신성가족』은 역사상 대중의 주도적 역할(혁명기에 가장 명백히 공표되는)에 관한, 그리고 역사의 발전과정에서 드러난 대중의 성장에 관한 주요 명제를 정식화했다. 그러나 지난날의 혁명들은 소수의 이익을 위한 것이었기 때문에 대중은 역사의 발전과정에서 제한된 영향력밖에 행사할 수 없었다. 하지만 사회의 진보와 대중의 이익이 결합되어감에 따라 역사적 과정에서 대중의 영향력은 더욱 커졌다. 마르크스는 사회주의 혁명이 한 시대를 열어놓을 것으로 내다보았다. 즉 이 시대에서는 "대중의 행위야말로 곧 역사적 행위이며, 따라서 철두철미한 역사적 행위와 더불어 대중의 역량은 강화된다."[127]라고 본 것이다. 레닌은 바로 이러한 사상을 강조했고, 이것을 사회 발전에 관한 마르크스의 심오한 이론들 중 하나로 보았다.

마르크스와 엥겔스는 역사에 관한 유물론적 관점을 더욱 깊이 전개하는 한편, 과학적 사회주의 이론, 특히 앞으로 도래할 사회주의 혁명을 이룩할 주도세력으로서 프롤레타리아트의 세계사적 역할에 관한 이론을 수립했다. 『신성가족』에서 마르크스는 노동계급의 이 같은 역할이 사회·경제적 요소들에 의해 결정된다는 이론을 최초로 정식화했으며, 또한 자본주의 사회는 사적 소유와 프롤레타리아트라는 두 세력의 지속적인 대립구조 속에서 발전해나간다는 것을 보여주었다. 그리고 이러한 적대관계는 자본주의적 관계들에 의해 끊임없이 재생되며, 사유재산의 소유자인 자본가는 이런 관계를 보전함으로써 자신의 존재를 지탱한다. 한편 프롤레타리아트는 그들의 생활조건이 "비인간적 질곡 속에 빠져 있는 사회생활의 모든 조건들을 집약적으로 표현"하고 있기 때문에, 이 같은 관계들의 폐지를 요구하지 않을 수 없다.

---

126) Ibid, 201쪽.
127) Ibid, 11쪽.

"프롤레타리아트는, 사유재산이 프롤레타리아트를 만들어냄으로써 스스로에게 언도할 판결을 집행한다."[128]

결국 프롤레타리아트는 그들의 객관적 조건 때문에 자본주의 사회를 파괴하지 않을 수 없다.

"각기의 프롤레타리아가 심지어 전체 프롤레타리아트가 현재 목적으로 **상정**하고 있는 것이 무엇이든 간에 문제는 **프롤레타리아트란 무엇인가** 하는 것이며, 또 프롤레타리아트가 그 **존재**로부터 필연적 귀결에 의해 무엇을 하지 않을 수 없는가 하는 것이다."[129]

프롤레타리아트는 자신의 역사적 임무를 자각함에 따라(이러한 자각은 자본주의적 착취에 따른 고통이 심화되면서 더욱 발전한다) 현존체제에 대한 투쟁을 전개하기 위해 결속해야 한다는 것을 깨닫게 되며, 그리하여 마침내 이 같은 단결을 통해 강력한 세력으로 전화되어간다.

마르크스는 착취당하는 다른 계급들을 위해 프롤레타리아트가 담당해야 할 인간해방의 임무에 대해서도 논했다. 그는 지난날의 여러 혁명들을 고찰하면서, 혁명의 경험으로부터 그러한 혁명이야말로 자신이 속한 계급의 특정 이익을 대변·관철시키려 했던 계급에 의해 이끌어졌음을 보여주었는데, 이는 그들의 계급적 이익의 겉모습에 불과했지만 어쨌든 전 인류의 이익을 대변하고 있는 것으로 표현되곤 했다고 지적했다. 예컨대 부르주아 혁명은 비록 전 인류를 위한 진보적 성격을 내포하고 있긴 하지만, 기본적으로는 부르주아지의 이익을 관철시키기 위해 봉건제도의 정치·경제적 관계를 타파한 것이었다. 따라서 부르주아지의 이해관계와 하층 계급들의 이해관계가 일치했던 것은 일시적이고 제한적이었다.

그러나 이와 대조적으로 프롤레타리아트의 계급적 이해관계는 대중의 그것과 전적으로 일치한다. 즉 "대중이 갖고 있는 진정한 해방의 조건은 부르주아지가 자신과 사회를 해방시킬 수 있었던 조건들과는 본질적으로

---

128) Ibid, 52쪽.
129) Ibid, 110쪽.

다른 것이다."[130] 프롤레타리아트는 인간을 착취하는 체제로부터 자신을 해방시킬 뿐만 아니라 사회 전체를 해방시키며, 역사상 최초로 해방을 지도하는 계급의 이익이 광범위한 근로대중의 이익과 조화를 이루고, 마침내는 전 인류의 이익과 일치를 이루게 된다고 마르크스는 생각했다. 이 같은 마르크스의 추론 속엔 훗날 그가 정식화했던 프롤레타리아트의 헤게모니론, 즉 현대사회의 피압박 대중을 혁명적으로 해방시키는 데 주도적 역할을 하는 계급, 즉 프롤레타리아트의 헤게모니론에 관한 일차적 요소들이 담겨 있다.

마르크스와 엥겔스는 프롤레타리아트를 물질적 가치와 정신적 가치의 창조자로 보았다.

"비판적 비판은 아무것도 창조하지 못하지만, 노동자는 모든 것을 창조해낸다. 노동자의 정신적 창조물만으로도 '비판' 전체를 부끄럽게 만들 정도다."[131]

마르크스와 엥겔스는 청년헤겔학파를 공격하는 데 프루동의 『재산이란 무엇인가?*What is Property?*』를 인용하기도 했다. 그들은 청년헤겔학파의 공격에 맞서 프루동의 이 저서를 옹호했다. 마르크스와 엥겔스는 프루동의 한계를 알면서도 대자본가의 사유재산에 대한 프루동의 공격을 높이 평가했다. 마르크스는 사적 소유의 관점에서만 사유재산제도를 본 프루동의 견해를 비판했는데, 이는 그의 프티부르주아적 개량주의의 핵심을 이루는 것이었다.

이처럼 『신성가족』은 레닌이 "프롤레타리아트의 혁명적 역할에 관한 마르크스의 사상을 이미 거의 완벽하게 발전된 형태로 담고 있다."[132]라고 썼을 만큼 프롤레타리아트 헤게모니론을 펼치고 있다.

한편 마르크스의 이 새로운 저작은 『경제학·철학 초고』에서보다는 덜하지만 아직도 포이어바흐가 어느 정도 영향을 미치고 있다는 증거를 보

---

130) Ibid, 110쪽.

131) Ibid, 30쪽.

132) V. I. Lenin, *Collected Works*, Vol. 38, 26쪽.

여주고 있다. 1867년에 마르크스는『신성가족』을 다시 읽어본 후 엥겔스에게 보낸 편지에서 "나는 이 책에 대해 우리가 부끄러워해야 할 것이 아무것도 없다는 것을 알고는 기뻐 어쩔 줄 몰랐네. 비록 포이어바흐에 대한 숭배가 매우 우스꽝스러운 형태의 인상을 남겨놓고 있긴 하지만"[133]이라고 썼다. 마르크스가 말한 이른바 '포이어바흐에 대한 숭배'는 그들의 견해가 형성되는 과정의 특수성으로부터 비롯되었다. 마르크스와 엥겔스는 세계관이 단계적으로 형성되어감에 따라 자신들의 견해가 근본적으로 새로운 것이라는 사실을, 자신들의 실제적인 사상 형성과정이 훨씬 지난 후에야 뒤늦게 깨닫게 되었다. 바꾸어 말하면 그들은『신성가족』에서 이미 객관적으로 포이어바흐를 훨씬 뛰어넘고 있었으나, 주관적으로는 여전히 자신들을 포이어바흐의 제자들로 간주하고 있었다. 그렇기 때문에 마르크스는 1844년 8월에 이르러서도 사회주의에 철학적 기초를 제공한 사람은 포이어바흐였다고 믿고 있었다. 마르크스와 엥겔스는 이미 유물론자이고 공산주의자였음에도 불구하고, 포이어바흐의 용어를 빌려 자신들을 '진정한 인간주의자'로 부르고 있었다. 그들은 포이어바흐에게 알려져 있지도 않았고 또한 받아들여질 수도 없는 새로운 내용을 '인간주의'에 부여했음에도 불구하고 자신들을 그렇게 불렀던 것이다.

그러나 용어상의 의존이야 어찌 됐든 마르크스와 엥겔스는 여전히 포이어바흐와는 구별되는 독자적인 이론을 확립하는 데 온 힘을 쏟아야 했다. 왜냐하면 그들은 이후의 저작물을 통해서 비로소 완수되었던 과제, 즉 유물사관을 마무리하는 데 박차를 가해야 했기 때문이다.

『신성가족』에서도 그들은 사회 발전 법칙에 대한 분석의 출발점으로 '소외'의 개념을 사용했다. 마르크스는 이 저작에서 재산·자본·산업 그리고 임노동을 "지극히 중요한 소외의 요소들"이라 말하고, 그것은 "노동자의 자기소외의 산물"이라고 하였다. 마르크스와 엥겔스는 이 저작에서 대단히 역사적인 입장에서 소외를 분석했는데, 청년헤겔학파의 다음과 같

---

133) Marx, Engels, *Werke*, Bd. 31, 290쪽.

은 주장, 즉 "인간 본성의 모든 속성이나 표현은 그것들의 대립태(opposite, unwesen)와 '소외(estrangements)'로 비판적으로 전화될 수 있다."[134]라는 청년헤겔학파의 우상적 소외론을 격렬하게 공격했다. 그럼에도 불구하고 마르크스와 엥겔스는 여러 사회적 형태와 제도를 소외된 인간 활동의 다양한 표현으로 봄으로써 추상적 입장을 벗어나지 못했다. 그들의 과학적 탐구정신은 사회현상에 대해 더욱더 구체적인 역사적 접근방식을 채택하도록 해주었다. 소외에 대한 극도로 추상적인 범주는 현실의 중요한 국면을 철학적으로 이해하는 데는 여전히 가치가 있는 것이었지만, 점차 과학적 조건을 갖춘 보다 정밀한 사회학적·경제학적 개념들에게 자리를 내주어야만 했다.

전반적으로『신성가족』은 프롤레타리아 이데올로기에 기초를 제공했다는 점에서, 그리고 마르크스와 엥겔스를 과거의 사상가들과 그들의 이데올로기적 적대자들로부터 구별해주는 차이점을 명확히 했다는 점에서 하나의 이정표가 되는 저작이었으며,『경제학·철학 초고』에서 개진한 이론들로부터 일정한 진전을 보여주었다.

『신성가족』은 독일 언론계에 강렬한 반향을 불러일으켰다. 1845년 3월 21일에 부르주아적인『쾰른신문Kölnische Zeitung』은 이 책이 "현재의 사회적 질병을 치유하기 위해 취한 모든 미봉책의 무력함"을 비판한 사회주의적 견해의 표현물이라고 말했다. 급진적인『만하임석간신문』은 1845년 3월 25일자 논평에서,『신성가족』은 마르크스와 엥겔스가 최근에 쓴 어느 저작보다도 강력하고도 심층적이라고 말했다. 이와는 대조적으로 이 저작의 핵심을 꽤나 정확히 파악하고 있던 반동 신문『라인 관찰자Rheinischer Beobachter』지는 1845년 4월 28일자에서 이 책의 사유재산에 대한 비판을 맹렬하게 공격하고, 이 저작의 감각적이고 물질적인 것에 대한 숭배, 모든 형이상학과 철학에 대한 조롱, 그리고 기독교적이고 독일적인 것에 대한 우롱을 호되게 비판했다. 독일의 주요 보수지 가운데 하나인『종합신문』

---

134) K. Marx and F. Engels, *The Holy Family*, 32쪽.

은 이보다 더욱 목소리를 높였다. 1845년 4월 8일자에서 이 신문은 이렇게 썼다.

"이 책은 구구절절이 국가에 대해, 교회·가족·법·종교·사유재산에 대해 반란을 설교하고 있다. …… 요컨대 그것은 가장 급진적이고 가장 노골적인 공산주의 사상을 명백히 담고 있다. 그리고 더욱 위험천만한 것은 마르크스 씨가 매우 광범한 지식을 갖고 있을 뿐만 아니라 헤겔 논리학의 병기창에 있는 무기들을 사용하는 데 뛰어난 재능을 발휘하고 있다는 것을 부인할 수 없다는 점이다. 헤겔의 논리학은 일반적으로 '철의 논리학(iron logic)'으로 알려져 있지 않은가."

브루노 바우어는 자신의 견해가 잘못 이해되고 잘못 전달되었다고 불평하면서, 거짓되고 무력한 글로써 이에 대답했다. 마르크스와 엥겔스는 바우어의 이 '반(反)비판'을 다시 공격했다. 그들은 1846년 1월자 『사회상 Gesellschaftsspiegel』지에 실린 짤막한 글을 다음과 같은 말로 끝맺고 있다.

"브루노 바우어는 마침내 사실에 대한 치졸한 **속임수**와 개탄해 마지않을 왜곡에 호소함으로써 『신성가족』에서 마르크스와 엥겔스가 그에게 언도했던 사형선고를 결심(結審) 판결에서 거듭 확인해주었을 뿐이다."[135]

파리에서 추방당하다

『전진』에 드리워진 암운은 1844년의 가을을 어둡게 했다. 『전진』은 혁명적 민주주의 노선, 전 사회적으로 뜨겁게 분출하고 있던 관심사, 특히 노동계급이 처한 조건에 대한 논의, 그리고 하이네의 훌륭한 풍자시 게재 등으로 민주주의적 독자층으로부터 대단한 인기를 얻고 있었다.

『전진』은 그 당시 약 800명의 구독자를 확보하고 있었는데, 이는 이 신문이 해외로 배포되고 있다는 사실을 감안하면 당시로선 상당히 인상적인 숫자였다.

여러 반동 신문들은 갖가지 천박한 용어를 동원해서 『전진』을 공격했

---

135) *MEGA*, Abt. 1, Bd. 5, 544쪽.

다. 파리의 『세계*Le Globe*』지는 "이 신문은 제1차 혁명기의 그 어떤 프랑스의 팸플릿보다 조잡하다."라고 매도했다. 1844년 9월 19일자 『엘버펠트신문*Elberfelder Zeitung*』은 "독일 공국들의 정부와 프랑스 정부는 이 신문이 계속 간행되는 꼴을 그저 수수방관하고만 있을 것인가."라고 목소리를 높였고, 계속해서 이 '위험한 간행물'에 대해 가장 강압적인 조치를 취할 것을 요구했다. 그러나 프랑스와 프로이센 당국이 『전진』에 대해서 혹시 관용적인 태도를 취하지나 않을까 하는 우려는 그야말로 기우에 불과했다. 두 나라 당국은 이미 『전진』의 비판적 논조에 극도로 분개하고 있었기 때문이다.

1844년 1월 초에 파리 주재 프로이센 대사는 프랑스 정부에 대해 "국왕 시해를 설교하고 있는" 『전진』을 폐간시켜야 한다고 설득했다(프리드리히 빌헬름 4세 암살기도 사건에 대한 『전진』의 논평을 언급). 이러한 얼토당토않은 비난에 접하여, 프랑스 정부는 이 사건을 법원에 송치하는 데는 무리가 따른다고 보고 일단 베르나이스 편집장을 법정 공탁금의 지불 불이행을 빙자하여 구속했다. 이에 대해 편집부는 『전진』을 공탁금이 필요 없는 월간지로 발행하기로 결정했다. 그러자 프랑스 당국은 『전진』의 기고자들 가운데 마르크스, 하이네, 뷔르거스 그리고 바쿠닌에게 추방명령을 내렸다. 프로이센의 압력 아래 취해진 이러한 조치는 프랑스와 독일에 있는 여러 민주주의 서클 내에 분노의 파문을 불러일으켰다. 프티부르주아 사회민주주의 신문인 『개혁』은 1845년 2월 4일에 프랑스 정부의 전횡에 관한 논평을 싣고, 다른 신문을 향해 이에 저항할 것을 촉구했다. 바뵈프주의(Babouvist) 노동자들이 발행하는 잡지인 『우애*Fraternité*』(1845)는 1845년 3월호에서, 트리어의 '공산주의 철학자 카를 마르크스 선생'을 위시한 '독일의 작가들'을 파리로부터 추방하려고 기도했던 프로이센 왕의 음모를 폭로했다. 급진파 신문 『트리어신문*Trier'sche Zeitung*』은 프랑스 정부의 추방령을 보도하면서, 외국인에 대한 그러한 가혹한 조치는 총재정부(1792~95년까지 프랑스를 통치한 국민공회를 이어받은 1795~99년의 프랑스 혁명내각. 이 정부 바로 뒤로 나폴레옹 보나파르트의 통령정부가 들어섰다 — 옮긴이) 이후 처음 있는 일이라는 점을 강조했다. 프랑스 정부는 여론의 압력에 밀려 하이네에 대한 추방령을 철회하는 등 약간의 양보 조치를 단행하지 않을 수 없었다. 하지만 마르크스의 추방에 대해서는 여전히 완강한 태도를 취했다. 1845년 2월 3일에 마르크스는 파리를 떠나 브뤼셀로 향했고, 그의 아내와 어린 딸도 곧 그의 뒤를 따랐다. 예니는 찻삯 몇 푼을 급히 마련하기 위해 헐값으로 가구를 처분해야만 했다. 이것으로 마르크스의 파리 시대는 종말을 고했다. 아직 새로운 사상을 찾아서 헤매고 있던 시절에 그는 파리에 갔고, 그곳에 체류하면서 유물론과 공산주의를 단호하게 두 팔로 껴안았다. 그리고 이제 그는 그의 앞에 가로놓여 있는 선명한 목표를 가슴에 품은 채 그곳을 떠났다. 그것은 새로운 혁명론을 보다 더 구체화하고 정교화하는 것이며, 그것을 널리 전파하고, 프롤레타리아와 민주주의자로 하여금 그것을 수용케 하는 것이었다.

3장

사적 유물론

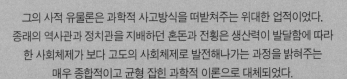

그의 사적 유물론은 과학적 사고방식을 떠받쳐주는 위대한 업적이었다.
종래의 역사관과 정치관을 지배하던 혼돈과 전횡은 생산력이 발달함에 따라
한 사회체제가 보다 고도의 사회체제로 발전해나가는 과정을 밝혀주는
매우 종합적이고 균형 잡힌 과학적 이론으로 대체되었다.
— V. I. 레닌 —

브뤼셀에서

1845년 2월에 브뤼셀에 도착한 마르크스는 당장 그의 형편에 맞는 안정된 거처를 마련할 수가 없었다. 그가 가족을 데리고 노동계급이 많이 사는 시 외곽 알리앙스가(Rue Alliance) 5번지로 이사한 것은 5월 초의 일이었다. 1년여 뒤 그는 브뤼셀에서 가장 유서 깊은 생귀될구(place Ste. Gudule)로 다시 거처를 옮겼다. 이후 1846년 10월부터 1848년 2월까지 마르크스의 가족들은 오를레앙가(Rue d'Orleans; 후에 대통령가로 바뀜) 42번지에서 살았고, 1848년 3월에는 생귀될구로 이사했다.

마르크스는 3년 동안 브뤼셀에서 살았다. 그동안 그는 새로운 프롤레타리아적 세계관의 과학적 원칙들을 더욱 구체화시키는 일에 몰두했고, 프롤레타리아의 선진적 인자들을 규합해서 혁명적 프롤레타리아 정당을 결성하기 위해 실천적 노력을 기울였다. 저술 활동 면에서도 이 기간은 대단히 생산적인 시기였다. 처음 18개월 동안 그는 엥겔스와 함께 쓴 「포이어바흐에 관한 테제*Theses on Feuerbach*」와 『독일 이데올로기*The German Ideology*』라는 두 편의 탁월한 저서에서 논리 정연한 유물론적 역사관을 제시했다.

그 당시 소국 벨기에는 유럽에서 경제적으로 가장 발달한 국가 중 하나였다. 1830년의 부르주아 혁명은 네덜란드로부터 분리되는 결과를 가져

마르크스가 살았던 오를레앙가의 집과 기념 현판

왔고, 벨기에의 민족적 독립과 상당한 정도의 경제적 독립을 보장해주었다. 1840년대 중반의 벨기에는 광업과 기계·섬유산업이 발달해 있었다. 수공업 공장은 대규모 기계제 생산에 자리를 내주고, 수공업과 전통적인 가내공업은 소멸과정에 있었다. 자본주의적 발전은 노동계급에 전형적인 영향을 미쳤다. 노동시간은 하루 14시간이었으며 임금은 형편없었다. 광산을 포함한 모든 산업 분야에서 여성 노동과 소년 노동이 당연시되었고 실업은 질병처럼 만연되어 있었다.

벨기에 노동자의 실태는 자본주의에 내재한 사회적 모순의 분석을 위한 풍부한 자료를 제공해주었다. 마르크스는 대중들의 빈곤과 이 나라의 외형적인 경제적 '번영' 사이의 현저한 격차에 깊은 인상을 받았다.

부르주아 전제정치의 비민주적 성격은 도처에서 드러났다. 1831년에 이 나라는 자유주의 헌법이 제정되었음에도 불구하고 높은 재산소유 자격조건으로 인구의 겨우 1퍼센트만이 투표권을 갖고 있었을 뿐이었다. 1840년대의 벨기에 내무상 노통브(Nothomb)는 "우리 헌법의 유일한 장점은 인민들이 이를 전혀 이용하지 않기로 합의한 점이다."라고 장담했다. 가톨릭 성직자들과 군주주의자 집단들도 상당한 사회적 영향력을 행사하고 있었다.

그러나 벨기에의 지배집단은 민주주의와 사회주의 사상의 확산을 저지할 수 없었다. 유명한 유토피아적 공산주의자 부오나로티(Buonarroti)는 1823년 브뤼셀에 정착하여 명저『평등을 위한 책략, 또는 소위 바뵈프의 음모*The plot for Equality, or the So-called Conspiracy of Babeuf*』를 1828년에 출판했으며, 생시몽과 푸리에의 사상도 보급되고 있었다. 급진 민주주의 야당은 공상적 사회주의의 영향을 받아 벨기에의 프롤레타리아 계급을 상대로 민주공화제 지지운동을 벌이고 있었다. 또한 폴란드, 이탈리아, 독일, 프랑스 등의 정치 망명가들은 벨기에의 진보적인 인민들이 혁명사상을 채택하는 데 영향을 미쳤다.

벨기에 당국은 혁명적 망명가들에게 망명처를 제공하는 것을 꺼렸으므로 마르크스가 브뤼셀에 온 것은 이 나라 왕실의 골칫거리가 아닐 수 없었다. 법무상은 경찰에 이 '위험스러운 민주주의자이자 공산주의자'를 면밀히 감시하도록 명령했다. 1845년 3월 22일에 마르크스는 경찰당국에 소환돼 여기서는 현실 정치에 관한 저서를 절대로 출판하지 않겠다는 서약서를 써야만 했다. 그런 조건 아래서만 그와 그의 가족의 체류가 허용되었던 것이다.

프랑에서 그를 추방하도록 배후에서 조종한 프로이센 정부는 이번에도 그를 그대로 내버려두지 않고 또다시 벨기에에서 추방시키려고 애썼다. 1845년 12월에 마르크스는 프로이센 당국에 자신의 일에 개입할 공식적인 구실을 주지 않기 위해 프로이센 시민권을 포기했다.

마르크스와 그의 가족들은 경찰의 방해와 궁핍에도 불구하고 벨기에에서 곧 평온을 되찾았다. 그의 주요 수입원은 이따금씩 받는 인세, 그중에서도『신성가족』의 인세였다. 파리에서와 마찬가지로 마르크스의 가정은 언제나 행복하고 활기가 가득 찼다. 마르크스의 예리한 지성과 뛰어난 재치와 백과사전적인 지식은 아내 예니의 상냥함과 재치와 매력 그리고 박학다식과 더불어 그의 집을 망명 혁명가들과 수많은 벨기에의 진보적 지식인들의 인기 있는 집회장소로 만들었다. 이 같은 모임은 독일 사회주의자들, 프랑스 혁명가들, 폴란드·벨기에·러시아 민주주의자들의 일종의 정치클럽 비슷한 것으로 발전했다. 마르크스와 그의 동료들은 때로 그곳의 카페에서 철학, 문학, 정치 문제를 토론하거나 열띤 대화를 나누며 밤을 새우곤 했다.

파리에 있는 그의 오랜 벗들(그중에는 하이네, 에버베크, 헤르베크, 베르나이스 등도 있었다)은 그에게 정기적으로 편지를 보냈다. 마르크스는 탁월한 혁명적 사상가이자 문필가의 명성 때문에 그와 사귀고 싶어 하는 사람들과도 수없이 만났다. 『신성가족』은 특히 그의 명성을 드높이는 데 크나큰 역할을 했다.

1845년 2월 말에 독일 정치평론가이며 마르크스·엥겔스와 교분이 두터운 게오르크 융(Georg Jung)은 이 책을 읽고 마르크스에게 이렇게 편지를 보냈다.

"자네는 지금까지 자네의 친구들한테 주었던 의미를 이제 전 독일인에게 주게 됐음이 분명하네. 자네의 탁월한 문체와 뛰어난 명료성을 지닌 논의는 이곳에서 인정받게 될 것이며 자네를 가장 매력적인 스타로 만들 것일세."[136]

1845년 9월 26일에 둘째 딸 라우라(Laura)가 태어났고, 1846년 12월에는 아들 에드가(Edgar; 예니의 동생이자 마르크스의 절친한 동료였던 에드가 폰 베스트팔렌의 이름을 따서 지었다)가 태어났다. 그리고 브뤼셀에서 머문 첫해에 마르크스의 가족은 또 하나의 식구인 22살 난 헬레네 데무트(Helene Demuth)를 맞이하게 된다. 헬레네는 예니의 친정어머니 카롤리네 폰 베스트팔렌의 하녀였는데, 예니를 돌봐주기 위해 이곳으로 왔다. 헬레네는 마르크스 가족에게 깊은 애정을 갖게 됐고, 일종의 길을 안내하는 천사와 같은 역할을 해주었다. 천성적으로 재치가 뛰어나고 정력적인 그녀는 집안 살림을 도맡았다. 마르크스를 포함한 모든 가족이 친절하고 열성적인 이 처녀의 지시에 군말 없이 복종했으며, 카를과 예니는 이 처녀에게 깊은 존경심과 애정을 느꼈다.

---

136) Jung to Marx, February 1845(마르크스·레닌주의연구소 중앙당 문서보관소).

엥겔스의 도착, 새로운 철학서의 준비

1845년 4월 초에 엥겔스가 바르멘에서 브뤼셀에 도착했으며, 마르크스 가족은 그를 즉각 한 가족처럼 맞아들였다. 마르크스가 알리앙스가로 이사하자 엥겔스는 가까운 아파트에 세를 들었다. 엥겔스가 예니를 처음으로 알게 된 것은 이번 여행에서였다. 1844년 가을에 마르크스와 처음 대면하던 역사적인 순간에는 예니가 파리를 떠나 있었다.

1845년 5월 말에 라이프치히에서 출판된 엥겔스의 저서 『영국 노동계급의 상태』는 마르크스에게 커다란 자부심과 진정한 기쁨을 가져다주었다. 그는 내용의 깊이와 강력한 문체, 영국 프롤레타리아의 참상과 투쟁에 대한 사실주의적 묘사 등을 칭찬했다. 훗날 레닌은 이 저서를 "자본주의와 부르주아지에 대한 가공할 만한 고발장"[137]이라고 묘사했다. 이 저서는 노동계급의 위대한 역사적 사명에 관한 마르크스의 사상을 표현한 것이나 다름없었다. 물론 이 사상은 엥겔스가 자신의 경험과 과학적 지식을 통해 독자적으로 발전시킨 것이었다. 마르크스는 그의 경제이론을 보다 구체적으로 전개시키기 시작했다. 그는 경제·사회적 현상에 대한 유물론적 분석을 바탕으로 삼아 사회주의적 결론을 내린 엥겔스의 이 저서에 크게 의존했다.

1845년 봄에(엥겔스가 브뤼셀에 도착했을 당시) 마르크스는 이미 과학적 공산주의를 위한 철학적 기초로서 유물사관을 전개할 필요성을 깨닫고 있었다. 이 두 사람은 1844년 9월에 『신성가족』 서문의 결론 부분에서 자신들의 철학적·사회적 견해를 정식화할 것과, 최근의 철학적·사회적 이론들을 비판적으로 다룰 계획임을 밝힌 바 있었다. 엥겔스가 브뤼셀에 도착했을 때 마르크스는 그에게 새로운 유물론적 역사 개념의 일반적인 윤곽을 설명할 수 있었다. 이에 따라 그들은 이 새로운 관점을 독일 관념론 철학의 반명제(Antithese)로서 함께 전개시키기로 결정했다.

그러나 두 사람은 한편으로는 각자의 학문적 계획이나 집필계획을 중

---

137) V. I. Lenin, *Collected Works*, Vol. 2, 23쪽.

단 없이 실행에 옮기고 있었다. 마르크스는 브뤼셀에서 애초에 추진했던 경제연구 노선으로 재차 돌입했는데, 이는 마르크스가 주요한 경제학·사회적 저서로 펴낼 계획이었던 『1844년 경제학·철학 초고』에서 처음으로 어느 정도 체계적인 형태로 제시된 바 있었다. 엥겔스는 영국의 경제와 역사에 관한 연구를 계속했다.

새로운 철학적 저서를 집필하겠다는 그들의 계획은 「포이어바흐에 관한 테제」의 대강에 반영됐다.

이 무렵 마르크스는 (아직은 비록 일반적인 용어로 표현되고 있었지만) 마침내 그가 인식하게 된 근본적으로 새로운 인류의 역사관을 개발해냈다. 이 새로운 역사관은 포이어바흐의 사회관과 양립할 수 없는 정도가 아니라 아예 그것과는 정반대였다. 또한 그의 공산주의와 포이어바흐의 표면적인 공산주의를 분명히 구분하고, 진정한 혁명적 공산주의 이론과 사이비 공산주의 견해의 근본적인 차이점을 지적할 필요도 있었다. 포이어바흐는 '공산주의적 신념'에 관해 말하면서도 스스로 '브루크베르크에 은둔한 공산주의자(communist recluse of Bruckberg)'로 행세하고 있었다.

마르크스는 포이어바흐의 유물론이 안고 있는 모순과 한계를 알고 있으면서도, 진보적 철학의 발전에 기여한 그의 업적에 대해서는 여전히 가치를 인정하고 있었다. 마르크스와 엥겔스는 전 생애를 통해 포이어바흐에게 깊은 존경심을 품고 있었으며, 1872년 9월에 그가 사망하자 프로이센 제국의회(Reichstag)의 사회민주당 소속 의원 안톤 메밍거(Anton Memminger)는 마르크스와 그 밖의 다른 회원 및 독일 사회민주노동당을 대표해 그의 무덤에 조화를 바치기도 했다.

「포이어바흐에 관한 테제」

마르크스가 1844년부터 47년까지 파리와 브뤼셀에서 사용한 메모록에 수록돼 있는 11개의 테제(1845년 봄 4월경에 집필)는 새로운 세계관의 원칙에 대한 최초의 기술이었다. 좀 더 다듬어야 할 필요성도 있고 다소 서두

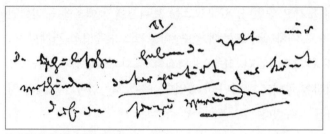

포이어바흐에 관한 11번째 테제

른 감마저 드는 이 메모는 5쪽이 채 안 되는 분량이지만, 사고의 집중력과 깊이, 그리고 표현의 명료성과 정확성에서는 아마 그 유례를 찾아보기 힘들 것이다. 엥겔스는 이 메모를 "새로운 세계관의 천재적 싹을 틔운 최초의 기록, 최초의 문서"[138]라고 극찬했다.

이 메모는 사회생활에서 혁명적·물질적 실천이 지니는 결정적 역할을 그 중심사상으로 삼고 있다. 마르크스는 실천이야말로 모든 사물의 철학적 인식의 출발점이며 기초이고 판단기준이며 목표라고 주장한다.

마르크스 이전의 일부 철학자들도 실천이 철학적 인식의 기준이며 목표임을 감지하고 주장까지 한 바 있다. 그러나 사회생활과 인식과정에서 실천이 수행하는 실질적인 역할과 철학적 범주의 중요성은 오직 철저하게 혁명적인 계급, 즉 프롤레타리아의 관점에서만 이해될 수 있다고 말했다. 실천의 범주를 인식론에 도입한 것은 인식론의 실질적인 혁명을 의미했으며, 결국 철학 전체의 혁명을 배후에서 추진하는 주요인 가운데 하나로 작용할 것임이 분명했다.

새로운 세계관의 관점에서 마르크스는 종래의 유물론을 관조적 (contemplative)이라고 비판하고, 관념론에 대해서는 실천을 순수한 이론적 용어로 환원시켜버렸다고 비판했다. 그렇다고 해서 마르크스가 유물론과 관념론을 초월하려고 했다는 뜻은 아니다. 오히려 그는 그의 세계관이 새로운 유물론임을 확고하게 선언했다.

----

138) Marx and Engels, *Selected Works*, Vol. 3, 336쪽.

마르크스는 관념론적 철학자들과는 대조적으로 순수한 이론적 비판만으로는 현실을 변화시키기에 충분하지 못하며, 이를 위해서는 실천적·비판적 활동과 혁명적 활동이 필수적이고, 사유(thinking)뿐만 아니라 존재(being) 역시 변혁시키는 것이 매우 중요하다고 주장했다. 혁명적 실천과정 속에서만 인간은 주변 현실과 자신을 변화시킬 수 있다.

인간을 추상적이고 고립된 개인으로 파악한 포이어바흐의 형이상학적이고 몰역사적인 인간관과는 대조적으로, 마르크스는 사적 유물론의 또다른 핵심적 교의, 즉 인간의 본질은 현실적으로 사회적 관계들의 총체(總體, ensemble)라는 교의를 정식화했다. 인간은 사회 속에서 실존하며 사회의 한 산물이다. 그것도 추상적인 의미의 사회가 아니라 일정한 사회형태의 모든 경우에 실존하는 사회적 산물이라는 것이다.

마르크스는 철저한 프롤레타리아적 무신론이야말로 종교를 극복하는 길이라고 보았다. 마르크스 이전의 유물론자들, 특히 포이어바흐는 종교를 그것의 세속적인 토대로 끌어내려 그것에 심층적인 비판을 가했다. 바로 이 점에 그들의 역사적인 업적이 있었다. 하지만 종교가 이 같은 세속적 토대의 모순들, 즉 사회적 대립으로부터 발생하며, 따라서 종교를 소멸시키는 방법은 현존사회를 혁명화하는 것임을 밝힌 사람은 마르크스였다. 그는 나중에 이 같은 사상을 『자본론』 제1권에서 고전적인 형태로 정식화했다.

종래의 유물주의는 본질적으로 관조적이고 형이상학적이었다. 마르크스는 관조와 혁명적 실천, 낡은 유물론과 공산주의의 철학적 기초로서 새로운 변증법적 유물론을 대비시켰다. 그리하여 최종 테제는 새로운 세계관의 원칙에 대한 다음과 같은 고전적인 정식을 포함하고 있었다.

"지금까지 철학자들은 다양한 방법으로 단지 이 세계를 해석하는 데 그쳤다. 그러나 중요한 것은 세계를 변혁시키는 일이다."[139]

이 새로운 세계관(그 기본적인 원칙들을 마르크스는 「포이어바흐에 관한 테

---

139) Ibid, Vol. 1, 15쪽.

제」에서 간단명료하게 정식화했다)은 훗날 마르크스와 엥겔스에 의해 그들의 공저『독일 이데올로기』에서 더욱 구체화됐다.

외국 사회주의 총서의 출판계획과 언론 기고

이와 동시에 마르크스와 엥겔스는 탁월한 외국 사회주의자들의 총서를 출판한다는 계획을 세워 이를 실천에 옮기려 했다. 이 총서 출판계획은 독일 독자들에게 프랑스와 영국의 탁월한 공상적 사회주의자들의 저서를 소개함으로써, 사회주의 사상과 사회주의 문필가들에 의해 이루어진 부르주아 사회비판에 대해 관심을 고조시키려고 했다. 제1권에는 사회주의 사상사를 개관하는 총괄적인 서문을 포함시키기로 했고, 각 권에는 이들 사상의 합리적인 요소를 중점적으로 다루는 종합적인 평론을 덧붙이기로 했다.

이 총서 출판계획은「포이어바흐에 관한 테제」가 수록되어 있는 메모록을 일별함으로써 그 규모를 대강 짐작할 수 있다. 이에 따르면 이 계획은 모렐리(Morelly)·마블리(Mably)·생시몽과 그 일파, 푸리에와 그의 추종자인 콩시데랑·오언·카베·프루동 및 기타 사회주의자들의 저서, 바뵈프·부오나로티·데자미 등과 같이 혁명적 방법에 의한 사회변혁을 주창한 사회주의자들에 대한 특별 연구논문 등을 망라하고 있었다. 마르크스는 또한 프랑스 부르주아 대혁명기의 평민 이념가들(이 중에는 '**사회클럽**[Circle Social]' 회원들, 루[Roux]·르클레르[Leclerc] 등 '**앙라제**[Enragés, 분노] 운동' 지도자들, 좌익 자코뱅파, 에베르[Hébert] 등이 있었다)의 저서도 포함시킬 계획이었다. 그뿐만 아니라 그는 사회주의적 견해에 근사하게 접근하고 있던 영국의 고드윈(Godwin)도 잊지 않았다.

그가 이 같은 총서를 출판할 생각을 한 것은 새로운 이론이란 전 세계 문명·문화가 이룩한 기왕의 성과에 의존하고 있음을 보여주기 위해서였다. 마르크스와 엥겔스는 비록 유토피아적 사회주의를 비판했으나, 공상적 사회주의에 내재한 귀중한 요소들마저 지나쳐버리는 우를 범하지는 않았다. 그들은 이러한 요소들을 받아들임으로써 새로운 혁명적·프롤레타리아적 세계관을 보다 구체화하고 널리 보급하는 데 방해를 받기는커녕 오히려 이를 촉진시킬 수 있었다.

그러나 총서 출판계획은 인쇄상의 어려움과 공동 편집인으로 내정된 모제스 헤스의 불건전한 이념적 태도 때문에 수포로 돌아가고 말았다. 완성된 작품이라고 해야 고작 엥겔스가 푸리에의 『3대 외향적 통일체에 대하여On the Three Outward Unities』에서 몇 장(章)을 번역하고, 거기에 서문과 후기를 덧붙여 한 정기간행물에 『푸리에 무역론 단편An Extract from Fourier on Trade』이라는 제목으로 발표한 것뿐이었다.

1845년에 마르크스는 「푀셰의 자살론Peuchet on Suicide」이라는 논문을 썼는데, 이것은 엘버펠트(Elberfeld)에서 발행되는 잡지 『사회상Gesellschaftsspiegel』 1846년 1월호에 실렸다. 이 논문에서 마르크스는 부르주아 법률가이자 통계학자이며 파리 경찰 문서보관소 소장인 자크 푀셰(Jacques Peuchet)의 입을 빌려 부르주아 사회를 반박하는 증언을 했다. 마르크스는 푀셰의 회고록을 인용해 논문을 썼는데, 푀셰는 이 회고록에서 부르주아 계급의 윤리와 생활방식의 부정적인 측면, 자살의 사회적 원인(극도의 빈곤과 실업 등을 포함한)과 인간을 이 같은 절망적인 행동으로 몰아붙이는 도덕적·심리적 중압감 등을 폭로하는 경찰 기록 문서를 인용했던 것이다. 마르크스는 부르주아 사회가 천박한 이기주의에 지배되고 있음을 강조했다. 부르주아 사회는 인간 존재에 끊임없는 모욕을 가하며, 인간 정신을 공허와 환멸에 가득 차도록 방치한다고 주장한 그는 부르주아 사회를 편협과 위선, 타락한 감성과 가족관계가 지배하는 세계로 보았던 것이다.

초기 추종자들

마르크스와 엥겔스는 혁명적 원칙들을 이론적으로 정식화할 때는 늘 이러한 견해를 노동계급 해방운동 내에 확산시키는 문제와 결부시켜 생각했다. 엥겔스는 당시를 다음과 같이 회고하고 있다.

"우리의 견해에 과학적 토대를 부여하는 일이야말로 우리의 의무였다. 하지만 우리가 확신하고 있는 바를 유럽인들, 그리고 무엇보다도 우선 독일 프롤레타리아트에게 납득시키는 일 역시 우리에게는 중요한 일이었다."[140]

따라서 브뤼셀에 정착한 바로 그해부터 그들은 혁명적 지식인들 및 진보적인 노동자들과 관계를 맺는 데 활동의 중점을 두었다.

처음 그들은 언론매체(그들이 접근을 삼갔던)보다는 오히려 브뤼셀의 혁명적 망명가들과 벨기에 민주주의자들, 독일과 프랑스에서 친분을 맺어오던 동료들과 개별적인 접촉을 통해 자신들의 사상을 확산시켰다. 그 시대를 떠맡을 만한 사람들이 마르크스와 엥겔스 주위로 몰려들었다. 그리고 얼마 후 그들과 친교를 맺은 사람들 사이에는 동지의식으로 뭉친 일종의 핵(核)이 형성되었다. 새로운 세계관이 널리 수용된다는 것은 곧 낡은 개념을 수정하고 분쇄하는 일일뿐더러, 좀처럼 신속하게 또는 완벽하게 이루어지기 힘든 과정, 즉 프티부르주아 이데올로기의 영향을 극복하는 과정을 의미했다. 마르크스와 엥겔스는 프롤레타리아 혁명가들 최초의 집합체를 조직하고 또 이데올로기적으로 교육시키는 데 진력했다.

마르크스와 엥겔스가 그렇거니와 그들의 동료들도 상당 부분 프로이센 라인주 출신이었다. 마르크스가 파리를 떠나 브뤼셀로 향할 당시 그의 곁에는 하인리히 뷔르거스가 동행하고 있었다. 뷔르거스는 1845년 가을까지 브뤼셀에 머물다 쾰른으로 돌아가 그곳에서 마르크스의 사상을 전파하는 데 힘썼다. 1844년 11월에 파리에서 마르크스와 처음 만난 젊은 의사 롤란트 다니엘스는 고향 쾰른으로 귀향할 때까지 마르크스와 접촉했다. 다니엘스로서는 마르크스와의 만남이 일생일대의 전기가 되었다. 즉 이 만남은 다니엘스의 세계관에 엄청난 영향을 미쳤고, 이내 마르크스의 교의에 대한 헌신적 신봉자가 되었다.

브뤼셀에 머무는 동안 마르크스와 엥겔스는 퇴역 포병장교 요제프 바

---

140) Marx and Engels, *Selected Works*, Vol. 3, 179쪽.

이데마이어(Joseph Weydemeyer)와도 친하게 지냈다. 그는 반정부적 견해를 갖고 있었기 때문에 1845년 프로이센 군대 생활을 그만두고 이후 언론계에 투신한 인물이었다. 그는 사회주의 사상에 관심을 갖기 시작하면서 엥겔스의 저서『영국 노동계급의 상태』에 관해 독일에서는 최초라고 할 만한 평론을 쓰기도 했다. 바이데마이어는 얼마 안 가 "독일 노동당 내에서 가장 열렬한 투사 중 한 사람"[141]이 되었으며, 훗날 미국에 과학적 공산주의를 확산시키는 데 두드러진 역할을 담당했다.

1843년에 영국에서 엥겔스와 친분을 맺었던 독일의 유능한 시인이자 정치평론가인 게오르크 베르트(Georg Weerth)는 독일 무역회사의 관리인으로 1845년 여름에 브뤼셀을 방문하여 이듬해 봄까지 그곳에 머물렀다. 그는 노동계급이 처해 있는 곤경과 점차 무르익어가는 혁명적 분위기에 관해 그 당시에 이미 몇 편의 평론과 논설, 시 등을 발표한 경험을 갖고 있었다. 그의 시 「총기제조자Gunsmiths」에서, 노동자들은 전투의 시간이 닥쳐오면 대의를 위해 24파운드 포(砲)를 쏘아댈 것이라고 말하고 있다.

베르트는 브뤼셀 체류 이후 마르크스·엥겔스와의 친분이 한층 두터워지면서 그들로부터 받은 영향 또한 심화되었고, 이것은 베르트의 시에 혁명성과 공산주의를 불어넣어 결국 그가 "**최초·최상의** 독일 프롤레타리아 시인"[142]이 되는 데 일조하게 되었다. 그는 마르크스·엥겔스와 긴밀히 접촉하고 있을 당시에 가장 탁월한 혁명시집이라 할 만한『직인의 노래Songs of the Journeymen』를 썼다.

마르크스는 또 다른 혁명시인 페르디난트 프라일리그라트(Ferdinand Freiligrath)에게도 결정적인 영향을 미쳤다. 1844년까지만 해도 그는 겉만 번드레한 이국 정서에 열광하면서 '예술을 위한 예술'을 설교하던 낭만주의 작가에 불과했다. 그러나 이후 그가 현실에 눈을 돌리기 시작했다는 징조가 나타나면서 그의 시에는 혁명적 가락들이 울려 퍼지기 시작했다. 프

---

141) Marx, Engels, *Werke*, Bd. 6, 23쪽.
142) Ibid, Bd. 21, 7쪽.

(왼쪽부터) 요제프 바이데마이어(1818~66), 게오르크 베르트(1822~56), 페르디난트 프라일리그라트(1810~76)

라일리그라트와 마르크스는 1845년 2월 브뤼셀에서 처음 만났다. 프라일리그라트는 곧바로 스위스로 떠나버렸지만, 이 새로 사귄 친구의 강렬한 인상에 넋을 잃고 말았다. 그의 시가 '진정한 사회주의'에 심히 오염되어 있었다는 사실에도 불구하고 몇몇 시들은 그가 거기에 머물지 않고 공산주의 사상의 일부를 받아들이게 되었음을 시사해주고 있었다. 이를테면 「심연으로부터 치솟아*From the Depths Upwards*」라는 시에서 그는 노동계급 속에 숨어 있는 강력한 혁명적 잠재력에 대한 자신의 느낌(마르크스와 엥겔스의 영향을 받아 발전시킨 감각)을 다음과 같이 표현하고 있다.

우린 곧 힘이다!
하여 우리 저 낡고 썩어빠진 것,
국가를 탈바꿈시키고 있는 중이다
비록 우리 분노한 천상의 신에 의해
프롤레타리아트로 유린당하고 있음에도[143]

다른 사람들보다 브뤼셀에 조금 늦게 도착했지만 빌헬름 볼프(Wilhelm Wolff)도 마르크스와 엥겔스의 가장 절친한 동지이자 친구가 되었다. 농노의 아들로 태어나 슐레지엔에서 교사로 일하고 있던 그는 신문에서의 대담한 발언, 특히 브레슬라우(Breslau; 브로츠와프[Wrocław]의 독일어 이름) 슬

---

143) *Freiligraths Werke* in einem Band, Weimar, 1962, 89쪽.

럼가에 대한 묘사와 1844년 슐레지엔 방직공 봉기에서 노동자들의 입장에 선 분명한 태도 등으로 금방 유명해졌다.

경찰의 감시에 시달리다 못해 볼프는 영국으로 건너갔다. 그리고 1846년 4월에 거처를 브뤼셀로 옮기자마자 마르크스와 엥겔스를 눈 비벼 찾았다. 엥겔스는 훗날 그들의 만남을 다음과 같이 묘사했다.

"당시 마르크스와 나는 브뤼셀 교외에 머무르고 있었다. 우리가 뭔가 함께 작업하고 있을 때 독일서 온 한 신사가 우리를 만나고 싶어 한다는 전갈을 받았다. …… 그가 바로 빌헬름 볼프였다. …… 우리와 당시 망명 중이었던 이 새 친구 사이에 따뜻한 우정이 용솟음쳐 오르는 데는 그리 많은 시간이 필요치 않았다. 우린 그가 비범한 인물임을 곧 깨달았다. 고대 고전들에 통달한 지성, 풍부한 유머 감각, 난해한 이론적 문제들에 대한 명확한 이해, 인민을 억압하는 모든 상황에 대한 타오르는 증오심, 활발하면서도 냉정한 기질, 이 모든 것들이 금방 우리 눈에 띄었던 것이다. 그러나 수년에 걸쳐 함께 일하고, 갖가지 투쟁 속에서 승리와 패배를 겪고, 좋은 일과 궂은일을 동지애로 함께 나눈 뒤에야 비로소 그라는 인물이 지닌 불굴의 의지를 진실로 완벽히 이해할 수 있었다. 그는 결코 의심할 여지조차 없는 완벽한 충절과 그 끝을 헤아리기 힘든 의무감을 지닌 인물로서, 동료와 적뿐만 아니라 누구보다도 자기 자신에게 엄격했다."[144]

얼마 지나지 않아 브뤼셀로 이주한 노동자들도 마르크스와 친분을 맺거나 알고 지내게 되었다. 그중에는 식자공 카를 발라우(Karl Wallau)와 슈테판 보른(Stephan Born), 파리에서 브뤼셀로 이주한 독일 노동자 융게(Junge)도 끼어 있었다.

또한 마르크스는 보다 혁명적 성향을 지닌 벨기에 민

빌헬름 볼프(1809~64)와 요하임 렐레벨(1786~1861)

---

144) Marx, Engels, *Werke*, Bd. 19, 55쪽.

주주의자들에게 영향을 미쳐 그들이 프롤레타리아트 편에서 일할 수 있도록 거들었다. 마르크스와 친구 사이였던 벨기에 사람들을 예로 들자면 철학과 문학 지망생이었던 필리페 지고(Philippe Gigot)와, 얼마 뒤인 1847년에 마르크스와 엥겔스를 알게 되었던 리에주(Liège)시의 변호사이자 혁명적 정치평론가 빅토르 테데스코(Victor Tedesco)가 있었다.

마르크스는 혁명적 민주주의자이면서도 공산주의적 견해를 받아들이지 않았던 사람들, 예를 들면 폴란드의 탁월한 역사가이자 혁명가였던 요아힘 렐레벨(Joachim Lelewel) 등과도 절친한 관계를 유지했다. 그는 1830~31년에 발생한 폴란드 봉기에 적극적으로 참여했고, 혁명적 민주주의파에 속한 폴란드 이주민들의 지도자였다. 그는 마르크스의 가족과도 친하게 지냈으므로 그의 집을 자주 방문했었다.

영국 여행

1845년 여름에 마르크스와 엥겔스는 당시 브뤼셀에서는 구할 수 없었던 영국의 저서들, 특히 경제학 서적들을 접하고 이 나라의 사회·경제적 상황을 연구하기 위해 영국으로 건너갔다. 그들은 7월 1일부터 8월 21일까지 약 6주일 동안 런던과 맨체스터에 머물렀다. 그동안 마르크스는 자본주의 사회의 특징적인 면들을 보다 깊이 관찰할 수 있었다. 당시 영국만큼 발달한 자본주의 사회가 없었기 때문이었다.

이 영국 방문이 마르크스에게 보다 중요했던 것은, 영국 노동계급 운동에 대한 직접적인 지식을 얻을 수 있었고, 운동 지도자들과 직접 개인적으로 접촉할 수 있었기 때문이었다. 당시 영국의 프롤레타리아는 정치의식과 조직 면에서 상대적으로 높은 수준에 도달해 있었다. 지난 10여 년간 영국은 1840년에 설립된 '전국헌장협회(the National Charter Association)'의 지도를 받아 인민헌장을 위한 강력한 노동계급 투쟁이 전개된 나라였다. '전국헌장협회'는 지방 조직망을 확보하고 있었으며 인민헌장운동이 절정에 이르렀을 때는 그 회원수가 5만 명을 헤아렸다. 인민헌장운동가들은 대중 집회 및 시위의 조직과 정기 간행물의 출판 등에 상당한 경험을 축적하고 있었다. 마르크스가 영국에 도착했을 당시 인민헌장운동은 1842년의 파업 실패에 따른 다소의 침체기에서 벗어나 다시금 활력을 되찾기 시작하여 1847년과 1848년

1848년 4월 10일, 인민헌장운동의 마지막 봉기

의 마지막 봉기를 향해 박차를 가하고 있던 중이었다.

엥겔스는 그의 저서 『영국 노동계급의 상태』에서 최초로 이러한 인민헌장운동이야말로 깊은 사회적 근거를 지니고 있으며, 객관적으로 자본주의 체제에 대한 반대를 목표로 한 노동계급의 정치운동이라고 규정한 바 있었다. 마르크스와 엥겔스는 그들의 철학적·정치적 사상의 관점에서 인민헌장운동에 관한 연구를 계속하고, 나아가 이 운동의 경험을 요약해서 노동계급의 세계사적 역할에 관한 그들의 테제를 정식화함과 더불어, 노동계급의 투쟁방식과 자본가의 압제로부터 해방되기 위한 현실적 방법 등을 명확히 해야 할 과제에 직면하게 되었다.

영국 방문이 이 두 사람에게 가져다준 또 다른 의미는 당시 상당한 세력으로 간주되던 영국 노동조합과 망명 혁명가들이 영국에서 구축한 여러 프롤레타리아와 민주주의 조직들에 대한 경험이었다. 런던은 '독일의인동맹(the German League of Just; 이 동맹은 국제적인 조직으로 발전하는 과정에 있었다)'의 중심지 가운데 한 곳이었으며, 1840년대 초 '의인동맹' 지도자들은 런던에 '독일노동자교육협회(the German Workers Educational Society)'를 설립한 적이 있었다.

엥겔스는 이상적인 안내자였다. 그는 영국에서 약 2년간 머물렀던 경험이 있어 영어에 능통했다(하지만 마르크스는 이제 막 영어를 배우고 있던 참이었다). 엥겔스는 또한 인민헌장운동 지도자들을 많이 알고 있었고, 주요 기관지인 『북극성 the Northern Star』을 비롯한 인민헌장운동과 사회주의 계열

일간지인 통신원 노릇을 하기도 했다. 1843년에 런던에 머무는 동안 그는 '의인동맹'의 지도자인 요제프 몰(Joseph Moll)·카를 샤퍼(Karl Schapper)·하인리히 바우어(Heinrich Bauer) 등을 알게 되었는데, 그는 마르크스를 이들에게 소개해주었다. 엥겔스는 또한 영국의 학문적 저서들에 능통했던 만큼 마르크스에게 이 분야에 대해 많은 지침을 제공해주었다. 두 사람은 또한 중세시대에 지은 성(城)으로 후에 수도원으로 쓰였던 건물에 1653년 현지 상인 험프리 체담(Humphrey Chetham)이 지은 체담 도서관 열람실에서 많은 시간을 함께 보내기도 했다. 그들은 참으로 맘에 드는 곳을 발견했던 것이다. 1870년 엥겔스는 마르크스에게 보낸 편지에서 이곳을 이렇게 회상했다.

"최근 며칠 동안 나는 24년 전 우리가 앉아 일하곤 했던, 조그만 미닫이 창 옆 사각 책상에서 다시 많은 일을 하고 있소. 나는 착색유리를 통해 햇빛이 잘 드는 이곳을 무척 사랑하오. 이 도서관 사서 올드 존스는 여태 이곳에 있지만, 너무 나이가 들어 아무 일도 못한다네."[145]

영국에 머무는 동안 마르크스와 엥겔스는 유명한 좌익 인민헌장운동 지도자인 조지 하니(George Harney)를 알게 되었다. 그는 노동계급 출신으로 유능한 조직가이자 연설가요 저술가였다. 그는 바뵈프주의에 매료된 공산주의자였으며, 『북극성』편집인 가운데 한 사람이었다. 해외의 혁명운동에 대해서 다소 경계하고 있던 다른 많은 인민헌장운동가들과는 달리, 하니는 인민헌장운동가들과 대륙 혁명가들의 공동 행동을 지지했다. 마르크스와 엥겔스는 나중에 그를 통해서 또 다른 혁명적 인민헌장운동 지도자인 어니스트 존스(Earnest Jones)를 알게 되었다.

마르크스와 엥겔스는 런던에 머무는 동안 좌익 인민헌장운동가들과 '의인동맹' 회원들의 유대를 강화시키는 데 최선을 다했다. 1845년 8월 중순 그들은 웨버(Weber)가에 있는 에인절 태번(Angel Tavern)에서 인민헌장운동가들과 다양한 국적의 망명가들이 개최한 회의에 참석했다. 엥겔스는 이

---

145) Ibid, Vol. 32, 510쪽.

회의에서 토의한 사항에 대한 자신과 마르크스의 견해를 밝히면서, 런던에 국제적인 혁명조직을 설립하자는 제안을 열렬히 지지했다. 그러한 조직('민주주의자우애협회(Fraternal Democrats)')은 마르크스와 엥겔스가 영국을 떠난 뒤인 1845년 9월 22일에 창설되었다. 이 조직은 좌익 인민헌장운동가들(하니는 처음부터, 존스는 나중에 참여했다)과 '의인동맹' 지도자들인 샤퍼와 몰 등 프롤레타리아들에 의해 운영됐다. 그리고 창립대회에 참석한 사람 중에는 바이틀링도 있었다.

'민주주의자우애협회'의 설립은 지도적인 프롤레타리아들이 국제적 연대의식을 발전시켜나가고 있었음을 보여주는 명백한 증거였다. 마르크스와 엥겔스는 이 단체와 계속 접촉하면서 그 활동에 혁명적 프롤레타리아 지향성을 부여주고, 그 지도자들이 소시민적 환상을 버리는 데 힘이 되어주었다. 엥겔스는 신문을 통해 프롤레타리아 국제주의를 정식화하는 데 1845년 9월 22일의 집회를 이용했다. 「런던만국박람회Festival of Nations in London」라는 논설에서 엥겔스는 마르크스와 자신을 대표해서 이렇게 썼다.

"만국의 프롤레타리아는 동일한 이해관계와 동일한 적을 갖고 있으며 동일한 투쟁에 직면하고 있다. 본질적으로 프롤레타리아 대중은 민족적 편견으로부터 자유로우며, 그들의 전체적인 성장과 운동은 본질적으로 인도주의적이고 반민족주의적이다. 오직 프롤레타리아만이 국적(nationality)을 소멸시킬 수 있으며, 오로지 각성된 프롤레타리아만이 다양한 민족을 형제처럼 만들 수 있다."[146]

정치경제학과 사회주의 문학에 대한 비판적 연구

마르크스가 브뤼셀에 머무르는 동안과 영국 방문 기간 중에 추구한 이론적 탐구의 특징은, 정치경제학과 부르주아 사회에 비판적인 공상적 사회주의자들의 저서를 연구한 것이다. 마르크스는 부르주아 사회의 경제

---

146) Marx, Engels, *Werke*. Bd. 2, 614쪽.

적 기초에 대한 철저한 분석과 당시 통용하고 있던 경제적 교리를 비판적으로 검토하는 데 필요한 자료들을 수집하고 있었다. 그는 지난 수세기 동안에, 그리고 당시에 출판된 아주 다양한 경제학 저서들을 연구했다. 브뤼셀과 맨체스터에 머무르는 동안 그는 다양한 저자들의 글에서 인용한 발췌문으로 수많은 노트를 가득 채웠다.

마르크스는 자본제 생산에서의 기계 이용, 가격 형성과 화폐의 유통, 신용과 은행의 기능을 망라하는 자본주의 경제의 모든 측면들에 관심을 기울였다. 또한 유럽, 미국, 아시아 등의 경제발달사에 관한 방대한 양의 자료를 수집했다. 인구문제 역시 그의 연구 분야 중 하나였다.

자본주의 발달의 사회적 영향들에 대한 마르크스의 연구는 노동계급(프롤레타리아)의 조건, 특히 고전적 자본주의 국가인 영국 노동대중의 노동 및 생활조건에 집중되었다. 그는 이 문제에 대한 엥겔스의 저서 이외에도 수많은 저서들을 섭렵했다. 또한 프랑스와 그 밖의 다른 여러 나라의 저서에서 뽑은 그의 발췌문에서도 볼 수 있듯이, 영국 이외의 나라에 만연해 있던 대중의 빈곤에 대해서도 깊은 관심을 기울였다.

그는 동시대의 부르주아 경제학자들의 저서를 읽으면서(그중에는 시니어[Senior], 매컬로흐, 존 스튜어트 밀, 가닐[Ganilh] 등이 있었다) 이들이 점점 더 변명조의 경향(부르주아 정치경제학의 일반적인 특징인)을 띠어가고 있음을 인식했다. 애덤 스미스와 리카도의 시대에는 부르주아 경제학자들도 그들 견해의 여러 가지 한계에도 불구하고 나름대로 과학적 진리를 파악하려고 했다. 하지만 그 뒤를 이은 경제학자들은 자본주의의 모순들을 은폐하거나 착취제도를 유지하기 위해 현실을 호도하려고 애쓰는 등 객관적이고 과학적인 접근방법을 고의적으로 회피하고 있었다.

마르크스는 존 스튜어트 밀의 「정치경제학의 미결문제에 관한 논문 *Essays on Some Unsettled Questions of Political Economy*」과 리카도의 이론으로부터 다소 급진적인 결론을 도출한 그의 부친 제임스 밀을 비교하는 가운데 이 같은 타락의 조짐을 발견했다.

"아들 **밀**은 **이론을 세우는 부르주아**가 절망적인 궁지에 몰려 있음을 보여주는 주목할 만한 예를 제시하고 있다."[147]

마르크스는 자유무역론자들을 변명론자(apologists)로 분류했으며, 그들의 반대자인 보호무역론자들(protectionists)의 저서를 연구했다. 1845년 가을에 마르크스와 엥겔스는 자유무역론자들과 보호무역론자들이 자기네 방식이 모든 사회적 병리의 만병통치약인 듯 선전하면서 첨예한 논쟁을 벌이고 있는 점을 감안해 보호무역주의와 자유무역에 대한 공저를 출판할 것을 고려하기까지 했다.

마르크스는 또한 자본주의 체제를 비판하는 저술들에 대해서도 깊은 관심을 기울였다. 그는 브뤼셀에 오기 전에도 프랑스와 독일의 공상적 사회주의자들이 펴낸 책들을 읽은 적이 있는데, 브뤼셀에서는 영국의 유토피아적 사회주의, 특히 로버트 오언의 주저 『새로운 도덕세계에 관한 책 The Book of the New Moral World』을 연구했다. 그는 또한 존 브레이(John Bray), 토머스 에드먼즈(Thomas Edmonds), 윌리엄 톰슨(William Thomson), 그 밖에 오언 추종자들의 저술에 많은 관심을 기울였다. 이들은 리카도의 경제학을 빌려 유토피아적 사회주의의 이론적 내용을 충실히 하고, 리카도의 노동가치설에 사회주의적 해석을 가하려고 노력하고 있었다.

마르크스는 노동계급의 착취와 빈곤을 소멸시키기 위한 이들의 진지한 주장을 가치 있는 것으로 평가하면서도, 원가에 기초한 물물교환시장(markets for battering products)이라든가 '노동화폐(labor money)' 등 부르주아 정치경제학에서 차용한 교의에 토대를 둔 사회 속에 사회주의적 관계들을 확립하려 했던 그들의 유토피아적 계획에 대해서는 지극히 회의적인 견해를 취했다. 그는 이와 같은 사회적 처방들이 관념론적인 몽상세계로부터 비롯되고 있다고 말했다.

마르크스는 기본적으로 그릇된 톰슨의 방법에 관해 논평하면서 "톰슨은 '균등 보증(equal security)', '자발적 교환(voluntary exchange)' 등에 관해 말

---

147) *MEGA*, Abt. 1, Bd. 6, 609쪽.

하기만 하면 무언가 이루어질 것이라고 믿고 있는 모양이다."[148]라고 비판하고 있다.

마르크스는 또한 '봉건적 사회주의'라는 형태로 부르주아 사회에 대해 귀족주의적 입장에서 반대의사를 표명하는 자들의 저술들도 무시하지 않았다. 그는 이 같은 경향을 대변하는 프랑스의 비유뇌브 바르주몽(Villeneuve-Bargemont)의 『기독교적 정치경제학Christian Political Economy』과 영국의 역사가이며 관념론적 철학가인 토머스 칼라일의 『인민헌장론Chartism』을 읽었다. 이들의 현존 부르주아 질서에 대한 공격은 전(前) 자본주의적 관계에 대한 극단적으로 목가적인 견해 및 반동적·복고적 요구와 결합돼 있었다. 이러한 우익의 자본주의 비판은 사회 발전의 온갖 법칙들에 대한 완벽한 무지를 드러내는 것이었다.

마르크스는 스위스의 유명한 경제적 낭만주의자인 시스몽디(Sismondi)의 『정치경제학 시론Essays on Political Economy』도 읽었다. 그 역시 자본주의적 관계를 비판하긴 했으나, 과거 특히 소상품 생산에 대해 몰역사적인 견해를 취하고 있었다. 마르크스는 시스몽디가 "여기저기서 사물의 고대적 질서를 이상화하려는 경향을 보인다."[149]라고 논평했다.

마르크스는 일정한 계획에 따라 정치경제학의 문제들과 그 밖의 사회과학 관련 문제에 천착했다. 『1844년 경제학·철학 초고』 이래 그는 동시대 사회의 전체적인 경제구조와 주요 정치제도를 혁명적 공산주의의 관점에서 분석하는 방대한 저서의 윤곽을 머릿속에 그려오고 있었다. 1845년 2월 1일에는 브뤼셀로 떠나기 전에 다름슈타트의 출판업자 레스케(Leske)와 『정치학과 정치경제학 비판Critique of Politics and Political Economy』이라는 저서의 출판계약에 서명했다.

이런 계획이 알려지자 마르크스의 가장 절친한 친구들은 이 경제학 관련 저서에 대단한 기대를 걸게 되었다. 롤란트 다니엘스는 1846년 3월 7

---

148) *MEGA*, Bd. 6, 615쪽.
149) Ibid.

일 그에게 쓴 편지에서 "우리는 당신의 『정치경제학』을 학수고대하고 있다."[150]라고 썼으며, 바이데마이어는 1846년 4월 30일자 편지에서 다음과 같은 찬사를 보냈다.

"지금 우리가 해야 할 일이란 당신의 정치경제학을 가능하면 빠른 시일 내에 손에 쥐는 일입니다. 따지고 보면 우리는 지금까지 공산주의에 관해 무언가 깨닫게 해줄 책을 읽고자 열망하는 사람들에게 아무것도 건네줄 것이 없었던 셈입니다. 그들은 막연한 설(說)을 받아들이려 하지 않고, 공산주의가 어떤 보편적인 교육을 통해 **소개**될 수 있다고 믿고 있기 때문입니다."[151]

한편 경찰당국은 마르크스가 그의 저서를 다름슈타트에서 출판할 계획임을 알아채고 레스케에게 이 같은 계획을 결코 허용하지 않을 것임을 통고했다. 레스케가 마르크스에게 순수한 학문적 문제에만 국한시켜 저술하도록 설득하려 하자, 마르크스는 이를 강력히 거부했다. 1846년 8월 1일에 마르크스는 레스케에게 서한을 보내 반동적인 검열제도의 요구에 순응할 생각이 전혀 없으며 혁명적 내용을 삭제하지도 않을 것임을 못 박았다. 그는 자신의 저서는 학문적인 저서임이 분명하지만 "프로이센 정부가 말하는 의미의 학문적인 저서는 아니다."[152]라고 덧붙였다. 1846년 9월 19일 레스케는 마르크스에게 엄격한 검열과 경찰의 위협 때문에 그의 저서를 출판할 수 없다고 통고했다.

이 같은 온갖 장애에도 불구하고 마르크스는 이론적 연구를 계속했다. 정치·경제학 문제를 연구하는 과정에서(이는 또한 당연히 그의 일반적인 이론적·철학적 개념을 형성하는 데 도움이 되었다) 그는 종래의 모든 경제이론을 비판하고 새로운 경제이론을 정식화하려면 우선 그것의 철학적 기초를 형성할 방법론적 원칙들을 다시 정식화해야 한다는 결론에 도달했다. 사람들의 정신으로 하여금 정치·경제적 사상을 수용할 태세를 갖추도록

---

150) 마르크스·레닌주의연구소 중앙당 문서보관소.

151) Ibid.

152) Marx, Engels, *Werke*, Bd. 27, 447쪽.

하기 위해서는 새로운 세계관의 기초를 분명히 해둘 필요가 있었다. 다시 말해 정치·경제학에 대한 비판을 위해서는 이미 통용되고 있는 철학적·사회적 이론에 대한 비판이 선행되어야 했던 것이다. 바로 이 때문에 정치경제학에 관한 저서의 집필계획은 당분간 뒤로 미루었고, 이보다 더 중요한 독일 프롤레타리아 사회주의의 이념적 반대파들을 겨냥한 논쟁적인 철학적 저서를 집필하는 데 우선순위를 두었다. 마르크스와 엥겔스는 이 저서에『독일 이데올로기』라는 제목을 붙였다.

1846년 8월 초 마르크스는『독일 이데올로기』집필 순서에 관해 다음과 같이 썼다.

"요점만 말하면 나는 독일 철학과 그간에 출현했던 독일 사회주의를 겨냥한 논쟁적 논문을 그 주제에 관한 **긍정적** 해석의 **출발점**으로 삼는 일이 매우 중요하다고 여긴다. 이 일은 대중들이 정치경제학에 대한 나의 입장을 받아들일 태세를 갖추도록 하는 데 반드시 필요하다. 그리고 나의 입장이란 곧 기존의 모든 독일 과학에 대한 직접적인 반명제(反命題)이다."[153]

『독일 이데올로기』집필에 몰두하다

1845년 가을 마르크스와 엥겔스는 새로운 철학적 저서를 출판하기 위해 보다 구체적인 계획을 세웠다. 이 저서는 독일 이데올로기 비판, 즉 포이어바흐·바우어·슈티르너 같은 사람들과, 독일의 '진정한 사회주의'에 의해 대표되는 독일 철학 비판을 담은 두 권 분량의 책으로 계획되었다. 그중에서 '진정한 사회주의'가 비판의 대상이 되었던 까닭은, 그해 초여름에 발표된 한 평론에서 포이어바흐가 공식적으로 '공산주의자'를 자처하고 나섰고, 9월에는 '진정한 사회주의자'들이 여러 편의 기본적인 저서들을 출판했으며, 무엇보다도 10월 중순에 발표된『비간트 계간지*Wigand's Wierteljahrsschrift*』제3권에 바우어와 슈티르너의 논문이 게재되었기 때문이다,

마르크스가 편집을 맡은『독일 이데올로기』는 논문 선집 형태로 발간

---

153) Ibid, 448~9쪽.

하기로 구상했다. 일부 중요한 장(章)은 모제스 헤스가 쓰기로 했다. 하지만 이 같은 계획은 '진정한 사회주의'의 창설자 중 한 사람인 헤스가 다양한 사상적 영향에 쉽사리 동요하고(마르크스는 그에게 '스펀지'라는 아이러니컬한 별명을 붙였다) 절충주의(eclecticism)로 기울어졌기 때문에 취소되고 말았다. 그는 새로운 유물론적 교의의 여러 특징들을 매우 피상적으로 이해하고 있었기 때문에 이내 다른 진영으로 돌아서고 말았던 것이다.

헤스는 두 개의 장(章)을 집필했는데, 하나는 청년헤겔학파 아르놀트 루게를 공격하는 내용이었고, 다른 하나는 '진정한 사회주의자' 게오르크 쿨만(Georg Kuhlmann)을 공격한 글이었다. 그러나 첫 번째 글은 최종 원고에서 삭제되었고, 두 번째 글은 마르크스와 엥겔스가 상당한 손질을 가했다.

『독일 이데올로기』를 집필하면서 마르크스와 엥겔스는 『신성가족』을 함께 집필할 때와는 전혀 다른 새롭고도 고차원적인 협력형태를 취했다. 『신성가족』을 공동 집필할 당시만 해도 그들의 집필 분담은 매우 단순했다. 그때 그들은 미리 합의한 계획에 따라 각자 자신이 맡은 부문을 집필했고, 이 사실을 내용 속에 밝혔었다. 그러나 『독일 이데올로기』, 그중에서도 특히 제1권은 글자 그대로 두 사람이 공동으로 집필했다. 두 사람은 집단적 연구야말로 근대 학문의 기본 원칙이라고 믿었고, 그에 대한 훌륭한 모범을 보여준 것이다. 그러나 유물사관과 과학적 공산주의 이론을 완성하는 데 결정적 역할을 한 쪽은 마르크스였다. 마르크스가 세상을 떠나고 몇 년이 지난 뒤 엥겔스는 그 특유의 겸손한 어조로 대부분의 기본적인 개념들, 특히 이들 개념의 최종적인 정식화는 마르크스에 의해 이루어졌다고 썼다,

"마르크스는 우리들 중 그 어느 누구보다도 높이 서서 멀리 보고 또 훨씬 폭넓고 민감한 시야를 갖고 있었다. 우리가 기껏해야 재주꾼 정도라면 마르크스 그는 천재였다. 만약 그가 없었더라면 그 이론은 결코 오늘날과 같은 모습을 띨 수 없었을 것이다. 따라서 그 이론에 그의 이름이 따라붙

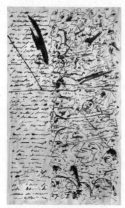
『독일 이데올로기』의 초고

는 것은 참으로 온당한 일이 아닐 수 없다."[154]

마르크스와 엥겔스는 그들의 과제에 전적으로 몰입한 채 밤낮을 가리지 않고 집필에 매달렸다. 1846년 3월 30일에 조지 하니는 엥겔스에게 보낸 편지에서 다음과 같은 얘기를 들려주고 있다.

"내가 새벽에 서너 시까지 공동 작업으로 계속되는 당신들의 바로 그러한 철학적 집필체계를 아내에게 들려주자 그 사람은 그러한 철학이라면 맘에 들지 않는다고 하더군요. 그러면서 자기가 만일 브뤼셀에 있었다면 당신들의 부인들과 함께 '선언문'이라도 하나 준비했을 것이라고 말했죠. 아마 내 아내는 작업이 **단기 체계**로 이루어진다면, 혁명들을 제조하는 일에 거부감을 느끼지 않을 것 같더군요."[155]

『독일 이데올로기』는 이 두 사람이 탁월한 논쟁의 대가임을 보여주었으며, 그 논쟁의 힘은 그들의 공동 작업으로 배가되었다. 마르크스가 사망한 뒤 엥겔스는 그의 유고들을 정리하던 중 『독일 이데올로기』 원고를 찾아서 그중 일부를 마르크스의 막내딸 엘레아노르와 헬레네 데무트에게 읽어주었는데, 그들은 이를 듣고 매우 즐거워했다.

엥겔스가 1883년 6월 2일 마르크스의 딸 라우라에게 보낸 편지에 따르면, 헬레네는 이렇게 말했다고 한다.

"브뤼셀에서 살았을 때 당신들 두 분이 밤중에 다른 식구들이 잠을 잘 수 없을 정도로 큰 소리로 웃어댄 이유를 이제야 알겠어요."

엥겔스는 이렇게 덧붙였다.

"우린 그때 대담한 악마들이었지. 하이네의 시는 우리의 산문에 비하면 어린애처럼 순진하기 짝이 없었어."[156]

마르크스와 엥겔스는 『독일 이데올로기』를 1845년 11월부터 쓰기 시작

---

154) Marx and Engels, *Selected Work*, Vol. 3, 361쪽.

155) 마르크스 · 레닌주의연구소 중앙당 문서보관소.

156) Frederik Engels, paul and Laura Lafargue, *Correspondence*, Vol. 1, Moscow. 1959. 157쪽.

했다. 그러나 이 저서의 최종적인 구성을 곧바로 결정하지는 않았다. 그들은 당초 바우어와 슈티르너의 논문과 포이어바흐의 저서에 대한 전체적인 비판에서부터 작업을 시작했다. 그러나 그 뒤 바우어와 슈티르너의 논문에 대한 비판은 두 개의 장(章)으로 따로 나누어 제시하고 그 앞에 포이어바흐에 관한 장의 형태로 전체적인 서문을 쓰기로 결정했다. 이 장은 포이어바흐의 사상을 비판적으로 분석하고 자신들의 견해를 간략히 설명하는 형태로 이루어졌다. 따라서 마르크스와 엥겔스는 원래의 자리에는 주로 비판적인 내용을 담는 대신에, 다방면에 걸친 이론적 탈선들을 고찰하는 부분을 서문으로 옮기기 위해 슈티르너에 대한 비판 작업을 두 번이나 중단해야 했다. 다른 한편으로 바우어와 슈티르너를 겨냥한 순수 논쟁적인 글들은 서문에서 각각 2장과 3장으로 옮겼다. 바로 이런 방식으로 제1권의 내용이 차별성을 띠고 구분되었으며 같은 방식으로 그 구성도 구체화되었다.

이론적 관점에서 가장 중요한 부분은 제1권의 서문형식을 띤 제1장(I. 포이어바흐, 유물론적 시각과 관념론적 시각의 대립)이다. 이 장 대부분에 걸쳐 마르크스와 엥겔스는 자신들의 견해를 직접적으로 해설하고 있으며, 나머지 장들에서는 주로 반대자들에 대한 비판을 통해 그들의 견해를 제시하고 있다. 미완성인 채로 남아 있는 서문에서는 유물사관과 과학적 공산주의에 관한 다소 체계적인 해설을 제시하고 있다. 제1권의 나머지 2개 장은 주로 청년헤겔학파의 철학을 비판하는 데 집중하고 있다. 제2장은 브루노 바우어에 대해서(II. 성[聖] 브루노), 제3장은 막스 슈티르너(III. 성 막스)에 대해 비판을 가하고 있다. 그들은 『비간트 계간지』(이 잡지는 라이프치히에서 발간되었다)에 게재된 바우어와 슈티르너의 논문을 '라이프치히 공회(The Leipzig Council)'라는 제목을 붙인 총론을 첨부하고 그 말미에는 '라이프치히 공회의 폐막(Close of the Leipzig Council)'이라는 제목을 붙인 별도의 결론을 제시하고 있다.

슈티르너에 관한 장은 분량이 가장 많을 뿐 아니라 구조도 가장 복잡하다. 1844년 10월 말에 출판된 슈티르너의 저서『유일자와 그 소유*The Unique and His Property*』는 이론적으로 볼 때 통속화되고 타락한 독일 철학의 전형적인 산물이었다. 여기서는 헤겔의 업적은 모조리 소멸되고 그의 결점만이 확대 재생산되고 있다. 헤겔의 객관적 관념론은 순수한 주관론과 주의설(Voluntarism)로 환원되고, 그의 변증법은 궤변으로, 그의 비판정신은 미사여구의 말장난으로 전락되고 말았다. 슈티르너는 극단적인 개인주의를 설파했다. 그의 개인주의적·무정부주의적 사상은 자본주의의 발달에 대한 독일 소시민계급의 불만을 반영하는 것이었다. 하지만 그는 공산주의와 사유재산에 대한 어떠한 침해에 대해서도 적대적이었다. 슈티르너의 전형적인 소시민적 사상은 당시의 독일 상황에서 소시민계급과 지식인, 그리고 간접적으로나마 노동계급 운동에 어느 정도 영향력을 미치고 있었기 때문에 마르크스와 엥겔스는 이를 공격하지 않을 수 없었다.

『독일 이데올로기』의 슈티르너에 관한 장은 독특한 논쟁방식에 기초하고 있다. 슈티르너는 자신의 저서에서 흔히 자기 의견 제시를 적절치 못한 '삽화적 문장'을 통해서 강조하고 있다. 따라서 마르크스와 엥겔스는 이 장의 서두에서『비간트 계간지』에 실린 그의 평론(자신의 저서에 대한 비판을 반박하는 내용을 담고 있다)에 관해 공지사항을 우선 전달하는 형식을 취함으로써 그의 이러한 문체를 비꼬고 있다. 그리고 이 평론이 갖는 의미를 표면상 명확히 한 다음, 무려 300여 쪽에 달하는 이 장 거의 전부를 그 책 자체에 관한 거창한 '삽화적 문장'으로 가득 채우고 있다. 그런 다음에 마르크스와 엥겔스는 다시 이 평론에 관한 해석을 덧붙이면서, 이 졸속한 저서 자체가 본인의 졸속하고도 변명으로 일관하는 자기 정당화와 잘 어울린다는 점을 보여주고 있다. '문장'의 구성은 그들이 비판하고 있는 책의 구성에 상응한 것으로, 그 책과 마찬가지로「구약」과「신약」이라는 다소간 해학이 담긴 두 개의 제2부로 구성되어 있다.

『독일 이데올로기』 제2권은 '진정한 사회주의'에 대한 비판을 담고 있다. 1844년 독일에서 전파되기 시작한 이 소시민적 사회주의는 독일 철학, 그중에서도 헤겔과 포이어바흐의 철학과 주로 프랑스인들이 제창한 유토피아적 사회주의의 교의를 혼합한 것이었다. 그 결과는 고도로 추상적이고 현실과 실천적 필요성에서 동떨어진 사회주의적 교의로 나타났다. '진정한 사회주의자들'은 계급투쟁과 사회혁명을 통한 프롤레타리아의 해방 대신 감상적인 사랑의 설교를 통한 인류의 해방을 옹호했다. 이는 자본주의 발전에 공포를 느낀 독일 소시민계급의 반동적인 이해관계를 표출한 것으로서, '엄청나게 파괴적인' 충동을 지닌 것으로 판명된 혁명적 공산주의에 대한 공공연한 반대를 촉구하는 사상이었다. 이 같은 경향은 공산주의적 세계관을 확립하는 데 장애가 되고 있었으므로 마르크스와 엥겔스는 마땅히 비판을 가해야 했다.

제2권의 제1장에서는 '진정한 사회주의'를 창시한 프리드리히 제밍(Friedrich Semming)과 루돌프 마태(Rudolph Matthäi)의 논문에 비판을 가하고 있다. 제4장은 이 같은 경향의 주요 대변자인 카를 그륀(Karl Grün)의 저서를 비판하고 있으며, 제5장은 '진정한 사회주의' 종교 비슷한 것을 제창하고 있는 게오르크 쿨만의 저서를 비판하고 있다. 현존하는 『독일 이데올로기』제2권의 초고에는 제2장과 제3장이 포함돼 있지 않다. 아마 '진정한 사회주의'의 운문과 산문을 비판한 엥겔스의 평론 「운문과 산문에 나타난 독일 사회주의*German Socialism in Verse and Prose*」가 제2권의 일부를 구성했을 가능성이 매우 높다. 이 평론은 1847년 9월부터 12월까지 『독일·브뤼셀 신문*Deutsche-Brüsseler-Zeitung*』에 연재되었다.

『독일 이데올로기』 1~2권은 대체로 1846년 4월에 완성되었으나 그 이듬해까지 집필이 계속되었으며, 제2권의 마지막 장으로서 '진정한 사회주의자'들의 최초 저작들을 비판한 엥겔스의 논문 「진정한 사회주의자」에서 그 절정을 이루었다.

사회 발전관의 혁명을 완수하다

1848년 혁명이 일어날 때까지 마르크스는 그의 이론 전반의 기초가 될 독자적인 철학을 정식화하는 데 전력을 다했다. 따라서 이 시기의 주저인 『독일 이데올로기』가 원칙적으로 철학적인 저술이었음은 당연한 일이었다. 저서는 사적 유물론(유물사관)에 대한 어느 정도 체계적인 최초의 해설이라는 점에서 주목할 만하다.

마르크스와 엥겔스는 헤겔 이후의 독일 철학에 대한 비판으로 새로운 세계관을 정식화했다. 이 논쟁의 중심적 쟁점은 '현존하는 현실을 어떻게 변화시켜야 할 것인가?' 하는 문제였다. 청년헤겔학파는 종교를 공격함으로써, 따라서 현실 그 자체가 아니라 그것의 그림자와 싸움으로써 현존하는 현실을 간접적으로 비판했다. 그들은 실질적으로 현존하는 현실을 용인했으며, 다만 거기에 상이한 해석을 부여하려고 노력했을 따름이었다. 마르크스와 엥겔스는 이 같은 환영과의 철학적 투쟁을 단호히 부정하는 과제를 스스로 떠맡고 나섰으며, 이 세계를 비판하는 것만으로는 불충분함을 지적했다. 그들에 따르면 이 세계는 올바르게 해석해야 하며, 중요한 것은 이 세계를 변혁하는 일이었다.

『독일 이데올로기』는 사적 유물론을 전제(premises), 개념(concepts), 결론(conclusions) 등 3개 분야로 나누어 제시했다.

마르크스와 엥겔스는 그들의 전제, 즉 인간과 그들의 활동 및 그 물적 조건이라는 전제를 정식화하는 일부터 시작했다. 이는 동시에 역사 그 자체와 사적 유물론의 전제이기도 했다. 자신들의 철학은 아무 전제 없이(왜냐하면 모든 전제는 독단적이기 때문에) 전개될 수 있다는 헤겔의 주장을 추종하는 독일 관념론자들과는 대조적으로『독일 이데올로기』는 철학의 핵심적인 문제, 즉 '새로운 세계관을 건설하는 데 무엇이 출발점이 되어야 하는가?'라는 문제에 논리 정연한 유물론적·변증법적 해답을 제시했다. 마르크스와 엥겔스는 그들이 의도적으로 일정한 전제(결코 독단적이거나 사변적이지 않고 현실적인 전제)로부터 논의를 전개해나가고 있음을 시인했으며, 이후에도 이 같은 전제를 계속해서 개진했다.

자연은 고정불변이라는 형이상학적 입장을 취하고 있던 종래의 유물론의 모순을 극복하면서, 마르크스와 엥겔스는 인간이 그 속에서 생활하고 활동하는 자연적인 조건들도 역사적인 것임을 지적하고, 인간이 실존(existence) 속에서 발견하는 자연적 조건과 인간 자신의 활동을 통해 창조된 자연적 조건을 분명히 구별했다. 현존하는 사회 속에서 물질적 환경 그 자체는 인간의 역사적 활동의 산물(product)이다. 포이어바흐는 인간이 자연에 대해 행사하는 반작용적인 결과를 이해하지도 못하고 무시했다는 점을 고려하면서, 마르크스와 엥겔스는 다음과 같이 말했다.

"이 같은 인간의 활동, 이 같은 부단한 감각적인 노동과 창조, 현존하는 바와 같은 감각적 세계 전반의 기초가 되는 생산 활동은 대단히 풍부한 것이다. 따라서 만약 이 같은 활동이 단 1년간만이라도 중단된다면, 포이어바흐는 자연세계의 거대한 변화를 발견하게 될 뿐만 아니라 전체 인간세계와 포이어바흐 자신의 지각능력, 나아가 그의 존재 자체마저도 소멸되고 말 것임을 곧 깨달을 것이다."157)

사회 발전에 관한 새로운 이론이 심오한 역사적 접근방식을 취하고 있다는 사실은 사회가 발전함에 따라 자연적 조건들이 점점 더 인간 활동의 역사적 산물로 변형되어간다는 견해 속에서 드러났다.

일정한 자연적 환경은 인간사회의 존재와 발전을 위한 객관적인 물적 조건이며 인간의 물리적·신체적 구조는 자연환경에 대한 그들의 태도를 규정한다. 하지만 마르크스와 엥겔스는 이 두 가지의 역사적 필요조건에 관심을 기울인 것이 아니라, 역사 과정의 배후에 있는 결정적 요인으로서 인간의 활동에 집중적인 관심을 기울였다.

인간 활동에는 두 가지 측면이 있다. 생산(인간과 자연의 관계 및 자연에 대한 인간의 영향)과 관계(인간 상호간의 관계, 주로 생산과정에서의 인간관계)가 바로 그것이다. 생산과 관계는 상호의존적이지만 그중에서도 생산이 결정적인 요인이다.

물질적 생산은 인간의 사회적 역사를 열어놓았으며, 물질적 생산이야

---

157) Marx and Engels, *Selected Works*, Vol. 1, 29쪽.

말로 인간을 동물과 구별해준다.

"인간은 의식·종교 및 그 밖의 많은 점에서 동물과 구별된다. 그러나 인간은 필요한 생존수단을 **생산**하기 시작하자마자 자신을 동물과 구별하기 시작한다."[158]

마르크스는 그 후 이 같은 인간과 동물의 특수한 차이점을 『자본론』제1권에서 보다 구체적으로 기술했다.

인간 역사의 첫 번째 필요조건은 인간이 살아야 한다는 것이며, 이는 인간이 음식과 옷과 주거를 필요로 했음을 의미한다. 따라서 인간 최초의 역사적 활동이 이 같은 욕구를 충족시키기 위한 수단을 생산하는 것임은 너무도 당연하다. 주어진 사회 속에서 생활 전체는 그 사회의 생산양식에 의해 결정되며, 사회적 활동의 주요 측면들도 각기 상이한 생산노선에 따라 출현한다,

『독일 이데올로기』는 사회생활에서 물질적 생산이 지니는 결정적 역할에 관한 포괄적인 기술일 뿐만 아니라, 사실상 맨 처음으로 생산력(productive forces)과 생산관계(relations of production)의 변증법적 발전을 명확히 밝혔다는 의미에서 매우 중요한 진일보이기도 했다.

또한 『독일 이데올로기』는 사회생활에서 물질적 생산관계의 변증법으로 정식화된 대단히 중요한 사실을 1845년에 이미 발견했다는 의미도 지니고 있다. 이러한 정식화는 점차 체계를 갖춰나가고 있던 사적 유물론의 여러 범주들에 새로운 빛을 던져주었으며, 사적 유물론의 본질을 하나의 일관된 개념으로 규정하는 길을 열어주기도 했다.

이 같은 발견은 결국 다음과 같은 기본적인 테제로 요약된다. 사회적 관계의 형태, 즉 생산관계의 형태는 생산력에 의해 규정되고, 생산력은 일정한 발달단계에서 기존 생산관계와 모순관계에 빠지며, 이 모순은 사회혁명을 통해 해소된다. 하나의 질곡이 되어버린 낡은 형태의 생산관계는 보다 발달한 생산력에 상응하는 새로운 형태의 생산관계에게 자리를 내

---

158) Ibid, 20쪽.

준다. 이 새로운 형태의 생산관계는 시간이 지남에 따라 다시 발전을 거듭하는 생산력에 상응하지 못해 그 생산력의 질곡으로 전화(轉化)하고, 혁명을 통해 그보다 진보적인 형태의 생산관계로 대체된다. 이 같은 방식으로 계기적(繼起的) 단계들 사이의 지속적인 연계가 역사 전체를 관통하며 확립되는 것이다.

마르크스와 엥겔스는 이 중대한 발견의 의미를 분명히 깨닫고 있었다.

"이와 같이 역사상의 모든 충돌 대립은 생산력과 생산관계의 모순에 기원을 두고 있다는 것이 우리의 견해이다."[159]

이 같은 발견은 사회 발전의 법칙을 이해하는 데 엄청난 중요성을 지닌다. 이미 오래전에 마르크스는 정치적·법률적 관계들 및 기타 관계들이 경제적 관계들에 의해 규정된다는 사실을 밝혀낸 바 있었다. 마르크스와 엥겔스는 이제 경제적 기초에 보다 깊이 천착할 수 있었다. 즉 인간 상호 간의 관계들은 궁극적으로 생산력에 의해 규정되며, 생산력의 발달은 특정 사회로부터 다른 형태의 사회로의 이행을 규정한다는 사실을 보여준 것이다. 마르크스는 일찍이 물질적 생산이야말로 사회생활의 기초임을 지적했었다. 이제 두 사람은 기초 자체의 내부 작용을 밝혀냄으로써 사회생활의 주요 측면들 사이의 연관성을 구명해냈다. 다시 말해 생산력과 생산관계, 생산관계의 전 체계와 정치적 상부구조 및 사회적 의식행태와의 연관성 등을 밝혀낸 것이다.

마르크스의 발견은 전체 역사과정에 대해 과학적인 설명을 가했으며 진정 과학적인 역사상의 시대 구분을 가능케 했다. 생산력과 생산관계의 모순을 해결하는 모든 사회혁명은 주요한 신기원을 구분해주는 이정표이며, 하나의 사회형태로부터 다른 사회형태로의 이행을, 마르크스가 훗날 사용한 용어를 빌리면, 하나의 사회구성체(social formation)로부터 다른 사회구성체로의 이행을 완성시켜주는 것이다.

『독일 이데올로기』는 생산의 주요 역사적 발전단계를 제시해놓았다. 생

---

159) Ibid, 62쪽.

산의 역사적 발전은 생산력의 발달에 의존하며, 생산력의 수준은 노동의 분업에 의해 가늠된다. 노동분업의 각 단계는 또한 그에 상응하는 소유형태를 규정한다(그리고 마르크스가 그 후 지적한 대로 소유관계는 생산관계의 법적 표현에 불과하다).

이 같은 새로운 사상에 힘입어 마르크스와 엥겔스는 인류의 초기 사회로부터 미래에 다가올 공산주의, 즉 진정 인간적인 사회로의 이행에 이르는 사회 발전과정의 대강을 제시했다.

자연발생적으로 생성되어 초기의 부족적 소유형태를 규정한 초기의 노동분화는 원시적인 역사적 관계들과 상응하고 있었다. 이 같은 원시적인 관계들로부터 다음의 사회 발전단계로의 이행, 즉 자연적인 노동분화로부터 사회적 계급분화의 형태를 취하는 사회적 노동분화로의 이행은 생산력의 발달에 의해 규정되었다. 그것은 무계급사회로부터 계급사회로의 이행이었다. 노동의 사회적 분화와 함께 사유재산(사적 소유), 국가, 사회적 활동의 소외 등과 같은 파생적인 역사적 현상도 발달했다. 노동의 사회적 분화의 진전은 소유형태의 발전과 단계적 계승을 규정한다. 두 번째 소유형태는 고대적 소유형태, 세 번째는 봉건적 소유형태, 네 번째는 부르주아적 소유형태이다. 사실 사회구성체 이론은 역사 발전의 주요 단계들을 지배하는 계기적 소유형태의 검증과 분석으로부터 비롯되었다.

마르크스와 엥겔스는 다른 역사적 소유형태보다도 부르주아적 소유형태를 매우 구체적으로 검토했다. 즉 길드제도로부터 매뉴팩처와 대규모 공업으로의 이행을 집중적으로 검토했다. 그들은 최초로 부르주아 사회 발전의 주요 2단계, 즉 매뉴팩처와 대규모 공업 단계를 제시하고 이를 분석했다. 마르크스는 일찍이 그의『경제학·철학 초고』에서 (그의 선배, 즉 사적 소유에 대한 유토피아적 비판가들과는 달리) 인류의 일정한 사회 발전단계에서 사적 소유의 출현과 존재는 앞으로 있을 그것의 불가피하 소멸과 더불어 역사적 필연의 산물이라는 점을 지적한 바 있었다.『독일 이데올로기』는 사적 소유의 폐지를 위한 필연성과 물질적 조건이 오로지 대규모 공업의 발달과 더불어서 대두된다는 사실을 입증해주었다. 부르주아 사회 속에서 생산력 발달은 프롤레타리아 공산주의 혁명을 위한 기본적이고 물질적인 2대 필요조건을 창출한다. 첫째, 생산력이 사적 소유와는 근본적으로 양립할 수 없게 되는 반면에, 공산주의 노선에 입각한 사회를 조직하는 데 반드시 필요한 정도로 고도의 수준에 도달한다. 둘째, 대중의 프롤레타리아화는 혁명적 계급을 형성한다. 『독일 이데올로기』에서 처음으로 정식화된 이 같은 테제는 과학적 공산주의 이론의 가장 중요한 요소 가운데 하나이다. 마르크스와 엥겔스는 공산주의 혁명이 사적 소유를 폐지하고 무계급사회로 이행하는 결과를 가져다준다는 것을 입증했다.

마르크스와 엥겔스는 계속해서 생산관계의 영역, 즉 사회적 제 관계, 사회체제, 사회의 계급구조, 개인·계급·사회 사이의 관계 등을 고찰했다. 그들은 부르주아 사회 구성체라는 개념을 도입함으로써 계급 형성의 배후에 있는 법칙성을 제시했다. 그들은 최초로 계급의 형성·발달과 물적 생산 자체의 발달 사이의 연관성을 확립하는 한편, 과학적인 용어를 이용해서 사회가 어떻게 계급 차별을 제거하는지 보여주었다. 그들은 한 걸음 나아가 정치적 상부구조를 고찰하는 가운데 국가와 법과 소유 사이의 관계를 특별히 강조하면서, 처음으로 일반적인 의미의 국가와 특수한 의미의 부르주아 국가의 본질에 대한 과학적 견해를 제시했다. 국가란 지배계급에 속한 개인들이 그것을 통해 자신들의 공동 이익을 실현하는 형식이며, 특정 시기인 시민사회 전반(다시 말해 경제적 관계들)의 집약적인 표출이라는 것이다. 부르주아 국가는 부르주아 계급이 자신들의 국내외 재산과 이익을 상호 보장하기 위해서는 반드시 받아들여야 할 정치조직의 형태에 다름 아니다. 마르크스와 엥겔스는 국가의 출현은 사회가 몇 계급으로 분화된 결과라고 지적했다. 따라서 국가는 공산주의 혁명의 결과인 계급들의 소멸과 더불어 사라질 것이다.

마르크스와 엥겔스는 사회의식의 형태에 대한 고찰을 마지막으로 사회와 그 역사의 유물론적 개념에 대한 해설을 마무리 지었다. 그들은 의식의 형태를 검토하는 가운데 지배적 의식과 지배계급 사이의 관계를 구명하고, 이데올로기적 상부구조의 계급적 성격을 지적했다. 『독일 이데올로기』는 계급적 접근방식을 이데올로기적 경향에, 그리고 당파적 원칙을 철학에 포괄적으로 적용한 최초의 시도였다.

이 저서는 또한 철학의 근본문제인 의식과 존재의 관계에 대해 유물론적인 해답을 제시했다.

"의식이란 의식적 존재(conscious existence) 이외에 그 어느 것도 아니다. 그리고 인간 존재는 인간의 현실적인 삶의 과정이다. …… 삶은 의식에 의해 규정되지 않지만 의식은 삶에 의해 규정된다."[160]

인간 존재에 대한 이 같은 관념은 근본적으로 새로운 것이었다. 즉 그것은 포이어바흐가 믿었던 것처럼 주변의 자연이 아니라 주로 사회적 존재, 즉 그 안에서 인간의 물질적·실천적 행위가 결정적 역할을 담당하는 인간의 삶의 현실적 과정이었다. 그들은 포이어바흐처럼 인간 정신의 다양한 산물이 현세적이고 물질적인 기원을 갖는다는 것을 입증하는 것만으로는 만족할 수 없었다. 사회의식의 모든 형태와 산물 역시 물질적·현실적 토대와 그것의 모순으로부터 생성된다는 점을 입증할 필요가 있었다. 이와 같이 마르크스와 엥겔스는 사회생활의 모든 측면과 현상, 즉 생산과 사회적 관계들, 국가, 법, 도덕, 종교 및 철학, 그리고 역사의 일반적 과정과 구체적인 시대 및 사건 등을 검토하는 데 유물론을 일관성 있게 적용했다.

유물사관은 다음과 같은 말로 요약된다.

"이와 같은 역사개념은 삶 자체의 물질적 생산에서부터 비롯되는 현실적인 생산과정을 설명할 수 있는 우리의 능력에, 그리고 이 생산과정과 연관되어 있으면서 이와 같은 생산양식(즉 다양한 단계의 시민사회)에 의해 창출되는 교류 형태(the form of intercourse)를 모든 역사의 토대로서 파악할 수 있는 우리의 능력에 의존하고 있다. 또한 교류 형태가 국가라는 형태를

---

160) Marx and Engels, *Selected Works*, Vol. 1, 25쪽.

띠고 작용하는 것을 입증하고, 종교·철학·윤리 등 의식의 각기 상이한 이론적 산물과 형태들을 설명하고, 이들의 발생과 성장 역시 그와 같은 토대로부터 추적할 수 있는 능력에 의존하고 있다. 물론 이 같은 방법을 통해 모든 사물은 그 총체성 속에서 서술될 수 있다(따라서 이들 다양한 측면의 상호작용도 서술될 수 있다). 사적 유물론은 관념론적 역사관처럼 …… 실제를 관념에 입각해서 설명하지 않고, 관념의 형성을 물질적인 실제에 입각해서 설명해왔다. 따라서 다음과 같은 결론에 이르게 된다. 즉 비판이 아니라 혁명이야말로 역사의 추진력이며 또한 종교·철학 및 기타 모든 형태의 이론에 대해서는 추진력으로 작용한다."161)

유물사관의 주요 결론은 프롤레타리아 공산주의 혁명이 역사적으로 필연적이며 불가피하다는 것이다.『독일 이데올로기』에서 과학적 공산주의 이론은 사적 유물론의 당연한 결과로서 나타난다.

목가적인 미래사회를 목표로 하는 추상적인 계획으로 공산주의를 파악한 공산주의자들과는 달리 마르크스와 엥겔스는 공산주의를 법칙에 지배되는 객관적인 역사 발전의 결과로 보았다.

"우리들에게 공산주의란 확립해야 할 어떤 **사태**(a state of affairs), 즉 현실이 그에 순응해야 할 어떤 **이상**이 아니다. 우리는 공산주의를, 현 상태를 소멸시키는 **현실적**인 운동이라고 부른다."162)

마르크스와 엥겔스는 생산력과 생산관계의 모순이 모든 사회혁명의 기초라는 사실을 확립한 뒤, 공산주의 혁명이 불가피하다는 것을 입증했다. 대규모 공업에 의해 창출된 생산력은 생산의 질곡으로 변해 파괴력으로 전화한 사적 소유와 모순관계에 빠지기 때문이라는 것이다. 이 같은 객관적 모순은 프롤레타리아와 부르주아 사이에 벌어지는 계급투쟁의 기초를 이루고 있으며, 이러한 계급투쟁은 오로지 프롤레타리아의 공산주의 혁명으로만 해소될 수 있다. 마르크스와 엥겔스는 이러한 혁명의 물질적 필

---

161) Ibid., 41~42쪽.

162) Marx and Engels, *Selected Works*, Vol. 1, 38쪽.

요조건을 규정한 뒤, 공산주의 운동은 대규모 공업도시와 같은 중심부에서 대두할 것이라는 과학적 증거를 제시했다.

『독일 이데올로기』에서는, 공산주의 사회로 전진하기 위해 프롤레타리아는 혁명을 통해 정치권력을 장악해야만 한다고 주장하고 있다.

"지배를 위해 투쟁하는 모든 계급은(심지어 프롤레타리아의 경우처럼 계급적 지배가 낡은 형태의 사회를 총체적으로 폐지하고 지배 자체를 폐지할 것을 요구할 경우에도) 우선적으로 스스로 정치권력을 장악하지 않으면 안 된다."[163]

이는 프롤레타리아 독재 개념에 대한 최초의 일반적 기초였다. 마르크스가 죽은 지 몇 년이 지난 뒤 엥겔스는 이렇게 썼다.

"마르크스와 나는 1845년 이후부터 줄곧 장래 프롤레타리아 혁명의 궁극적인 결과 중의 **하나**는, **국가**라고 불리는 정치조직의 점진적 해체와 궁극적인 사멸일 것이라는 견해를 갖고 있었다. 동시에 우리는 장래에 있을 사회주의 혁명의 이 같은 목표와 그보다 훨씬 중요한 다른 목표에 도달하기 위해서 프롤레타리아 계급은 무엇보다도 스스로 국가의 조직적인 정치세력을 보유해야 하며, 이 같은 정치세력의 도움을 받아 자본가계급을 소탕하고 사회를 재조직해야 한다고 늘 주장해왔다."[164]

마르크스는 일찍이 「포이어바흐에 관한 테제」에서 혁명적 실천과정에서 환경의 변혁은 인간 자체의 변혁과 동시에 진행된다는 개념을 정식화한 바 있다. 『독일 이데올로기』는 이에 대해 다음과 같이 기술하고 있다.

"따라서 이러한 혁명이 필요한 까닭은 **지배**계급이 다른 방법으로는 전복될 수 없기 때문이기도 하지만, 지배계급을 **타도**(overthrowing)하는 계급도 오로지 혁명 속에서만 스스로의 낡은 잔재를 청산할 수 있고 사회를 새롭게 건설할 자질을 갖출 수 있기 때문이다."[165]

마지막으로『독일 이데올로기』는 미래의 공산주의 사회에 대한 폭넓은

---

163) Ibid., 35쪽.

164) Marx and Engels, *Selected Correspondence*, Moscow, 1965. 361~62쪽.

165) Marx and Engels, *Selected works*, Vol. 1, 41쪽.

윤곽을 제시하고 있다. 『독일 이데올로기』에서는 일부 공상적 사회주의자들이 그랬듯이 공산주의 체제를 구체적으로 묘사하는 도그마를 피하면서, 실제적인 사회적 경향들에 대한 분석을 토대로 당시에 예견 가능한 주요 특징들만을 서술하고 있다.

마르크스와 엥겔스는 공산주의의 조직이 '본질적으로 경제적'[166]임을 강조했다. 공산주의 사회는 생산수단의 사적 소유가 사라지고 재산이 사회 전체의 통제 아래 놓이는 사회가 될 것이다. 이 사회에는 계급분화, 즉 한 계급의 다른 계급에 대한 정치적 지배와 그러한 지배수단으로서의 국가가 존재하지 않을 것이다. 또한 일반적으로 계급노선에 따른 노동의 분화도 없을 것이다. 따라서 도시와 농촌, 또는 정신적 노동과 육체적 노동 사이의 대립(antithesis)도 존재하지 않을 것이다. 인간은 이젠 더 이상 주어진 직업에 평생 동안 속박당하는 일도 없을 것이다. 인간의 활동이 소외된 힘으로서 인간과 대립하는 상태 역시 종식될 것이다. 노동은 더 이상 외적 강제 아래 이루어지는 행위가 아니라 자유인의 진실로 자유로운 활동이 될 것이다. 사회는 인간들의 진정한 연합체가 될 것이며, 허구적인 통일체가 아니라 참다운 통일체가 될 것이다. 일단 이렇게 단결한 인간은 중요한 사회활동의 여러 조건들을 통제하고, 그들의 공동 노력을 의식적으로 조직하며, 생산을 조정하고, 총괄적인 계획에 따라 전체 사회를 발전시켜나갈 것이다. 인간 자신과 그들의 의식도 그들 활동의 물적 조건과 더불어 변혁될 것이다.

이처럼 변증법적 유물론의 개념을 토대로 마르크스와 엥겔스는 프롤레타리아 혁명과 공산주의 사회이론을 구체화했다.

엥겔스는 그 후 기회 있을 때마다 마르크스의 두 가지 위대한 발견(사적 유물론과 잉여가치론)이 유토피아적 사회주의를 과학적 사회주의로 변형시키는 데 일익을 담당했다고 지적하곤 했다. 먼저 사적 유물론은 마르크스가 1843년 여름 『헤겔 법철학 비판』 저술에 착수하면서 시작해 1845년

---

166) Ibid., 68쪽.

봄에 윤곽을 완성했으며, 1845년 11월과 1846년 4월 사이에 저술한『독일 이데올로기』에서 완전한 모습을 드러냈다. 두 번째 발견인 잉여가치론은 1850년대 후반에 가서야 완성했는데, 그때는 사적 유물론이 이미 잉여가치론을 위한 방법론적 선행조건으로 기여하고 있었다.

사적 유물론의 완성은 소중한 과학적 업적이었으며, 사회과학의 진정한 혁명이자 마르크스와 엥겔스가 이룩한 철학적 혁명의 핵심적 요소 가운데 하나였다. 유물론은 사상 처음으로 사회현상에 대한 인식으로까지 확대되었으며, 이를 통해 기존의 모든 유물론들이 안고 있던 모순이 극복되었다. 그것은 전체 역사 과정에 대한 최초의 종합적인 과학적 견해였고, 역사 연구를 위한 진실로 과학적인 방법이었다. 마르크스와 엥겔스는 새로운 세계관을 창안함으로써 과학적 공산주의에 최초로 이론적 실체를 부여했다. 레닌은 이렇게 썼다.

"마르크스의 철학은 인류, 특히 노동계급에게 강력한 인식의 도구를 제공한 완벽한 철학적 유물론이다."[167]

자기 정화

저자가 예상했던 것처럼『독일 이데올로기』의 출판은 결코 순탄치 못했다. 1846년 4월 말경 그 원고의 일부를 필사하는 일에 참여했고, 출판 준비 작업을 맡았던 바이데마이어는 브뤼셀을 떠나 독일로 향했다. 당시에는 계간지 출판과 프랑스·영국 사회주의 총서 번역출판(마르크스와 엥겔스가 이전에 세웠던 계획) 준비 작업도 진행 중이었다. 바이데마이어는 마르크스와 함께『독일 이데올로기』제1권 초고(제1장 포이어바흐에 관한 장이 누락된 미완성 초고)를 갖고 베스트팔렌으로 갔다. 1846년 5월과 6월에 걸쳐서 제2권의 원고도 그에게 발송되었다.『독일 이데올로기』원고는 1~2권을 합쳐서 거의 인쇄물 50쪽에 상당하는 분량이었다.

당시 독일 당국의 검열제도는 이 저서의 출판을 갖가지 수단을 동원해

---

167) V. I. Lenin, *Collected Works*, Vol. 19, 25쪽.

서 방해했다. 사실 당시 독일 대부분의 국가들은 40쪽 이상의 저서에 대해서는 모든 사전 검열을 면제해주고 있었다. 그러나 그 책들이 인쇄소를 빠져나가는 순간 압수하는 경우가 허다했다. 따라서 그러한 위험을 무릅쓸 각오가 되어 있는 출판업자를 찾는다는 것은 여간 어려운 일이 아니었다.

그러한 상황에서 마르크스와 엥겔스는 출판에 필요한 비용을 지원하기로 약속했던 베스트팔렌의 두 사업가 율리우스 마이어(Julius Meyer)와 루돌프 렘펠(Rudolph Rempel)에게 도움을 청하기로 마음먹었다. 그러나 자칭 공산주의자였던 이들 두 부르주아(마르크스는 그들을 '공산주의적 부르주아'라고 불렀다)는 전형적인 '진정한 사회주의자'임이 판명되었다. 이 새로운 저작을 읽은 뒤 그들의 태도는 돌변했다. 그리하여 1846년 7월 초에 이르러서는 바이데마이어와 이들 두 사람 사이의 협상이 무산되리라는 것이 명약관화해졌다. 7월 9일과 11일에 두 사람은 각각 마르크스에게 서한을 띄워 자금이 다른 사업에 묶이는 바람에 『독일 이데올로기』 출판에 필요한 재정 지원을 부득불 철회할 수밖에 없다는 변명을 늘어놓았다. 1846년 12월 28일에 마르크스는 러시아인 친구 안넨코프(P. V. Annenkov)에게 다음과 같은 내용의 편지를 보냈다.

"자네는 독일에서 이런 종류의 책을 출판할 때 맞닥뜨릴 곤경들을 도저히 믿기 어려울 걸세. 경찰도 경찰이지만 내가 공격하고 있는 모든 경향들을 타산적으로 대표하고 있는 사람들, 즉 출판업자들 때문에 겪게 되는 어려움도 대단한 것이네."

마르크스와 엥겔스는 1846년과 47년에 걸쳐 출판사를 계속 물색했다. 그러나 그들은 1846년 11월에 1~2권을 한 출판사에서 출판한다는 희망을 포기했고, 1847년에는 두 권을 완간한다는 희망마저 포기했다. 그리하여 그들은 각 장을 따로 떼어 출판할 방법을 모색했다. 그리고 1847년 8~9월이 되어서야 가까스로 제2권 가운데 '진정한 사회주의자'인 그륀의 저서를 다룬 장(章)을『베스트팔렌 증기선*Das Westphälische dampfboot*』이라는 잡지에 싣는 데 성공했다.

『독일 이데올로기』가 최초로 완간된 것은 1932년 소련에서의 일이었다. 비록 이 저서가 그들 생존 시에 출판되지는 못했지만 그들의 노력이 헛된 것은 결코 아니었다. 1859년의『정치경제학 비판』서문에서 마르크스는 이렇게 쓰고 있다.

"우리는 우리의 주된 목표(자기 정화)를 이미 달성했기 때문에 아무런 거리낌 없이 생쥐들이 그 원고를 비판하면서 실컷 갉아먹도록 내버려두었다."[168]

『독일 이데올로기』에 구체화된 이론적 성과는 이후 마르크스의 학문적·실천적 노력에 기초를 마련해주었다. 마르크스는 이제 사회주의가 과학적 형태를 갖추고, 환상적이거나 공상적인 사회개혁의 처방이 아니라 프롤레타리아 해방을 위한 참다운 이론적 발판을 제공하기 위해 창안된 엄격한 내용의 이론으로서 대중들에게 접근할 수 있게 되었다고 주장했는데, 이는 정당한 것이었다. 마르크스는 그 후 얼마 지나지 않아『독일 이데올로기』에서 제시한 결론을 공표할 기회를 갖게 되었다. 그는 이 작업을『철학의 빈곤*The Poverty of Philosophy*』과「공산당선언*The Manifesto of the Communist Party*」을 통해 보다 세련되고 완벽한 형태로 완수해냈다.

---

168) Ibid., 505쪽.

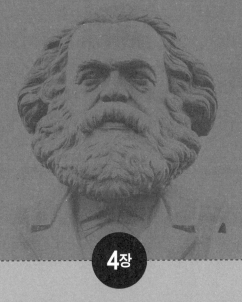

4장

프롤레타리아 당을 위한
투쟁의 출발
─ 국제노동계급 운동을 위한 강령

★

공산주의자들에게는, 전 세계에 공공연하게
자신의 견해와 목적, 경향을 표명함으로써,
이 공산주의의 유령이라는 소문에 당 자체의
선언을 대치시킬 최적의 시기가 다가왔다.
─ 카를 마르크스·프리드리히 엥겔스 ─

유 럽의 여러 사건들은 혁명적 폭풍을 예고하고 있었다. 1847년 프랑스·독일·벨기에·미국과 그 밖의 여러 나라들이 경제적 위기를 맞고 있었으며, 그것은 특히 영국에서 극심했다. 재난은 곡물의 흉작으로 더욱 악화되었고, 아일랜드의 기근은 특히 심했다.

기근 폭동은 동부 프로이센에서 노르망디에 이르기까지 유럽 대륙을 휩쓸었다. 프랑스에서는 노동자들의 파업이 잇달았다. 봉건유제와 절대주의 체제가 아직도 강력한 힘을 발휘하고 있던 나라들에서는 봉건귀족, 관료주의 그리고 금융귀족에 대한 노동자들의 분노가 폭발하고 있었다. 이렇듯 대중들 속에서 혁명적 분위기가 고양되는 가운데 민주·자유주의적 반대파들도 더욱 세찬 활동을 개시했으며, 1847년 초 프랑스에서는 선거권 개혁운동이 일어났다. 또한 다양한 유토피아적 공산주의와 사회주의적 경향들이 부활하였다.

프로이센에서는 정부와 부르주아 반대파 사이에 첨예한 투쟁이 벌어졌다. 1847년 4월에 재정적 압박을 당하고 있던 프로이센 국왕 프리드리히 빌헬름 4세는 합동 주 의회(United Provincial Diet)를 소집했다. 그러나 의회 내 다수파였던 부르주아들은 헌법이 제정되기 이전에는 차관을 승인하지 않을 것임을 분명히 했다. 결국 왕은 아무런 양보도 얻어내지 못한 채 6월

26일 주 의회를 해산했다. 한편 나머지 게르만 국가들에서도 점차 긴장이 고조되고 있었다.

피압박 인민들의 민족해방투쟁도 최고조에 달했다. 1846년 2월에 폴란드 혁명가들은 오스트리아, 프로이센, 제정 러시아의 공동보호령이었던 자유도시 크라쿠프(Kraków)에서 민족독립의 기치를 드높였다. 그러나 봉기는 이내 진압되었고 크라쿠프는 오스트리아에 강제 합병되었다. 헝가리에서는 러요시 코슈트(Lajos Kossuth)가 지도하는 전국의 야당이, 당시 체코의 부르주아지와 인텔리겐치아 사이에서도 호응을 얻고 있던 자치를 요구하고 나섰다. 오스트리아 본토에서는 메테르니히(Metternich) 재상의 경찰체제에 반대하는 근로인민과 부르주아지의 증오심이 북받쳐 오르고 있었다.

한편 이탈리아에서는 북부 이탈리아와 중앙 이탈리아에 대한 오스트리아의 지배에 항거하여 민족통일과 전제로부터 해방을 이룩하려는 움직임이 점차 확산되기 시작했다. 이렇듯 혁명적 목소리가 점차 고조되면서, 이윽고 1848년 1월에는 팔레르모(Palermo)에서 나폴리 부르봉 왕가의 절대왕정에 저항하는 대중봉기가 발생했다.

영국에서는 인민헌장운동이 기세를 떨쳐 수천 명이 영국과 스코틀랜드의 모든 산업도시에서 개최된 인민헌장을 요구하는 집회에 참석하였다. 그러나 아일랜드에서는 이러한 급진·민주적 성향들이 민족해방운동에 보다 집중되는 양상을 보였다.

당시 유럽 반동의 아성이었던 제정 러시아 역시 이러한 혁명적 소용돌이 속에서 예외적인 존재일 수는 없었다. 벨린스키와 게르첸의 혁명적 민주주의 사상이 러시아 전위(前衛)에 영향력을 발휘하고 있었고, 서구에서 발생한 각종 사건들과 사상적 발전은 러시아의 선진적 지식인들을 들뜨게 했으며, 페트라솁스키(M. V. Petrashevsky)가 조직한 학습 서클에서는 유토피아적 사회주의가 은밀히 전파되고 있었다.

'브뤼셀공산주의자통신위원회'

혁명이 성숙되기 이전 시기에 마르크스와 엥겔스는 프롤레타리아 운동의 여러 진보적 요소들을 프롤레타리아 정당 건설을 위한 실천적 당면 운동 속에 결합시키는 데 몰두했다. 노동계급에게 정당이 필요하다는 결론은 세계사에서 노동계급이 담당해야 할 임무에 관해 마르크스가 펼친 교의와, 사회의 혁명적 변혁을 위한 필수불가결한 조건으로서 그들이 정치권력을 획득해야 한다는 그의 인식으로부터 도출되었다.

마르크스는 당시 유럽에서 형성되고 있던 상황에 근거하여 이러한 사상들을 구체화했다. 그리고 이로부터 그는, 프롤레타리아트를 부르주아 민주주의로부터 분리시켜 당면한 부르주아 혁명(노동계급을 자신의 공산주의적 목표 달성에 보다 근접시킬)에서 프롤레타리아트로 하여금 독자적인 위치를 확보토록 하는 게 필요하다는 인식에 도달했다. 이러한 과제는 오로지 프롤레타리아 정당을 건설함으로써 수행할 수 있었다. 성원이 잡다하고 이념적으로도 미성숙했던 인민헌장운동가들의 정당을 포함한 기존 노동계급 조직들의 상황으로 미루어볼 때, 초지일관 혁명적이고 진실로 독립적인 프롤레타리아 정당을 올바른 이론적 기초 위에 세워야 할 필요성이 대두된 것은 너무도 당연한 일이었다.

당을 건설하려는 과제는 참으로 어려운 일이었다. 많은 나라에서는 노동계급 운동이 이제 겨우 걸음마 단계에 있었다. 당시 산업 프롤레타리아트는 대기업에 집중되어 있었으나 수적으로는 적었으며, 노동계급의 압도적 다수를 차지하고 있던 반(半)직인(Semi-artisan) 집단은 고립 분산적이었고 부르주아 정치인들을 추종하거나 유토피아적 사회주의 이론을 수용하는 경향이 강했다.

다시 말해 과학적 공산주의 사상을 이해할 만한 능력이 있는 지도적 노동자란 극소수에 불과했다. 따라서 그들을 강력한 연대로 묶어내는 데는 막대한 노력이 필요하였다.

마르크스와 엥겔스는 다가올 공산주의 혁명이 여러 자본주의 국가 노동자들의 혁명적 연대행동을 통해 이루어질 것이라는 가정하에서 미래의 프롤레타리아 정당을 일종의 국제적 조직으로 보았다. 그리고 이러한 시각은 당시의 자본주의적 발전단계에 근거한 것이었는데, 말하자면 그 단계에서는 자본주의의 제반 모순들과 불균등 발전이 충분히 심화되지 않아서 프롤레타리아 혁명이 일국에서 완수될 수 없을 것이라는 게 그들의 생각이었다. 또한 일국의 틀 안에 있는 노동계급 운동의 고립성을 극복하기 위해 선진적 노동자들을 국제적 조직 속으로 한데 묶은 것, 그리고 이를 통해 국제적 결합을 위한 토대를 구축하는 것을 당 조직의 출발점으로 삼을 필요가 있었다. 마르크스와 엥겔스는 또한 당이 노동계급의 국제적 공통 목적들을 위한 투쟁과 각국 프롤레타리아트의 민족적 과제 달성을 위한 노력을 결합시켜야 한다고 믿었다.

그러한 당을 건설하기 위해서는 무엇보다도 영국·프랑스·독일의 지도적 노동자들과 혁명적 지식인들 사이에 공산주의 사상을 전파하고, 그 결속을 강화할 필요가 있었다. 그리고 이러한 작업은 각기의 의견 교환을 통해 관점을 통일하고 공동의 활동양식을 도출하기 위한 전제조건이 된다. 마르크스에 따르면 이것은 "**민족성**의 한계를 벗어나기 위하여"[169] 반드시 수행해야 할 것이었다. 마르크스와 엥겔스는 이러한 활동을 위한 조직 중심부로서 서로 간에 지속적인 접촉을 유지하는 공산주의자 통신위원회 수립을 염두에 두고 있었다.

1846년 초에 그들은 '브뤼셀공산주의자통신위원회(Brussels communist Correspondence Committee)'를 설립하였다. 회원은 고정적이지 않았으나 핵심 인물은 마르크스와 엥겔스 그리고 벨기에 공산주의자 지고였다. 또한 바이데마이어·빌헬름 볼프·에드가 베스트팔렌(Edgar Westphalen)·페르디난트 볼프(Ferdinand Wolff)·세바스티안 자일러(Sebastian Seiler)와 루이스 하일베르크(Louis Heilberg) 등도 위원회에서 나름의 몫을 훌륭히 해낸 인물들이었으며, 빌헬름 바이틀링도 잠시나마 회원으로 활동했다.

----

169) Marx, Engels, *Werke*, Bd. 27, 442쪽.

위원회는 주로 각국의 공산주의 선전활동과 관련된 여러 가지 문제점들을 토론하였다. 회의에는 때때로 해방운동에는 공감하지만 공산주의적 견해에는 동조하지 않던 사람들도 참여했다. 그래서 1846년 3월 30일 회의에는, 1840년대와 1850년대에 걸쳐 '서구주의자들(Westerners)'이라는 러시아의 진보적 서클의 일원이었던 자유주의 작가 파벨 안넨코프 같은 사람이 참석하기도 했다.

지시에 따라 위원회를 대표해서 각종 서신들이 각국의 노동 지도자와 사회주의 지도자, 조직들에 전달되었다. 중요 사안을 담은 석판인쇄 전단도 발행하였다. 아울러 혁명적 선전활동을 위한 기금을 조성하고 통신비용을 조달하기 위한 노력도 기울였다.

마르크스와 엥겔스는 또 다른 곳에 이와 비슷한 위원회들을 설립하려고 노력했다. 그들은 빌헬름 볼프를 통해서 슐레지엔의 여러 도시들과 관계를 맺었고, 바이데마이어는 베스트팔렌과 라인 지방에 위원회를 설립하기 위해 적극적으로 일했다. 어떤 곳에서는 일정 그룹들이 형성되어 '브뤼셀공산주의자통신위원회'와 정기적인 접촉을 유지했다. 독일 공산주의자들이 따를 전술적 노선을 수립하면서, 마르크스와 엥겔스는 그들이 헌법과 집회·출판의 자유 등에 대한 부르주아적 요구들을 지지하도록 충고했다. 이러한 요구들이 충족된다면 "공산주의 선전을 위한 새로운 시대가 열릴 것"[170]이기 때문이었다. 결과적으로 공산주의자들은 프롤레타리아트의 대(對)부르주아 투쟁에 보다 유리한 조건들을 창출하기 위해 절대주의에 반대하는 대중 활동에도 적극적인 역할을 담당해야 했을 뿐만 아니라, 부르주아 혁명의 여러 과제들을 수행하는 데에도 일익을 담당해야만 했다. 그렇지 않을 경우에 일반적인 민주주의 운동과 동떨어진 폐쇄적 분파로 전락할 가능성이 많았던 것이다. 바로 이러한 것들이 마르크스와 엥겔스의 독일 동료들이 채택한 전술이었다.

'브뤼셀공산주의자통신위원회'는 아우구스트 에버베크를 통해, '의인동

---

170) Ibid., Bd. 4, 22쪽.

맹' 파리지부와 지속적인 연대를 유지했다. 파리에 통신위원회를 설립하자는 마르크스의 제안은 얼마 후 엥겔스가 현지에 도착한 이후인 1846년 8월에 실현되었다.

요제프 몰·카를 샤퍼·하인리히 바우어 등 런던의 '의인동맹' 지도자들은 지방 통신위원회를 건설하려는 생각에 찬성하였을 뿐 아니라, 실제로 런던에 그들의 위원회를 설립하였다. 그러나 브뤼셀과 런던 위원회 사이에 충분한 의사소통이 즉각 이루어졌던 것은 아니었다. 이는 런던에 있던 사람들이 분파주의 이데올로그들에 대한 마르크스와 그의 동료들의 신랄한 비판에 동요하는 일이 자주 있었기 때문이었다. 따라서 마르크스가 '브뤼셀위원회'가 올바른 노선을 따르고 있다는 사실을 그들에게 확신시키는 데에는 많은 인내가 필요했다.

'브뤼셀위원회'는 영국 인민헌장운동가들이 벌이고 있는 투쟁과 결속할 것을 각별히 강조하는 일도 잊지 않았다. 1846년 3월 25일에 위원회는 인민헌장운동에 참가했던 프티부르주아 급진주의자인 토머스 쿠퍼(Thomas Cooper)가 인민헌장운동 지도자들에게 중상적인 공격을 가한 것을 격렬히 비판하는 결의문을 채택했다. 얼마 후 '브뤼셀위원회'는 "'무저항'주의와 같은 비열하고도 수치스러운, 그리고 여인네들처럼 소심한 교의를 제의함으로써"[171] 그가 끼친 엄청난 해악을 지적하면서 '전국헌장협회'로부터 쿠퍼를 축출할 것을 승인했다. 그해 7월 17일에 위원회는 독일 공산주의 민주주의자들을 대표해서 인민헌장운동 지도자 피어거스 오코너(Feargus O'connor)에게 특별 축하서한을 보냈는데, 이것은 당시 오코너가 노팅엄 회의에서 자유무역 옹호자인 경쟁자를 누르고 이듬해의 의회선거 출마자로 추천된 것을 축하하는 편지였다(이듬해 오코너는 그 선거에서 하원의원으로 선출되었다).

---

171) *The Northern Star* No. 454, July 25, 1846.

바이틀링과 결별

'브뤼셀위원회'가 기능을 발휘하기 시작하자마자 마르크스는 선진적인 프롤레타리아 세력들을 통합하는 데 장해물이 있음을 인식했다. 요컨대 유토피아적 사회주의 교리들은 노동계급 운동의 이데올로기적인 혼란을 극복하는 데, 그리고 분파적 배타주의와 독단주의를 종식시키는 데 커다란 장애가 되었던 것이다. 그것들은 또한 혁명적 세계관의 전파에도 방해가 되었다. 마르크스주의에 대한 이데올로기상의 적이라 할 만한 것들 중 하나를 꼽자면 마그데부르크의 재단사로서 자수성가한 빌헬름 바이틀링에 의해 시작된 운동을 들 수 있었다.

마르크스는 바이틀링이 나름대로 사회주의 사상의 발전에 기여한 바를 기꺼이 인정했다. 마르크스는 1842년에 출판된 바이틀링의『조화와 자유의 보장*Guarantees of Harmony and Freedom*』에 대해 파리의『전진』에 다음과 같이 썼다.

"이것은 독일 노동자들의 참으로 **광대한** 그리고 빛나는 문학적 데뷔이다. 만약 이 프롤레타리아트의 거대한 **어린이 신발**(children's shoes)을 독일 부르주아지의 너무나도 왜소하고 낡아빠진 정치적 신발과 비교해본다면, 우리는 **독일의 신데렐라**(German Cinderella) 역을 맡을 **한 건장한 인물**(athlete's figure)을 예견하지 않을 수 없다."172)

바이틀링의 교의가 갖는 장단점은 그의 주요 저서인『조화와 자유의 보장』과 소책자「현 상태의 인간성과 당위적 인간성*Humanity, As It Is and As It Should Be*」(1838)에서 가장 잘 드러나고 있다. 그는 사회 발전 법칙을 거의 이해하지 못하고 있으며, 미래의 공산혁명에 대해서도 상당히 환상적인 관념을 갖고 있었다. 하지만 자신의 프롤레타리아적 계급 본능을 통해 공산주의는 오직 뿌리 깊은 대중적 혁명을 통해서만 성취될 수 있다는 점을 제시했다. 그는 그와 같은 혁명이 필연적인 것이라고 대담하게 주장하면서, "기존의 모든 사물은 그 자체 내에 혁명의 씨앗과 자양분을 지니고 있

---

172) Marx, Engels, *Werke*, Bd. 1, 405쪽.

다."173)라고 덧붙이고 있다. 바로 이 때문에 그
는 혁명적 투쟁을 부정하는 다른 공상적 사회
주의자들보다 한 단계 우위에 설 수 있다.

빌헬름 바이틀링(1808~71)

바이틀링은 자본주의 체제를 폭로하고 직인
과 노동자들 사이에 공산주의 이념을 전파하는
데에도 많은 공헌을 했다. 그러나 그는 전 피압
박 인민 가운데에서 사회변혁 세력으로서 노동
자계급을 분류해내지는 못했다. 그는 룸펜프롤
레타리아트가 가장 혁명적인 성분이 될 수 있다고 여겼던 것이다. 그는 공
산주의 혁명을 자발적인 폭동으로 보는 아주 단순한 견해를 갖고 있었다.
그는 사회 발전 법칙을 명확히 이해하지 못했기 때문에 독일과 같은 나라
에서 부르주아 민주주의자들 간의 어떠한 동맹도 가당치 않다고 생각했
다. 대체로 그는 노동자계급이 정치투쟁에 참여하는 것을 반대했으며, 사
실상 프롤레타리아 정당의 창당도 반대했다.

바이틀링의 견해는 원시적 평등주의의 특성을 지니고 있었으며, 시간
이 지남에 따라 그의 견해가 갖고 있던 복고적 측면도 점차 명백해졌다.
그는 소책자 「가련한 죄인의 복음The Gospel of a Poor Sinner」(1844)에서 자신의
공산주의 사상에 종교적인 성향을 덧붙였다. 그리하여 사회를 혁명으로
변혁시킬 수 있다는 생각을 버리고 공산주의자 촌락(communist settlements)
건설을 유일한 희망으로 삼았다.

1846년 초 바이틀링이 브뤼셀에 왔을 때, 마르크스와 엥겔스는 그가 과
학적 체계를 이해할 수 있도록 돕고자 전력을 다했다. 하지만 바이틀링은
자신이 어떠한 오류도 범하지 않았다고 믿었기 때문에 벌컥 화를 내고 분
별 있는 노선을 거들떠보지도 않았다. 이에 대해 엥겔스는 다음과 같이 쓰
고 있다.

---

173) W. Weitling, *Garantien der Harmonie und Freiheit*, Berlin, 1955, 274쪽.

"그는 이제 더 이상(스스로도 자신의 재능에 놀라워하면서 공산주의 사회의 진정한 모습을 머릿속에 명백히 떠올려보려 애쓰던) 막 수습을 마친 순진한 젊은 재단사가 아니었다. 그는 이제 그의 우월성을 시샘하는 자들에게 박해받는 위대한 인물이 되었다. 그는 도처에 있는 경쟁자와 은밀히 도사리고 있는 적들과 함정에 두려움을 느끼고 있다. 그는 자신의 주머니 속에 미리 마련된 지상천국의 실현을 위한 처방을 지니고 다니면서 모든 사람들이 그것을 자기에게서 훔치고 싶어 한다는 생각에 사로잡혀 있다."174)

바이틀링은 또한 공산주의 강령을 정교히 다듬는 일이나, 그것을 과학적으로 이론적으로 입증하는 일에 반대했다. 그는 '브뤼셀공산주의자통신위원회'가 그 자금을 자기의 공상적 저서들을 출판하는 데 사용해야 한다고 주장했고, 모든 반대 의견을 시샘의 표시로, 그리고 그로 하여금 "아예 돈에 손을 못 대도록 하려는"175) 시도로 받아들였다. 그는 또한 위대한 유토피아적 사회주의자들의 저서에 주석을 단 전집을 출판하자는 마르크스와 엥겔스의 생각에도 반대했는데, 그것은 이러한 제의를 "**그 자신**의 체계에 대한 부당한 경쟁"176)으로 간주했기 때문이었다.

1846년 3월 30일 '브뤼셀위원회'가 소집되었을 때, 이러한 의견불일치는 공공연한 상호 충돌로 나타났다. 우연히 이 모임에 참석했던 파벨 안넨코프는 그의 회고록에서 이 회의에 대해 기술하고 있다.

"건장한 몸을 곧추세운 채 영국인처럼 위엄 있고 진지한 표정으로 서 있던" 엥겔스의 주도로 회의는 시작되었다. 반면 마르크스는 책상 맞은편 끝에 앉아 "손에는 연필을 쥐고 사자 같은 머리를 숙여 종이 한 장을 쳐다보고 있었다." 엥겔스는 노동인민의 해방이라는 대의명분에 헌신해온 사람들이 그들의 견해를 일치시켜야 할 필요성을 이야기했다. 바이틀링이

---

174) Marx and Engels, *Selected Works*, Vol. 3, 180쪽.
175) Marx, Engels, *Werke*, Bd. 37, 118쪽.
176) Ibid.

혁명이론을 등한시하는 모호한 말로 자기 견해를 나타내려고 하자 마르크스가 나서서 격렬히 반대했다. 마르크스는 "철저한 과학적 이념이나 체계적 원리 없이 노동자들에게 호소한다는 것은 …… 한편으로는 영감을 받은 예언자처럼, 다른 한편으로는 하품을 해대는 당나귀처럼 공허하고 부정직한 설교의 유희와 다를 바 없다."라고 강조했다. 이러한 발언에 충격을 받은 바이틀링은 혁명이론의 주창자들은 삶과는 동떨어진 탁상공론가들에 지나지 않으며, 인민의 고통에 무관심한 교조주의자라고 말했다. 마르크스는 더 이상 참을 수 없는 듯 자리를 박차고 일어나 "이제껏 무지가 인간을 위해 한 일은 아무것도 없었다."라고 분개하여 외쳤다.[177]

바이틀링과는 대조적으로, 마르크스는 공산주의 운동이 저속하며 진부한 교의를 주창하는 사람들 때문에 더럽혀져서는 안 된다고 믿었다. 마르크스는 이 운동에 참여하는 사람은 모두 혁명적 과업을 우선순위에 놓아야 하며, 독일에서의 부르주아 혁명의 필연성에 확신을 가져야 하고, 바이틀링처럼 직접 공산주의로 나아가려는 환상적 견해에 빠져서는 안 된다고 주장했던 것이다.

그 직후 바이틀링은 '진정한 사회주의'에 대한 '브뤼셀위원회'의 비판적 공격에 반감을 표시하기 시작했다. 하지만 그는 이번에도 반박당했고, 결국 1846년 5월 말에 브뤼셀을 떠나게 되었다.

'브뤼셀위원회'와 관계를 맺고 있던 노동계급 운동 지도자들은 바이틀링에 대한 마르크스의 태도에 지지를 표명했고, 마르크스는 1846년 5월 15일에 파리에서 날아든 편지를 보고 이 사실을 알게 되었다. '의인동맹'의 런던 지도자들 그리고 베스트팔렌과 쾰른의 공산주의자들도 마르크스의 노선을 지지했다. 그러나 스위스와 파리, 함부르크 등지에는 아직도 바이틀링을 지지하는 사람들이 많았다.

---

177) *Reminiscences of Marx and Engels*, Moscow, 1957, 270~272쪽.

'진정한 사회주의'에 대한 투쟁

마르크스와 엥겔스는 그들이 『독일 이데올로기』 제2권에서 비판했던 '진정한 사회주의'와의 이데올로기적 투쟁에 합류해야 할 절박성을 점차 인식하기 시작했다. 그 책을 출판할 전망은 점차 불투명해지고 있었던 반면에, 혁명세력들을 통합하기 위한 투쟁과업은 그 당시 "유행병처럼 퍼지고 있었던"[178] '진정한 사회주의'에 대항하여 단호한 행동을 취하는 방향으로 나아가길 바랐다. 카를 그륀, 오토 뤼닝(Otto Lüning), 헤르만 퓌트만(Hermann Püttmann) 등 이른바 '진정한 사회주의' 이데올로그들은 신문과 잡지와 연보 등에 꾸준히 글들을 발표하고 있었으며, 팸플릿과 각종 저서들로 출판하고 있었다. 당시 '진정한 사회주의자'들은 많은 언론기관을 장악하고 있었다. 그들의 이념은 이와 매우 흡사한 바이틀링의 이념에 물들었던 미성숙한 노동자들 속에 파고들었다. 이 두 그룹은 모두 자본주의의 발달이 진보적인 것이라는 점을 이해하지 못했고, 독일이 자본주의 단계를 뛰어넘어 '공산주의 낙원'으로 도약할 수 있다고 믿고 있었다.

'진정한 사회주의'의 옹호자들은 푸리에와 생시몽의 자본주의 사회 비판을 독일에 기계적으로 적용했고, 그들이 비판했던 부르주아 질서에 비해 상당히 후진적인 독일의 사회·정치 체제에 아직도 봉건 잔재가 엄존하고 있다는 사실을 무시했다. 그리하여 '진정한 사회주의'는 점차 반동적 정치성향을 띠게 되었다. 그들은 부르주아 민주주의자들과 자유주의적 야당이 요구한 헌법과 부르주아적 자유를 거부했다. 자유주의적 부르주아지에 대한 '진정한 사회주의자'들의 공격은 객관적으로, 기존의 절대봉건제를 옹호하는 것이었다. 바로 이러한 이유 때문에 이들의 출판물들이 거의 검열의 제재를 받지 않았던 것이다.

마르크스와 엥겔스는 이 '진정한 사회주의'에 맞서 보다 광범위한 캠페인을 전개할 만한 충분한 근거를 갖게 되었다. 특히 공산주의에 반대하는 부르주아와 프티부르주아들은 공산주의자를 자칭하는 많은 '진정한 사회

---

178) Marx, Engels, *Selected Works*, Vol. 1, 132쪽.

주의자'들의 반동적 견해가 공산주의 자체로부터 기인하는 것으로 볼 수도 있었기 때문에, 마르크스와 엥겔스는 더더욱 '진정한 사회주의'에 대한 대대적인 공세를 펼칠 필요가 있었다.

1846년 5월 5일 '브뤼셀위원회' 회의에서 마르크스가 미국에서 벌인 헤르만 크리게(Hermann Kriege)의 활동에 의문을 제기했던 것도 바로 이와 같은 이유에서였다. 이 독일 저널리스트는 포이어바흐의 추종자로 1845년 브뤼셀에서 마르크스를 만난 적이 있었다. 그해 가을 그는 뉴욕으로 이주했는데 그곳에서 독일 이민 노동자들의 도움을 받아 주간지 『인민의 보호자Volks-Tribun』를 창간했다. 이 주간지는 당시 노동자들과 프티부르주아지를 결속시켜, 토지매매금지법 제정운동과 근로인민들에 대한 토지 무상 분배운동을 벌이고 있던 미국의 '전국개혁협회(National Reform Association)' 독일지부 기관지였다. 이 주간지에서 크리게는 협회의 토지강령이 공산주의적 사회변혁을 위한 기초라고 주장하고, '진정한 사회주의'의 정신을 기반으로 하는 보편적 사랑과 동포애를 제의했다.

마르크스와 엥겔스는 크리게의 선전 내용과 논조에 격분하여 미국 내 독일 공산주의 언론계의 대표라고 자칭하는 그를 거부하기로 결정했다. 물론 이 과정에서 바이틀링의 반대가 있었지만 결국 '브뤼셀위원회'는 마르크스와 엥겔스가 작성한 「크리게에 반대하는 선언Circular Against Kriege」을 채택했다.

그들이 주장하는 바에 따르면, 크리게는 공산주의 원리를 '사랑의 망상(delirium of love)'으로 전환시킴으로써, "**공산주의라는 이름 아래** 실상은 **공산주의와는 정반대되는** 지난날의 종교적이고 독일 철학적인 환상을 설파하고 있다."[179]라는 것이다. 크리게와 다른 '진정한 공산주의자'들이 품고 있던 이상과 그들이 설파하고 다니던 환상, 즉 노동자들에게 토지를 분배함으로써 사회적 불평등과 빈곤 그리고 착취를 영원히 폐지할 수 있다는 환상은 "미국에서 프티부르주아지와 농부로 재기하고자 하는 열망에 사

----

179) Marx, Engels, *Werke*, Bd. 4, 12쪽.

로잡힌"[180] 파산한 소매상인, 길드 수공업자들 또는 파산한 농부들의 기분을 반영하고 있었다.

마르크스와 엥겔스는 대토지 소유제도에 대항하는 미국 프티부르주아 개혁가들의 이러한 운동이 객관적으로 볼 때 진보적이라는 사실을 인정했다. 하지만 이 운동이 크리게가 주장하는 것처럼 공산주의적 운동이라는 점에 대해서는 반대 입장을 분명히 했다. 후에 레닌은 다음과 같이 말했다.

"마르크스는 이 운동의 불합리한 이데올로기적 장식들에 무차별한 조소를 퍼붓고 있기는 하지만, 건전하고 유물론적인 태도로 그 운동의 진정한 역사적 의미가 무엇인가를 평가하려고 노력했다. 그러므로 마르크스는 그 운동에 대한 공산주의적 옹호를 비난한 것이 아니라 충분히 인정한 것이다."[181]

공산주의적 세계관은 종교와 양립할 수 없기 때문에 바이틀링이나 크리게 그리고 그 밖에 다른 '진정한 사회주의자'들이 그랬던 것처럼, 공산주의를 종교라는 외투로 덮어씌우는 것은 공산주의를 고의적으로 속류화하고 왜곡하는 것이라고 「크리게에 반대하는 선언」은 주장했다. 종교는 인간의 투쟁의지를 마비시키는 경향이 있다. 그것은 겸양과 순종을 가르치며 궁극적으로 기존 체제를 수용하게 만든다. 한편 종교는 편협한 공산주의와 이단자들에 대한 극단적인 배타심을 낳는다. 이와는 대조적으로 공산주의적 세계관은 노동계급에게 자신의 힘을 확신하도록 해주며, 그들에게 위엄과 자부심과 독립심 그리고 폭넓은 시야를 갖게 해주는데, 이러한 성질들은 세계를 혁명적으로 변혁하는 데 꼭 필요한 것들이다.

크리게의 견해에 대한 이러한 비판은 그때까지 '진정한 사회주의'의 선전에 관대한 태도를 취하고 있던 독일, 프랑스, 영국의 노동계급 운동 관계자들에게 냉정히 생각해볼 수 있는 계기를 마련해주었다. 뉴욕에 있는 크리

---

180) Ibid., 10쪽.
181) V. I. Lenin, *Collected Works*, Vol. 8, 328쪽.

게의 추종자들 사이에서조차 그의 권위가 흔들리기 시작했다. 1846년 10월 마르크스가 작성한 크리게에 반대하는 두 번째 선언도 이와 비슷한 결과를 가져왔다. 1846년 말에 이르러 크리게의 신문은 결국 폐간되었고, '무한한 사랑(boundless love)'이라는 그의 선전 역시 물거품이 되고 말았다.

1847년 8월과 9월에 걸쳐 『베스트팔렌 증기선』은 『독일 이데올로기』 제2권의 4장을 실었는데, 여기에서 마르크스는 그륀의 저서 『프랑스와 벨기에의 사회운동』을 비판하고 있다. 이 책의 비판을 통해 마르크스는 '진정한 사회주의'의 전반적 경향에 내재하는 이데올로기적 결함을 보여주고 있다. 즉 이것이 프랑스의 유토피아적 사회주의가 갖고 있던 합리적 요소들을 파괴한 점이라든가, 사회현상을 설명할 능력이 전혀 없다는 점, 그리고 사회현상에 대한 과학적 연구 대신에 '인간의 진정한 본질' 따위의 관념적 얘기들을 나열하고 있는 점 등을 지적하고 있다. 마르크스는 '진정한 사회주의자들'이 지나치게 피상적인 경제적 견해를 갖고 있기 때문에, '경쟁과 대규모 공업 내에 존재하는 혁명적 요소들을 무시하는',[182] 다시 말해 자본주의 이전의 생산양식과 비교할 때 자본주의가 진보적이라는 점을 부정하는 반동 경제학자와 비슷한 성향을 띠게 되었다고 보았다. 또한 마르크스는 '진정한 사회주의'가 불건전한 이데올로기적 기반을 갖고 있으며, "독일 철학의 이데올로기적인 어구들"(주로 포이어바흐의 추상적인 인간주의)과 "프랑스 사회비판주의의 산물들", 즉 프랑스의 공상적 사회개량주의자들의 사상을[183] 결합시키려는 그들의 시도가 매우 부자연스럽다는 점을 지적하고 있다. 마르크스는 아울러 '진정한 사회주의자'들이 민족적 자만심에 들떠 "다른 국민들의 무지몽매와 비교해볼 때 독일인은 전지전능하다."[184]라고 찬미하고 있는 작태를 폭로했다.

'진정한 사회주의'에 대한 폭로와 비판은 새로이 태동하고 있던 프롤레타리아 정당의 이데올로기적 기반을 강화시켰다. 그것은 또한 샤퍼와 바

---

182) Karl Marx and Friedrich Engels, *The German Ideology*, Moscow, 1968, 584쪽.

183) Ibid., 579쪽.

184) Ibid., 551쪽.

이데마이어를 포함한 많은 노동계급 지도자들에게 '진정한 사회주의'가 제시한 잘못된 견해들을 폐기하도록 유도했으며, 이를 통해 정신적 능력을 신장시켜 진보적 이론을 수용할 수 있도록 해주었다.

프루동과의 논쟁

'진정한 사회주의'는 1848년부터 49년에 걸친 혁명기를 통해 마지막 결정타를 맞은 후 비교적 단명으로 역사의 무대에서 사라졌다. 그러나 피에르 조제프 프루동이라는 이름과 연관된 또 하나의 프티부르주아 분파는 '진정한 사회주의'보다 훨씬 더 완강했다. 프루동의 견해는, 여전히 프티부르주아 직인이나 농부라는 그들의 출신성분과 일정한 관련을 맺고 있던 프롤레타리아 분파 및 소기업가들의 심적 상태 및 열망을 나타내는 것이었다. 따라서 그의 견해는 이러한 분파들이 노동계급의 상당한 부분을 차지하고 있는 나라들, 즉 프랑스·벨기에·이탈리아·스페인 등지에서 상당히 많은 추종자들을 갖게 되었다. 이 때문에 프루동주의는 프티부르주아 사회주의 내에서도 상당히 영향력 있는 유파로 인정받고 있었다. 프루동주의에 반대하는 마르크스주의자의 투쟁은 1848년 혁명 이전에 시작된 이후 수십 년 동안 계속되었다.

마르크스와 프루동은 1844년 여름에 처음 만났는데 그때는 그들의 관계가 상당히 우호적이었다. 프루동은 빈농 출신이었고 자본주의하에서 노동자들이 겪는 곤경을 직접 보아온 자였다. 마르크스는 프루동의 천부적으로 예리한 정신과 문학적 자질을 높이 평가하였다. 1840년 프루동은 저서 『재산이란 무엇인가?*What is Property?*』를 출판하였는데, 이 책에서 그는, 프랑스 부르주아 혁명 당시 유명한 지롱드파 인사였던 18세기 저술가 브리소(Brissot)처럼, 재산을 절도품이라고 주장하고 있다. 그렇지만 과학적 견지에서 본다

피에르 J. 프루동(1809~65)

면 이 책은 매우 피상적이었다. 프루동은 사유재산을 생산수단이라는 하나의 원리로서 공격한 것이 아니었고 단지 대규모 소유만을 공격했기 때문이었다. 그는 사적 소유의 기원을 알지 못했고, 상품생산이 발달하고 자본주의가 발전함에 따라 필연적으로 소유가 집중되는 이유를 알지 못했다. 프루동은 자본주의적 이윤추구와 고리대금업, 착취를 비난하면서도 소유의 사회화라는 사회주의적 요구에는 반대했다. 하지만 프루동과 결별 후에도, 그리고 프루동과 수년에 걸친 논쟁을 한 후에도 마르크스는 프루동의 저서가 갖는 장점, 즉 기존 체제의 파렴치 행위에 대한 저자의 마음속에서 우러나오는 의분을, 그리고 그의 뛰어난 문학적 자질, 요컨대 그의 '강하고 힘 있는 문체'[185]를 인정했다.

마르크스는 프루동이 특히 철학 분야에서 보다 많은 지식을 축적하여 결점을 극복하고 프랑스의 프롤레타리아 이론가로 성장하기를 바랐다. 마르크스가 아르놀트 루게를 비판하는 글과 『신성가족』에서 프루동을 지적했던 것도 바로 이 때문이었다. 그래서 마르크스는 프루동이 보다 시야를 넓혀 헤겔의 변증법을 이해할 수 있도록 도와주려 했다.

브뤼셀에 있는 동안에도 마르크스는 계속해서 프루동의 마음을 돌려 그를 '브뤼셀통신위원회'에 가입시키려고 했다. 1846년 5월 5일자 편지에서 그는 프루동에게 프랑스 사회주의 운동의 대표자로서 위원회와의 연락업무를 책임지도록 했다.

그러나 프루동은 사실상 협력할 것을 거부했고, 혁명을 통해 사회를 변혁하려는 공산주의자들의 생각에도 부정적인 태도를 취했다. 그는 이러한 견해가 파급된다면 조야한 독단적 행동이나 폭력, 파멸에 이르게 될 것이라고 말하면서 위로부터의 점진적인 개혁을 주장했다.

프루동은 생산수단의 사적 소유를 모든 악의 근원으로 보지 않았고, 단지 노동생산물의 '불평등하고 불공정한' 교환, 사업이윤, 대부이자를 악의 근원으로 보았을 따름이다. 그는 대자본가·고리대금업자·은행가들의 경

---

185) Marx and Engels, *Selected Works*, Vol. 2, 24, 25쪽.

쟁으로 고통받고 있는 장인·농부·소상인들의 풍조를 표현하였고, '동등한(equal)' 사적 생산자로 구성된 사회를 건설하려고 했다. 그는 자본가들과 노동자들을 막론하고 모두 이러한 동등한 사적 생산자로 변화할 수 있을 것이라고 여겼다. 그리하여 그는 상품의 노동 가치와 저렴한 가격(무료가 아니라면) 그리고 신용대부에 기반을 둔 현금 없는 교환체제를 구축하고 대규모 재산을 소유자로부터 점차적으로 구입하여, 재산을 소기업 소유자·직인·상인·노동자들로 구성된 조합(공동생산을 위해 조직된 것이 아니다)을 통해 평등하게 재분배함으로써 그러한 목표를 달성하려고 했다. 프루동이 꿈꾼 유토피아는 본질적으로 자본주의 체제가 대자본가들의 경쟁과 독점으로 파생되는 소생산자의 비참한 몰락을 초래하지 않고서도 발전해나갈 수 있다는 환상에 토대를 두고 있었다.

마르크스는 프루동의 사회설계에 대해서 엥겔스로부터 처음 들었는데, 그것은 엥겔스가 1846년 8월 '브뤼셀위원회'를 대표하여 파리에 그와 비슷한 위원회를 조직하고, 또 프랑스와 독일의 노동자들 사이에 공산주의를 유포시키는 한편, 바이틀링과 '진정한 사회주의자'들의 이론을 반박하기 위해 파리로 왔을 때의 일이었다. 엥겔스는 파리에서 프루동의 개혁안을 알게 되었다. 그곳에서는 그륀의 주도하에 프루동의 개혁안이 독일에서 온 노동자들 사이에 퍼져 있었다. 1846년 9월 16일과 18일에 '브뤼셀위원회'와 마르크스에게 보낸 편지에서, 엥겔스는 프루동의 이러한 생각들이 '대단히 불합리하다'고 지적했다. 1846년 10월 말 엥겔스는 '의인동맹' 파리지부 회의를 개최했는데, 그것은 프루동과 그륀이 제창한 사회 처방을 거부하고 혁명적 방법에 의한 사적 소유의 철폐라는 노동계급 운동의 목적을 정식화할 것을 결의하기 위해서였다.

엥겔스가 파리에서 보낸 편지는 아주 귀중한 정보를 제공해주고 있다. 마르크스는 엥겔스의 이러한 활동에 적극 찬성했다. 마르크스는 이 편지를 통해 프루동의 책 『경제적 모순체계 혹은 빈곤의 철학*The System of Economic Contradictions, or the Philosophy of Poverty*』이 1846년 10월 말경 출판된 사실을 알았고, 12월 말경에 이 책을 입수했다.

프루동의 저서는 사회과학을 근저로부터 혼들어놓고, 모든 사회문제를 해결할 수 있는 열쇠를 제공하는 일종의 복음서와 같은 권위를 자처하고 있었다. 프루동은 자신이 철학과 정치경제학의 결정적인 이론을 제창했다고 믿고 있었다. 하지만 그의 책은 그가 헤겔의 철학적 방법이나 영국 부르주아 정치경제학 중 그 어느 쪽도 이해하지 못하고 있다는 사실을 보여줄 뿐이었다. 프루동이 거창한 진보라고 생각했던 것은 오히려 헤겔과 애덤 스미스, 리카도로부터 한 발자국 후퇴한 것에 불과했다.

마르크스는 프루동의 수정주의 이데올로기에 치명타를 가할 필요성과 함께 프루동이 모독하려는 공산주의 사상을 옹호해야 할 필요성을 느꼈다. 프루동은 또한 공상적 사회주의자들을 신랄하게 공격했는데, 프루동의 입장에서는 그들이 합리적 요소를 전혀 갖추지 못한 것으로 보였다. 이에 마르크스는 즉시 프루동의 독단론과는 대조되는 새롭고도 유물론적인 공산주의적 견해의 기본 원칙들을 세울 목적으로 「반(反)프루동론」을 쓰기 시작했다.

마르크스는 1846년 12월 28일 프루동의 저서에 대한 마르크스의 견해를 물어온 안넨코프의 편지에 대한 답신에서 이 글의 개요를 간략히 언급했다. 공산주의 지도자도 아니고 유물론자도 아닌 안넨코프는 마르크스의 편지에 담긴 프루동에 대한 비판적 연구의 깊이와 힘찬 확신에 깊은 감명을 받았다. 1847년 1월 6일 안넨코프는 마르크스에게 다음과 같은 내용의 편지를 띄웠다.

"프루동의 저서에 대한 당신의 견해는 그 정확성과 명확성, 그리고 무엇보다도 사물의 실재를 추구하는 그것의 경향성으로 해서 나에게 참으로 많은 도움이 되었습니다."[186]

안넨코프에게 보낸 편지에서 마르크스는 프루동의 방법론이 오류에 빠져 있고, 그의 방법이 관념적이며 형이상학적이라고 밝히고 있다. 또한 그

---

186) *K. Marx and F. Engels and Revolutionary Russia*, Moscow, 1967, Russ. ed., 142쪽.

는 프루동의 사회학적 견해가 너무 제한적이고, 그가 자본주의의 역사적 기원, 성격 또는 본질 등 전반적인 사회 발전 법칙을 이해하지 못하고 있으며, 프롤레타리아 계급투쟁의 중요성을 인식하지 못하고 있다고 지적했다. 하지만 마르크스가 프루동의 견해를 엉터리 사상가의 문학적 기벽이나 기행으로 취급했던 것은 아니다. 그는 그것이 특정 계급의 태도를 표현한 것이라고 보면서, 다음과 같이 말하고 있다.

"프루동은 머리에서 발끝까지 프티부르주아 철학자이자 경제학자이다. 바로 이러한 이유 때문에 프루동의 견해를 비판하는 것이 프롤레타리아트에게는 근본적인 중요성을 지니고 있다."

마르크스의 비판은 프티부르주아에 대한 프롤레타리아트의 이론적·이데올로기적 우위를 입증하고, 프롤레타리아트로 하여금 프티부르주아지로부터 그 자신을 분리시키며, 앞으로 다가올 투쟁에서 동맹자가 될 비프롤레타리아적 프티부르주아 계층에게 영향력을 행사할 수 있는 주도적 계급이 되도록 도우려는 것이었다.

마르크스는 그의 편지에서 유물사관의 기초명제를 개괄했다. 이 기초명제들은 그가 발견했고, 엥겔스와 함께 『독일 이데올로기』에서 체계화한 것이다. 즉 사회 발전에서 생산력의 결정적인 역할, 생산력과 생산관계, 변증법적 관계와 상호연관, 그리고 사상을 포함한 모든 다른 사회제도와 현상들의 생산양식에 대한 의존 등이 그것이다. 낡은 생산양식이 보다 진보적이고 새로운 생산양식으로 대체되어야 할 역사적 필연성은 발전을 거듭하는 생산력과 기존의 생산관계의 모순에 의해 결정된다.

(마르크스는 자신의 용어 선택에 보다 정확을 기하기 위해 더 이상 『독일 이데올로기』에서처럼 생산관계를 '교류형태[forms of intercourse]'라 부르지 않고, '경제적 관계[economic relations]'나 '사회적 관계[social relation]'로 불렀다.)

마르크스는 낡은 생산관계는 사회 발전의 속도를 더디게 할 뿐만 아니라 사회 발전을 정체시키고, 사회로부터 '문명의 산물들'을 박탈해간다는 심오한 사상을 피력했다.[187] 그는 역사를 "신의 의중을 엿보는 방법"[188]을 알고 있는 뛰어난 인물들의 행동의 결과라고 보는 주관론적·관념론적 역사관의 본질을 폭로했고, 역사가 객관적 조건과는 상관없이 자의적으로 이루어질 수 있다는 주의주의(主意主義)적 역사개념의 본질도 폭로했다. 역사의 진정한 창조자들인 물질적 가치의 생산자들은 주로 생산력을 발전시키는 데 참여함으로써 역사의 진보에 영향력을 행사한다. 하지만 자신들 마음대로 그렇게 할 수 있는 것은 아니다. 왜냐하면 "인간은 그들의 생산력을 자유롭게 선택하지 못하며, 각 세대는 그의 이전 세대가 획득한 생산력을 그저 발견할 따름이기"[189] 때문이다.

마르크스는 특정 시기에 존재하는 다양한 생산양식들을 역사적이며 일시적인 것으로 간주해야 한다고 강조함으로써 역사의 원리를 과학적으로 정립했다. 그는 이 원리가 사회현상에 대한 진정 과학적인 모든 연구의 기초가 된다는 사실을 지적했다.

『철학의 빈곤』

마르크스가 프루동에 반대하는 책을 쓰는 데는 비교적 짧은 시간이 걸렸다. 프랑스어로 집필한 이 책은 1847년 4월 초에 대부분 완성하여 파리의 출판업자 프랑크(A. Frank)와 브뤼셀의 출판업자 보글러(C. G. Vogler)에게 넘겼다. 1847년 6월 15일에 마르크스는 간략한 서문을 썼고, 7월 초에는 『철학의 빈곤, 프루동의 저서 '빈곤의 철학'에 대한 답변The Poverty of Philosophy, Answer to the 'Philosophy of Poverty' by M. Proudhon』이라는 제목으로 출판되었다.

마르크스는 이 책에서 프루동을 비판하는 가운데 자신의 철학적·경제적 견해를 상술하고 있으며, 노동계급 운동과 그 전략에 관한 몇 가지 심오한 사상들을 제시하고 있다. 여기에서는 주로 『독일 이데올로기』를 쓰

---

187) Marx, Engels, *Selected Correspondence*, 36쪽.
188) Ibid., 42쪽.
189) Ibid., 35쪽.

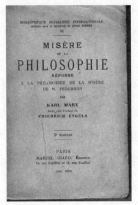

프루동의 『빈곤의 철학』 프랑스어판　　　마르크스의 『철학의 빈곤』 프랑스어판

는 동안 체계화했던 사적 유물론의 기초 원리들을 과학적이고 논쟁적인 형태로 다루었다. 이 원리들은 부르주아 정치경제학과 부르주아 생산양식에 대한 비판의 단초를 이루는 방법론적 토대가 되었다.

『철학의 빈곤』이 출판되기 이전에 이미 마르크스는 진지한 철학자로서 명성을 얻고 있었지만 경제학자로는 아직 확고한 위치를 확보하지 못하고 있었다. 따라서 그는 이 책을 통해 정치경제학자로서 공식적으로 데뷔한 셈이었다. 1880년에 마르크스는 다음과 같이 술회하고 있다.

"이 책은 20년의 각고 끝에 『자본론』에서 정교한 이론으로 전개된 바로 그 이론의 맹아를 담고 있다."[190]

레닌은 이 『철학의 빈곤』을 최초의 완숙한 마르크스주의 저서로 여겼다.

마르크스는 프루동이 헤겔의 변증법적 방법을 정치경제학에 적용시키려고 노력했으나 결국 변증법적 본질을 파악하지 못했다고 말했다. 그리고 변증법을 경제현상의 분석에 과학적으로 적용시키는 일이란 곧 이러한 현상에 내재한 실제적 모순들을 해명하는 일에 다름 아니라는 사실도 파악하지 못했기 때문에, 프루동은 정치경제학의 추상적 범주로부터 일련의 인위적인 경제적 모순들을 계속 만들어냈다고 말했다. 프루동이 진

---

190) Marx, Engels, *Werke*, Bd. 19, 229쪽.

정한 변증법 대신에 얻은 것은 궤변을 통한 모순의 왜곡이었다. 프루동은 헤겔의 모순이론이 지닌 신비론적, 관념론적 형식을 취하면서도 그 합리적 요소들은 말살해버렸다. 그는 헤겔이 주장한 모순의 조화와 배제라는 사상을 완전히 왜곡하여, 그것을 새로운 질로의 혁명적 전이로서가 아니라 주어진 현상의 '좋은 측면'과 충돌하는 '나쁜 측면'을 제거하는 것으로서 제시했다. 그렇기 때문에 자본주의와 자본주의적 토대를 파괴하려는 의도가 프루동에게는 애당초 없었고, 단지 상품생산에서 '나쁜 측면', 즉 폐해만을 제거하려고 했다. 프루동의 변증법적 운동은 좋은 것과 나쁜 것을 독단적으로 구분하는 것이었으며, 헤겔의 변증법을 취한 것이 아니라 단지 형이상학자에 불과했다고 마르크스는 강조했다.[191]

프루동은 부르주아 고전 정치경제학자들로부터 '부르주아 사회의 경제적 범주들은 영원하다.'라는 잘못된 견해를 빌려왔으며, 이러한 범주들을 기존 사회질서의 '나쁜 측면들'을 제거하고 새롭고 평등한 사회질서를 구축하는 기반으로 삼았다. 그는 영국 사회주의자 존 프랜시스 브레이, 윌리엄 톰슨, 그 밖의 리카도 추종자들의 전철을 밟았다. 이들은 부르주아 정치경제학의 전제들, 그중에서도 특히 노동가치설로부터 사회주의 체계를 연역해내려고 했는데, 마르크스는 1845년과 46년에 걸친 과학적 연구를 통해 이러한 시도가 유토피아적인 성향을 지니고 있다고 지적한 바 있었다. 마르크스는 『철학의 빈곤』에서 프루동의 '과학적 발견'이 브레이와 그 학파의 다른 학자들이 제시한 유토피아적 구상과 비슷하다는 것을 증명해 보였다. 하지만 이러한 주장을 단지 사회주의 노선에 따른 근본적 사회변혁의 과도적 수단으로 본 영국 사회주의자들과는 달리, 프루동은 프티부르주아 출신답게 이러한 구상이 사적 소생산의 폐해를 제거하는 만병통치약이라고 믿었다.

마르크스는 정치경제학을 수많은 사변적 추상 개념들과 무미건조한 범주들로 환원시킨 형이상학성과 관념성을 공격했다. 그는 또 진정한 경

---

191) Karl Marx, *The Poverty of Philosophy*, Moscow, 1966, 98쪽.

제학은 사회의 물질적 삶의 객관적 과정에 대한, 무엇보다도 물질생산의 조건에 대한 지식의 기반 위에 있어야 한다고 주장했다. 추상적 개념들과 논리적 범주들은 이러한 과정들과 현상들의 반영일 경우에만 과학적 인식의 도구로 작용할 수 있다. 그러나 현실적 관계들은 (그 관계들을 표현하고 있는 경제적 범주들과 마찬가지로) 역사적으로 볼 때 영속적이지 않고 일시적이다. 따라서 과학적 인식방법이란 사물, 현상 그리고 그것들의 추상적 표현인 학문적 범주를 변증법적 발전 속에서, 즉 그것들의 내적 모순이 야기하는 갈등에 따라 결정되는 운동 속에서 이해하는 것이다.

『독일 이데올로기』에는 사회현상의 분석에 유물변증법을 적용시키는 많은 사례들이 포함되어 있는데, 이 책에서 마르크스는 사회 발전에 객관적으로 내재된 변증법적 과정들을 설명하고 있다(생산력과 생산관계의 변증법, 계급대립의 형태로 나타나는 대립물의 통일과 투쟁, 양적 변화에서 질적 변화로의 전화, 진화에서 혁명으로의 전화 등). 그는 『철학의 빈곤』에서 유물변증법의 방법론에 각별한 주의를 기울였고, 그것의 기본적인 특성들을 일반화시켰다.

변증법을 사상 또는 정신(그들의 주장에 따르면 수동적 질료는 그것의 타자이다)의 특성으로 변질시킨 헤겔과는 대조적으로 마르크스는 물질현상을 변증법적 과정의 일차적 원천으로 보았으며, 사상과 개념의 발전은 단지 물질현상의 반영일 따름이라고 보았다. 변증법에 대한 헤겔의 관념적이고도 신비적인 견해와는 달리, 마르크스는 변증법을 심오한 유물론적인 것으로 보았으며 헤겔의 과학적 방법과 자신의 과학적 방법을 명확히 구분 지었다.

마르크스는 또한 유물사관의 원리들을 가장 간결한 과학적 형식으로 설명하고 있으며, 사적 유물론의 본질적 요소들을 다음과 같이 정의하고 있다. 생산력과 생산관계는 하나의 통일체를 이루고 있기 때문에 생산력의 지속적 발전은 생산양식의 변화를 필연적인 것으로 만든다. 그는 다음과 같이 말하고 있다.

"사회적 관계는 생산력과 밀접하게 연관되어 있다. 새로운 생산력을 얻기 위해서 인간은 그들의 생산양식을 변화시킨다. 그리고 생산양식을 변화시키는 가운데, 즉 생계유지 방식을 변화시키는 가운데 그들의 모든 사회적 관계들을 변화시킨다. 맷돌은 봉건영주가 존재하는 사회를 출현시키며, 증기 제분기는 산업자본가가 존재하는 사회를 형성해낸다."[192]

마르크스는 '생산력'을 생산도구뿐만 아니라 노동자들까지도 포함하는 개념으로 정의하면서 다음과 같이 덧붙이고 있다.

"가장 위대한 생산력은 혁명적 계급 바로 그 자체이다."[193]

이 책에서 마르크스는 프루동을 비판하는 데 그치지 않고 나아가 고전 경제학자들을 포함한 모든 부르주아적 경제학자들(이미 확정된 범주들로서 가치, 분업, 신용, 화폐 등에 관한 그들의 견해)의 근본적 오류를 지적하였다. 그는 또한 부르주아 생산법칙을 사회적 생산을 영원히 지배할 자연법칙으로 보는 그들의 입장에 날카로운 비판을 가하고 있다. 모든 생산단계는 그 시작이 있었듯이 끝도 있어야만 한다. 따라서 봉건제도를 부자연스런 것으로 보면서 부르주아 제도는 자연스러운 것으로 간주하는 태도는 잘못된 것이다. 왜냐하면 부르주아 제도가 새 시대에서는 '자연스러운' 것이듯이 봉건제도 역시 그 시대에서는 자연스러운 것이었기 때문이다. 그리고 이와 마찬가지로 부르주아 생산법칙이 타당성을 잃고, 부르주아적 관계 체계 그 자체와 함께 지구상에서 자취를 감추게 될 날이 필연적으로 다가올 것이다.

마르크스는 정치경제학의 수많은 범주들, 특히 가치라는 기본 범주를 분석하는 데 새로운 방법론적 접근방식을 택하고 있다. 『철학의 빈곤』에서 마르크스는 가치를 상품 속에 구현된 인간의 노동으로 간주한다. 가치는 상품 생산과정에서 사회적으로 필요한 노동시간의 양에 의해 결정된다고 스미스와 리카도는 말했다. 하지만 마르크스는 주장하기를, 노동은 아직 직

---

192) Karl Marx, *The Poverty of Philosophy*, 95쪽.
193) Ibid., 51쪽.

접적으로 사회적이지 못하지만, 생산은 사회적인, 그런 특수한 사회조건 아래서만 인간노동의 산물인 상품으로 되며 또 가치의 형태를 취한다고 했다(마르크스는 '교환가치'라는 말을 적합한 표현으로서 자주 쓰고 있다). 가치는 개개의 상품생산자들의 사회적 관계를 실현시키고 또 표현한다.

프루동은 다른 모든 범주와 마찬가지로 가치에서도 좋은 면과 나쁜 면을 구분했다. 그리하여 나쁜 면(그 단어 본래 의미로서의 가치, 즉 교환가치[exchange value])은 제거해야 했고, 좋은 면(사물의 유용성, 즉 사용가치[use value])은 유지하고 발전시켜야 했다. 그는 이러한 모순, 즉 가치의 이중성이 가치의 도구인 화폐의 사용 없이 상품을 교환하도록 함으로써 해소할 수 있다고 믿었다. 마르크스는 화폐가 저절로 부르주아 체제의 모순을 낳는 것이 아니라, 부르주아 체제가 본질적으로 모순에 차 있기 때문에 필연적으로 가치와 화폐의 존재를 내포한다는 것을 입증했다. 그는 "화폐는 물건이 아니라 하나의 사회적 관계"[194]라고 말했다. 자본주의의 내적 근본모순들은 화폐를 없앤다고 해서 철폐되는 것이 아니다. 이러한 모순들은 생산양식으로부터 유래하는 것이고, 자본주의적 사적 소유의 산물이기 때문이다.

마르크스는 후속 저작들을 통해 발전시킨 잉여가치론의 단초가 되는 몇 가지 명제들을 서술하고 있다. 하지만 그는 여전히 경제학 고전들로부터 빌려온 개념들, 즉 '상품으로서의 노동', '노동 가치', '노동 가격' 등의 용어를 사용하고 있다. 그럼에도 불구하고 그는 이 개념들에 새로운 내용들을 부여하고 있는데, 이를 통해 마르크스는 임노동과 자본 사이의 관계에 내재된 착취적 본성을 드러내 보여주고 있다. 리카도는 노동을 상품으로 보았으나 그것에 차별을 두지는 않았다. 마르크스는 노동을 하나의 특수한 상품, 즉 그것의 구매와 이용이 자본가를 부유하게 만들며 노동자의 지위를 악화시키는 그러한 종류의 상품으로 간주했다. 마르크스는 "부가 창

---

194) Ibid., 70쪽.

출되는 것과 동일한 관계 내에서 빈곤 역시 창출된다."[195]라고 말함으로 써, 자본주의적 축적의 일반법칙을 개략적으로 정식화하고 있다.

자본주의 생산의 본질 그 자체에 대한 인식을 통해서 마르크스는 자본주의 생산양식의 기원과 본질에 대해 새로운 접근(리카도와 비교했을 때)을 시도할 수 있었다. 『철학의 빈곤』에서 마르크스는 『독일 이데올로기』에서 피력했던 사상을 좀 더 구체화시키고 있으며, 자본주의의 주요 생산단계인 단순 협업, 매뉴팩처, 공장제 기계공업의 개요를 훌륭히 제시하고 있다. 여기에서 그는 노동의 분업과 기계제 생산의 역할에 대해 말하고 있는데, 프루동과는 달리 이러한 것들의 혁명적 측면을 특히 강조하고 있다. 자본주의적 공장의 노동조건은 분명 인간적인 것은 아니지만 산업발전에서 필연적인 단계이며, 생산의 발전과 집중을 크게 촉진시켰다. 그리고 바로 그 한가운데에서 현대적 노동계급이 출현하게 되었다.

비록 마르크스가 고전 정치경제학에 대한 비판을 아직 완성하지는 못했지만 『철학의 빈곤』은 경제적 현실을 연구하는 데 전적으로 새로운 방법론적 전제에 기초하고 있다. 그는 이전의 저작들에 내포된 합리적 요소들을 모두 동원하면서도 프롤레타리아 정치경제학을 전혀 새로운 토대 위에서 정식화하기 시작했다.

부르주아 정치경제학자들과 공상적 사회학자들의 한정적이고 통념적인 견해와는 달리, 마르크스는 부르주아 사회의 모순을 해소하고 그 사회의 변혁을 가져다줄 진정한 사회세력을 지칭했다. 마르크스는 노동계급 이론가들에게는 과학과 혁명적 실천을 연결시키는 방법을 구상하는 데, 그저 머릿속에서만 과학적 진리를 모색하는 대신에 역사의 진보를 의식적으로 표현할 의무가 있다고 말하고 있다. 진정으로 혁명적인 과학은 노동계급으로 하여금 자본주의의 모순을 깨닫게 하고, 이러한 모순들 속에는 자본주의 체제의 필연적 붕괴가 내포되어 있다는 사실을 깨닫게 해주어야 한다.

----

195) Ibid., 107쪽.

마르크스는 또 다른 근본적인 문제에서 프루동의 오류를 구체적으로 증명했다. 즉 프루동은 노동자들이 노동조합으로 결집되지 않을 것이며 결집해서도 안 된다고 말하면서, 노동자의 파업투쟁이 갖는 중요성을 부정했다.

부르주아 정치경제학자들은 노동자들이 기존질서에 저항하는 것은 백해무익한 일이라고 주장하고 있었고, 유토피아적 사회주의자들은 대중들을 이러한 투쟁으로부터 격리시키기 위한 다양한 계획들을 제시했다. 마르크스는 단결이야말로 노동자들에게는 그들을 빈곤으로 몰아넣고 분열시키는 착취적 자본주의 체제에 대항해서 혁명적 공격태세를 갖추게 해주는 계급투쟁의 학교라고 묘파했다. 말하자면 이들 대중은 공통 이익이라는 가치 아래 점차 일치 결합하여(처음에는 직업에 따라) 자본가들에게 더욱더 조직적으로 저항할 수 있게 될 것이라는 얘기였다.

"참다운 내전이라 할 수 있는 이러한 투쟁을 통해 앞으로 다가올 전쟁에 필수불가결한 요소들이 결집되고 성장한다."[196]

프롤레타리아 해방운동이 진전됨에 따라 프롤레타리아트는 그들의 이익과 기존 체제 사이에 근본적인 모순이 존재함을 깨닫게 되고, 결국 그 체제의 근본적·혁명적 변혁을 위해 모든 세력을 조직하고 결집시켜야 할 필요성을 점점 더 강하게 인식한다. 이러한 사회주의적 계급의식의 획득은 프롤레타리아트를, '이미 자본에 대항하는 계급이기는 하지만 아직 대자적 계급이 아닌 대중을 '대자적 계급(class for itself)'으로 변화시키는 데 결정적인 중요성을 지닌다. 마르크스는 노동자의 경제 투쟁이 지니는 중요성을 강조하면서 그것이 정치적 혁명운동으로 나아갈 수밖에 없는 필연성을 인식했다. 한 계급의 다른 계급에 대한 투쟁이란 곧 정치투쟁이기 때문이다. 이 공식은 혁명적 프롤레타리아 운동의 주요한 전략적 원리, 즉 프롤레타리아트의 경제적·정치적 투쟁은 하나의 통일체를 이루고, 정치투쟁이야말로 프롤레타리아 해방에서 결정적 중요성을 지닌다는 원리를

---

196) Karl Marx, *The Poverty of Philosophy*, 150쪽.

규정했다.

마르크스는 계급 사이의 적대감에 기초를 둔 사회야말로 첨예한 사회적 대립을 경험할 수밖에 없다고 말했다.

"노동계급의 승리로 이러한 적대감이 해소될 때야 비로소 사회는 혁명적 격변기를 거치지 않고서도 생산력의 발전을 가로막는 장해물을 제거할 수 있을 것이며, **사회의 진보**가 곧 **정치적 혁명**인 상황이 종식될 것이다."[197]

마르크스의 동료들은 『철학의 빈곤』의 출판을 태동하는 프롤레타리아 정당을 위한 위대한 이론적 결실로 간주했다. 독일 공산주의자인 페르디난트 볼프는 바이데마이어의 도움을 받아 『베스트팔렌 증기선』이라는 잡지에 마르크스의 저서에 대한 논평을 발표했다. 엥겔스는 프랑스 사회주의자들과 민주주의자들을 만난 자리에서 마르크스의 저서는 "우리의 강령"[198]이라고 격찬했다.

'공산주의자동맹'의 발족

1846년 말경 파리와 영국의 '의인동맹' 멤버들에게 일정한 사상적 변화가 일어났다. 그때까지 그들은 다양한 공상적 사회주의 계열의 영향 아래서 복잡한 이데올로기적 진화를 경험해왔다. 하지만 이제는 마침내 공상적 사상체계에 환멸을 느끼게 되었다. 그러한 체계들이 당면한 노동계급 운동의 실천적 문제에 아무런 해결책도 제시해주지 못했기 때문이었다. 동시에 그들은 당시 그 모습을 서서히 드러내면서 복잡하고도 중대한 여러 문제들에 빛을 던져주고 있던 과학적 공산주의 이념에 강한 매력을 느끼지 않을 수 없었다. '의인동맹'의 지도자들은 마르크스와 엥겔스만이 노동계급 조직들을 올바른 길로 인도할 수 있다고 믿었다. '인텔리겐치아'들에 대한 직인들의 뿌리 깊은 불신은 점차 사라져갔으며, 사회문제를 해결

----

197) Ibid., 152쪽.
198) Marx, Engels, *Werke*, Bd. 27, 93쪽.

하는 데 과학이 맡아야 할 역할에 대한 인식도 제고되었다.

1846년 11월, '의인동맹'의 중앙기관인 인민본부(People's Chamber, Volkshalle)를 파리에서 런던으로 옮겼다. 그 성원은 구두수선공 하인리히 바우어, 시계 제조공 요제프 몰, 그리고 학창시절 이후 혁명운동에 열성적으로 참여했고 당시는 정치적 망명생활을 하면서 산지기·통 제조업자·양조자·식자공 등을 전전했던 '만물박사' 카를 샤퍼 등이었다. 당시 그들이 멤버들에게 배포한 전단을 보면 그들이 마르크스와 엥겔스의 영향을 받아 이데올로기적으로 크게 성장했다는 사실을 알 수 있다. 그 전단에는 '강력한 당'을 설립해야 할 필요성과 함께 각양각색의 사회주의 체제를 작위적으로 '발명해내려는' 노력이 노동계급 운동에 끼치는 해악도 지적되어 있다. 또한 다양한 부르주아 종파와 비(非)프롤레타리아 정당 등에 대한 입장과 같은 아주 중요한 전술적 문제들도 논의했다. 그들은 전단에서 국제 공산주의자 회의를 1847년 5월에 개최하자고 제안했다.

'의인동맹'의 지도자들은 회의에 제출할 안건을 작성하는 데 많은 어려움에 봉착한 나머지 마르크스와 엥겔스에게 도움을 요청하기로 결정했다. 그리고 이러한 움직임은 '의인동맹'의 런던 조직에서 가장 활동적인 성원들의 열렬한 지지를 받았다. 인민본부는 브뤼셀의 마르크스와 파리의 엥겔스를 만나, 두 사람이 연맹에 가입하는 문제와 강령 및 그 밖의 다른 문서들의 작성에 참여하는 문제를 협의할 목적으로 몰을 공식 파견했다.

마르크스와 엥겔스는 이전에도 '의인동맹'에 가입하라는 권유를 받았지만 계속 거부했었다. 그 이유는 그들이 이 동맹의 유토피아적 견해에 공감할 수 없었고, 이 조직의 종파적·음모적 원칙에 찬성할 수 없었기 때문이었다. 그러나 이번 경우 마르크스는 처음에는 몰의 제안에 몇 가지 단서를 달았으나, 1847년 2월 초에 이루어진 협상 과정에서 '의인동맹'의 런던 지도자들이 조직을 재정비하려는 각오를 다지고 있다는 느낌을 받았다. 사실 이것은 마르크스와 엥겔스의 입장에서 볼 때, 기존의 국제노동조직을 새로운 교의의 각종 원칙들에 따라 근본적으로 재조직함으로써, 그것을 태동하고 있는 프롤레타리아 정당의 핵으로 변형시킬 수 있는 좋은 기회였다. 마르크스는 일단 이 점에 만족하면서 '의인동맹'에 가입하기로 했고, 엥겔스도 이를 수락했다.

이러한 협상의 결과는 1847년 2월에 연맹의 런던 지도자들이 발표한 두 번째 선언에 반영되었다. 이 선언은 그 누구의 이름도 거명하지 않았지만 마르크스와 엥겔스, 그리고 그들의 추종자들이 '의인동맹'에 합류하고 있음을 명확히 했다. 덧붙여 "프랑스와 벨기에에서 우리는 잠정적으로 새로운 노선에 따라 조직을 정비하였다."[199]라고 밝혔다.

보다 완벽한 준비를 갖추기 위해서 개회일은 5월에서 6월로 연기되었다. 회의의 의사일정에는 마르크스도 동의했다. 그리고 연맹의 철저한 재조직, 신규 규약 작성, 강령에 대한 논의, 기관지 발간 등의 사전 준비가 이루어졌다. 마르크스와 엥겔스가 몰과 가졌던 대화는 런던 중앙위원회 멤버들에게 다양한 사회주의 경향에 대한 그들의 태도를 명확히 할 수 있도록 했다.

마르크스는 즉시 독일과 다른 여러 나라에 있는 동료들에게 그와 인민 본부 사이의 합의사항을 알리고, 그들이 연맹에 가입할 뿐만 아니라 그것을 재조직하는 데 적극적 역할을 담당하도록 권유했다. 마르크스는 1847년 3월 7일에 롤란트 다니엘스에게 보낸 편지에서, 당 건설 사업에 관해 토론하기 위해서는 벨기에의 도시에서 회의를 열어야 할 것이라고 제안했다. 또한 엥겔스와 서신을 통해 대회 준비 및 대표자 파견과 관련된 여러 가지 조직상의 문제들을 토론했다. 대회는 1847년 6월 초 런던에서 열렸다. 경제적 어려움 때문에 마르크스는 런던으로 가지 못했으나 대신에

---

199) *The Communist League-the Forerunner of the First International.* (Collections of Documents), Russ. ed., Moscow, 1964, 133쪽.

빌헬름 볼프에게 상세한 지시를 내렸다. 마르크스는 파리 대표인 그와 엥겔스가 대회를 올바른 노선에 따라 지도할 수 있을 것이라고 믿어 의심치 않았다.

이 대회에서 '의인동맹'은 '공산주의자동맹'으로 이름을 바꾸었다. 대회는 사실상 규약 제정의 권한을 가지고 있었고, 새로운 이데올로기적 원칙과 구조를 가진, 전적으로 새로운 조직을 출범시켰다. 엥겔스와 볼프가 직접 관여한 새로운 규약들이 상정되었고, 이것들은 각 지방에서 토론을 거쳐 다음 대회에서 채택될 예정이었다. 동맹의 강령을 정식화하는 데 중요한 진전이 있었다. 대회는 강령의 초안으로서, 그 당시 노동자 조직들 사이에서 강령을 정식화하기 위해 곧잘 사용했던 혁명적 교리문답의 형태로 엥겔스가 기초한 「공산주의자 신앙고백*the Communist Confession of Faith*」을 채택하고, 지방조직에서 토론할 수 있도록 이를 배포할 것을 결정했다.[200]

마르크스와 몰의 합의에 따라 동맹은 음모적 비밀조직의 모든 관례, 즉 새로운 성원에 대한 반(半)신비적인 선서식, 충성 서약, 사소한 의무규정, 지도부에 대한 과도한 권력 부여(남용의 기회를 제공하는) 등을 폐지했다. 훗날 1877년에 마르크스는 이에 관해 다음과 같은 편지를 띄우고 있다.

"엥겔스와 내가 비밀 공산주의 조직에 최초로 참여한 것은 권위에 대한 미신적 숭상을 조장하는 사항들을 규약으로부터 완전히 배제한, 오직 그러한 조건 속에서 이루어졌다."[201]

마르크스와 엥겔스는 어떠한 프롤레타리아 조직도 지도자들에 대한 개인숭배를 용납하지 않는다고 믿었다.

새로운 규약에는 하부 성원들에게 집행부 선출 권한이 주어진 반면에 중앙 집중화와 상급기관에 대한 하급기관의 복종이라는 원칙 또한 충분히 배려되어 있었다. '공산주의자동맹'의 최고기관은 지방조직들의 대

---

200) *Gründungsdokumente des Bundes der Kommunisten*(Juni bis september 1847), Hamburg, 1969, 53~58쪽.

201) Marx, Engels, *Werke*, Bd. 34, 308쪽.

표로 이루어진 대회였다. 그런데 대회의 권력을 제한하고 지방조직들에게 그 결정을 접수하거나 거부할 권리를 부여하던 조항이 이후 마르크스의 주장에 따라 삭제되었다. 한편 중앙위원회는 대회기간 동안 집행기구 역할을 맡았다. 선거를 통해 선출된 의장과 부의장을 포함한 지방조직(Community, Gemeinde)은 이 조직의 기간 세포였다. 또한 각 지방마다 지역위원회가 지도하는 여러 커뮤니티들이 지역단위로 결집되어 있었다.

규약을 체득함으로써 성원 자격이 있다고 인정되는 사람들은 지방조직의 동의를 거쳐 의장과 성원의 추천으로 가입이 허용되었다. 규약위반 성원의 제명 규정과 회비 납부 및 동맹기금 지출 관련 규정도 마련되었다. 또한 성원들에게는 공산주의적 확신을 갖고서 공산주의자에 어울리는 생활양식을 지니고, 선전활동에 열의를 다하며, 동맹의 결정과 당의 비밀을 지키고, '공산주의자동맹'에 적대적인 조직에는 참가하지 않을 의무가 있었다. 마지막 규약도 훗날 마르크스의 지도에 따라 동맹원들이 정치적·민족적 조직에 참여하는 것을 일반적으로 금지하는 애초의 종파주의적 조항에 대신하여 채택되었다.

'공산주의자동맹'의 규약은 이전 노동계급 조직과 민주주의 조직들이 따랐던 조직원리보다 한층 고차원적인 형태의 조직원리를 노동계급 운동에 처음으로 소개했다. 동시에 규약은 그들의 건설적인 조직 경험을 참작했다. 바이틀링의 추종자들을 동맹의 대열로부터 축출한다는 대회의 결정은 종파주의적·유토피아적 도그마의 채택이 프롤레타리아 조직 구성원칙과 양립할 수 없음을 단언한 것이었다.

대회는 "모든 인간은 형제다!"라는 낡고 공허한 구호를 폐기하고, 그 대신 마르크스와 엥겔스가 제창한 "만국의 노동자여, 단결하라!"라는 거대한 결속의 외침을 구호로 채택하기로 결정했다. 이것은 대단히 획기적인 의미를 지니는 것이었다. 왜냐하면 그것은 프롤레타리아 국제주의의 기본 원칙과 노동계급의 국제적 연대에 관한 이념, 그리고 자본주의적 억압에 대항하는 공동 투쟁에서 노동계급의 단결과 협력의 이념을 구체화하는 역사상 최초의 외침이었기 때문이다. 과학적 공산주의를 이념적 기반으로 하는 최초의 국제 노동계급 조직인 '공산주의자동맹'의 결성은 프롤레타리아 해방투쟁의 역사상 일대 사건으로 기록될 만한 것이었다. 마르크스주의와 노동계급 운동을 결합해냄으로써 마르크스주의적 세계관과 프롤레타리아의 국제적 연대라는 이념이 맞이할 승리를 예고하였다.

브뤼셀의 '독일노동자협회'

1차 대회를 끝낸 뒤 '공산주의자동맹'의 이념적·조직적 통일을 강화할 필요성이 대두되었고, 공산주의자 통신위원회와 여러 그룹들은 그 작업에 몰두하였다. 마르크스의 주도하에 '공산주의자동맹' 지역위원회가 1847년 8월 5일 브뤼셀에 설립되었다. 그리고 마르크스, 볼프, 지고와 독일 노동자 융게가 이 지역위원회에 관계하고 있었다. 마르크스가 주도하고 있던 이 위원회는 벨기에의 지방조직들을 지도하는 것 이상의 임무를 수행했다. 말하자면 브뤼셀이 '공산주의자동맹' 전체의 통제소 역할을 맡고 있었던 것이다. 따라서 런던 중앙위원회는 모든 핵심문제들을 즉각 브뤼셀 지역위원회(Brussels District Committee)와 논의했다.

마르크스의 절친한 친구와 동료들은 얼마 지나지 않아 동맹의 서부독일 지방조직에서 조직가이자 지도자로 활동하고 있던 바이데마이어, 다니엘스, 뷔르거스 등과 함께 동맹에서 지도적 위치를 차지하게 되었다. 파리의 지방조직들은 파리 지역위원회에 관계하고 있던 엥겔스가 지도하고 있었다. 1847년 7월 말에 그는 동맹의 사업 관계로 브뤼셀로 가서 그해 10월 중순까지 거기에서 머물렀다.

마르크스는 '공산주의자동맹'의 당면 목표가 공산주의 사상의 전파를 조직화하는 일이라고 믿었다. 절대주의 국가들에 존재하는 여러 조건들과, '자유주의' 체제 국가(벨기에, 프랑스, 스위스)에서 망명자로서 부딪치는 정치활동상의 온갖 어려움들을 고려하여 동맹은 비밀조직으로 남아 있어야 했다. 그러나 마르크스는 그들의 선배격인 1830년대와 40년대 초의 비밀 노동자 조직들의 고립성과 대중과의 접촉 결여라는 약점을 이어받지 않도록 하는 데 최선을 다했다. 그는 동맹의 비합법적이고 비교적 협소한 조직들이 런던의 '독일노동자교육협회(German Workers' Educational Society)'와 같은 합법 노동자 조직망으로 둘러싸여야 한다고 믿었다. 따라서 동맹은 기존의 교육단체들과 관계를 수립하든가 아니면 새로운 조직들을 구성하든가 해야 했다.

이러한 생각은 곧 실천으로 옮겨졌다. '공산주의자동맹'의 성원들이 세운 교육단체들이 도서관, 노동자들을 대상으로 하는 다양한 주제의 강습, 합창단 등을 조직했다. 그리고 정기적인 정치 토론회도 가졌다. 마르크스는 후에 다음과 같이 말했다.

"공개적인 노동자 조직의 배후에서 그것을 통제하는 동맹은 바로 그 공개조직들 속에서, 한편으로는 공개적인 선전활동의 장을, 그리고 다른 한편으로는 그들 조직 내의 능력 있는 활동가들로 동맹 자체를 보충·확대할 수 있는 공간을 발견했다."[202]

1847년 8월 말에 마르크스와 엥겔스의 주도 아래 주로 망명 노동자들로 구성된 '독일노동자협회'가 브뤼셀에 설립되었다. 이 협회의 출범 당시 회원 수는 37명이었으나 불과 몇 달 만에 100여 명으로 불어났고, 거기에서 '공산주의자동맹' 회원들은 지도적 역할을 맡게 되었다.

협회는 광범위한 교육·선전 사업을 펼쳐나갔으며, 거기서 마르크스는 가장 활동적인 회원 가운데 한 사람이었다. 12월 하순경에 그는 협회에서 정치경제학에 관해 일련의 강의를 행했다. 1847년 12월 31일에 협회가 베푼 신년 만찬에서 마르크스가 행한 연설 관련 기록이 지금까지 남아 있는데, 그는 이 연설에서 만찬에 참석한 벨기에 민주인사들과 국제 민주주의 운동 지도자들에게 감사를 표하고, 노동자들에게 민주주의적 자유를 위한 혁명적 투쟁의 중요성을 강조했다.

---

202) Marx, Engels, *Werke*, Bd. 14, 438쪽.

「임금노동과 자본」

마르크스는 '독일노동자협회'에서 행했던 정치경제학 강연 내용을 책으로 묶어내려고 했는데, 바이데마이어가 이 원고를 필사한 복사본을 보관하였다. 그러나 당시 유럽에서 발생했던 일련의 혁명적 사건들 때문에 1848년 초의 브뤼셀에는 이를 출판할 만한 여건이 조성되어 있지 않았다. 그리하여 강연 시점으로부터 18개월이 지난 1849년 4월 초순경에야 비로소 마르크스는 그 일부를『신라인신문Neue Rheinische Zeitung』에「임금노동과 자본」이라는 제목으로 게재할 수 있었다. 이것이 강연 내용의 일부였던 만큼, 마르크스의 자료 중 전해 내려오는「임금」이란 제목의 원고는 아마도 이것의 미출판 부분을 개략적으로 서술한 초고일 가능성이 크다.「임금노동과 자본」은 1840년대에 나온 저작치고는『철학의 빈곤』다음가는 비교적 방대한 경제학 저술이며, 이 분야에 대한 심원한 지식과 독창적인 견해를 반영하고 있다.「임금노동과 자본」은 자신의 과학적 이념을 대중적 형식으로 제시할 수 있는 마르크스의 능력을 여실히 보여주는 한 예라 할 수 있는데, 경제학이라는 지극히 복잡한 분야를 대단히 쉬운 용어를 구사해서 노동자들에게 명확히 전달될 수 있도록 풀이해놓고 있다.

그는 자본가에 의한 착취의 본질을 설명하고, 부르주아 지배의 기반과 임금노동자의 노예적 상태를 밝히는 데 몰두했다. 이러한 노력이 중요한 의미를 지녔던 것은, 노동자들은 노동의 대가로 정당하게 임금을 지급받고 있으며, 공장 소유주들 역시 노동자들에게 일자리를 제공하는 대가로 이윤이라는 형식을 통해 자기 자본에 대한 정당한 보상을 받고 있다고 주장하면서, 당시 수많은 부르주아 체제의 옹호자들이 노동자들에게 왜곡된 인식을 심어주고 있었기 때문이다. 더구나 자본주의 생산에 참여하는 모든 사람들에게 골고루 이익을 분배한다는 식의 갖가지 발상들이 유포되고 있었다.

마르크스는 이러한 모든 주장의 가면을 벗겨냈다. 그는 노동자들에게 임금이란 무엇이며, 어떻게 결정되는지 설명해주었다. 노동자는 상업적

계약의 형태로 자본가에게 노동을 팔며, 자본가는 노동자가 일한 시간이나 그들이 생산한 상품의 일정량에 따라 임금을 지급한다. 임금은 화폐의 형태로 표현되는데, 이는 노동자가 소유한 유일한 상품의 가격을 지칭하는 특별한 명칭이다. 노동자는 이러한 계약 없이는, 즉 자본가에게 노동을 팔지 않고는 생계를 유지할 수 없다. 노동자의 생존 활동의 주요한 형식인 노동은 노동자와 그의 가족의 생존을 보장하는 유일한 수단이다. 바로 이 때문에 임금노동이 마치 자유노동인 것처럼 보인다. 하지만 단 한 번의 매매로 주인에게 물건처럼 팔려가는 노예와 마찬가지로, 그리고 토지에 얽매여 노동의 일부가 지주에 속해 있는 농노처럼 임금노동자도 평생을 부르주아 계급에 얽매여 살 수밖에 없다. 그에게 일말의 여지가 있다면 단지 한 자본가로부터 다른 자본가로 이동하는 것, 즉 노동의 구매자를 바꿀 수 있는 여지가 있을 뿐이다.

상품의 가격은 수요와 공급에 따라, 그리고 판매자들 사이의 경쟁에 자극받아 변동한다. 하지만 이 변동은 어떠한 형태로 나타나든 간에 주어진 상품의 생산비와 동일 선상에서 이루어지는 것이다. 이 변동은 수면같이 잔잔하지도 또 정확히 측정되지도 않지만 그 행적 속에 '가장 놀라운 참변'을 내포하고 있으며, 따라서 위기 때에는 때때로 산업적 무정부 상태에 이르기도 한다.

마르크스는 생산비 또는 가치의 범주 안에 기존 상품을 만드는 데 사용된(그 가치는 그것 자체를 생산하는 데 투입된 노동시간에 의해 측정된다) 천연자원과 도구를 포함시키는 동시에, 시간에 의해 가치가 측정되는 살아 있는 직접노동까지 포함시켰다.

다른 상품들과 비슷하게 노동이라는 상품의 생산비는 노동자들의 기술 숙련 비용과 그를 일정한 수준으로 계속 유지시키는 데 필요한 비용으로 이루어진다. 이것은 노동자의 생존에 필요한 수단의 생산비인데, 그 수단의 가격이 곧 임금을 구성한다.

마르크스는 더 나아가 이윤을 정의하고, 자본을 도구(means)와 자원

(resources)의 총합 또는 새로운 생산에 쓰이는 축적노동(accumulated labour)으로 보는 전통적인 부르주아 자본관의 오류를 논파했다. 자본은 물질적 외피를 지니고 있으며, 많은 사람들이 지적했듯이 물(物)로써 표현된다. 하지만 물이 언제나 자본으로 쓰이는 것은 아니라는 사실을 증명한 사람은 바로 마르크스였다. 요컨대 단지 일정한 사회적 관계 속에서만 노동생산물과 축적된 노동이 자본으로 전화된다는 얘기다. 그것은 사회 발전의 역사적 특정 단계의 산물이요, 그 자체가 사회적 관계이다. 즉 부르주아 생산양식의, 부르주아 사회의 지배적 관계이다. 물질적 형태나 구성 상품의 총합이 어떤 모습을 띠고 있든 간에 자본은 물의 소유자로 하여금 노동력밖에는 아무것도 갖지 못한 노동자의 살아 있는 직접노동을 착취할 수 있도록 해주는 사회적 관계가 존재함을 암시해준다. 그것은 축적된 노동을 자본으로 전화시키는 "살아 있는 직접노동에 대한, 과거의 축적되고 물화된 노동의 지배일 따름이다."203) 자본과 임금노동은 서로를 조건 지우고 산출하는 것이다.

마르크스는 자본의 고전적 개념을 정의하는 데 그치지 않고, 나아가 자본에 의한 임금노동의 착취라는 명제를 정식화했다. 그는 자본가가 획득하는 이윤의 원천은 노동자가 생산한 생산물의 가치의 일부라는 사실을 생생한 실례를 들어 보여준다. 말하자면 노동자는 자신이 임금이라는 형태로 제공받는 생존수단의 가치보다 많은 가치를 생산한다는 것이다. 또한 마르크스는 실질임금과 명목임금을 명확히 구분하고, 상대적 임금(relative wages)이라는 아주 중요한 개념을 제시했다. 이는 임금노동자와 자본가, 즉 노동과 자본이 새로운 생산물 내에서 각기 차지하는 상대적인 몫을 표현하는 개념이었다. 그는 다음과 같은 중요한 법칙을 정식화했다. 즉 아무리 유리한 조건 아래서도 노동자의 몫은 줄어들고, 자본가의 몫은 증가한다.

---

203) Marx and Engels, *Selected Works*, Vol. 1, 161쪽.

"**이윤과 임금**은 예전과 같이 여전히 **반비례 관계**로 남는다."[204]

마르크스는 임금노동자와 자본가의 이익은 정면으로 대립하고 있으며, 부르주아 사회의 양대 계급인 프롤레타리아트와 부르주아지 사이에 점점 그 간격이 벌어지고 있다는 사실을 밝혀냈다. 사회적 부(富) 및 노동생산성의 성장과 더불어 프롤레타리아는 "부르주아지가 자신의 꽁무니에 프롤레타리아를 매달기 위해 사용하는 황금의 사슬"[205]을 몸소 주조하는 셈이 된다.

그러나 자본의 급격한 성장은 사회의 혁명적 변혁을 위한 선행조건들을 창출해낸다. 마르크스는 「임금Wages」이란 제목의 초고에서, 부르주아적 임금노동 체계는 프롤레타리아의 사회적 해방과 새로운 사회질서 수립을 위한 물질적 수단의 출현을 보장한다는 점을 강조했다. 이전의 여러 사회형태들과 비교해볼 때, 자본주의는 자본의 지배가 이전 사회의 '신성한 영기(靈氣, aura of sanctity)'[206]와 가부장적 정치체제를 사회적 관계로부터 박탈해감으로써 단지 구매와 판매의 금전관계만 남게 된다는 이점을 갖고 있다. 따라서 프롤레타리아는 근본적인 사회혁명을 가능케 하는 조직과 힘의 기반을 확보하게 된다.

훗날 마르크스와 엥겔스는 노동을 상품으로 취급하는 고전적 이론에 따라 기술했던 「임금노동과 자본」의 내용 중 몇 가지 전제를 새로운 관점에 따라 수정을 가했다. 그는 노동자가 자본가에게 파는 것은 노동이 아니라 노동력(labour-power)이라는 점을 명시했다. 이는 단지 용어를 세련되게 표현한 차원 이상의 의미를 지니는 것으로서 정치경제학의 영역에서 마르크스가 이룩한 주요한 발견이었다. 그는 또한 노동자가 생산하여 자본가가 전유하는 잉여생산물의 가치와 같은 본질적 요소를 도외시한 채, 생산비(the production cost)와 상품가치(the value of commodity)를 동일시했다. 다시 말해서 「임금노동과 자본」은 마르크스의 경제이론이 완결되기 이전

---

204) Marx and Engels, *Selected Works*, Vol. 1, 167쪽.
205) Ibid., 168쪽.
206) *MEGA*, Abt. 1, Bd. 6, 471쪽.

의 일정 발전단계를 반영한 것이다. 그것은 새로운 프롤레타리아 경제이론의 원칙을 수립했다는 의미에서 1840년대 후반의 경제학자로서 그가 오를 수 있었던 최고봉이었다.

정기간행물의 출판 시도

공산주의 이념을 널리 보급하는 과정에서 정기간행물의 출판은 대단히 긴요한 일이었다. '브뤼셀공산주의자통신위원회'가 아직 활발히 활동하고 있을 당시, 바이데마이어는 다음과 같은 내용의 편지를 마르크스에게 보냈다.

"검열을 받지 않고 소논문들을 출판할 수 있는 기관이 전혀 없다는 것은 매우 애석한 일입니다. 확신컨대 편집을 할 수 있는 인물은 오로지 당신뿐입니다."[207]

'공산주의자동맹'의 발족과 함께 이러한 기관의 필요성은 한층 절박해졌다. 1847년 8월 마르크스는 주식 소유의 원칙 아래 벨기에에서 간행할 월간 비평지의 시안을 만들었다. 그는 이것을 독일과 프랑스에 있는 친구들에게 알려서 창간기금을 모금할 것을 제안했으나 성과를 거두지는 못했다.

마르크스와 엥겔스를 비롯한 그의 친구들의 지원을 받아 영국 런던의 '공산주의자동맹' 지도자들도 공산주의 잡지를 창간하고자 했다. 그들은 빌헬름 볼프로부터 가장 많은 도움을 받았다. 그리하여 1847년 9월에는 『공산주의 잡지*Kommunistische Zeitschrift*』의 견본판이 모습을 드러냈는데, 거기에는 "만국의 노동자여, 단결하라!"라는 표어가 내걸렸고(이 말이 처음으로 활자화되었다), 그 내용을 보건대 마르크스와 엥겔스의 영향이 엿보였다. 게재 논문들은 공상적 사회주의 사상을 비판하고 있으며, 프롤레타리아 운동의 몇 가지 전술적 원칙(특히 독일 노동계급의 전술)을 상세히 설명하고 있다. 하지만 이 잡지는 자금 부족으로 부득이 발간을 중지할 수밖에 없었다.

---

207) J. Weydemeyer to K. Marx, June 28, 1846(마르크스·레닌주의연구소 중앙당 문서보관소).

이보다 한결 더 중요한 시도로서 마르크스와 엥겔스는『독일·브뤼셀신문』을 '공산주의자동맹'의 기관지로 탈바꿈시키려 했다. 이 신문은 1847년 1월 1일 프티부르주아 민주주의자인 보른슈테트가 창간한 것으로, 주 2회 발행했으며 편집도 그가 도맡아 했다. 보른슈테트는 파리 체류 이후 경찰 및 프랑스 왕당파와 관계를 맺고 있는 것으로 의심받고 있었다. 그는 모든 급진적·민주적·사회주의적 경향들을 닥치는 대로 신문에 실으려고 했기 때문에 그 신문의 사상적인 구성은 어떤 정형(定形)이 없이 뒤죽박죽이었다. 하지만 마르크스와 엥겔스의 추종자들(게오르크 베르트, 페르디난트 볼프, 빌헬름 볼프)이 더 많은 논문들을 기고하기 시작했다. 그중에서도 빌헬름 볼프는 이 신문을 민주주의 이념뿐만 아니라 혁명적 프롤레타리아 이념의 매체로 전환시키는 데 가장 노력을 기울인 인물이었다. 그리고 때때로 마르크스와 엥겔스도 이 신문에 논문을 기고하기도 했다.

마르크스의 추종자들은 이러한 변화를 눈여겨보면서 이 신문에 프롤레타리아적 영향력이 확고히 정착되기를 바라고 있었다. 1847년 4월 19일에 하인리히 뷔르거스는 마르크스에게 다음과 같은 편지를 보냈다.

"『독일·브뤼셀신문』의 요즘 상황은 어떠한지요? 보른슈테트를 따르게 되면 모든 것이 엉망진창이 되고 말 것입니다. 중요한 것은 …… 그를 휘어잡을 수 있는가 하는 것입니다."[208]

1847년 8월에 이르러 마르크스와 엥겔스는 신문의 발행에 직접 참여해 더욱 활발하게 신문의 노선에 영향력을 행사하기로 마음먹었다. 8월 8일에 마르크스는 헤르베크에게 보내는 편지에서, 그와 같은 다짐에 덧붙여서 "수많은 결점들이 있음에도 불구하고" 이 신문은 "그래도 몇 가지 장점이 있고" 그 편집인이 "가능한 한 모든 점에서 우리와 기꺼이 타협하겠다는 의사를 전해왔다."[209]라고 말했다. 당시 재정적으로 어려움을 겪고 있던 보른슈테트로서는 이러한 타협이 불가피했다. 유명한 이론가이자 평

---

208) 마르크스·레닌주의 중앙당 문서보관소.
209) Marx, Engels, *Werke*, Bd. 27, 4467쪽.

론가를 자기 신문에 끌어들임으로써 신문의 지명도를 높이고 아울러 그로부터 생기는 높은 이득을 취하자는 것이었다. 그럼에도 불구하고 그는 특정 조건들을 쉽사리 받아들이려고 하지 않았다. 결국 마르크스와 엥겔스는 한 달 뒤인 1847년 9월 12일까지는 정상적으로 신문 관련 작업에 착수할 수 없었다.

그러다가 1847년 말경부터는 신문에 결정적인 영향력을 발휘하기 시작해서 마르크스와 엥겔스가 사실상의 편집인으로 활동하게 됐으며, 1848년 2월 27일 최종호가 발행될 때까지 이러한 활동이 계속되었다. 따라서 보른슈테트는 단지 명목상의 편집인에 불과했다.

이제 『독일·브뤼셀신문』은 '공산주의자동맹'의 비공식적인 기관지로 면모를 일신하여 과학적 공산주의의 강령과 전술원칙들, 봉건절대주의자들과 부르주아 보수체제에 대항하는 혁명투쟁의 이념을 광범위하게 퍼뜨렸다. 신문은 제반 민주주의 운동의 최전선에 뿌리를 둠과 동시에 프롤레타리아 계급의 이해와 사회적 요구를 대변하는 확고한 입장을 취하게 되었다. 이 신문에서 활동하는 동안 마르크스는 재기 넘치는 혁명적 평론가의 이미지를 굳혔다. 그의 글은 날카로운 풍자와 격렬한 논쟁으로 넘쳐흐르는가 하면 이론적 깊이와 확고한 추론으로 빛났다. 저널리스트로서 마르크스는 풍부한 독서 경험과 비근한 역사적 전례를 제시하는 능력, 비유적 표현을 구사하거나 대가들의 글을 동원하는 능력을 자유자재로 발휘했다.

그 당시 마르크스와 엥겔스가 쓴 기사들의 주된 목적은, 노동계급에게 다가올 혁명 속에서 그들이 맡게 될 역할과 임무를 주지시키고 태동하는 프롤레타리아 정당으로 하여금 앞으로의 싸움에 이념적·전술적으로 대처할 수 있도록 하는 데 있었다. 마르크스는 자유주의적 '마녀(sirens)'의 매력에 현혹되지 않고 또 인민을 위한다고 떠들어대는 가면 쓴 정치적 반동들의 준동(마찬가지로 위험천만한)에도 흔들리지 않는 그러한 당을 만들기를 원했다.

이것은 마르크스가 신문의 정식 편집진이 되면서 맨 처음 쓴 평론의 목적이기도 했다. 그 평론은 당시 쾰른에서 발행되던 보수지 『라인 관찰자』에 연재되었던 익명의 평론들과 관련해서 쓴 것이었는데, 이 평론들은 프로이센 국가를 노동대중의 옹호자로 규정하고 있었던 것이다. 「'라인 관찰자'의 공산주의*Rheinischer Beobachter's Communism*」라는 제목의 평론에서, 마르크스는 프로이센 군주제의 옹호자들로부터 '사회주의'의 가면을 벗겨버리고 그들을 가장 사악한 반동이자 가장 악질적인 협잡꾼으로 낙인찍었다. 또한 반인민적인 프로이센 국가가 숭고한 사회적 소명을 띠고 있다는 주장이 얼마나 새빨간 거짓말이고 해로운 것인지를 증명했다. 이후 라살레주의자들(이들은 비스마르크의 융커 정부와 노닥거리고 있었다)을 공격하는 후속 평론에서는, 이 논문을 인용하여 그가 소위 '프로이센 왕정 사회주의(royal Prussian government socialism)'[210]에 대해 어떠한 입장을 가지고 있는지를 보여주었다.

마르크스는 기독교 교리에 대한 반동적 선동가들의 견해가 갖는 진정한 의미도 폭로했다. 나아가 혁명적 프롤레타리아의 세계관은 기독교를 비롯한 온갖 종교적 덕성에 본질적으로 적대적인 것임을 개괄적으로 언급했다.

"기독교의 사회적 교리는 피억압자에 대한 억압자의 갖가지 비열한 행위들이 단지 원죄나 다른 죄에 대한 응징이거나, 전지전능하신 하나님께서 구원받은 자들에게 주시는 시련일 따름이라고 공공연히 선언하고 있다."

"기독교의 사회적 교리는 비겁, 자기경멸, 굴욕, 복종, 겸양 등 한마디로 오합지졸들이 갖는 모든 성질들을 칭송해 마지않지만 오합지졸로 취급받기를 거절하는 프롤레타리아트는 빵보다도 용기와 자존심, 긍지 그리고 독립심을 훨씬 더 필요로 한다."[211]

마르크스의 평론은 혁명적 상황이 조성되고 있던 당시의 독일에서 프롤레타리아는 어떤 위치에 있는가에 대해 매우 명료한 답변을 함축하고

---

210) Ibid., Bd. 16, 79쪽.
211) Ibid., Bd. 4, 200쪽.

있다. 그는 대중들에게 부르주아 야당을 지지하도록 촉구하면서도 한편으로는 그들이 '합동 주 의회'에서 보인 기회주의적인 행위에 대해서는 노동계급이 결코 만족할 수 없을 것이라는 점을 역설했다. 마르크스는 '자유주의자들의 중도노선에 대비시켜 절대군주제의 혁명적 전복과 반(半)봉건적 유제의 청산, 그리고 전 사회·정치체제의 민주화로 나아가는 노선을 제시하였다. 아울러 그는 이러한 민주적 변혁을 위한 강령을 기초했는데 여기에는 진정으로 인민을 대표하는 회의체 소집, 강제노역(corvée) 체제의 폐지, 계급 장벽·제한의 철폐, 배심원 판결제도 도입, 집회·결사·언론의 자유 등이 포함되었다.

그 논문 전반에 점철된 주요 사상은 인민이 부르주아 민주주의 혁명의 배후에 있는 진정한 추진세력이라는 것이었다. 이것을 예증하기 위해 그는 17~18세기에 발생한 영국과 프랑스의 부르주아 혁명을 각각 인용하였다. 그는 독일에서 그러한 혁명적 과제들을 이루기 위해서는 군주제를 '시궁창 속으로 던져버리고' 봉건적 토지소유자들을 척결하고자 하는 각오가 선행되어야 한다고 강조했다. 마르크스는 독일에서 '혁명적 인민'이란 프롤레타리아와 영세 소농, 도시빈민을 의미한다고 하면서 이 세 계급의 단결된 힘이야말로 절대군주제의 전체 체계에 심각한 위협으로 작용하게 될 것이라고 설명했다.

마르크스는 노동계급이 성공적인 부르주아 혁명으로부터 많은 것을 얻을 수 있다고 주장했다. 그것은 "부르주아 계급 지배 그 자체가 대(對)부르주아 투쟁에 동원될 전혀 새로운 무기를 프롤레타리아트의 손에 쥐어줄 뿐 아니라, 프롤레타리아트에 대해 하나의 인지된(recognised) 당파로서 전혀 새로운 위상을 창출해줄 것이기 때문이다."212)

노동계급으로 하여금 그들의 계급적 목표를 인식하도록 돕는 과정에서 마르크스와 엥겔스는 『독일·브뤼셀신문』이 벨기에를 비롯한 다른 여러 나라의 노동계급 운동에 대한 정보를 독자들에게 제공하고, '독일노동자

---

212) Ibid., 193쪽.

협회' 모임에 관한 소식도 게재할 수 있도록 전력을 다했다. 이 신문은 또한 공산주의 교리의 여러 측면들을 다루고 있는 평론과 그 밖의 다른 기사들을 게재하고 프롤레타리아 국제주의의 원칙들을 선전했다.

국제 경제학자 회의

1847년 9월 16일부터 18일까지 브뤼셀에서는 자유무역에 관한 국제회의가 열렸다. 이 회의는 모든 수입관세의 철폐, 완전한 자유경쟁, 사업에 대한 정부의 불간섭 등을 원했던 부르주아 자유무역 옹호자들에 의해 조직되었다. 그들은 이 회의가 보호무역주의에 대한 그들의 우월성을 입증해줄 수 있을 것으로 보았다. 이 회의에는 부르주아 경제학의 대가들이 대거 참석했으며, 부르주아 여론들은 이 회의 소식을 대서특필했다.

이 회의를 부르주아 경제학자들의 위선을 폭로하는 계기로 삼고자 했던 마르크스와 엥겔스 그리고 그들의 몇몇 동료들도 이 회의에 참석했으며 방청석에는 노동자들도 참석해 있었다. 마르크스는 이 회의를 부르주아 이데올로기들과 대결하기에 알맞은, 그리고 프롤레타리아적 관점과 그들의 관점을 대비시키기에 적절한 무대로 생각했다. 회의 3일째 되던 날 노동자계급의 상황에 대한 자유무역의 영향을 토의할 때, 베르트와 마르크스는 토론 참가자 명단에 그들의 이름을 기입했다.

베르트가 먼저 발언권을 얻었다. 그의 연설은 이미 이 회의에서 발표된 다른 모든 내용들과 정면으로 충돌하였다. 방청석에서 지지하는 외침이 터져 나오는 가운데, 그는 노동자의 조건을 토의하는 자리에 어찌하여 노동자 대표단이 눈에 띄지 않는가를 추궁했다. 그는 자유무역이 프롤레타리아에 내린 은총이라고 꾸며댄 자유무역 옹호자들의 철면피한 거짓말을 폭로했으며, 프롤레타리아트가 처한 곤경과 참상을 매우 감동적으로 묘사했다.

베르트의 연설은 회의 참석자들에게 전기충격과도 같은 파장을 일으켰으며, 그들은 베르트의 주장을 반박할 목적으로 한 사람씩 차례로 발언권을 얻기에 바빴다. 그리고 마르크스의 발언 순서가 되자 아직 발언 차례를 기다리는 사람이 많이 있었음에도 불구하고 회의 주최 측은 서둘러 토의를 마감했다. 이어 자유무역을 찬성하는 결의문이 부랴부랴 통과되면서 회의는 끝이 났다.

마르크스와 그의 동료들은 민주적인 신문과 노동계급의 언론을 통해 이렇듯 야비한 행위를 규탄했다. 1847년 9월 29일 벨기에 신문『작업장 민주주의Atelier Démocratique』는 마르크스가 회의에서 발표하기 위해 준비했던 연설문을 요약해서 실었다. 엥겔스는『독일·브뤼셀신문』과 인민헌장운동의 간행물『북극성』에 이 회의에 관한 기사들을 기고했는데, 특히 후자는 발표가 무산되었던 연설문의 주요 논점들을 상세하게 담고 있었다. 이로써 브뤼셀에서 개최된 경제학자 회의에서 일어난 부르주아와 프롤레타리아 충돌 사태가 세간에 알려지게 되었다.

마르크스는 연설문에서 부르주아 체제와 인민의 이익에 관한 그들의 공론(空論)이 양자를 모두 옹호하는 사람들이 외쳐댔던 구호들의 허구성을 폭로하면서 보호무역주의와 자유무역주의에 대해 프롤레타리아의 입장에서 과학적인 비판을 가했다.

마르크스는 이와 관련된 갖가지 문제들에 대해 구체적이고도 역사적인 접근방법을 취하였다. 그는 자본주의의 초기 단계에서는 보호무역주의가 자본주의 체제의 형성을 가속화하고 봉건제에 대항하는 투쟁을 강화하는 한 요인으로 작용했다고 주장했다. 그러나 1840년대라는 시점에서 보면 보호무역주의는 보호주의 관세가 봉건유제와의 투쟁 속에서 부르주아지의 경제적 지위를 강화시키는 힘으로 작용했던 독일과 같은 나라들에서만 역사적 관점에서 정당화된다고 주장했다. 그러나 대체로 자본주의가 본궤도에 들어서게 되면 보호무역주의는 자본의 자유로운 운동과 국제적인 규모의 생산력 신장을 저해했다. 따라서 마르크스는 보호무역주의는 보수적인 것이며, 굳이 둘 중 하나를 택한다면 보다 진보적인 자유무역이 선택될 것이라는 점을 강조했다.

마르크스는 자유무역 옹호자들이 주장하는 바와 같이, 자유무역이 모든 사회적 병폐를 위한 치료약이 되기는커녕 더욱 그 병세를 악화시키고 자본주의 모순을 심화시킬 것이라는 점을 증명했다. 한편 그것은 노동계급과 자본가계급 사이의 대립을 더욱 심화시키기 때문에 자본주의 체제의 전복을 위한 선행조건들을 급속히 성숙시켰다.

"우리는 자유무역에 동의한다. 왜냐하면 자유무역에 의해 모든 경제법칙들은 그 가장 경악스런 모순들과 함께 보다 넓은 지역에서, 그리고 결국에는 전 세계적으로 작용할 것이기 때문이다. 또한 이러한 제반 모순들이 서로 결합해 하나의 집합체로 통일되면서 결국에는 프롤레타리아의 해방으로 귀결되는 투쟁들을 불러일으킬 수밖에 없기 때문이다."[213]

마르크스는, 노동계급은 결코 부르주아의 경제정책으로 구제받기를 기대하지 않으며, 오직 전체 사회체제를 그 근본으로부터 혁명적으로 재건설하는 것만을 슬로건으로 내걸고 있다고 덧붙였다. 노동계급은 권력을 쥔 자들이 베푸는 '자비'나 '자선'에 희망을 걸어서는 안 되었고, 오직 그들의 혁명적 에너지에만 기대를 걸어야 했다.

"사회변혁은 힘센 자의 나약함에 기인하는 것이 아니라 약한 자의 힘에 의해 이루어져야 하고 또 이루어질 것이다."[214]

카를 하인첸과의 논쟁

마르크스와 엥겔스는 부르주아 이론가뿐 아니라, 카를 하인첸(Karl Heinzen) 같은 프티부르주아 민주주의자에 대해서도 논쟁을 통해 '공산주의자동맹'의 이데올로기적 입장을 밝히지 않으면 안 되었다. 카를 하인첸은 독일 급진주의 정치평론가와 저명인사들(프뢰벨, 스트루베[Struve], 루게 등)의 모임이 표방하고 있던 공산주의에 대해 적대적인 태도를 보인 바 있었다. 한때 『라인신문』의 말단 사원이자 기고가로 활동했던 하인첸은

---

213) *The Northern Star* No. 520, October 9, 1847.
214) Marx, Engels, *Werke*, Bd. 4, 298쪽.

카를 하인첸(1809~80)

1844년 그의 책『프로이센 관료주의*The Prussian Bureaucracy*』로 인해 윗사람들의 분노를 샀다. 결국 그는 체포를 피해 독일을 탈출해야 했다. 1845년 브뤼셀에서 그는 마르크스·프라일리그라트·뷔르거스와 장시간에 걸쳐 긴 정치토론을 전개했는데, 이들 세 사람은 이 토론을 통해 하인첸으로 하여금 자유주의적·입헌주의적 환상으로부터 벗어날 수 있도록 거들려고 했다. 하인첸은 곧 스위스로 거처를 옮겼다. 그곳에서 그는 반항적 개인주의 풍조에 빠져들어, 언뜻 보기에 대단히 혁명적으로 보이나 실상은 속물적인 급진주의로 급선회했다. 그는 즉시 반란을 일으켜 모든 악의 근원인(그의 생각으로는) 군주들을 몰아내고 연방공화국을 세우도록 독일인들에게 촉구했다. 동시에 공산주의자들을 비방하는 기사를 신문에 기고하기도 했다.

1847년 가을에 마르크스와 엥겔스는 하인첸과의 논쟁이 불가피하다는 인식에 도달했다. 엥겔스는 「공산주의와 카를 하인첸」이라는 평론에서, 공산주의를 삶 그 자체의 요구로부터 생겨난 사회운동이자 관점의 체계라고 정의했다. 그는 공산주의자가 궁극적으로는 '부르주아 민주주의적 자유의 확립' 이상의 것을 목표로 하고 있다고 강조했다. 그리고 민주주의를 확립하기 위한 투쟁에서 민주주의자들과 함께 일해왔다. 그러나 공산주의자들이 그들의 동반자에게 이데올로기를 양보할 것이라는 기대는 애당초 빗나간 것일 수밖에 없었다. 오히려 그들은 민주주의자들의 잘못된 견해를 비판할 권리를 가지고 있었다. 하인첸은 독일 군주에 대항하는 혁명적 행위 단 하나만으로도 사회정의가 이룩될 수 있다는 지극히 소박한 사회·정치적 견해를 갖고 있었다. 그는 공산주의자로부터 사회적 현안 요구를 빌려와 그 요구를 해방운동의 궁극적 목표로 삼은 다음, 다시 그것들을 보다 바람직한 사회라는 속물적인 환상으로 탈바꿈시켜버렸다.

엥겔스의 논문은 하인첸에게 다시 한 번 반(反)공산주의적 공격을 가할 기회를 제공했다. 그는 1847년 10월 21일자『독일·브뤼셀신문』에 게재된 「한 공산주의 대표자A Representative of the Communists」라는 평론을 통해 엥겔스에게 반격을 가했다.

그 기사는 공산주의적 '무정견(無定見)'과 '견해의 나약성'에 대한 한층 경박한 도덕적 설교를 담고 있었다. 이에 대해 마르크스는 하인첸의 견해를 단호히 거부한다는 한 표현으로 「비판의 도덕화와 도덕의 비판Moralising Criticism and Criticising Morality」이라는 평론을 썼다. 이 평론은 1847년 10월 말부터 11월에 걸쳐『독일·브뤼셀신문』의 여러 기사에서 소개되었다.

이 평론은 마르크스의 다른 많은 글들과 마찬가지로 몇 가지 측면으로 받아들여질 수 있다. 하나는 정치적 속물주의와 속물주의적 도덕을 폭로하는 뛰어난 풍자이면서, 다른 한편으로는 여러 가지 물리현상에 대한 예리한 평가를 담은 문학적·역사적 평론일 뿐 아니라, 사적 유물론의 중요한 명제들을 제시하고 있는 이론적·사회학적 논문이기도 하다. 또한 '공산주의자동맹'의 강령과 전술적 원칙들을 설명하는 당파적 문서이기도 했다. 그리고 이렇듯 광범위한 내용은 테렌티우스(Terentius), 셰익스피어, 세르반테스, 괴테 그리고 18세기의 풍자가 장 파울(Jean Paul; 리히터[Johann Paul Friedrich Richter]의 필명)의 글들을 도처에서 폭넓게 인용하면서 매우 의미심장한 문학적 형태로 표현하고 있다.

하인첸은 욕설을 다른 방식으로 표현하는 교묘한 솜씨와 논쟁을 요령 있게 전개하는 데 필요한 '도덕적 분노(moral indignation)'를 품고 있었다. 이러한 평가는 마르크스가 흔히 조야하다는 혹평이 따르는 종교개혁 시기의 문학 유형과 하인첸의 글을 비교하면서 내린 것이었다. 마르크스가 관찰한 바에 따르면, 하인첸은 "남을 공격할 때는 무척 지루하면서도 극단적으로 과장하면서 트라손 같은 허풍과 거만을 떠는 반면, 그들의 귀에 거슬리는 말 한마디에도 신경질적으로 예민한"[215] 그러한 문학을 부흥시키는

---

215) Ibid., 231쪽. 트라손(Thrason)은 고대 로마의 희극 작가 테렌티우스의 희극『내시Eunuchus』에 나오는 어리석고 허풍스러운 전사이다.

'영광'을 얻었다. 마르크스는 또 도덕성에 대한 하인첸의 호소가 혁명적 공산주의 사상에 대한 속물주의적 반응에 다름 아니라고 지적했다. 말하자면 이른바 '고결한 속물'의 결백한 정신에는 이 혁명적 공산주의 사상이 비도덕적이고 파괴적인 것으로 비칠 것이라는 얘기다. 하인첸의 속물적 도덕성은 그의 저속한 사회학적 관점에 대단히 어울리는 것이었다.

후자를 비판하는 가운데, 마르크스는 사적 유물론의 수많은 명제들을 보다 치밀하게 가다듬었다. 그는 부르주아와 프티부르주아 민주주의자들이 널리 받아들이고 있던 정치권력에 대한 피상적 견해를 비난했다. 즉 그들은 정치권력을 대단히 강력한 힘으로 여기면서 재산 분배에 따른 모든 불평등이 거기서 비롯된다고 믿고 있었던 것이다. 또한 마르크스는 일단 기존 권력이 무너지면 모든 사회적 문제들이 일시에 해결될 것이라는 환상을 공박하면서, 경제적 토대와 정치적 상부구조 사이의 관계에 대한 이론적 기초를 구체적으로 설명했다.

그는 소유관계가 정치권력에 의해 결정되는 것이 아니라, 반대로 역사에 뿌리를 둔 생산관계나 소유관계 그리고 결과적으로 사회의 계급구조가 정치권력을 결정한다고 말했다. 따라서 마음만 먹으면 언제든지 정치체제를 철폐할 수 있다는 생각은 환상에 불과하다. 그것은 성숙한 역사적·경제적 선행조건을 필요로 하기 때문이다. 말하자면 새로이 부상하는 소유관계가 현존하는 정치적 상부구조와 화해할 수 없는 모순관계에 들어서야 한다.

그렇다고 정치적 상부구조가 사회적 삶에서 수동적 요인이라는 얘기는 결코 아니다. 부상하는 계급이 정치권력을 지배한다면 진보적 발전을 가속하는 데 도움이 될 것이고, 퇴락하는 계급이 정치권력을 장악한다면 진보의 크나큰 장애로 작용할 것이다. 결과적으로 새로운 사회체제는 혁명적 활동을 통해 기존의 정치적 상부구조를 없애지 않는 한 구체제를 패퇴시킬 수 없다. 마르크스가 밝히고 있듯이 사회의 낡은 정치적 표피는 타파되어 마땅한 것이다.

마르크스는 경제적 토대와 정치적 상부구조 사이의 변증법적 관계를 설명하기 위해 절대군주제의 역사적 발전을 예로 들었다. 당시 그러한 작업은 역사학의 당면과제였을 뿐 아니라 절대주의의 본질을 드러내기 위한 긴급한 정치적 문제이기도 했다. 절대왕정에 대한 투쟁은 그 시대 많은 유럽 국가들이 당면하고 있던 주요한 문제였다. 처음만 하더라도 절대군주제(중세적 계급이 해체되고 부르주아 계급이 발흥하던 시기의 봉건군주제)는 대체로 중앙집권화라는 당시로서는 진보적인 기능을 수행했다. 하지만 부르주아적 사회관계가 발전함에 따라 상황은 변했다.

"과거에는 절대군주제가 국력과 나라의 영광을 위한 필수조건인 상업·산업의 발전과 그에 따른 부르주아 계급의 부상을 촉진시켰다. 반면에 오늘날의 절대군주제는 이미 강력한 부르주아의 손아귀에서 점점 더 위험한 무기로 변하고 있는 상업과 산업의 발전을 도처에서 저해하고 있다."[216]

따라서 절대주의 질서와 그 밖의 다른 중세적 잔재를 척결하는 일이야말로 독일이나 오스트리아, 이탈리아가 안고 있던 중차대한 과제가 아닐 수 없었다.

이것은 18세기 말 혁명의 소용돌이 속에서 "마치 요술처럼 프랑스의 전 사회체제 내의 봉건유제를 일소했던"[217] 상황과 비슷한 형태로 대중들의 강력한 혁명투쟁을 통해서만 이룩될 수 있었다. 하인첸의 허영으로 가득 찬 무모한 혁명주의와 달리, 마르크스는 인민이 결정적 권한을 행사했던 1789~94년 혁명 유형에 독일과 다른 나라의 공산주의자들이 주의를 기울여야 할 것이라고 말했다. 노동계급은 독일에서 "혁명을 거치지 않고 평화적 방법을 통해 **절대**군주제를 **부르주아** 군주제로 변화시키려 하는"[218] 부르주아의 타협정책에 대항해 그들의 혁명적 임무를 완수해야만 했다. 여기서 우리는 부르주아 혁명에서 노동계급이 지배권을 장악해야 한다는

216) Ibid., 347쪽.
217) Marx, Engels, *Werke*, Bd. 4, 339쪽.
218) Ibid., 352쪽.

마르크스 이론의 싹을 발견하게 된다.

마르크스는 부르주아 혁명을 혁명적 투쟁의 중간단계로 보았으며, 그 혁명에서의 승리가 모든 사회적 문제를 즉각 해결해줄 것으로 기대하는 것은 순전히 공상에 지나지 않는다고 지적했다. 하지만 하인첸이 '각종 사회시설을 구비한 연방공화국'(그는 그 전형으로 미국을 제시했다)을 구상하고 있었던 점에 비추어보면 그것은 정확히 하인첸의 정치적 이상이었던 것이다. 마르크스는 북아메리카의 국가와 사회제도의 착취적 본질을 폭로하면서, 당시 유럽에 널리 퍼져 있던 신화(대서양 저 건너편의 공화국을 조화로운 사회로 보는)에 일격을 가했다. 마르크스는 연방주의 원칙이 미국이나 스위스에 적용됐을 때와는 달리, 당시 중앙집권화의 필요성이 강력히 대두되고 있고 봉건적으로 분할되어 있는 독일에서는 적합하지 않다고 여겼다. 연방주의는 중앙집권적 상태에서 보다 쉽게 결집될 수 있는 프롤레타리아 계급의 관점에서 보나, 부르주아 민주주의 쟁취를 위한 끊임없는 투쟁의 관점에서 보나 받아들일 수 없는 것이었다. 그러한 역사적 환경 속에서 독일을 연방화하는 것은 독일의 중세 지방주의(particularism)의 일면을 보전하는 것을 의미했다. 따라서 마르크스는 "독일은 분할되지 않은 **하나의** 공화국"[219]으로 이루어져야 한다는 요구를 바탕으로 프티부르주아 민주주의자들의 발상에 반대했다.

마르크스는 "오로지 **노동자 혁명**의 전제조건으로서만 부르주아 혁명에 참여할 수 있고 또 참여해야 한다."[220]라고 하였다. 일단 부르주아 혁명이 승리를 거두게 되면 부르주아 계급의 지배가 일찍이 이루어진 나라에서 제기되고 있었던 과제, 즉 "권력, 그것도 혁명적 권력을 장악해야 한다."[221]는 과제에 직면해서 대(對)부르주아 투쟁이 진지하게 시작될 것이다. 이렇듯 마르크스는 각종 언론에 기고를 통해 자신의 교리가 내건 주요 명제들 중 하나(사회 재건을 위한 도구로서 프롤레타리아 혁명독재론)를 정식

---

219) Ibid., 355쪽.
220) Ibid., 352쪽.
221) Ibid., 338쪽.

화했다.

혁명 역량을 결집시키기 위한 노력

마르크스와 엥겔스는 프티부르주아 민주주의자들의 교리와 환상을 비판하는 한편, 유럽 내 반인민적 체제라는 공동의 적에 맞서 프롤레타리아와 민주세력들을 결집시키기 위해 노력했다. 마르크스는 노동자 조직들 사이의 어떠한 종파적 배타주의도 강력히 거부했으며, '공산주의자동맹'이 그 계급적 독립성과 정치·사상적 교의의 순결성을 보전하면서 일반 민주주의 운동에 적극 참여해야 한다고 역설했다. 그는 각국 공산주의자와 민주주의자들의 단결을 확립하기 위해 노력했으며, 프롤레타리아와 민주세력들이 결집된 국제적 연맹체를 구성하기 위해 온 정력을 쏟았다.

마르크스와 엥겔스는 프롤레타리아 혁명주의자와 전향적인 부르주아 그리고 프티부르주아 민주주의자를 포괄하는 '브뤼셀민주주의협회(the Brussels Democratic Association)'를 설립하는 데 큰 역할을 담당했다. 이러한 국제적 연합체를 구성하고자 하는 발상은 1847년 9월 말경 벨기에 민주주의자들과 민주주의적 망명인사들 사이에서 비롯되었다. 그리하여 9월 27일에는 이러한 목적을 위해 국제적 회합이 열렸는데, 바로 이 회의에서 국제적 연합체를 창설하자는 결정이 채택되었다. 이즈음 마르크스는 개인적인 용무로 친지를 방문하기 위해 네덜란드에 가고 없었다. 그가 없는 동안 엥겔스는 노동자들 편에서 이 새 단체에 대한 광범위한 접근망을 확보하는 데 성공했고, 새로이 탄생할 단체의 부의장으로 추대되었다. 그러나 엥겔스는 곧 파리로 떠날 예정이었기 때문에 만찬에서 사회를 본 벨기에 법률가 뤼시앵 조트랑(Lucien Jottrand)에게 편지를 보내 "위원회 독일 민주주의를 대표하기에 가장 적절한"[222] 마르크스를 자기 대신 추천했다.

마르크스는 네덜란드 여행에서 돌아온 1847년 10월 초부터 새로운 단체를 설립하기 위한 준비에 온 힘을 기울였다. 1847년 11월 7일 '브뤼셀

---

222) Ibid., Bd. 27, 469쪽.

민주주의협회'가 창설멤버 63인이 모인 가운데 마침내 발족하였다. 그리고 정기총회 성명서와 탄원서 제출, 벨기에 및 외국의 도시에 있는 유사한 단체와의 연대 확립 등을 내용으로 하는 연합의 규약을 마련하였다. 11월 15일의 회의에서는 협회위원회가 '협회'의 집행기구로 승인을 받았다. 이 회의에서는 1830년의 벨기에 혁명에 참가했던 프랑수아 멜리네(Francois Mellinet) 장군을 명예의장으로, 조트랑을 의장으로, 1834년 리옹 봉기에 참가했던 프랑스 사회주의자 자크 앵베르(Jacque Imbert)와 마르크스를 부의장으로 각각 선출했다. 또 다른 멤버로는 폴란드 망명자들을 대표하는 렐레벨과 독일 공산주의자인 베르트가 있었다.

1848년 3월 초 브뤼셀을 떠나기까지 마르크스는 '협회'를 유럽의 모든 혁명세력과 민주세력을 결집시킬 하나의 중심으로 발전시키면서 '협회'의 여러 활동에 큰 영향을 미쳤다. '협회'가 인민헌장운동가, 런던의 '민주주의자우애협회', 프랑스·스위스·독일의 민주주의자들과 폭넓은 국제적 결속을 다질 수 있었던 것도 거의 마르크스의 노력 덕분이었다. '협회'는 해외의 여러 혁명적 사건들에 어떤 식으로든 반응을 보였으며, 스위스의 보수적인 7개 주(州) 동맹인 '분리동맹(Sonderbund)'에 대항해 싸우는 스위스 급진주의자들에게 공공연한 지원을 아끼지 않았다. 그리고 이 싸움은 결국 1847년 11월에 스위스의 내전으로 비화되었다. '협회'의 멤버들은 국제 민주주의자 회의 소집을 논의하기도 했다.

마르크스는 '민주주의협회'를 벨기에 민주주의 혁명운동에서 주도 세력으로 키우려고 했다. 결국 '협회'는 브뤼셀뿐 아니라 다른 도시에서도 민주주의자들의 지지를 받았다.

한편 '협회' 내부에서는 프롤레타리아 혁명주의자와 프티부르주아 민주주의자 및 부르주아 공화주의자들(조트랑을 비롯한) 사이에 약간의 대립이 있었다. 후자는 '협회'의 활동을 벨기에의 입헌주의 체제 내에 한정시키려 했던 까닭에 프롤레타리아 회원들의 공산주의적 관점을 의심스런 눈초리로 바라보았다. 또한 그들은 자신들이 이미 동의한, 마르크스의 자유무역주의 비판에 불만을 표시했다. 마르크스와 조트랑의 의견대립은 이들의 관계를 거의 파국으로 몰고 갔다. 1848년 2월 22일 '협회'의 한 회합에서 일어난 하나의 사건을 계기로 마르크스는 부의장직을 사임한다고 발표했다. 하지만 조트랑이 화해를 종용하면서 마르크스가 그 자리를 계속 지켜주기를 바랐던 데다, 마르크스 역시 내부의 긴장상태를 우려했기 때문에 발표를 철회했다.

마르크스와 엥겔스는 프랑스 사회민주당(훗날 기관지 『개혁』으로 잘 알려진)과의 관계를 확립하는 것이 매우 중요하다고 여겼다. 이 당은 민주주의 공화국, 보통선거권 그리고 노동자의 이익을 위한 각종 사회적 조치 등을 요구하며 개혁운동 내에서 적극적인 역할을 담당했는데, 그 당원들 중에는 프티부르주아 민주주의자와 사회주의자가 뒤섞여 있었다.

그러나 당내 프티부르주아 지도자인 르드뤼롤랭(Ledru-Rollin)과 루이 블랑 등은 당의 혁명사업에 아무런 도움도 줄 수 없는 자신들의 처지를 과격한 혁명구호로 상쇄하려 했다. 또한 『개혁』의 활동적인 회원들 상당수는 노동계급의 자주적인 혁명운동에 의심을 품고 있었으며, 다른 나라 민주주의자들에 대해 거만하고도 대단히 민족적인 태도를 취했다.

마르크스와 엥겔스는 「노동자 조직The Organisation of Labour」(1840)이라는 제목의 팸플릿에서 나타난 루이 블랑의 프티부르주아적 사회주의 이론에 문제점이 있음을 깨달았다. 거기에서 그는 비록 피상적이기는 하지만 부르주아 사회의 결점(생산·경쟁 등의 무정부 상태)을 예리하게 비판하고 있으나, 사회문제는 정부의 보조금 지원에 의해 세워지고 운영되는 노동자 생산연합을 통해 해결해야 한다고 주장했다. 그는 "국가란 가난한 사람을 위한 은행가"라는 미명 아래 자본주의 국가권력의 계급성을 은폐시켰으며 계급 협력을 통해, 부르주아 정부의 도움을 통해 사회주의를 이룩할 가능성이 있는 양 아주 해로운 환상을 퍼뜨렸다.

마르크스와 엥겔스는 사회민주당 지도자들의 맹점을 명백히 파악하고 있었음에도 불구하고, 바로 그 약점들로 인해 그들이 프랑스 대중의 혁명적 분위기를 어느 정도 대변할 수 있었기 때문에 민주주의자들의 보다 확고한 국제적 결속을 위해 그들과 협력하기로 결정했다. 이러한 결속을 다지는 데 주요한 역할을 담당했던 사람은 바로 엥겔스였다. 또한 블랑이 마르크스에게 보낸 편지 중 현재까지 남아 있는 것은 단 한 통에 불과하지만, 이 편지(비록 날짜가 적혀 있지 않지만 작성 시기가 이즈음이었음에 분명한)는 마르크스 역시 사회민주당 지도자들과 직접 접촉하고 있었음을 보여준다.

하지만 세계관의 차이 때문에 서로가 서로를 완전히 이해하지는 못했다. 엥겔스가 『개혁』지에, 전날 경제학자 회의에서 발표하려고 했던 마르크스 연설의 요지와 『철학의 빈곤』에 대한 평론을 게재하려고 했을 때, 블랑 측은 암암리에 하지만 완강하게 방해공작을 폈다.

1847년 12월과 이듬해 1월 엥겔스는 공산주의자들이 보기에는 터무니없는 망상, 즉 프랑스가 세계사 속에서 특별히 범세계적 역할을 지니고 있으며, 프랑스 민주주의자들이 국제 민주주의 운동에서 선도적인 역할을 수행할 만한 자격을 갖추고 있다는 생각을 가진 『개혁』지의 지도자들을 비판하는 기사를 『북극성』지와 『독일·브뤼셀신문』에 기고했다.

'민주주의협회'에서는 마르크스·엥겔스의 활동과 『개혁』지와의 관계에서 그들이 보여준 태도는, 프티부르주아 및 부르주아 민주주의자들과의 협력이 원칙적인 것이기는 하지만 그들이 사실상 어떠한 이데올로기상의 양보도 하지 않았으며, 도리어 프티부르주아·부르주아 민주주의자들이 갖고 있는 환상과 오류에 서슴없는 비판을 가했다는 사실을 보여준다. 엥겔스는 "여러 나라 민주주의자들의 동맹은 상호비판을 금지하지 않는다. 그러한 비판 없이는 동맹 자체가 불가능하다. 비판 없는 이해란 있을 수 없으며 결과적으로 동맹도 있을 수 없는 것이다."[223]라고 역설했다. 한쪽 진영에 프롤레타리아와 민주주의 세력들을 함께 결집시키는 일에 몰두하면서 마르크스와 엥겔스는 민주주의 운동 전반에 관한 프롤레타리아 당

---

223) Ibid., Bd. 4, 426쪽.

정책의 원칙을 세웠다.

벨기에의 정치무대와 국제무대에서 '민주주의협회'의 혁명적 역할은 무엇보다도 내부의 좌파, 즉 프롤레타리아의 노력에 의해 결정되었다. 벨기에 경찰이 두려워했던 것도 바로 이 좌파였고, 따라서 마르크스는 감시의 눈초리를 벗어날 수 없었다. 브뤼셀에서는 마르크스를 포함한 개인 신상 자료를 작성해오고 있었다. 벨기에의 유력한 보수 집단도 마르크스와 그의 동료들을 즉결재판으로 다룰 만반의 태세를 갖추고 있었다.

'공산주의자동맹' 제2차 회의

'공산주의자동맹' 제1차 대회가 성공을 거둔 뒤 규약 채택과 강령 작성을 통해 보다 굳건한 뿌리를 내릴 필요가 있었다. 따라서 이러한 필요성은 또 다른 대회 개최를 요구하고 있었다. 그뿐만 아니라 '공산주의자동맹' 내에서 일정한 상황이 전개됨에 따라 런던 중앙위원회는 이 대회를 되도록 앞당기지 않을 수 없었다. 몇몇 지방조직들, 특히 독일과 스위스의 지방조직에서 나타난 여러 종파적 요인들이 지도부의 노선에 대한 거부투쟁을 심화시키고 있었던 것이다. 1847년 10월 18일 브뤼셀 지역위원회에 보낸 한 공문에서 중앙위원회는 다시 한 번 대회를 개최해야만 지금의 상황을 바로잡을 수 있다고 제언했다. 이 공문에 서명했던 샤퍼와 몰, 바우어는 마르크스가 이 대회에 참석해야 한다고 주장했다.

마르크스와 엥겔스는 이 회의가 국제 프롤레타리아 조직을 통해 과학적 공산주의의 근본원리와 전술 강령을 강화하는 데 방해가 되는 모든 장해물을 제거해줄 수 있을 것으로 생각했기 때문에 그 회의에 커다란 의미를 부여했다. 마르크스는 브뤼셀에서, 엥겔스는 '공산주의자동맹' 파리지부에서 각각 대표로 선출되었다.

대회 준비기간 동안 '동맹'의 지방조직들은 엥겔스가 작성해서 1847년 여름에 사전 회의에서 승인된 「공산주의자 신앙고백」(일련의 질문과 짧은 답변으로 구성됨)에 대해 논의했다. 이 「신앙고백」과 비교하기 위해 파리 지방조직에서는 헤스가 '훌륭하게 개선한' 초안을 제출했으나 그리 만족스럽지 못한 것이었다. 파리 '동맹' 위원들의 지시에 따라 엥겔스는 그의 초안을 개정·증보한 다음 여기에 「공산주의 원리*Principle of Communism*」라는 제목을 붙였다. 이것은 형식상 예전부터 해오던 방식을 그대로 따랐지만, 내용상 프롤레타리아 당의 가장 중요한 강령과 전술적 교의를 폭넓게 설명하는 것이었다. 엥겔스는 프롤레타리아 혁명의 역사적 선행 조건들을 구체화하고, 공산주의로 이행하는 데 길을 열어줄 권력을 장악한 이후 혁명적 프롤레타리아에 의해서 수행될 각종 정책들을 개괄했다.

하지만 엥겔스는 이것을 강령의 대략적인 윤곽 이상의 것으로 여기지 않았고, 얼마 안 가 포괄적인 역사적 실증과 일관된 설명을 요구하고 강령의 내용을 문답형식에 한정시키는 것이 불가능함을 깨달았다. 런던으로 떠나기 며칠 전 그는 마르크스에게 다음과 같은 편지를 썼다.

"공산주의자 신앙고백에 대해서 조금 더 생각해보시오. 나는 교리문답형식을 버리고 그것을 공산당**선언**(Communist Manifesto)이라고 부르는 것이 더 나으리라 믿소. 많든 적든 역사가 그 속에서 언급되지 않으면 안 되기 때문에 이제까지의 형식은 아주 부적절하게 되었습니다."[224]

마르크스도 이 생각에 전적으로 동의했다. 엥겔스와 마찬가지로 그도 「공산주의 원리」를 '공산주의자동맹' 강령의 임시적 변형으로 여겼고, 그 최종적 형태에서는 그것이 하나의 전투적인 당 선언이 되어야 한다고 생각했다.

1847년 11월 17일에 이 두 사람은 런던으로 가는 길에 벨기에 해변 휴양지인 오스탕드(Ostend)에서 만났다. 그들은 그곳 크라운 호텔에 묵으면서 해협을 건너기 전에 회의에서 다룰 문제들을 사전 검토하는 작업에 들어갔다.

대회는 1947년 11월 29일부터 12월 8일까지 개최되었다. 이 기간 동안 대회장은 국제 노동계급 운동에 대한 대표적인 토론장이 되었다.

---

224) Marx and Engels, *Selected Correspondence*, 45쪽.

그곳엔 독일, 프랑스, 영국, 스위스의 대표자들이 참석했다. 회의 준비 작업에 참여한 사람들 중에는 인민헌장운동가이자 '공산주의자동맹'의 회원이기도 한 하니와 존스, 폴란드의 혁명적 망명인사들 중 지도급 인사들도 다수 포함되어 있었다. 샤퍼가 의장으로, 엥겔스는 대회 간사로 선출되었다. 그리고 그 회기 동안 과학적 공산주의의 원칙적인 입장을 고수하는 마르크스·엥겔스와 더불어 열띤 논쟁이 벌어졌다.

이 회의에서는 연설가로서 마르크스가 갖고 있던 뛰어난 재능, 즉 강력한 논법과 명쾌한 추론능력이 유감없이 발휘되었다. 참석한 모든 사람들은 그의 개성과 민활한 두뇌, 백과전서적 지식, 굽힐 줄 모르는 의지, 왕성한 정력에 깊은 감명을 받았다. 그럼에도 불구하고 그는 조금도 생색을 내지 않았으며, 부르주아 정치 대변자들과 때때로 몇몇 사회주의 지도자들의 상투적인 태도들을 서로 난타하지도 않았다. 그의 이데올로기상의 적들이나 혼란스런 종파적인 사상을 완강히 주장했던 사람들은 마르크스가 무자비하고 뭔가 뒤틀린 사람이라고 생각했겠지만, 노동자나 노동계급을 위해 헌신적으로 일하는 혁명가들은 그를 진실하고 친근감을 주며 정중한 사람으로 여겼던 것이다.

이 대회 기간이나 런던의 '독일노동자교육협회' 모임, 그 밖에 공적 또는 사적인 모임에서 마르크스를 만났던 많은 노동자들은 그가 나이에 비해 놀랄 만큼 박식한 뛰어난 과학자일 뿐 아니라, 노동계급을 위해 만난(萬難)을 무릅쓰고 그들을 이끌어줄 슬기롭고도 철두철미한 지도자라는 것을 깨달았다. 노동계급 운동에 풍부한 경험을 갖고 있던 런던의 뜨내기 재단사 프리드리히 레스너(Friedrich Lessner)는 마르크스와의 만남을 잊을 수가 없었다. 그는 그 만남을 다음과 같이 회상하고 있다.

"마르크스를 보는 순간 나는 이 비범한 사람의 위대함과 탁월함을 금세 감지할 수 있었다. 그리고 이런 지도자가 이끌어가는 노동계급 운동이라면 반드시 승리하고야 말 것이라는 확신만이 나를 휩쌀 뿐이었다."[225]

---

225) *Marx and Engels und die ersten proletarischen Revolutionäre*, Berlin, 1965, 132쪽.

레스너와 다른 사람들은 특히 마르크스가 노동자들의 모임에서 행한 연설에 감명을 받았다.

"마르크스는 인민을 위한 타고난 지도자였다. 그의 연설은 간결했지만 그 논리는 설득력 있고 강력한 것이었다. 그는 결코 불필요한 말은 하지 않았다. 모든 문장엔 사상이 깃들어 있었으며, 그 모든 사상은 일련의 논증에서 필수적인 단계를 이루는 것들이었다."[226]

마르크스는 회의의 결과에 만족했다. '공산주의자동맹'의 강령에 대한 논의에서 새로운 프롤레타리아 교리의 원칙들이 완전한 승리를 거두었으며, 마르크스와 엥겔스는 선언문 형식으로 강령을 작성해달라는 요청을 받았다. 그리고 그들의 발의에 의해서 '동맹'은 대외관계에서 공산당으로서 공공연한 입장을 취해야 한다고 결의했다. 회의는 일찍이 작성한 초안의 규약을 훨씬 개선한 형태로 승인했다. 그 첫 번째 요점은 다음과 같다.

"'동맹'의 목표는 부르주아를 전복하고 프롤레타리아 지배를 확립하는 것이며, 계급대립에 기초한 구 부르주아 사회를 말살하고 계급과 사유재산이 폐지된 새로운 사회를 건설하는 것이다."[227]

런던에서 마르크스는 그의 발의로 창설된 '브뤼셀민주주의협회'가 맡긴 또 다른 임무를 수행했다. 그 임무는 영국에서 각종 민주주의 단체 및 노동계급 조직과 접촉하는 일이었다. 1847년 11월 29일 그와 엥겔스는 1830년의 폴란드 봉기에 관심을 가지고 '민주주의자우애협회'에 의해 런던에서 조직된 국제 모임에 참석했다. 이 모임에서 마르크스의 공식 신임장이 낭독되자 열렬한 박수갈채가 터져 나왔다.

이 모임에서 연설을 통해 마르크스는 투쟁하는 프롤레타리아와 폴란드를 비롯한 다른 피압박 인민들의 해방운동 사이의 결속을 구체화하면서, 수많은 주요 프롤레타리아 국제주의 원칙들을 정식화했다. 그는 기존 자본주의 체제에서 국제 친선에 관한 부르주아 사해동포주의자들의 위선적

---

226) *Reminiscence of Marx and Engels,* Moscow, 1957, 153쪽.
227) Marx, Engels, *Werke,* Bd. 4, 596쪽.

인 공론들을 폭로하고, 노동계급만이 민족적 억압에 대한 변함없는 투사임을 역설하면서, 부르주아에 대한 노동계급의 승리는 "모든 억압·피압박 민족의 해방을 위한 계기"[228]로 작용할 것이라고 말했다.

엥겔스는 그의 연설에서 다음과 같이 덧붙이고 있다.

"만약 다른 민족을 억압하는 일이 계속된다면 어느 민족도 결코 자유롭지 못할 것이다."[229]

마르크스의 영국 여행은 '브뤼셀민주주의협회'의 국제적 결속을 강화하는 데 커다란 도움을 주었다. 런던에서 행한 국제 민주주의자 회의의 소집에 관한 연설은 성공적이었고, 인민헌장운동 지도자들과 프롤레타리아 그리고 망명 민주주의자들로부터 지지를 받았다. 그곳에서 마르크스는 인민헌장운동의 가장 뛰어난 혁명적 지도자 중 한 사람인 어니스트 존스(Ernest Johns)를 알게 되었다.

런던에 머무르는 동안 마르크스와 엥겔스는 '독일노동자교육협회'의 사업에 참여했고, 그 '협회'는 그들에게 공산주의 이론과 전술의 원칙을 설명할 수 있는 기회를 마련했다. 1847년 11월 30일에 마르크스는 회원들에게 프롤레타리아 운동과 공산주의 선전활동의 여러 가지 양상에 대해 보고했다. 그는 또한 종교문제가 공산주의 사상을 널리 보급하기 위한 운동을 전개하는 데 매우 중요하다고 여겨 종교에 대해 과학적인 비판을 가했다. 한편 엥겔스의 연설은 모두 두 차례(11월 30일과 12월 7일) 있었는데, 주로 경제적인 문제들을 다루었다.

대회 이후

마르크스는 1847년 12월 13일에 브뤼셀로 돌아간 듯하며, 엥겔스도 며칠 후 그곳에 도착했다. 그 후 12월 말경 엥겔스는 파리로 돌아갔으나 1848년 1월 말경 프랑스 당국에 의해 추방되어 브뤼셀로 되돌아오는 바람

---

228) Ibid., 416쪽.
229) Ibid., 417쪽.

에 그곳에서 오래 머물지는 못했다.

절박한 혁명적 분위기에 휩싸인 1847년 말에서 1848년 초에 걸쳐 진정한 대중지도자 마르크스는 지칠 줄 모르는 정력으로 사업에 온 힘을 기울였다. 그는 「공산당선언」을 저술하고 '독일노동자협회'에서 강연하고, '공산주의자동맹'을 지도하고 정치 집회에서 연설하고, 노동계급의 적들을 신문지상을 통해 공격하고, 편지를 쓰고, 친구를 만나는 등 온갖 활동에 몰두했다. 또한 그는 『독일·브뤼셀신문』에 노작을 여러 편 기고했고, 특히 엥겔스가 브뤼셀을 떠나 있는 동안에는 그의 일까지 도맡아 했다.

마르크스는 '브뤼셀민주주의협회'에 관심을 가지고 많은 시간을 투여했다. 12월 19일 그는 '민주주의협회' 회원들에게 자신의 런던 방문의 성과를 보고했다. 12월 26일의 모임에서 그는 프랑스에서 추방당한 바쿠닌과 독일 공산주의자 에스터 박사의 회원 가입 승인에 관한 제안에 동의했다. 1848년 1월 9일에는 '협회'가 주최한 모임에서 자유무역에 관해 연설했다. 얼마 후인 1월 20일에 그는 지역조직의 창립행사에 참석차 '협회'의 대표단과 함께 겐트(Ghent)로 갔다. 2월 13일의 '협회' 모임에서 그는 '민주주의자우애협회'에 대한 메시지를 초안하는 데 힘을 보탰다. 2월 20일 그는 엥겔스의 프랑스 추방사태 보고대회에서 의장직을 맡았다. 그와 엥겔스는 2월 22일의 모임에서 폴란드의 독립투사들에게 경의를 표하는 연설을 하기도 했다.

국제 민주주의자 회의 소집을 위한 준비가 진행 중이던 때, 1847년 12월 18일자 편지에서 하니는 마르크스에게 '전국헌장협회' 집행위원회가 회의 소집에 동의했다고 말했다. 회의 날짜와 장소에 대해서도 합의점에 도달하여 '1830년 벨기에 혁명' 18주년 기념일인 1848년 8월 25일 브뤼셀에서 대회를 개최하기로 결정했다. 하지만 긴밀한 협조 속에서 주도면밀하게 이루어진 이 계획은 유럽이 온통 혁명의 소용돌이에 빠져들면서 무산되고 말았다.

1848년 1월 9일 자유무역에 대해 '브뤼셀민주주의협회'에서 행한 마르크스의 연설은 벨기에에서 상당한 파장을 일으킨 일대 사건이었다. 마르크스는 프랑스에서도 수많은 대중이 그에게 지대한 관심을 가지고 경청하는 가운데 연설했다. 그의 연설이 끝나자 '민주주의협회'의 경비로 그 내용을 책으로 출판하자는 제안을 받아들였다. 그리고 그것이 단행본 팸플릿으로 발간되기 전인 1848년 1월에 이미 그 연설의 상세한 개요가 『독일·브뤼셀신문』에 실렸다.

「자유무역 문제에 관한 연설*Speech on the Question of Free Trade*」은 마르크스가 1847년 9월 경제학자 회의에서 행하려던 연설의 기초자료에 근거한 것이었다. 레닌은 이 연설에서 마르크스가 얘기하고자 했던 것을 다음과 같이 요약했다.

"마르크스가 분석을 통해 도출한 결론은, 자유무역이란 것이 단지 자본주의 발전을 위한 자유를 의미하는 데 지나지 않는다는 것이었다."[230]

동시에 마르크스는 다시 자유무역의 부르주아 옹호자들을 날카롭게 비판했다. 그의 비판은 그 자체로서 부르주아 자유주의의 진상을 폭로하는 것에 다름 아니었다. 그는 자유에 대한 자유주의적 공론(空論)은 거짓되고 위선적이며, 부르주아와 그 이데올로그들은 자유와 평등 이념을 폭력과 착취를 위한 구실과 대중을 기만하기 위한 수단으로 변질시킴으로써 이를 심히 왜곡했다고 폭로했다.

「자유무역 문제에 관한 연설」은 식민지 정책을 다룬 마르크스의 첫 번째 저작이라 할 수 있다. 그는 식민지 통치는 자본주의 자체의 야만적 본성에 기인하는 것이며, 또 그곳은 국경을 초월하여 수탈을 일삼고, 세계시장에서 상호경쟁과 다른 나라를 희생의 제물로 삼아 자국의 부를 축적하려는 충동을 유발하는 부르주아의 착취 욕구에 다름 아니라고 역설했다. 그는 또 약소국의 식민지적 예속과 대도시 부르주아의 이해관계에 종속된 그들 국가 경제의 강제적 예속이 야기하는 심각한 결과를 지적했다. 그는, 부르주아의 사해동포주의적 사상에 힘입어 식민지적 억압을 정당화

---

230) V. I. Lenin, *Collected Works*, Vol. 2, 263쪽.

하려는 시도와, 자유무역을 식민지 국가들과 친선을 확립하고 그들을 문명공동체에 편입시키는 수단으로 묘사하려는 시도에 대해 심한 분노를 표출했다. 마르크스는 다음과 같이 말했다.

"전 세계적 착취를 전 인류의 형제애라 부르는 것은 부르주아지의 머리에서나 나올 수 있는 발상이다."[231]

또한 1848년 2월 22일 크라쿠프 봉기 2주년을 기리는 브뤼셀의 한 공식 모임에서 행한 마르크스의 연설은 프롤레타리아와 민주주의 단체들의 폭넓은 지지를 받았다. 이 연설 내용 역시 엥겔스·렐레벨의 연설과 한데 묶어 단행본 팸플릿으로 출판하였다. 마르크스는 그의 연설에서 프롤레타리아 당은 피압박 인민의 민족해방운동을 지원하는 동안, 농민들의 대(對)봉건압제투쟁에 대한 후원과 민족독립투쟁을 결합한 혁명적 민주세력들의 운동에 주목해야 한다고 말했다. 사실 크라쿠프 봉기는 "민족적 대의를 민주주의 및 피지배계급의 대의와 일치시켰다."[232]는 의미에서 장족의 발전을 이룩한 것이라 할 수 있었다. 마르크스는 폴란드의 부활이야말로 혁명적 민주주의의 기초 위에서 성취되어야 한다고 강조했다.

「공산당선언」을 위한 작업

이 시기에 마르크스는 「공산당선언」의 저술 작업에 주력했다. 그와 엥겔스는 '공산주의자동맹' 대회를 마친 뒤 며칠 동안 런던에서 이 작업에 몰두하다가, 장소를 브뤼셀로 옮겨 엥겔스가 파리로 떠날 때까지 줄곧 그곳에서 작업했다. 이후 마르크스는 진정한 열정과 혁명정신을 명쾌하면서도 세련된 문체와 결합시킨 가장 간결한 문학양식 속에 새로운 혁명적 교리의 기본이념을 구체화하면서, 한 달 내내 홀로 「공산당선언」 저술 작업에 몰두했다. 사실 「공산당선언」은 마르크스와 엥겔스의 창조적인 공동 연구가 빚어낸 작품이다. 이것은 본문의 일부가 엥겔스의 「공산주의 원

---

231) K. Marx, *The Poverty of Philosophy*, Moscow, 1966, 193쪽.

232) *Célébration a bruxelles, du deuxième anniversaire de La Révolution Polonaise du 22 février, 1846*, Bruxelles, 1848, 13쪽.

리」에 기초하고 있음에도
불구하고, 그 이념에 문학
적인 표현을 부여한 사람은
다름 아닌 마르크스였다.
「공산당선언」은 혁명사상의
천재로서, 그리고 뛰어난
문체의 대가로서 마르크스
의 진면목을 보여준다.

「공산당선언」 초고와 영어판 표지(1888)

　「공산당선언」은 손질되지 않은 초고로서 한 쪽만이 현재까지 남아 있지
만, 그것만으로도 우리는 마르크스가 「공산당선언」을 저술하는 데 얼마만
큼 심혈을 기울였는지 생생히 엿볼 수 있다. 나아가 그가 모든 문장을 문
학적으로 기술했으며, 만족스럽지 못한 표현들을 삭제·수정하고 적확한
말을 찾기 위해 무진 애를 썼다는 것도 쉽사리 알 수 있다. 그리고 제3장
의 윤곽을 구상한 집필계획서(이 역시 현재까지 남아 있다)를 보면 「선언」의
구성이 각각의 새로운 초안과 짜임새 있게 결합되도록 하기 위해 그 구조
를 부단히 개선시키고 있음을 알 수 있다. 마르크스는 이러한 각고의 노력
끝에 1월 말경 「선언」을 탈고하여 원고를 런던으로 보냈다.

　「공산당선언」은 '공산주의자동맹'의 회원이며 '독일노동자교육협회'의
회원이기도 한 부르크하르트(J. E. Burghard)라는 독일인 망명가가 런던에
서 운영하는 소규모 인쇄소에서 출판되었다. 이 독일어 초판은 프랑스 2
월 혁명과 동시에 발간되었다. 1848년 3월 중순경에 프랑스와 독일에 배
포하기 위한 1,000권의 복사본이 파리로 송달되었고, 나머지 인쇄본은 다
른 여러 나라로 보내졌다.

　1848년 4월과 5월에 걸쳐 같은 인쇄소에서 또 다른 판이 간행되었다.
이와 별도로 1848년 3월부터 7월에 걸쳐 독일의 유력지『독일·런던신문
Deutsche Londoner Zeitung』에 연재되었으며, 곧이어 유럽 각국의 언어로 번역
출판하기 위한 많은 노력이 있었다. 「선언」은 1848년과 1851년 사이에 프

랑스에서 서너 개 언어로 번역되었고, 1848년만 해도 파리에서 이탈리아어와 스페인어로 번역되었으나 출판되지는 못했다.

1848년 4월 엥겔스는 바르멘에서 「공산당선언」을 영어로 번역했으나, 이 첫 번째 영역본은 2년 동안 빛을 보지 못하다가 1850년 7월과 11월 사이에 하니가 편집위원으로 있던 인민헌장운동가들의 정기간행물 『붉은 공화주의자Red Republican』에 최초로 저자들의 이름까지 서문에 실어 간행되었다. 이전의 모든 판과 이후의 많은 판들은 익명으로 발행되었다.

덴마크어판은 1848년에 '민주주의자우애협회'의 덴마크 회원들에 의해 발간되었으며, 폴란드어판은 1848년 말에 파리에서 모습을 나타냈다. 공상적 사회주의자 페르 괴트렉(Pehr Götrek)이 번역한 스웨덴어판은 「공산주의의 목소리, 공산당선언」이라는 다른 제목으로 스톡홀름에서 발간되었다. 그런데 이 스웨덴어판은 "만국의 노동자여, 단결하라!"라는 결속의 외침 대신에 "인민의 소리는 신의 소리이다!(Vox pouli, vox Dei!)"라는 문구를 삽입했다.

자유 쟁취를 위한 프롤레타리아의 투쟁이 날로 확산되면서 「공산당선언」의 새로운 판들이 속속 출간되었으며, 그만큼 독자들의 수도 늘어났다. 이러한 상황에 비추어볼 때 1890년에 엥겔스가 「공산당선언」의 역사는 1848년 이래의 현대 노동계급 운동사를 일정 정도 반영하고 있다."[233] 라고 말한 것은 나름대로 합당한 근거가 있다고 할 것이다. 이 위대한 저작은 스페인 사회주의자 호세 메사(José Mesa), 헝가리 프롤레타리아 혁명가 레오 프랑켈(Leo Frankel), 러시아 마르크스주의의 선구자 게오르기 플레하노프(Georgi Plekhanov), 혁명적인 불가리아 사회민주당 창시자 드미트르 블라고예프(Dimitr Blagoev), 탁월한 볼셰비키 정치평론가 바클라프 보로프스키(Vaclav Vorovsky)와 헝가리 공산주의 지도자 벨라 쿤(Béla Kun)에 의해 번역되었다. 레닌도 1893년 사마라(Samara)에 머무르는 동안 「공산당선언」을 러시아어로 번역했는데, 이 번역본은 그곳 혁명적 조직들 내에서

---

233) Marx and Engels, *Selected Works*, Vol. 1, 103쪽.

원고로 읽혀졌다.

「공산당선언」을 읽은 사람들은 곧 그 사상이 그들에게 미친 막대한 영향을 감지하게 되었다. 레스너는 「공산당선언」을 읽은 뒤 "내가 격정과 환상 속에서 잃었던 것을 목표에 대한 자각과 지식을 통해 되찾았다."[234]라고 술회했다.

그러나 지배계급 편에서 본다면 「공산당선언」을 읽는 행위 자체가 이미 죄악이었다. 수년 동안 「공산당선언」은 오직 비합법적인 경로를 통해서만 여러 나라에 배포되었다. 결국 지배계급의 공식 반응은 마르크스와 엥겔스가 착취자들의 세계에 심대한 타격을 입혔다는 사실을 보여줄 따름이었다.

최초의 마르크스주의적 강령

「공산당선언」은 마르크스주의 창시자들이 1848년 혁명 이전에 보여준 창조적 노력의 정점에 있는 것으로서, 그 역사적 중요성을 이루 헤아리기 힘든 역작이다. 그것은 전 세계의 노동자계급에게 자본주의의 속박으로부터 벗어나 프롤레타리아 혁명의 승리로 나아갈 길을 밝혀준 강령이었다. 따라서 1888년에 「공산당선언」을 가리켜 "모든 사회주의 저작 중에서 가장 널리 읽히고 있으며, 전 세계적인 글로서 시베리아에서 캘리포니아에 이르는 수백만의 노동자들이 공히 받아들인 강령"[235]이라고 한 엥겔스의 말은 타당하다 할 만하다. 또한 레닌은 "이 작은 팸플릿은 사실상 완전한 책 여러 권에 상응하는 가치를 지닌다. 오늘날까지도 그 정신은 문명화된 세계에서 조직적으로 투쟁하는 전 프롤레타리아 계급을 고무하고 인도하고 있다."[236]고 평가했다.

그것은 마르크스주의의 원칙에 대한 최초의 조리 있고 일관된 해설이었다. 그때까지 마르크스와 엥겔스는 자신들의 경제이론을 개진하는 데

234) *Reminiscences of Marx and Engels*, 150쪽.
235) Marx and Engels, *Selected Works*, Vol. 1, 27쪽.
236) V. I. Lenin, *Collected Works*, Vol. 2, 263쪽.

출발점으로 삼을 만한 몇 가지 핵심적 사항과 과학적 공산주의의 기본 원칙들을 명확히 밝히면서, 그들의 철학적 기초를 견고히 쌓아 올렸다. 「공산당선언」은 마르크스주의의 구성요소가 하나의 유기적인 통일체를 이루고 있음을 보여주고 있다. 레닌은 다음과 같이 지적했다.

"천재다운 기지와 명쾌함을 지닌 이 글은 새로운 세계관, 즉 사회적 삶의 영역까지도 포괄하고 있는 철저한 유물론과 가장 포괄적이고도 심오한 발전이론으로서의 변증법, 그리고 계급투쟁론과 새로운 공산주의 사회의 창조자인 프롤레타리아트의 세계 역사상 혁명적 역할에 관한 이론을 개략적으로 서술하고 있다."[237]

「공산당선언」은 그 글이 저술될 당시의 역사적인 상황과, 공산주의운동의 출현을 지켜보면서 부르주아 세계의 권력층이 느꼈던 두려움과 증오를 묘사하는 것으로 시작된다.

"한 유령이(공산주의라는 유령이) 유럽을 배회하고 있다. 그 유럽의 모든 강대국들은 이 유령을 몰아내기 위해서 신성동맹을 맺었다. 교황과 차르, 메테르니히와 기조, 프랑스의 급진론자들, 독일의 경찰과 스파이들이 이에 속한다."[238]

마르크스와 엥겔스는 공산주의를 겨냥한 많은 비판들에 대한 최선의 반격은 그들의 혁명적인 이론의 원칙들을 대담하고 공개적으로 선언하는 일이라고 믿었다.

「공산당선언」은 자본주의의 기원과 발달과정을 밝히고, 그 본질적인 모순들과 더불어 부르주아 계급과 프롤레타리아 계급 사이에 점점 심화되는 적대감을 폭로하고 있다. 봉건제를 대체한 자본주의는 일찍이 유례가 없는 생산력의 발달, 경제발전, 과학과 문명의 진보에 발맞추어 확립되어 갔다. 하지만 일정한 발전단계에 이르면, 부르주아 사회의 생산관계는 이전 생산양식의 생산관계와 마찬가지로 고양된 생산력에 조응하지 못하고

---

237) Ibid., Vol. 21, 48쪽.
238) Marx and Engels, *Selected Works*, Vol. 1, 108쪽.

전체 자본주의 세계를 뒤흔들 경제공황을 내부에 배태한 채, 더 이상 자본주의가 발달하지 못하도록 하는 족쇄로 작용하게 되었다. 「공산당선언」에서 자본주의 사회는 스스로 주문을 외어 불러낸 지옥세계의 힘을 더 이상 조절할 수 없는 마법사에 비유되고 있다. 봉건제와 투쟁할 당시만 해도 진보적 계급이었던 부르주아 계급은 급기야 반동적인 계급으로 탈바꿈하여 사회 발전과정의 장해물로 등장하게 된다.

「공산당선언」은 자본주의 사회의 속성을 철저하게 폭로하고 있다. 요컨대 노동자들은 잔인하게 착취당하고 비인간적 덕성이 풍미하며 화폐가 사회를 무제한적으로 지배한다. 이러한 지배 상황은 인간관계를 매매가 가능한 대상으로 탈바꿈시키며, 개인의 존엄성·지식·기술을 단순한 교환가치로 환원시켜버린다. 자본주의 제도 아래서는 적나라한 이기주의와 냉담한 '현금 보상'만이 인간관계로 통용될 뿐이며, 국제관계에서는 강대국에 의한 약소국의 착취와 약탈이 근본적 원칙을 이루고 있다. 부르주아 계급에 의해 농촌은 도시에 종속되고, 같은 방식으로 경제발전이 늦은 나라들이 "문명화된 나라들에 종속되며, 농업 국가는 상공업 국에, 동양은 서양에 종속된다."[239] 부르주아 계급의 지배는 건강한 국가들을 식민지적 종속으로 몰아갔으며, 이와 함께 처참한 파괴를 부르는 유혈 전쟁을 야기시켰다.

부르주아지는 수백 수천의 노동자들을 대공장에 집중시키고 고도의 사회적 노동 분업의 새 시대를 열면서, 다양한 경제 분야들 사이의 관계를 더욱 밀착시키는 일정한 사회적 토대 위에서 생산을 한다. 하지만 자본주의적 사적 소유와 전유(appropriation)는 생산의 이러한 사회적 성격과 양립할 수 없는 모순관계에 들어선다. 그리고 자본주의적 경제법칙의 바로 이러한 운동을 객관적으로 볼 때, 생산수단의 자본주의적 소유와 더불어 자본주의 체제 전반의 철폐를 위한 길을 열어준다.

그러나 마르크스와 엥겔스는 자본주의의 필연적 몰락을 입증하는 가운

---

239) Ibid., 112쪽.

데 그것이 저절로 붕괴하지는 않을 것이라는 점을 강조했다. 말하자면 특정 계급이 매장자(埋葬者) 역할을 떠맡게 될 것이라는 뜻이었다. 그 계급은 바로 자본주의 사회 그 자체에 의해 창출되었다. 부르주아 계급은 "스스로를 멸망시킬 무기들을 주조해냈을 뿐만 아니라, 그 무기를 휘두를 사람들(근대 노동계급, 즉 프롤레타리아) 역시 창출해왔다."240)

소멸해가는 어떠한 지배계급도 자발적으로 역사의 무대를 떠나지는 않는다. 따라서 부르주아 계급도 오직 격렬한 계급투쟁과 프롤레타리아 혁명을 통해서만 타도할 수 있다.

이러한 혁명적 결론은 인류의 사회사 속에서 계급투쟁이 담당해온 역할을 심층적으로 분석하여 도출한 것이다. 원시사회가 붕괴된 이래, 억압자와 피억압자의 투쟁이야말로 역사 발전의 주요한 원동력이 되어왔다. 부르주아 사회는 부르주아지와 프롤레타리아트라는 두 주요 계급 사이의 적대감을 사회 전면에 부각시켰다. 사실상 이 두 계급 사이에는 영세 소농, 소상인, 직인, 인텔리겐치아, 룸펜프롤레타리아트 등 중간 위치를 점하고 있는 다른 계급과 계층들이 존재하고 있었다. 하지만 자본주의가 발달하면서 소농과 도시의 중간층들은 몰락과 쇠퇴의 길을 걸어왔다. 따라서 결국 노동계급에 합류해서 그들의 지배 아래 그들과 손을 맞잡고 행동할 경우에만 비로소 진보와 혁명을 더욱 진척시킬 수 있었다.

「공산당선언」은 역사에 등장했던 그 어떠한 계급보다도 혁명적 계급인 노동계급이 세계사 속에서 담당해야 할 역할을 포괄적으로 구체화하고 있다. 피억압자에 속하는 다른 계급들은 계층을 이루면서 뿔뿔이 흩어졌던 반면, 프롤레타리아 계급은 자본주의적 기업에 집중되어 꾸준히 성장했다. 따라서 바로 그러한 처지 때문에 임금노예 체제 전반에 대한 가공할 만한, 그리고 준엄한 적으로서 투기장에 입장했다. 노동자들이 수탈당한다는 사실 자체가 바로 혁명정신을 불러일으키는 요인이며, 그들을 자본주의에 대항하는 영원한 투사로 키워준다.

---
240) Ibid., 114쪽.

"그들은 스스로 완전하게 지키고 늘려나갈 만한 어떤 소유물도 갖고 있지 않다. 그러므로 기존 사유재산의 보호나 보장을 남김없이 파괴하는 일이야말로 그들의 사명이다."[241]

동시에 노동자들은 단지 자신들의 해방을 위해 대(對)자본주의 투쟁에 임하는 것이 아니라 모든 억압받는 자들, 즉 모든 노동하는 인간을 억압과 착취로부터 영원히 자유롭게 함으로써, 그들 편에 서서 해방자로서 사명을 다한다. 「공산당선언」은 자발적인 폭동과 기계 파괴 등을 필두로 해서 자신들의 목표를 인식하면서 전국적인 규모로 힘을 결집시키는 데 성공한 혁명적 프롤레타리아의 조직적 저항에 이르기까지, 프롤레타리아가 수행하는 대(對)부르주아 투쟁의 여러 단계들을 보여주고 있다. 말하자면 이것은 부르주아 사회 내부에서 들끓고 있는 다소간 숨겨진 내전으로서, 어느 순간에 이르러서는 불가피하게 공공연한 혁명으로 터져 나와 결국 부르주아 계급은 멸망하고 프롤레타리아 계급의 지배가 확립될 그런 싸움이었다.

마르크스와 엥겔스는 프롤레타리아 혁명의 주요 원칙들을 서술하면서, 그 첫 단계로 "민주주의를 위한 투쟁에서 승리하기 위해 프롤레타리아 계급을 지배계급의 위치로 끌어올리는 것"[242]을 설정했다. 프롤레타리아트가 계급 차별이 없는 공산주의 사회로 나아가기 위해 점차 부르주아 계급으로부터 모든 자본을 탈취하고, 프롤레타리아 국가의 지배 아래 모든 생산수단을 중앙에 집중시켜 생산력을 가능한 한 급속히 증가시키는 데 정치적 통치력을 활용하게 될 것이라고 마르크스와 엥겔스는 지적한다.

이러한 이념, 즉 그 성질상 민주적이고 인민 대다수의 이익을 대변하면서 그들의 지지를 기반으로 하는 프롤레타리아 국가, 다시 말해 프롤레타리아 독재 구축론은 「공산당선언」의 중추를 이루는 것이었다. 사실상 「공산당선언」에는 '프롤레타리아 독재(the proletarian dictatorship)'라는 용어가

---

241) Ibid., 118쪽.
242) Ibid., 126쪽.

쓰이지 않았다. 왜냐하면 마르크스와 엥겔스가 혁명적 프롤레타리아트의 정치적 지배라는 사상을 명시할 공식을 완전히 마무리하는 데에는 「공산당선언」 저술 직후에 발생한 1848~49년 혁명의 경험이라는 선행조건이 절대 필요했기 때문이었다. 그러나 프롤레타리아 독재라는 개념만큼은 명쾌하게 서술되었을 뿐 아니라 과학적으로 기초되어 있었다.

그들의 주장에 따르면, 노동계급은 자신의 권력을 결코 영속화하려 하지 않을 것이며 역사상 이러한 태도를 취하는 유일한 계급이 될 것이다. 말하자면 노동계급은 착취계급을 일소하고 계급들의 존재조건을 전반적으로 철폐하여, 새로운 무계급사회의 사회관계에 최종적인 승리를 안겨줄 때까지만 정치적 지배를 유지할 것이라는 얘기였다.

마르크스와 엥겔스는 천재적인 통찰력으로 공산주의 체제의 주요 특징들을 개괄적으로 그려냈다. 그리고 공산주의는 단번에 성취되는 것이 아니라 낡은 사회를 새로운 사회로 단계적으로 변혁시켜나가는 과정 속에서 성취되는 것이라는 점을 강조했다. 그들은 또한 프롤레타리아 국가가 이러한 변혁에 이르는 길을 다지기 위해 확보해야 할 수단들도 대략적으로 서술했다. 하지만 그들은 새로운 사회 건설을 위한 실천적 과정 속에서, 그리고 그 구체적인 조건들 속에서 어떤 적절한 개선책 등이 제시되리라 믿었기 때문에 그러한 수단들에 대해 결코 독단적인 태도를 취하지 않았다. 당시만 하더라도 마르크스와 엥겔스는 미래의 체계가 갖는 독특한 특징들을 구체적으로 정의 내릴 능력을 갖추지 못했다. 그들은 공산주의 혁명은 모든 착취행위에 영원한 종지부를 찍을 것이며, 모든 형태의 사회적 노예상태와 아울러 타인의 희생을 딛고 살아가는 기생충들까지도 일소해버릴 것이라고 믿었다. 그뿐만 아니라 모든 민족적 억압이 사라지고 식민지적 억압과 유혈의 전쟁도 역사의 무대 저편으로 사라질 것이라고 여겼던 것이다.

또한 마르크스와 엥겔스는 공산주의가 사회성원 전체의 물질적·정신적 욕구를 채워줄 만한 생산력의 급속한 발전, 즉 물질적 생산의 진정한 번창을 통해 달성될 것으로 생각했다.

"부르주아 사회에서 살아 있는 노동은 축적된 노동을 증식시키는 수단에 불과하다. 하지만 공산주의 사회에서는 축적된 노동이 노동자의 실존의 폭과 양과 질을 공히 향상시키는 수단으로 작용할 뿐이다."[243]

정신노동과 육체노동의 구별을 없애는 유일한 길은 "산업적 생산과 교육을 결합하는"[244] 것이다. 도시와 농촌의 구별 역시 점차 사라질 것이다. 그리하여 농촌의 주민들은 '농촌생활의 무지(無知)'로부터 탈출할 수 있을 것이다. 또한 여성에 대한 차별도 완전히 사라질 것이다.

마르크스와 엥겔스는 공산주의 아래서 모든 인간관계의 기초가 되는 고도의 인간주의 원칙들을 강조했다. 즉 공산주의 사회에서는 참다운 개인적 자유가 확립되고 개인적 이익과 사회적 이익의 조화가 이루어질 것이다. 요컨대 공산주의 사회는 평등한 노동인간의 결합체가 될 것이며, 그 안에서 "각 개인의 자유로운 발전은 곧 만인의 자유로운 발전을 위한 조건이다."[245] 「공산당선언」에서 전개된 과학적 공산주의 이념들은 진정한 인간주의의 한 표현이며, 오래전부터 노동하는 인간들이 갖고 있던 열망(억압의 철폐, 자유·평등·형제애·평화·행복을 향유하는 것)을 실현시킬 길을 밝혀주고 있다.

또한 프롤레타리아 당은 노동계급의 조직체이자 지도체로서 프롤레타리아의 정치권력 획득과 사회변혁에 필수불가결한 요소라는 이론의 기초를 확립했다는 데 「공산당선언」의 위대성이 있다.

마르크스와 엥겔스는 프롤레타리아 계급의 전위로서 당의 역할을 다음과 같이 기술했다.

"따라서 공산주의자들은 실천적인 면에서 보면 모든 나라 노동계급 당파 중 가장 선진적이고 견고한 부분, 즉 여러 부분을 견인해나가는 부분이

---

243) Marx and Engels, *Selected Works*, Vol. 1, 121쪽.
244) Ibid., 127쪽.
245) Ibid.

며, 다른 한편으로 이론적 측면에서 보면 그들은 거대한 프롤레타리아 대중들에 비해서 프롤레타리아 운동의 노선과 조건들, 그리고 그 궁극적·일반적 결과들을 명백히 이해하고 있다는 이점을 가지고 있다."[246]

「공산당선언」은 어떤 보편적인 처방 대신에 혁명정당의 기본전술들을 제시했다. 「선언」은 공산주의자들이 어떤 상투적인 형식에 구애받지 않고 오직 역사적 제반 조건에 따라 행동할 필요성이 있음을 강조했다. 또한 당은 구체적인 정책을 정식화할 경우, 특수한 지역적 조건에 관계없이 반드시 관철될 수 있는 일반적인 전술원칙들을 고려해야 할 의무도 갖고 있었다. 요컨대 원칙들이란 노동계급의 당면목표를 그 궁극목표에 종속시키고, 프롤레타리아트의 국제적 임무와 민족적 과제를 통일시키는 일을 게을리하지 않으며, 그의 동맹세력들이 갖고 있는 환상에 비판적 태도를 취하면서 혁명적·진보적 경향들을 지원하는 능력을 의미했다.

마르크스와 엥겔스는 공산주의 운동이 국제적 성격을 지니고 있다는 명제와 프롤레타리아 국제주의의 필연적 원리들을 구체화했다. 그들은 프롤레타리아의 국제적 연대, 즉 각기 상이한 국가 프롤레타리아트의 사상과 행동의 통일이 갖는 엄청난 중요성을 계속해서 강조했다. 그들의 위대한 결속의 외침(만국의 노동자여, 단결하라!)은 세계 모든 노동자들의 공통된 계급 이익과 목표의 강력한 표현이었다.

마르크스와 엥겔스는, 공산주의자들이 모든 개인적 자유를 말살하고 국가와 민족성·가족·교육 등을 철폐하는 한편, 인간이 노동으로 획득한 개인재산의 권리까지 박탈하려는 불합리한 의도를 갖고 있다고 주장하는 부르주아 비방꾼들을 신랄하게 꾸짖었다. 사실상 부르주아 이데올로그들은 부르주아 사회 자체가 야기한 결과들, 즉 소농과 장인들의 얼마 안 되는 재산을 황폐화하고, 노동자를 단순한 기계의 부속품 정도로 전락시키며, 특권계급에게만 교육의 기회를 주어 노동자들을 영원히 무지의 상태로 침잠시킨 상황에 대한 책임을 모두 공산주의자들에게 덮어씌웠다. 또

---

246) Ibid., 120쪽.

한 부르주아 사회는 공식·비공식적인 매춘 행위를 숨기기 위해 결혼의 성스러움을 위선적으로 떠벌리고 있었다.

공산주의자가 조국과 민족성을 말살하려 한다는 공격에 대해 마르크스와 엥겔스는 다음과 같이 썼다.

"노동자에겐 조국이 없다. 그들이 갖고 있지도 않은 것을 그들에게서 끌어낸다는 것은 애당초 불가능한 일이다."[247]

이 말은 결국 '자기 조국을 수호하기' 위해서라면 언제든지 다른 나라를 침략하여 착취할 수 있다는 부르주아 배외주의(bourgeois chauvinism)와 프롤레타리아가 얼마나 첨예하게 대립하고 있는지 보여준다. 부르주아가 '오로지 자기 자신의' 이익만을 위해 다른 나라를 억압하는 데 반해, 모든 나라의 노동자들은 국제적으로 공동 운명에 놓여 있으며, 따라서 피압박 국가의 노동하는 인민들에게 연대감을 지니고 있다. 하지만 이 구절은 부르주아 국가에 대한 프롤레타리아의 일면적 태도만을 반영하고 있다. 「선언」의 다른 구절에서 마르크스와 엥겔스는 민족적 허무주의(national nihilism)에 대해서도 강력히 반대하고 있다. 그들은 부르주아에 대항하는 노동계급의 투쟁이 처음에는 일국적 투쟁일 수밖에 없으며, 모든 나라의 노동계급이 무엇보다도 우선 해결해야 할 과제는 자국 내 진보세력들을 결집시켜 국내의 부르주아를 축출하는 일이라고 말했다. 그리하여 노동계급의 승리와 함께 한 나라가 진실로 노동인민의 손에 들어가게 된다. 프롤레타리아는 모든 민족적 협심증(national narrow-mindedness)과 민족적 자만(self-conceit)으로부터 자유로우며, 프롤레타리아의 민족적 이익이라는 것도 곰곰이 따져보면 결국 그들의 국제적 이익에 다름 아닌 것으로서 프롤레타리아 국제주의(internationalism) 원칙에 의해 완결되는 것이다.

「공산당선언」은 비(非)프롤레타리아적 이념의 경향들(그들도 대개는 사회주의 깃발을 내걸고 있다)이 갖는 특징들을 묘사하고 있다. 거기에는 봉건적 사회주의, 기독교 사회주의, 프티부르주아 사회주의 및 이것의 독일

---

247) Ibid., 124쪽.

식 변종인 '진정한 사회주의' 등의 계급적 속성과 반동적 경향에 대한 심층적 분석도 포함되어 있다. 마르크스와 엥겔스는 또한 개량주의적 경향이야말로 가장 해롭고도 위험스런 것이라고 믿고 있었다. 당시 그들은 프루동의 프티부르주아적 개량주의 교리들을 포함한 부르주아적 또는 보수적 사회주의의 기치 아래 모여들고 있었다.

「공산당선언」은 생시몽, 푸리에, 오언 등과 같은 위대한 유토피아적 사회주의자들이 과학적 공산주의의 선구자로서 공헌했음을 인정했다. 그들의 각종 저서들은 자본주의를 비판하고 노동계급을 각성시키는 데 지대한 도움을 주었다. 하지만 프롤레타리아 투쟁이 발전하고 또 과학적 공산주의의 이념적 체계가 완성되어감에 따라 공상적 사회주의는 급속히 생명력을 잃어가고 실천적 중요성을 상실했다. 따라서 이러한 교리의 결점 등에 독단적으로 매달리는 사람들은 반동적인 종파주의자(reactionary sectarians)로 전락할 수밖에 없었다.

「공산당선언」은 다음과 같은 열띤 문구로 끝을 맺고 있다.

"지배계급들을 공산주의 혁명 앞에 전율케 하라. 프롤레타리아는 그들의 족쇄 외에는 잃을 것이 없다. 그들은 투쟁을 통해 세계를 얻을 것이다."

만국의 노동자여, 단결하라![248]

국제 노동계급 운동 최초의 이 강령은 위대한 과학적 성과를 이룩했다. 「공산당선언」은 일관된 혁명적 세계관으로서의 마르크스주의를 완성했다. 그것은 사회주의를 공상으로부터 과학으로 전환시키는 데 결정적인 전기를 이룩했으며, 혁명이론을 발전시키고 이를 혁명투쟁의 실천에 적용하는 새로운 지평을 열어놓았던 것이다.

---

248) Marx and Engels, *Selected Works*, Vol. 1, 137쪽.

5장

1848~49년 혁명기

★

1848~49년의 혁명기에 '동맹'은 두 가지 측면에서 그 존재를 입증했다.
먼저 '동맹'의 성원들이 도처에서 운동에 적극적으로 참여했다는 점,
요컨대 각종 언론을 통해, 바리케이드 위에서, 그리고 전장(戰場)에서
유일한 혁명계급인 프롤레타리아트의 선봉에 섰다는 점이 그 하나이다.
다른 하나는 '동맹'의 운동에 대한 개념이야말로 ……
유일하게 올바른 것이라는 점을 증명했다는 사실이다.

— 카를 마르크스·프리드리히 엥겔스 —

유럽 도처에서 혁명이 폭발하다 _ 마르크스, 브뤼셀에서 추방

1848년 2월 22~24일 프랑스 인민들은 '금융가들의 왕' 루이 필리프(Louis Philippe)를 축출하고 공화국을 선포했다. 이어 3월 13일 오스트리아 수도 빈에서 봉기가 발생했고 며칠 후인 3월 18일에는 프로이센의 수도 베를린에서도 같은 사태가 벌어졌다. 이러한 대중들의 압력에 못 이겨 메테르니히의 경찰체제가 붕괴되었고, 오스트리아의 황제는 헌정을 약속하지 않을 수 없었다. 또한 프로이센에서는 부르주아 야당 정부가 출범했다. 빈과 프로이센에서 이룬 인민의 승리는 나아가 다른 게르만 국가들의 혁명운동을 한층 강화시켰다.

3월 18~22일에 걸쳐 있었던 밀라노시(市)의 영웅적인 가두투쟁 이후 인민들은 요제프 라데츠키(Joseph Radetzky) 휘하의 오스트리아 군대를 몰아냈다. 베네치아, 피에몬테, 로마의 대중들도 폭동을 일으켰다. 그리하여 혁명의 물결은 유럽 전역을 가로질러 서쪽으로는 부르주아 귀족주의체제의 영국 국경을 향해, 동쪽으로는 농노체제의 러시아를 향해 확산되어갔다.

1848~49년에 발생한 일련의 혁명 사태는 대부분의 유럽 국가에서 여전히 위세를 떨치고 있던 절대주의 봉건질서와 이제 새로이 부상하는 자본주의 사이의 첨예한 모순 관계에 역사적 근원을 두고 있었다. 물론 프랑스

에서는 이미 18세기 말에 절대주의 봉건체제가 붕괴되었기 때문에 이번 혁명은 새로운 성격의 부르주아 민주주의 혁명으로서 부르주아 최고위층, 즉 재정 엘리트(financial elite)의 정치적 지배가 자본주의 발전과정에서 산출해낸 갖가지 장애들이 그 원인으로 작용하고 있었다. 반면에 다른 국가들에서는 혁명의 주요 과제가 절대왕정을 전복시키고 봉건 지주계급을 일소함과 동시에 이방인의 지배를 떨쳐버리고 통일 민족국가를 수립하는 것이었다.

1848년에 발생한 일련의 혁명들은 새로운 계급, 즉 프롤레타리아트를 광범위한 정치무대에 등장시켰다는 점에서 고전적 형태의 혁명(프랑스 부르주아 대혁명)과는 달랐다. 프롤레타리아트의 혁명적 역할이 가장 두드러졌던 곳은 역시 프랑스였다. 프랑스 노동자들은 손에 무기를 들고 공화정을 세우기 위해 싸웠으며, 그 공화국은 반드시 사회적 공화국(social republic)이어야 한다고 주장했다. 그러나 빈과 베를린의 노동계급들도 프랑스에서처럼 그의 정치적·사회적 요구들을 동시에 제시하지는 못했지만, 바리케이드를 사이에 둔 적과의 투쟁에서 결정적 역할을 담당했다.

물론 자본주의 사회의 두 주요 계급들 사이의 모순은 역시 자본주의의 요새였던 영국에서 가장 심화되어 있었던 것이 사실이다. 하지만 그러한 모순들은 다른 유럽 국가들에서도 다양한 방식으로 표출되고 있었다. 따라서 1848년의 혁명적 상황이 개시되는 순간에 마르크스와 엥겔스가 이전에 『독일·브뤼셀신문』에서 예고했던 사실, 즉 "모든 곳에서 프롤레타리아트는 부르주아지의 배후에 있다."[249]라는 말이 즉각 확인되었다.

마르크스는 프랑스에서 2월 혁명이 발생하고 그 여파가 다른 나라에까지 파급되고 있다는 소식을 듣는 순간 뛸 듯이 기뻐했다. 이는 그가 혁명적 시기야말로 인민대중들이 인류의 진보적 발전에 장애가 되는 모든 요소들에 결정적 타격을 가하고, 이것들을 일시에 타파하는 세계 역사상 가장 중요하고 또 가장 결정적인 순간이라고 믿고 있었기 때문이다.

---

249) Marx, Engels, *Werke*, Bd. 4, 502쪽.

프랑스에서 발생한 일련의 상황은 즉각 벨기에에 영향을 미쳐 그곳에서도 공화국 수립을 위한 운동이 시작되었다. 마르크스는 조직력과 지도력이 결여된 민중을 위해 '공산주의자동맹' 산하 지방조직들과 '독일노동자협회', '브뤼셀민주주의협회'의 힘을 동원했다. '협회' 위원회는 2월 27일에 개최된 한 회합에서 광범위한 선전활동에 돌입할 것을 결정하는 한편, 지방자치의회(municipal council)에 부르주아 시민방위군과 더불어 노동자·직인까지 포괄하는 무장군을 조직할 것을 요구하자는 데 의견을 모았다. 한편 '민주주의협회' 스스로도 노동자들을 무장시키는 일에 착수했다. 이에 마르크스는 물려받은 지 겨우 2주일 정도밖에 안 되는 부친의 유산 중 상당액을 무기 구입비로 선뜻 내놓았다.

'민주주의협회'는 마르크스의 지도 아래 여러 나라에서 민주주의자들과 프롤레타리아 혁명가들을 결속시키기 위해 많은 노력을 기울였다. 2월 28일 '협회' 위원회는 프랑스 임시정부에 축하 메시지를 보냈으며, 당시 『북극성』지의 편집장이자 '민주주의자우애협회'의 간사였던 하니에게는 인민헌장운동가들이 인민헌장을 법령 내에 구체화시킬 날도 멀지 않았다는 희망을 담은 편지를 보냈다.

마르크스는 자신의 모든 삶의 현장에서 대중들의 투쟁과 동떨어진 곳에서 있지 않았고, 항상 자신의 모든 지식과 정력을 거기에 몰입시켰다. 따라서 그가 벨기에, 영국, 프랑스 등지의 민주주의자들과 사회주의자들의 존경을 한 몸에 받았던 것도 어찌 보면 당연한 일이 아닐 수 없었다. 3월 1일 그는 프랑스 임시정부에 참여하고 있던 페르디낭 플로콩(Ferdinand Flocon)으로부터 프랑스 인민을 대표해서 쓴 편지 한 통을 받았다. 그는 거기에서 "귀하는 전제에 의해 추방당했습니다. 따라서 자유 프랑스는 당신을 위해 다시 한 번 프랑스의 문호를 활짝 열어젖힐 것입니다."[250]라고 썼다.

마르크스는 혁명투쟁의 심장부에 있기를 간절히 원했다. 하지만 막상 그가 파리로 출발한 것은 벨기에 정부의 조치 때문이었다. 벨기에 정부가

---

250) Ibid., Bd. 14, 676쪽.

민주주의자, 특히 외국인들에 대한 보복조치를 강행하기 시작한 것이다. 그리고 결국 3월 3일 오후 5시에 마르크스에게도 24시간 내에 벨기에를 떠나라는 명령이 내려졌다.

마르크스는 그 직전에 자체의 모든 권한을 브뤼셀 지역위원회로 인계한다는 런던 '공산주의자동맹' 중앙위원회의 결정을 통보받았다. 당시 대륙으로 떠날 채비를 갖추고 있던 샤퍼, 바우어, 몰을 비롯한 중앙위원회 위원들은 새로운 혁명적 시점에서 '동맹'의 실질적 지도자인 마르크스가 개인적으로 어떤 책임을 떠맡아야 할 것으로 믿고 있었다. 하지만 마르크스에게 하달된 추방명령이라든가 볼프와 몇몇 '동맹' 지도자들의 체포 등 일련의 상황에 비추어볼 때, 브뤼셀의 분위기는 불리한 방향으로 급선회하고 있었던 것 같다. 따라서 마르크스는 브뤼셀을 떠나기 전에 새로이 구성된 브뤼셀 중앙위원회 회의를 자택에서 소집했고, 그 회의에서 중앙위원회의 소재지를 파리로 옮길 것을 결정하는 한편, 그곳에서 새로운 중앙위원회를 조직하는 데 따르는 모든 권한을 마르크스에게 부여하기로 했다. 그리고 당연한 후속 조처로서 브뤼셀 중앙위원회는 해산을 선언했다.

그러나 이러한 결정을 채택했던 다섯 사람은 쉽사리 귀가할 수 없었다. 경찰이 마르크스의 집에 불시에 들이닥쳐 가택수색을 강행했던 것이다. 마르크스는 아무런 신분증명서도 갖고 있지 않다는 부당한 이유로 체포되었다. 그는 구금기간 동안 혹독한 대우를 받은 후 이내 감방으로 내팽개쳐졌다.

그뿐만이 아니었다. 예니와 벨기에 공산주의자 지고가 마르크스에게 무슨 변고가 있는지 알아보기 위해 경찰국을 찾아가자 경찰당국은 그들마저 체포했다. 그들이 여권을 소지하고 있지 않았다는 이유로, 말하자면 부랑죄로 고발된 것이다. 하지만 이러한 사법조치가 너무도 불합리했기 때문에 이튿날 치안판사는 이들을 석방할 수밖에 없었다.

벨기에 경찰당국의 전횡에 항의하는 목소리가 거세지자 당국은 마르크스마저도 석방하지 않을 수 없었다. 하지만 이미 벨기에를 떠나야 할 24

시간의 시한이 만료되었기 때문에 그와 그의 가족들은 개인 소지품 하나 없이 브뤼셀을 떠날 수밖에 없었다.

'모범적인 입헌주의 국가' 벨기에 정부당국이 마르크스와 그의 부인에게 동원한 비열한 수단들은 『개혁』지에 기고한 마르크스의 글과 『북극성』지의 편집장에게 보낸 엥겔스의 편지를 통해 폭로되었다. 이후 언론의 항의와 의회의 질문공세에 떠밀려 정부는 마르크스에게 고압적인 조치를 취했던 관리들을 부득불 해고하지 않을 수 없었다.

파리 생활과 '혁명 수출' 발상에 대한 투쟁

마르크스는 파리에 도착하자마자 즉시 '공산주의자동맹' 중앙위원회를 새로이 구성하는 작업에 착수했다. 그리고 얼마 안 가 브뤼셀에 머물던 엥겔스에게 새로운 위원회가 출범했음을 알릴 수 있었다. 이 위원회는 마르크스를 의장으로 하고, 샤퍼를 부위원장에 앉혔으며, 그 밖에 발라우·볼프·몰·바우어·엥겔스를 위원으로 선정하였다. 그래서 마르크스는 엥겔스에게 가능한 한 빨리 파리로 돌아올 것을 촉구했다.

당시 파리에 거주하고 있던 망명가들(독일, 폴란드, 아일랜드, 벨기에, 스페인 사람들) 사이에는 모국의 해방과 공화국 수립을 위해 무장군단을 조직해야 한다는 발상이 상당히 광범위하게 퍼져 있었다. 실제로 독일인 부대의 경우는, 인기 있는 시인 헤르베크와 한때 『독일·브뤼셀신문』 편집장이었던 보른슈테트(이들은 모두 파리의 '민주주의협회' 지도자들이었다)에 의해 창설되기도 했다.

처음 그들의 선동은 혁명적 활동을 갈망하고 있던 독일인 이주자들 사이에서 상당한 성과를 거두었으며, 심지어는 마르크스가 파리 도착 전에 '민주주의협회' 위원회의 위원으로 선출된 베르트조차도 이를 인정하고 있었다. 또한 카를 샤퍼도 3월 6일에 한 독일 민주주의자 모임에 참석해서 무장군단 발상에 지지를 표명했다. 하지만 마르크스가 이러한 발상의 무익함과 해악을 그들에게 확신시키는 데는 그리 많은 시간이 필요치 않았다. 결국 그러한 발상의 주요 주창자였던 보른슈테트는 3월 16일 '공산주의자동맹'에서 제명되었다.

혁명의 수출이라는 겉보기엔 그럴듯한 이런 발상은 독일 노동운동 지도자들이 국경을 넘어서는 순간 살해되거나 체포·구금될 위험마저 안고 있었다. 마르크스는 이 같은 모험주의적 발상을 단호히 거부했다. 엥겔스는 훗날 이에 대해 다음과 같이 술회하고 있다.

"우리는, 극단적으로 얘기하면 혁명을 놀이의 대상으로 삼는 것에 다름 아닌 이 발상을 거부했다. 혁명을 외부로부터 강제로 수입하는 것에 불과한 이러한 침입이 독일에서 당시 진행 중이던 격동의 한가운데로 파고들 경우, 그것은 결국 독일의 혁명 그 자체를 심각히 침해하는 일에 불과할 뿐 아니라, 오히려 정부를 강화시키고 혁명전사들을 독일 군대의 손아귀에 무방비 상태로 인도하는 결과를 낳을 게 뻔하기 때문이었다."[251]

그리하여 '민주주의협회'에 맞설 만한 일종의 평형추로서 '독일노동자클럽(German Workers' Club)'이란 공개조직이 마르크스의 주도하에 설립되었다. 그리고 3월 9일 '공산주의자동맹'의 파리 내 4개 지방조직 연합회의가 열려, 마르크스가 작성한 그 단체의 규약 초안이 승인되었다. 마르크스와 곧바로 파리에 도착한 엥겔스 그리고 추종자들은 생드니(Saint-Denis)가의 피카르(Picard) 카페에서 열린 여러 차례의 회합을 통해 노동자들에게 무장군단에 합류하지 말 것을 종용하면서, 뿔뿔이 흩어져 고향에 돌아가 그곳에서 혁명을 위해 일할 것을 촉구했다. 한편 마르크스는 프랑스에서 혁명이 갖는 성격과 전망을 명확히 설명했다. 그는 한 회합에 제출한 장문의 보고서 서문에서 노동자들에게, 2월 혁명은 운동의 시작에 불과하며 머지않아 프랑스 프롤레타리아트와 부르주아지 사이의 노골적인 투쟁, 즉 앞으로 발생할 다른 유럽 국가들의 혁명이 대부분 의존하게 될 투쟁이 뒤따를 것이라는 점을 지적했다. 또한 그는 여전히 파리에 남아 있던 독일 노동자들에게 앞으로 다가올 프랑스 프롤레타리아 투쟁을 위해 만반의 준

---

251) Marx and Engels, *Selected Works*, Vol. 3, 184쪽.

비를 하라고 부탁하면서, 그들에게 다른 유럽 국가들 내부에서 발생하고 있던 혁명적 사건들에 대해 상세히 설명해주었다. 하지만 그와 엥겔스의 주요 강조점은 역시 독일 국가들 내부에서 분출하고 있는 혁명의 성격과 독특한 특징들을 설명하는 데 있었다.

「독일에서의 공산당의 요구」

마르크스와 엥겔스는 대중 혁명투쟁의 지침으로 이용할 만한 주요 요건들, 즉 공산주의자들의 정치적 강령·전략·전술들을 정식화해야 할 절박한 과제에 봉착했다.

물론 공산주의 전술의 이론적 일반원칙들은 「공산당선언」을 통해 이미 제시된 바 있었다. 하지만 이제는 그것들을 프랑스의 2월 혁명, 빈·베를린의 3월 사태를 통해 새로이 창출된 요인들에 근거해서 보다 구체적으로 정식화할 필요가 있었던 것이다. 이러한 과제는 3월 혁명 직후에 보다 명백해졌다. 요컨대 혁명을 통해 권력을 장악한 자유주의적 부르주아지는 대중들, 그중에서도 특히 프랑스 노동계급의 혁명적 활동에 겁을 먹은 나머지 반동세력들과 비굴한 타협을 모색하고 있었던 것이다. 다시 말하면 오직 이 나라의 보다 진보적이고 민주적인 세력만이 부르주아 민주주의 혁명을 끝까지, 그 주요 임무를 완수할 때까지 관철시킬 수 있다는 교훈이 이를 통해 도출된 것이다.

마르크스와 엥겔스는 정치·경제적으로 분할된 독일의 통일이야말로 그곳 혁명의 주요 과제라고 믿고 있었다. 그리하여 그들은 「독일에서의 공산당의 요구Demands of the Communist Party in Germany」를 통해, 전 독일 민중의 이해를 충족시킬 만한 프롤레타리아트의 민족강령(national programme)을 정식화했다. 그 첫 번째 기본 요구사항은 "전 독일을 단 하나의 분할 불가능한 공화국으로 선포해야 할 것"[252]이라는 항목이었다. 마르크스와 엥겔스는 그러한 역사적 조건 아래서는 오로지 이러한 형태의 공화국 설립

---

252) Ibid., 183쪽.

만이 프로이센과 오스트리아의 경쟁관계, 수많은 왕조, 지방적 편협성과 같은 독일의 통일을 가로막는 장해물들을 제거하고 독일 국가 형성을 완수하며, 전 민족적 규모로 노동계급을 통일시키기 위한 광범한 기초를 마련할 수 있을 것으로 내다봤다.

마르크스와 엥겔스는 독일의 통일을 위한 투쟁이 민주주의 확립 투쟁의 유기적 일부분이라고 보았다. 따라서 그들은 정치체제 전반의 민주적 변혁을 겨냥한 수많은 요구사항들, 즉 21세 이상 남성에 대한 보통선거권, 국회의원들에 대한 봉급제도, 국민의 보편적 무장, 무료 법률서비스, 완벽한 정치·종교 분리, 학교 무상교육제도 등을 제시했다. 하지만 프티부르주아 민주주의자들과는 대조적으로 마르크스와 엥겔스는 이러한 일반적인 민주주의적 요구사항들이 혁명의 궁극적 목표가 될 수는 없으며, 단지 프롤레타리아트의 사회주의 건설을 위한 후속 투쟁에 보다 유리한 조건을 창출하는 정치적 수단일 뿐이라고 보았다. 그들은 민주주의 투쟁을 사회주의 투쟁의 절대불가결한 일부분으로 믿고 있었다.

귀족계급의 정치적 지배뿐만 아니라 그것의 경제적 기초, 즉 지주계급을 일소하는 일 역시 혁명 이전의 핵심적 과제였다. 따라서 「요구」는 공산주의자들의 토지강령도 정식화했다. 거기에는 강제노역(corvées), 지대노역(quit-rent), 그 밖의 다른 많은 봉건적 부역을 보상 없이 폐지하고 왕실 소유 토지 및 기타 봉건 영지, 모든 광산 등을 국가에 양도해야 한다는 요구사항도 포함되어 있었다. 또 대규모 농장을 국유화해서 최신의 과학적 방식으로 사회 전반의 이익을 위해 관리해야 한다고 요구했다. 한편 모든 봉건유제가 근원적으로 척결되어야 할 뿐 아니라 농민(소토지 소유자 및 소작농)에 대한 자본주의적 착취 가능성 역시 제한되어야 할 것이라는 항목도 포함되어 있으며, 농민 토지저당권을 민주주의 국가가 인수하여 그 이자도 국가가 거둬들여야 한다는 요구사항과 아울러 모든 지대나 농지세도 국가에 수납해야 한다는 요구도 제시했다.

독일 혁명에 참여한 어떤 분파도 이와 같이 급진적인 토지강령을 제시한 적이 없었다. 또한 이 강령은 여러 요구사항을 개진하는 가운데 부르주아 민주주의 혁명이 제시할 '최후통첩(last word)'임과 동시에 사회주의를 향한 한 단계 전진을 의미하는 여러 조치들을 개략적으로 서술하고 있다. 요컨대 이러한 과도적 조치들 중에는 봉건영지·광산·저당권·지대 등의 국유화 외에도 모든 민영은행을 국영은행으로 대체하고, 철도·기선·우편을 국유화하는 사항, 모든 상속권의 박탈, 매우 진보적인 세제 도입과 소비세의 폐지, 국유공장 설립, 모든 노동자들에 대한 국가 차원의 고용 보장, 노동능력 상실자에 대한 보호 등의 조치도 포함되어 있다. 그리고 이런 모든 조치들은 프롤레타리아 혁명으로의 후속적 이행과 그 주된 목표(부르주아 사유재산제도 폐지)의 달성을 보다 쉽게 해줄 것이다.

마르크스와 엥겔스는 프롤레타리아트와 그 인접 동맹세력(프티부르주아와 소농)이야말로 혁명투쟁을 통해 이러한 「요구」를 관철시킬 수 있는 사회세력이라고 보았다. 그리고 이러한 조치가 취해질 역사적 시기가 도래할지의 여부는 독일 자체 내 계급세력들 사이의 관계뿐 아니라 보다 발전된 국가들(프랑스와 영국) 내의 혁명투쟁 과정에 달려 있었다.

「요구」는 부르주아 민주주의 혁명 과정에서 프롤레타리아트가 취해야 할 최초의 구체적인 강령이었다. 이것은 3월 말 파리에서 낱장 인쇄물로 발행되었고, 4월 초에는 독일의 수많은 신문에 게재되었다. 「요구」는 「공산당선언」과 함께 '공산주의자동맹' 회원들에게 배포되어 그들이 독일로 떠날 때 가져갈 수 있도록 했다.

'공산주의자동맹' 중앙위원회의 주도하에 300~400명의 노동자가 뿔뿔이 흩어져 독일로 잠입해 들어갔으며, 4월 초에는 마르크스와 엥겔스도 혁명에 참여하기 위해 모국으로 출발했다.

혁명적 독일에서의 활동 개시

마르크스와 엥겔스는 마인츠(Mainz)에서 며칠 머물렀다. 마르크스는 파리에 있는 동안 중앙위원회 위원이었던 카를 발라우를 마인츠에 있는 그의 고향으로 보내, 처음으로 독일 내 각종 노동자 조직들을 결집시키도록 했다.

이것은 매우 중대하고도 어려운 과제였다. 영국이나 프랑스의 경우라면 산업적으로 발달한 수도가 자연히 노동계급 운동의 중심지가 될 터였지만, 독일의 경우에는 이 운동이 여러 국가, 지방, 각 공업 지역에 분산되어 있었다. 또한 직인들이 노동자의 대다수를 차지하고 있었다. 그들 중 상당수가 길드제도의 완전한 원상회복을 바라면서, 그것이야말로 자본주의적 경쟁의 모든 폐해를 치유할 수 있다고 믿고 있었다. 마르크스와 그 추종자들은 독일 노동자들이 영국과 프랑스 노동자들에 필적할 만한 수준에 도달하기 위해 강력한 혁명적 과정을 밟아나갈 수 있도록, 그리하여 역사가 그들에게 부여하고 있는 임무를 감당할 수 있도록 혼신을 다해 방법을 모색했다.

마르크스와 엥겔스가 도착하기 전인 4월 5일 마인츠의 '노동자교육협회'는 의장 발라우가 간사 아돌프 클루스(Adolf Cluss)의 서명이 담긴 「전 독일 노동자에게 고함」이란 호소문을 발행했다. 이 호소문은 독일의 전 노동자 단체가 서로 연대할 것을 촉구하면서, 그 집행기구의 소재지를 최종 결정할 회의가 소집되기 전까지는 마인츠를 잠정적인 중심지로 인정해야 할 것이라는 내용을 담고 있었다. 마인츠에 머무는 동안 마르크스와 엥겔스 그리고 발라우와 클루스는 여러 노동자 단체를 하나로 통일시키는 방안을 논의했다.

그리하여 마르크스는 아직 혁명적 시기가 도래하지 않은 시점에서 이미 '전국헌장협회'의 노선에 따라 그리고 '공산주의자동맹'을 그 핵심으로, 즉 이데올로기적·정치적 중심부로 두는 독일 프롤레타리아 대중 정치조직을 설립하기 위해 여러 조치들을 취했다.

또한 마르크스는 쾰른에서 혁명기관지를 간행할 계획을 세우고 있었는데, 그는 독일 프롤레타리아트를 결속시키고 그 계급의식을 고양시키는 임무를 수행하는 데 이 기관지가 절대적으로 중요하다고 생각했다.

프로이센의 수도에 만연해 있던 관료주의적, 속물적 분위기와는 대조적으로 퀼른은 진보적인 라인주의 중심지로서 대규모 공업이 발달해 있었다. 따라서 프롤레타리아가 하나의 세력으로 부상하고 있었으며, 프로이센 법보다는 상대적으로 언론의 자유를 폭넓게 보장하는 「나폴레옹 법전」을 채택하고 있었다.

마르크스는 4월 11일 그곳에 도착해서 퀼른 행정장관에게 시민권을 출원했다. 이는 그가 1845년에 프로이센 시민권을 강제로 박탈당했기 때문이었는데, 결국 시민권이 부여되어 마르크스 가족은 세실리아가(Cecilienstrasse) 7번지에 거처를 마련했다.

이후 마르크스와 엥겔스는 지체 없이 신문 발행 준비 작업에 몰두하기 시작했다. 이 작업에는 『라인신문』 편집장으로서 그가 받았던 훌륭한 평판과 그의 친구 및 추종자들의 지원이 큰 힘이 되었다. 새로이 발간할 신문의 제명은 『라인신문』과의 연관성을 강조하면서도 동시에 발간의 취지와 조건들에 차별성을 두어야 한다는 의미에서 붙인 것이다.

발간 준비 작업에서 가장 무거운 짐을 떠맡은 사람은 아무래도 마르크스일 수밖에 없었다. 사실상 그의 조직력과 편집 경험은 이러한 대규모 혁명 일간지를 그토록 짧은 시일 내에 발간하는 데 밑거름이 되었다. 하지만 혁명적 부르주아들조차 장차 그들의 적으로 발전할 게 뻔한 이 신문에 기부하기를 꺼려하는 바람에 재정적으로 상당한 어려움에 봉착했다. 결국 마르크스는 기부를 통해 모금된 소액의 주식출자 자본으로 신문을 창간하지 않을 수 없었는데, 그나마 현금은 극히 일부에 불과했다.

그러는 동안 마르크스는 '공산주의자동맹'을 지도하면서 몇 가지 절박한 과제에 부딪혔다. 파리에 있을 당시 마르크스는 발라우·보른·베르트·볼프 등을 독일로 보내 지역 '동맹' 지방조직들을 강화하도록 한 바 있었는데, 그중 볼프는 마인츠·코블렌츠·퀼른·하노버·베를린 등지를 방문한 다음 그의 고향 슐레지엔에 잠시 머물렀다. 그 후 마르크스와 다른 중앙위원회 위원들이 퀼른에 도착한 다음에는 보다 많은 밀사가 각 도시에 파견되었다. 엥겔스는 엘버펠트와 바르멘을 방문했다. 샤퍼는 마인츠·헤센나사우(Hessen-Nassau) 그리고 고향인 비스바덴(Wiesbaden)에 들렀으며, 드롱케(Ernst Dronke)는 코블렌츠·프랑크푸르트암마인·마인츠·하나우(Hanau)·카셀(Kassel) 등지를 돌아다녔다.

밀사들이 직접 전달한 보고서나 그들의 서한은 아직 노동자들이 계급의식에 눈뜨지 못하고 있으며, 여전히 부르주아지와 프티부르주아지의 영향 아래에 있다는 사실을 드러내 보여주었다. 게다가 2월과 3월 혁명 이후 반공주의 선전이 보다 강화되었다. 그리고 이 모든 점들은 아직 견고한 통일 조직체에 이르지 못한 '공산주의자동맹' 내에 불화라는 문제는 일단 제쳐두고서라도 '동맹'의 소규모 지방조직들의 활동을 심히 저해하고 있었다.

고트샬크와 보른의 견해에 대한 반박

쾰른 지방조직의 회원으로서 평판 좋은 의사였던 안드레아스 고트샬크(Andreas Gottschalk)는 마르크스와 '공산주의자동맹' 중앙위원회의 노선에 공공연히 반기를 들고 나섰다. 자신이 설립한 '노동자동맹(Workers' League)'의 의장이었던 고트샬크는 정치적 견해를 끊임없이 바꿔대면서 그 견해에 따라 행동했다. 애초에 그는 '민주주의 왕정(democratic monarchy)'을 주창했던 인물이었는데, 이내 '노동자 공화국(workers' republic)'을 호소하고 다녔다. 그는 '진정한 사회주의' 정신에 입각해서 부르주아 민주주의 혁명의 객관적인 역사적 책무를 도외시했다. 또한 그는 '노동자 공화국'을 건설할 방법과 수단 역시 동일한 정신 속에서 바라보았으며, 따라서 그 공화국이 법의 테두리 내에서 활동함으로써만 성취 가능하다고 노동자들에게 확신시키려 애썼다. 그는 노동과 자본 사이의 제반 모순들을 명확히 밝혀내려 하기보다는 '모든 인간은 형제'라는 식의 유토피아적 사상을 전파했으며, 공산주의에 종교적·윤리적 기초를 제공하려는 노력 속에서 공산주의로부터 그 계급적 내용을 박탈해버렸다.

고트샬크의 그릇된 종파주의적 전술들은 그의 혼돈된 이론들로부터 나왔다. 이러한 오류는 전 독일의회(all German Parliament)와 프로이센 국민의회(Prussian National Assembly) 선거 과정에서 명백히 드러났다. 즉 그는 이선거들이 양분되어 실시되고 있다는 이유를 들어 노동자들에게 선거를 보이콧하도록 촉구했다. 그의 이러한 태도는 프롤레타리아트를 일반 민주주의 진영으로부터 고립시킬 우려가 있었다.

고트샬크의 온건주의적 행동은 그의 극도로 혁명적인 말과 상충되었다. '노동자동맹'의 행동반경은 동업조합적인 태도와 직인들의 요구사항이 담긴 청원서를 들고 정부와 지방 행정당국으로 들이닥치는 데 한정되어 있었다.

마르크스와 '공산주의자동맹' 중앙위원회는 '쾰른노동자동맹' 내에서 고트샬크가 행한 온갖 행위들을 철저히 비판하는 데 시간을 할애하지는 않았다. 기고만장해진 고트샬크는 '공산주의자동맹'에 탈퇴서를 제출했다. 그러자 1848년 5월 11일에 있었던 쾰른 지방조직의 한 회의에서 마르크스는 '공산주의자동맹'에 대한 그의 태도에 관해 질문을 던졌다. 이에 고트샬크는 '동맹'의 규약이 자신의 개인적 자유를 위협했다고 답변했다. 이 프티부르주아 사회주의자는 프롤레타리아 단체의 조직 틀에 제약을 느끼고 있었던 것이다.

마르크스는 고트샬크와의 불화가 곧 '쾰른노동자동맹'과의 불화를 의미해서는 안 된다고 주장했다. 그는 고트샬크가 그렇듯 영향력을 발휘할 수 있는 것도 따지고 보면 노동계급 운동의 현 수준에서 비롯된 것이라고 여겼다. 따라서 그는 노동자들에게 오해의 소지를 남기지 않기 위해서 당분간 고트샬크에 대한 공개적인 공격을 자제하기로 했다. 심지어 고트샬크가 자신이 편집하고 있던 '쾰른노동자동맹' 기관지를 통해 『신라인신문』을 중상모략했을 때에도 마르크스는 놀라운 인내심을 발휘해서 그러한 공격을 짐짓 모른 체했다. 마르크스는 내심 자신을 추종하는 사람들의 끈질기고도 지속적인 노력과 노동자들의 경험이 형식상으로는 좌파인 듯하지만

안드레아스 고트샬크(1815~49)와 슈테판 보른(1824~98)

실질적으로는 기회주의자인 고트샬크의 오류를 노동자들에게 깨닫도록
해주리라 믿고 있었다. 그리고 마르크스의 그 생각은 곧 올바른 것으로 판
명되었다.

'공산주의자동맹'의 또 다른 회원인 슈테판 보른도 독특한 입장을 취한
인물이었다. 그는 5월 11일 베를린에서 마르크스에게 보낸 편지에서, 자
신이 노동계급 운동의 지도자임을 자처하면서 현재 일종의 노동자 모임
(각 업체와 공장의 대의원들로 구성된)에서 의장직을 맡고 있다고 자랑을 늘
어놓았다. 보른은 또 자신이 갖고 있는 '중재자(go-between)'의 재능을 부르
주아들이 신뢰하고 있다고 말하면서 프로이센 무역상(貿易相) 역시 그와
접촉했다고 말했다. 보른의 편지는 '공산주의자동맹'에 대한 그의 고압적
인 태도를 드러내주었다. 보른은 노동자들과 직인들을 주로 일상적인 경
제적 필요에 집중하도록 촉구함으로써 중차대한 정치적 책무에 집중되
어야 할 그들의 관심을 분산시켜놓았다. 그는 영국이나 프랑스와는 대조
적으로 독일에는 어떤 결정화(結晶化)된 계급(자본가와 노동자)도 존재하
지 않기 때문에 독일 산업가들은 노동자들에게 "협상을 위한 우호적인 손
길"[253]을 내밀고 있다고 주장했다.

1848년 8월과 9월에 베를린에서 설립된 '노동자친목회(Workers'

---

253) *Berliner Zeitungs-Halle* No. 89, April 13, 1848, Beilage.

Brotherhood)'라는 단체의 기록들도 역시 보른의 개량주의와 화해정신의 흔적을 담고 있었다. 그런데 이 단체가 발행한 문건들과 보른의 평론들 중 몇몇은 마르크스의 영향을 명백히 보여주었던 것이 사실이었다. 엥겔스는 보른이 "상충된 경향들을 통일하고 혼돈에 빛을 부여할 만한 인물이 결코 아니다."라고 말하면서, "결과적으로 그 단체의 공식 출판물들 속에는 「공산당선언」에 제시된 견해들이 길드에 대한 회상과 열망, 루이 블랑과 프루동의 편린들, 보호무역주의 등과 함께 엉망으로 뒤섞여 있다. 요컨대 그들은 모든 사람을 만족시키고 싶어했다."254)라고 비판했다.

레닌은 훗날 마르크스와 보른의 차이점을 정의하면서, "1848년 **독일 노동계급 운동의 두 경향**, 즉 보른의 경향(우리의 경제주의자들과 흡사한)과 마르크스주의적 경향"255)에 관해 언급했다. 보른의 경향은 독일 노동계급 운동에서 기회주의를 최초로 표현한 사상적 흐름이라 할 만했다. 따라서 외견상으로 그것이 고트샬크의 '좌익' 분파주의적 견해와는 다른 점을 아무리 많이 지니고 있다 해도, 결국 양자 모두 프롤레타리아트의 교육과 계급의식의 고양을 저해한다는 의미에서 프티부르주아에 그 뿌리를 두고 있었다.

그러나 '노동자친목회'(얼마 지나지 않아 주로 동프로이센, 메클렌부르크 [Mecklenburg], 작센[Sachsen]의 노동자 조직들을 한데 규합했던)의 설립은 그 자체만으로는 하나의 긍정적인 사실이었다. 마르크스가 보른에 대해서도 공개적인 비판을 삼갔던 것은 바로 이런 이유에서였다. 『신라인신문』은 보른이 작성한 베를린 노동자대회 강령을 논평 없이 게재했다. 이 강령은 블랑과 프루동의 사상에 강한 영향을 받았다. 마르크스는 곧이어 이 강령의 게재 자체가 곧 그것의 수용을 의미하는 것은 아니라는 내용의 글을 발표했다. 토리노(Torino)의 자유주의 신문 『조화Concordia』를 겨냥한 『신라인신문』의 한 사설은 그 신문이 "노동자 대회 소집 위원회가 작성한, 그리고

---

254) Marx and Engels, *Selected Works*, Vol. 3, 185쪽.
255) V. I. Lenin, *Collected Works*, Vol. 9, 139쪽.

우리 쪽에서는 그것을 그대로 베껴 인쇄한 것에 불과한 강령을 마치 **우리**의 강령인 양 보도한"[256) 사실에 항의하는 내용을 담고 있다.

민주주의 운동의 프롤레타리아파

'노동자교육협회'의 호소는 그리 광범한 반응을 얻지 못했다. 중앙 집중화된 프롤레타리아 정치조직의 확립은 독일 노동자들의 후진성과 정치적 미숙, 운동의 순수 지방적 성격과 배타주의 등 때문에 매우 저해를 받고 있었다.

고트샬크와 보른의 분리주의적 활동 역시 장애 요인으로 작용했다. 하지만 실패의 원인으로는 역시 '공산주의자동맹'의 회원 수가 소규모에 그쳤다든가, 그 조직이 빈약했다든가, 또는 성원 대다수의 이데올로기적 발전이 불충분했다든가 하는 점들을 들 수 있었다. 훗날 엥겔스는 이 점에 대해 다음과 같은 평가를 내리고 있다.

"쉽게 예견할 수 있는 것이지만, '동맹'은 당시 폭발적으로 분출하고 있던 인민 대중운동을 포용하기엔 너무 나약한 지렛대임이 판명되었다. '동맹' 회원의 4분의 3가량이 예전에 해외에서 살던 사람들이었기 때문에, 그들이 모국으로 돌아왔다는 사실은 곧 그들의 본거지가 옮겨졌다는 것을 의미했다. 따라서 그들이 예전에 속해 있던 지방조직들은 상당 정도 해체되었고 '동맹'과의 모든 접촉도 끊겨버렸다. …… 마지막으로 별개의 소국가들, 각 지방, 각 도시의 조건들이 너무도 상이했던 나머지 '동맹'은 가장 일반적인 지침 이상의 것을 제시할 능력이 없었다. 따라서 그러한 지침들은 언론매체를 통해 훨씬 잘 유포되었다."[257)

마르크스와 '동맹' 중앙위원회(그가 의장으로 있던)는 상황을 전반적으로 평가한 뒤 공산주의자들의 활동과 전술들의 형식 및 방법을 정비할 필요성이 있다는 결론에 도달했다. '동맹'은 그때까지 계속 **비밀**조직으로 존재

---

256) Marx, Engels, *Werke*, Bd. 5, 261쪽.
257) Marx and Engels, *Selected Works*, Vol. 3, 184~85쪽.

해옴으로써 일종의 분파로 전락하고 말았다. 그리고 이것은 결국 혁명에 적극적으로 참여하기를 포기하는 것에 다름 아니었다. 독일 전역에 산재되어 있는 '동맹'의 소규모 지방조직들과 각 회원들에 대한 지도는 일반적인 정치적 지침에 제한될 수밖에 없었기 때문에, 차라리 마르크스가 편집하고 있던 신문을 통해 지침을 전달하는 편이 훨씬 나았다. 따라서 마르크스와 중앙위원회 위원 대다수는 '동맹'을 더 이상 비밀조직으로 유지할 필요가 없다는 결론에 도달했다. 하지만 그것은 '동맹'을 해체하겠다는 뜻이 아니라, 단지 그들의 활동조건 내에서 발생한 근본적인 변화에 비추어 그 조직형태와 활동방식을 수정하겠다는 것이었다. 이제 '공산주의자동맹' 회원들은 『신라인신문』 편집부의 정치적 지도 아래 대중 속에서 활동하는 데 합법적 방식들을 대거 활용했다. 그리고 각종 노동자 단체(마르크스는 그것의 확립과 강화에 여전히 대단한 의미를 부여하고 있었다)가 활동의 주요 무대가 되었다.

공산주의자들은 광범한 정치조직들로서 당시 우후죽순처럼 설립되고 있던 각종 민주주의 단체(노동자와 프티부르주아를 포함하고 있는)에도 적극적으로 참여하게 되었다. 이러한 민주주의 단체에 참여함으로써 공산주의자들에게 노동자 집단에 접근할 기회를 제공했을 뿐 아니라 프티부르주아 민주주의자들의 참여를 유도할 수 있게 했고, 나아가 부르주아 민주주의 혁명의 승리를 위한 투쟁에서 공동전선을 확립하는 계기로 작용했다. 마르크스와 그의 가까운 동료들은 1848년 4월 말 쾰른에서 창설된 '민주주의협회'에 참여했으며, 마르크스는 추종자들에게 독일의 다른 도시에서 이와 같이 행동할 것을 권했다. 물론 공산주의자들은 정치적 입장을 그대로 지켜나가는 한편, 프티부르주아 민주주의자들의 우유부단한 비일관성을 공개적으로 비판한다는 조건 아래 이들 민주주의 단체에 참여했다.

마르크스와 그 추종자들이 쾰른의 '민주주의협회' 활동에 참여하자 지방 부르주아 집단 내에서는 우려의 목소리가 일어났다. 5월 중순경 자유주의 논조인 『쾰른신문』은 협회의 각종 회합에서 '악의적인 공산주의자들'

이 영향력을 발휘하고 있다며 불만을 드러냈다.

6월 14일에서 17일까지 나흘 동안 전 독일민주주의 회의가 프랑크푸르트암마인에서 개최됐다. 이 회의에는 '동맹'의 열성 회원들도 참가했다. 회의는 중앙위원회를 구성하고 지역위원회 설립을 결정했다. 쾰른에서도 여러 노동자 단체들을 비롯해서 라인주와 베스트팔렌의 모든 민주 단체들을 포괄하는 지역센터의 설립을 위해 여러 조치들이 취해졌다. 마르크스는 쾰른의 3개 단체('민주주의협회' '노동자협회' '노사연합[Workers' and Employers' Association]') 공동위원회 위원이 되었다. 그리고 이 위원회는 임시 민주주의지역위원회(Provisional Democratic District Committee)의 역할을 맡아 활동하기 시작했다. 한편 이 과정에서 마르크스는 각종 노동자 단체의 조직적 독립을 보장하고 이를 유지하기 위해 애썼다.

『신라인신문』의 정치적 강령은 마르크스와 그 추종자들이 각종 민주 단체에 참여함에 따라, 그리고 그들이 이 단계에서 프티부르주아 민주주의자들과 갖가지 형태로 협력함에 따라 자연스럽게 결정되었다. 이후 엥겔스는 그 문제에 대해 다음과 같이 밝혔다.

"그리하여 우리가 독일에서 대규모 신문을 창간했을 때 그것이 내걸 기치는 자연스럽게 결정되었다. 우리의 기치란 결국 민주주의일 수밖에 없었지만, 단순한 민주주의가 아니라 모든 면에서 독특한 프롤레타리아적 성격을 철저히 강조하는 민주주의였다."[258]

『신라인신문』의 편집장

「민주주의의 기관지」라는 부제가 붙은 『신라인신문』의 창간호는 1848년 6월 1일자로 5월 31일 밤늦게 발행되었다. 이 신문 편집장 카를 마르크스를 필두로 하인리히 뷔르거스, 에른스트 드롱케, 프리드리히 엥겔스, 게오르크 베르트, 페르디난트 볼프, 빌헬름 볼프 등이 포진해 있었다. 이 신문은 민주주의 기관지라는 기치를 내걸고 있었지만, 다른 한편으로는 그

---

258) Marx and Engels, *Selected Works*, Vol. 3, 166쪽.

지도적·조직적 중추인 '공산주의자동맹'의 기관지로 제작되고 있었다. 편집부원들은 의기투합해서 순조롭게 그리고 능률적으로 일했으며 각자의 개성을 고려한 철저한 노동 분업이 이루어져 있었다.

마르크스는『신라인신문』에서 활동하면서 편집자로서 또 정치평론가로서 재능을 유감없이 발휘하였다. 엥겔스는 "이 신문이 수년에 걸친 혁명의 와중에서 독일의 가장 유명한 신문으로 부각될 수 있었던 것은 우선 그의 명쾌한 시각과 확고한 태도 덕분이었다."[259]라고 말한다. 마르크스는 신문의 일반적 노선을 규정하는 것은 말할 것도 없거니와 직접 수많은 익명의 사설들을 기고했다. 물론 익명이라고는 해도 독자들은 화려한 문체와 간결한 문장, 날카로운 대비법, 혁명의 적들을 노출시켜주는 반어법 등으로 해서 쉽사리 그 사설의 주인공을 알아볼 수 있었다. 또한 그의 문체는 동료들이 쓴 탁월한 평론들(마르크스가 편집한)에도 그 자취를 남겼다.

마르크스는 그 신문에 어떤 일관된 흐름을 불어넣으려 애썼다. 따라서 그는 특유의 완벽성을 발휘해서 다른 평론이나 기사들을 읽고 편집하는 일에 매달렸다. 그러나 매일 정기적으로 발행하는 것 이외에도, 라인주와 다른 지역에 배포할 특집호나 유인물들을 발행하고 있었기 때문에 편집장으로서 마르크스가 떠맡은 작업량은 엄청났다. 게다가 마르크스는 편집부를 대표해서 독일과 다른 국가에 주재하고 있는 통신원들에게 많은 서한을 띄워야 했고 해외의 수많은 진보적 간행물들도 챙겨 봐야 했다.

신문의 재정적 문제를 해결하는 데에도 많은 시간이 소모되었지만, 가장 많은 정력과 신경이 투입된 것은 역시 정부당국, 법원, 위협과 중상모략을 일삼는 반동적·자유주의적 언론과의 싸움이었다. 더구나 편집부원들은 때때로 신문사를 급습하는 프로이센 군국주의자들에 맞서 그들의 성역을 지켜야 하는 경우조차 있었다.

엥겔스는 마르크스의 오른팔이었다. 작업 중 이 두 사람의 호흡이 완전히 일치되었다는 사실은 엥겔스가 한 다음의 말을 통해서도 충분히 입증

---

259) Ibid., 267쪽.

된다.

"대체로 그 즈음에 쓴 마르크스의 기사와 내 기사를 구분한다는 것은 거의 불가능하다. 그것은 우리가 체계적으로 작업을 공유했기 때문이다."260)

엥겔스는 폭넓은 시각과 노련하고도 재빠른 기사 작성 솜씨 때문에 편집부에서 매우 소중한 요원으로 인정받고 있었다. 마르크스는 친구의 저널리스틱한 재능에 기쁨을 감추지 못했다.

"그는 밤이나 낮이나 항상 일할 태세를 갖추고 있는 명랑하면서도 침착한, 진정 백과사전과도 같은 사람이다. 그는 쓰고 생각하는 일에 귀신같이 빠른 솜씨를 갖고 있다."261)

따라서 마르크스가 부재중일 때에는 엥겔스가 편집장 자리를 떠맡았다. 빌헬름 볼프는 편집부에서 마르크스와 엥겔스의 믿음직한 보좌역이었다. 그의 저널리스틱한 재능은 특히 농업문제를 다룬 기사에서 두드러졌는데, 이는 그가 농촌생활과, 특히 고향 슐레지엔에 관해 풍부한 지식을 갖고 있었기 때문이었다.

게오르그 베르트의 시적 재능과 무한한 유머 감각도 유감없이 발휘되었다. 특히 그의 신랄한 연재 풍자소설 「유명한 기사(騎士), 슈나판스키의 생활과 행적The Life and Deeds of the Renowned Cavalier Schnapphanski」(프로이센의 전형적인 반동 융커에 대한 풍자소설)은 대단한 인기를 모은 걸작이었다.

에른스트 드롱케는 노련한 정치평론가로서 수많은 평론을 쓴 인물이었다. 특히 그는 『베를린Berlin』이라는 방대한 저서로 인해 투옥된 경험까지 갖고 있었다. 그는 비록 '진정한 사회주의자'였지만 마르크스가 지니고 있던 최상의 기대치에 어긋나지 않는 행동을 취했다.

인기 혁명시인 페르디난트 프라일리그라트는 1848년 10월에야 편집부에 합류했다. 『신라인신문』에 기고한 그의 시들(그 대부분은 마르크스의 요

----

260) Marx, Engels, *Werke*, Bd. 36, 315쪽.
261) Ibid., Bd. 28, 596쪽.

청으로 창작되었다) 몇몇 작품은 훗날 대표작으로 손꼽히게 되었다.

『신라인신문』은 독일과 유럽 혁명 전반의 주요 사건들에 심층적이고도 과학적인 분석을 가한, 정기간행물로서는 독일뿐 아니라 유럽 전체로 볼 때도 유일한 것이었다. 이 신문의 예언은 상당수 적중했으며, 역사를 건설해나가는 인민들이 계급투쟁의 미로 속에서 행동방향을 결정하고, 혁명의 일반적인 목표와 그것의 다양한 단계에서 발생하는 구체적 임무들을 인식할 수 있도록 조력했다. 이와 함께 『신라인신문』은 대중들에게 대담성을 가르치고, 결연한 행동을 위한 각오와 굽힐 줄 모르는 투지를 펼치도록 일깨워주었다.

독일 민중의 진정한 민족적 이익을 관철하기 위한 『신라인신문』의 끈질긴 투쟁은 프롤레타리아 국제주의 정신과 결합되었다. 이 신문은 모든 혁명적 대중운동에 대해 결연한 지지 의사를 표명하면서 그들의 적을 부각·폭로하고, 그들의 거짓 동지들과 동맹자들의 정체 또한 폭로했다.

마르크스는 프랑스에서 발생한 일련의 사건들과 그것들이 독일과 유럽 전체의 미래에 미칠 영향을 대단히 중시하면서 유럽 혁명의 발전과정을 예의 주시했다. 또한 그는 그 사건들의 의미를 밝히고, 훗날 『프랑스의 계급투쟁 The Class struggles in France』과 『루이 보나파르트의 브뤼메르 18일 The Eighteenth Brumaire of Louis Bonaparte』에서 보다 구체화될 결론들을 암시하기 위해 파리로부터 송고되는 기사들을 보강했다.

『신라인신문』에 게재된 평론이나 기사는 프랑스·영국·이탈리아·스위스 등지의 중앙신문이나 지방신문에 재차 게재되는 경우가 흔했는데, 이는 그들이 독일 민주주의, 나아가 유럽 민주주의의 기관지를 자처하고자 했던 데서 나온 수법이었다.

『신라인신문』은 민주주의를 기치로 내걸고 있었음에도 불구하고, 독일 내 특정 민주 단체의 공식기관지는 아니었다. 이 신문은 창간호부터 이미 독일 민주주의자들의 나약성과 오류를 비판하는 한편, 전체 민주주의 운동에서 프롤레타리아의 입장을 줄기차게 옹호해왔다.

이 신문은 마르크스와 그 추종자들이 대중들, 그중에서도 특히 프롤레타리아트를 향해 연설하고, '투쟁의 진정한 슬로건들'을 정식화하는 연단 구실만을 한 것이 아니었다. 그것은 이러한 슬로건들을 이행하기 위해 민중들을 규합하는 조직적 중추, 즉 일종의 혁명사령부이기도 했다. 엥겔스는 훗날 다음과 같이 회상하고 있다.

"당시는 혁명적 시기였다. 그리고 그런 시기에 일간신문에서 일한다는 것은 여간한 즐거움이 아니었다. 요컨대 모든 낱말들의 위력을 실감하는 순간이었다. 개중에는 자신의 기사가 수류탄처럼 적에게 타격을 가하고, 발사된 포탄처럼 폭발하는 것을 지켜본 사람들도 있었을 것이다."[262]

사실상 이전의 중앙위원회가 수행했던 역할을 대신 떠맡은 『신라인신문』의 편집부는 '공산주의자동맹' 회원들의 활동을 지도했다. 이 신문을 통해 마르크스는 공산주의자들의 이데올로기적·정치적 통일을 보장하고, 그들로 하여금 독일과 관련된 모든 주요 사건들에 대해 일치단결해서 동시에 반응하도록 일깨워줄 방법을 모색했다. 프롤레타리아트와 그 전위의 정치 교육 및 조직을 위한 대중매체였던 이 신문은 훗날 형성된 대중적인 독일 노동자 정당의 기반을 마련했다.

레닌은 『신라인신문』을 "혁명적 프롤레타리아트의 가장 훌륭한 독보적 기관지"[263]로 평가했다.

부르주아 민주주의 혁명의 완수를 위한 투쟁

『신라인신문』에서 마르크스는 당시 독일을 풍미하고 있던 환상, 즉 3월 혁명은 자유·평등·박애 이념의 승리였으며 반동세력은 이제 완전히 분쇄되었다는 환상에 대해 단호한 입장을 취했다. 그는 민중의 경계심을 진정시키는 경향을 지닌 이러한 환상의 해악을 낱낱이 폭로하면서, 3월의 '반(半)혁명(semi-revolution)'이야말로 1인 권좌를 와해시켜야 할 과제를 여전

---

262) Marx, Engels, *Werke*, Bd. 22, 76~77쪽.
263) V. I. Lenin, *Collected Works*, Vol. 21, 81쪽.

히 안고 있으며, 귀족 장교군단으로 이루어진 옛 군대가 엄존하고 있는 가운데 국가기관은 탐욕스럽고 야멸찬 관리들이 장악하고 있고, 지주들 역시 자신들의 토지를 전혀 빼앗기지 않은 채 농민들을 억압하고 있다고 주장했다. 그는 독일 혁명의 결정적인 싸움이 아직 눈앞에 가로놓여 있다고 민중들을 설득하면서, **"바스티유 감옥은 여전히 공격받아야 할 대상이다**(The Bastille is yet to be stormed)."[264]라고 기술했다. 6월 14일 베를린의 노동자들과 직인들이 무기를 탈취하기 위해 병기고를 습격했을 때, 『신라인신문』은 이 자연발생적인 혁명적 폭동이 다가올 제2의 혁명을 알리는 최초의 섬광이라고 언급했다.

『신라인신문』은 공공연한 반동세력뿐 아니라 가면을 쓴, 그래서 더욱 위험한 적이라 할 수 있는 독일 대(大)부르주아지에 대해서도 공격의 포문을 열었다. 3월 사태 이후 프로이센에서 권력을 장악한 자유주의 정부의 첫 번째 조치들은 그 자체로서 정부가 혁명적 대의를 배반하고 있음을 드러냈다. 정부는 혁명적 민중에 두려움을 느낀 나머지 반동세력들과 타협하는 동시에, '왕조를 위한 방패'를 제공하는 치욕스런 역할을 떠맡았다. 레닌은 18세기 말의 프랑스 부르주아지와는 대조적으로 독일의 부르주아지가 혁명의 발전단계에서부터 이미 진보적·역사적 행동을 취할 만한 능력을 갖고 있지 못했으며, 오히려 혁명의 길에 장해물로 등장했다는 마르크스의 결론을 그의 위대한 이론적 업적으로 강조했다. 6월 14일자 『신라인신문』은 3월 봉기 이후 독일 각 계급세력들의 배치도를 다음과 같이 명쾌하게 묘사하고 있다.

"상층 중간계급(the upper middle class)은 애초부터 반혁명적이었다. 민중, 즉 노동자들과 민주적인 하층 중간계급(lower middle class)에 두려움을 느낀 나머지 그들은 반동들과 공수 양면의 동맹을 맺게 되었다."[265]

자유주의 정부는 인민과 왕 사이에서 수지타산을 저울질하고, 그 둘 중

---

264) Marx, Engels, *Werke*, Bd. 5, 79쪽.
265) Ibid., 65쪽.

어느 쪽으로도 완전히 승리가 돌아가지 못하도록 방해하면서, '왕과의 협상을 통해' 헌법 초안을 작성하고 있었다. 『신라인신문』은 이러한 '균형(balance)'이 오래 유지되지 못할 것이라고 예언하면서, 반동들이 굳건한 터전을 확보하는 순간 부르주아지 자체는 정부로부터 치욕스럽게 축출당하고 말 것이라고 전망했다.

마르크스는 이러한 '협상론(theory of agreement)'을 무장투쟁에서 승리한 혁명적 민중들의 통치와 대비시키면서, 인민(프롤레타리아트, 소농, 도시 노동인민)이 직면하고 있는 혁명적 과제들은 단지 혁명적 수단을 통해서만 완수할 수 있다고 강조했다. 그는 이를 "장미기름(薔薇油)이 중병을 치유할 수는 없다."[266]라고 비유적으로 표현했다.

혁명의 와중에서 그는 사적 유물론의 기본 명제들 중 하나(역사 건설자로서 인민의 역할)를 혁명의 모든 과제와 단계에 적용되는 것으로서 구체화했다. 마르크스는 어떤 혁명이든 그 기본문제는 권력 장악의 문제라고 생각했기 때문에 인민의 혁명적 독재라는 사상을 제시했다. 동시에 그는 모든 봉건유제를 일소하고, 왕정과 지주들을 축출하며, 부르주아 민주주의 혁명의 최종적 승리를 보장해주는 진정한 혁명정권을 수립하도록 대중들에게 촉구했다.

"모든 과도적 정치조직은 독재를, 그것도 강력한 독재를 요구한다."[267]

마르크스는 인민혁명 독재의 기본과제 중 하나는 낡은 국가기구, 즉 반동세력들의 지주인 '낡은 제도의 잔재들'을 일소하는 일이라고 믿고 있었다.

레닌은 마르크스의 혁명독재론이 부르주아 민주주의 혁명 단계에서조차도 모든 사항의 민주적 변혁을 보장하기 위해 혁명정권의 수립이 필요하다는 사실을 함축하고 있다고 썼다. 또한 이러한 정권의 임무는 "반(反)혁명에 대한 방어와 인민의 통치를 가로막는 모든 사항들의 실질적인 폐

---

266) Marx, Engels, *Werke*, Bd. 5, 32쪽.
267) Ibid., 402쪽.

지"268)라는 것이 레닌의 생각이었다.

마르크스는 인민들로 하여금 새로운 혁명적 공격을 준비하도록 지원하는 과정에서, 3월 혁명 이후 확립된 의회제도의 효율성에 관해 그들이 갖고 있던 망상을 배제하고자 노력했다. 『신라인신문』은 자신의 임무를 독일의 새로운 중앙정부로 기능하면서 나라를 진정으로 통일시키는 일이라고 보았던 프랑크푸르트암마인의 '전(全)독일국민의회(all-German National Assembly)'를 비판했다. 이 신문은 다음과 같이 기술하고 있다.

"헌법을 제정하기 위한 '국민의회'는 무엇보다도 먼저 **활동적인**, 그것도 혁명적으로 활동적인 의회가 되어야 한다. 그럼에도 프랑크푸르트의 '의회'는 의회 학교 수업을 받으면서 행동은 각 정부에 떠넘기고 있다. 설혹 이 박식한 모임이 최상의 의제와 최상의 헌법을 고안해낸다 치더라도 그러는 사이 각 정부들이 그 의제에 총검을 꽂는다면 최상의 의제나 최상의 헌법 따위가 무슨 소용이 있겠는가?"269)

이러한 비판은 독일 부르주아지의 상당수를 분노케 했다. 그중에는 신문사 주주들도 포함되어 있었기 때문에 그들은 즉각 재정적 지원을 철회했다. 하지만 이후에 발생한 일련의 사태들은 그 신문이 '프랑크푸르트의 담화 모임(Frankfurt talking shop)'에 관해 언급했던 바를 완벽히 입증해주었다.

『신라인신문』의 편집자들은, '독일 전반의 문제들'을 논의한다는 구실 아래 현실 생활의 제반 필요사항들을 무시할 수는 없었던 '프로이센국민의회(Prussian National Assembly)' 내의 논쟁들을 예의 주시했다. 마르크스와 엥겔스는 '왕과의 협상을 통해' 프로이센 헌법을 제정하기로 한 의회의 결정을 주요 결점으로 꼽았다. 『신라인신문』은 "혁명적 입장을 고수하는 의회라면 협상 테이블에 앉지 않고 헌법을 공포할 것이다."270)라고 썼다. 이 신문은 대의원들에게 혁명적 인민의 대표자로서 어울리는 유일한 길은 대중들에게 지지를 호소하는 것(한편 대중들은 의회에 압력을 행사해야 했다)

---

268) V. I. Lenin, *Collected Works*, Vol. 9, 133쪽.
269) Marx, Engels, *Werke*, Bd. 5, 40쪽.
270) Ibid., 67쪽.

이라고 지적했다.

"민주적인 일반 대중들이 자신의 존재 그 자체를 통해 '제헌의회'의 태도에 도덕적 영향력을 행사할 수 있는 권리는 이제 영국과 프랑스 혁명 이후 모든 격동기에 없어서는 안 될 인민의 전통적인 혁명적 권리가 되었다. 역사적으로 볼 때 그러한 의회들에 의해 취해진 모든 효과적인 조치들은 대부분이 권리 덕분에 가능했다."[271]

그러나 '베를린의회(Berlin Assembly)'는 민중들에 호소하고 의지하는 대신에 의회제도의 역류(逆流)에 기꺼이 몸을 맡겨버렸다. 그리하여 우파와 중도파 의원들뿐 아니라 좌파 의원들까지도 '의회 크레틴병(parliamentary cretinism; 알프스 산지의 풍토병으로 갑상샘이 비대해져 백치가 됨 - 옮긴이)'이라는 심각한 증상에 전염되어버렸다. 『신라인신문』은 좌파 의원들이 "**야유** 이상의 일을 감히 하지 못한다."[272]라고 비꼬았다. 그리고 순수 의회 차원의 방법들을 통해 급진적 해결책을 확보하려는 그들의 희망이 참으로 서글픈 결과를 낳을 것이라고 내다보았다.

프랑크푸르트와 베를린 '국민의회'가 취한 비굴한 타협정책은 혁명을 통해 주요 문제를 해결한다는 노선에 영향을 미칠 수밖에 없었다.

독일 부르주아지도 국가의 분열에 종지부를 찍어야 할 필요성을 절감했던 것이 사실이지만, 일단 정권을 장악하자 반동세력과 타협하여 통일을 이루려는 오류에 빠졌다. 부르주아지는 합스부르크 왕가 위쪽이나 그 주변, 또는 프로이센 호엔촐레른(Hohenzollern) 왕가, 이 둘 중에서 보다 대중적 기반이 넓은 쪽을 근거로 독일을 통일하려고 했다.

당시 프티부르주아 민주주의자들은 두 집단으로 나뉘어졌다. 즉 '민주주의적인' 프로이센 왕정을 그들의 유일한 희망으로 삼고 있던 북부 독일인들과, 독일을 미국이나 스위스 같은 연방공화국으로 변형시키려 했던 남부 독일인들로 나뉘어져 있었던 것이다. 그리고 이것은 당시의 독일이

----

271) Ibid., 406쪽.
272) Ibid., 89쪽.

처해 있던 구체적인 조건들에 비추어볼 때 사실상 입헌군주국과 소공국(小公國), 소공화국들로 구성된 매우 잡다한 색깔의 연방(federation) 형성을 의미했다.

이와는 대조적으로 『신라인신문』은 「독일에서의 공산당의 요구」에 근거해서 민중들의 혁명적 투쟁을 통한 통일 독일공화국의 수립을 대대적으로 선전했다. 이러한 강령을 제시하는 과정에서 『신라인신문』은 시종일관 단호한 태도로 독일 인민의 진정한 민족적 이익과 자유롭고 민주주의적인 국가로 새로이 탄생할 미래의 독일 편에 섰다. 그리고 이러한 입장은 프롤레타리아트의 계급적 이해관계와 전적으로 궤를 같이했다. 통일된 민주 독일은 노동계급 운동의 분열에 종지부를 찍고, 노동계급을 조직화하며, 그들을 정치적으로 훈련시켜 사회주의 건설 투쟁에 나서게 할 수 있도록 폭넓은 가능성을 열어주는 일종의 전제조건이었다.

마르크스는 독일의 통일이라는 과업이 독일 정치체제의 완전한 민주화뿐만 아니라 보다 근본적인 사회변혁과도 연관되어 있다고 보았다. 그리하여 『신라인신문』은 농촌에 뿌리 깊게 남아 있는 봉건유제들을 송두리째 제거하기 위한 운동에 돌입했다.

1848년의 혁명은 보다 부유한 농민층만이 1807년에서 1811년에 걸쳐 단행된 토지개혁의 결실을 향유할 수 있도록 해주었다. 이 토지개혁은 농민들에게 극도로 불리한 조건 아래서 자신들의 봉건적 부역을 회수할 권리를 부여했다. 이제 봉건영지는 점차 부르주아 농장으로 발전해가고 있었다. 레닌은 이 과정을 자본주의적 농촌 발전의 '프로이센적 방식'이라 불렀다. 혁명이 발발하자 농민들은 자발적으로 반(反)봉건투쟁에 나섰다. 몇몇 지역에서는 영주의 저택이 화염에 휩싸이기도 했다. 농민들은 어떤 식의 강제노역도 거부했다. 당시 『신라인신문』은 다음과 같은 논평을 게재했다.

"현 단계에서 정부가 시행해야 할 일이란 이미 **농민들의 의지에 의해 현실로 나타난 모든 봉건적 부역의 폐지**를 법적으로 보장해주는 일뿐이다."[273]

그러나 자유주의적 부르주아지는 재산피해를 두려워한 나머지 봉건 소유지의 보호에 앞장섰다. 프로이센 농업상 기르케(Gierke)가 제출한 법안은 단지 새로운 부역에 대해서만 보상 없는 폐지를 제안하고, 보다 과중한 것들에 대해서는 그 가치에 상응하는 농토로 배상하거나 대체할 수 있도록 했다.

마르크스는 기르케 법안이야말로 "1848년의 독일 혁명이 1789년의 **프랑스 혁명의 서투른 모방에 불과한**" 가장 명백한 증거라고 말했다. 1789년의 프랑스 부르주아지는 동맹자인 농민들을 곤경 속에 방치해두지 않았다. 그들은 농촌의 봉건주의 폐지와 자유로운 토지소유 (grundbesitzenden) 농민의 창출이야말로 자신들의 통치 기반이 된다는 사실을 깨닫고 있었다.

"1848년 독일 부르주아지는 **자연적 동맹자**(natural allies), 즉 자신의 육체 중의 육체(flesh of its own flesh)인, 그리고 그들 없이는 귀족계급에 맞설 수 없는 바로 그 농민들을 서슴없이 배반했다."

"온갖 봉건적 권리들을 영속화하고 그것들을 환영(幻影)의 대체물 형태로 승인한 것, 바로 이것이 1848년의 독일 혁명이 낳은 결과였다. 말하자면 공연히 법석만 떤 셈이 되고 말았다."[274]

마르크스는 농민들을 자유로운 자기 토지 소유자로 변신시키기 위해 토지문제의 근본적 해결(봉건적 제반 의무의 보상 없는 완전 폐지)을 위한 운동을 볼프의 유명한 연재평론 「슐레지엔의 10억 The Silesian Milliard」(1849년 봄 『신라인신문』에 게재)은 봉건적 부역에 대한 보상을 주장했던 지주들과 자유주의적 부르주아지에 맞서, "최근 30년 동안 탈취해간"[275] 부(富)를 농민들에게 전액 상환해야 한다고 주장했다. 또한 이 신문은 무토지 농민과 소토지(land-hungry) 농민에게 토지를 분배하기 위해 대토지는 해체되어 마

---

273) Marx, Engels, *Werke*, Bd. 5, 106쪽.
274) Ibid., 283쪽.
275) Marx, Engels, *Werke*, Bd. 19, 68쪽.

땅하다고 주장했다. 『신라인신문』은 이렇듯 대다수 농민들의 이익을 대변하는 과정에서 「독일에서의 공산당의 요구」를 통해 제시된 토지강령을 보충하고 있었다.

이 신문의 농업문제와 관련된 평론들은 마르크스가 부르주아 민주주의 혁명 과정에서, 노동계급의 지배 아래 전체 농민과 프롤레타리아트의 동맹관계를 확립하기 위해 제시했던 전술들에서 큰 영향을 받았다.

피압박 인민 투쟁에 대한 지원 _ 외교정책에 대한 『신라인신문』의 입장

마르크스는 또한 그 당시 확산되고 있던 피압박 인민들의 혁명적 민족해방투쟁을 적극 지지했다. 그의 지지 표명은 각 민족운동에 대한 구체적인 역사적 분석에 그 기반을 두고 있었다. 그러한 분석은 당시 혁명과 반동이라는 두 주요 진영의 싸움에서 이 운동을 자리매김하는 데 도움이 되었다. 따라서 『신라인신문』 편집부는 부르주아 민주주의 혁명 전선을 확장하고, 그 병사들의 사기를 돋우면서 그들을 강화하는 데 도움이 되는 진보적인 민족해방운동에 지지를 표명했다.

이 신문의 국제주의 정책은 신문 창간 직전에 마르크스가 이탈리아의 민주적 신문 『여명 L'Alba』의 편집자에게 보낸 서한에서 정식화되었다. 그는 이 편지에서 이렇게 적고 있다.

"우리는 이탈리아 독립의 대의명분을 지킬 것입니다. 우리는 독일과 폴란드뿐 아니라 이탈리아 내의 오스트리아 전제정치에 대해서도 죽음을 무릅쓴 투쟁을 전개할 것입니다."[276]

1848년 7월 초에 쓴 「독일의 외교정책」이라는 사설에서, 엥겔스는 독일혁명과 예속 국가의 해방투쟁 간의 유기적 연관성 및 상호의존성을 강조했다. 그는 "독일의 해방은 스스로 인접 국가들을 얼마만큼 자유롭게 하느냐에 달려 있다."[277]라고 말했다.

---

276) Marx and Engels, *Selected Correspondence*, 46쪽.

277) Marx, Engels, *Werke*, Bd. 5, 155쪽.

『신라인신문』은 거의 매일 민족문제에 관해서 구(舊)체제의 조치들을 그대로 답습하는 부르주아지 정책의 실상을 파헤쳤다. 부르주아 정부는 농민운동에 대해서 그랬던 것처럼, 이 경우에도 두 가지 수단, 즉 거짓 약속과 대학살로 맞섰다. 이 두 가지 수단은 18세기 말 폴란드 분할 당시 프로이센에 합병된 포즈난(Poznań)의 반항적인 폴란드인들을 대상으로 동원되었다. 『신라인신문』은 이러한 범죄행위에 격렬히 항의하면서, 폴란드의 압제에 종지부를 찍고 폴란드인들이 미래를 결정할 기회를 보장해줄 두 세력, 즉 독일 인민과 폴란드 인민에게 이에 저항할 것을 호소했다.

『신라인신문』은 폴란드의 국권회복이 폴란드인뿐 아니라 독일 인민, 나아가서는 유럽 혁명의 과정과 결과에 대해 엄청난 중요성을 지니고 있다고 거듭 강조했다. 독일과 유럽 전반의 반동세력은 폴란드 분할 당시 생성된 러시아·프로이센·오스트리아 동맹에 그 기반을 두고 있었다. 마르크스와 엥겔스는 폴란드 인민이 대(對)프로이센·오스트리아 투쟁뿐 아니라 유럽 혁명의 제1의 적인 러시아 차르 체제에 맞선 투쟁에서도 믿음직한 동맹자가 되어줄 것으로 믿었다. 레닌은 이에 대해 다음과 같이 썼다.

"이러한 관점은 매우 올바른 것이면서 초지일관 민주주의적이고, 프롤레타리아적인 관점으로서는 유일한 것이기도 하다. 러시아와 대부분의 슬라브족 국가 대중들이 여전히 마비상태에서 헤어나오지 못하는 한, 그리고 이들 나라에 어떤 독자적·집단적 민주주의 운동도 **존재하지 않는** 한 폴란드 **신사계급**(gentry)의 해방운동은 러시아나 슬라브족 국가뿐 아니라 유럽 전체의 민주주의라는 관점에서 볼 때 엄청나고도 남다른 의미를 갖는 것이다."[278]

또한 『신라인신문』은 1848년 6월 중순경 프라하에서 봉기를 일으켰던 또 다른 슬라브족인 체코인들의 각성에 대해서도 성실하고 공감하는 태

---

278) V. I. Lenin, *Collected Works*, Vol. 20, 433쪽. 레닌은 독자적인 민주주의 노동계급 운동이 러시아와 다른 슬라브족 국가에서 시작되고, 귀족주의 폴란드가 자본주의 폴란드에 길을 양보한 20세기에 와서는 상황에 근본적인 변화가 발생했다고 말했다. 또 그런 상황에서 폴란드는 **예외적인** 혁명적 중요성을 상실할 수밖에 없었다고 덧붙였다.

도를 취했다. 이 신문은 그 봉기가 민주적이었으며, 오스트리아의 압제는 물론이고 체코의 봉건영주들 역시 이 봉기의 투쟁 대상이었다고 강조했다. 그리고 오스트리아의 군국주의자들이 프라하에서 대학살을 자행하자, 이 신문은 피압박 인민들과 관련한 이렇듯 비열한 정책에 대해 분연히 오명의 낙인을 찍었다. 그뿐만 아니라 이 신문은 체코인들로 하여금 러시아 차르 체제 쪽을 돌아다보도록 할 우려가 있는 프라하 대학살의 위험스런 결과에 대해 경고의 말을 잊지 않았다.[279]

실제로 프라하 봉기의 패배는 체코 민주주의 운동에 결정적인 타격을 가했다. 체코 민족운동의 지도권을 인계받은 자유주의적 부르주아들은 그들의 모든 투쟁력을 독일 혁명에 맞서 싸우는 쪽으로 투입했다. 결국 이것은 객관적으로 볼 때 서구에서 반혁명운동을 전개하고자 준비하고 있던 러시아 차르 체제 및 오스트리아·프로이센 반동세력과 동일한 진영에 운동을 옮겨놓는 것에 다름 아니었다.

6월 초 『신라인신문』은 러시아의 차르가 호엔촐레른과 합스부르크의 '우방' 군주국들을 돕기 위해 군대를 서방 국경으로 집결시키고 있는 사태에 경고를 보냈다. 러시아 자체 내에 대규모 혁명운동이 부재한 상황에서 이러한 반혁명 계획은 단지 외부로부터의, 즉 혁명적 인민들의 공동 노력을 통해서만 무산시킬 수 있었다. 따라서 『신라인신문』은 러시아 차르 체제에 맞선 혁명전쟁에 돌입할 것을 유럽 민주국가들에게 촉구했다. 마르크스는 그러한 전쟁이 독일과 다른 유럽 국가들 내에서 새롭고도 강력한 혁명적 분출을 야기할 것으로 기대했다. 레닌은 훗날, 마르크스가 모든 전향적인 민주주의자들을 대표해서 선언한 이러한 전술이 부르주아 민주주의 혁명이 완성되어가고 있던 당시의 객관적·역사적 제반 조건들 및 시대적 성격과 일치하고 있다는 점에 주목했다. 그는 이렇게 기술하고 있다.

"그리하여 **객관적으로** 봉건적·왕조적 전쟁은 혁명적·민주주의적 전쟁과 대립되었다. 이것이야말로 그 시대의 역사적 과제들이 담고 있던 내용

---

279) Marx, Engels, *Werke*, Bd. 5, 82쪽.

이었다."[280]

파리의 6월 봉기

파리 체류 당시, 마르크스는 얼마 전 선포된 프랑스 공화국의 내부 모순이 심화되어 결국 노동과 자본 사이에 결정적 충돌이 일어날 수밖에 없다고 예언했다. 그리고 이 예언은 적중했다. 1848년 6월 23일에서 26일까지 파리는 2월 혁명의 결실과 노동자들의 사회적 이해관계를 침식해 들어오고 있던 반혁명 부르주아지에 맞서 무기를 든 프롤레타리아트의 강력한 봉기 현장이었다. 그들은 민주·사회 공화국의 확립을 요구했다.

『신라인신문』편집부는 파리로부터 송고되어 온 모든 기사들을 즐거운 마음으로 기다리게 되었다. 이 사태 직후 엥겔스가 쓴 일련의 평론들은 봉기를 일종의 기술로 보는 마르크스 교리의 기초를 형성했다.

마르크스는 부르주아지와 프롤레타리아트 간의 최초의 내전으로서 6월 봉기가 갖는 엄청난 역사적 의미를 즉각 깨달았다. 그리고 이 주제에 관련된 마르크스의 탁월하고도 감동적인 평론 「6월 혁명」은 그의 강렬한 혁명적 감정을 그대로 드러내고 있다. 6월 28일에 집필한 이 평론은 다음과 같은 구절로 시작하고 있다.

"파리의 노동자들은 보다 강력한 힘에 **압도**당했지만 결코 복종하지 않았다. 그들은 **패배**했지만 그들의 적들은 **정복**당했다."[281]

적들은 봉기 진압에는 성공했지만 그에 상응하는 높은 대가를 지불해야 했다. 2월 혁명으로 생성된 자유·평등·박애에 대한 환상의 붕괴, 그리고 프랑스의 유산계급과 노동자의 분열이 그것이었다.

마르크스는 2월에서부터 6월에 걸쳐 발생한 프랑스 혁명의 과정을 매우 간명하게 분석하고, 파리 프롤레타리아트의 봉기에 이르는 그 발전과정의 배후에 내재한 일정한 규칙들을 드러내 보여주었다. 그는 이 봉기가

---

280) V. I. Lenin, *Collected Works*, Vol. 22, 316쪽.
281) Marx, Engels, *Werke*, Bd. 5, 133쪽.

프랑스 부르주아지의 전반적인 정책 때문에 일어났다는 점을 지적했다. 그리고 절망에 빠진 노동자들이 폭동을 일으켰을 때 부르주아지는 노동자들의 피로 파리의 거리를 붉게 물들였다.

파리의 폭동 노동자들에 대한 부르주아지들의 온갖 증오와 중상모략이 봇물 터지듯 쏟아져 나오는 동안 마르크스는 감동적인 목소리로 노동자들을 옹호했다. 그의 평론은 6월의 투사들과 불멸의 대의에 대한 일종의 찬가로 마지막을 장식하고 있다.

"그들의 침울하게 찌푸린 이마에 월계관을 씌워주는 것, 그것은 민주 언론의 권리이자 특권이다."[282]

프롤레타리아트의 혁명기관지

『신라인신문』은 단지 6월 봉기에 대한 입장을 통해서만 프롤레타리아 신문임을 입증했던 것은 아니었다. 독일의 여러 민주세력들을 통일시키는 조직적 활동을 전개하는 동안에도 『신라인신문』은 줄곧 프롤레타리아적 입장을 고수했다.

편집자들은 부르주아 민주주의 혁명의 제반 과제들과 가장 직접적인 관련이 있는 공산주의자들의 정치 강령(혁명기간 동안 여러 차례에 걸쳐 재발행된)의 여러 요구사항들을 각별히 강조했다. 그들은 상황에 대한 면밀한 분석을 거친 후, 독일과 유럽 여러 나라의 장기간에 걸친 혁명 과정을 염두에 두고 고안된 과도적 성격의 요구들은 당분간 자제하기로 했다. 마르크스는 이러한 요구들을 선전의 영역 밖으로 끄집어내서 행동을 위한 슬로건으로 변화시키기에는 아직 객관적 조건들이 성숙되지 않았다고 믿었다.

그러나 이 단계에서 이미 『신라인신문』은 혁명의 즉각적인 목표들에 주의를 집중시키는 한편, 미래의 사회주의 혁명투쟁을 위해 프롤레타리아트의 정치적 군대를 소집하는 일에 관여했다. 독일과 유럽에서 일어난 여

---

282) Marx, Engels, *Werke*, Bd. 5, 137쪽.

러 혁명들의 주요 사건들에 대한 계급 분석은 프롤레타리아트를 정치적으로 교육시키고 스스로를 하나의 계급으로 인식토록 하는 데 매우 중요한 역할을 했다.

이런 측면에서 이 신문의 프랑스 혁명에 관한 평론이나 기사는 대단한 관심을 모았다. 프티부르주아적인 『개혁』과는 대조적으로 마르크스는 2월 이후의 프랑스 계급투쟁은 어떤 판단착오나 우발성에 기인한 것이 아니라, "경제적 토대, 즉 기존의 물질 생산양식과 그로부터 결과하는 제반 통상조건들에 기초를 둔"[283] 계급모순의 당연한 결과였다고 주장했다. 그는 『개혁』이 프롤레타리아트와 부르주아지의 분열을 가져온 원천으로 오해했던 사상적 차이도 사실상 사회 각 계급들의 서로 다른 지위, 즉 사회적 관계들로부터 파생된다고 강조했다.

"그러면 이러한 관계들은 어디에서 파생되는가? 서로 적대적인 계급들의 물질적·경제적 생활조건들로부터 파생된다."[284]

그리하여 마르크스는 독자들이 계급투쟁과 사상 영역에 그것을 반영하는 것을 유물론적으로 이해할 수 있도록 프랑스 대혁명의 경험을 원용했다.

고전적 자본주의 국가인 영국에서 그는 자신의 사상 전파를 위한 귀중하고도 구체적인 역사적 소재를 제공받았다. 마르크스는 일종의 조직화된 프롤레타리아 당을 구성했던 인민헌장운동가들의 혁명적 투쟁을 독일 노동자들에게 익히 알리고, 특히 하니와 존스가 이끈 인민헌장운동의 혁명파가 벌인 활동을 소개하는 일이 대단히 중요하다고 믿었다. 마르크스는 영국 프롤레타리아트의 풍부한 경험을 밑바탕 삼아 독일 노동자들에게 프롤레타리아 정당을 설립해야 할 필요성을 일깨우려고 했던 것이다.

마르크스는 독일 및 보다 선진적인 국가들에서 발견되는 과거의 교훈과 현재의 발전 상황들을 취합해서 사적 유물론, 당시 그가 다듬고 있던

---

283) Ibid., 450쪽.
284) Ibid.

정치경제학, 계급투쟁 및 세계사 속에서 프롤레타리아트가 수행해야 할 임무에 관한 교리들의 몇몇 핵심 명제들을 노동자들에게 설명해주었다. 그리하여 마르크스는 독일 노동자들이 스스로의 힘으로 건설해야 했던 프롤레타리아 정당의 이론적 원리들을 이해할 수 있도록 해주었다.

반혁명적 공세에 대한 정면대결 _ '쾰른노동자동맹'과 '민주주의협회'에서의 활동

전체 유럽 혁명에서 하나의 전환점이 되었던 6월 봉기가 실패로 끝나자, 입장이 뒤바뀌어 도처에서 반혁명세력이 공세를 취하기 시작했다. 독일에서는 계급 사이의 세력균형 역시 그들에게 유리한 쪽으로 기울었다. 3월 혁명으로 해서 부득불 퇴각해야만 했던 반동적 서클들은 이제 일시적인 동맹자였던 부르주아와 인연을 끊고 3월 이전의 구질서를 회복하려고 했다. 그리고 그러한 방향으로 가는 첫 단계 조치가 파리의 6월 봉기 직전에 이미 프로이센 반동들에 의해 취해졌다. 즉 자유주의적인 캄프하우젠 정부가 해체되었던 것이다. 당시『신라인신문』은 이러한 사태가 의미하는 정치적 시사점들을 다음과 같이 묘사했다.

"캄프하우젠 내각은 자신의 자유주의적·부르주아적 외투를 반혁명세력에게 덮어씌웠다. 반혁명세력은 이 거추장스러운 가면을 내팽개칠 수 있을 만큼 충분한 힘이 있다고 생각한다."[285]

새로운 정부는 자유주의 귀족 아우어스발트(Auerswald)를 수반으로 하고 있었지만, 라인 지방의 대자본가이자 구정부의 일원이었던 한제만 역시 신정부에서 두드러진 존재였다. 신정부는 '행동내각(Ministry of Action)'을 자칭하면서 그 첫 번째 행동으로 '법과 질서의 안정'이라는 미명 아래 민주주의 및 노동계급 운동을 탄압하기 위해 경찰력을 동원했다.

'행동내각'은 먼저 라인주의 중심지인 쾰른을 주요 타격 대상으로 삼았다. 7월 3일 내각은 쾰른의 '노동자동맹' 지도자인 고트샬크와 안네케(Anneke)를 체포했다. 이것은 곧바로 노동자들의 강력한 분노를 샀다. 그

---

285) Ibid., 96쪽.

러나 『신라인신문』은 이러한 조치가 일종의 도발적인 행위임을 깨닫고, 군대 병력으로 들어찬 프로이센의 1급 요새인 그곳에서 노동자들이 어떤 섣부른 행동이나 개별적인 행동을 취하지 말 것을 경고했다. 결국 마르크스의 예민한 촉각과 냉철한 이성 덕분에, 쾰른 노동자들의 섣부른 봉기를 유발시키려 했던 정부의 시도는 무산되고 말았다.

마르크스는 프로이센 반혁명세력들이 꾸미고 있는 음모의 전체적인 맥락 속에서 쾰른 사태의 심각성을 단번에 깨달을 수 있었다. 그는 7월 5일에 게재된 「체포The Arrests」라는 평론을 통해 다음과 같이 말했다.

"그것들은 결국 **행동내각**, 즉 좌익 중도내각의 소행이며, 요컨대 구귀족주의·구관료주의·구프로이센 내각으로 이행하기 위한 과도적 내각의 소행이다. 한제만 씨는 자신의 과도적 역할을 완수하는 순간 축출된 것이다."[286]

계속해서 마르크스는 베를린 좌파 역시 동일한 운명에 처할 것이라고 말했다. 그들은 정부의 반혁명 행위에 대해 인민에 대한 호소로 답하는 대신에 자신들의 능변을 유일한 희망으로 삼았으며, 대의제의 승리가 머지않아 닥쳐올 것이라는 예상 속에서 살고 있었다.

"어느 화창한 날, 좌파는 자신들의 의회주의적 승리가 사실상 그들의 실질적인 패배에 다름 아니었다는 사실을 깨닫게 될 것이다."[287]

이 평론이 게재되자, 체포를 지휘·담당한 검찰총장 츠바이펠(Zweiffel)과 무장경관들을 근거 없이 모욕했다는 죄목으로 『신라인신문』에 대해 법정 소송을 제기하는 사태로까지 비화되었다. 결국 그것은 마르크스가 편집을 담당하고 있던 신문을 파괴하려는 정부의 보복조치의 일환이었다. 7월 6일 편집장 마르크스와 발행인 코르프(Korff)는 조사관의 심문을 받기 위해 소환되었다. 이후 이 조사관과 국가행정관은 저자명을 밝혀내기 위해 원고를 찾으려고 신문사를 수색했다. 이어 증인들(인쇄공장 주인 클라우트[Clouth],

---

286) Marx, Engels, *Werke*, Bd. 5, 168쪽.
287) Ibid.

식자공들, 편집자인 엥겔스와 드롱케)에 대한 심문이 실시되었다. 이후 엥겔스에 대해서는 재심문이 이루어졌는데, 이번에는 피고인 중 한 사람으로서였다. 하지만 법관들의 갖은 노력에도 불구하고 피고인 취조에는 거의 아무런 진척도 이루어지지 않았다. 그리하여 그들은 신문사 탄압을 포기하고, 결국 마르크스에 대해서 모종의 '행동'을 취하기에 이르렀다.

쾰른 행정장관들이 그에게 시민권을 부여하기는 했지만, 이것은 왕실지역행정부(royal district administration)의 승인을 거쳐야 하는 것이었다. 지역행정부는 결정을 계속 보류했다. 그리고 그에게 시민권을 부여하는 일이 부적합하다는, 따라서 계속 외국인으로 대우받을 수밖에 없다는 지역행정부의 통고가 마르크스에게 전달된 것은 그로부터 거의 4개월 후의 일이었다. 그는 이러한 결정의 배후에 모종의 정치적 동기가 숨어 있다고 못박으면서, 내무상 퀼베터(Kühlwetter)에게 항의했다.

"이렇듯 그 저의가 의심스러운 동기들은 구시대의 경찰국가에서나 통용될 수 있었던 것입니다. 따라서 혁명이 발생했고 또 책임 있는 정부가 들어선 프로이센에서는 그런 행위가 결코 있을 수 없는 것입니다."[288]

쾰른 당국이 마르크스에 대한 시민권 부여를 거부하자 그 도시의 노동자들과 민주주의자들의 항의가 빗발쳤다. '민주주의협회'는 마르크스에 대한 경찰의 탄압을 중지하라고 요구하기 위해 지방 행정당국에 대표단을 파견했다. 그럼에도 불구하고 9월 12일 내무상은 지역행정부의 결정이 유효함을 확인했다. 물론 항의운동이 반동세력들로 하여금 일단 최악의 행위로까지 치닫지 못하도록 저지하는 효과를 거두기는 했다. 하지만 프로이센에서 추방당할 위협은 다모클레스의 칼(the sword of Damocles)처럼 늘 마르크스의 신변을 따라다녔다.

이렇듯 극도로 힘든 상황에서도 마르크스는 대형 일간지로서 인민에게 강력한 영향력을 발휘하는 이 신문이 통제력을 잃지 않도록 신경을 썼다. 그는 이 신문에 시간과 정력의 대부분을 쏟아부으면서도 그의 동

---

288) Ibid., 385쪽.

료들, 추종자들과 함께 쾰른의 노동자 조직과 민주 단체들의 활동에 참여했다. 그는 쾰른의 '노동자동맹'과 '민주주의협회'의 경험을 '공산주의자동맹' 회원들과 독일의 다른 지역 노동자 조직 및 민주 단체에 확산시키려고 애썼다.

이러한 활동은 마르크스와 그 추종자들에 대한 대중들의 존경심과 신뢰감을 두텁게 했다. 고트샬크와 안네케가 체포된 이후 7월 6일의 회의에서 '노동자동맹' 위원회의 신임 회장에는 마르크스의 친구 요제프 몰이 선출되었다. 그는 얼마 전 런던에서 도착한 샤퍼와 함께, 앞서 언급된 쾰른의 3개 민주 단체 공동위원회에 '노동자동맹' 대표로 참여했다. 이 공동위원회는 당시 임시 민주주의지역위원회로 기능하고 있었다.

'노동자동맹'의 새로운 지도부는 이제 마르크스의 지속적인 도움을 받아가며 노동자들에 대한 이데올로기적·정치적 교육에 관심을 집중시켰다. 그리고 이 과정에서 토론은 매우 중요한 역할을 했다. 이 교육을 통해 몰과 샤퍼는 모든 해악이란 많은 노동자들과 직인들이 믿고 있는 것처럼 기계에 있는 것이 아니라, 바로 기존 사회관계 속에 존재한다고 노동자들에게 설명했다. 마르크스의 추종자들은 「공산당선언」에 담긴 주요 사상들을 노동자들에게 생생히 인식시켰다. 당대 사회의 노동편제에 관한 토론 과정에서 그들은 사실상 「독일에서의 공산당의 요구」에 포함된 수많은 사항들을 구체화하고 또 알기 쉽게 풀이했다. 9월 11일 위원회 집회에서 있었던 토론은 엥겔스가 쓴 사회문제에 관한 장문의 보고서를 끝으로 막을 내렸다.

'쾰른노동자동맹'의 이데올로기적, 정치적 재편성은 그 조직구성상의 몇 가지 변화를 동반하면서 이루어졌다. 요컨대 '동맹'은 편협한 동업조합적(narrow-craft) 원칙들을 포기하고 정기회비제를 도입하는 등 변화를 받아들였다. 마르크스와 그 추종자의 눈에는 이제 '동맹'이 전보다 훨씬 믿음직한 지원세력으로 비치게 되었다.

그들은 또한 '민주주의협회'의 활동에도 적극적으로 참여했다. 임시 지역위원회의 한 위원으로서 마르크스는 지도부에 직접 관여했고, 슈톨베르크 홀(Stollwerk Hall)에서 열린 집회에서는 연사로 초청되기도 했다. 1848년 7월에 '협회'는 미국에서 귀국해 쾰른을 방문한 바이틀링과 마르크스의 토론회를 개최했다. 7월 21일 '협회'의 한 집회에서 행한 연설을 통해 바이틀링은 "민주주의자요 사회주의자이자 공산주의자"로 자처했으며, 소수 인원(누구보다도 우선 자기 자신을 염두에 두고서)으로 이루어진 독재 과도정부의 수립을 촉구했다. 이에 마르크스는 8월 4일에 바이틀링을 비판하는 연설을 했다. 이 연설에 대한 단편적인 기록을 통해 판단해보건대, 마르크스는 바이틀링이 '서로 얽혀 있는' 정치적 관심사와 사회적 관심사를 분리시키는 오류를 범했다고 주장했다. 그는 바이틀링의 종파주의적 독재론이 '실천 불가능한' 것이며, 그의 일인 독재권력 사상도 전혀 불합리한 것임을 폭로했다. 바이틀링은 혁명이 부르주아적이고 민주주의적이라는 사실을 부인했던 반면에, 마르크스는 민주주의 운동 내 모든 경향들의 대표자들 중에서 선출된 인사들끼리 정부를 구성하는 과제를 제시했다.[289]

마르크스와 그 추종자들은 '민주주의협회'의 중요 정치문제들에 관한 수많은 결의문과 청원서 채택을 직접 제안했다. 수천 명이 서명한 '협회'의 청원서는 베를린과 프랑크푸르트의 '국민의회'에 전달되었다.

8월 13일과 14일 양일간 쾰른에서는 제1차 라인주·베스트팔렌 '민주주의지역회의(The First Democratic District Congress)'가 개최되었다. 이 회의는 마르크스가 여러 혁명적 민주주의 서클 내에서 발휘하고 있던 권위와 영향력을 그대로 보여주었다. 당시 지방시민방위군 사이에 풍미하고 있는 공화주의적 분위기에 관한 트리어 대표 실리(Schily)의 보고와 관련해서, 마르크스 역시 트리어 출신이라는 사실을 의장이 알리는 순간 청중들은 모두 일어나 만세 삼창을 불렀다. 카를 슈르츠(Karl Schurz)라는 이름의 학생이었던 본(Bonn) 대표는 훗날 그 회의에서 "사회주의 지도자 카를 마르

---

289) *Der Wächter am Rhein*, 2 Dutzend., NO. 1, 23, Ⅷ, 1848.

크스를 위시한 그 시대의 가장 탁월한 몇몇 인사들을 대면했다."라고 회상하면서 다음과 같이 덧붙였다.

"마르크스는 당시 30세의 나이로 이미 한 사회주의 사상 학파의 지도자로서 이름을 날리고 있었다. 훤칠한 이마, 번득이는 검은 눈동자, 흑옥색 머리칼과 풍성한 턱수염을 가진 건장한 체격의 마르크스는 즉각 세인의 관심을 끌었다. 그는 자신의 분야에서 매우 유력한 학자라는 평판을 듣고 있었으며, 실제로 그의 입을 통해 흘러나오는 말들은 비중 있고 논리적이면서 명쾌했다. …… 나는 그가 '부르주아'라는 단어를 발음하면서 사용했던 비꼬는 듯한 예리한 어조를 지금도 기억하고 있다."[290]

이 회의는 쾰른 임시지역위원회를 상임지역위원회로 전환할 것을 결의했다. 그리고 이 위원회의 위원장직을 변호사 카를 슈나이더 2세(Karl Schneider II)가 맡았으며, 마르크스는 물론 요제프 몰과 카를 샤퍼도 위원으로 참여했다.

마르크스의 실천적, 혁명적 노력 덕분으로 쾰른은 독일의 다른 어떤 도시보다도 강력한 민주주의자 조직을 갖게 되었다.

베를린과 빈 여행

'민주주의지역회의'가 막을 내린 직후인 8월 23일에 마르크스는 독일연방(the German Confederation; 오스트리아 제국, 프로이센 왕국, 바덴 공국 등 다수의 공국으로 구성되어 있었다 – 옮긴이) 내 두 대국의 수도에 있는 민주 단체 및 노동자 조직들과의 연대를 강화하기 위해 베를린과 빈으로 향했다. 이 여행은 6월 봉기 이후 그나마 남아 있던 주주들이 철수함으로써 생긴 『신라인신문』의 재정적 공백을 메우려는 목적도 갖고 있었다.

베를린에서 마르크스는 '프로이센국민의회'의 좌파 의원들, 특히 '공산주의자동맹' 회원인 데스터(d'Ester)와 대화를 나누었다. 그는 또한 바쿠닌을 포함한 여러 민주주의 운동 지도자들과도 만났는데, 특히 바쿠닌과는

---

290) *Reminiscences of Marx and Engels*, Russ. ed., Moscow, 1956, 285쪽.

예전에 파리에서 나눴던 것과 같은 친숙한 관계를 되찾았다.

마르크스는 베를린을 떠나 정치적 긴장이 고조되고 있던 빈으로 향했다. 그곳에서는 프라하와 파리 봉기의 좌절, 8월 6일에 있었던 라데츠키 부대의 밀라노 침공 등에 기세등등해진 오스트리아 반혁명세력들이 공세를 취하기 시작했다. 한편 임금 인하와 실업구제제도의 폐지로 노동자들 사이에서는 심상치 않은 동요가 일어났고, 급기야 그것은 8월 23일에 부르주아 국민방위군과 노동자 시위대의 유혈충돌로 비화되었다.

빈에 도착한 마르크스는 노동운동 및 민주주의 운동 지도자들과 만났다. 그들은 마르크스를 『신라인신문』의 편집장으로서 익히 알고 있었으며, 그 신문의 정치석 상황에 대한 예리한 분석을 높이 평가하고 있었다.

8월 28일 마르크스는 '민주주의동맹'이 주최한 최근의 빈 사태에 대한 토론회에서 발언했다. 이 과정에서 베를린 민주주의자 중앙위원회의 방문 회원인 율리우스 프뢰벨과 심각한 의견대립이 발생했다. 프뢰벨은 8월 23일 사태의 원흉인 노동상(勞動相) 슈바르처(Schwarzer)의 해임을 요구하기 위한 대표단을 황제에게 파견하자는 제안에 지지를 표명했다.

마르크스는 프뢰벨의 의견에 반대하면서, 스스로 민주주의자임을 자처하지만 사실상 군주들과의 '협상'을 추구하고 있는 '베를린 공론가들(Berlin theorists)'에 대해 분노에 찬 발언을 퍼부었다. 이에 대해 빈의 민주주의 신문 『급진Der Radikale』은 그의 연설이 "매우 재기발랄하고 예리하면서도 또한 교훈적이었다."라고 보도했다. 마르크스는 파리에서 그랬듯이 빈에서도 "그것은 이제 부르주아지와 프롤레타리아트의 투쟁 문제이다."[291]라고 강조했다.

8월 30일에 마르크스는 '빈노동자동맹' 앞으로 보고문을 전달했다. 그는 '동맹' 회원들에게 인사말을 전하면서 파리, 브뤼셀, 런던에서 노동자 단체들을 대상으로 연결했을 때와 마찬가지로 빈 노동자 대표들 앞에서 연설하는 일이 자기로서는 영광이 아닐 수 없다고 말했다. 그의 보고문은

---

291) Marx, Engels, *Werke*, Bd. 5, 490쪽.

유럽 내의 사회적 관계들과 혁명투쟁 내에서 프롤레타리아트가 떠맡은 역할에 대해 논하고 있었다. 그는 또한 끔찍하지만 한편으로는 영광스러운 운명을 프랑스 형제들과 같이한 독일 이주 노동자들의 파리 6월 봉기 참여에 대해서도 언급했다. 독일 노동자들은 동포에 대해 긍지를 느낄 수 있었다. 이와 함께 마르크스는 영국의 인민헌장운동가들의 최근 활동과 유럽 내의 프롤레타리아트 해방투쟁도 언급했다. 그는 또한 벨기에의 상황도 보고했다. 9월 2일 마르크스는 빈의 노동자 청중 앞에서 임금노동과 자본에 관해 연설했다.

또한 그는 '인민들의 감옥' 오스트리아 내의 여러 민족들의 관계에 대해서도 지대한 관심을 표명했다. 그리하여 그는 빈에서 '오스트리아국민의회(Austrian National Assembly)' 내 독일 보헤미안 그룹의 지도자인 알로이스 보로슈(Alois Borrosch)를 만났다. 보로슈는 체코인들과 보헤미아 독일인들 사이의 광적인 적대감에 대해 하소연을 늘어놓았다. 그러나 마르크스가 이러한 상황이 노동자들에게도 그대로 적용되는지의 여부를 묻자, 보로슈는 다음과 같이 답변했다.

"노동자들은 운동에 참여하는 순간 그러한 적대감을 버리게 되더군요. 체코인이니 독일인이니 하는 말을 찾아볼 수조차 없게 되고, 그들 모두가 하나가 되어 서로 협력하는 것을 볼 수 있습니다."[292]

베를린과 프랑크푸르트암마인의 정치적 상황이 보다 긴박해지자 마르크스는 서둘러 쾰른으로 돌아왔다. 도중에 그는 드레스덴과 베를린에 들러 '국민의회' 개회식에 참석했다. 거기에서 그는 지방 좌익주의자들과 보다 많은 대화를 나누었다. 그가 그곳에서 만난 사람들 중에는 폴란드 지도자 블라디슬라브 코쉬엘스키(Wladyslaw Káschielski)도 끼어 있었다. 그는 폴란드 민주주의자들을 대표해서 『신라인신문』에 2,000달러를 기부했다. 마르크스가 쾰른으로 되돌아온 것은 9월 중순경이었다.

---

292) Marx, Engels, *Werke*, Bd. 22, 403쪽.

독일에서의 9월 위기

그 당시 베를린에서는 좌파인 슈타인(Stein) 의원의 발의(반동적인 프로이센 장교군단을 겨냥한)에 대한 '국민의회'의 2차 투표를 놓고 정치적 갈등이 첨예화되고 있었다. 이 안은 8월 9일자로 채택되었으나 전쟁장관은 이를 인정하지 않았다. 이에 슈타인은 9월 7일 자신의 제안을 재차 상정했고 이번에도 이 안은 채택되었다. 결국 아우어스발트·한제만 정부는 사임의사를 표명했다. 마르크스는 『신라인신문』을 통해 이렇듯 첨예한 정치적 갈등이 야기할 결과는 오로지 다음 두 가지 중 하나일 것이라고 내다보았다. 즉 의회가 승리함으로써 왕의 권능이 무너지고 좌익정부가 들어서든지, 아니면 왕권이 승리를 거둠으로써 의회가 해산되고 결사의 자유가 폐지되면서 제한된 선거법이 발효되는, 말하자면 일종의 쿠데타가 무력적으로 자행되든지 이 둘 중 어느 한쪽의 결과가 나올 수밖에 없다는 것이다. 그는 의회의 운명은 대중들에게 의회의 수호를 위해 분연히 일어설 것을 호소하느냐, 아니면 왕권에 좌지우지되어 거기에 복종하느냐 하는 선택에 달려 있다고 말했다. 그리고 그 복종은 결국 의회 해산의 전주곡으로, 의회가 베를린에서 소재지를 옮기는 사태에 이를 것이라고 경고했다.

"프랑스 '제헌의회'는 베르사유에서 파리로 소재지를 옮겼다. 만일 타협 중인 의회가 그 장소를 베를린에서 샬로텐부르크로 옮긴다면 이 같은 프랑스의 전례는 독일 혁명의 경우에도 그대로 들어맞게 될 것이다."

마르크스의 이러한 예언은 지리적으로 약간의 오차가 있었을 뿐 역사에 의해 정확히 증명되었다. 11월 샬로텐부르크와 마찬가지로 지방의 소도시인 브란덴부르크가 의회의 새로운 공식 소재지(의회가 최종적으로 해산되기 이전의)로 선정되었다.

프랑크푸르트암마인은 9월의 정치적 위기에 있는 또 다른 중심부였다. 그곳에서는 '전독일국민의회'가 8월 26일 프로이센과 덴마크 사이에 체결된 치욕적인 휴전협정을 논의하려는 단계에 있었다. 오스트리아 및 프로이센 군국주의자들이 각각 이탈리아와 포즈난에서 자행한 반혁명 전쟁과는 대조적으로, 주로 독일인들이 거주하고 있던 슐레스비히와 홀슈타인 지역에서 덴마크와 치른 전쟁은 대중들의 지지를 받고 있었다. 따라서 덴마크와의 휴전은 곧 슐레스비히-홀슈타인 혁명정부와 '제헌의회'의 배신으로 받아들여졌다. 프로이센 정부는 영국과 러시아의 압력도 압력이려니와, 브랑겔(Wrangel) 장군의 군대를 대(對)인민전쟁에 동원하기 위해 철수시키려는 의도를 갖고 있었기 때문에 서둘러 휴전협정을 체결하지 않을 수 없었다. 『신라인신문』은 오로지 인민만이 이러한 반혁명 구도를 분쇄할 수 있다고 말했다. 그 신문 편집부는 이를 위해 대중들의 조직자이자 지도자로서 활동했다. 이 신문은 '쾰른노동자동맹' 및 '민주주의협회'와 함께 옥내 옥외를 가릴 것 없이 대규모 대중 집회를 개최했고, 이것들은 인상적인 정치적 시위로 발전했다.

9월 13일 『신라인신문』(마르크스는 여전히 부재중이었다)과 '쾰른노동자동맹' 및 '민주주의협회'는 프랑켄플라츠(Frankenplatz)에서 대중 집회를 개최했는데, 약 5,000~6,000명의 대중들이 운집했다. 집회는 볼프의 발의와 엥겔스, 헤르만 베커(Herman Becker), 드롱케의 동의를 얻어 30명으로 이루어진 '안전위원회(Safety Committee)'를 조직했다. 그 위원 중에는 마르크스, 엥겔스, 볼프, 뷔르거스, 드롱케, 샤퍼, 몰 등이 포함되어 있었다. 그 후 엥겔스의 제안에 따라 '베를린의회'에 보내는 청원서 초안이 만장일치로 채택되었다. 이 서한은 만일 의회를 해산시키려는 기도가 있을 경우에는 무력에 호소해서라도 지금의 위치를 고수하라는 요구사항이 담겨 있었다.

'안전위원회'의 구성은 쾰른 부르주아지의 간담을 서늘하게 했다. 그리하여 같은 날 자유주의 부르주아 단체인 '쾰른시민연합(Cologne Citizens' Association)' 평의회 회원들의 대표가 항의문을 전달했다. 그 결과 '민주주의협회' 의장직을 맡고 있던 슈나이더 2세를 포함한 6명의 위원들이 위원회 탈퇴 의사를 밝혔다. 이러한 사태는 '민주주의협회'의 프티부르주아파와 프롤레타리아파 사이의 첨예한 모순관계를 드러낸 것이라 할 수 있다.

9월 17일 쾰른의 교외 보링겐(Worringen)에서 열린 한 대중 집회는 '안전위원회'의 권위를 높이는 데 중요한 역할을 했다. 이 집회에는 이웃 마을 농민들과 쾰른에서 온 사람들 외에도 나이세(Neisse), 뒤셀도르프, 크레펠트(Krefeld) 및 그 밖의 다른 도시들에서 파견된 대표단들도 참석했다. 연단 위에는 적색기가 독일의 통일을 상징하는 흑·적·황색의 삼색기가 나란히 나부끼고 있었다. 9월 13일 집회에서는 「독일에서의 공산당의 요구」가 청중들에게 고루 배포되었다. 이 집회 참석자들은 '안전위원회'의 설립을 열광적으로 지지했으며 '프랑크푸르트의회'에 보내는 프로이센-덴마크 휴전협정에 관련된 청원서(엥겔스가 기초한)를 만장일치로 채택했다. 이 청원서는 프로이센 정부와 '전(全)독일국회(all German Parliament)' 사이에 충돌이 발생할 경우, 그곳 참석자들은 "모든 힘을 동원, 독일을 위해 싸울 것"293)이라고 다짐하고 있었다.

『신라인신문』이 예상했던 대로 9월 16일 '프랑크푸르트의회'는 프로이센-덴마크 휴전협정을 인준했다. 이에 프랑크푸르트, 오펜바흐, 하나우의 노동자들과 외지 촌락의 농민들은 독일의 혁명적 명예를 수호하기 위해 분연히 일어섰다.

이러한 사태 발전을 지켜보면서 '안전위원회'와 '민주주의협회', '쾰른노동자동맹'은 9월 20일 아이저 홀(Eiser Hall)에서 대중 집회를 개최했다. 이 집회에는 마르크스를 비롯한 『신라인신문』 편집부원들도 참석했다. 그곳에서 있었던 감동적인 연설을 통해 엥겔스는 '전독일국회'의 반역적인 결정에 오명의 낙인을 찍고 프랑크푸르트에서 일어난 봉기의 경과를 보고했다. 이후 휴전협정의 인준이 전 독일 인민에 대한 배신행위임을 천명하고 의회의 대의원들(사임 의사를 밝힌 의원들을 제외한)을 반역자로 낙인찍는 성명서를 채택했다.

『신라인신문』이 이 성명서의 내용을 게재하자 당국은 이를 빌미로 이 신문이 '프랑크푸르트의회' 대의원들의 명예를 훼손했다는 혐의를 씌워 신문과 편집장에 대한 소송을 제기했다. 또한 프랑크푸르트 봉기에 대한

---

293) Marx, Engels, *Werke*, Bd. 5, 497쪽.

진압에 뒤이어 쾰른 검찰청(procurator's office)은 앞서의 대중 집회에서 엥 겔스와 볼프 그리고 뷔르거스가 행한 연설이 기존 체제 전복음모에 해당 한다는 구실을 붙여 그들을 고발했다. 한편 프랑크푸르트에 있는 제국정 부(Imperial Government)의 법무상(Minister of Justice)은 '안전위원회'와 '민주 주의협회' 및 '노동자동맹' 지도자들, 그리고 프랑크푸르트의 폭도들과 그 가족들의 도움으로 기금을 모금하고 있는『신라인신문』의 판매부에 대해 서도 사법절차를 밟으라는 명령을 시달했다.

쾰른에서의 긴장은 점차 고조되고 있었다. 9월 25일 아침 마르크스는 제2차 민주주의 지역 회의에 참석하기 위해 회의장으로 향했지만, 이 회 의는 쾰른에서 검거선풍이 일기 시작하면서 무산되었다. 그리하여 샤퍼 와 베커가 그날 아침 일찍 체포되었다. 그래도 경찰은 끝내 볼프의 소재를 파악하지 못했다. 그리고 '노동자동맹'의 가장 평판 높은 지도자였던 몰 역 시 체포 일보 직전에 집으로 몰려든 군중들의 도움으로 구출되었다.

그날 정오경 구 시장(Old Market)에 있는 임 크란츠 호텔(Im Kranz Hotel) 에서는 '노동자동맹'의 집회가 열렸다. 이곳에서 마르크스는 노동자들에 게 울분을 자제해줄 것을 호소하면서, 섣부른 혹은 고립적인 봉기에 대해 경고를 잊지 않았다. 오후 3시에 마르크스는 '민주주의협회' 회원들이 참 석한 아이저 홀의 집회에서도 이와 비슷한 내용의 호소를 전달했다.

그날 밤 엄청난 군중이 구 시장에 운집했다. 그리고 프로이센 군대가 진군해오고 있다는 루머가 나돌기 시작하면서 노동자들은 서둘러 바리케 이드를 치기 시작했다. 하지만 당국은 시민방위군 내에 일부 '믿을 수 없 는' 무리가 있었던 까닭에 위험을 무릅쓰면서까지 군대를 개입시키려 하 지는 않았다. 그래도 이러한 사태들은 그들에게 계엄선포의 빌미를 제공 했다. 그리하여 모든 집회와 민주·노동자 단체의 조직이 금지되었고,『신 라인신문』을 비롯한 여러 민주주의적인 신문들이 정간의 시련을 당했으 며, 시민방위군은 무장해제를 당하고 해산되었다.

쾰른에 내린 계엄선포를 둘러싸고 분노의 물결이 독일 전역을 휩쓸기 시작했다. '프로이센국민의회' 내에서도 데스터, 보르하르트(Borchardt), 킬(Kyll) 등 좌파 의원들이 강력하게 항의를 제기했다. 이에 정부로서는 일정 정도 양보하지 않을 수 없었다. 10월 2일 쾰른검찰청은 계엄령 해제를 명령했고, 이튿날에는 『신라인신문』에 대한 기부행위도 다시 허용했다.

그러나 마르크스가 『신라인신문』을 재발행하는 데는 얼마간 시간이 걸렸다. 이 신문은 몇 사람의 편집요원을 잃었다. 엥겔스와 드롱케는 위기 상황이 극에 달하자 투옥을 피해 브뤼셀로 탈출했다. 결국 그들은 그곳 지방경찰에 체포돼 프랑스로 추방되었다. 드롱케가 파리에 그대로 눌러앉은 반면, 엥겔스는 스위스 베른(Bern)에 정착했다. 그곳에서도 그는 스위스 노동계급 운동에 적극 참여하면서 기사를 송고하는 방식으로 힘닿는 데까지 마르크스를 도왔다. 한편 볼프는 팔츠(Pfalz)로 피신함으로써 체포를 모면했다. 하지만 마르크스를 통해 신문이 여러 가지 곤경에 처해 있다는 사실을 알고 비밀리에 쾰른으로 잠입해 들어와 신문사 근처인 운터후트마허가(Unter Hutmacher Str.) 17번지에 거처를 정했다. 이후 그는 매일 큰길을 피해 편집사무실까지 걸어서 출근했다. 또한 마르크스는 프라일리그라트라는 구원병을 얻게 되었다.

계엄령 선포 이전에 이미 값비싼 고속인쇄기를 구입한 탓에 야기된 재정적 어려움은 신문의 정간 때문에 더욱 가중되었다. 마르크스는 이를 메우기 위해 결국 부친으로부터 상속받은 유산 중 남은 돈 모두(7,000달러)를 신문사에 털어 넣었다. 다른 많은 신문사들과는 대조적으로 『신라인신문』은 "혁명을 빙자해서 돈을 뜯어내는(turn the revolution into a milch cow)" 일을 삼갔다. 마르크스는 훗날 다음과 같이 회상했다.

"나는 단지 엄청난 재정적 희생과 개인적 위험만을 대가로 해서 신문사를 유지·관리했다."[294]

10월 12일 쾰른에서 신문 가두판매를 다시 시작했다. 마르크스는 거의 모든 편집요원을 체포하라는 명령을 내린 당국을 상대로 "**편집위원회는**

---

294) Marx, Engels, *Werke*, Bd. 30, 508쪽.

그대로 유지되고 있으며, 최근에는 페르디난트 프라일리그라트가 이에 가세했다."²⁹⁵⁾라고 발표함으로써 도전장을 던졌다.

이즈음 '쾰른노동자동맹' 지도자들은 진퇴양난의 처지에 놓여 있었다. 샤퍼가 투옥되고 몰은 런던으로 추방된 데다, 설상가상으로 고트샬크 추종자들은 잃었던 지위를 만회할 기회라도 만난 듯 기세등등하게 날뛰었다. 그리하여 '동맹' 위원회는 마르크스에게 대표를 보내 의장직 수락을 요청하기로 결정했다. 마르크스는 신문사에 투입한 수많은 시간에도 불구하고, 그리고 당국의 시민권 회복 거부로 인한 쾰른에서의 불안정한 위치와 사법상의 시달림에도 불구하고 그 직책을 잠정적으로 떠맡는 데 동의했다. 10월 16일에 열린 위원회의 한 집회에서 마르크스는 다음과 같이 말했다.

"정부와 부르주아지는 그들의 온갖 박해에도 불구하고 노동자들의 뜻에 자신을 내맡길 각오가 되어 있는 사람들이 항상 존재할 것이라는 사실을 깨달아야 할 것이다."²⁹⁶⁾ 마르크스를 의장으로 선출하는 문제는 이후 10월 22일의 '동맹' 총회에서 승인되었다. 마르크스는 의장으로서의 직책을 수행했다.

'쾰른노동자동맹'의 한 집회에서 마르크스는 당시 빈에서 촉발된 무장봉기에 노동자가 떠맡을 남다른 역할에 대해 언급했다. 그리고 그의 안에 따라 '빈노동자동맹'에 보낼 격려 메시지가 만장일치로 채택되었다.

빈의 10월 봉기

계엄령 해제 이후에 발행된 『신라인신문』 복간 제1호는 빈 봉기에 관한 마르크스의 논평을 실었다. 헝가리 국회를 해산하고, 크로아티아의 총독으로서 얼마 전 헝가리 독립투사들에 의해 완패의 쓴잔을 마셨던 반동적인 요시프 옐라치치(Josip Jelačić) 백작을 헝가리 총독으로 임명한 제국의 포

---

295) Ibid., Bd. 5, 416쪽.
296) Ibid., 501쪽.

고령 때문에 이 봉기는 촉발되었다. 10월 5일 빈 주둔군에게는 헝가리 혁명을 분쇄하기 위한 새로운 군사작전을 위해 옐라치치의 파견군과 합류하라는 명령이 하달되었다. 이튿날 그곳 인민들과 학군단(Academic Legion) 그리고 빈 국민방위대는 군대의 파병을 저지하기 위해 봉기를 일으켰다. 그리하여 같은 날 해질 무렵에 이 싸움은 인민들의 승리로 끝났다.

그 이후의 투쟁과정은 빈 인민의 단합과 조직의 정도에 크게 의존했다. 앞서의 평론에서 마르크스는 빈 부르주아지의 배신 가능성을 경고했는데, 이것이 사실로 입증된 것이다. 또한 오스트리아 반동세력은 온갖 수단을 다해서 민족 갈등을 부추겼다. 남부 슬라브인들과 마찬가지로 지주 엘리트에게 기만당한 체코 부르주아 국민자유당 역시 합스부르크 왕가를 지지했다. 혁명적인 헝가리의 지도자들은 자유주의자들과 일부 장교군단의 압력을 받아 소심하고 신중한 태도를 취했다. 헝가리 군대는 빈에 대한 원군 파견을 결코 서두르지 않았던 것이다.

따라서 봉기가 발생한 빈을 독일의 모든 민주세력이 앞장서 지원해야 할 필요성이 강력히 대두되었다. 그리하여 프랑크푸르트와 베를린을 비롯한 몇몇 독일 국회의 좌파 의원들은 다가올 제2차 독일 민주주의 회의를 염두에 둔 채 10월 말경 베를린에서 모임을 가졌다. 시몬스(Simons)·치츠(Zitz)·슐뢰펠(Schlöffel) 등 프랑크푸르트 의원들이 베를린으로 가던 도중 잠시 쾰른에 머물렀을 때, 마르크스는 베를린의 모임에서 다른 좌파 의원들에게 강력한 영향력을 행사할 수 있도록 이들을 만나 대화하는 것을 대단히 중요하게 여겼다. 하지만 베를린 회합은 결과적으로 소규모 집회에 그쳤고 의견 통일도 전혀 이루어지지 않았다. 참석자 대다수는 법적 테두리 밖에서 이루어지는 어떠한 행동도 거부하면서, 데스터·야코비·시몬스 등이 작성한 독일 인민에게 보내는 호소문을 채택하지 않았다.

10월 26일부터 30일에 걸쳐 열린 제2차 독일 민주주의 회의는 별다른 성과를 거두지 못한 채 막을 내렸다. 『신라인신문』은 빈의 운명(이는 너무도 명백한 독일 전체의 운명이지만)이 경각에 달려 있는 시점에서 회의는 사소한 조직상의 문제에 매달려 끝없는 논쟁으로 시간을 허비하고 있다고 비판했다. 그리하여 회의 3일째 되는 날에야 비로소 빈 사태를 논의할 수 있었다. 좌파 의원들은 인민들에게 모종의 행동을 취하도록 호소하기 위해 대중 집회를 티어가르텐(Tiergarten)에서 개최할 것을 제안했다. 이에 상당수의 대표들이 항의하면서 회의장을 빠져나갔고 나머지 의원들만으로 호소문을 채택하였다. 이 호소문은 인민들이 정부에게 빈를 원조하도록 촉구하는 내용을 담고 있었다.

이 호소문은 마르크스에 의해 호된 비판을 받았다.

"**민주주의적인** 회의가 한순간이나마 독일 정부에 대해 그렇듯 유치하고 보수적인 태도를 취하는 것이 과연 옳은 일일까?"

한편 그는 인민들이 "이 순간 빈에 대해 여전히 줄 수 있는 유일한 도움(자국 내 반혁명세력을 패퇴시키는 일)을 실천에 옮길 것"[297]을 바랐다.

회의는 10월 30일 사회문제를 논의하면서 보다 일관되고 급진적인 입장을 취했다. 이날 회의에서는 '쾰른노동자동맹' 대표 보이스트(Beust)가 보고문을 발표했다. 거기서 그는 민주주의 공화국 설립에 뒤따르는 제반 실천적 조치들(「독일에서의 공산당의 요구」에 담긴 여러 사항들에 기초한)을 담고 있는 강령 초안을 제시했다. 이것들은 대부분 압축적으로 묘사되었는데, 그중에는 프티부르주아 민주주의 정신에 입각해서 손질을 가한 것들도 있었다. 이 보고서는 토론을 거치기 위해 여러 민주단체들에게 배포되었다.

제2차 민주주의 회의의 폐막은 빈의 좌절과 거의 동시에 이루어졌다. 11월 6일 마르크스는 '쾰른노동자동맹' 위원회의 한 회합에서 이 문제에 관해 연설을 했으며, 며칠 뒤에는 '민주주의협회'에서도 같은 내용의 연설을 했다. 이 모임에 참석했던 레스너는 훗날 이렇게 회상했다.

"마르크스가 로베르트 블룸(Robert Blum)이 약식 군법회의의 선고에 따라 빈에서 총살형에 처해졌다는 소식을 전하는 순간, 당내는 물을 끼얹은

---

297) Ibid., 446~47쪽.

듯 숙연해졌다. 마르크스는 연단에 서서 블룸의 죽음에 관해 빈에서 보내온 급보를 읽어내려 갔다. 우리는 분노에 치를 떨었다. 장내는 마치 폭풍우가 강타하고 지나간 듯했다."298)

마르크스는 그의 평론 「빈에서의 반혁명의 승리The Victory of the Counter-Revolution in Vienna」를 통해 분노 어린 목소리로 빈 봉기 인민에 대한 부르주아지의 배신을 치욕적인 행위로 낙인찍었다. 그리고 계속해서 "**독일 부르주아지의 가증스러움**은 역사상 그 전례를 찾을 길 없다."라며 분개하고 있다. 빈 사태가 독일과 유럽 혁명 전반에 미친 충격을 평가하면서 마르크스는 다음과 같이 기술하고 있다.

"극의 제1막이 「6월 어느 날The June Days」이라는 제목으로 파리에서 상연되었듯이, 제2막은 이제 막 **빈**에서 종영되었다. …… 우리는 이제 곧 **베를린**에서 상영될 제3막을 보게 될 것이다."299)

그는 프로이센 반혁명세력이 대공세를 자행할 것으로 예상했다. 그래서 그는 이러한 공세에 즈음하여 하나의 현실적인 세력균형관을 제시했다. 그는 프랑스와 독일의 혁명에서 인민이 배워야 할 교훈을 강조하면서 혁명적 프랑스에 의한 선제공격에 대부분의 희망을 걸었다.

"6월과 10월 사태 이후 자행된 무모한 대학살, 2월과 3월 이후 줄을 이은 희생, 그리고 반혁명세력의 바로 그러한 살인적 만행을 통해 전 세계 국민들은 구 사회의 잔학한 죽음의 고통과 새로운 사회를 탄생시키기 위한 유혈 낭자한 산고(産苦)가 **단축되고**, 단순·집적될 유일한 길이 존재한다는 사실을 확신하게 될 것이다. 그 **길이란 곧 혁명적 테러**이다."300)

마르크스는 이렇듯 모진 패배의 경험을 되살려, 어떠한 반혁명적 잔학행위도 더 이상 용납하지 않고 대중들의 승리를 보다 용이하게 가져다줄 진정한 혁명세력을 확립해야 할 필요성을 역설했다.

---

298) *Reminiscences of Marx and Engels*, Moscow, 1957, 157쪽.
299) Marx, Engels, *Werke*, Bd. 5, 465~57쪽.
300) Ibid., 457쪽.

프로이센 반혁명 쿠데타와의 투쟁

마르크스가 예상했던 대로 빈 10월 봉기의 좌절은 곧 프로이센 반동세력을 단호한 행동으로 치닫게 했다. 11월 2일 국왕 프리드리히 빌헬름 4세는 집요한 반동분자 브란덴부르크(Friedrich Brandenburg) 장군에게 새로운 정부수립을 요청했다. 11월 9일에는 '국민의회'를 베를린에서 지방도시 브란덴부르크로 옮기라는 명령을 내렸는데, 이는 마르크스가 다음과 같이 요약한 프로이센 내 쿠데타의 진격신호가 되었다.

"의회 내의 브란덴부르크와 브란덴부르크 내의 의회![301] …… 의회 내의 위병소와 위병소 내의 의회!"[302]

마르크스는 의회가 "각료들을 당연히 **반역자로, 즉 인민의 주권에 대한 반역자로 체포했어야** 했다."라고 믿으면서, 의회는 이 시점에서 혁명적 행동을 취해야 마땅하다고 주장했다.

"의회는 자신의 명령 이외의 명령에 복종하는 모든 관리들을 **추방하고**(proscribed) 또 **사회적으로 매장했어야**(outlawed) 마땅했다."[303]라는 것이 마르크스의 믿음이었다. 하지만 의회로서는 이러한 조치가 너무나 강경하고도 혁명적인 것이었다. 의회는 베를린에 계속 눌러 있기로 결정하는 한편, 자신들의 저항행위를 수동적인 것에 한정시키겠다는 의도를 분명히 했다.

마르크스는 "투정이나 하고 사소한 일에나 신경을 쓰는 우유부단한 의회"의 전술들을 비난했다. 그는 의회에 대해 대중들과 프로이센 병사들의 힘에 호소할 것을 촉구하면서, 프랑스의 자코뱅적·평민적 방식을 동원할 것을 아울러 요구했다. 그는 인민들에게 "이 시점에서 **우리가** 할 일은 무엇인가?"[304] 하고 물었다. 그리고 그 대답은 "**납세를 거부해야 한다.**"라는 것이었다.

---

301) 프리드리히 브란덴부르크 장군과 소도시 브란덴부르크의 동음이의어식 풍자 – 옮긴이.
302) Ibid., Bd. 6, 7쪽.
303) Ibid., 8쪽.
304) Ibid., 11쪽.

그리하여 11월 11일 마르크스는 한편으로는 반혁명세력을 약화시키면서 그 재정적 기반을 흔들어놓고, 다른 한편으로는 평범한 인민대중을 투쟁 마당에 끌어들여 그들을 정부와 직접 대항하도록 할 기본 슬로건(물론 그 결정적 단계로서 정치투쟁을 염두에 둔 채)을 제시했다.

반혁명세력은 시간을 확보하면서 그들의 계획을 서둘러 진행시켰다. 11월 11일 일단의 반혁명군들이 '국민의회'가 개최되고 있는 극장 입구를 차단했다. 결국 의원들은 사격연습장에서 회의를 진행할 수밖에 없었다. 이어서 시민방위군의 무장을 해제, 이를 해산시키고 그 도시 일원에 계엄령을 선포한다는 포고령이 발표되었다. 마르크스는 이것이 또 다른 보다 고차원적인 반역행위라고 비난하면서 의원들에게 초(超)의회적 투쟁에 돌입할 것을 촉구했다.

"'국민의회'의 의석은 잡다한 석재더미 사이에 있는 것이 아니라 바로 인민들 사이에 있는 것이다."[305]

마르크스는 프롤레타리아트와 그 전위(공산주의자들)에게 가장 중대한 역할을 떠맡겼다. 그러면서도 반혁명세력의 음모를 무너뜨리고 그들에게 결정타를 가하기 위해 그 나라의 여러 진보세력들을 하나로 결집하는 데 심혈을 기울였다. 그리고 마르크스 자신은 라인주의 광범한 혁명운동의 심장과 정신이 되었다. 그의 주도 아래 '민주주의협회'와 '노동자동맹'은 쾰른과 그 근교에서 여러 차례 대중 집회를 개최했다. 11월 11일 아이저 홀에서 열린 한 집회에서는 '베를린국민의회'에 보내는 청원서가 채택되었다. 거기에는 왕실 포고령에 대한 거부를 끝까지 관철시킬 것을 촉구하는 내용이 담겨 있었다. 그리고 그 청원서에는 이튿날 정오까지 모두 7,000여 명이 서명했다. 참석자들은 이 집회를 상임기구로 유지할 것을 선언하고, 11월 13일에는 각종 민주주의적 경향과 공산주의자들을 대표하는 25인 성원의 '인민위원회'를 발족했다. '인민위원회'는 말하자면 9월 사태 기간 중 쾰른에서 설립한 '안전위원회'를 새롭고 보다 폭넓은 토대 위에서 부활시킨 것이었

---

305) Ibid., 21쪽.

다. 그리고 인민들이 선출한 이 '인민위원회'는 앞으로 그들의 혁명투쟁을 조직화하는 중추 역할을 하게 된다.

이제 인민을 위한 군대가 중차대한 문제로 등장했다. 11월 11일 아이저 홀 집회는 지난 9월에 징발당한 군대를 즉각 그 소유권자들에게 송환할 것을 쾰른 자치평의회에 요구했다. 그러나 '시(市)의 장로들(city fater)'은 이러한 요구에 마이동풍이었다. 한편 '민주주의협회'는 해산된 시민방위군을 재건하기 위해 각종 조치들을 취했으며, '쾰른노동자동맹'은 '특수기동대(flying squad)'를 조직하는 작업에 착수했다. 이와 함께 무기구입비 모금운동도 전개했는데, 『신라인신문』 판매부에서는 그러한 뜻에 동참하는 사람들의 기부금을 접수할 준비가 이미 되어 있다고 발표했다.

그러는 동안 군대 내에서도 많은 변화가 이루어지고 있었다. 11월 12일 '민주주의협회'는 쾰른수비대 병사들에게 보내는 서한을 채택했다. 이 서한은 병사들에게 전제군주 손아귀에서 놀아나는 앞잡이 노릇을 그만두도록 촉구하고 있었다. 『신라인신문』 143호에 덧붙여 발행한 11월 5일자 호외는 「조국이 위기에 처해 있다」는 표제와 함께, 당일 쾰른수비대와 예비군(Landwehr)의 집회가 아이저 홀에서 개최될 예정이라는 사실을 알렸다. 그리고 이 집회는 '베를린국민의회'가 수비대 측에 다음과 같은 요청을 해야 마땅하다고 주장했다. "수비대에게, 지난 1831년 다시 봉기해서 그 당시 외부의 적을 패퇴시켰던 것처럼 이번에는 내부의 적을 분쇄하도록 요청해야 한다."306)라는 것이었다. 아무튼 이와 정반대되는 엄격한 명령이 하달되었음에도 불구하고, 여러 수비대 집회에는 여전히 쾰른수비대 병사들이 참석했다. 이것은 곧 군대가 혁명적 동요 상태에 있다는 사실을 시사해주는 것이었다.

한편 농민들을 투쟁에 참여토록 하기 위해 '민주주의협회'와 '노동자동맹', '인민위원회'는 주변 촌락으로 밀사를 파견했다.

마르크스는 라인주에 있는 여러 도시의 민주주의자들과 공동 보조를

---

306) *Neue Rheinische Zeitung* No. 145, November 17, 1848.

취하기 위해 많은 노력을 쏟았다. 당시 뒤셀도르프에서 탁월한 활동으로 주목받고 있던 페르디난트 라살레(Ferdinand Lassalle)에게 보내는 11월 13일자 편지에서 마르크스는 '민주주의지역위원회'를 대표해서 뒤셀도르프 인민들이 다음과 같은 결의를 다져야 할 것이라고 권고했다.

1) 납세의 완전 거부(특히 농촌 지역에 이러한 분위기를 조성해야 한다는 점을 강조)
2) 베를린에 자원대 급파
3) 베를린 '민주주의협회 중앙위원회'에 자금 급송

한편 11월 14일 '민주주의지역위원회'로부터 날아든 한 호소문에 마르크스와 슈나이더 2세가 서명함으로써, 납세거부운동은 요구의 차원을 넘어 대중의 행동 슬로건으로 발전해갔다. 이 호소문은 라인주 전 민주단체에 대해 즉각 집회를 열어 라인주 전 주민을 납세거부운동에 참여토록 유도하라고 촉구하는 내용을 담고 있다. 하지만 마르크스는 적어도 이 슬로건이 '베를린국민의회'에서 채택될 때까지는, 그리고 그 밖의 다른 주에서도 이에 적극 동조하고 나설 때까지는 인민들이 납세를 거부하는 데 무력을 동원해서는 안 될 것으로 믿었다.

'지역위원회'의 이러한 호소는 라인주 내 수많은 도시들과 농촌 지역에서 즉각적인 공감을 얻었다. 또한 작센, 슐레지엔, 베스트팔렌 등지에서는 혁명적 동요가 일고 있다는 보고도 날아들었다. 하지만 이러한 공조체제가 얼마 안 가 무너지자 이 운동은 다시 자발적인 행동에 의존하게 되었다. 전국적 혁명투쟁에 저항운동의 주요 거점이 되는 지역들을 한데 결집하기 위해서는 기층 민중의 혁명적 활동이 보다 상층부의 어떤 행동, 즉 운동을 집중화할 능력을 갖춘 유일한 세력인 '베를린국민의회'의 활동에 의해 보강될 필요가 있었던 것이다.

마르크스는 바로 그러한 활동을 좌파 의원들이 떠맡을 수 있도록 유도하는 데 전력을 기울였다. 따라서 그는 그토록 위급한 시기에도 그들과 정기적인 서신 왕래를 유지했다. 그리고 이 서신 왕래는 주로 '쾰른노동자동맹' 회원들로 운영되는 특별 우편망에 의해 이루어졌다.

그리하여 11월 15일에는 드디어 '국민의회'가 라인주를 비롯한 다른 여러 주에서 날아드는 수많은 호소문에 못 이겨 납세거부(no-payment-of-taxes) 결정을 내렸다. 그리고 이 결정은 11월 17일자로 효력을 나타내기 시작했다. 마침내 마르크스의 슬로건이 전국적인 의미를 획득하면서 동시에 법적 구속력을 갖게 되었다. 그는 이 상황을 다음과 같이 기술하고 있다. 이제부터 **"납세는 곧 대역죄에 해당하며 납세거부는 곧 시민의 제1의무이다."**[307]

마르크스는 급속히 변화하는 정치적 상황에 능동적으로 대처하고, 그에 따라 투쟁의 형태와 방식을 수정하는 능력을 발휘함으로써 혁명적 전략·전술가로서 진면목을 보여주었다. 이제 '국민의회'의 결정은 세금의 강제징수에 무력으로 저항하자는 슬로건을 정당화시켰다. 바야흐로 비판의 무기가 무기의 비판으로 대체되고 있는 이렇듯 중차대한 시점에서, 마르크스는 11월 18일 '지역위원회'를 통해 새로운 호소문을 발표하고, 혁명적 민주주의 전반을 위한 행동강령을 개괄적으로 제시함으로써 또다시 주도권을 장악했다. 마르크스, 슈나이더 2세, 샤퍼 등이 서명한 이 호소문은 다음의 세 가지 새로운 슬로건을 담고 있다.

1) 강제 징수에 전국적으로 모든 수단을 동원해서 저항할 것
2) 적을 격퇴하기 위한 인민자원분대 조직
3) '국민의회'의 결정에 따르려 하지 않는 당국에 맞서기 위해 다수의 '안전위원회'를 설립할 것

특히 세 번째 항목은 본질적으로 무장봉기를 위한 조직 중심부이자 혁

---

307) Marx, Engels, *Werke*, Bd. 6, 30쪽.

명 권력의 맹아로서 새롭고도 진실로 대중적인 기관들을 설립하려는 발상에서 나온 것이었다.

반혁명세력들은 마르크스의 혁명적 활동에 제동을 걸기 위해 안간힘을 썼다. 「납세는 이제 그만!*No More Tax Payments!*」이라는 마르크스의 글이 『신라인신문』에 실린 다음 날 그는 조사관에 의해 소환되었다. 11월 14일 마르크스가 구속될 지경에 이르렀다는 소식이 시(市) 전체에 퍼져나갔고, 참으로 인상에 남을 만큼의 군중이 법원 청사 밖에 운집했다. 이에 검찰총장 츠바이펠은 법무상에게, 만약 마르크스가 구속된다면 그를 석방시키려는 군중들이 무력을 동원하는 사태가 발생할 것이라고 보고했다. 마침내 마르크스가 법원 청사를 빠져나오자 열광적인 환호성이 그를 휩쌌다. 그리고 그는 군중들의 호위를 받으며 아이저 홀에 도착, 그곳에서 그를 지지해준 모든 사람들에게 감사를 표했다.

당국은 '지역위원회'의 11월 18일자 호소문 때문에 다시 한 번 혼란에 빠졌다. 쾰른 행정구장관(Regierungs-präsident)[308]은 내무상 만토이펠(Manteuffel)에게 이 호소문을 작성한 자들(마르크스, 슈나이더 2세, 샤퍼)만 체포한다면 "이곳의 소란을 야기하는 주요인이 제거되는"[309] 셈이라고 보고했다. 11월 21일 사법당국이 공공연한 반란을 선동했다는 혐의로 다시금 소환장을 발부하자 마르크스와 샤퍼, 슈나이더 2세는 라인주 민주주의자들에게 또 다른 도발이 쾰른에서 계획되고 있으며 계엄령이 다시 선포될 것이라고 경고했다. 그들은 "이러한 음모를 분쇄하라. 우리 앞에 무슨 일이 닥치든 냉정을 유지하라."라고 외쳤다. 그런 와중에서 그들은 라인주가 결코 "총검의 지배에 굴복하지 않을 것"임을 천명하면서 인민들이 전쟁의 일선에 나설 수 있도록 모든 준비를 착실히 진행했다.

한편 '인민위원회'는 검찰총장 츠바이펠에게 대표를 파견하여 곧 검거선풍이 불어닥칠 것이라는 항간의 루머에 대한 해명을 요구했다. 당국은 고

---

308) 프로이센 중앙정부의 지역대표.

309) G. Becker, *Karl Marx und Friedrich Engels in Köln, 1848~1849*, Berlin 1963, 159쪽.

도로 긴장된 정국에 비추어 앞으로 자신들의 대처방식을 사법적 소송제기에 국한시켰다. 하지만 이것이 경찰의 전횡적인 행위까지 통제할 수는 없었다. 따라서 마르크스는 언젠가는 자신이 체포될 것으로 예상했다.

이렇듯 무척 힘든 상황에서도 마르크스는 자신이 개괄적으로 제시한 전술들을 확고하고도 적극적으로 실천에 옮겼다. 『신라인신문』은 11월 19일부터 1면에 '아무도 더 이상 납세하지 않는다!(Keine Steuern mehr!)'라는 표어를 실었다. 이러한 취지는 특집호나 호외를 통해 충분히 전달되었다.

제2차 '민주주의지역회의'는 마르크스가 거기에 적극적으로 참여하면서 일구어놓은 보다 진전된 혁명적 단계들을 논의하기 위해 쾰른에 모였다. 『신라인신문』은 이에 관해 단지 다음과 같은 간결한 기사를 게재했다.

"11월 23일 개최된 '라인민주주의회의'는 라인 지역위원회가 채택한 결정사항을 승인했다. 이곳 참석 대표들은 세부 지시사항들을 그들의 관련 단체에 고지할 예정이다."

따라서 회의는 마르크스의 행동 슬로건들을 승인했다. 그리고 대표들에게는 그것들을 실천에 옮길 방법에 관한 지침들을 내려보냈다. 마르크스와 라인주에서 활동하던 그의 추종자들은 인민들이 반혁명세력에 대항해 결정적인 전투를 치를 수 있도록 대비하는 데 전력을 다했다. 하지만 국가 전반에 걸친 투쟁이 성공을 거두기 위해서는 '프로이센국민의회'의 힘이 절대적으로 필요함에도 불구하고 '프로이센국민의회'는 줄곧 법적 테두리 내에서의 수동적 저항, 즉 대중들을 해체시키는 소심한 전술에 매달렸다. 마르크스는 이 전술을 도살장으로 끌려가는 송아지의 버티기라며 비꼬았다.

반혁명적인 왕당파들은 이에 재빨리 편승해서 12월 5일 다음과 같은 두 가지 포고령을 발표했다. 현행 '국민의회'를 해산하고 1849년 2월에 새로운 의원(議院, Chambers)을 소집할 것과, 의회의 사전 검토 없이 프로이센 헌법을 왕의 승인하에 공포할 것 등이 바로 그것이었다. 그리고 이것은 프로이센 내 쿠데타를 최종적으로 마무리 지었다.

마르크스는 이렇게 논평했다.

"'국민의회'는 이제 영원한 나약성과 비굴함의 과실을 거두고 있다. 지난 몇 개월 동안 '국민의회'는 무사히 활동을 진행하기 위해, 그리고 보다 강력한 세력으로 자라기 위해 인민들에 대한 음모가 진행되도록 방치했다. 하지만 결국 '국민의회'는 이 음모의 첫 번째 희생양이 되었다."310)

독일과 유럽 혁명들의 첫 결과와 전망

「부르주아지와 반혁명The Bourgeoisie and the Counter-Revolution」이라는 제목의 연재평론에서 마르크스는 1848년 3월에서 12월에 걸쳐 발생한 독일 혁명의 특징과 주요 단계들을 탁월하게 분석해냈다.

마르크스는 독일 혁명과 1648년의 영국 혁명, 1789년의 프랑스 혁명 사이의 근본적인 상이점을 분석해내는 가운데 부르주아 혁명의 각기 서로 다른 양태들에 관해 매우 중요한 이론적 결론을 도출해냈다. 영국과 프랑스 혁명에서 "부르주아지는 **진정으로** 그 운동의 전위를 형성한 계급이었다. 그때까지만 해도 **부르주아지에 속하지 않는 자치 시민층과 프롤레타리아트**는 그 어느 쪽도 부르주아지의 이익과 구별되는 이해관계를 갖고 있지 않았거나, 독자적으로 발전된 계급 혹은 계급의 세분화를 이루지 못하고 있었다."311)

그러나 프로이센 3월 혁명에서는 이러한 상황이 전혀 발생하지 않았다.

"독일 부르주아지는 스스로 봉건주의와 절대주의에 절박하게 직면하는 바로 그 순간 프롤레타리아트 및 그들과 이해관계나 사상적인 면에서 매우 비슷한 온갖 시민층(the burghers)의 위협적인 모습에 직면해 있는 자신을 발견할 만큼 아주 나태하고 소심하고 완만하게 발전해왔다. …… 어떤 선제 능력도 없이, 자신과 인민에 대한 믿음도 세계 역사상의 사명도 없이, 오직 낡아빠진 이해관계 속에서 강건한 인민의 혈기왕성한 추진력들

---

310) Marx, Engels, *Werke*, Bd. 6, 101쪽.
311) Marx, Engels, *Selected Works*, Vol. 1, 139쪽.

을 지도하고 유도할 운명에 있다고 스스로를 여기는 밉살스런 노인(눈도 귀도 이빨도 없는, 결국 아무것도 가진 것이 없는), 바로 이것이 3월 혁명 이후 프로이센 국가의 정권을 잡게 된 **프로이센 부르주아지**의 모습이다."[312)]

마르크스는 1848년 12월에 이르는 동안 프로이센에서 진전된 일련의 상황을 요약하는 과정에서 당시 인민들의 대단한 관심사였던 질문, 즉 독일 혁명에 대한 전망은 어떠한가라는 질문에 답했다.

"3월에서 12월에 이르는 프로이센 중간계급의 역사, 그리고 보다 일반적으로 독일 중간계급의 역사는 순수 **중간계급 혁명**과 입헌왕정의 형태를 띤 부르주아 지배체제의 확립이 독일 내에서는 불가능하다는 사실을 드러내 보여주었으며, 유일한 대안이 있다면 봉건·절대주의적 반혁명과 **사회공화주의 혁명**, 이 둘 중 어느 하나를 선택하는 길밖에 없다는 사실을 밝혀주었다."[313)]

따라서 마르크스는 다음 두 가지 가능성을 명백히 정식화했다. 하나는 봉건·절대주의 반혁명의 최종적 승리에 따른 대의제 및 집회·결사·언론의 자유(이 모든 것은 3월 혁명을 통해 획득된 바 있다)의 완전한 폐지이며, 다른 하나는 또 다른 혁명을 통해 프롤레타리아트와 농민 그리고 도시 프티부르주아지가 진정한 민주공화정을 수립하고 이를 기반으로 사회적 변화를 추구하며, 「독일에서의 공산당의 요구」에 개괄적으로 제시된 강령들을 실천에 옮기는 것이었다.

마르크스는 독일 혁명의 전망과 유럽 혁명의 발전 사이에 존재하는 유기적 연관을 계속 주시했으며, 1848년에 나타난 그것의 결과들과 보다 진척된 전망들을 11월 21일에 쓴 「이탈리아 혁명운동*The Revolutionary Movement in Italy*」과 1848년 말에 집필한 「혁명운동*The Revolutionary Movement*」, 이 두 평론을 통해 개략적으로 제시했다.

마르크스는 2월과 3월에 이룬 유럽 혁명의 성공적인 개가에 뒤이어 나

---

312) Ibid., 140~41쪽.
313) Marx, Engels, *Werke*, Bd. 6, 124쪽.

타난 반혁명적 공세를 다음의 주요 단계로 묘사했다. 즉 영국 혁명으로 가는 길을 차단한 4월 10일 런던 인민헌장운동가들의 시위의 붕괴, 혁명에 심대한 타격을 가한 6월 25일 파리 노동자들의 좌절, 8월 6일 오스트리아 군대의 밀라노 탈환, 11월 1일 빈 10월 봉기의 최종적 패배, 이 4단계가 바로 그것들이었다. 그리고 이 평론을 기고한 직후 베를린에서는 쿠데타가 발생했던 것이다.

이렇듯 비관적인 결과에 직면해서도 마르크스는 좌절하지 않았다. 마르크스는 인민들이 승리와 패배 양쪽을 통해서 무언가를 배웠다고 생각했다. 혁명 초기만 하더라도 인민은 사해동포주의(universal brotherhood)에 관한 환상과 막연한 열정에 사로잡혀 있었다. 하지만 온갖 반혁명적 만행들은 이 혁명투사에게 많은 것들을 가르쳐주었다.

"1848년 혁명운동의 주요 결과는 인민이 무언가를 얻었다는 점에 있는 것이 아니라 그들이 무언가(**그들의 환상들**)를 상실했다는 데 있다."[314]

마르크스는 유럽 혁명의 1849년도 전망을 분석하면서, 자신은 여전히 혁명적 선제공격이 프랑스로부터 이루어질 것으로 예상한다고 말했다. 그리하여 유럽 인민들은 갈리아의 수탉(Gallic cock)[315]이 홰를 치며 우는 소리를 듣고 잠에서 깨어날 것이다. 마르크스는 한편으로는 절대주의 체제의 전복과 피압박 민족의 독립 쟁취, 다른 한편으로는 프랑스 노동자들에 의한 성공적인 봉기 사이의 밀접한 연관성에 주목했다.

마르크스는 산업적, 상업적 주도권을 쥔 자본주의 영국을 프랑스 내 프롤레타리아 혁명의 주요 적으로 간주했다.

"**영국**은 혁명의 파도를 산산이 부숴버리는 바위와도 같다. …… 유럽 대륙의 특정 국가에서, 또는 영국을 제외한 전 유럽 대륙에서 경제적 관계에 어떤 격변이 일어나더라도 그것은 찻잔 속의 폭풍(a storm in a teacup)에

---

314) Ibid., 138쪽.
315) 갈리아는 이탈리아 북부·프랑스·벨기에·네덜란드·스위스·독일을 포함한 옛 로마의 속령. 흔히 프랑스를 가리킴 – 옮긴이.

불과할 것이다."316)

만약 프랑스에서 발생한 사회혁명을 영국 부르주아지가 진압하지 못한다면 낡은 부르주아 귀족주의 영국은 붕괴되고 말 터였다. 따라서 마르크스는 그러한 조건 아래서 프랑스 노동계급 혁명의 승리는 우선 유럽 전쟁으로 비화될 것이며, 거기에 영국이 연루될 것이기 때문에 곧 세계 전쟁으로 확산될 것이라고 믿고 있었다.

"영국은 나폴레옹 시대에도 그랬던 것처럼 반혁명 군대를 진두지휘하게 될 것이다. 그러나 전쟁 그 자체가 영국을 혁명운동의 선두에 내세울 것이다. 그리하여 영국은 18세기의 혁명에 진 빚을 갚을 것이다."317)

프랑스의 프롤레타리아 봉기가 국제적 수준에서 혁명세력과 반혁명세력의 대규모 충돌을 야기할 것이라는 마르크스의 믿음은 당시의 역사적 상황의 소산이었다. 유럽 혁명이 프랑스 노동계급의 새로운 승리 없이 새롭고 보다 고차원적인 단계로 고양된다는 것은 당시로서는 불가능한 일이었다. 또한 마르크스는 이러한 혁명 과정이 영국(경제적으로 가장 발달한 나라) 프롤레타리아 혁명의 승리를 통해 보다 원만히 진행될 수 있을 것이라고 믿었다. 그는 1847년 경제공황의 여파(산업자본주의의 초기 단계에서 전형적으로 나타나는 믿을 수 없을 만큼 야만적인 착취 형태와 방식, 직인들의 집단적 궁핍화, 농민들의 극단적으로 비참한 처지) 속에서 프롤레타리아 혁명의 씨앗을 발견했다.

그 당시 마르크스와 엥겔스는 이 모든 것들을 눈앞에 닥친 사회주의 혁명의 징후로 보았다. 그들은 당시의 자본주의 '노쇠' 현상을 과장하는 경향이 있었으며, 따라서 프롤레타리아 혁명의 승리가 좀 더 일찍 다가오리라는 기대 속에서 낙관론에 빠지는 오류를 범했다. 레닌은 이에 대해 다음과 같이 평가하고 있다.

"그러나 오류들(전 세계 프롤레타리아트를 사소하고 평범하며 일상적인 차

316) Ibid., 149쪽.
317) Ibid., 150쪽.

원의 임무 이상으로 끌어올리려 했고, 또 실제로 끌어올렸던 혁명적 사상의 거장들이 범한 오류들)은 혁명적 허영의 무상함과 혁명투쟁의 무용성, 그리고 반혁명적·입헌주의적 공상들을 찬미하고 외쳐대고 호소하고 제시했던 공식적 자유주의의 틀에 박힌 지혜에 비한다면 몇천배나 고결하고 당당하며 **역사적으로도 보다 가치 있고 진실한** 것이다."[318]

각 민주세력의 통일 작업

프로이센의 쿠데타 이후에는 일정 기간 소강상태가 유지되었다. 혁명세력과 반혁명세력은 양쪽 모두 최후의 결전을 위해 준비 중인 듯이 보였다.

1849년 1월부터 2월 초에 걸쳐 마르크스는 프로이센주 의회 제2대 의원 선거에 관심을 집중했다. 이 선거는 대체로 보통·평등선거에 입각해서 치러졌지만, 1848년 4월에 처음 도입된 직접선거는 아니었다. 그리고 이 선거의 결과가 민주주의 편에 유리하게 나타난다면 미래의 반혁명 음모를 분쇄할 반대파가 제2대 의원 내에 형성될 수 있는 좋은 기회가 될 터였다. 그래서 1월 중순에 쾰른으로 되돌아온 엥겔스와 마르크스는 이번 선거에 대단한 정치적 의미를 부여했고, 다시금 전 민주세력을 통일시키는 작업에 착수했던 것이다.

물론 국왕이 일방적으로 공표한(octroyed) 헌법을 받아들이고, 자체 내에 부분적 수정을 가할 것이라는 기대감으로 자기 자신과 인민을 현혹하고 있던 자유주의적 부르주아지가 완전히 노출·고립되는 것이야말로 민주주의의 승리를 위한 가장 중요한 조건이었다. 마르크스는 「몽테스키외 56세 *Montesquieu LVI*」라는 연재평론을 통해 부르주아지에게는 "국왕과 2대 의원(지방의 유지, 거물급 재정인사, 고위관리, 성직자 등으로 구성된)의 구미에 맞아야 한다."[319]는 조건 아래서만 헌법을 재검토할 기회가 주어질 것이라

---

318) V. I. Lenin, *Collected Works*, Vol. 12, 378쪽.
319) Marx, Engels, *Werke*, Bd. 66, 185쪽.

고 비꼬았다. 그는 또한 자유주의자들의 대변지인『쾰른신문』이 기존의 사회적 관계를 수정하는 방식을 통하지 않고서도 공표된 헌법에 의해 정치·사회적 문제들을 해결할 수 있다는 식으로 인민들을 기만하고 있다고 비난했다.

마르크스는 각 민주세력을 통일시키려 노력하는 가운데서도 민주주의 지역 내에 존재하는 여러 의견대립을 결코 적당히 얼버무리려 하지 않았다. 따라서 그는 베를린 구(舊)좌파 기관지인『국민신문National Zeitung』에 대해서 솔직하고도 준엄한 비판을 가했다. 이 신문은 '진정한 민주주의 입헌 체제'를 고수한다고 천명하면서, 혁명의 어떤 영속성도 거부하고 오로지 '합법·안정·질서'를 외쳐대고 있었다. 마르크스는 다음과 같이 썼다.

"이들 신사들은 한결같이 또 다른 혁명을 통하지 않고서는 결코 얻을 수 없는 것을 '원하고' 있다. 그러면서도 그들은 더 이상의 혁명을 원치 않고 있다."320)

마르크스는 또한 프티부르주아 민주주의자들을 비판하면서, 그들이 일반적인 민주주의적 임무들을 보다 일관성 있고 정력적으로 수행해야 할 것이라고 촉구했다.

한편 1월 15일에 개최된 '쾰른노동자동맹' 위원회의 한 집회에서는 2월 5일 제2대 의원 선거에서 그들이 취해야 할 전술들을 논의했다. 마르크스는 장황한 연설을 통해 선거 과정에서 민주주의자들과 행동을 통일해야 할 필요성을 역설했다. 이 연설은 대단한 성공을 거두었다. 즉 1월 22일 쾰른에서 선출된 선거인단의 3분의 2는 민주주의자들이었으며, 이들은 라인주의 여러 도시 및 농촌 지역에서도 승리를 거두었다. 이 예비선거는 "프티부르주아, 농민, 프롤레타리아트가 대부르주아지와 고급 귀족 및 고위관료로부터 이탈되었다는 사실을 보여주었다."321)

제2대 의원 선거는 마르크스의 전술이 정당했음을 다시 한 번 입증해주

---

320) Ibid., 207쪽.
321) Ibid., 216쪽.

었다. 전체 민주주의 전선에서 추천한 두 후보, 킬과 슈나이더 2세가 당선의 영광을 안았다. 그중에서도 특히 슈나이더 2세의 당선은, 그가 3일 후에 마르크스 및 샤퍼와 함께 법정에 출두하기로 되어 있었기 때문에 정치적으로 아주 중요한 의미를 지니고 있었다. 말하자면 공판이 열리기도 전에 이미 유권자 대다수가 그의 무죄를 선고해버린 셈이 된 것이다.

두 개의 재판

1848년 말에 이르기까지 카를 마르크스는 『신라인신문』과 그 편집자 몇 명을 상대로 한 당국의 소송이 계속 연기되는 사태를 그저 지켜볼 수밖에 없었다.

첫 번째 소송은 1848년 7월 5일에 게재된 「체포」라는 제목의 기사에 관한 것이었는데, 당국은 보다 유리한 정치적 상황을 기다리면서 그 재판을 몇 차례 연기했다. 그리고 마침내 공판이 열린 것은 1849년 2월 7일의 일이었다. 피고인석에는 마르크스와 엥겔스, 발행인 코르프가 앉아 있었고, 능숙한 변호사 슈나이더 2세는 마르크스와 엥겔스의 변호인으로 참석했다. 하지만 이 재판의 초점은 『신라인신문』과, 그리고 보다 일반적으로 보면 라인주와 독일 전체 언론의 자유를 수호하기 위한 피고인들의 대담한 발언에 있었다.

공판 과정을 지켜본 레스너는 당시의 상황을 이렇게 회상했다.

"흑백(the black-and-white)[322] 반동에 대해 탁월한 반론이 제기되고 있는 모습을 보고 듣는 것은 여간 즐거움이 아니었다. 심지어 이 두 사람의 적들조차도 그들에게 경탄을 금치 못할 지경이었다."[323]

마르크스는 적들이 갖고 있는 근거와 무기를 동원해서 그들을 격퇴했다. 그는 기소장에 대해 상세한 법적 분석을 가하고, 쾰른 검찰총장에 대한 모욕죄와 무장경관에 대한 명예훼손죄의 근거가 되고 있는 형법조항

---

322) 흑색과 백색은 프로이센을 상징하는 색깔이었다 – 옮긴이.

323) *Reminiscences of Marx and Engels*, 176쪽.

들이 전혀 불합리하다는 사실을 낱낱이 입증해 보였다. 나아가 마르크스는 이 재판이 갖고 있는 전반적인 정치적 의미를 밝혔다. 그는 배심원을 향해 이렇게 외쳤다. 이런 식의 법률 적용을 재가함으로써, "당신들은 혁명이 획득한, 그리고 당신들이 헌법을 통해 인정한 언론의 자유를 재차 말살하게 될 것이다. 그렇다면 당신들은 결국 관리들의 독단적인 행위를 재가하는 것이며, 어떤 직권상의 비열성을 탄핵하는 행위에 대해서만 벌을 부과함으로써 그러한 비열성에 칼자루를 쥐어주는 꼴이 되고 말 것이다."[324]

이에 덧붙여서 마르크스는 개인적으로 지방 무장경관들이나 검찰청 관리들과 붙잡고 씨름하고자 했던 것이 아니라, 어떤 획기적인 사건들에 관계하려고 했던 것이라고 말했다.

"본인은 **이러한** 적들을 향해 창을 들고 달려드는 일이 우리 편에서 보면 진정한 헌신이라고 생각한다. 하지만 그러한 일은(목전의 포위 상황에 있는 피압박 인민들을 옹호하기 위한) 언론의 의무이다. …… 언론은 **이러한** 무장경관, **이러한** 검찰관리, **이러한** '자치평의회'에 맞서 싸우는 일에 참여하지 않으면 안 된다."

방청석에서 '옳소!'라는 외침들이 들려오는 가운데 그는 다음과 같이 덧붙였다.

"**3월 혁명**은 왜 실패로 끝났는가? 이 혁명은 단지 정치적 상층부만을 개혁했을 뿐 그 토대(절대주의에 봉사하기 위해 탄생하여 그 속에서 자라고 퇴색해간 구 관료정치, 구식군대, 구 검찰청, 구 판사들)에 대해서는 털끝 하나 손대지 않았다. 따라서 이제 기존 정치체제의 모든 토대를 침식해 들어가는 일이야말로 언론의 제1의무가 아닐 수 없다."[325]

그리하여 마르크스는 피고석에 앉아서 언론의 자유를 옹호하고, 구 관리체제와 군대와 사법부를 분쇄할 인민혁명 사상을 전파했다.

----

324) Marx, Engels, *Werke*, Bd. 6, 231쪽.

325) Ibid., 234쪽.

마르크스에 이어 진술한 엥겔스는 「체포」에 제시된 모든 사실들은, 그 평론의 전반적인 정치적 결론(즉 '행동내각'이 구 귀족주의·관료주의 정부로 이행하기 위한 과도적 성격의 정부라는 결론)과 마찬가지로 글자 그대로 확인되었다고 말했다. 엥겔스는 재판관과 배심원을 향해서, 자신과 마르크스에게 죄가 있다면 그것은 "정확한 사실들을 정당히 발언하고 그로부터 정당한 결과를 도출한"[326] 죄밖에 없다고 진술했다.

마르크스와 엥겔스의 진술이 너무나 논리정연했기 때문에 배심원들로서도 그들에게 무죄판결을 내리지 않을 수 없었다. 그리고 이러한 판결과 함께 방청석은 환호로 뒤덮였다.

이튿날 마르크스는 샤퍼, 슈나이더 2세와 함께 다시 법정에 섰다. 그러나 이번에는 '민주주의협회' 라인 지역위원회의 제2차 호소문과 관련해서 '반란선동 혐의'를 심문받기 위해서였다. 『독일·런던신문』은 법정이 전날과 마찬가지로 "인산인해를 이루었다."[327] 라고 보도했다.

마르크스는 장시간의 진술을 통해 프로이센 쿠데타의 저의에 대해 심층적인 이론적 분석을 가하고, '민주주의협회' 라인 지역위원회가 채택한 전술들을 옹호하는 한편으로 쿠데타의 진정한 성격을 규명했다.

마르크스는 혁명이 '법의 테두리' 내에 한정되어야 한다는 발상에 비판을 가하고, 시대에 뒤처진 법적 상부구조에 대한 혁명의 입장에 관해 매우 중요한 이론적 결론을 도출해냈다. 사회가 법률 위에 기초하고 있다는 법학자들의 관념론적 견해와는 대조적으로 마르크스는 다음과 같이 자신의 생각을 피력했다.

"법은 사회에 근거를 두어야 한다. 그것은 사회의 공동 이익과 필요를 표현해야 한다. …… 그리고 그러한 것들은 특정 시기에 우세한 물질 생산 양식으로부터 연원하는 것이다."[328]

마르크스는 구법이 새로운 사회 발전의 기초로 봉사할 수는 없는 일이

---

326) Marx, Engels, *Werke*, Bd. 6, 239쪽.
327) Ibid., 580쪽.
328) Ibid., 245쪽.

며, 따라서 혁명은 낡은 법적 상부구조를 파괴하는 중차대한 임무를 띠고 있다고 강조했다.

또한 마르크스는 유물론에 입각해서 위험천만한 '타협'론을 비판했다. 그는 국왕과 '국민의회' 사이의 충돌이 불가피하다는 사실을 지적하면서 그것의 사회적 본질을 밝혀냈다.

"그것은 비록 정치적 형태를 띠고 있기는 하지만 두 사회 사이의 갈등, 즉 일종의 **사회적 갈등**이다. **그것은 구 봉건관료주의 사회와 근대 부르주아 사회의 투쟁이며, 자유경쟁 사회와 길드 사회**의 투쟁임과 동시에, 토지소유 사회와 산업사회의 투쟁일뿐더러, 종교적 사회와 과학적 사회의 투쟁이기도 하다."[329]

한편 마르크스는 라인 지역위원회의 11월 18일자 호소문과 관련하여 납세거부가 인민의 이익을 배신한 정부에 대한 대중의 합법적 자위수단임을 입증하기 위해 여러 역사적 전례들을 인용했다. 그리고 이 경우 폭력을 동원함으로써 법을 위반한 쪽은 바로 왕권이었다. 요컨대 마르크스의 주요 사상은 인민이 그러한 전횡적 행위에 저항할, 양도할 수 없는 권리와 의무를 갖고 있다는 것이었다. 즉 인민은 전제군주의 폭력에 맞서서 기존 정치체제를 전복할 만한 혁명적 폭력을 동원할 수 있다는 것이다. 마르크스는 피고인들이 호소문을 통해서 '프로이센국민의회' 그 자체를 훨씬 앞질러갔다는 검찰관의 비난에 반박하면서, 의회는 일관성 없는 태도를 취했으며 대다수 의원들은 비굴하기 짝이 없었다고 말했다.

"'국민의회'의 행동거지는 더 이상 인민들의 판단기준으로 봉사할 수 없었다. …… 만일 국왕이 반혁명을 도발한다면 인민들은 혁명으로 이에 답할 권리가 있다."

결론적으로 마르크스는 투쟁은 결코 끝나지 않았으며, 이것은 단지 제1막이 끝난 것에 불과하다고 강조했다. 그러면서 그는 "반혁명의 완전한

---

329) Ibid., 252~53쪽.

승리냐 아니면 새로운 성공적 혁명이냐!"[330] 하는 두 가지 선택의 길이 그들 앞에 놓여 있다고 말했다.

훗날 엥겔스는, 부르주아 배심원들 앞에 선 마르크스의 모습은 자신이 애써 성취하려는 일이 바로 부르주아가 마땅히 행했어야 할 일이라는 사실을 밝혀야겠다는 의무감으로 가득 찬 한 공산주의자의 모습이었다고 썼다. 마르크스의 진술은 배심원장이 그의 교훈적인 설명에 감사를 표했을 정도로 배심원들에게 강한 인상을 남겼다. 그리하여 피고인은 다시금 무죄판결을 받았다.

이에 당국은 이 위험천만한 혁명가 마르크스에 대한 처리방법을 놓고 골머리를 앓게 되었다. 쾰른수비대 사령관은 '라인주 내 질서교란'[331]의 원흉인 그를 추방해야 한다고 주장했다. 결국 경찰당국은 한편으로는 대중들의 항의가 두려웠음에도 불구하고 추방허가를 요청했다. 이에 내무상 만토이펠이 추방허가 명령을 내렸는데, 그 시기와 구실을 결정하는 일은 쾰른 당국에 일임하였다.

1849년 2~3월의 마르크스

2월 26일 제2대 의원이 소집된 유일한 목적은 쿠데타의 합법성에 날인하는 것이었다. 인민들은 세 가지 반동적인 법안(클럽과 집회에 관한 법안과 벽보에 관한, 그리고 언론에 관한 법안) 때문에 침묵을 지킬 수밖에 없었다. 마르크스는 이 법안이 1819년 런던에서 발효된 반대중법(anti-popular Act)과 유사한 점에 비추어 이를 '재갈 법안(Gagging Bills)'이라고 불렀다. 하지만 의원들은 겁에 질려 있을 뿐이었고, 심지어 좌파 의원들 중에는 우파로 전향하는 사람들도 있었다. 그것은 제2대 의원에 대한 마르크스와 엥겔스의 평론들이 거의 대부분 좌파에 대한 예리한 비판을 담고 있었기 때문이었다.

---

330) Ibid., 256, 257쪽.
331) G. Becker, *Karl Marx and Friedrich Engels in Köln, 1848~1849*, 206쪽.

이에 마르크스는 인민들이 의원들에게 강력한 압력을 가하는 일이야말로 특히 중요하다고 믿고 있었다. 바로 쾰른 주민들이 그러한 전례를 남겼기 때문이었다. 3월 11일에 열린 대규모 선거인단 집회에서는 볼프와 마르크스를 비롯한 공산주의자들도 포함한 9인 위원회 설립을 위해 투표가 이루어졌다. 마르크스는 독일시민권이 없기 때문에 공식적인 피선거권자는 아니었지만, 마르크스의 선출은 그 자체로서 정치적 시위 효과를 거두었다. 위원회는 선거인단의 집회를 소집하고 그들의 청원서와 항의문을 제2대 의원 내 대의원들에게 전달하는 임무를 맡았다. 앞서의 집회에서는 베를린의 계엄령 해제를 요구하도록 의원들에게 요청했다. 3월 16일에 열린 한 집회에서는 '재갈 법안'에 대한 논의가 있었다. 이어『신라인신문』식의 문체로 작성한 청원서에 수천의 인민들이 서명했다. 쾰른에서 의원으로 선출된 킬과 슈나이더 2세에게는 별도의 편지가 전달되었다. 이 편지에는 만일 이 법안이 통과된다면 라인주 의원들은 제2대 의원에서 탈퇴해야 할 것이라는 요구(마르크스가 정식화한)가 담겨 있었다. 한편 쾰른수비대 사령관은 이들 집회에 관한 보고서를 통해 전쟁장관에게『신라인신문』편집자들이 집회를 주도하고 있다고 핏대를 올렸다.

당시 민주주의 대중들 사이에서 열리곤 했던 특별 집회는 또 다른 형태의 정치활동 무대였다. 이러한 집회는 1849년 2월에 처음 열린 이후 점차 라인주의 여러 도시로 확산되었다. 최초의 집회는 2월 11일 뮐하임온라인(Mülheim-on-Rhine)에서 그곳 '노동자동맹'의 주최로 열렸다. 마르크스는 이 집회에 참석해서 수많은 청중들에게 독일 노동자들이 다른 나라, 예컨대 프랑스·영국·벨기에·스위스 등의 혁명운동에 참여했던 상황을 설명했다. 그리고 그곳에서는 "지금 이곳에 참석하신『신라인신문』의 편집장 **카를 마르크스** 씨처럼 2월 혁명이 일어나기 오래전부터 줄곧 말과 행동으로 노동계급의 권리를 옹호해오신"[332] 여러 내빈들에게 경의를 표하는 축배도 있었다.

---

332) Marx, Engels, *Werke*, Bd. 6, 581쪽.

2월 24일에는 '노동자동맹'과 '민주주의협회' 주최로 프랑스 2월 혁명 1주년을 기념하는 또 다른 민주주의자 집회가 쾰른에서 열렸다. 아이저 홀의 넓은 공간이 사람들로 만원을 이루었다. 이 집회의 기조는 모든 나라 민주주의자들의 국제적 연대였으며, 참석자들은 2월과 6월 봉기에서 목숨을 잃은 사람들을 추도하는 행사도 가졌다.

『신라인신문』 편집자들은 3월 혁명 1주년을 기념하는 여러 연회에도 초대받았으나 그 자리를 축하하고 싶은 마음이 내키지 않았다.

"우리는 오늘 그 어디에서도 사설로 다룰 만한 화제를 찾을 수 없었다는 점을 독자들에게 솔직히 시인해야 한다. 베를린 3월 혁명은 빈 혁명의 희미한 반향에 불과했다. 따라서 그것이 우리의 기쁨을 불러일으킬 리 만무했다."라고 그들은 썼다.

마르크스와 『신라인신문』의 여러 편집자들은 '노동자동맹'과 '민주주의협회'가 베를린의 바리케이드 투쟁을 기리기 위해 마련한 3월 19일의 한 집회에 참석했다. 6,000여 명의 청중이 운집한 가운데 엥겔스는 파리의 6월 항쟁 전사들을 위해, 샤퍼는 영국의 인민헌장운동가들을 위해, 드롱케는 프롤레타리아 혁명을 위해 축배를 들자고 각각 제안했다. 한편 프라일리그라트는 「마르세예즈 _Marseillaise_」[333] 가락에 혁명적 감정을 북받쳐 오르게 하는 가사를 붙인 찬가 「르베이유 _Reveille_」를 지었다.

그것은 6월과 3월을 비교하면서 붉은 깃발 아래 새로운 혁명이 필요하다는 점을 역설하고 있었다. 이 집회는 붉은 공화국(Red Republic)을 위한 참석자 전원의 축배와 함께 막을 내렸는데, 『신라인신문』은 이 집회를 '프롤레타리아 축제(proletarian festival)'로 명명했다.

마르크스와 그의 신문의 인기는 날로 치솟았다. 『신라인신문』에 의해 확산된 사상은 쾰른수비대에까지 스며들어, 급기야 신문 편집자들은 3월 15일자로 제34보병연대로부터 다음과 같은 편지를 받기에 이른다.

"마르크스, 샤퍼, 엥겔스, 볼프, 코르프, 안네케, 보이스트, 이 이름들은

---

333) 프랑스 혁명가(革命歌) – 옮긴이.

우리의 기억으로부터 결코 지워질 수 없을 것입니다."[334]

이 편지는 1,700여 명에 이르는 병사들의 서명을 담고 있었다.

퀼른에서 이렇듯 공산주의적 영향력이 확산될 수 있었던 것은 대부분 '노동자동맹' 내 마르크스 추종자들이 얻고 있던 신망 덕분이었다. '동맹'은 2월 중 영토상의 원칙들에 근거해서 새로운 규약을 마련했다. 이 규약에 따라 '동맹'은 9개 지부를 갖게 되었으며, 각 지부에는 매월 정기회비를 납부하는 신입회원들을 모집할 권한이 부여되었다. 정치토론도 이들 지부를 중심으로 이루어지게 되었는데, 일반적으로 『신라인신문』 지도부에서 분석한 가장 절박한 정치적 현안들을 다루었다.

'동맹'은 1847년의 공황과 실업으로 심각한 타격을 받은 채 여전히 열악한 조건 아래 방치되어 있던 노동자들과 직인들의 경제적 권익 수호에도 많은 관심을 보였다. 퀼른 당국은 이러한 불만의 자연발생적인 분출을 두려워한 나머지 일정 부분의 무직자들을 공공사업에 고용했다. 하지만 그들은 '업무성적표'에 빠짐없이 서명해야 했을 뿐만 아니라 매우 엄격한 징계규정을 엄수해야만 했다. 마르크스는 1849년 1월 초순경에 쓴 평론 「어느 부르주아의 기록A Bourgeois Document」에서 이렇듯 야만적이고 냉소적인 체제에 오명의 낙인을 찍는 가운데, 감옥과도 같은 따분함의 연속인 극빈자들의 노역소를 설립했던 영국 부르주아지와 마찬가지로, 프로이센 부르주아지는 복수심에 자비심의 허울을 결합시켰다고 폭로했다.

대중적 프롤레타리아 당 창건을 위한 실천적 조치들

프롤레타리아트를 하나의 독자적인 정치세력으로 탈바꿈시키려는 노력의 일환으로 마르크스와 그 추종자들은 노동자들을 프티부르주아 민주주의자들로부터 이데올로기·정치·조직적으로 분리시켜, 그들이 자신의 당을 확립토록 하는 데 계속 노력했다. 하지만 퀼른의 '공산주의자동맹' 회원들이 마르크스나 다른 중앙위원회 위원들과 직접적인 접촉을 가질 수

---

334) *The Communist League-the Forerunner of the First International*, Russ. ed., 233쪽.

있었던 데 반해, 그 밖의 지역 회원들은 런던·파리·스위스·벨기에 및 그 외 다른 도시의 '동맹' 지방조직들과 쾰른 중앙위원회 사이를 연결해주는 조직적 끈이 점차 약화되어 결국 사라져버리고 말았다.

'공산주의자동맹'의 비밀주의에 종지부를 찍어야 한다는 생각을 결코 받아들이지 않았던 요제프 몰은 런던 도착 직후 하인리히 바우어 및 요한 게오르크 에카리우스(Johann Georg Eccarius)와 함께 새로운 중앙위원회 구성에 착수했다. 1848년 말과 49년 초에 런던 중앙위원회는 마르크스와 쾰른 중앙위원회의 동의 여부와는 관계없이 '공산주의자동맹'을 재편성하기 위해, 즉 런던에서 마련한 새로운 규약에 따라 '동맹'을 비밀단체로 더시 전환하기 위해 몰을 독일로 파견했다.

훗날 '공산주의자동맹' 회원인 페터 게르하르트 뢰저(Peter Gerhard Röser) 는 몰과의 만남이 1849년 봄 『신라인신문』 사옥에서 이루어졌으며, 그 자리에는 쾰른 중앙위원회 위원들(마르크스, 엥겔스, 볼프, 샤퍼)과 샤퍼가 쾰른에 설립한 비밀 '동맹' 지방조직의 회원들(뢰저, 노트융[Nothjung], 라이프[Reiff], 하우데[Haude], 에서, 뮐러[Müller])이 참석했다고 보고했다. 뢰저의 보고에 따르면, 몰은 비밀 '동맹'으로 복귀할 것을 주장한 반면, 마르크스와 엥겔스 및 볼프는 합법적 공산주의 활동을 위한 조건들이 여전히 독일 내에 존재한다는 이유를 들어 이를 거절했다고 한다. 그들은 '혁명정당 규약'으로 명명된 런던 중앙위원회 규약을 강력히 반대했다. 그들의 주장에 따르면, 런던 중앙위원회는 '공산주의라는 유령'이 노동자들을 혼비백산시킬 것을 우려한 나머지 이러한 규약을 마련한 것이 분명하다는 것이었다. 구 규약의 제1절이 '동맹'의 공산주의적 목표를 명쾌하게 정식화하고 있는 데 반해, 신 규약은 "'동맹'의 목표는 통일된 불가분의 사회적 공화국 (social Republic)을 수립하는 것이다."라고 밝히고 있다. 또한 회원의 자격요건을 명시하는 조항인 제2절에는 공산주의의 수용이라는 요건이 그 어디에도 밝혀져 있지 않았다. 따라서 마르크스는 이 신 규약이 본질적으로 공산주의적인 성격을 띠고 있지 않다고 언명했다. 그는 또한 그것들이 혁명적 투쟁을 음모적 행위로 전락시켰다고 비난했다. 그러한 규약은 사실상 대중적 프롤레타리아 당의 확립을 촉진시키기는커녕 오히려 그것을 방해했다.

런던과 쾰른 사이의 견해차는 '공산주의자동맹'의 파리 지역위원회 의장이자 『신라인신문』 통신원이었던 에버베크에 의해(헤스 및 고트샬크와 함께) 이미 전개되기 시작했던 갖가지 술책들 때문에 더욱 심화되고 있었다. 베를린에서 열린 제2차 민주주의자 회의에 파리 거주 독일 민주주의자들을 대표해서 참석한 에버베크는 쾰른 중앙위원회에 대한 일종의 평형추로서 '동맹'의 새로운 지도중심부를 프로이센의 수도에 설립해야 한다는 자신과 헤스의 계획을 전파하기 시작했다. 아울러 그는 마르크스와 엥겔스 사이를 갈라놓으려고 했다. 그러한 시도에 대해 마르크스가 보인 반응은 에버베크가 헤스에게 보낸 11월 14일자 발신 서한에 잘 묘사되어 있다. 그는 마르크스가 "엥겔스에 관해 매우 열광적인 태도를 보였으며 그를 '지적으로, 도덕적으로 그리고 품성으로도' 매우 탁월한 인물로 여기고 있었다."[335]라고 전했다.

점차 복잡해진 '공산주의자동맹' 내의 상황에도 불구하고, 마르크스와 그의 동료들은 혁명 초기에 독일 프롤레타리아트와 그 핵심인 공산주의자들의 대중적 합법 정치조직을 설립하기 위해 채택했던 노선을 일관성 있게 추진해나갔다. 마르크스가 이미 예상했던 대로 실천적 혁명투쟁, 특히 1848년 11월과 12월의 사태는 노동자들에게 훌륭한 정치학습의 장을 마련해주었다. 그들의 생활 그 자체가 편협한 직업별조합(craft union)의 틀을 깨뜨리면서 그들이 정치에 눈을 돌리도록 강요하고 있었던 것이다. 그러는 동안 프티부르주아 민주주의자들의 족적을 추종하고 있던 노동자들은 그들의 소심성을 깨닫고 자신의 정치적 입장을 확립해야 할 필요성을 느끼게 되었다.

혁명의 경험은 노동자 친목회와 그 단체의 지도자인 슈테판 보른에 대

---

335) *The Communist League-the forerunner of Fist International*, Russ. ed., 218쪽.

해서도 불가피하게 일정한 영향을 미쳤다. 그는 11월 사태와 '국민의회'의 강제해산을 지켜보면서 자신의 어조를 일정 정도 변화시키지 않을 수 없었다. 라인 지역위원회의 11월 18일자 호소문에 명백히 영향을 받은 '친목회' 중앙위원회는 모든 지방·지역 위원회에 노동자들을 무장시키는 데 최선을 다할 것을 촉구했다. 보른은 독일인들이 태형(笞刑)과 '자유의 검(sword of freedom)', 이 둘 중 하나를 선택해야 하는 기로에 서 있다고 묘사했다.

이렇듯 심각한 변화들(독일 노동계급 운동 속에서 명백한 증거를 찾을 수 있다)은 1848년 겨울과 이듬해 봄에 걸쳐 수없이 개최된 여러 회의들에 그대로 반영되었다. 1849년 1월 말 하이델베르크 회의는 주로 북부 독일에 영향력을 확산해왔던 '노동자친목회'와 독일 남부의 여러 노동자 조직들을 한데 규합했던 '독일총노동자회의(General German Worker's Congress)'의 지도부를 통합한다는 결정을 내렸다. 그리하여 라이프치히에 소재지를 두기로 한 통합중앙위원회(United Central Committee)는 정치·사회적 목적을 지닌 전 독일 노동자조합 결성을 위해 전국 노동자 회의를 소집하기로 했다. 그리고 이와 비슷한 결정들이 함부르크, 튀링겐([Thüringen]; 알텐부르크[Altenburg]), 뷔르템베르크([Württemberg]; 괴핑겐[Göppingen]), 바이에른([Bayern]; 뉘른베르크[Nürnberg]) 등지에서 열린 노동자 회의에서 채택되었다.

마르크스와 엥겔스는 노동계급 운동에 나타난 새로운 경향들(통일에 대한 추구, 편협한 수공업조합 정신과 '경제주의'를 배제하기 위한 노력, 프티부르주아 민주주의에 대한 환멸, 독자적인 정치적 입장의 모색 등)에 대해 심사숙고했다. 그 결과 그들은 새로이 부상하는 전국적인 독일 노동자 조직에 참여해서 이들을 대중 정당으로 변화시켜야 할 필요가 있다고 느꼈다.

그리고 이것은 프롤레타리아적 세계관에 대한 강력한 선전활동, 민주주의자들과 협력 형태 변화, 전 독일 프롤레타리아 조직 내에서 공산주의자들의 영향력 확보를 위한 다양한 수단개발 등을 요구했다.

마르크스는 저서 「임금노동과 자본*Wage Labour and Capital*」(1847년 12월에

브뤼셀에서 독일 노동자들을 대상으로 한 강연 내용)이 독일 노동자들의 자체 정당 창건을 위한 이데올로기적 준비에 매우 중요한 몫을 담당할 것으로 믿었다. 그리하여 이 저서는 1849년 4월 5일부터 『신라인신문』에 연재되기 시작했다. 이를 두고 엥겔스는 그 신문의 기본노선이 갖는 사회적 목적을 하나의 사실로 보여준 것이라고 평가했다.

마르크스는 짤막한 서문을 통해 이렇게 말했다.

"우리 독자들은 1848년에 어마어마한 정치적 형태 속에서 발전해나가는 계급투쟁을 이미 목격한 바 있다. 그리고 이후 시간이 흐르면서 바야흐로 경제적 관계라는 문제를 보다 면밀히 고찰해야 할 필요성이 점증하고 있다. 그 경제적 관계란 바로 노동자들의 노예상태뿐만 아니라, 부르주아지의 실존과 그 계급지배의 기초가 된다."[336]

'쾰른노동자동맹'은 4월 11일 위원회 회의를 열어 '동맹'의 모든 지부(또한 독일 내 모든 노동자 조직)에 임금노동과 자본에 관련된 여러 평론들에 기초해서 사회적 문제를 논의할 것을 촉구함으로써, 바야흐로 전체 독일 노동계급 운동의 이데올로기적 중심으로 기능했다.

마르크스와 그 추종자들은 노동자들의 정치적·이데올로기적·조직적 완전독립이라는 차원에서, 프티부르주아 민주주의자들과의 조직상의 분리를 위해 모든 민주주의적 동맹에서 탈퇴할 것을 요구하는 매우 중요한 결정을 4월 14일자로 채택했다. 제2대 의원의 대의원으로 선출된 슈나이더 2세의 탈퇴에 따라 그 구성인원이 헤르만 베커, 마르크스, 샤퍼, 안네케, 빌헬름 볼프 등 5인으로 줄어든 '민주주의자협회' 라인 지역위원회의 한 회합에서 베커를 제외한 나머지 4인의 위원은 다음과 같이 선언했다.

"우리는 여러 민주주의 조직들의 기존 통합 단체가 우리의 대의를 위해 효과적으로 활동하기에는 너무도 많은 이질적 인자들을 담고 있다고 생각한다. 게다가 우리는 노동자 단체들로 이루어진 긴밀한 동맹체가 비슷한 인자들로 구성되어 있다는 의미에서 좀 더 바람직하다는 데 의견을 모

---

336) Marx and Engels, *Selected Works*, Vol. 1, 151쪽.

왔다. 따라서 우리는 오늘 날짜로 '민주주의자협회' 라인 지역위원회에서 탈퇴할 것을 선언한다."[337]

그러나 이러한 선언은 민주주의자들과의 동맹관계를 포기한다는 의미는 아니었으며, 단순히 새로운 정치 상황 속에서는 그러한 동맹관계가 새로운 형태, 즉 공동의 적에 맞서는 싸움에서 두 독자적인 조직이 연대행동을 펴는 형태를 취해야 한다는 점을 지적한 것에 불과했다.

이와 비슷한 방식으로 '쾰른노동자동맹' 역시 자신들과 민주주의자들 사이에 일정한 선을 긋기로 결정했다. 4월 16일 '동맹' 총회는 독일 내 '민주주의자협회' 연맹으로부터 탈퇴하여 '독일노동자협회연합(the Union of German Workers' Association)'(라이프치히에 중앙위원회를 둠)에 가입할 것을 만장일치로 결의했다. 총회는 또한 한 노동자 총회에 대표단을 파견할 것을 결정하고, 그전에 쾰른에서 라인주 및 베스트팔렌 지역의 전 노동자협회 회의를 개최해야 한다는 요구를 받아들였다. 그리고 이를 위한 준비 작업을 마르크스에게 일임하였다. 하지만 그는 4월 중순경 쾰른을 잠시 떠나 있어야 했기 때문에 이 작업에 참여할 수 없었다. 그가 브레멘·함부르크·빌레펠트(Bielefeld)·함(Hamm) 등지를 방문한 것은 『신라인신문』이 처한 절박한 재정적 어려움을 해결하고, 프롤레타리아 당을 창건하기 위한 준비 작업에 절실히 필요한 공산주의자·노동자 단체들과의 긴밀한 연대를 확립하고자 하는 열망 때문이었다.

『신라인신문』과 헝가리·이탈리아의 민족해방투쟁

헝가리 혁명정신(혁명군은 이 과정에서 오스트리아 군대에 치명적인 패배를 안겨주었다)은 1849년 봄 당시 마르크스가 구상한 정치적 전략상 중요한 요소였다. 그는 헝가리 혁명투쟁의 빛나는 불꽃이 독일, 프랑스, 이탈리아 등지에서 다시금 쌓여가고 있는 가연성 물질에 불을 댕길 것으로 내다보았다.

---

337) Marx, Engels, *Werke*, Bd. 6, 426쪽.

마르크스의 요청에 따라 엥겔스는 헝가리 민족해방전쟁에 대한 정치적 분석과 군사작전을 고찰한 일련의 평론들과, 1849년 1월 스위스에서 보냈던 헝가리 투쟁에 관한 최초의 평론을 좀 더 완벽하게 마무리 짓기로 했다. 엥겔스는 헝가리인의 용기와 신속한 무기제조 체제 확립, 혁명투쟁을 가로막는 세력에 대한 비타협적 태도와 그들의 정력에 찬사를 보냈다.

엥겔스는 헝가리 혁명전쟁 과정의 세력 배치도를 분석하고 모든 민족운동을 혁명적 관점에서 비추어 고찰하면서, 이 사건들 속에서 다양한 인민들이 맡았던 역할을 평가했다. 착취에 근거하고 있는 사회 내에서 계급 대립은 착취계급이 자신의 이기적인 목적을 위해 이용하는 민족적 갈등과 교묘히 뒤섞여 있다. 역사적 상황에 따라 그들은 영토 확장 전쟁과, 민족해방 및 사회적 해방을 위해 싸우는 다른 인민들과의 전쟁에 자신들의 인민을 연루시키기 위해 기만과 폭력을 동원한다. 절대주의와 봉건유제에 맞선 싸움이 민족들 사이의 첨예한 충돌로 인해 심화되었던 1848년과 1849년 당시, 지배계급들은 일부 국민들로 하여금 부르주아 민주주의 혁명을 위해 투쟁하고 있는 다른 국민들에 맞서게 함으로써 그들이 반동적 역할을 짊어지도록 획책했다. 이러한 맥락 속에서 엥겔스는 혁명에서 각자의 역할에 따라 혁명적 국민과 반동적 국민을 구분했다.

레닌은 1848년과 49년 구체적인 역사적 조건들에 비추어볼 때, 이것이 결코 프롤레타리아 국제주의에 위배되지 않는 매우 올바른 평가였다고 생각했다. 그는 다음과 같이 기술하고 있다.

"당시 마르크스와 엥겔스는 유럽 내에서 '러시아의 전초부대(Russian outposts)'로 활약하는 '전체 반동 국민들'과 '혁명적 국민들', 즉 독일인·폴란드인·마자르인(헝가리인) 사이에 명쾌하고도 뚜렷한 **선**을 그었다. 그리고 이것은 하나의 사실이었다. 그것은 **그 당시는 의심할 여지없는 진실**로 나타났다. 즉 1848년 당시 체코인 등등은 사실상 차르 체제의 전초부대로서 반동적 국민이었던 데 반해, 혁명적 국민들은 차르 체제를 자신들의 주요 적으로 삼고 자유를 위해 투쟁하고 있었다."338)

『신라인신문』의 평론들을 1848~49년의 혁명기에 오스트리아의 슬라브 민족운동이 떠맡은 객관적 역할들을 올바로 평가했지만, 부정확하고 그릇된 견해들도 담고 있었다. 따라서 엥겔스는 오스트리아 제국의 영토에 거주하고 있는 소수 슬라브 인민들(폴란드인들은 제외하고)은 더 이상 독립적인 민족적 실존을 유지할 수 없으며, 결국 불가피하게 인근 강대국에 흡수·동화될 수밖에 없을 것이라고 생각을 구체화했다. 그는 자본주의적 집중화 경향과 대국 확립 경향에 대해서 주목했음에도 불구하고 그 밖의 다른 경향, 즉 소수 민족들의 민족 압제에 저항하는 투쟁과 독립을 위한 투쟁의 흐름에 대해서는 주목하지 않았다. 물론 이 경우, 엥겔스가 즉각 이에 대해 중요한 단서를 달았다는 점을 강조하지 않을 수 없다.

"만일 압제받던 슬라브 민족이 특정 순간 **새로운 혁명적 역사**를 열었다면 그 역사는 홀로 그들의 능력을 보여주었을 것이다. 하지만 혁명이 그들의 해방에 관심을 갖는 바로 그 순간부터 독일인과 마자르인의 특수한 이해관계는 유럽 혁명이라는 보다 중요한 이해관계 앞에서 그 자취를 감추고 말 것이다."339)

『신라인신문』이 인정한 이러한 가능성은 곧바로 역사적 현실로 드러났다. 오스트리아 제국의 소수 슬라브족들이 경제적으로 발전하고 그들 중 더 많은 대중이 민족해방투쟁에 참여함에 따라, 그리고 그들의 의식과 조직이 성장함에 따라 민족운동은 더욱 민주주의적 성향을 띠게 되었고, 혁명투쟁 전선의 확대에 도움을 주었다. 소수 슬라브족들은 일단 오스트리아 제국에 의해 압제당하고 예속되자 독자적인 민족적 발전과 자체의 국가 수립을 위한 능력을 발휘했을 뿐 아니라, 사회주의적 길을 선택하면서 선진적인 사회체제 확립에 상당히 기여했다.

마르크스와 엥겔스는 헝가리인들의 고난에 찬 영웅적 투쟁을 면밀히

---

338) V. I. Lenin, *Collected Works*, Vol. 22, 340~41쪽.
339) Marx, Engels, *Werke*, Bd. 6, 279~80쪽.

주시했고, 그것의 결과가 단순히 오스트리아 제국 내 제후들에 의해 결정되는 것만은 아니라는 사실을 깨달았다. 러시아 차르는 이미 오래전부터 서쪽 국경을 따라 군대를 배치하고 적절한 개입 시기만을 기다리고 있는 중이었다. 따라서 헝가리인들은 오직 독일과 유럽 내의 새로운 혁명적 분출만을 학수고대하고 있었다.

3월 20일 이탈리아 피에몬테(Piemonte)에서 라데츠키 장군이 이끄는 오스트리아 군대와 사르디니아 공국 군대의 교전이 재개된 것은 매우 중요하고도 고무적인 사건이었다. 하지만 사르디니아 군대는 혁명적 전투방식을 동원하지 않는 바람에 3월 23일 패퇴하고 말았다. 엥겔스는 『신라인신문』에 다음과 같이 썼다.

"독립 쟁취를 원하는 국민이라면 **재래식** 전투방식에 한정되어서는 안 된다. 도처에서 동시다발적인 대중봉기, 혁명적 전투, 게릴라전 등이야말로 소수 인민이 대국에 맞서 이길 수 있는 유일한 길이며, 그러한 수단을 통해서만 비로소 나약한 군대가 보다 강하고 조직화된 군대에 저항할 근거를 마련할 수 있다."340)

라인 봉기의 좌절과 『신라인신문』의 폐간

1849년 5월 초부터 작센, 프로이센 라인 지역, 남서부 독일은 혁명군과 반혁명군의 투쟁의 장이 되었다. 이러한 사태는 '프랑크푸르트의회'가 오랫동안 갖은 노력 끝에 작성한 제국헌법의 승인운동을 둘러싸고 발화되었다. 한편 대부분의 독일 정부는 이 헌법을 거부했다. 그러자 4월 15일 오스트리아는 프랑크푸르트에서 자국의 의원들을 철수시켰다. 이틀 뒤인 4월 17일에는 제국헌법의 승인을 대담하게 주장했던 프로이센주 의회의 제2대 의원이 해산되었다.

프리드리히 빌헬름 4세는 '프랑크푸르트의회'와 전 독일 정부에 공문을 발송했다. 『신라인신문』은 이것을 의회 해산에 대한 일종의 위협으로 보

---

340) Ibid., 387쪽.

1849년 5월 3일 드레스덴 봉기

앞다. 그리고 프로이센은 실제로 자국의 군대를 작센 국경과 라인강 유역을 따라 집결시켰다. 이러한 반혁명적 행위는 즉각 인민들의 심한 분노를 자아냈다.

그리하여 5월 3일 드레스덴에서 봉기가 발생했다. 이 봉기에서는 보른과 바쿠닌이 뛰어난 역할을 담당했다. 그러나 주로 노동자들과 직인들로 이루어진 반란군들이 보여준 용기 넘친 행동에도 불구하고 6일간의 교전 끝에 작센과 프로이센 군대에 격퇴당하고 말았다.

쾰른에서 여러 정치단체들의 각종 지역회의가 열리기 하루 전날인 5월 5일, 항간에 당국이 재차 계엄령을 선포할 것이라는 소문이 나돌기 시작했다. 『신라인신문』은 노동자들에게 "이제 바야흐로 독일 전역이 내전으로 돌입할 찰나에, 그리고 머지않아 그들의 주장들을 펼칠 기회를 갖게 될지도 모르는 이때"[341] 섣부른 행동에 이끌리지 말 것을 경고했다.

5월 6일 각종 민주주의 협회들과 노동자 협회들은 쾰른에서 각자 회의를 가졌다. 이들 단체들의 연합 집회는 '프랑크푸르트의회'가 자주적·혁명적 선거모체(constituent body) 구역을 떠맡는다는 조건 아래서 제국헌법을 지지하기로 결정했다. 한편 프로이센 정부가 인민들을 향해 동원할 목적으로 수비대의 부분적 소집을 발포하자 라인주 내에서는 소요가 빈번해졌다. 그리고 5월 9일에는 엘버펠트에서도 봉기가 일어났다. 이 소식을 들은 엥겔스는 즉시 고향으로 출발했다. 지방 '안전위원회'가 그곳에서 바리케이드 구축을 지휘하는 임무를 그에게 맡겼던 것이다. 그곳에서 엥겔스는 봉기가 베르크(Berg)와 마르크(Mark) 전 지역으로 확산되도록 독려했

---
341) Ibid., 472쪽.

다. 하지만 겁에 질린 엘버펠트 부르주아들의 압력에 못 이겨 '안전위원회'는 이내 그를 그 도시에서 추방하기로 결정했다. 반면에 노동자들은 그를 확고히 변호하는 입장에 섰다. 엥겔스는 반란군 병사들을 분열시키고 싶지 않았으므로 그곳을 떠나기로 작정했다.

『신라인신문』은 당시 다음과 같은 기사를 실었다.

"그러나 우리 편집요원 한 사람에 대해 참으로 놀라운 호감과 애정을 표시했던 베르크와 마르크의 노동자들은 현재의 운동이 그보다 수천 배나 더 중요한 또 다른 운동의 서막에 불과하다는 사실을 깨달아야 한다. 그 운동에는 노동자들의 중차대한 이해관계가 걸려 있다. 이 새로운 혁명운동은 현재의 운동으로부터 일어날 것이다. 그리고 그 운동이 시작되는 순간 『신라인신문』의 다른 편집요원들뿐만 아니라 엥겔스도(노동자들은 이미 이에 관해 확신하고 있을지도 모르는 일이지만) 자신의 자리를 지킬 것이다. 그때가 되면 지구상의 어떠한 권력도 그를 지금의 자리에서 내몰지 못할 것이다."342)

이후 뒤셀도르프, 졸링겐(Solingen), 이절론(Iserlohn)을 비롯한 다른 도시에 고립된 봉기들이 잇달아 진압되었다. 하지만 유일하게 바덴(Baden)과 팔츠의 남부 독일 국가들에서는 반란군이 승리를 거둬 그들의 지지를 받은 임시정부가 수립되었다.

이렇듯 5월 봉기의 고난에 찬 나날들 속에서도 『신라인신문』은 전보다 더한 분노와 열정으로 직언을 계속했다. 훗날 엥겔스는 당시를 이렇게 회상하고 있다.

"독일 제국(Reich) 외부와 독일 제국 전역에서는 우리가 프로이센의 1급 요새 내에서, 즉 8,000명의 수비대 병사 앞에서 위병소를 눈앞에 둔 채 태연자약하게 활동을 계속했다는 데 대해 놀라움을 금치 못했다. 하지만 편집부 내의 착검된 8정의 소총과 250발의 실탄을 지닌 채 붉은 자코뱅파 모자를 쓴 식자공들이 포진해 있던 우리 신문사 역시 장교들이 보기에는 웬

---

342) Marx, Engels, *Werke*, Bd. 6, 502쪽.

만한 **기습공격**(coup de main)으로는 끄떡도 하지 않을 요새로 보였을 것이다."343)

정부는 이 신문의 대담하고 도전적인 기사들에 대해 갈수록 촉각을 곤두세웠다. 4월과 5월 초에 걸쳐 내무상 만토이펠은 쾰른 당국에 그 신문 편집자들에 대해 사법절차를 밟도록 모두 여덟 차례에 걸쳐 요청서를 보냈다. 당시까지 그들에 대해서는 모두 23개의 소송이 계류 중에 있었다. 하지만 이미 배심원으로 하여금 그들에게 유죄판결을 내리도록 하는 데 두 번이나 실패한 경험이 있던 검찰청으로서는 『신라인신문』과 또다시 법정에서 맞붙는 사태를 달가워할 리 없었다. 그리하여 라인 지방에서 발생한 봉기가 진압된 후에야 비로소 당국은 사전에 치밀하게 짜인 각본을 실행에 옮기는 용기를 얻을 수 있었다. 5월 16일 여행에서 돌아온 마르크스는 정부당국이 베푼 "호의를 무차별 남용한", 따라서 그런 호의를 누릴 만한 자격이 없는 외국인으로서 24시간 내에 프로이센을 떠나라는 정부당국의 명령을 받았다.

그뿐만 아니라 다른 편집요원들에 대해서도 탄압이 자행되었다. 드롱케와 베르트 역시 프로이센 국민이 아니었기 때문에 그곳을 떠나라는 통고를 받았다. 또한 당국은 엥겔스에 대해서는 엘버펠트 봉기 중 그가 취한 행동을 물어 형사고발했으며, 다른 편집요원들에 대해서도 소송을 제기했다.

이러한 일련의 사태는 곧 『신라인신문』의 폐간을 의미하는 것이었다. 그리고 5월 19일 붉은색 잉크로 인쇄된 최종호가 발행되면서 『신라인신문』은 폐간의 운명을 맞이했다.

최종호 사설에서 마르크스는 자신에 대한 추방명령의 배후에 숨겨진 위선적인 정치적 동기들을 폭로했다. 추방의 이유인즉 그 신문이 '최근의 몇 호에서' 정부에 대한 모욕을 선동하고 폭력혁명과 사회 공화국 수립을 주장했다는 것이었다. 마르크스는 분노에 찬 목소리로 이렇게 대응했다.

---

343) Marx and Engels, *Selected Works*, Vol. 3, 171쪽.

"그렇다면 우리는 『신라인신문』의 '최근 호들'에서만 우리의 사회 공화주의적 경향을 감히 개진할 수 있었다는 말인가? 당신들은 **6월 혁명**에 관한 우리의 기사를 읽어보지도 못했단 말인가? 그래서 **6월 혁명의 본질이 우리 신문의 본질이 아니란 말인가?** 그렇다면 당신들이 그렇듯 가식적인 문구를 사용한 이유는 무엇인가? 애당초 불가능한 구실을 찾아보려는 당신들의 시도에 어떤 동기가 담겨 있는가? **우리는 어떤 동정도 가질**

붉은색 잉크로 인쇄된 1849년 5월 19일자 『신라인신문』 최종호

수 없을뿐더러, 당신들에게서 어떤 동정을 바라지도 않는다. 언젠가 우리 차례가 온다 해도 우리는 결코 그러한 테러에 대해 변명하지 않을 것이다. 그러나 **왕실 테러리스트들,** 즉 신과 법의 은총을 등에 업은 테러리스트들은 실천적인 면에서는 잔인하고 오만하며 비열하고, 이론적인 면에서는 비굴하고 비밀스럽고 기만적이며, 양 측면에서 볼 때 한마디로 수치스러운 자들이다."[344]

한편 마르크스는 프롤레타리아트의 혁명기관지는 또한 독일 인민의 진정한 민족적 이익을 용감하고 일관성 있게 옹호한 대변자였다고 말하면서 "우리는 모국의 혁명적 명예를 지켰다."[345]라고 자부했다.

쾰른 노동자들에게 보내는 신문의 고별사는 이렇게 말하고 있다.

"여러분들에게 작별을 고하면서 『신라인신문』 편집요원들은 지금까지 여러분들이 보내준 성원에 감사하고 있다. 그들의 마지막 말은 언제 어디서나 변함없을 것이다. **노동계급의 해방이여!**"[346]

프라일리그라트는 마르크스의 요청에 따라 다음과 같은 고별시를 지었다.

---

344) Marx, Engels, *Werke*, Bd. 6, 505쪽.
345) Ibid., 506쪽.
346) Ibid., 519쪽.

안녕 이제는, 안녕, 오 그대 늘 서로 싸우던 세계여
안녕 이제는, 그대 투쟁하는 군중들이여
포연에 휩싸여 어둡기만 하던 그대 전장(戰場)이여
그대 창이여, 총이여, 카를이여!

안녕, 형제여! 그러나 '영원히'라 하지 말게
우리의 영혼을 저들이 어찌 꺾을쏜가
무기 서로 부딪치며 오늘처럼 당당하게
내 문득 돌아오리니!

저 옥좌를 바수어버릴 나의 인민, 전사여, 버림받은 자여, 반란자여!
내 한 손엔 펜, 한 손엔 칼을 들고 다뉴브강가에서,
라인강가에서 다툼 있는 곳에선 언제나
그대를 위해 진정한 동맹자가 되리니[347]

엥겔스는 훗날 이렇게 회상하고 있다.
"우리는 성채를 포기해야만 했다. 그러나 우리는 무기와 배낭을 멘 채 군악대의 연주와 함께 깃발, 즉 붉게 인쇄된 최종호의 깃발을 펄럭이며 철수했다."[348]

남서부 독일에서

마르크스는 '붉은 신문'의 발행 직후 쾰른을 떠났다. 그러나 떠나는 순간까지도 프로이센 당국은 그와 베르트 그리고 드롱케를 상대로 새로운 법적 소송을 제기해서 집요하게 괴롭혔다. 하지만 한 가지 괄목할 만한

---

347) *Freiligraths Werke* in einem Band, Weimar 1962, 140~41쪽.
348) Marx and Engels, *Selected Works*, Vol. 3, 171쪽.

사실은 프로이센 반혁명이 이미 개선의 축배를 들고 있을 즈음이었던 5월 29일에 피고인 부재중에 그 사건을 심리한 쾰른 경찰교정재판소(police reform court)가 피고인들에게 무죄판결을 내렸다는 점이다.

프로이센을 떠나 프랑크푸르트암마인으로 간 마르크스는 역시 그곳에 도착한 엥겔스와 함께 '전독일국민의회'의 좌파 의원들에게 영향력을 미치고자 애썼다. 이들 의원 대다수는 당시 반동적 의원들과 자유주의적 의원들이 주도한 항의 퇴장 사태에 동조하고 있었다. 그러나 당시 '프랑크푸르트의회'의 처지가 결코 절망적인 것은 아니었다. 남서부 독일 인민들이 무기를 들고 일어서고, 군대가 도처에서 동요하고 있었기 때문이었다.

오스트리아는 헝가리인들과의 전쟁에 여념이 없었으며 프로이센의 상황도 불안했다. 따라서 의회가 어느 정도 결연하고 대담한 입장을 취하느냐 하는 것이 큰 변수로 작용하고 있었다.

마르크스와 엥겔스는 의회 좌파 의원들을 만나 그들에게 몇 가지 사항들을 충고했다. 요컨대 이미 폭발한 봉기를 공개적으로 지지할 것, 의회를 수호하기 위해 프랑크푸르트로 반란 무장군을 소집할 것, 모든 각료와 국왕 그리고 그 밖의 반혁명 분자들을 법의 보호 밖으로 추방할 것, 견고하고 강력한 혁명집행부를 설립할 것, 봉건적 부역을 폐지함으로써 농민들을 설득할 것 등이 충고의 요지였다. 그리고 이 모든 것들이 이루어진다면 봉기는 독일 전역으로 확산할 것이고, 봉기의 방어전술을 결연한 공세로 전환시키는 계기를 마련할 수 있었을 것이다. 그러나 의원들은 사태를 자기들 맘대로 이끌어가려고 했다.

따라서 이렇듯 담대한 정치·군사 계획에는 찬성하지 않았다. 마르크스와 엥겔스는 더 이상 어떤 노력도 쓸데없는 짓임을 깨닫자, 당시 봉기가 일어나고 있던 바덴으로 발길을 돌렸다. 그러나 거기에서도 그들은 프티부르주아 민주주의자들의 우유부단함과 마주쳤다. 카를스루에(Karlsruhe)에 수립된 정부는 군대와 무기, 재정 등을 임의로 동원할 수 있었지만 아무런 행동도 취하지 않고 있었다. 마르크스와 엥겔스는 정부 관리들과 만난 자리에서 마땅히 이루어졌어야 할 첫 번째 과제는 프랑크푸르트로 진군해 들어가는 일이었다고 말했다. 하지만 이미 그 시기를 놓쳐버린 지금은 헝가리에서의 단호한 행동과 파리에서의 또 다른 혁명만이 승리의 희망을 안겨다줄 수 있을 것이라고 단언했다. 그곳 참석자들은 대부분 이러한 견해에 분노를 표시했다. 결국 사태가 진전되면서 마르크스와 엥겔스의 견해가 옳았다는 것이 이내 입증되었다.

마르크스와 엥겔스는 바덴을 떠나 또 다른 반란의 중심지인 팔츠로 향했다. 카이저슬라우테른(Kaiserslautern)에서도 그들은 앞서와 동일한 극도의 무관심에 부딪혔다. 임시정부(그 일원인 데스터를 제외한)는 심지어 자신을 방어하는 일에도 무관심했다. 그리하여 그들은 며칠 뒤 곧바로 카이저슬라우테른을 떠났다. 그러나 빙겐(Bingen)으로 가던 도중 그들은 몇몇 동료들과 함께 헤센(Hessen) 병사들에게 체포되었다. 그들은 이곳에서 다름슈타트(Darmstadt)로 이첩되었다가 다시 프랑크푸르트로 이송된 후 거기서 겨우 풀려날 수 있었다.

빙겐에 도착한 마르크스와 엥겔스는 『신라인신문』을 대표하는 마지막 성명서를 발표하고 그것을 5월 31일자로 『프랑크푸르트신문*Frankfurter Journal*』으로 발송했다. 이 성명서는 『신라인신문』의 전직 통신원들과 독자들에게 『신라인신문』과 『서부독일신문*Westdeutsche Zeitung*』은 아무런 관련도 없음을 알리는 내용이었다. 『서부독일신문』은 5월 25일 쾰른에서 창간된 신문으로서 헤르만 베커가 편집을 맡고 있었으며, 『신라인신문』의 계승자를 자처하고 있었다. 이 성명서는 기회가 닿는 대로 그 신문의 복간을 추진하겠다는 마르크스의 의도를 명백히 보여주었다.

두 친구는 빙겐에서 헤어졌다. 마르크스는 데스터가 그에게 부여한 '민주주의자협회' 중앙위원회의 위임을 받고 파리로 떠났고, 엥겔스는 "만일 호기를 맞아 싸움이 돌발할 경우 『신라인신문』이 운동 속에서 취할 수 있는(일종의 병사로서) 유일한 위치"[349]를 찾기 위해 팔츠로 향했다.

---

349) Marx, Engels, *Werke*, Bd. 7, 146쪽.

엥겔스는 그곳에서 곧 노동자들로 구성된 자원분견대의 사령관 아우구스트 빌리히(August Willich)의 전속부관이 되었다. 노동자들은 전투를 통해 훌륭하고 노련한 투사임이 입증되었다. 엥겔스는 라슈타트(Rastatt) 요새에서 치른 전투를 포함해서 모두 네 번의 전투에 참가했다. 1849년 7월 12일 빌리히 분견대는 패배하여 퇴각하는 바덴-팔츠군을 엄호하면서 독일 영토를 떠나 스위스 국경을 가로지르는 마지막 부대가 되었다.

파리로 귀환, 6월 13일

마르크스는 당시 고조되고 있던 혁명적 위기가 남서부 독일, 헝가리, 이탈리아의 혁명적 투쟁을 강력히 지원하고 유럽 혁명에 신선한 자극을 주면서 결국 프롤레타리아트에게 승리를 안겨다주는 것으로 막을 내릴 것이라는 희망을 안고 파리로 향했다.

마르크스가 파리에 도착한 것은 6월 초의 일이었다. 그는 도착 즉시 그곳 민주주의 및 사회주의 운동의 지도자들과 비밀 노동자 단체 지도자들을 접촉했다. 6월 7일 그는 카이저슬라우테른에 있는 엥겔스에게 "나는 지금 완벽한 혁명적 당과 만나고 있다."[350]라고 썼다. 바야흐로 결정적인 사태들이 눈앞에 전개되고 있었다. 루이 보나파르트는 로마 공화국에 대한 군사작전을 재개함으로써 무도하게 헌법을 위반했다. 헌법은 프랑스 공화국이 다른 나라의 자유를 결코 침해할 수 없다고 명시하고 있었던 것이다. 좌파 언론들은 의회 내 야당(프티부르주아적인 산악당[Mountain])에 강력한 행동을 취하라고 촉구했다. 6월 11일 산악당 당수 르드뤼롤랭은 '입법의회(Legislative Assembly)'에서, 공화주의자들은 군대를 포함해서 자신들이 취할 수 있는 모든 수단을 다 동원하여 헌법 준수를 강요할 것이라고 천명했다.

마르크스는 이후에 발생한 사건들을 빈의 『인민의 벗Volksfreund』지에 기고한 「6월 13일」이라는 평론을 통해 묘사했다. 이 평론은 그가 이 사건들

---

350) Ibid., 137쪽

의 단순한 목격자가 아니라, 그 과정에 영향력을 행사하려는 모습이 뚜렷한 한 참가자였다는 사실을 보여주었다. 그는 이 평론에서 정부의 허를 찌르는 봉기를 유도하고 있는 비밀 사회주의 위원회가 설립되었다고 보고했다. 만일 그것이 성공한다면 위원회는 그 자체를 새로운 공식정부와 나란히 활동하는 프롤레타리아 권력, 즉 일종의 코뮌(commune)으로 선언할 의도를 갖고 있었다. 하지만 산악당은 즉각적인 봉기에 단호한 반대의사를 표명했다. 무력을 동원하도록 의회 내에서 압력을 가한 바 있던 산악당은 6월 13일 비무장 시위 쪽으로 방향을 돌렸다.

그날 아침 일찍 벨기에로부터 파리에 도착한 베르트는 6월 16일에 형제에게 보낸 한 서한에서 당시의 시위상황을 상세히 묘사했다. 그는 '우리 당파에 속하는' 몇몇 동료들과 함께 마르크스가 거처하고 있던 릴가(Rue de Lille) 45번지로 가서 그곳에서 마르크스, 페르디난트 볼프, 드롱케와 함께 힘찬 발걸음으로 집을 나섰다.

큰길로 나선 그들은 '입법의회' 청사로 향하고 있던 시위대의 선두대열에 합류했다. 시위대가 페가(Rue de la Paix)에 도착하자 기마부대가 공격을 가해왔다. 무장을 해야 한다는 외침이 도처에서 들려왔다. 베르트와 그의 동료들은 무장을 하기 위해 국민궁전(Palais National) 쪽으로 발걸음을 서둘렀다. 그러나 봉기를 예상하고 무기를 비축해두었던 은닉처는 이미 정부군이 장악해버렸다. 여기저기에서 바리케이드를 구축하려는 시도가 있었지만 진격을 지연시키기에는 역부족이었다.[351]

산악당의 '의회주의적 봉기'는 불명예스럽게 막을 내렸다. 노동자들은 애초부터 산악당의 계획에 의심을 품고 있었다. 따라서 이미 시위가 진압된 후에야 비로소 인민들에게 무장할 것을 호소한들 그것이 인민들에게 지지를 받을 리 만무했다. 마르크스는 당시의 상황을 이렇게 평가했다.

"전체적으로 1849년 6월 13일은 1848년 6월에 대한 응보(應報)에 불과했다. 1848년 '산악당'이 저버린 프롤레타리아트는 이번 사태를 통해 '산악

---

351) G. Werth, *Sämtliche Werke in fünf Bänden*, Berlin, 1957, Bd. 5, 309~18쪽.

당'에 등을 돌렸다."[352]

6월 13일은 단순히 프랑스 프티부르주아 민주주의의 패배를 의미하는 날이 아니라, 마르크스의 말대로 "유럽 전역의 우리 당파에게는"[353] 체험의 날이기도 했다.

그리하여 계엄령이 선포되고 파리 전역에서 집단적 보복행위가 자행되기 시작했다. 마르크스는 조만간 자신이 체포되거나 추방될 것으로 예상했다. 마르크스는 6월 초 아내 예니와 세 자녀가 파리에 도착하면서 더욱 곤경에 처하게 되었다. 파리로 올 여비를 마련하기 위해 그녀는 바이데마이어의 도움으로 프랑크푸르트암마인에서 가족들의 은그릇들을 저당 잡힐 수밖에 없었으며, 최근에야 그것들을 브뤼셀의 한 전당포에서 돌려받을 수 있었다. 마르크스는 엄청난 경제적 어려움에 시달려야 했다. 신문이 폐간될 당시에 기부자들로부터 받았던 기금과 고속인쇄기 판매대금은 인쇄공·식자공·신문용지 공급자·통신원들에게 봉급 및 기타 명목으로 지불하고, 또 편집자들의 탈출을 도모하는 데 사용하는 바람에 한 푼도 남아 있지 않았다. 오히려 그는 300탈러(thaler; 독일의 옛 은화. 약 3마르크에 해당함 – 옮긴이)의 빚을 안고 있었다. 파리에서 글자 그대로 무일푼의 처지에 놓인 마르크스는 라살레에게 돈을 빌려달라고 요청했다. 요청 당시 마르크스는 라살레에게 이러한 사실이 세간에 알려지지 않도록 부탁했으나 라살레는 곧바로 공개모금을 시작했다. 한마디로 철두철미했던 마르크스는 라살레의 이런 행동을 매우 못마땅하게 여겼다. 그는 프라일리그라트에게 "대중들에게 구걸하느니 차라리 극심한 궁핍에 시달리는 편이 낫다."[354]라고 자신의 심정을 피력했다.

7월 19일 마르크스는 브르타뉴(Bretagne)의 모르비앙(Morbihan)으로 떠나라는 정부당국의 명령을 통고받았다. 그는 내무상에게 항의서한을 보내 결국 그의 추방은 일단 보류되었다.

----

352) Marx, Engels, *Werke*, Bd. 6, 528쪽.
353) Ibid.
354) Ibid., Bd. 27, 503쪽.

7월 말 마르크스는 그동안 소식이 끊겨 걱정했던 엥겔스로부터 편지를 받을 수 있었다. 브베(Vevey)에서 예니에게 부친 이 편지에서 엥겔스는, 마르크스가 파리에서 체포되었다는 바덴의 소문이 사실인지 예니에게 물었다.

"따라서 당신은 이러한 근황에 대한 정확한 소식을 내게 보내주어 마음의 평정을 되찾도록 도와주길 부탁드리는 바입니다."[355]

이에 대해 마르크스는 즉시 답장을 보냈다.

"무척이나 당신을 걱정했습니다. 어제 당신 손으로 직접 쓴 편지를 받고서 크나큰 행복에 젖었습니다."[356]

그는 엥겔스에게 바덴-팔츠 혁명사나 그에 관한 소책자를 집필해서 『신라인신문』의 입장을 밝히라고 조언했다. 아울러 다른 편집요원들의 행방에 대해 소식을 전했다.

마르크스의 미래는 프랑스 정부당국의 손에 달려 있었다. 8월 23일 경사 계급의 한 경찰관이 다음과 같은 명령서를 갖고 그의 집을 방문했다.

"카를 마르크스와 그의 부인은 24시간 내에 파리를 떠나시오."

이렇듯 가혹한 조치는 사실상 1845년 이후 줄곧 그의 뒤를 따라다닌 것이었다. 당시 그가 파리에서 추방된 후 1848년에는 브뤼셀에서, 1849년에는 쾰른에서, 그리고 이제 다시금 파리에서 추방당하는 처지에 놓이게 되었다.

마르크스는 습하고 풍토가 좋지 않은 브르타뉴의 한 지방으로 추방당할 것이라는 사실을 엥겔스에게 알렸다.

"당신은 내가 이렇듯 살인과도 다를 바 없는 은근한 시도에 동의할 수 없다는 점을 이해하리라 믿습니다. 하여 이제 나는 이곳 프랑스를 떠나려 합니다."

그는 스위스 입국 여권을 받아낼 수 없었다. 결국 그는 또 다른 신문을

---

355) Ibid., 502쪽.
356) Ibid., 139쪽.

창간해보겠다는 포부를 안고 런던으로 향하기로 작정했다. 마르크스는 엥겔스에게 자기와 함께 행동할 것을 청했다.

"우리는 런던에서 바쁜 나날을 보내게 될 것입니다."[357]

여비가 부족했던 마르크스는 당시 임신 중이었던 예니와 자녀들을 당분간 파리에 남겨두어야 했다. 그녀는 9월 15일까지 파리에 체류할 수 있도록 경찰당국의 허락을 받아내는 데 모진 고생을 했다.

8월 24일 마르크스는 새로운 (그리고 결국은 평생의) 망명지 영국으로 떠났다.

역사적 첫 시험대에 오른 마르크스주의

마르크스가 거의 모든 능력을 쏟아부었던 수년간의 혁명기는 그의 천재적 재능과 지칠 줄 모르는 정력, 불굴의 의지, 헌신, 혁명적 추진력 등을 유감없이 드러내주었다. 레닌은 마르크스가 1848~49년 대중혁명투쟁에 참여한 것을 그의 활동의 '중심점'으로 보았다.[358]

각기의 역사적 시기들은 위대한 마르크스주의 이론의 풍부하고도 다양한 이데올로기적 내용들을 각기 상이한 측면에서 드러냈다. 1848년까지만 해도 마르크스주의 철학의 형성은 기초적인 의미를 지니고 있었다. 그러나 1848년과 49년에 걸쳐서 그것의 정치적 이념과 전략전술들은 바야흐로 역사의 전면에 부각되었다.

1848년과 49년에 걸쳐 그가 내놓은 뛰어난 전술의 해답들 때문에 마르크스는 각종 정책들을 과학적 토대 위에서 전개하는 역사상 최초의 혁명적 지도자가 되었다. 그리고 그것은 국제 프롤레타리아트의 혁명적 경험의 보고(寶庫)에 그 가치를 이루 헤아릴 수 없을 정도로 기여했다.

마르크스가 주조해낸 정책은, "부르주아 민주주의자들의 혁명적 성격이 이미 (유럽에서) 자취를 감춘 반면, 사회주의적 프롤레타리아트의 혁명

---

357) Ibid., 142쪽.
358) V. I. Lenin, *Collected Works*, Vol. 13, 37쪽.

적 성격은 아직 성숙한 단계에 이르지 못한 세계 역사상 그 시기의"359) 특수한 양상들 때문에 혁명을 승리로 이끌지는 못했다.

혁명의 좌절에도 불구하고 격동의 1848~49년은 마르크스주의의 생생한 힘과 그 밖의 모든 사회주의 이론에 대한 그것의 우월성을 실천적으로 입증했을 뿐만 아니라, 저 위대한 교리의 반전과 풍부한 성장을 위한 강력한 원천을 제공해주었다. 그 당시의 혁명적 투쟁 경험은, 혁명의 갖가지 교훈들을 요약하고 있는 그의 저작에서 고전적으로 정식화된 이론적 사고가 후속적으로 엄청난 발전을 이룩하는 데 그 기초를 제공해주었던 것이다.

---

359) Ibid., Vol. 18, 26쪽.

6장

혁명의 교훈 요약

현재와 같은 명백한 침체기에는 이전의 혁명기를 설명하고,
서로 대립하는 당파들의 성격과, 그 당파들의 존재 및 투쟁을
규정짓는 사회적 관계를 분석하는 일에 힘을 쏟아야 한다.
— 카를 마르크스·프리드리히 엥겔스 —

런던에서 보낸 첫 몇 개월

마르크스가 런던에 도착할 당시, 바로 얼마 전 혁명의 물결이 휩쓸고 지나간 유럽 국가들에서는 기세등등해진 반동이 이미 터를 잡았거나 점차 그 터를 잡아가고 있었다. 1849년 6월 13일 사태 이후 프랑스에서는 두 왕당파(정통파와 오를레앙파)로 구성된 여당, 즉 '질서당(Party of Order)'의 반혁명적 정책이 바야흐로 보나파르트 독재체제 확립의 기반을 다져나가고 있었다. 독일에서 마지막 혁명적 보루들이 유린당한 이후인 1849년 여름에는 헝가리 혁명이 차르 군대의 도움으로 진압되었다. 이탈리아의 혁명운동은 유럽 반혁명 연합군의 군홧발에 무참히 짓밟혔다.

그러나 1848~49년 혁명의 좌절이 마르크스의 활동력을 약화시키거나 유럽 내 변화의 불가피성에 대한 그의 신념을 흔들지는 못했다. 사실상 그러한 변화를 가져오게 하는 데 노동계급이 핵심 역할을 제대로 할 수 있으리라는 마르크스의 신념은 오히려 혁명 과정 그 자체 내에서 여러 계급들이 보여준 행동을 통해 강화되었다.

이처럼 상황이 역전되는 패배의 쓰라림 속에서도 마르크스는 1848~49년의 투쟁이 결코 무의미한 것이 아니었음을 분명히 깨달았다. 이는 그러한 투쟁들이 수많은 나라에서 봉건군주제의 토대를 흔들어 놓았고, 자본주의의 확립과 발전을 더욱 진척시켰으며, 프롤레타리아트 의식과 조직의 성장을 위한 기반을 마련했기 때문이다. 그것들은 대중들이 환상에서 깨어날 수 있도록 주도적인 역할을 했으며, 프티부르주아 사회주의의 여러 경향에 결정적인 타격을 가함으로써 과학적 공산주의 이론에 기초한 정책의 우월성을 입증해주었다.

마르크스는 당시의 상황을 공개적인 혁명투쟁의 불가피한 휴전상태로 보았으며, 언젠가는 혁명적 드라마의 제2막이 오르리라는 확신을 갖고 있었다. 그리고 이런 휴전상태가 그리 오래가지 않을 것이라는 여러 징후들이 존재했다. 하지만 시간이 지나면서 마르크스는 빠른 시일 내에 어떤 혁명적 분출이 현실화될 희망이 거의 없다고 보았다. 그러한 휴지기가 조만간 끝나리라 바랐던 동안에도 그는 부르주아와 프티부르주아의 망상, 즉 조만간 자신들이 인민들의 운명을 지배하는 소명을 받을 것이 뻔하다는 식의 망상에 젖어들지는 않았다. 그는 온갖 상황 변화와 무관하게, 그리고 반동기가 길든 짧든 간에 분산된 혁명세력들을 하나로 결집해서 분열된 연대를 다시 확대시켜야 한다고 생각했다. 또 무관심과 절망의 늪에서 벗어나 다가올 혁명적 전투를 위해 프롤레타리아 기간요원들을 조직·훈련시키는 데 전력을 기울여야 한다고 생각했다. 바로 이러한 것들이 마르크스가 런던의 망명생활 중 첫 몇 개월을 보내면서 부딪친 절박한 실천적 과제였다.

마르크스는 '공산주의자동맹'을 재건하면서 이를 미래의 보다 대규모적인 프롤레타리아 당의 핵심으로 여겼으며, 여러 프롤레타리아 세력들을 통일시키기 위한 조직 형태로 발전시키려 했다. 그리고 새로운 상황 아래서 실천적 혁명과업들은 다시금 '동맹'의 비합법적 비밀 활동 속에 집중되었다. 엥겔스는 당시의 상황을 이렇게 묘사하고 있다.

"1848년 이전처럼 당시의 상황은 다시금 그 어떤 프롤레타리아트 공개 조직도 허락지 않았다. 따라서 모든 조직은 비밀리에 구성되지 않을 수 없었다."360)

따라서 '동맹' 그 자체가 재조직되고 더욱 강화될 필요가 있었다. 당시 중앙위원회는 사실상 모든 기능이 마비되었고, 지방조직과 지역위원회 대부분도 붕괴된 상태에 있었다. '동맹'의 행동대원들은 전투 중 사망하거나 체포되었고, 나머지 대원들도 운동으로부터 등을 돌렸으며, 연락망도 대부분 두절되고 말았다.

마르크스는 런던에 도착하자마자 '공산주의자동맹' 지도부를 재건했다. 당시에는 이미 엥겔스, 샤퍼, 몰(몰은 제국헌법 지지운동 중 살해되었다)을 제외한 대부분의 전 중앙위원회 위원들이 런던에 집결해 있었다. 마르크스의 권유에 따라 엥겔스는 스위스를 떠나 제네바를 경유하여 수주일 동안 이베리아반도를 우회 항해한 끝에 비스케이(Biscay)만을 가로질러 11월 10일 런던에 도착했으며, 도착 즉시 중앙위원회에 참여했다. 한편 샤퍼는 비스바덴에서 복역 중이었기 때문에 1850년 7월 초에야 비로소 런던에 도착할 수 있었다. 새로이 보강된 멤버들 중에는 아우구스트 빌리히도 끼어 있었는데, 그는 바덴과 팔리틴령(領)에서 벌어진 운동을 탁월하게 지휘한 인물로서 1849년 10월 마르크스의 발의로 중앙위원회 위원으로 선출되었다. 또 다른 위원으로는 1848~49년 독일 혁명에 열성적으로 참여한 콘라트 슈람(Konrad Schramm)이 있었다. 그는 1849년 9월 프로이센 요새를 과감히 탈출한 인물이었다. 그 밖에 '동맹'의 열성 회원이었던 게오르크 에카리우스와 카를 펜더(Karl Pfänder)도 위원회의 신입회원으로 발탁되었다.

1948년 9월 초에 마르크스는 '공산주의자동맹'과 밀접한 관계를 유지하고 있던 '독일노동자교육협회'에 참여했다. 그는 노동자들을 이론적으로 무장시키는 데 대단한 중요성을 부여하고 있었으며, 따라서 1849년 11월부터 이듬해 가을까지 '협회'에서 정치경제학과 「공산당선언」에 관한 강연을 실시했다.

한편 분산된 여러 혁명세력들을 결집시키는 과정에서 혁명적 성향의

---

360) Marx and Engels, *Selected Works*, Vol. 3, 186쪽.

이주민들을 지원하는 문제가 당면과제로 떠올랐다. 매일매일 수백 명에 이르는 정치적 망명객들(political fugitives)이 런던으로 속속 모여들었다. 그들은 모국의 박해를 피해 비교적 정치적 자유가 보장된 영국으로 탈출한 사람들이었다. 하지만 그들은 극도의 가난 때문에 전전긍긍해야 했으며, 대부분 거처도 없이 최소한의 생활조차 보장받지 못한 생활을 꾸려나가야 했다.

마르크스도 가난에 찌들지 않을 수 없었다. 1849년 9월 5일 마르크스는 프라일리그라트에게 다음과 같이 자신의 처지를 고백하고 있다.

"나는 지금 대단한 곤경에 처해 있소. 만삭이 다 된 내 아내가 오는 15일 파리를 떠나야 함에도 그녀의 찻삯과 이곳에 거처를 마련할 돈을 구할 길이 없소."[361]

결국 우여곡절 끝에 돈을 구해 9월 중순경 예니와 세 자녀는 런던에 도착할 수 있었다. 그러나 이렇듯 어려운 처지임에도 마르크스는 혁명투사들을 가난으로부터 그리고 때로는 죽음으로부터 벗어나도록 하는 데 전력을 기울였다.

1849년 9월 18일에 그는 '독일노동자교육협회'와 새로운 정치 망명객들로 이루어진 한 집회를 주관, 이를 통해 '독일망명객후원회(German Fugitives Aid Committee)'를 조직했다. 이 후원회에는 마르크스를 비롯해 '공산주의자동맹' 회원들과 프티부르주아 민주주의자들도 참여했다.

후원회는 신념과 가맹단체를 초월해서 모든 정치 망명객들을 후원 대상으로 삼겠다고 발표했으나, 결국 여러 이주 집단 사이의 갈등이 후원 활동에까지 확산되고 말았다. 마르크스와 그 추종자들은 여러 집단의 술책이 이주자 빈곤구제 영역에까지 침투하는 사태를 용납하지 않을 것임을 분명히 하면서, 프티부르주아 민주주의자들과 결별을 선언했다. 1849년 11월에 개최된 '독일노동자교육협회' 총회에서 후원회는 공산주의자들만으로 구성된 '사회민주주의망명객위원회(Social Democratic Fugitives

---

361) Marx, Engels, *Werke*, Bd. 27, 512쪽.

Committee)'로 재조직되었다. 마르크스는 거기서 의장직을 맡았으며, 엥겔스·바우어·펜더·빌리히 등이 위원회에 소속되었다. 위원회는 자체의 후원 활동이 이주자들 중에서도 프롤레타리아 사회주의자 집단에 우선 집중될 것임을 천명했다.

『신라인신문·정치경제평론』의 창간

마르크스는 프롤레타리아 대중이 1848년의 혁명적 전투가 제시한 교훈들을 체득하기 위해서는 노동계급 운동 앞에 가로놓인 실천적 임무와 포괄적인 이론 작업이 동시에 추진되어야 한다고 확신했다. 이는 물론 다가올 혁명적 한판 승부에 효과적으로 대비하기 위해서였다. 그리고 여러 나라에서 벌어진 계급투쟁의 성쇠를 신선한 시각으로 바라보고, 필요한 이론적 결론들을 도출해내려고 했다. 따라서 프롤레타리아트 혁명이론을 보다 발전시키기 위해서는 지난 수년간의 혁명기에 나타났던 사상들을 좀 더 체계적으로 결합시킬 필요가 있었다.

레닌은 1848년 혁명의 교훈에 관한 마르크스의 이론적 총괄에 대해 언급하는 가운데 다음과 같이 기술하고 있다.

"항상 그랬던 것처럼 여기에서도 그의 이론은 세계에 관한 심오한 철학적 개념과 역사에 관한 풍부한 지식으로 넘쳐흐르는 일종의 **경험에 관한 요약**이다."[362]

마르크스는 혁명의 결과를 과학적 용어로 일반화하고 혁명이론을 보다 발전·확산시키기 위해서는 프롤레타리아적인 정기간행물을 재발간하는 일이 무엇보다 중요하다고 믿고 있었다. 그는 『신라인신문』의 폐간 이후 줄곧 이런 생각을 키워왔다. 마르크스가 염두에 두고 있던 정기간행물은 새로운 조건에서 『신라인신문』의 투쟁적인 혁명노선을 계속 고수하는 가운데 '공산주의자동맹' 회원들 및 그들과 동맹관계에 있는 프롤레타리아들을 이념적으로 교육시키고 이론적으로 훈련시키는 수단이 될 터였

---

362) V. I. Lenin, *Collected Works*, Vol. 25, 407쪽.

다. 이 잡지는 또한 '동맹'의 기관지이자 그것이 표방하는 이념의 대변자로 구상되었다. 그리하여 『신라인신문·정치경제평론Neue Rheinische Zeitung. Politisch-ökonomische Revue』이라는 제호가 채택되었다. 이 제호는 경찰력에 의한 프롤레타리아 혁명 신문의 강제 폐간을 인정할 수 없다는 편집자들의 의지가 집약된 것이었다. 창간 준비 관계자들은 이 잡지를 가능한 한 빨리 발간한다는 데 의견을 모았다.

마르크스는 1849년 가을과 겨울을 잡지 창간 준비 작업에 몰두하면서 보냈다. 그는 많은 동료·친지들에게 자금 융통을 요청함과 아울러 발행인, 기부자 물색, 주식 판매 등을 위해 도움을 청했다.

1849년 말에는 함부르크에 여러 개의 인쇄공장을 소유하고 있던 쾰러(Köhler)와 슈베르트 앤드 컴퍼니(Schubert & Co.)라는 서적상과 잡지 출판·판매 계약을 맺었다.

1849년 12월 15일 마침내 마르크스와 엥겔스는 「'신라인신문·정치경제평론' 창간 고지문Announcement of publication of the Neue Rheinische Zeitung politisch-ökonomische Revue」을 발표하면서, 이 글을 통해 이 잡지가 카를 마르크스의 편집책임 아래 1850년 1월부터 발행할 것임을 공표했다. 아울러 이 글은 『평론』이 "정치운동 전반의 토대를 이루는 **경제적** 관계들에 관한 상세한 과학적 분석의 기회"363)를 제공할 것이라고 천명했다.

그러나 백방의 노력에도 불구하고 마르크스의 동료들은 1월까지 창간자금을 마련할 수 없었고, 3월에 이르러야 비로소 창간자금을 마련할 수 있었다. 그리하여 이 잡지는 마침내 1850년 3월 6일 함부르크에서 첫선을 보였다. 그리고 『평론』 창간호 표지에는 마르크스와 엥겔스가 거처하고 있던 런던, 잡지가 발행된 함부르크, 미국으로 건너간 1848~49년의 여러 혁명 참여자들 중에서 일군의 독자층을 확보할 수 있을 것으로 예상되었던 뉴욕, 이 세 곳의 지명이 실렸다.

그러나 1850년 중에 모두 6호가 발행됨으로써 발간 간격을 좁히려 했던

---

363) Marx, Engels, *Werke*, Bd. 7, 5쪽.

『신라인신문·정치경제평론』창간호 표지

마르크스와 엥겔스의 노력은 허사가 되고 말았다. 그리고 1850년 11월 말에 발행된 5~6호 합본호가 이 잡지의 최종호가 되고 말았다. 독일 경찰들의 끈덕진 간섭과 자금 부족으로 잡지 발간이 사실상 불가능해진 것이다.

『평론』의 내용은 대부분 마르크스와 엥겔스가 작성하였다. 그중에서도 마르크스의 『프랑스의 계급투쟁The Class Struggles in France』과 『루이 나폴레옹과 풀드Louis Napoleon and Fould』, 엥겔스의 『독일 제국헌법운동The German Campaign for an Imperial Constitution』, 『독일의 농민전쟁The Peasant War in Germany』, 『영국 10시간 법안English Ten Hours' Bill』 등은 특기할 만한 것이었으며, 그 밖에도 수많은 공동 평론과 국제정세 관련 평론들이 게재되었다.

마르크스와 엥겔스가 『평론』 발행 작업에 도움을 청한 인물로는 빌헬름 볼프, 게오르크 에카리우스 등을 꼽을 수 있다. 특히 마르크스는 에카리우스가 「런던의 재봉업 혹은 대자본과 소자본 사이의 투쟁Tailoring in London, or the Struggle Between Big and Small Capital」이라는 장문의 평론을 집필하는 데 큰 도움을 주었다. 마르크스는 또한 지도적 노동자들의 기고를 권장했는데, 마르크스는 이들이 소화한 유물론적 견해에 기초해서 사실들을 분석하는 데 예리하고도 능숙한 재능을 발휘했다. 마르크스와 엥겔스는 에카리우스의 평론에 부친 편집자 주에서 "프롤레타리아트는 바리케이드와 전선에서 승리하기 이전에 일련의 사상적(intellectual) 승리를 통해 자신의 통치시대가 도래할 것임을 알리고 있다."[364]라고 썼다.

이 잡지는 단명으로 끝났지만 발간 과정에서 마르크스와 엥겔스가 제시한 임무를 충실히 해냈다. 비교적 얇은 분량의 이 잡지는 각 호마다 매

----

364) Ibid., 416쪽.

우 풍부한 사상들을 담고 있었으며, 다양한 이론적·역사적 문제들을 폭넓게 다루고 있었다.

『프랑스의 계급투쟁』

이것은 혁명의 결과들을 요약한 마르크스의 저작들 중에서 가장 중요한 저작이라 할 만하다. 그가 프랑스에 관심을 집중한 데에는 그만한 이유가 있었다. 부르주아 대혁명 이후 프랑스는 유럽에서 지도적 역할을 담당해왔으며, 그 내부의 계급투쟁 역시 가장 두드러지면서도 첨예한 형태를 띠고 나타났다. 그리고 노동계급은 프랑스의 1848~49년 혁명기에 보여줬던 열정과 용기를 이제껏 그 어느 곳에서도 표출한 적이 없었다.

마르크스는 『프랑스의 계급투쟁』(1848~1850)에서 처음으로, 특정 역사적 시기 전반에 관한 연구에 유물변증법적 방법론을 적용했으며, 1848년 프랑스 부르주아 민주주의 혁명의 원인과 성격 그리고 과정에 관해 탁월한 분석을 가했다. 그는 이 저작을 통해 사적 유물론의 가장 중요한 명제들을 좀 더 구체적으로 정식화했으며, 나아가 이들을 더욱 정교히 다듬었다. 즉 그 명제들이란 토대와 상부구조 사이의 상호연관성, 사회적 삶에서 경제적 토대가 갖는 결정적인 역할, 계급투쟁 및 당파투쟁의 중요성, 역사적 혁명의 역할과 대중들의 결정적 역할, 역사 과정에서 국가와 사회사상의 역할 등이었다.

그러나 마르크스는 자신의 유물사관을 어떤 보편적인 상투수단이 아닌 구체적 분석을 지침으로 동원했다. 그는 경제의 결정적 중요성을 인식하고 있으면서도 결코 정치·이데올로기적 상부구조나 국가, 정당, 이데올로기적 경향들, 탁월한 개인들의 역할을 무시하지는 않았다. 사실상 이러한 그의 입장은 상부구조(정치와 이데올로기)가 역사 과정 속에서 어떤

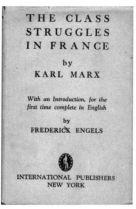

『프랑스의 계급투쟁』 영어판 표지

형태로 능동적인 영향력을 발휘하는가 하는 점을 구체적으로 명시하는 데 도움을 주었다. 또한 마르크스는 부르주아 관념론적 역사가들과는 대조적으로 이러한 영향력의 한계, 즉 다양한 당파들, 이데올로그들 그리고 정치지도자들의 태도가 역사 과정을 궁극적으로 결정짓는 사회적 생산 발전 내의 여러 경향들을 반영하면서, 동시에 다양한 물질적·계급적 이해관계에 종속되어 있다는 사실을 명백히 인식하고 있었다.

마르크스는 여러 혁명적 시기들이 일정한 법칙에 의해 지배되며 사회생활 속에서 엄청난 중요성을 지니고 있다는 사상과 함께 혁명이야말로 사회 진보의 강력한 동인이라는 사상을 포괄적으로 설명했다. 그는 그것들이 역사에 예외적인 추진력을 제공하고 대중들의 무한한 창조적 에너지를 부추겨 그들이 정치적으로 적극적인 태도를 취하도록 한다고 믿었다. 따라서 낡은 사회적 관계를 타파하고 새롭고도 역사적으로 진보적인 사회생활 형태를 창조하게 한다는 의미에서 그는 혁명을 '역사의 기관차'라 불렀다.

"이러한 운동의 소용돌이 속에서, 이러한 역사적 혼란의 고통 속에서, 혁명적 열정의 밀물과 썰물이 이렇듯 극적으로 교차하는 가운데서 프랑스 사회의 여러 계급들은 지난날 그들이 반세기 동안 이룩했던 발전을 이제 단 일주일 만에 이룩해야만 했다."[365]

프랑스의 경험은 마르크스가 혁명 과정에서 도달한 결론, 즉 봉건체제에 맞선 투쟁을 시원(始原)으로 하는 유럽 부르주아지의 혁명적 전통이 점차 쇠잔해가고 있다는 결론을 가장 명확히 확인해주었다. 그는 프랑스 부르주아지가 반동으로 전락하면서 정치적 퇴락의 길을 걷고 있는 상황을 탁월한 기교와 역사적 통찰력을 통해 묘사했다. 혁명이 돌발하는 순간 부르주아지는 프롤레타리아트에게 불구대천의 적으로 돌변했으며, 이는 프롤레타리아트가 6월 봉기를 일으키도록 했고, 결과적으로 그들에 대한 대학살을 방조하는 사태에까지 이르렀다. 그뿐만 아니라 부르주아지는 프

---

365) Marx and Engels, *Selected Works*, Vol. 1, 253~54쪽.

랑스의 혁명적·민주적 노선에 따른 발전을 가로막는 반동세력으로 돌변했다.

이러한 조건 아래서 노동계급은 혁명운동과 역사 발전의 주요 세력으로 탈바꿈했다. 그리하여 그들에게는 부르주아 민주주의 혁명의 완수와 사회주의적 과업의 해결이라는 임무가 주어졌다.

프랑스 프롤레타리아트는 프랑스 내 자본주의적 관계들의 불충분한 발달로부터 연원하는 미성숙으로 인해 혁명의 첫 단계에서 계급적 책무를 제대로 깨닫지 못했다. 그리하여 그들은 부르주아적 환상에 사로잡혀 2월 혁명이 부르주아 및 프롤레타리아 대중, 이 양자의 이익을 공히 수호하는 사회 공화국을 수립했다고 착각하고 있었다. 마르크스는 프롤레타리아트가 단지 부르주아 반혁명과의 사활을 건 투쟁을 통해서만 비로소 계급적 이해관계를 인식할 수 있을 것이라고 지적했다. 1848년 6월의 파리 봉기는 프랑스의, 나아가 국제 프롤레타리아트의 계급의식 형성에 일대 전환점이 되었다. 그리하여 "근대사회를 양분하는 두 계급 사이에 최초로 대규모 전투가 일어났다."[366]

마르크스는 반란군의 패배와 그에 뒤이은 야만적인 대학살에도 불구하고 프랑스 프롤레타리아트가 환상으로부터 벗어날 수 있었던 것이야말로 그 봉기의 가장 중요하고 긍정적인 결과라고 보았다. 말하자면 그들의 패배는 곧 부르주아 공화국의 구조 내에서 착취로부터 해방될 수 있다는 희망이 전혀 몽상에 불과하다는 진실을 노동계급에게 제시해주었던 것이다. 마르크스는 6월 봉기 후에 비로소 **"부르주아지 타도! 노동계급 독재!'** 라는 대담한 혁명투쟁 슬로건이 첫선을 보였다."[367]라고 적고 있다.

『프랑스의 계급투쟁』은 혁명에서 프롤레타리아트의 동맹세력에 관한 문제에 역사적으로 구체화된 해답을 제시했다. 마르크스는 1848~49년 혁명 직전에, 그리고 그 과정에서 노동계급이 비(非)프롤레타리아 노동인민

---

366) Ibid., 225쪽.
367) Ibid., 226쪽.

집단의 지원을 확보할 필요가 있다는 생각을 다양한 형태로 표현했었다. 이후 수년간의 혁명이 남긴 교훈을 바탕으로 삼아 마르크스는 이러한 사상을 명쾌하고도 포괄적인 공식적 명제로 발전시켰다. 그리고 그것은 마르크스의 프롤레타리아 혁명론과 프롤레타리아 혁명투쟁의 전략 및 전술의 일부를 구성했다. 마르크스는 프롤레타리아트의 미성숙은 일단 차치하고서, 6월 봉기가 패배로 끝난 주요 원인이 농민과 프티부르주아의 지원 부재에 있었다고 믿었다. 하지만 그는 이런 현상이 단지 일시적인 태도에 지나지 않으며, 그런 태도는 그들의 진정한 이해관계와 상충된다고 확신하고 있었다. 따라서 계급투쟁이 진전됨에 따라 "농민과 프티부르주아(대체적으로는 중간계급 일반)는 프롤레타리아트와 보조를 맞추면서 공식출범한 공화국에 노골적인 적대감을 표현하기에 이를 것이고, 결국 그들도 공화국에 의해 적으로 간주될 것이다."368)

농민들은 비록 그 방식은 상이할지라도 공통의 착취자(자본)에 의해 수탈당하고 있다는 의미에서 노동계급과 손을 잡을 수밖에 없었다.

"오로지 자본의 몰락만이 농민들을 되살릴 것이며, 단지 반(反)자본주의적·프롤레타리아적 정부만이 그들의 경제적 곤경과 사회적 천대를 불식시킬 것이다."

프랑스 혁명은 마르크스에게 하나의 핵심적인 이론적·정치적 결론을 시사해주었다. 즉 프롤레타리아트는 농민대중과 프티부르주아(자본과의 투쟁에서 프롤레타리아트를 지도자로 받아들이는)를 자기 진영으로 끌어들이지 않는 한, 부르주아 체제를 전복시킬 수 없다는 것을 말이다.

또한 마르크스는 도시 프티부르주아도 프롤레타리아트의 동맹세력으로 간주했으나 그들의 정치적 대변자들과 이데올로그들에 대해서는 예리한 비판을 가했다. 그는 1849년 6월 13일에 프티부르주아 '산악당'이 취한 행동을 한 예로 들어 혁명투쟁을 지도할 수 없었던 그들의 한심한 무능력을 지적했다.

---

368) Ibid., 280쪽.

1848~49년 혁명은 프티부르주아 민주주의와 프티부르주아의 유토피아적 사회주의가 지니고 있던 실체를 그대로 폭로했다. 한편 『프랑스의 계급투쟁』은 비(非)프롤레타리아적 사회주의의 여러 경향들에 대해 보다 심층적인 비판을 가하면서, 그것들이 이론과 실천 양면에서 자신들의 영역을 지켜낼 수 없음을 지적했다. 또한 마르크스는 루이 블랑의 프티부르주아 사회주의를 철저히 분석했다. 혁명 과정에서 블랑이 취한 행동과 부르주아 과도정부에 대한 그의 기대는, 사회주의가 계급들 사이의 협력과 노동자 조직들에 대한 부르주아 정부의 지원에 의해서만 건설될 수 있다는 교의에서 나온 것이었다. 루이 블랑은 사회주의적 민주주의의 지도자로 자처하면서도 실제로는 부르주아지의 식객 노릇을 했으며, '그들 손에 놀아나는 노리개'[369]에 불과했다. 그는 노동자문제위원회(룩셈부르크위원회 [Luxembourg ommission])의 의장으로서, 제2공화국의 부르주아 '두목들'이 '노동을 조직화함으로써' 사회문제에 진지하게 대처할 준비를 갖추고 있다는 식의 해괴망측한 환상을 프롤레타리아들에게 전파했다. 마르크스는 룩셈부르크위원회가 일종의 '사회주의적 유대교회당(socialist synagogue)'이며 '무기력과 비원(悲願)의 성직자(a ministry of impotence, a ministry of pious wishes)'[370]라고 비꼬면서, 위원회의 실패는 곧 루이 블랑의 유토피아적 교리와 타협 정책의 좌절을 집약적으로 표현한 것이라고 비판했다.

마르크스는 계급투쟁을 도외시한 각양각색의 공상적 사회주의 체계에 맞서 혁명적 사회주의를 대안으로 제시했다. 그의 혁명적 사회주의는 계급투쟁 과정에서 노동계급이 정치권력을 획득하고, 나아가 진정한 사회변혁의 한 도구로서 프롤레타리아트 독재체제를 확립한다는 사상에 주안점을 둔 것이었다.

"이러한 사회주의는 **혁명의 영속성에 관한 선언**이며, **계급 차별 전반의 폐지**, 즉 그러한 계급 차별의 기반이 되는 모든 생산관계의 폐지, 그리고

---

369) V. I. Lenin, *Collected Works*, No. 25, 61쪽.
370) Marx and Engels, *Selected Works*, Vol. 1, 212, 213쪽.

루이 블랑을 비롯한 프랑스 혁명 당시 '산악당' 멤버들

이들 생산관계에 상응하는 사회적 관계의 폐지와 아울러 이 사회적 관계로부터 연원하는 모든 사상 등의 혁명화를 위해 필연적으로 거쳐야 할 프롤레타리아트 **계급독재**의 선언이다."[371]

여기에서 마르크스는 처음으로 '프롤레타리아트 독재'라는 용어를 활자로 남겼다. 그러나 이것은 단순히 용어상의 세련을 의미하는 것이 아니라 프롤레타리아 권력 개념에 대한 보다 심오한 정의를 내포하고 있었다. 마르크스는 프롤레타리아트 계급독재가 근본적인 혁명 과정의 산물, 즉 고도의 혁명 발전을 위한 도구이자 그 한 형태라고 강조했다. 그는 1848년에 다음과 같은 결론, 즉 부르주아 민주주의 혁명을 완수하기 위해서는 인민의 혁명적 독재(반혁명을 획책하는 무리들을 제압할 만큼 강력한 권력)가 필요하다는 결론에 도달했다. 그리고 노동계급 독재의 이러한 능력은 복잡하고도 원대한 과업에 직면하면서 더욱 고양될 터였다. 바로 이러한 것들이 마르크스가 공산주의 혁명론의 본질을 정식화하면서 염두에 두었던 노선이었다.

『프랑스의 계급투쟁』은 경제적·사회적 변혁에서 프롤레타리아 독재가

---

371) Ibid., 282쪽.

떠맡게 될 기본 과업들을 다음과 같이 엄밀하게 과학적으로 정식화했다. 즉 프롤레타리아트 독재는 "생산수단을 전유하고 그것들을 노동계급에 귀속시키며, 따라서 임금노동과 자본, 그들 상호간의 관계를 폐지"[372]하게 될 것이다.

'공산주의자동맹' 재건 활동 _ 3월의 중앙위원회 공문

재구성된 '공산주의자동맹' 중앙위원회는 곧장 '동맹'의 지부들을 재건하는 작업에 착수했다. 1850년 초 마르크스는 쾰른의 '동맹' 회원인 페터 뢰저에게 편지를 보내, 그곳에서 지방조직을 재건할 것과 라인주의 다른 도시에서 지방조직을 설립하는 데 최선을 다할 것을 당부했다.

당시 마르크스와 엥겔스가 쓴 중앙위원회 공문들은 '동맹' 재건과 관련해서 매우 중요한 의미를 갖고 있었다. 독일 내 '동맹' 회원들의 행동강령을 대략적으로 기술하거나 그들에게 여러 국가 내 지부들의 상황을 고지하고, 또 적절한 슬로건과 요구사항들을 제시했기 때문이다.

그중에서도 공문 제1호인 「공산주의자동맹'에 보내는 중앙위원회 공문」은 동맹 복구를 위한 여러 활동의 이데올로기적 기반을 제공했다. 그 공문은 1848~49년 혁명의 경험을 요약하고 다가올 전투에서 프롤레타리아트가 취해야 할 전술들을 개괄하고 있다는 의미에서 볼 때, 당시 '동맹'의 여러 활동들을 훨씬 능가하는 중요성을 지녔다. 이 공문은 그러한 강령에 일정한 발전이 있었음을 엿보게 해주는 것으로, 프롤레타리아트 해방 투쟁의 거의 최종 단계에 이르러서야 그 진가를 발휘할 마르크스주의 교의의 여러 전술적 측면들을 반영하고 있었다. 레닌은 그 공문이 "매우 흥미롭고 유익한 것"[373]이라고 말하면서, 그것을 부르주아 민주주의 혁명에서 프롤레타리아 당이 취해야 할 혁명적 전술노선 확립의 기초로 삼았으며, 또한 그 혁명이 사회주의 혁명으로 성장·발전해나갈 것이라는 이론을

---

372) Ibid., 234쪽.
373) V. I. Lenin, *Collected Works*, Vol. 8, 467쪽.

구체화하는 데 이를 원용하기도 했다.

이 공문은 프롤레타리아트가 프티부르주아 민주주의자들과의 이데올로기적·조직적 경계선을 그음으로써 독자적인 정치적 입장을 공고히 할 필요가 있다고 말했다. 또한 이 문제는 자유주의 부르주아지의 파탄에 따라 다가올 독일 내 혁명이 이번에는 프티부르주아 민주주의자들을 권좌에 올려놓을 가능성이 매우 높기 때문에 더욱더 중요한 의미를 지닌다고 밝히고 있다.

1848~49년 동안 프티부르주아들(민주주의 입헌주의자들과 공화주의자들)이 보여준 정치적 교의와 작태는 그들이 1848년의 자유주의 부르주아지와 마찬가지로 혁명의 근본적인 발전을 가로막고 인민들을 배반하리라는 사실을 명백히 보여주었다. 따라서 프롤레타리아트가 당시 그 상황에서 프티부르주아 단체와의 어떠한 연계도 단호히 배격하고, 자신들을 부르주아 민주주의자들에게 열광적인 환호를 보내는 다중(多衆)으로 전락시키지 않으려 했던 이유가 바로 여기에 있었다. 그리고 당시 독일 노동자들, 그중에서도 특히 '공산주의자동맹' 앞에 가로놓인 주요 과제는 독일 내에 비밀조직과 공개조직을 동시에 갖춘 독자적인 노동계급 당을 창건하는 일과, 각 '동맹' 지방조직을 합법적인 노동자 조직들의 중심이자 핵심으로 탈바꿈시키는 일이었다.

그러나 마르크스와 엥겔스가 일종의 종파주의를 제창했던 것은 결코 아니었고, 또한 특정 투쟁단계에서 노동자들과 프티부르주아 민주주의자들 사이의 연대행동이 갖는 중요성을 부정했던 것도 아니었다. 공문에 따르면, 프롤레타리아 당은 반혁명세력에 맞서기 위해서 프티부르주아 민주주의자들과 잠정적인 동맹관계를 맺을 수는 있지만, 항상 독자성을 유지하면서 후자와는 구별되는 혁명정책을 추구해야 한다는 것이다. 동일한 관점에서 마르크스와 엥겔스는 중앙 및 지방 대의기구 선거에 노동자들이 참여하는 일도 중요하다고 강조했다. 하지만 이 경우 노동자들은 프티부르주아 민주주의자들에 대한 일종의 평형추로서 모든 지역에서 자신들의 후보(가능한 한 '공산주의자동맹' 회원들 중에서 선출된 후보)를 추천해야 할 것이라는 단서가 붙는다. 마르크스와 엥겔스는 프티부르주아 민주주의자들이 가능한 한 빠른 시일 내에 혁명을 마감하려 하면서 제한된 개량에 만족하는 반면에, 프롤레타리아트의 관심은 혁명을 영속화하고 이를 보다 심도 있게 추진하는 데 있다고 설명했다.

마르크스는 이미 그의 초기 저작을 통해 영속혁명론(doctrine of the permanent revolution)을 개괄한 바 있었다. 하지만 그것을 완벽히 정식화한 것은 바로 3월의 공문에서였다.

마르크스의 영속혁명론은 본질적으로 혁명 과정이 장기간의 평온기, 즉 부르주아 민주주의 혁명 단계와 프롤레타리아트 혁명 단계 사이의 비혁명적 발전단계를 반드시 거칠 필요 없이 수많은 국민들을 관통할 것이라는 사실을 의미하는 것이었다. 반면에 마르크스와 엥겔스는 전자로부터 후자로의 비교적 신속한 이행, 즉 대중의 혁명 역량이 꾸준히 증대하고 부르주아 및 프티부르주아 분자들이 정권으로부터 밀려나면서 프롤레타리아트 독재가 확립됨에 따라 발생하는 이행의 가능성을 염두에 두고 있었다. 그들은 이러한 사태 변화야말로 노동인민과 역사 발전 전반에 가장 유리하게 작용할 변화라고 믿었다.

"다소간 유산계급 전체가 지배적인 위치를 박탈당하고 …… 프롤레타리아트가 국가권력을 장악할 때까지 혁명을 영속화시키는 일은 우리의 관심이자 과제이다. 문제는 사유재산의 개조가 아니라 오로지 그것의 폐지이며, 계급대립의 은폐가 아닌 계급 자체의 사멸이며, 기존 사회의 개선이 아닌 새로운 사회의 창조이다."[374]

따라서 그들은 프롤레타리아 혁명으로 이행하는 데 필요한 온갖 조건들을 보장하기 위해 프롤레타리아트 행동강령의 윤곽을 제시했다. 그들에 따르면, 노동자들은 혁명이 성공을 거둘 경우 설립될 새로운 프티부르주아 공식 정부와 나란히 자체의 혁명정부들을 지방자치 기구나 노동자

---

374) Marx and Engels, *Selected Works*, Vol. 1, 179쪽.

클럽 및 위원회 형태로 구성할 것이다. 그것들은 부르주아 민주주의 정부의 활동을 통제하는 역할을 맡을 것이다. 그들은 자체 무장을 실시하고 프롤레타리아 수비분견대를 포함한 군대를 조직할 것이다. 마르크스와 엥겔스는 '노동자 정부들'과 군사조직이야말로 혁명적·정치적 위기를 보다 폭넓고 심도 있게 발전시켜나갈 만한 능력을 갖춘 세력이라고 믿었다. 나아가 이 '정부들'을 미래의 프롤레타리아트 혁명 권력의 맹아로 보았다.

「공문」은 농업문제에 관한 프롤레타리아트의 전술들도 다루었다. 마르크스와 엥겔스는 「독일에서의 공산당의 요구」에서 이미 정식화한 명제들을 보다 구체화하면서, 부르주아 민주주의 혁명의 승리를 거두는 순간 노동자들은 몰수된 봉건토지들이 농민들에게 분배되지 않고 프티부르주아 민주주의자들의 계획대로 국유재산으로 탈바꿈하는 상황을 목격할 것이라고 말했다. 그러나 이 토지들은 농촌 프롤레타리아트 집단이 공동 경작하는 대규모 농장 건립에 이용해야 마땅하다는 것이 그들의 생각이었다. 마르크스와 엥겔스는 이것이야말로 사회주의 혁명으로 이행하기 위해 중차대한 의미를 지니고 있는 농촌 내 피착취 빈민집단과 노동자들의 결속을 보다 강화할 것으로 믿었다. 그리고 다른 농민집단들도 집단 원칙에 따라 이루어지는 대규모 경작의 혜택을 받는 명백한 실례를 확인할 수 있을 것이다.

마르크스와 엥겔스는 「공문」에서 농민문제에 관한 철저한 계획표를 제시하지는 않았으며, 주로 제2의 혁명 단계(프롤레타리아적)에서 부각될 수밖에 없는 여러 과제들을 강조하는 데 주안점을 두었다. 하지만 그 「공문」은 노동계급과 농민의 동맹이라는 중요한 사상의 몇몇 측면들을 반영하고 있다. 이것은 곧 마르크스와 엥겔스가 그 사상을 자신들의 영속혁명론의 주요인으로 간주하고 있었다는 점을 시사해준다. 민주주의자들이 견고한 프티부르주아 농민계급의 확립을 촉구하고 있었지만, 그들은 오로지 영구혁명만이 독일 농민들을 농업 내 부르주아적 관계들의 산물들(궁핍화와 부채 증가)로부터 해방시킬 수 있을 것이라는 점을 분명히 했다. 그리고 이것이야말로 독일 농민들이 프랑스 농민들의 전철을 밟지 않으려고 프롤레타리아트의 승리에 객관적인 관심을 갖게 된 이유이다. 또한 노동계급은 한때 상층계급 소유였던 토지를 바탕으로 설립된 대규모 집단 농장뿐만 아니라 농촌의 여러 거점들도 필요했다.

「공문」은 혁명이 프롤레타리아 지배 확립이라는 목표에 도달할 때까지 계속 진행되어야 한다는 사상으로 점철되어 있다. 그리하여 노동자들의 투쟁 슬로건은 마땅히 '영구혁명'이어야 했다.

「공문」은 1850년 3월 말에 중앙위원회가 '동맹'의 재건에 박차를 가하기 위해 독일로 파견했던 하인리히 바우어에게 전달되었다. 그는 쾰른과 다른 지방조직 회원들의 도움을 받아 이 공문을 복사해서 널리 배포하는 데 성공했다.

바우어는 임무를 성공리에 완수했다. 쾰른은 일단 제쳐두고서라도 프랑크푸르트암마인, 하나우, 마인츠, 비스바덴, 함부르크, 슈베린(Schwerin), 베를린, 괴팅겐, 리그니츠(Liegnitz), 라이프치히, 글로고프(Glogów), 뉘른베르크, 뮌헨(München), 밤베르크(Bamberg), 뷔르츠부르크(Würzburg), 빌레펠트, 슈투트가르트 그리고 다른 수많은 지역에서 '동맹'의 지방조직들이 재건되거나 확립되었다. 이들 '동맹' 지방조직들은 많은 합법 노동자 단체에 영향력을 행사했다. 마르크스와 엥겔스는 '공산주의자동맹'이 대중들과의 긴밀한 연대를 확립하고 합법 노동자 단체들을 주요 거점으로 탈바꿈시킬 때 비로소 강력하고 효율적인 조직으로 기능할 수 있다고 주장했다.

또한 마르크스는 다른 국가들, 그중에서도 특히 드롱케가 밀사로 파견된 스위스에서 '공산주의자동맹'을 재건하기 위해 여러 조치들을 취했다. 그러나 이주자들 사이에서는 프티부르주아적 영향력이 강력한 힘을 발휘하고 있었기 때문에 그의 활동은 그다지 성공을 거두지 못했다.

1850년 6월 초 마르크스와 엥겔스는 「공산주의자동맹'에 보내는 중앙위원회 공문」 제2호를 썼다. 이 공문은 독일, 벨기에, 스위스, 프랑스, 영국 등지의 '동맹' 조직 상황을 알리고 현지 지도자들에게 전술적·조직적 문제들에 관해 조언하는 내용을 담고 있었다. 위원회는 이것을 독일에 배포하기 위해 빌헬름 클라인(Wilhelm Clein)이라는 한 연마공을 밀사로 파견했다.

한편 런던의 '사회주의망명자위원회'의 활동은 제반 혁명세력들을 결속시키는 데 대단히 중요했으며, 사실상 그 활동은 반혁명의 희생자들에 대한 원조활동 이상의 성격을 지니고 있었다. 위원회는 점차 정치적 성향을 내보이면서 '공산주의자동맹' 재건 작업을 도왔고, 여러 정치 망명가들 중 양질의 인자들로 하여금 '동맹'과 함께 일하도록 설득하는 작업도 아울러 펼쳤다.

위원회의 각종 공문, 보고서, 성명서들은 영국은 물론이려니와 독일의 민주주의 언론매체에도 게재되었다. 그러한 문건들은 해외의 온갖 혁명세력들이 마냥 허송세월하고 있는 것이 아니라 새로운 투쟁을 준비하고 있음을 독일 내 해방투쟁 옹호자들에게 상기시켜주었다. 그리고 위원회의 모든 문서들에 각 혁명집단에 잘 알려진 마르크스가 서명했다는 사실도 상당히 중요한 의미를 띠고 있었다.

'공산주의자동맹'을 재건하려는 마르크스와 그 추종자들의 노력은 특히 독일에서 상당한 결실을 맺었다. 몇 차례의 좌절이 없었던 것은 아니지만 적어도 1850년 중반에 이미 '동맹'은 확고한 기반을 다진 지부들을 거느린 조직체로서 치밀한 조직력과 원활한 운영능력을 발휘했다.

'공산주의혁명가총연합회'

마르크스는 또 다른 유럽 혁명이 조만간 촉발하리라 내다보면서, 여러 국가들로부터 파견된 혁명적 노동계급 대표들의 국제적 연합체가 혁명에 승리를 가져다주리라 믿고 있었다. 1850년 봄 그는 '공산주의자동맹'이 그 핵을 이룰 광범한 국제 프롤레타리아 조직체를 설립하는 데 좌파 인민헌장운동가들과 블랑키주의적 이주민들의 도움을 얻었다. 이것은 당연히 '동맹'의 국제적 중요성을 고양시켰으며, 과학적 공산주의 이념들을 영국과 프랑스의 노동계급 운동 내에 전파시키는 데 도움이 되었다.

마르크스는 인민헌장운동가들과 블랑키주
의자들의 취약점을 익히 알고 있었음에도 불
구하고, 그들이 노동계급 해방투쟁에서 나름
대로 떠맡을 역할이 있었기 때문에 그들과 긴
밀한 동맹관계를 수립해야 한다는 결론에 도
달했다. 하니, 존스 그리고 다른 좌파 인민헌
장운동가들은 1848년 혁명 이전에 이미 과학
적 공산주의에 경도되어 있었다. 그리고 그들

루이 오귀스트 블랑키(1805~81)

은 영국에서 프롤레타리아 투쟁이 전반적으로 침체기에 들어선 상황에서
도 줄곧 영국 노동계급 운동의 혁명적 경향을 소리 높여 주창했다.

각종 프랑스 사회주의 집단과 경향들 중에서도 블랑키주의자들은 과학
적 공산주의에 가장 근사한 성향을 보여주고 있었다. 비록 블랑키와 그의
절친한 동료들의 견해가 대체로 바뵈프주의적인 공상적 공산주의의 틀에
서 벗어나지 못하고 있었고, 계속해서 1830년대의 비밀 혁명 단체들이 구
사하던 음모적 전술들에 편향되어 있었음에도 불구하고, 마르크스는 블
랑키를 탁월한 정치투사로 인정하면서 그의 실천적 경험과 혁명적 육감
을 높이 평가했다.

블랑키는 혁명기에 민주주의 프롤레타리아 운동의 좌파에 섰으며, 그
의 가차 없는 입장은 모든 부르주아 집단들에 대한 증오로 발전했다. 그리
하여 1848년 4월 그는 10년형을 언도받았다. 이러한 그를 두고 마르크스
와 엥겔스는 '혁명적 공산주의의 고결한 순교자'[375]라는 경칭을 부여했다.
또한 『프랑스의 계급투쟁』에서도 마르크스는 이 용감한 혁명가에게 경의
를 표했다. 그리고 이제 마르크스는 그의 추종자들과의 협력방안을 모색
하기 시작했다.

마침내 1850년 4월 중순 런던에서 '공산주의혁명가총연합회(Universal
Society of Communist Revolutionaries)' 설립을 위한 협약이 이루어졌다. 이 협

----

375) Marx, Engels, *Werke*, Bd. 7, 568쪽.

약에는 '공산주의자동맹'을 대표해서 마르크스·엥겔스·빌리히가 서명했고, 좌파 인민헌장운동가를 대표한 하니, 블랑키주의 망명가들을 대표한 비딜(Tules Vidil)·아당(Adam)의 서명이 첨부되었다. '총연합회'의 강령 원칙들을 담고 있는 협약서 제1항은 다음과 같다.

"인류의 최종적인 조직 형태일 공산주의가 확립될 때까지 영속혁명을 추진함으로써 모든 특권계급을 타파하고 그들을 프롤레타리아 독재체제 아래 종속시키는 것이 본 연합회의 목적이다."376)

결국 '총연합회'의 강령은 과학적 공산주의의 몇몇 기본 이념들(영속혁명과 프롤레타리아트 독재)을 담고 있었다.

그러나 블랑키주의자들과의 연대는 빈약한 것이었음이 곧 입증되었다. 요컨대 그들은 얼마 지나지 않아 '총연합회' 설립 협약서 제1항에 기술된 공산주의적 목적에 강한 적대감을 표현했던 프티부르주아 성향의 '민주주의동맹'과 접촉을 꾀하려고 협약의 여러 조항들을 파기하기 시작했다. 더욱이 블랑키주의 망명 지도자들은 마르크스와 그의 추종자들에게 공공연히 적대감을 드러내기에 이르렀다. 이러한 사태에 즈음하여 마르크스와 엥겔스는 1850년 가을에 결국 블랑키주의자들과의 협약을 파기하기로 결정했다.

한편 좌파 인민헌장운동가들과의 관계는 전혀 다른 형태로 발전했다. 마르크스와 엥겔스는 협약 서명 이전에도, 타협적인 개량주의자 집단과 투쟁하고 있던 하니에게 온갖 지원을 아끼지 않았다. 이들 개량주의 집단은 한때 인민헌장운동의 지도자였던 피어거스 오코너를 중심으로 뭉쳐 있었다. 또한 마르크스와 엥겔스는 하니가 『민주주의평론Democratic Review』을 창간하여 혁명적 사상을 전파하려 했을 때도 그를 도왔다. '총연합회'의 설립과 함께 마르크스·엥겔스와 좌파 인민헌장운동가들의 연대도 보다 강화되었다. 1850년 『민주주의평론』과 『붉은 공화주의자』(이 모두 하니가 편집을 맡고 있었다)는 마르크스의 『프랑스의 계급투쟁』과 엥겔스의 평

---

376) Ibid., 553쪽.

론 「10시간의 의제The Ten Hours' Question」를 발췌·게재하고 「공산당선언」을 최초로 영역하여 실었다.

그러나 1851년 봄에 하니는 프티부르주아 민주주의자들과 보다 밀접한 관계를 맺게 되면서 혁명파 인민헌장운동가들과의 결별을 선언했다. 마르크스와 엥겔스는 이를 신랄히 비판했다. 그러나 한편으로 그들은 인민헌장운동가의 혁명적 전통을 충실히 고수해오던 존스에게는 온갖 지원을 아끼지 않았다. 그는 마르크스 교리의 몇몇 요소들을 수용하고 사회주의적 기반 위에서 인민헌장운동을 되살리려고 했다. 그리하여 1851년 '인민헌장운동대표자회의(Chartist Convention)'가 존스의 주도 아래 채택한 강령은 인민헌장운동사상 최초로 사회주의적 목표를 공언하고 나섰다.

마르크스와 엥겔스는 1851년과 52년 존스가 발간한 주간지 『인민에게 보내는 비망록Notes to the People』의 단골 기고가였다. 그리고 마르크스는 1851년 여름 「1848년 11월 4일 채택된 프랑스 공화국헌법The Constitution for the French Republic Adopted on November 4, 1848」이란 평론을 게재하기도 했다. 이 평론은 『프랑스의 계급투쟁』을 통해 마르크스의 공화국헌법에 대한 비판적 분석을 여러 점에서 보충한 글이었다. 마르크스는 존스가 조합주의(the co-operatives)에 관한 일련의 평론을 쓰는 데에도 많은 조언을 해주었다. 이 평론들은 프롤레타리아트의 사회적 곤경이 생산 및 소비조합의 발전을 통해 자본주의 체제 아래서 치유될 수 있다는 유토피아적 사상의 오류를 논파하고, 그러한 조합들은 노동계급이 정치권력을 장악한 후에나 사회적 변화의 도구로 기능할 수 있다고 주장했다. 마르크스는 1864년에 이 평론들을 상기하면서, 자신과 존스가 슐체델리치(Franz Hermann Schulze-Delitzsch; 그의 출현에 대해 라살레는 절대적인 신뢰를 표해야 한다고 주장했다)와 같은 부르주아 '노동자 문제' 이론가들이 주창한 조합주의적 사상과의 논쟁이 불가피함을 예견했다고 말했다.

마르크스와 엥겔스는 존스가 인민헌장운동의 독자성을 유지하도록 해주었으며, 그 운동으로부터 프롤레타리아적 성격을 박탈하고 그것을 부르주아적 급진 세력에 종속시키려는 개량주의자들의 시도에 존스가 적절히 대응하도록 뒷받침해주었다.

『신라인신문·정치경제평론』에 실린 평론들

마르크스는 여러 혁명적 사건들이 이데올로기에 미치는 영향을 조명하는 일 역시, 혁명의 갖가지 교훈들을 습득하는 데 중요한 일부분이라고 믿었다. 그래서 마르크스는 엥겔스와 함께 1849년과 50년에 간행된 부르주아 및 프티부르주아들의 각종 저서에 관해 몇몇 평론을 썼다. 이것들은 『평론』제2호와 제4호에 실렸는데, 프롤레타리아트의 이데올로기상의 적들에 의해 이루어진 1848~49년의 혁명적 사건들과 역사상 혁명들이 차지하는 역할에 관한 해석을 비판한 것이었다. 이 평론들은 최근의 부르주아적 역사 개념들을 분석하면서 그것들의 계급적·정치적 의미를 폭로하고, 그것들을 혁명적 프롤레타리아 운동의 입장에서 평가했다.

마르크스와 엥겔스는 그들 특유의 예리한 통찰력으로 부르주아 이데올로기의 발전이 1848년과 49년 혁명기를 통해 일정한 전환점에 이르렀다는 사실을 인식하면서, 한때 진보적이었던 부르주아 역사가들조차도 프롤레타리아의 행동에 직면해서는 과학적·객관적 논증 능력을 상실하고, 사실상 그들의 합리적인 사상과도 절연했다고 지적했다.

마르크스와 엥겔스는 이러한 점을 프랑수아 기조의 팸플릿 「영국 혁명은 왜 성공했나?*Why Has the English Revolution Been Successful?*」에 대한 비판적 분석을 통해 예증했다.

부르주아 보수정치가이자 왕정복고시대의 탁월한 역사가 그룹(당시의 부르주아 사회 형성에서 계급투쟁이 일정한 역할을 하고 있다는 점을 수용했던)의 일원이었던 기조는 1848년 혁명이 막을 내리면서 한층 더 우익으로 선회했다. 1850년에 출판된 영국 혁명에 관한 팸플릿에서 기조는 이렇게 지적하고 있다.

"구체제 아래서 가장 유능한 사람들, 즉 역사 영역에서 의심의 여지없는 재능을 보여준 사람들조차도 2월의 돌이 킬 수 없는 사태 때문에 당혹감에 빠져들었다. 2월 혁명은 그들로 하여금 그 학문에 대한 모든 분별력을 상실케 했다. 그리하여 그들은 이제 심지어 이전에 갖고 있던 행동방침마저도 이해할 수 없게 되었다."[377]

『로마제국의 흥망사』로 유명한
프랑수아 기조(1787~1874)

이전만 하더라도 혁명을 자연스런 것으로 인식해왔던 기조는 이제 혁명의 역사적 중요성을 극소화하려 하면서, 당시의 혁명적 행동들이 우발적인 것에 지나지 않는다는 점을 입증하려 했다. 과거의 혁명적 사건 중에서 기조는 전통적 제도들을 최소한으로 파괴하고, 결국 타협으로 막을 내리는 상황을 하나의 이상으로 강조하고 또 제시했다. 그러나 이 경우에는 그러한 상황의 물질적·계급적 동기들을 확인하지 않고 그것들을 단지 관념론적으로만 해석했다.

마르크스와 엥겔스는 기조가 17세기 영국 혁명을 '성공적인' 것으로 평가하고, 그것이 파괴적인 프랑스 혁명과는 달리 종교적으로 온건하게 진행되기 때문에 혁명적인 큰 격변 없이 그 나라의 입헌주의적 발전을 보장했다고 주장하는 것은 불합리하다고 지적했다. 그들은 영국의 입헌주의 왕정에 대해서는 털끝 하나 손대지 않은 채 중도하차한, 따라서 완벽과는 거리가 먼 영국 혁명보다 프랑스 혁명이 우위에 있다는 점을 입증했다. 그들에 따르면, 영국 혁명의 그러한 결과는 영국 부르주아지가 일단의 대지주들과 영속적인 동맹을 맺은 데서 나온 것이며, 이 대지주들은 자신들의 토지를 부르주아적 외피에 맞게 개조했다는 것이다. 이와는 대조적으로 프랑스 혁명은 봉건적인 대토지들을 강력한 혁명적 조치와 소규모 토지 구획을 통해 근본적으로 타파했다.

기조의 팸플릿에 대한 평론은 "부르주아지 중 뛰어난 자는 사라진다(Les

---

377) K. Marx and F. Engels, *Articles on Britain*, Moscow, 1971, 89쪽.

capacités de la bourgeoisie sén vont). "[378]라는 구절로 끝맺고 있다. 이러한 결론은 영국의 저명한 역사가이자 정치평론가인 토머스 칼라일의 우익 선회에서도 거의 비슷하게 입증되고 있다. 마르크스와 엥겔스는 그의 저서 『최근의 팸플릿들Latter-Day Pamphlets』에 대해서 논평을 가했다. 그들은 반동적 '영웅숭배'와 '현명하고 고결한' 지도자와 군중을 병렬하는 시각에 기반을 둔 그의 주관적·관념론적 역사관의 실체를 파헤쳤다. 칼라일은 영웅숭배의 막후에서 사실상 "부르주아의 모든 파렴치 행위를 정당화하고 심지어 과대포장하고 있다."[379]

프티부르주아 민주주의자들 역시 다양한 개인들, 특히 부르주아와 프티부르주아 반정부 인사들의 역할을 과장하고 과대평가했다. 따라서 마르크스와 엥겔스는 경찰관인 아돌프 쉬뉘(Adolphe Chenu)와 뤼시앵 드 라 오드(Lucien de la Hodde)가 집필한 프랑스 혁명운동에 관한 두 권의 저서에 논평을 가하면서 이러한 사실을 폭로했다. 마르크스와 엥겔스는 다음과 같이 묘파하고 있다.

"공직에 몸담고 있는 사람으로서 혁명 전이나 그 후에 비밀단체에서든 군중 속에서든 운동 대열의 선두에 선 사람들이 마침내 건강한 렘브란트식의 색채로 생생하게 묘사되는 것만큼 바람직스런 일도 없을 것이다. 허나 지금까지 이런 인물들은 항상 그들의 진정한 모습이 아닌 공식적인 모습, 예컨대 반장화를 신은 채 머리 주위에는 후광을 얹은 모습으로 묘사되어왔다. 이렇듯 터무니없는 라파엘로식 초상화에서는 묘사의 진실성이란 전혀 찾아볼 길이 없다."[380]

이 평론은 혁명운동 내의 모험주의, 종파주의, 음모적 전술 등에 대한 프롤레타리아 혁명가들의 부정적 태도를 단적으로 표현한 것이었다. 음모가들, 즉 그러한 '혁명의 연금술사들(alchemists of the revolution)'은 진정한

---

378) The men of talent among the bourgeoisie pass away.

379) Marx, Engels, *Werke*, Bd. 7, 264~65쪽.

380) Ibid., 266쪽.

혁명적 투쟁을 조직해내는 일에는 관심이 없고, '혁명의 조건들을 창출해 냄이 없이' 오로지 폭력수단을 동원하여 혁명을 선도하고, "혁명을 인위적 으로 위기로 치닫게 하는, 말하자면 즉흥적 혁명을 추구하는"[381] 데만 열 중해 있었다.

또한 마르크스와 엥겔스는 독일 신학자 다우머(Daumer)의 저서『새 시 대의 종교The Religion of the New Age』에 관한 평론에서, 혁명에 의해 혼비백산 한 독일 속물주의 이데올로기의 좌절을 묘사했다. 유물론적 관점에 비추 어 그들은 종교를, 인간들이 진정한 사회 발전 법칙을 인식하는 순간 불가 피하게 사라지고 역사 속에서 자신의 역할을 규정하는 사회의식의 한 형 태로 보았다. 나아가 그들은 종교적 미신을 극복하는 하나의 전제조건으 로 자연과학과 사회과학, 양 분야에서의 유물론적 시각의 확립을 들었다.

마르크스와 엥겔스는 비사회과학적 견해의 실체를 일관성 있게 폭로하 는 것도 프롤레타리아 투쟁에 참여하는 사람들에 대한 이데올로기적 교 육의 한 방편이라고 확신했다.

국제정세 개관, 혁명의 전망에 대한 평가

1850년에 마르크스와 엥겔스는『신라인신문·정치경제평론』제2호와 제4호, 최종호를 통해 국제정세를 개관하는 세 편의 글을 썼다. 이들 글은 당시 유럽과 북미에서 발생한 여러 정치·경제적 사건들에 대한 심층적 분 석과 각종 예고들을 담고 있는데, 이 예고들은 역사 발전에 따라 훗날 사 실로 입증되었다. 마르크스와 엥겔스는 1848~49년의 경험을 바탕으로 경 제학에 대해 대단히 진지한 관심을 쏟기 시작했다.

마르크스와 엥겔스는 이 글들을 통해 경제적 공황이 혁명적 위기에 대 한 유인력을 제공하는 반면에, 경제적 번영과 혁명을 감속시키면서 반동 들과의 타협을 위한 기반을 창출해내는 경향이 있다고 표현했다. 그리 고 이러한 사상은 뒷날 그들의 서한을 통해 보다 상세히 언급되었다. 레

---

381) Ibid., 273쪽.

닌 역시 "공황은 (공격을 위한 기병으로서) 프롤레타리아의 활동에 길을 열어준다."[382]라고 묘사했다. 레닌은 장기간의 번영이 사기저하를 초래했다는 엥겔스의 말과 관련해서 **"평화 시기가 야기하는 노동자의 사기저하 현상"**[383]을 강조했다.

1850년 중반까지만 하더라도 마르크스와 엥겔스는 조만간 유럽에서 또 다른 경제공황이 일어나 새로운 혁명을 촉발시키리라는 확신을 갖고 있었다. 그리고 이러한 견해는 첫 번째와 두 번째의 국제정세 개관(international survey)에 반영되었다. 하지만 점차 구체적 모습을 드러내고 있던 경제관을 보다 심도 있게 연구해나가는 과정에서, 그들은 이러한 예상이 정당화될 수 없음을 깨달았다. 결국 그들은 유럽의 사회 발전에 관한 목전의 전망과 관련하여 이전과 다른 결론에 도달했다.

마르크스와 엥겔스는 당시 자본주의의 성숙과 프롤레타리아트의 혁명 역량을 대체로 과대평가하는 경향에 젖어 있었기 때문에, 혁명에 대해 부분적으로 시기상조의 예언을 할 수밖에 없었다. 따라서 그들은 다가올 혁명이 사회주의 혁명일 것이라고 보았다. 엥겔스는 1895년 마르크스의『프랑스의 계급투쟁』재판에 부치는 서문에서 다음과 같이 썼다.

"역사는 우리 자신 그리고 우리와 비슷한 생각을 가졌던 모든 사람들이 오류에 빠져 있었음을 입증해주었다. 당시 대륙 내 경제발전 상황은 자본주의 생산의 폐지에 도달할 만큼 완전히 무르익지 않았음이 명백히 드러났다."[384]

1850년 여름 마르크스는 이전 10년간의 경제발전 상황을 연구하는 과정에서 1847년 경제공황의 결과들(1848년 여러 혁명적 사건들을 촉발하는 데 중대한 역할을 담당했던)이 완전히 소멸해버렸으며, 혁명이 여전히 진행 중이던 시점에 이미 새로운 경제적 호황기가 시작되었다는 결론에 도달했

---

382) V. I. Lenin, *Synopsis of the "Correspondence of K. Marx and F. Engels, 1844~1883"*, Moscow, 1959, 29쪽.
383) Ibid., 32쪽.
384) Marx and Engels, *Selected Works*, Vol. 1, 191~92쪽.

다. 그리하여 1849년과 50년에 이르러 이 호경기는 높은 수준으로 치솟으면서 유럽 반동들이 뿌리내리는 데 일정한 기여를 했다. 이러한 결론은 1850년 가을에 마르크스와 엥겔스가 집필한 세 번째 국제정세 개관에서 구체화되었다. 이 개관은 영국·프랑스·독일·미국의 비약적인 경제발전을 보여주기 위해 엄청난 양의 사례들을 나열하고 있으며, 자본주의 사회의 발전과 함께 잠정적인 비(非)혁명기가 도래했음을 알리고 있다.

"이러한 전반적인 번영 아래서 그리고 부르주아적 관계의 테두리 내에서 가능한 한 왕성하게 발전하고 있는 부르주아 사회의 생산력에 비추어 볼 때, 그 어떤 현실적인 혁명도 불가능하다. 그러한 혁명을 **이들 두 요소, 즉 근대 생산력과 부르주아 생산양식**이 서로 **모순관계**에 빠질 때 비로소 가능한 것이다. …… **또 다른 혁명은 또 다른 공황이 야기된 연후에나 가능한 것이다. 하지만 그것은 후자만큼이나 불가피한 것이다.**"385)

마르크스와 엥겔스는 혁명에 대한 전망을 재고하는 과정에서 불가피하게 '공산주의자동맹'의 전술도 재고해야만 했다. 말하자면 '동맹'은 더 이상 가까운 장래에 혁명이 촉발되리라는 예상 속에서 운영될 수가 없었던 것이다. 그리하여 비교적 긴 반동적 통치기를 가정하면서 조직 활동의 새로운 전술 형태를 모색해야만 했다. 이 경우 중요한 문제는 '동맹'의 다른 회원들과 지도핵심부가 이러한 상황을 받아들이도록 설득하는 일이었다. 여기에서 마르크스와 엥겔스는 다시 엄청난 난제에 부딪히게 되었다.

빌리히와 샤퍼, 종파주의적·모험주의적 파벌과 투쟁

1850년 여름 '공산주의자동맹' 내에서는 일종의 '좌익' 파벌이 싹트기 시작했다. 이 파벌은 단지 본능적으로만 공산주의자인 아우구스트 빌리히와, 초기 노동계급 운동 시절에 갖고 있던 종파주의적·모험주의적 성향을 완전히 떨쳐버리지 못한 카를 샤퍼가 주도하고 있었다. 빌리히와 샤퍼 그리고 그들의 추종자들은 새로운 역사적 상황이 지니고 있는 독특한 특징

---

385) Marx, Engels, *Werke*, Bd., 7, 440쪽.

을 이해할 수 없었고, 노동계급 운동의 전술적 과업들을 정식화하는 데 그 것들을 고려할 만한 능력도 없었다. 그들은 본질적으로 혁명운동의 퇴조 기에 있을 때 특히 위험한 모험주의적 전술을 주창하고 있었다.

사실상 마르크스와 빌리히는 마르크스가 런던의 '독일노동자교육협회' 에서 「공산당선언」에 관한 강의를 하고 있던 1849년 말과 50년 초의 겨울 부터 이미 의견대립을 보였다. 이 강의에서 마르크스는 공산주의가 하룻 밤에 확립될 수는 없는 일이며, 수많은 혁명적 발전단계를 거치면서 비로 소 도달할 수 있는 것이라고 설파했다. 또한 그는 부르주아 민주주의 혁명 의 과제들은 공산주의적 변혁으로 나아가기 전에 먼저 붙잡고 씨름해야 할 문제라고 말했다. 하지만 빌리히는 사회 발전과 혁명 과정을 지배하는 법칙들에 관해 아무런 인식도 갖고 있지 않았기 때문에, 공산주의의 확립 을 위해서는 어떤 물질적 전제조건이 요구된다는 점을 부정했다. 그는 소 수의 의지를 관철시킴으로써 단번에 공산주의가 확립될 것으로 기대하고 있었다.

이러한 의견대립은 마르크스가 조속한 혁명적 분출을 기대하고 있는 동안에는 표면으로 떠오르지 않았다. 그러나 1850년 여름 마르크스와 엥 겔스가 잠정적인 비혁명기의 시작이라는 결론에 도달하면서부터 '동맹'의 전술들에 적절한 변화를 가하자 상황은 돌변했다. 그들은 불가피한 혁명 을 겨냥해서 본래의 전략적 노선을 그대로 유지하면서도, 주어진 상황에 서 주요 과제는 프롤레타리아 기간요원들을 보호·규합하고, 그들에게 다 가올 전투 준비의 이론적 기반을 제공하는 일이라고 믿었다.

이에 대해 빌리히와 샤퍼 그리고 그 추종자들은 새로운 전술을 강력히 거부하면서 '동맹'을 독일 내에서의 즉각적인 혁명을 겨냥한 무모한 행동 으로 몰아가려고 했다. 이러한 행위는 다가올 혁명기 전투를 진지하게 준 비하는 자세가 아니라 '혁명을 즐기는' 해로운 모험주의적 술책이었다.

그리하여 1850년 9월 중순경에 이르러서는 이들 빌리히−샤퍼 일파가 런던에서 '동맹'의 활동을 방해하기까지 했다. 그들은 규약을 공공연히 위반하면서 '독일노동자교육협회', '동맹' 런던지부 총회, '사회민주주의망명객위원회' 중앙위원회가 내린 결정사항들에 반대하고 나섰다. 그들은 중앙위원회 소수파로서 「공산당선언」과 중앙위원회 공문들에 정면으로 배치되는 사상들을 노동자들 사이에 확산시키기 시작했다.

그리하여 1850년 9월 15일에 열린 중앙위원회 임시회의에서 마침내 분열이 발생했다. 이 자리에 다수파 대표들(마르크스, 엥겔스, 슈람, 펜더, 바우어, 에카리우스)은 전원 참석했으며, 소수파 집단은 빌리히·샤퍼·레만(Lehmann)이 자리하였다. 하지만 프랑켈은 참석할 수 없었다.

마르크스는 다수파와 소수파 사이에 벌어진 의견대립의 진정한 원인을 지적했다. 그는(빌리히가 훗날 주장했던 것과는 반대로) 원인들이 결코 개인적인 것이 아니라 의심할 여지없이 근본적인 것이라고 주장했다. 이는 빌리히-샤퍼 일파들이 현실적 조건들을 가상적 조건들로 대체하려 한다든가, 결단과 같은 주관적 요인을 혁명의 주요 역할이라는 외피로 감싼다든가 하는 것이 이데올로기적으로나 전술적으로도 유지 불가능한 것이기 때문이었다. 마르크스는 다음과 같이 기술하고 있다.

"「선언」의 보편적인 시각 대신에 우리는 독일 직인들의 민족감정을 부추기는 민족적 시각을 발견하고, 「선언」의 유물론적 시각 대신에 관념론적 시각을 발견한다. 또한 실질적인 관계 대신에 **의지**가 혁명의 요점으로 제시되고 있다. 우리는 노동자들에게 말하는 반면에 당신들은 상황을 변화시키기 위해 그리고 권력을 장악하기 위해 15년 내지 20년 아니 50년간 내전을 치러야 할지 모른다. 그럼에도 불구하고 당신들은 '우리는 **즉각** 권력을 쟁취해야 한다. 만약 그렇지 못하면 우리 모두 잠자리에나 드는 편이 나을지 모른다.'고 말한다."[386]

마르크스는 주의설(主意說)과 주관론이야말로 현실적 삶을 무시하는 그들의 모험주의적 정책과 종파주의적 전술의 이데올로기적 기초임을 입증했다. 마르크스는 다수파의 승인 아래 이들 빌리히-샤퍼 일파가 주창하

----

386) Marx, Engels, *Werke*, Bd. 8, 598쪽.

는 발상, 즉 '동맹'은 독일 노동계급에 의한 즉각적인 권력 인수에 대해 희망을 가져야 한다는 발상을 단호히 거부했다.

마르크스는 그들의 견해가 '동맹'의 제반 원칙들과 정면으로 상충되기 때문에, 규약에 따라 이들 소수파 대표들을 축출할 권리가 중앙위원회에 부여되어 있다는 데까지 생각이 미쳤다. 하지만 사태가 진행되면서 그들 스스로가 오류를 깨달으리라 믿었으므로 이러한 조치를 꺼려했다. 그러나 동시에 그는 이 일당들과의 이데올로기적 결별이 필요하다고 생각했다. 그래서 '동맹' 내의 불화와 종파주의자들에 의한 '동맹'의 접수를 방지할 어떤 경계선을 그어야 한다고 제안했다. 그 제안이란 바로 중앙위원회가 권력을 쾰른 지역위원회로 옮긴 뒤, 런던에서 별개의 두 지역위원회를 설립하여 하나는 마르크스와 엥겔스의 지지자들로 구성하고, 다른 하나는 빌리히와 샤퍼의 추종자들로 구성하는 것이었다. 그러나 이 두 지역위원회는 동일한 '동맹' 산하에 두고 동일한 중앙위원회의 지도 아래 활동하며, 각기 중앙위원회와 독자적인 접촉을 유지하는 한편 양쪽 모두 중앙위원회의 결정에 따르게 한다는 것이 마르크스의 구상이었다. 마르크스는 자신이 '동맹'을 통일된 상태로 유지해나가기 위해 이렇게 제안했음을 강조했다.

그러나 샤퍼는 종파주의자들을 옹호하면서 마르크스의 제안을 거부했다. 제안에 대한 논의가 끝나자 빌리히와 레만은 퇴장해버렸고, 그곳에 남아 있던 샤퍼는 기권하는 쪽을 택했다. 그러나 나머지 사람들은 모두 마르크스의 제안에 찬성표를 던졌다.

빌리히와 샤퍼 그리고 다른 파벌주의자들은 중앙위원회의 결정에 따르기를 거부하고 자체적으로 중앙위원회를 결성하여 마르크스와 엥겔스 및 그 추종자들을 '동맹'으로부터 축출하기 위해 '동맹'의 런던지부 총회를 소집했다. 그리하여 그들은 결국 갖은 중상모략을 동원하고, 조속한 혁명을 순진하게 기대하고 있던 많은 '동맹' 회원들의 동업조합적 편견을 부추겨 목적을 달성했다. 마르크스와 엥겔스는 이 새로운 종파주의적 조직이

1840년대에 스위스에서 설립된 반동적인 가톨릭 주(州)들의 분리주의적 연합체와 유사하다는 생각에서 이 조직에 '분리동맹(Sonderbund)'이라는 아이러니컬한 호칭을 붙여주었다.

종파주의자들의 분열전술 때문에 '동맹'을 통일된 상태로 유지하는 데 실패한 마르크스와 엥겔스는 빌리히─샤퍼 일파와는 어떤 형태의 협력도 무익한 것임을 깨달았다. 그리하여 1850년 9월 17일 그들과 그 지지자들은 '독일노동자교육협회' 회원들 대다수가 분열획책 분자들과 손을 잡았다는 사실에 비추어 이 단체에서 탈퇴할 것을 선언하는 한편, '사회민주주의망명객위원회'에서도 탈퇴할 것을 아울러 선언했다. 또한 1850년 10월 초에 마르크스와 엥겔스는 파벌주의자들을 후원했던 망명 블랑키주의자들과의 결별을 공식화했다.

'분리동맹'은 갖은 수단을 동원해서 프랑스와 스위스의 지방조직들(소규모의 빈약한 조직을 갖춘)에서 우세를 확보하는 데 성공했다. 그러나 독일 내 거의 모든 지방조직들은 여전히 마르크스와 엥겔스 편에 충실한 자세를 보였다.

쾰른 지역위원회는 모든 지방 공산주의자들의 지지 속에서, 1850년 9월 15일의 런던 측 결정을 인정했다. 그리고 그 자체를 중앙위원회로 탈바꿈시켰다. 신설된 중앙위원회는 9월 29일의 회합에서 마르크스와 엥겔스 및 그 지지자들을 '동맹'으로부터 제명한다는 '분리동맹'의 결정을 무효로 선언하는 한편, 런던 조직의 해체를 선언하고 런던에서 독자적으로 두 개의 지역위원회를 설립할 권한을 에카리우스와 샤퍼에게 부여했다.

그러나 빌리히─샤퍼 일파는 여전히 쾰른 중앙위원회의 결정을 따르려 하지 않았다. 그러자 마르크스와 엥겔스의 지지자들로 이루어진, 에카리우스가 신설한 런던 지역위원회는 1850년 11월 11일 쾰른 중앙위원회에 '분리동맹'의 모든 회원들을 '공산주의자동맹'에서 제명해야 한다는 안건을 제출했다. 쾰른 중앙위원회는 이에 동의하고 그들을 제명하기로 결정했다.

'공산주의자동맹'에서 떨어져 나온 빌리히-샤퍼 일파는 프롤레타리아 운동과는 동떨어진 편협한 분파로 전락해갔다. 그리고 점차 프티부르주아 망명객 서클들이 제시하는 모험주의적 술책들에 사로잡히기 시작했다. 그러는 동안 '분리동맹'(1853년 초까지 그 존재를 유지했다)은 프티부르주아 망명 인사들의 단순한 부속물로 전락하고 말았다.

맨체스터로 떠난 엥겔스 _ 두 친구의 서신 교환

1850년 11월 엥겔스는 '에르멘 앤드 엥겔스(Ermen & Engels)' 사무소에서 일하기 위해 맨체스터로 거처를 옮겨야만 했다. 그는 마르크스 가족에게 정기적으로 재정적 지원을 해주고, 마르크스가 이론적 작업을 보다 순조롭게 진척시킬 수 있도록 해주고 싶다는 바람 때문에, 그 '지겨운 사업' 활동을 재개하지 않을 수 없었던 것이다.

이 두 사람은 서로 다른 도시에 살면서도 여전히 정신적 접촉을 밀접히 유지했다. 마르크스는 때때로 공동으로 집필해야 할 일이 생기거나 잠시 휴식을 취하고 싶을 때는 맨체스터로 엥겔스를 보러 가곤 했다. 엥겔스 역시 기회 있을 때마다 런던으로 와 마르크스와 그의 가족들을 방문하여 며칠 동안 지내다 오곤 했다. 그러나 수년 동안 이 두 친구의 주요한 접촉 수단은 역시 편지 왕래였다. 그들은 서로 잠시라도 소식이 지체되면 그 즉시 서로의 안위를 걱정하느라 안절부절못할 만큼 정기적으로 편지를 교환하는 것이 습관처럼 되어버렸다.

그들의 편지는 두 사람의 삶과 투쟁의 연대기와도 같았다. 그리고 그것의 가장 큰 가치는 역시 두 위대한 사상가의 방대한 이론적·실천적 작업과, 과학 및 혁명적 실천의 여러 분야에서 그들이 보여준 창조적 협력을 완벽히 반영하고 있다는 점일 것이다. 마르크스는 엥겔스의 견해를 높이 평가하였으므로 자신의 모든 과학적 발견, 관측, 결론에 엥겔스의 자문을 구하곤 했다. 따라서 엥겔스 편에서 보면 자신의 경험과 연구 결과들을 마르크스와 공유하는 셈이었다.

이 두 사람은 철학과 자연과학, 정치경제학과 사회주의, 역사와 언어학, 군사학과 기술 발전, 문학과 예술 등 방대한 영역의 제반 문제들을 서로 논의했다. 두 사람의 편지들은 그들 교의의 세 가지 구성요소가 발전해가는 양태를 엿볼 수 있게 해주며, 그들이 수많은 전문지식 분야에 창조적으로 기여했음을 깨닫게 해준다. 때때로 그 편지들은 여러 가지 사정상 실현되지 못한 문학적 구상들까지도 반영하고 있다. 따라서 두 사람이 주고받은 편지들은 훗날 그들의 출간 저서들 속에서 증폭되어 나타나는 주요 명제들의 윤곽과 함께 훗날 채택되지 않은 여러 가치 있는 사상들까지도 담고 있다.

그들은 이 편지들을 통해 부르주아 학자들의 견해들을 끊임없이 논의하고 비판했다. 흔히 그들의 논평은 부르주아 역사학, 철학, 경제학의 근본 특징들을 조명하는 개괄적인 진술 형태를 취했다. 그리고 그들 서신의 상당 부분은 그들이 읽은 저서들에 대한 평가와, 학문 및 주요 저작 출간과 관련한 여러 두드러진 사건들에 대한 논평으로 채워져 있다.

마르크스와 엥겔스는 생생한 현실(그들 주변 세계에서 발생하고 있는 경제·사회적 과정들과 여러 나라의 정치 발전)을 그들의 시야 속으로 성실히 거두어들였다. 그리고 이것들은 때로 그들의 평론이나 기삿거리가 되었다. 그들이 이들 편지 속에서 내린 정치지도자들에 대한 평가는 평론이나 기사보다 훨씬 예리한 면을 보여주고 있다.

프롤레타리아트 계급투쟁의 전략 및 전술은 이들 서한의 또 다른 중요 주제였다. 편지는 마르크스와 엥겔스가 여러 국가 내의 노동계급 조건, 자본가에 대항하는 프롤레타리아의 다양한 저항 형태, 그 동맹세력들(농민과 피압박 국가의 인민들)의 해방운동, 수많은 현안들에 대한 프롤레타리아적 전술노선 확립 등에 쏟는 엄청난 관심을 명백히 보여주고 있다. 그들의 편지가 갖고 있는 이러한 측면을 고찰하면서 레닌은 다음과 같이 서술하고 있다.

"거기에서는 전 세계 노동계급 운동사의 놀랍도록 생생한 그림이 (가장 중요한 시점과 가장 본질적인 지점에서) 독자들 앞에 펼쳐진다. 특히 노동계급의 **정치**사는 한층 더 가치 있는 것이다. 마르크스와 엥겔스는 구세계 및 신세계의 여러 국가들에서 각기 상이한 역사적 순간에 나타나는 아주 다양한 경우에 입각해서 노동계급의 **정치적** 임무에 관한 가장 중요한 **표현** 원칙들을 논의하고 있다."[387]

레닌은 마르크스와 엥겔스의 편지에 담겨 있는 사상들이 얼마나 풍부한지 되풀이 지적하면서 항상 그것들을 마르크스주의 사상의 보고(寶庫) 중의 보고로 여겼다. 그는 다음과 같이 말하고 있다.

"만약 혹자가 그들이 주고받은 편지 전반에 드러난 초점을, 즉 거기에서 표현되고 논의된 모든 사상이 수렴하고 있는 중심점을 한마디로 정의 내리려 한다면 그것은 두말할 것도 없이 **변증법**이다. 모든 정치경제학을 그 토대로부터 재정립하는 데 유물변증법을 적용하고, 또 역사·자연과학·철학, 노동계급의 정책 및 전술에 유물변증법을 적용하는 일이야말로 마르크스와 엥겔스의 최대 관심사였다. 그 작업에 그들은 가장 본질적이고도 새로운 것을 부여했으며, 또한 그것은 그들이 혁명사상사 내에서 이룬 대가다운 발전의 한 구성요소였다."[388]

프루동에 대한 새로운 공격 계획

1851년 7월 마르크스는 파리에서 막 출간된 프루동의 저서 『19세기 혁명의 일반 개념*The General Notion of Revolution in the Nineteenth Century*』을 읽었다. 이 책은 프루동의 개량주의적, 반혁명적 경향과 함께 프티부르주아 사회주의 이데올로그로서 프루동의 세계관이 갖는 남다른 특징들을 아주 명확히 보여주고 있다. 프루동은 평화적이고 순수 '경제적' 수단, 즉 상호원조와 신용, 외환 은행(exchange bank), 저율의 대부금리, 이와 유사한 각종 개혁조치들을 통한 사회혁명에 대해 공상적인 설계도를 제시했다. 그는

---

387) V. I. Lenin, *Collected Works*, Vol. 19, 553쪽.
388) Ibid., 554쪽.

이러한 조치들이 '권력 없는 사회'를 확립해줄 것이라고 확신하고 있었다. 새로이 출간된 이 책은 이전의 어떤 저작들보다도 완벽하게 그의 무정부주의적 시각을 폭로해주었다. 그는 어떤 국가도 반동적일 수밖에 없고, 모든 민주주의가 무익한 것이라고 공언했다. 따라서 혁명적·사회주의적 목적을 위해 정치권력을 동원해야 한다는 어떤 사상도 깡그리 거부했다.

마르크스는 프루동의 저서에 대한 비평문을 발표하기로 작정했다. 그러한 작업은 '프루동주의'가 이미 하나의 명확한 프티부르주아 개량주의적 경향으로 결정화(結晶化)되고 있었기 때문에 더욱더 필요한 일이었다. 그리고 그것은 여러 반동적 상황에 처해 있는 노동계급에게는 특히 위험한 사상이었다. 노동계급 중에서도 특히 부화뇌동하던 집단들은 혁명의 패배와 함께 점차 좌절감에 빠지고 정치투쟁의 필요성을 의심하던 와중에서, 프루동의 정치적 무관심주의, 계급평화주의, 개혁을 통한 사회현안 해결 등에 반응했다. 그리고 이러한 사태는 프롤레타리아트 혁명 교육에 거대한 장해물로 대두되고 있었다.

마르크스는 1851년 8월 8일자와 14일자로 엥겔스에게 보낸 편지에서 프루동의 저서에 제시된 기본 사상들을 개괄하고, 그것을 '공산주의에 대한 논박'[389]이라고 요약했다. 그는 엥겔스에게 프루동에 대한 논박의 글을 쓰고자 하는 계획을 말하고 그의 자문을 구했다.

10월 말 엥겔스는 프루동의 저서에 대한 비판적 분석을 마르크스에게 발송했으며, 마르크스는 이에 대단한 만족감을 표시했다. 1851년 11월 24일 그는 엥겔스에게 다음과 같은 내용이 담긴 편지를 보냈다.

"방금 당신의 비평을 다시 한 번 읽었소. 그것을 출판할 길이 없다는 게 그저 안타까울 뿐이오. 내가 몇 가지 보충만 한다면 우리 둘의 이름으로 출판될 수도 있을 텐데 말이오."[390]

마르크스는 이후 오랫동안 프루동에 대한 반박의 글을 발표하는 데 엥

---

389) Marx, Engels, *Werke*, Bd. 27, 312쪽.
390) Marx, Engels, *Werke*, Bd. 27, 371쪽.

겔스의 분석을 이용할 방도를 찾았다. 그러던 어느 날 그의 이러한 생각이 결실을 맺는 듯 보였다. 1851년 가을 미국으로 이주한 요제프 바이데마이어가 12월 중순경 마르크스에게 자신이 뉴욕에서 공산주의적 성향의 주간지『혁명Die Revolution』을 1852년 1월 창간을 목표로 추진하고 있다고 알려왔던 것이다. 바이데마이어는 마르크스와 엥겔스에게 기고문을 보내주도록 요청했고, 마르크스는 반(反)프루동 팸플릿의 근간을 알리는 고지문을 게재해주도록 바이데마이어에게 요청했다. 마르크스는 1851년 12월 19일 이렇게 썼다.

"당신은 앞으로 몇 호에 걸쳐 내 저작(「사회주의에 관한 최근 사실들」 혹은 「D. J. 프루동의 19세기 혁명의 일반 개념」 그리고 「카를 마르크스의 비평」 등)이 기사 형식으로 연재될 것이라는 사실을 고지할 수 있을 것입니다."[391]

그러나 마르크스는 1852년 4월에 이르도록 얼마 전 프랑스에서 발생한 보나파르트 지지자들의 쿠데타를 평가하는 데 몰두해 있었다. 그는 두 과제 중 이것이 더 절박한 것으로 생각했다. 하지만 그가 시간상의 여유를 갖게 되었을 때『혁명』은 편집자의 자금 부족 때문에 아직 정기간행물로 간행되지 못하고 있었다. 결국 반(反)프루동 팸플릿은 출판 기회를 끝내 얻지 못했다.

『루이 보나파르트의 브뤼메르 18일』

1851년 12월 2일 루이 보나파르트 대통령의 지지자들이 쿠데타를 일으켜 '입법의회'를 해산시키는 사태가 발생했다. 그리하여 보나파르트 독재 체제가 확립되었고, 1년 후에는 보나파르트가 황제로 등극하여 나폴레옹 3세가 되었다.

엥겔스는 1851년 12월 16일자 서신에서 마르크스가 바이데마이어의 주간지에 프랑스 사태에 관한 평론을 기고해야 한다고 제안했다. 마르크스

---

391) K. Marx, F. Engels, *Letters to Americans 1848~1895. A Selection*, N. Y. International Publishers, 1953, 30쪽.

는 엥겔스의 제안을 받아들여 즉시 그 일에 착수했다. 그러나 그는 곧 이 사태를 평론 형태로 다루는 것으로는 뭔가 부족한 점이 있다고 느꼈다. 그리하여 짧은 기간 안에 그의 여러 저작 중 가장 탁월하다고 할 만한 『루이 보나파르트의 브뤼메르 18일』[392]을 완성하였다. 그는 마지막 장인 제7장을 1852년 3월 25일 뉴욕으로 송고했다.

그는 『브뤼메르 18일』을 집필하면서 엥겔스와 의견을 나누었으며, 그의 조언을 여러 면에서 참작했다. 이 책의 집필 과정에

「루이 보나파르트의 브뤼메르 18일」

서 그가 출전으로 삼았던 자료들 중에는 당시의 신문과 공식 자료들은 물론이려니와, 파리에 거주하고 있던 하이네의 비서 리하르트 라인하르트 (Richard Reinhardt)의 편지들도 포함되어 있었다. 그는 또한 프랑스 혁명 망명객들과 나눈 대담에서도 몇몇 중요한 정보를 얻을 수 있었다.

그는 이 저작을 매우 어려운 처지에서 집필해야만 했다. 그는 1월 내내 중병으로 앓아누웠으며, 가족들이 살림에 쪼들리는 상황을 보다 못해 2월경 옷을 저당 잡힐 수밖에 없었기 때문에 도서관에도 갈 수 없는 신세가 되고 말았다. 하지만 그는 작업 중 늘 흥에 겨워했으며, 결국 극도로 치밀하고도 표현이 풍부한 문체의 저작을 탄생시켰다. 빌헬름 리프크네히트 (Wilhelm Liebknecht)는 이 저작을 다음과 같이 묘사했다.

"『브뤼메르』의 단어는 화살이요 창이었다. 그것은 낙인찍고 살해하는 하나의 펜이었다. 만약 증오와 냉소와 자유에 대한 열렬한 사랑이 강력하면서도 숭고한 단어로 표현된 적이 있다면 그것은 타키투스(Tacitus)의 분노 어린 통렬함을 유베날리스(Juvenalis)의 지독한 냉소와 단테(Dante)의 성

----

392) 원본은 독일어로 써서 기고했으며, 영어판 제목은 'The Eighteenth Brumaire of Louis Napoleon'이다. 브뤼메르는 안개의 달(霧月)이라는 뜻이다. 이 저작과 『프랑스의 계급투쟁』, 『프랑스의 내전』을 마르크스의 소위 '프랑스 혁명사 3부작'이라 부른다. ― 옮긴이.

스러운 격노에 결합시킨『브뤼메르 18일』에서일 것이다."[393]

그러나 바이데마이어의 주간지가 단명으로 끝나면서 이 새로운 저작을 출판할 길이 막막해졌다. 그리고 1852년 5월에야 비로소 바이데마이어는 잡지『혁명』의 '부정기 제1회'라는 형태를 빌려 일종의 단행본 잡지를 간행하는 데 성공했다. 하지만 마르크스는 독일이나 영국 그 어느 곳에서도 이 저서를 재인쇄할 수 없었다.

『프랑스의 계급투쟁』과 마찬가지로『브뤼메르 18일』역시 1848~49년의 프랑스 혁명으로 되돌아가서 프랑스 정치생활의 성쇠를 그것들의 궁극적인 결과, 즉 12월 2일에 발생한 보나파르트 지지자들의 쿠데타에 비추어 고찰했다.

당대의 부르주아 및 프티부르주아들은 프랑스 내 사태의 사회적 연원과 의미를 파헤칠 능력이 없었다. 마르크스의 저작과 거의 동시에 발표된 『작은 나폴레옹 *Napoleon le petit*』에서 빅토르 위고(Victor Hugo)는 쿠데타의 영웅을 깎아내리려 시도하는 과정에서 오히려 정반대의 결과를 낳고 말았다. 사실상 그는 쿠데타를 프랑스 대통령의 사악한 의지의 결과로 묘사하고, 상당히 평범한 한 인물에게 "세계 역사에 역행하는 개인적 주도권"[394]을 귀속시킴으로써 그 영웅을 어이없을 정도로 치켜세웠다. 동시에 프루동의 저서『12월 2일 쿠데타에 비추어본 사회혁명 *The Social Revolution in the Light of the December 2 Coup*』은 이 쿠데타를 해석하는 과정에서 근본적으로 그 주역을 옹호하는 그릇된 입장에 서서 보나파르트주의에 대한 변호론을 폈다. 그리하여 마르크스만이 홀로 그 쿠데타의 기반이 되었던 사회·정치 현상의 실타래를 풀어헤침으로써 그것의 진정한 성격을 폭로하는 데 성공했다. 엥겔스는 이렇게 썼다.

"당시의 생생한 현실에 대해 이렇듯 탁월한 이해와, 그 사건이 발생하던 순간에 보여준 이렇듯 명민한 사태 감식력은 사실상 타의 추종을 불허하

---

393) *Reminiscences of Marx and Engels,* 103쪽.

394) Marx and Engels, *Selected Works,* Vol. 1, 394쪽.

는 것이다."395)

프랑스 내 사태에 대한 마르크스의 분석은 역시 사적 유물론과 계급투쟁론에 그 비결이 있었다. 그는 보나파르트 쿠데타를 프랑스 내 계급투쟁 발전의 불가피한 결과로 보았다. 그리고 그 과정에서 "창출된 상황과 제반 관계로 인해 한 기괴한 범인(凡人)이 주인공 역을 맡을 수 있게 되었다."396) 프랑스 부르주아 사회의 계급대립은 만약 혁명이 보다 심도 있게 진척되었더라면 사회주의적 조치가 뒤따라 취해졌을 만한 단계에 이르렀을 것이다. 바로 이것이야말로 부르주아지가 부르주아 공화국과 같은 명확하고도 직접적인 지배 형태를 포기하고, 착취체제를 유지하기 위해 난폭한 반동적 협잡꾼 집단에게 권력을 넘긴 이유이다. 따라서 마르크스는 보나파르트 쿠데타를 점차 농후해지는 부르주아지의 반동적 성격이 가져다준 자연스런 결과로 보았다. 보나파르트 체제는 계급 사이의 일정한 세력균형으로부터 야기된 것이었다. 요컨대 그러한 세력균형 아래서 부르주아지는 더 이상 기존의 의회주의적 방식을 통한 지배를 유지할 수 없었다. 반면에 프롤레타리아트의 힘은 너무 나약해서 부르주아지의 반혁명적 음모를 분쇄할 수 없었다.

마르크스는 보나파르트주의가 부르주아지의 가장 반혁명적인 분자들에 의한 독재체제임을 폭로하고, 그것의 독특한 특징을 드러내 보여줬다. 즉 국가권력에 어떤 독립성을 부여하는 계급조종(manoeuvring between the class) 정책, 즉 착취 **엘리트**의 이해관계 은폐, 정치적 테러리즘, 군대의 전권 장악, 부패, 범죄세계의 동원, 공감과 뇌물수수를 동원하고, 다른 비열한 수단들과 결합된 추잡한 선동정치가 특징이라는 것이 마르크스의 주장이었다. 마르크스는 보나파르트 체제의 첫 몇 개월을 경험하는 동안 그 내부 모순을 발가벗겨야 할 필요성을 느꼈다. 그는 보나파르트 일파가 여전히 승리의 축배를 들고 있는 바로 그 순간 몰락을 예언했다.

----

395) Ibid., 396쪽.
396) Marx and Engels, *Selected Works*, No. 1, 396쪽.

마르크스는 프랑스 내 여러 집단들의 입장을 면밀히 관찰하고 부르주아 사회사의 독특한 특징들을 폭로하면서 사회적 과정들과 계급갈등이 정치·이데올로기의 영역에서 어떻게 반영되는가를 밝혀주었다. 그는 사회·정치 현상들의 객관적 측면과, 사태에 참여한 사람들의 정신에 내재된 그것의 반영들을 구분해야 한다고 촉구했다. 그리고 그것은 사적 유물론의 발전에 지대한 공헌을 했다. 그는 다음과 같이 기술했다.

"역사적 투쟁 속에서는 더군다나 여러 집단의 표현과 공상을 그들의 현실적 유기조직체 및 현실적 이해관계와 구분해야 한다. 그것은 곧 그들 자신에 관한 개념을 그들의 현실과 구분하는 것이다."[397]

마르크스는 특정 계급의 이데올로그들 및 정치, 문학적 대변자들과 계급 그 자체 사이의 관계에 대해 매우 중요한 몇몇 사실들을 언급했다. 또한 이데올로그들은 반드시 자신들이 대변하는 계급의 대중 전반과 거의 유사한 사회적 신분 및 생활방식을 가져야 한다는, 예컨대 프티부르주아지의 이데올로그들은 반드시 소매상인이나 소규모 공장주여야 한다는 식의 통속적인 견해를 경고하기도 했다. 어떤 정치가나 작가는 이론적 의미에서 특정계급의 일반성원들이 직접적인 물질적 이해관계와 경험을 통해 도달한 것과 동일한 결론에 도달하거나 그와 동일한 임무를 깨닫기 때문에 그 계급의 이데올로그가 된다.

마르크스는 프랑스 사회의 대다수를 차지하는 농민계급의 조건과 혁명 및 보나파르트 쿠데타에 대한 그들의 태도에 지대한 관심을 표명했다. 농민들은 정치적으로 후진적이었고, 도시 내에서 이루어지고 있던 문화적·정치적 발전에 무지하거나 아예 접촉할 수 없었기 때문에 루이 보나파르트에 찬성표를 던졌다. 그들은 제2공화국 부르주아 정부의 각종 과세로 인해 혁명에 환멸을 느낀 나머지 보나파르트를 지지하는 쪽으로 선회했던 것이다. 또한 손바닥만 한 땅뙈기에 연연해하던 소규모 토지 소유자들이 나폴레옹 왕조의 후계자가 자신들의 전통적인 후원자라고 믿고 있었

---
397) Ibid., 421쪽.

던 것도 한 원인이 되었다. 마르크스는 다음과 같이 기술하고 있다.

"역사적 전통은 프랑스 농민들로 하여금 나폴레옹이라는 한 사나이가 그들에게 모든 영광을 되돌려줄 것이라는 기적을 믿도록 만들었다."[398]

마르크스는 농민들의 사회적 양면성을 폭로하면서, 그들의 세계관에는 보수적인 면과 혁명적인 면이 동시에 존재한다고 강조했다. 즉 농민들에게는 한편으로는 자신들이 소유하고 있는 토지와 그 토지가 길러낸 전통적 생활방식을 유지·강화하려는 욕구가 있는 반면에, 다른 한편으로는 이러한 조건들로부터 해방되고 싶은 욕구가 존재한다는 것이다. 요컨대 보나파르트가 잠시나마 그 땅에 발을 붙일 수 있었던 것은 모두 농민들의 이런 보수적 열망 덕분이었다. 보나파르트 왕조는 "농민들의 계몽이 아닌 미신을, 분별력이 아닌 편견을, 그리고 그들의 미래가 아닌 과거를 대표했던 것이다."[399] 그러나 소토지 농민의 불가피한 몰락과 대금업자에 의한 노예화로 인해 농민들은 '나폴레옹 이념(idees napoleoniennes)'의 해독한 영향력에서 벗어날 수밖에 없었다. 농민의 편견이 그들로 하여금 보나파르트 왕조와 손을 잡도록 부추겼던 반면에, 자기 자신의 이해관계에 대한 농민의 인식, 즉 그들의 분별력은 이제 스스로를 노동자들과의 연대행동으로 이끌 것이다.

"따라서 농민들은 부르주아 질서를 타파해야 할 임무를 떠맡고 있는 **도시 프롤레타리아트**에게서 그들의 자연스런 동맹자와 지도자를 발견하게 된다."[400]

마르크스는 농민들과 함께 "**프롤레타리아 혁명은 합창을 부를 것이며, 만일 그러한 합창이 없다면 혁명의 독창곡은 모든 농업국에서 백조의 노래**(백조가 죽음을 부른다는 노래 – 옮긴이)**로 전락하고 말 것**"[401]이라고 강조했다.

---

398) Ibid., 479쪽.
399) Ibid., 480쪽.
400) Ibid., 482쪽.
401) Ibid., 484쪽.

따라서 우리는 이 책에서 마르크스가 노동계급과 농민의 동맹(이 경우 프롤레타리아트가 지도적 역할을 담당한다)과 관련된 경제에 대한 보다 포괄적인 논의를 전개하고 있음을 발견하게 된다. 4년 후 마르크스는 이 사상을 독일의 혁명투쟁에 대한 전망과 관련된 제반 조건들에 적용시킴으로써 그것을 더욱 구체화하기로 작정했다. 1856년 4월 16일 엥겔스에게 보낸 편지에서 마르크스는 다음과 같이 기술했다.

"독일의 전반적 상황은 농민전쟁의 재판(再版)에 의해 프롤레타리아 혁명을 뒷받침할 가능성이 있는지의 여부에 따라 달라집니다. 그렇게만 되면 더할 나위 없이 바람직한 상황이 벌어질 것이오."[402]

『브뤼메르 18일』에서는 혁명이론이 한층 더 구체화된 형태로 나타나고 있다. 마르크스는 혁명이 사회적 과정의 강력한 가속장치이며 그 과정들이 '일종의 생략……법'에 의해 전개되어나가도록 만든다는 사실을 재삼 강조했다. 그는 부르주아 혁명과 프롤레타리아 혁명 사이에 한층 더 명확한 경계선을 그었다. 즉 전자가 '일시적이고 이내 그 절정에 도달하는' 반면, 프롤레타리아 혁명은 순간적인 폭발이 아닌 장기간의 근본적 사회변혁이었다. 프롤레타리아 혁명들은 '부단히 자아비판을 한다.' 달리 말하면 그것들은 "자체의 과정 속에서 끊임없이 스스로를 방해하고, 명백히 완성된 것을 새로이 시도하기 위해 재차 그것으로 복귀하며, 무자비한 완벽성을 발휘해서 시초의 여러 시도들의 …… 불충분성을 비웃는다."[403] 요컨대 그 혁명들은 진보를 위한 불굴의 노력 때문에 다른 것들과 명백히 구분된다.

마르크스가 『브뤼메르 18일』에서 정식화한 입장, 즉 부르주아 국가에 대한 프롤레타리아 혁명의 입장은 엄청난 이론적 중요성을 지니고 있다. 이 저작에서 마르크스는, 1848~49년 혁명의 경험에 힘입어 승리를 거둔 프롤레타리아트가 낡은 국가기구를 해체해야 할 필요성에 관해 처음으로

---

402) Marx and Engels, *Selected Correspondence*, 92쪽.
403) Marx and Engels, *Selected Works*, Vol. 1, 401쪽.

일정한 결론을 도출해낼 수 있었다. 그는 하나의 예를 들어 프랑스 내 군부 관료 국가기구의 성장을 추적하면서 "모든 혁명은 이러한 기구를 타파하는 대신에 그것을 완성한다."[404]라고 말했다. 프롤레타리아 혁명은 완전히 다른 형태의 권력이 필요하기 때문에 기존의 부르주아지 국가기구를 고스란히 인수받을 수 없으며, 노동대중을 탄압하는 데 동원되었던, 이렇듯 근본적으로 착취적인 기구를 예전과 같이 기능하도록 방치할 수도 없다. 따라서 프롤레타리아 혁명의 과제는 "그러한 기구에 맞서 전 혁명적 파괴력을 집중시키는 일이다.[405]

레닌은 훗날 이러한 결론들을 분석하면서 다음과 같이 기술하고 있다.

"이렇듯 탁월한 논의를 통해서 마르크스주의는 「공산당선언」에 비해 장족의 발전을 이룩하게 되었다. 후자는 국가 문제를 여전히 가장 일반적인 용어와 표현에 기대어 극도로 추상적인 방식으로 다루고 있었다. 하지만 앞서 인용한 구절에서는 이 문제를 구체적인 방식으로 다루고 있다. 그 결론은 아주 정밀하고 명확하며 실천적이고 뚜렷하다. 즉 이전의 모든 혁명들은 국가기구가 파괴·분쇄되어야 한다는 관점에서 그것을 완성했다는 것이다. 이러한 결론은 마르크스주의 국가론의 중요하고도 기본적인 사항이다.[406]

마르크스는 『브뤼메르 18일』을 집필하는 과정에서 그의 계급론 및 계급투쟁론과 계급모순의 존재를 인정하는 여러 부르주아 경제학자와 역사가들의 견해 사이에 존재하는 주요한 차이점을 보다 명백히 인식했다. 그는 또한 그러한 차이점과 관련해서 매우 명료한 공식을 발견했다. 그는 1852년 3월 5일 바이데마이어에게 보낸 편지에서 자신의 결론을 다음과 같이 요약하고 있다.

"그리고 이제 나 자신에 관해서 말해볼 때, 근대사회 내의 존재와 그들 사이의 투쟁이라는 사실을 발견한 것은 전혀 나의 공로가 아닙니다. 나보

----

404) Ibid., 477쪽,
405) Ibid.
406) V. I. Lenin, *Collected Works*, Vol. 25, 406쪽.

다 훨씬 전에 부르주아 역사가들은 이러한 계급투쟁의 역사적 발전을 묘사했고, 부르주아 경제학자들은 계급들의 경제구조를 해부했습니다. 그리고 내가 새로이 행한 일이 있다면 그것은 다음과 같은 사실을 증명했다는 것입니다. 1) **계급들의 존재**는 오로지 **특정 역사적 생산 발전단계**와 불가분의 관계에 있다. 2) 계급투쟁은 필연적으로 프롤레타리아 독재체제에 이른다. 3) 이러한 독재체제 그 자체만이 오로지 모든 계급의 폐지와 무계급사회로의 전이를 이룩해낼 수 있다."

프티부르주아 민주주의에 대한 비판 _ 팸플릿 「위대한 망명객들」

마르크스는 프롤레타리아 혁명가들의 이데올로기적·전술적 원칙들을 순수하게 지켜나가기 위해 온갖 노력을 아끼지 않았다. 그리하여 부르주아와 프티부르주아적 영향력으로부터 그 원칙들을 보호하기 위한 갖가지 조치들을 취했다. 당시 다양한 민주주의 망명객들의 화려하고 목청 높은 여러 활동들은 민주주의와 노동계급 운동에 엄청난 해악을 끼치고 있었다. 런던·스위스·미국 등지의 프티부르주아 망명객들은 혁명이 조만간 폭발하리라는 각종 폭탄선언과 성명서를 발표하고 있었으며, 혁명기에 실추된 그들 지도자들의 위신을 인위적으로 치켜세우기 위한 노력의 하나로 각종 위원회와 임시정부들을 구성하고 있었다.

마르크스와 엥겔스는 프티부르주아들의 '지도자들(leading lights)'의 실체를 보여주기 위해서 그들의 모험주의적 행동을 대중에게 널리 폭로할 필요가 있다고 여겼다. 그들은 더구나 이주민 지도자들 및 그들과 동맹을 맺은 '분리동맹'의 지도자들이 공산주의자들에게 퍼부은 악의적인 공격과 중상모략, 교묘한 회유 때문에라도 이 작업을 서두르지 않을 수 없었다.

1851년 봄 마르크스와 엥겔스는 프랑스 2월 혁명 3주년을 기념하기 위해 열린 이른바 '수평파[407] 개혁연회(Banquet of Equals)'의 후원자들을 폭로

---

407) 영국 청교도혁명과 공화국(Commonwealth) 시기에 공화주의적·민주적 운동을 추진한 집단. 수평파라는 이름은 이 운동이 '사람들의 재산을 균등하게' 하려고 한다는 점을 부각하기 위해 적대 진영에서 붙인 것이다 – 옮긴이.

하기 위해 기고문을 작성했다. 그 집회에 참석한 블랑과 빌리히, 다른 조직의 활동가들은 블랑키가 그 향연을 위해 작성하여 벨(Belle)섬 감옥에서 비밀리에 유출한 연설 원고(블랑과 르드뤼롤랭을 비롯한 프랑스 임시정부 멤버들의 반역적 행위를 폭로하고 있는)를 청중들에겐 비밀에 부쳤다. 마르크스와 엥겔스는 그 원고를 독일어와 영어로 번역하고, 거기에 '개혁연회'에서의 무례한 은폐행위를 비판하는 간략한 서문을 덧붙였다.

마르크스는 수많은 서신에서 프티부르주아 이주민 지도자들의 출세제일주의와 대중 포섭행위를 비판했다. 그들은 벌써부터 미래의 공화정부의 고위관직을 그들끼리 나눠먹고 있었다. 또한 즉각적인 혁명을 촉진하기 위해 독일-미국 혁명 공채를 발행해야 한다는 그들의 모험주의적 발상을 비꼬았다.

1852년 4월 마르크스는 엥겔스와 함께 오로지 이들 지도자들은 반박할 목적에서 팸플릿을 집필하기로 작정하고, 5월과 6월에 걸쳐 장문의 논쟁적인 저작을 썼다. 그런데 이 대부분은 마르크스가 맨체스터에 머물면서 엥겔스와 함께 집필한 것이었다. 그들은 이 저작에 「위대한 망명객들*The Great Sages of the Emigration*」이라는 제목을 붙여, 7월 초에는 이 원고를 헝가리 혁명가들과 밀접한 관계를 맺고자 그들에게 온갖 지원을 베풀고 있던 헝가리인 망명객 야노스 방야(Janos Bangya)에게 보내고, 이 원고를 독일에서 출판해주도록 부탁했다. 하지만 얼마 지나지 않아 방야는 경찰의 앞잡이임이 판명되었다(마르크스는 훗날 여러 지면을 통해 그를 공격했다). 방야는 그 원고를 프로이센 경찰당국에 팔아넘겼다. 그러나 다행히도 마르크스는 그 원본을 소지하고 있었다. 그리하여 이후에도 몇 차례에 걸쳐 독일과 다른 지역, 특히 미국에서 출판을 시도했지만 모두 수포로 돌아가고 말았다. 결국 그 원고가 빛을 보게 된 것은 1930년 소련에서였다.

이 팸플릿은 사이비적인 혁명 공론을 일삼고 있던 1850년대 초의 독일 프티부르주아 망명객 집단에 대한 훌륭한 정치적 풍자이다. 또한 그것은 위대한 혁명적 대의를 통속화하는 모든 경향에 대한 단호한 비판이다. 요컨대 이 팸플릿은 망명 '위인'들이 걷고 있는 길의 이면과 그들 정신세계의 궁핍함과 천박성, 극한적인 정치적 불확실성을 폭로하고 있는 일종의 탁월한 초상화 전시장과도 같다. 그것은 독일 프티부르주아 망명 지도자들의 일상생활을 일별해주고, 그들의 원칙 논쟁의 이면에는 단지 '개구리와 생쥐의 싸움', 즉 여러 집단 사이의 사소한 언쟁만이 존재할 따름이라는 사실을 보여주고 있다. 또한 이 팸플릿은 모든 종류의 공론과 허식, 혁명적 구호를 외치는 선동적 사변(思辨)에 대한 비난이기도 하다.

이 지도자들(특히 킨켈[Kinkel], 스트루베, 루게, 하인첸)의 모험주의적 행동이 특히 위험스럽게 보였던 것은, 그것이 "독일 내의 무수한 인민들을 체포하고 모든 운동에 대한 탄압을 한층 강화시키고, 마치 허수아비같이 처량한 런던의 꼭두각시를 이용해서 독일 시민들을 공포로 몰아넣기 위한 적절한 구실"[408]을 정부에 제공했기 때문이다.

마르크스와 엥겔스는 이 팸플릿을 통해 종파주의적인 빌리히–샤퍼 일파의 실체를 폭로할 방법(비록 비밀을 지켜야 하기 때문에 '공산주의자동맹' 내의 불화와 이들 종파주의자들과의 상이점을 공공연히 논의할 수 없었지만)을 발견했다. 마르크스와 엥겔스가 망명 지도자들의 모습을 진열한 자리에 빌리히의 초상화도 함께 걸어둔 것은 바로 이 때문이었다. 그리고 이러한 방법은, 빌리히의 프티부르주아적 견해가 다른 '위인들'의 견해와 차이가 거의 없었기 때문에 완벽하게 정당화되었다. 마르크스와 엥겔스는 빌리히가 혁명적 운동의 중차대한 전략·전술적 임무를 이해할 능력이 없다는 사실을 폭로하는 한편, 그를 운동 전반의 총체적 이해관계를 소규모 분파의 이해관계에 종속시키려 광분하고, 일련의 고지식한 사상을 품고 있으며, 광적으로 완고하고 편협한 인물로 묘사했다.

쾰른 공산주의자 재판

1851년 5월과 6월에 걸쳐 독일 전역에 검거선풍이 불어닥쳤다. '공산주

---

408) Marx, Engels, *Werke*, Bd. 8, 319쪽.

의자동맹' 행동대원들 중에서도 노트융, 뷔르거스, 다니엘스, 헤르만 베커, 뢰저, 레스너를 비롯한 많은 사람들이 검거망을 빠져나가지 못했다. 반동세력은 혁명운동을 아예 근절시키고자 마르크스와 엥겔스의 추종자들을 주요 타격대상으로 삼았다. 그것은 선견지명이 있는 경찰요원이라면 기존 체제에 대한 현실적인 위협이 다양한 망명객 단체 성원들이 유포하는 목청만 높은 급진 혁명적 공론 속이 아니라, 마르크스주의에 규합되어 있는 프롤레타리아 혁명가들의 은밀하고 헌신적인 노력 속에 있음을 쉽게 알 수 있었기 때문이다. 베를린 경찰서장 힌켈데이(Hinckeldey)는 1852년 4월의 한 비밀보고서에서 다음과 같이 말하고 있다.

"이제 마르크스·엥겔스 도당은 그 어떤 망명자, 선동가, 중앙위원회 위원들보다도 훨씬 두드러진 존재라고 해도 결코 과언이 아니다. 그것은 의심할 여지없이 가장 강력한 인식과 지성으로 마르크스는 개인적으로 매우 잘 알려진 인물이며, 모든 사람들은 그의 손가락 끝에 담겨 있는 지력이 나머지 다중(多衆)들의 머릿속에 있는 지력보다 훨씬 풍부하다고 믿고 있다."[409]

프로이센 정부는 체포된 '공산주의자동맹' 회원들에 대해 "대역죄의 성격을 지닌 음모"에 가담했다는 죄명으로 쾰른에서 재판을 열기로 결정했다. 이 재판은 프로이센 당국이 그것을 모든 노동자 조직과 민주주의 반정부단체, 심지어 자유주의적 반정부단체까지도 발본색원하기 위한 구실로 삼고자 했기 때문에 매우 신중하고도 거창하게 준비되었다.

재판의 주요 조직책은 경찰 관리인 스티버(Stiever)였지만, 프로이센 국왕과 몇몇 고위 인사들도 이 재판에 관여했다. 스티버와 그의 부하들에게는 피고인들의 유죄를 증명할 만한 증거를 날조하라는 임무가 부여되었다. 이에 스티버는 프랑스와 다른 국가의 경찰 책임자들과 긴밀한 접촉을 가졌다. 런던에서는 일단의 밀정들이 그의 비밀지령을 수행하고 있었다. 그들 중에서 프로이센 대사관의 수행원 그라이프(Greiff), 무역상인 플로이

---

409) K. Obermann, *Zur Geschichte des Bundes der Kommunisten 1849 Bis 1852*, Berlin, 1955, 92쪽.

리(Fleury), 상사(商社)의 직원인 히르슈(Hirsch) 등이 끼어 있었다. 따라서 런던에 거주하고 있던 특출 난 공산주의자들은 엄격한 감시를 받게 되었다. 1851년 12월 히르슈는 갖는 노력 끝에 '공산주의자동맹' 런던지부에 잠입하는 데 성공했다. 하지만 이내 경찰과 연줄이 닿아 있다는 의심을 받으면서 치욕을 안고 제명되었다. 마르크스와 그의 동료들은 보안을 더욱 철저히 하면서 매주 열리는 '동맹'의 집회 시간과 장소를 변경했다.

한편 빌리히–샤퍼 일파의 무모한 행위와, 당의 기록을 보관하고 당의 기밀을 유지하면서 그들이 보여준 경솔함은 결국 경찰 사주자들의 임무를 도와주는 꼴이 되고 말았다. 1851년 여름에 한 경찰 끄나풀이 런던의 '분리동맹'이 보관하고 있던 각종 기록들을 빼내 달아나는 사건이 일어났다. 그리고 그해 가을 프랑스에서는 프로이센 및 프랑스 경찰 합동으로 '분리동맹' 회원들이 연루된 '독일–프랑스 음모'와 관련해서 한 사건이 날조되었다. 이러한 사실들과 도난당한 기록들에 의거해서 경찰과 심리기관들은 마르크스의 추종자들과 빌리히 추종자들이 단지 개인적인 문제로 불화를 일으켰을 뿐이며, 그들은 여전히 공동전술 강령을 내걸고 있다는 고발장을 제출했다. 이는 쾰른의 피고인들이 결국 빌리히–샤퍼 일파의 모든 발언과 기록들에 대해 책임을 져야 한다는 것을 의미했다.

게다가 프로이센 경찰은 히르슈에게(플로이리와 그라이프도 함께) '공산주의자동맹' 중앙위원회 의사록을 날조하도록 명령했는데, 여기에서의 중앙위원회는 마르크스가 쾰른 중앙위원회 위원들의 체포 사태에 즈음해서 런던에 새로 설립한 것으로 날조된 것이었다. 그리고 이 '의사록 원본(original Minute Book)'에 담긴 온갖 조작물들에 힘입어, 프로이센 경찰과 사법부는 독일 내의 가상적 반정부 음모의 맥이 런던의 마르크스로부터 비롯되었다는 점을 증명할 수 있을 것으로 기대했다.

11인의 쾰른 공산주의자들에 대한 재판은 모든 조작된 증거가 수집된 연후인 1852년 10월 4일에 이르러서야 비로소 열렸다.

마르크스는 공산주의자들의 체포 소식을 들은 뒤, 동지들에 대한 각종 소송절차들을 면밀히 주시하면서 피고인 측 증인이 될 쾰른의 변호사 아돌프 베름바흐(Adolph Bermbach)를 통해 그들의 상황에 관한 소식을 정기적으로 받아들고, 또 독일과의 꾸준한 접촉을 유지했다. 여러 달 동안 마르크스와 엥겔스 및 그의 동료들은 피고인들을 음으로 양으로 후원하고 프로이센 정부 및 경찰의 비열한 방식과 전횡적인 행위를 폭로하는 데 온 힘을 기울였다. 1851년 12월 1일 마르크스는 파리의 여러 언론매체에 수많은 성명서를 보냈으나, 이것들은 이튿날 돌발한 보나파르트의 쿠데타로 인해 실리지 못했다. 1852년 1월 말 마르크스와 엥겔스는 부르주아 신문『더 타임스The Times』와『더 데일리 뉴스The Daily News』에 서신을 보내, 피고인들이 받고 있는 가혹한 처사와, 기소장의 증거 불충분이라는 사법적 판결을 내린 후에도 재조사를 명령한 프로이센 사법당국의 위법행위를 폭로했다. 그러나 이 편지 역시 실리지 못했다.

마르크스는 당 동료들이 쾰른 재판소의 한 법관 앞에 섰을 때 그들을 지원하고자 눈코 뜰 새 없는 나날을 보냈다. 그리하여 마르크스와 엥겔스는 결국 프로이센 당국의 실체를 대중 앞에 폭로하는 데 성공했다. 즉 10월 28~30일자 영국 5개 신문은 그 재판을 "경찰의 계교와 위증, 기록 날조와 변조, 절도 등으로 점철된, 프로이센 정치 재판기록에서조차 그 유례를 찾아볼 수 없는 것"[410]으로 낙인찍은 그들의 서명서(볼프와 프라일리그라트도 서명한)를 일제히 게재했던 것이다.

재판이 진행되는 동안 피고인들에 대한 변호는 사실상 마르크스에게 일임되었다. 그는 거의 매일같이 엥겔스에게 편지를 보내 쾰른 공산주의자들을 도울 가장 효과적인 방법을 제시했다. 그는 수많은 장애와 프로이센 경찰의 은밀한 감시에도 불구하고, 피고인들에게 부과된 혐의를 반박할 만한 증거들을 쾰른으로 보낼 연락망을 조직하는 데 혁명적 음모가로서의 엄청난 창의력과 특출 난 능력을 발휘했다. 그의 모든 서신 왕래가 면밀히 주목받고 있고, 경우에 따라서는 압수되기까지 한다는 사실을 깨

---

410) *The People's Paper*, No. 26, October 30, 1852.

달은 마르크스는 편지를 일용품이나 각종 서류에 동봉해서 프랑크푸르트·뒤셀도르프·파리와 다른 도시들을 경유하여 배달되도록 조치했고, 도중에 증발되는 사태를 방지하기 위해 편지를 여러 장 복사해서 송달했다. 또한 경찰의 촉각을 혼란시키기 위해 발신지를 런던이 아닌 맨체스터나 다른 도시들로 한 많은 상업 서신을 엥겔스가 제공해준 여러 주소로 발송했다. 이와 같은 방식으로 마르크스는 각종 문서를 자유로이 전달받을 수 있는 동료들을 쾰른에 못 박아둘 수 있었다. 그 문서들이란 곧 죄과를 날조하는 데 이용한 갖가지 비열한 수단의 체계 전반을 폭로할 방편을 피고 측에 제공해주는 것이었다. 그리하여 그는 재판 과정에서 변호 방침을 사실상 좌우했다.

재판이 진행되던 5주 동안 마르크스가 얼마만큼 긴장된 분위기 속에서 보냈는지는, 미국으로 이주한 '공산주의자동맹' 회원 아돌프 클루스에게 보내는 1852년 10월 28일자 예니의 편지에서 알 수 있다.

"당신은 '마르크스 당'이 주야를 가리지 않고 활동하면서 머리와 손과 발을 모두 동원해야 하는 상황을 상상할 수 있을 것입니다. …… 우리는 지금 이곳에서 실제로 사무실 하나를 차렸습니다. 두세 사람이 계속해서 집필 작업에 매달리고, 다른 몇몇은 잔심부름으로 동분서주하며, 나머지는 작가들의 생계를 위해 그리고 그들로 하여금 낡은 공식 세계의 면전에 충격적인 추문의 증거를 집어던질 수 있도록 하기 위해 푼돈을 긁어모으는 일을 합니다. 그리고 나의 세 개구쟁이들이 부르는 노래며 휘파람 소리도 빼놓을 수 없지요. 그래서 녀석들은 간혹 나이 들고 엄격하신 아빠에게 꾸지람을 듣곤 한답니다."411)

마르크스는 프로이센 정부가 공판이 열릴 때까지 이들 고발사건의 대부분을 철저히 비밀에 부쳤음에도 불구하고, 그 재판의 내막과 배후 조종 세력을 간파하고 있었다. 그는 즉시 치명타를 가할 가장 취약한 부분을 지목했다. 그는 공판에 관해 새로운 사실들을 게재하고 있는 독일 신문들을

---

411) Marx, Engels, *Werke*, Bd. 28, 640, 642쪽.

받는 순간 변호사들에게 편지를 띄워, 그 새로운 사실들에 대한 입장을 밝히고 또 필요한 정보도 제공했다.

마르크스는 피고인들이 일정한 음모와 관련되어 있다는 고발에 대한 피고 측 항변을 뒷받침하기 위해 '공산주의자동맹'의 기록과 '분리동맹'의 기록을 구별할 수 있는 방법과, 그것들의 근본적인 차이점을 드러낼 방법을 변호사 슈나이더 2세에게 알려주었다. 그는 피고인들과 '공산주의자동맹' 전체가 이른바 독일-프랑스 음모와 아무런 연관이 없다는 사실을 입증하는 증거를 쾰른으로 보냈다. 그는 스티버가 10월 23일의 공판에서 기소유지의 주요 증거로 제시한 '의사록 원본'이 날조된 것임을 폭로하는 일이야말로 사태의 관건이라고 믿었다. 마르크스는 사실상 기록 날조의 실무를 맡았던 히르슈의 필적 사본과 스티버가 문제의 의사록을 작성한 인물로 지목한 리프크네히트와 링스(L. W. Rings)의 필적 사본을 포함한 수많은 문서를 변호사들에게 제공함으로써 그 의사록이 비열한 날조물임을 증명할 수 있도록 했다. 이러한 마르크스의 지원으로 스티버와 다른 재판 조직책들은 피고 측 변호인들에 의해 사실상 궁지에 몰렸으며, 검찰관 새트(Otte Joseph Arnold Saedt)도 그 의사록이 '출처불명'의 기록임을 공개적으로 인정하지 않을 수 없었다.

마르크스와 엥겔스는 체포된 공산주의자들에게 부과된 불합리한 혐의 사실, 즉 프로이센 경찰과 사법당국이 날조하는 데 무려 18개월이라는 시간을 소비한 혐의 사실들을 철저히 반박하도록 피고 측을 독려했다. 마르크스는 런던으로부터 쾰른으로 전달된 반박 자료가 정부의 사기극 전반을 폭로할 만한 근본적인 대항책을 마련하는 데 도움이 되었다고 말했다.

그러나 유죄를 입증할 만한 증거가 없었음에도 불구하고 1852년 11월 12일 피고인 대부분에게 유죄가 선고되었다. 마르크스의 말마따나 사실상 그들은 "배심원으로 대표되는 지배계급에 대항하는 비무장 혁명 프롤레타리아트"[412]의 전형으로 간주되었기 때문에 사전에 이미 유죄판결을

---

412) Marx, Engels, *Werke*, Bd. 8, 469쪽.

받은 것이나 다름없었다. 공산주의자들이 무죄로 석방되는 일을 미연에 방지하기 위해 정부는 6명의 반동적 융커와 4명의 거물급 재정귀족들, 2명의 고위층 문관(라인주 사상 그 유례를 찾아볼 길 없는 배심원 명부)으로 배심원을 적절히 안배했다. 그리하여 피고인 중 7명은 각종 형량을 선고받고 요새에 구금되었으며(뷔르거스·노트융·뢰저는 6년, 라이프·오토·베커는 5년, 레스너는 3년을 각각 선고받았다), 나머지 4명(다니엘스, 카를 클라인, 야코비, 에르하르트[Johan Ludwig Albert Ehrhard])은 무죄로 석방되었다.

재판이 끝난 뒤 마르크스의 주도 아래 구속자와 그 가족들을 물질적으로 후원하기 위한 위원회가 런던에 설립되었다. 거기에는 마르크스 동료들 상당수가 포함되어 있었다. 마르크스는 1852년 12월 7일에 이 위원회를 대표해서 미국 노동자들에게 호소문을 썼다. 이 호소문에서 마르크스는 프롤레타리아트 전위대들의 처지를 보다 편안하게 해주는 일이야말로 모든 계급의식을 갖춘 노동자들의 의무라고 말했다.

마르크스는 공산주의 운동에 대처하기 위해 프로이센 국가가 동원한 각종 수단을 폭로하는 팸플릿을 집필하는 일이야말로 자신에게 부여된 의무라고 느꼈다. 이러한 생각이 처음으로 그의 머리를 스치고 지나갔던 것은 재판이 한창 진행 중이던 즈음의 일이었다. 그는 10월 말에 팸플릿 집필에 착수하여 1852년 12월 초에 탈고했다. 그는 예리한 풍자로 가득 찬 이 팸플릿의 제목을 「쾰른 공산주의자 재판의 폭로Revelations about the Cologne Communist Trial」로 정했다. 그가 이 팸플릿을 쓸 당시 그와 그의 가족은 엄청난 궁핍에 쪼들리는 생활을 하고 있었다. 그는 1852년 12월 7일에 미국에서 이 팸플릿을 출판하기로 한 아돌프 클루스에게 보내는 동봉 소개문에서 자신의 처지를 이렇게 설명했다.

"당신은 동봉한 팸플릿의 저자가 팬티와 구두가 없어 사실상 구금된 것이나 매한가지인 상황에 처해 있고, 더구나 **가족들이 진정 비참한 궁핍**으로 빠져들 위험에 직면해 있으며, 지금도 여전하다는 사실을 알고 나면 이 팸플릿의 분위기를 보다 잘 이해할 수 있을 것입니다. 재판은 나를 한층 더 빈궁으로 몰아넣었습니다. 그것은 내가 5주일간을 가계에 아무런 보탬도 주지 못한 채 오로지 정부의 음모에 맞서 우리 측을 옹호하는 데 소비해야 했기 때문이지요. 게다가 그 재판으로 인해 나의 『정치경제학*Political Economy*』 판매계약을 체결하고자 했던 서적 판매상들이 내게서 완전히 등을 돌린 것도 그 한 요인입니다."413)

독일어판 「쾰른 공산주의자 재판의 폭로」(1853)

이 팸플릿은 1853년 1월 바젤(Basel)에서 출판되었다. 그러나 3월 중에 그것의 거의 전량(2,000권)이 독일로 우송되던 중 바일(Weill)의 한 변경 마을 바덴에서 경찰에게 압수당했다. 미국에서는 보스턴의 민주지 『신영국신문*Neu-England Zeitung*』에 처음으로 연재되었으며, 1853년 4월 말경에는 그 신문의 발행인이 별책으로 간행했다. 하지만 미국 내 독일인 이주 노동자들 사이에, 그리고 독일에서 꽤나 널리 알려졌던 이 보스턴판은 그 당시 그다지 널리 보급되지 못했으며, 1875년에 재인쇄된 뒤에야 비로소 대중적인 독자를 확보할 수 있었다.

마르크스는 이 팸플릿을 프롤레타리아 측의 명예를 옹호하는 데 용기 있는 입장을 취한 열렬한 투사로서뿐 아니라, 사기 재판극을 연출하고 노동계급의 여러 지도급 인사들을 경찰력을 동원해서 탄압한 사람들에 대한 준엄한 심판관의 입장에서 집필했다. 그는 공산주의자들에 대한 형사소추를 사실상 주도한 인사들의 범죄행위를 폭로했고, 경찰력과 관료체제를 갖춘 프로이센 국가를 준열히 심판했다. 그는 프로이센 사법부가 편견에 사로잡혀 있음을 입증하고, 부르주아 배심원이 "특권계급을 편드는 일종의 임시 군법회의에 다름 아니며, 법률에 생겨난 틈바구니를 부르주아적 양심의 폭으로 틀어막기 위해 설치된 것"414)임을 입증했다.

---

413) K. Marx, F. Engels, *Letters to Americans*, 51쪽.
414) K. Marx, F. Engels, *Werke*, Bd. 8, 470쪽.

'쾰른 공산주의자 재판' 이전만 하더라도 마르크스는 비밀 유지를 위해 빌리히—샤퍼 일파와의 의견대립에 관해 공공연한 발언을 삼갔다. 하지만 내부분열이라는 사실이 재판 판결문을 통해 드러나버린 마당에 이제 와서 그러한 발언을 삼갈 하등의 이유가 없었다. 그래서 그는 이 팸플릿을 통해 그들 집단이 프티부르주아적 정신구조와 주의설(主意說) 및 독단론을 설파하고 있으며, 그들의 모험주의적·음모적 전설들은 노동계급을 대중으로부터 소외시키고, 경찰의 각종 도발행위에 유리한 조건들을 만들어주기 때문에 노동계급 운동에 해를 끼친다고 지적했다.

'공산주의자동맹'의 해체와 당 건설을 위한 새로운 투쟁 형태

'공산주의자동맹' 회원들의 체포 사태와 쾰른 재판은 독일과 다른 유럽 대륙 국가들을 포괄하는 한 조직체로 기능했던 '동맹'에 종지부를 찍었다.

반동세력이 발판을 구축함에 따라 마르크스와 엥겔스는 '공산주의자동맹'에 더 이상의 어떤 여력이 없다는 결론에 도달했으며, 그것을 기존 형태로 계속 유지해나가야 할 아무런 이유도 존재하지 않음을 깨달았다. 그리하여 마르크스의 주도 아래 1852년 11월 17일에 '동맹' 런던지부의 한 집회는 지방조직의 해체를 결의하고, 대륙에 '동맹'을 더 이상 존속시키는 것 역시 무의미한 일이라고 선언했다. 이러한 선언은 조직체로서 '동맹'의 활동이 종식되었음을(물론 '동맹'의 몇몇 지방조직들과 집단들은 유럽과 미국 내의 몇몇 지역에서 얼마 동안 계속 존속되었지만) 의미했다.

그러나 마르크스는 '공산주의자동맹'의 해체가 혁명적 당 내부의 전향적인 프롤레타리아들을 결집시키려는 노력까지도 해체시키는 것은 아니라고 믿었다. 또한 새로운 상황 속에서 당의 활동은 프롤레타리아 혁명 투사들의 기간요원을 보호·육성하고, 그들이 여전히 활동 중인 노동계급 조직과의 연대를 강화하며, 과학적 공산주의의 전파를 위한 모든 가능성을 모색하는 노선을 취해야 할 것으로 믿었다. 이것이야말로 마르크스와 엥겔스가 이후 투신하게 될 과업이었다.

마르크스는 '공산주의자동맹'의 모든 장점에도 불구하고, 그것이 전천후적인 모범적 프롤레타리아 당 조직이라고 주장한 것은 분명 아니었다. '동맹'의 일반강령과 그것의 전술원칙 및 대부분의 조직 원리는 여전히 그 의미를 지니고 있었다. 하지만 대체로 볼 때, 그것은 프롤레타리아 해방운동이 이데올로기상으로 미숙하고 조직상으로 취약했던 시기, 그리고 운동의 지도적 성원이 여전히 대규모 공장 노동자가 아니라 노동자가 되는 과정에 있는 직인 및 날품팔이들이었던 시기, 요컨대 그 운동의 초기 단계에서 프롤레타리아 당을 설립하려는 노력을 반영하고 있었다. 그리고 이 모든 사실들은 '동맹'이 소수 성원(400명이 채 못 되는)으로 이루어졌던 이유를 설명해주고 있다. 그리하여 '동맹'을 보다 광범위하고 보다 견고하고 유력한 프롤레타리아 조직의 핵으로 탈바꿈시키려 했던 마르크스와 엥겔스의 시도는 번번이 수포로 돌아가고 말았다. 하지만 '동맹'은 광범한 프롤레타리아 대중들을 선도할 노동계급의 진정한 전위로서 프롤레타리아 당의 창건(여전히 달성해야 할 목표로 남아 있는)을 위한 최초의, 그리고 아마도 가장 험난했던 단계를 특징짓는 것이었다. 따라서 새로운 역사적 제반 조건에 상응하는 형태와 수단을 동원해 그러한 목표를 달성해야 할 길고도 끊임없는 투쟁이 눈앞에 가로놓여 있었다.

마르크스와 엥겔스 및 그 추종자들은 하나의 토대로서 '공산주의자동맹'의 이데올로기적 유산과 함께 이러한 노력을 계속했다. 그들은 프롤레타리아 해방투쟁의 역사 속에서 '동맹'이 떠맡은 두드러진 역할을 끊임없이 강조하고, 아울러 '동맹'의 활동과 노동계급 운동의 후속적 발전 사이의 연속성을 유지시키는 일의 중요성도 재삼 강조했다. 그것은 노동계급 운동의 여명기에 과학적 공산주의 원리를 이데올로기적 기치로 공언하고, 그것들을 프롤레타리아에게 확산시키기 시작한 최초의 프롤레타리아의 정치조직이었다. '동맹'은 불멸의 「공산당선언」을 강령으로 채택하고, 그 이념이 확산되면서부터 프롤레타리아 투쟁의 후속적 발전을 위한 기틀을 다질 수 있었다.

프롤레타리아 당의 역사적 최초 형태인 '공산주의자동맹'은 과학적 공산주의를 기반으로 해서 탄생했으며, 그 사상을 노동계급 운동과 통합하는 출발선을 그었다. 따라서 '동맹'은 이후 설립된 각종 대규모 혁명 노동자 조직과 공산주의자 조직의 선구자였던 셈이다. '동맹'은 독일 노동자들을 규합했을 뿐 아니라, 가장 진보적인 혁명적 교의를 강령으로 채택한 가운데 선진적 프롤레타리아 세력을 국제적 수준에서 통일하는 단초를 제공하였다. 그것은 최초의 프롤레타리아트 국제 공산주의 조직이었으며, 요컨대 제1인터내셔널의 맹아였던 것이다.

'공산주의자동맹'은 프롤레타리아 혁명가들 최초의 핵심부를 양성하는 데 지대한 공헌을 했다. 엥겔스는 '동맹'이 혁명투쟁에 참여하고 있는 사람들을 위한 훌륭한 정치활동 훈련장이었다고 술회했다. 바로 '동맹'의 대열 속에서 훗날 인터내셔널을 이끌 수많은 인물들이 배출되었던 것이다.

마르크스와 엥겔스는 '공산주의자동맹'에서 활동하면서 프롤레타리아 투쟁의 전략가이자 전술가로서 위대한 재능을 선보일 기회를 얻는 혜택을 누렸다. 또한 '동맹'을 통해 그들은 조직가로서, 선전활동가로서 능력을 신장시킬 수 있었다. 1848~49년의 제반 혁명적 사태에 참여한 것도 중요하지만, 이 최초의 노동계급 공산주의 조직에서 마르크스가 떠맡은 지도적 위치는 삶과 정치에 대한 그의 경험을 엄청나게 증폭시켜주었다. 결국 이를 기반으로 그는 얼마 지나지 않아 한 국제 프롤레타리아 대중조직을 명실상부하게 이끌어갔다.

7장

반동기

가장 평화적인, 마르크스의 표현을 빌리자면 겉보기엔 '목가적인' 시기에
······ 마르크스는 혁명이 다가오는 것을 느낄 수 있었고,
프롤레타리아트에게 선진적 혁명과업에 대한 의식을 일깨워줄 수 있었다.
— V. I. 레닌 —

반동과 궁핍에 의한 곤경

1850년대는 기세등등해진 반동세력이 유럽을 지배하던 시기였다. 절대주의 체제가 대부분의 국가에서 부활했고, 프로이센처럼 곳곳에서 대의제(representative institutions)의 기형적인 유물들이 그 체제를 보완해주고 있었다. 민주주의 및 노동계급의 언론이 탄압받았고, 각종 노동자 결사조직들이 파괴되었다. 그리고 프롤레타리아트는 역량을 결집시킬 수 있는 모든 합법적 공간을 박탈당했다. 요컨대 프롤레타리아트는 "불과 물(igni et aqua)을 백주대로에서 강탈당했고, 언론·표현·결사의 자유를 박탈당했다."[415]

유럽 대륙에서 반동의 승리는 부르주아 귀족주의적인 영국의 국내 상황에도 그 표적을 남겼다. 영국의 두 지배 정당(휘그당과 토리당)은 그 어떤 진보적인 변화에도 완강히 저항했다. 그들은 정치 망명자들의 망명권을 대놓고 공격하지는 못했지만, 그곳 망명자들이 모국의 독재 정부에 이첩될지도 모른다는 두려움에 시달리도록 했다. 이들 망명자들은 대부분 경찰의 감시 아래 있었으며, 반동 언론들은 그들을 범죄자로 취급했다.

마르크스는 자신의 일거수일투족이 감시당하고 있음을 느낄 수 있었

---

415) Marx, Engels, *Werke*, Vol. 8, 461쪽.

다. 또한 그는 혁명 언론을 통해 대륙의 프롤레타리아 대중들에게 일정한 메시지를 전달할 수도 없었다. 당시 그러한 언론들은 영국을 제외한 거의 모든 곳에서 침묵을 강요당하고 있었다. 게다가 그는 스스로의 힘으로 정기간행물을 발간할 만한 여력도 없었다. 따라서 다른 국가에서 활동하는 혁명적 노동자나 혁명 동지들과 접촉하는 것은 극도로 어려웠다. 그뿐만 아니라 주요 저작들을 발간하려는 일은(물론 지금까지도 경찰의 감시 때문에 매우 어려운 처지에 놓여 있었지만) 이제 거의 불가능했다. 1850년 마르크스의 저작집을 발간하려 했던 베커의 시도가 수포로 돌아간 이후(베커는 1842년에 발표한 마르크스의 평론 두 편을 한 권의 책으로 묶어 가까스로 발간하는 데 그쳤다) 한동안 출판업자들은 마르크스의 글이라면 몸을 사리는 경향을 보였다.

결국 이후 오랫동안 마르크스에게는 정기적인 수입이 없었다. 그러니 이 기간이 마르크스 가족들에게 견디기 힘든 때였음은 두말할 나위 없었다. 물론 엥겔스가 수입 중 일부를 마르크스의 가계에 보태기는 했지만, 당시 '에르멘 앤드 엥겔스' 사무소의 직원에 불과했던 엥겔스의 봉급을 감안해볼 때 그 돈은 쥐꼬리만 한 것이었음이 뻔했다. 그러던 중 마르크스는 1851년 여름에 『뉴욕 데일리 트리뷴*New York Daily Tribune*』지의 통신원 일자리를 얻었지만, 수입도 적었을뿐더러 부정기적이기까지 했다. 그 소득으로는 빚을 다 갚을 수도 없었고, 가계를 풍족히 이끌어나갈 수도 없었다.

수년 동안 마르크스는 극도의 궁핍에 시달려야 했다. 심지어는 집 안에 단 1페니의 돈도 없는 경우도 종종 있었다. 마르크스의 가족들은 신문, 원고지, 우표, 약, 의사가 없는 생활을 꾸려나가야 했다. 때때로 마르크스는 외투와 양복바지를 전당 잡히는 바람에 외출조차 불가능한 경우도 있었다. 가족들은 거의 모든 것들이 태부족인 살림을 꾸려나가야 했고, 수주일 동안 빵과 감자로만 연명하는 경우도 허다했다. 더구나 채권자들이 그의 개인 소지품들을 차입하기 위해 집행관을 보내겠다고 위협이라도 할 때면 그의 생활은 비참함 그 자체였다.

마르크스는 돈 문제에 얽매여 앞으로 받을 인세를 담보로 돈을 빌리거나 지불을 연기하는 일로 많은 시간을 허비하면서, 가족들의 처지를 개선하고 최소한의 생필품을 구입하는 따위의 사소한 일들로 많은 고통을 받아야 했다. 이렇듯 엄청난 고난의 나날 속에서 그는 자신의 심정을 이렇게 피력했다.

"매우 사소한 잡일 때문에 내 지성이 산산조각 나고 작업 능력이 현격히 저하되고 있다는 참을 수 없는 분노와 함께, 지난 8주 동안 내가 처박힌 그 수렁에 아무리 미운 적이라도 빠져버리도록 하고 싶지는 않다."[416]

가족들은 상당 기간 동안 마르크스가 어지간한 거처 하나 전세 낼 여유를 갖지 못했기 때문에 매우 비참한 환경에서 살아가야 했다. 1849년 가을부터 이듬해 4월에 걸쳐 그들은 런던 남서부 첼시(Chelsea) 구역 앤더슨가(Anderson Street) 4번지에 있는 조그만 공동주택에 몸을 의탁했다. 1849년 11월 5일에 바로 그곳에서 마르크스는 넷째 자식인 아들 하인리히 기도(Heinrich Guido)를 얻었다. 그러던 중 그 집 여주인은 밀린 집세를 당장 지불하라는 요구가 받아들여지지 않자 제멋대로 임대차계약을 취소해버렸다. 그리하여 마르크스 가족은 마침내 비극적인 상황으로까지 내몰리게 되었다.

1850년 5월 20일 예니는 바이데마이어에게 다음과 같은 내용의 편지를 띄웠다.

"우리는 그야말로 빈털터리 신세가 되었습니다. …… 그러자 집행관들이 들이닥쳐 내가 갖고 있던 자질구레한 것들, 이를테면 침대며 린넨 옷 따위의 옷가지, 그리고 심지어는 내 가엾은 갓난아기의 요람과 딸아이들에겐 더없이 소중한 장난감들까지도 차압했습니다. 아이들은 그 자리에 우두커니 서서 그저 주체할 수 없는 눈물을 흘리고 있을 따름이었죠. 집행관들은 두 시간 내에 그 모든 것을 압수할 것이라고 위협했습니다. 그때 나는 두려움에 떨고 있는 자식들과 함께 쓰라린 가슴을 안고 맨 마룻바닥

---

416) Ibid., Bd. 29, 343쪽.

에 드러눕고 싶은 심정이었습니다."[417]

마르크스는 그의 친구로부터 가까스로 얼마간의 돈을 구해 여주인과의 문제를 해결하고 차압을 풀 수 있었다. 하지만 이 집도 곧 약국, 빵집, 푸줏간, 그 밖의 채권자들에게 진 몇 푼의 빚을 갚으려고 처분하고 말았다.

마르크스의 가족은 레스터가(Leicester Street)에 있는 독일인의 호텔에 임시 거처를 마련했다. 이후 1850년 6월 초 딘가(Dean Street) 64번지로 이사했다가, 1850년 12월에는 28번지에 있는 방 2개 딸린 자그마한 공동주택으로 거처를 옮겼다. 이 주택은 인구가 조밀한 소호(Soho) 지구에 있었는데, 그곳은 그리 쾌적하다 할 만한 환경을 갖추지 못한 곳으로서 1854년 전염병이 휩쓸었을 당시 콜레라의 주요 진원지 중 한 곳이었다. 주로 프랑스와 이탈리아에서 온 이주민들이 거주하고 있던 이 눅눅하고도 비좁은 집에서 마르크스 가족들은 무려 6년이란 세월을 보내야 했다. 이 집의 전면에 있는 방은 서재이자 거실이자 식당이었고, 뒷방은 모든 가족의 침실이었다. 그리하여 예니(마르크스 아내)가 돌아가신 어머니로부터 얼마 안 되는 유산을 물려받은 1856년 가을이 되어서야 비로소 그들 가족은 런던 북서쪽 교외에 아담한 집 한 채를 전세 낼 수 있었다. 마르크스 가족은 런던에서 그나마 환경이 나은 편에 속하는 하버스톡 힐(Haverstock Hill)의 메이트랜드 파크(Maitland Park) 그래프턴 테라스(Grafton Terrace) 9번지(훗날 46번지로 바뀜)에서 1864년 3월까지 살았다. 하지만 그 지역은 신흥 개발지구였기 때문에 여기저기 쓰레기가 널려 있었고, 가로등도 없었으며, 비오는 날이면 길이 진흙탕으로 변해 아예 통행이 불가능할 정도였다.

가난과 영양실조와 끊일 날 없는 근심과 겹치는 병마는 마르크스 가족의 단골손님이었다. 마르크스는 엄청난 정력 소모와 가난과의 끊임없는 싸움으로 건강을 해쳤다. 눈의 염증과 류머티즘으로 고통받기 시작했고, 1853년 3월에는 간질환에 걸리고 말았다. 그의 아내와 자식들도 잔병치레가 끊이지 않았다.

---

417) Ibid., Bd. 27, 608~9쪽.

이런 상황에서 마르크스는 결국 가족 중 일부와 사별하지 않을 수 없었다. 일곱 자식 중 겨우 셋만 살아남을 수 있었다. 1850년 11월 19일 한 살배기 하인리히 기도가 폐렴으로 사망했고, 1851년 3월 28일에 태어난 프란치스카(Franziska)는 첫돌이 지난 직후인 1852년 4월 14일 세상을 떠났다. 가족들은 엄청난 비탄에 빠졌다. 하지만 그들에겐 장례를 치를 돈조차 없었다. 결국 한 프랑스인의 따뜻한 배려로 장례비용과 관을 마련할 수 있었다. 그들의 불행은 여기서 끝나지 않았다. 1855년 7월 초 예니의 뱃속을 빠져나온 핏덩이가 끝내 생명을 잃고 말았던 것이다.

그러나 뭐니 뭐니 해도 마르크스에게 가장 큰 충격을 준 것은 1855년 4월 6일의 여덟 살 난 에드가의 죽음이었다. 재능이 뛰어나고 붙임성 있는 소년이었던 에드가는 매사에 호기심이 많았고 '귀여운 참새(Little Sparrow, Musch)'라는 애칭으로 불리는 가족들의 총아였다. 그래서 마르크스와 엥겔스는 그를 종종 '참새 각하'로 부르곤 했다. 1855년 봄 에드가는 심한 위장병에 걸렸다. 그때부터 마르크스와 예니는 아이의 상태에 따라 희비가 교차하는 악몽과도 같은 세월을 보냈다. 에드가의 죽음은 가족들을 거의 실신 상태로 몰아넣었다. 당시의 심경을 마르크스는 이렇게 표현했다.

"내 일찍이 수많은 불행을 겪어왔지만, 이제야 비로소 진정 슬픔이 어떤 것인지를 알 것 같네."[418]

마르크스와 그의 가족들의 고통은 주로 혁명적 사상가에게 궁핍이라는 운명을 들씌운 부르주아 세계의 잔인성으로부터 기인한 것이었다. 메링은 이를 다음과 같이 표현하고 있다.

"부르주아 사회는 그 고유한 특성 때문에 비록 외면상으로는 덜 야만적인 것으로 보이지만, 결국 고대의 형벌이나 중세의 화형보다 훨씬 잔인한 고통과 고문에 불과한 것을 그 내부에 지니고 있다."[419]

마르크스는 이러한 시련들을 진정한 영웅적 금욕으로 인내했다. 어떠

---

418) Marx, Engels, *Werke*, Bd. 28, 444쪽.

419) Franz Mehring, *Karl Marx. Geschichte seines Lebens*, Berlin, 1964, 229쪽.

한 상황 아래서도 마르크스는 자신의 목표를 벗어나지 않았다. 그는 생의 목표를 충실히 지켜나갔다. 1866년 8월 그는 폴 라파르그(Paul Lafargue; 훗날 마르크스의 사위가 됨)에게 다음과 같은 편지를 썼다.

폴 라파르그(1842~1911). 마르크스의 둘째 딸 라우라와 결혼했다. 쿠바 출신의 프랑스 의사로, 『게으를 권리』로 유명하다. 두 사람은 나중에 동반자살을 한다.

"자네는 내가 가진 모든 것을 혁명적 투쟁에 바쳤다는 사실을 알고 있을 걸세. 나는 스스로 선택한 이 길을 결코 후회하지 않네. 후회는커녕 다시금 생을 산다 해도 이와 똑같은 길을 걸을 걸세."

그러나 그는 여기에 이런 단서를 붙였다.

"다만 한 가지 다른 점이 있다면, 그 경우에 내가 결코 결혼을 하지 않을 것이라는 점일세."[420]

그의 다음과 같은 말에는 진정한 휴머니즘과 아울러 정신적 숭고성과 고결함마저 엿보인다.

"이른바 '실용적인' 사람들과 그들의 분별력에 조소를 금할 수 없다. 물론 돼지가 되고 싶다면 인류의 고통에 등을 돌리고 자기 자신의 껍데기만을 걱정 못할 리 없겠지."[421]

마르크스는 고통받는 인류에 봉사한다는 숭고한 이념 아래 모든 개인적 시련과 불행을 참고 견뎌냈던 것이다.

가정에서의 마르크스

마르크스는 가장 가깝고 가장 사랑스러운 사람들이 받는 고통 때문에 엄청난 번민에 휩싸였지만, 그의 가족을 짐으로 여기기는커녕 투쟁 속에

---

420) 마르크스·레닌주의연구소 중앙당 문서보관소.
421) Marx, Engels, *Werke*, Bd. 31, 542쪽.

서도 기댈 곳으로 여겼다. 그에게 가족은 근심의 원천이기도 했지만 크나큰 기쁨의 원천이기도 했다. 그는 가정에서 깊은 행복을 느꼈다. 그의 가정은 어떠한 상황에서도 항상 낙천성과 완벽한 상호신뢰의 분위기와 온정, 그리고 친구들에 대한 정중함으로 충만해 있었다. 그리고 그것은 주로 부모가 그러한 모습을 솔선수범해서 보여준 덕분이었다.

예니의 뛰어난 성품은 망명생활의 어려운 환경 속에서 더욱 빛을 발했다. 그녀는 남편에게는 다정다감한 친구였고, 자녀들에게는 자애로운 어머니이자 그들의 성장과 성격과 기호의 형성을 능숙하게 이끌어준 교사이기도 했다. 또한 그녀는 마르크스의 신념을 함께 나누면서 그의 사상과 창조적인 구상의 위대성을 그 어떤 친구보다도 잘 이해하고 있던 성실한 동료 투사였다. 그녀는 여러 회고담을 통해서, 남편의 원고를 읽고 필사하는 일에서 얻는 크나큰 만족감에 대해 묘사하고 있다. 예니는 마르크스의 편지 왕래에 대해서도 내조를 아끼지 않았다.

마르크스는 '미래적이고도 소중한 유일한' 사람 예니를 젊은 시절과 다를 바 없이 무척 사랑했다. 그녀가 어머니의 임종을 지켜보기 위해 맨체스터를 떠나 트리어로 갔을 때, 그녀는 1856년 6월 21일로 날짜가 적힌 다음과 같은 남편의 편지를 받았다.

"물론 이 세상에는 수많은 여성들이 있고, 그리고 개중에는 아름다운 사람도 있겠지. 그러나 그 생김새 하나하나에서, 심지어 주름살 속에서조차 내 인생의 가장 인상적이고도 달콤한 추억들을 떠올릴 수 있는 그런 얼굴이 이 세상 그 어디에 또 존재하겠소? 나는 당신의 다정한 표정 속에서 나의 끝없는 고통과 이제 돌이킬 수 없는 것들마저 읽을 수 있소. 하여 내 당신의 부드러운 얼굴에 입맞춤하는 것은 바로 그 고통을 지우려 함이기 때문이라오."[422]

이렇듯 불운하고 비참한 생활과 진실로 영웅적인 헌신으로 인해 마르크스의 새까맣던 머리칼은 어느덧 희끗희끗해지기 시작했다. 그러나 이

---

422) Ibid., Bd. 29, 535쪽.

것이 그의 호방하고 활달한 성격을 변화시키지는 못했다. 따라서 "늘 호흡하는 명랑·쾌활한 영혼의 소유자 …… 유머와 기쁨으로 넘쳐흐르는 사람, 그의 기운찬 웃음을 듣고 있노라면 어느새 같이 따라 웃고 거기에서 어떤 거역할 수 없는 매력을 느끼게 되는 그런 사람 …… 친구들에게는 이루 말할 수 없이 친절하고 온화하고 동정적인 사람"[423]을 엄격하고도 오만한 '주피터의 번개(Jupiter Fulgur)'로 묘사하는 것만큼 엉뚱한 일도 없으리라는, 마르크스의 딸 엘레아노르의 말에는 나름대로 충분한 근거가 있다 할 것이다.

어린이들은 항상 그의 마음속에 있던 푸근함과 애정을 불러일으켰다. 빌헬름 리프크네히트는 "마르크스는 동심의 세계 없이는 살아나갈 수 없는 사람이었다. 그곳은 그의 안식처이자 원기회복의 원천이었다."[424]라고 술회했다. 가난한 아이들을 볼 때마다 그의 가슴에서는 기꺼운 동정심이 우러나왔으며, 이웃의 노동자 가정을 빈번히 방문하면서 그곳에서 혜택받지 못한 누더기 옷의 아이들을 볼 때마다 그의 가슴은 찢어지는 듯 아팠다. 그래서 그는 일시적이나마 조그만 친절을 베풀고 행복을 느끼게 해줌으로써 그들의 용기를 북돋워주려 애썼다.

마르크스는 딸들을 온갖 정성과 마음을 다해 사랑했다. 그는 책상머리에서 집필 중일 때나, 힘든 하루를 보내고 휴식을 취하고 있을 때나 자녀들 대하는 일을 결코 성가셔 하지 않았다. 아이들이 난투를 벌이고 떠들썩하게 웃어대거나 소란스런 장난을 즐길 때에도 화를 내기는커녕 오히려 그 자신이 동심으로 돌아가 즐거운 분위기에 흠뻑 빠져들곤 했다. 그들이 가장 즐겨했던 놀이는 '기마놀이'였는데 그것은 딸들이 아버지의 등, 즉 '승합마차'에 올라타고는 말뚝으로 정해놓은 의자에 그를 '묶는' 놀이였다. 대야에 물을 가득 붓고 종이배 함대들 간에 교전하는 놀이인 '해전'도 그들이 즐겨했던 놀이 중 하나였다. 그러나 아이들과 어른들 모두에게 가장 기억에

---

423) *Reminiscences of Marx and Engels*, 250쪽.

424) Ibid., 116쪽.

남을 만한 일은, 일요일에 신록이 무성한 산줄기의 언덕과 계곡 너머의 무성한 관목, 모래투성이의 들판이 펼쳐진 햄스테드 히스(Hampstead Heath)로 소풍가는 일이었다. 온 가족은 종종 가까운 친구들과 더불어 그곳을 찾았다. 그리고 이 소풍은 그들로서는 격렬한 경기들(달리기, 씨름, 나무에 달린 익을 대로 익은 밤들을 돌팔매질로 떨어뜨리기 등)을 할 좋은 기회가 되었다. 언젠가 마르크스는 바로 그 돌팔매질 시합에 너무 열을 올린 나머지 이후 일주일 내내 오른팔을 사용하지 못한 적도 있었다. 딸들이 자라나면서 이러한 게임은 좀 더 복잡하고 세련된 것으로 발전했다. 당시 그들이 즐겼던 것은 주로 장기와, 상당한 지능을 요하는 익살스런 질의응답 놀이였다.

마르크스는 딸들에게 큰 소리로 무언가 읽어주기를 좋아해서, 그가 꾸며낸 동화나 우스개 얘기들을 들려주었다. 그의 동화는 때때로 장편 연작의 형식을 띠기도 했는데, 그중에는 한스 뢰클레(Hans Röckle)라는 마법사가 주인공으로 등장하는 동화가 있었다. 그는 인형가게 주인이었는데 그의 마술 능력에도 불구하고 빚을 갚을 수 없어 장난감들을 빚쟁이에게 넘겨주지 않을 수 없었다. 하지만 온갖 아슬아슬한 모험 끝에 결국 그 장난감을 되찾게 된다. 마르크스의 꼬마 청중들은 이 동화에 담긴 해학과 시적 분위기에 빠져들었다. 그런데 이 동화들은 화자(話者)의 갖가지 기행들을 상징적으로 전달하고 있으며, 악에 대해 선이 반드시 승리한다는 매력적인 신념을 표현하고 있었다.

아이들은 자라나면서 독서광이 되었다. 이는 카를과 예니가 아이들에게 그림(Grimm) 형제와 호프만(Hoffmann)의 동화, 호메로스(Homeros)의 시, 『아라비안나이트』에 전개된 마법의 세계, 『니벨룽겐의 노래』와 『구드룬Gudrun』에서 나열된 중세의 전설들을 펼쳐 보여줌으로써 그들에게 위대한 고전들을 접할 기회를 마련해주었기 때문이다. 가족들은 아이스킬로스(Aeschylos), 소포클레스(Sophocles), 단테, 세르반테스, 괴테, 필딩, 로버트 번스(Robert Burns), 하이네, 프라일리그라트, 뤼케르트(Rückert), 샤미소(Chamisso) 등의 작품을 애독했다. 특히 그들은 그 누구보다도 셰익스피어의 열렬한 독자여서 그의 희곡들에 나오는 전 장면을 거의 암송하다시피 했다. 마르크스도 그렇지만 다른 가족들도 기담(奇談)과 역사소설을 좋아했고, 특히 캡틴 메리엇(Captain Marryat; 본명은 Frederick Marryat − 옮긴이)과 월터 스콧의 작품을 탐독했다.

마르크스는 부친과 마찬가지로 온화하고 관대한 성품의 소유자였다. 결코 어버이로서 권위를 행사하지 않았음에도 불구하고 아이들은 보기 드물게 그의 말에 순종했다. 그는 결코 아이들을 소홀히 대하지 않았으며, 그들의 근심거리를 무시하지도 않았다. 그들에게 마르크스는 언제든 건실한 조언을 들을 수 있는 벗이자 나이 든 동지였다. 다른 가족과 마찬가지로 그 역시 별명을 갖고 있었는데, '무어(Moor; 북서 아프리카인 − 옮긴이)'라는 그의 별명은 그의 가무잡잡한 피부를 빗대어 붙인 것이었다.

아이들은 진실을 말하고, 거짓과 위선을 증오하도록 교육을 받으며 자랐다. 가족 모두 자유의 투사들에게 공감을 표시했고, 그들의 투쟁에 참여하기를 갈망했다.

모든 이들은 맏딸과 둘째딸인 예니(Jenny)와 라우라(Laura)의 갖가지 재능에 흐뭇해했다. 그들은 모두 학교에서 각종 상을 타왔으며, 영어로 멋진 수필을 작문하기도 했고, 프랑스어에 능숙했을 뿐 아니라 단테를 원문으로 읽는 재능을 보였다. 그러나 부모들의 갖은 노력에도 불구하고 독일어 실력은 그리 좋지 않았다. 예니는 특히 미술 솜씨가 좋아 그녀의 많은 그림들이 벽을 장식했다. 반면에 라우라는 음악과 노래하기를 무척 좋아했다.

에드가가 죽기 직전인 1855년 1월 16일에 태어난 막내딸 엘레아노르(투시[Tussy])는 가족들의 총애를 한 몸에 받았다. 언니들이 죽은 남동생에게 쏟았던 애정은 이제 투시 몫이 되었다. 투시는 장난을 무척 좋아하는 활달한 개구쟁이 소녀였는데, 그 아이의 조숙한 공상 세계는 모든 이를 놀라게 했다.

헬레네 데무트는 여전히 가족의 한 성원으로서 제 몫을 다했다. 특히 망명생활의 곤경 속에서 가족에 대한 그녀의 정성은 빛을 발했다. 그녀

는 요리하고, 바느질하고, 망가진 것들을 수선하거
나 해진 옷가지를 깁고, 집 안을 항상 정돈된 상태
로 유지하는 데 놀랍도록 능숙했다. 심지어 헬레네
는 쥐꼬리만 한 수입을 가지고도 가족들에게 안락
한 삶을 제공하는 비상한 재주를 지니고 있었다.
마르크스는 헬레네야말로 참다운 조직·관리 재능
을 타고났다고 믿었다. 그는 종종 "만일 좋은 세상
을 만났더라면, 지금 자그마한 우리 가족의 테두리

헬레네 데무트(1820~90)

내에서 참으로 중요한 존재인 것처럼 사회에 엄청난 기여를 했을 사람이
다."[425]라고 말하곤 했다. 또한 체스광이었던 마르크스는 헬레네와 자주
게임을 즐기곤 했는데, 가끔 그가 지는 경우도 있었다.

시련 속에서 돈독해진 우정

마르크스는 엥겔스를 매일 볼 수 없음을 항상 안타까워하면서 이렇게
썼다.

"내게 애타는 일이 있다면 그것은 우리가 지금 함께 지내면서 일하고 함
께 웃지 못한다는 점이오."[426]

그러나 그들의 공동 창작 노력은 결코 좌절된 적이 없었다. 정신적으로
그들의 생활은 하나였던 것이다. 한쪽의 창작 작업은 다른 한쪽의 과학적
탐구를 끊임없이 보충하고 보강했다. 그들은 서로의 연구 결과 등을 편지
로, 그리고 그리 잦은 편은 아니었지만 서로의 만남으로 함께 나누었다.

그들은 학문과 당 사업 영역에서 꾸준히 함께 일했으며, 노동계급 지도
자들과의 접촉에 관해 서로 정보를 교환했다. 그들은 공동 집필 작업도 계
속해나갔다. 하지만 같은 책상머리에서 한 편의 저작물을 함께 집필하던
예전의 방식이 아니었다. 이제 그들은 집필하려는 저작에 관한 공통의 입

---

425) *Letter of Eleanor Marx to Wilhelm Liebknecht,* March 12, 1896(마르크스·레닌주의연구소 중앙당
문서보관소).
426) Marx, Engels, *Werke,* Bd. 28, 314쪽.

장과 화제와 계획을 세워, 대개는 서로 정통한 분야를 각기 집필하는 방식을 취하지 않을 수 없었다. 때때로 마르크스는 엥겔스가 쓴 글을 자신의 특정 저작에 삽입하기도 했으며, 어느 한쪽이 쓴 글을 다른 한쪽이 편집하거나 마무리 짓기도 했다.

이즈음은 엥겔스가 보여준 친구로서의 헌신과 이타적인 배려, 기꺼운 호의가 완벽히 입증된 시기였다. 마르크스 가족이 무일푼 신세가 될 때마다 엥겔스는 어김없이 맨체스터에서 돈을 부쳤다. 엥겔스는 마르크스가 경제학 연구를 지장 없이 계속해나갈 수 있기를 바랐으므로 마르크스에게 청탁된 원고들도 상당 부분 떠맡았다. 마르크스 가족의 일이라면 일의 크고 작음에 관계없이 매사에 관심을 기울여주었다. 이를테면 마르크스 가족의 빚을 청산해주는가 하면, 아이들에게는 크리스마스 선물을 보내기도 하고, 병을 앓고 있는 가족이 있으면 과일과 포도주를 보내주었다. 그가 런던을 방문하기라도 하면 마르크스의 가족들은 온통 기쁨에 들떴다. 엥겔스는 항상 마르크스의 맨체스터 방문을 학수고대했다. 마르크스와 예니가 1855년 봄에 애들을 잃고 슬픔을 달랬던 곳도 바로 그곳이었다.

마르크스는 이 우정을 매우 소중히 여겼다. 그는 엥겔스의 근심을 자기 일처럼 생각했으며, 친구가 병에 걸려 앓아눕기라도 하면 온통 마음이 산란해져 안절부절못했다. 1857년 9월 21일에 쓴 그의 편지는 이러한 심정을 잘 나타내준다.

"자네의 병이 쾌차하고 있다는 소식은 내가 들은 그 어떤 소식보다도 기쁜 것이었네."[427]

마르크스는 엥겔스가 그의 가족을 돕기 위해, 그리고 다른 세속적인 이유로 대부분의 시간을 사무실에서 보내고 나머지 자투리 시간을 이용해서 연구 작업을 진행하고 있다는 사실에 분통을 터뜨렸다. 마르크스는 아무리 사소한 일일지라도 친구를 위해서라면 항상 기꺼이 발 벗고 나섰다. 엥겔스가 필요로 하는 책을 구해주기도 하고, 희귀자료들을 발췌·정리해

---

427) Ibid., Bd. 29, 179쪽.

주기도 하며, 런던의 각종 정보들을 수집해 보내기도 했다.

두 사람은 친근한 감정을 말로 표현하기보다는 직접 실천에 옮기는 쪽을 선호했다. 그리고 이러한 성향은 그들이 어쩌다 강한 감동을 받아 표현하는 진정 어린 감사의 말들에 무게를 더해주었다. 아들이 자신의 팔에 안겨 세상을 떠나던 날, 마르크스가 엥겔스에게 보낸 편지에는 이런 구절이 엿보인다.

"그대의 우정이 이 끔찍스런 시기에 우리에게 얼마만큼 힘이 되었는지 내 결코 잊지 못할 것이네."428)

그리고 아들의 장례를 치른 뒤 4월 12일자로 쓴 편지에서 그는 다음과 같이 덧붙이고 있다.

"최근 며칠 동안 내가 겪은 끔찍스런 고통의 와중에서 나는 줄곧 자네와의 우정을 생각하고, 우리가 여전히 이 세계 속에서 함께 일해나가야 할 것으로 여겨지는 그 무엇이 있다는 희망에 매달려 지냈네."429)

이 두 사람의 관계는 고도의 원칙과 완벽한 성실성에 바탕을 두고 있었다. 그들은 크고 작은 일을 막론하고 매사에 서로 진실만을 말했으며, 그 어느 쪽이든 오류가 판명됐을 때는 지체 없이 잘못을 인정했다. 마르크스는 학문적 노력 속에서, 그리고 삶과 투쟁의 전 과정 속에서 엥겔스와의 우정이 참으로 소중한 것임을 깨닫게 되었다.

경제학 연구

마르크스는 일단 런던에서 망명가로 정착하자 1848~49년 혁명으로 인해 중단되었던 경제학 연구를 재개했다. 1850년 봄부터 그는 다시금 보기 드문 집념을 가지고 과단성 있게 정치경제학 연구에 몰입했다.

그는 자본주의 사회의 운동 배후에 자리 잡고 있는 메커니즘을 탐구하고, 이 운동의 기저에 있는(자본주의 사회의 파괴를 향해 치닫고 있는) 제반

---

428) Ibid., Bd. 28, 443쪽.
429) Ibid., 444쪽.

법칙들에 대한 프롤레타리아트의 이해를 보다 고양시키는 데 연구의 목적을 두었다. 그리하여 다시금 그는 정치경제학에 관한 방대한 저술을 계획했다.

그는 이제 이 주제에 관해 혁명 전보다 한층 성숙한 시각을 갖게 되었다. 또한 혁명의 와중에서, 특히 혁명 이후 첫 몇 해 동안 새로이 드러난 제반 경제적 사실들을 연구하는 일이 매우 중요하다고 생각했다. 그의 연구 작업은 그가 당시 자본주의 세계의 중심지로서 "부르주아 사회에 대한 관찰을 위해 …… 더없이 유리한 관측지"[430] 구실을 한 런던에 정착했다는 사실로 인해 한층 촉진되었다. 영국과 다른 국가들의 농공업 상황, 국내외 시장조건, 금융 및 주식 거래에 관한 매우 다양한 정보들이 최선진 자본주의 국가이자 최대의 식민제국이었던 영국의 수도 런던으로 밀려들었다. 마르크스는 1753년에 설립되어 방대한 장서와 수많은 희귀본 및 유일본 소장을 자랑하던 세계 유수의 도서관 중 하나인 대영박물관 도서관에서 규칙적인 연구 작업에 몰입할 수 있었다.

마르크스는 강도 있게, 그리고 엄청난 정력으로 작업에 임했다. 거의 매일같이 오전 9시부터 오후 7시 사이에는 도서관 열람실에 앉아 있거나 서가와 다른 자료더미를 샅샅이 뒤지고 있는 마르크스를 볼 수 있었다. 수년 동안 그는 낮에는 그곳에서 작업하고 저녁에는 집으로 돌아와 연구를 계속했는데, 일이 밤중까지 이어지는 경우도 허다했다.

마르크스가 연구를 위해 들여다보는 자료들은 '대단히 복잡다단한' 것이었다. 그는 1850년 여름부터 1853년 8월에 걸쳐 부르주아 경제학자들의 각종 저서와 공식 문서, 정기간행물들에서 무려 스물세 권 분량의 관련 내용을 발췌했다. 이 사실 하나만 보더라도 그가 정치경제학과 국민경제학사, 당대 자본주의 세계 경제학과 관련된 제반 이론적 문제들에 대해 매우 심도 있고 포괄적인 연구를 진행시켰음을 쉽사리 알 수 있다.

연구 작업을 이어가면서 마르크스는 몇몇 자연과학 및 기술 분야까지

---

430) Marx and Engels, *Selected Works*, Vol. 1, 505쪽.

유스투스 폰 리비히(1803~73)

도 망라해야 할 필요성을 절감했다. 그리하여 지대(地代)를 연구하는 과정에서 농학, 특히 농화학을 다루기도 했다. 마르크스가 이 분야를 다루었다는 사실은 독일의 탁월한 과학자 유스투스 폰 리비히(Justus von Liebig)의 저서 『농업과 생리학에 응용한 화학Chemistry in Application to Agriculture and Physiology』 및 기타 이 분야 관련 저서들의 요약노트를 통해 엿볼 수 있다. 이와 함께 마르크스는 자본주의 발전의 기술적 측면에 대해서도 고찰하고자 했다. 그리하여 그는 새로운 기술상의 각종 발명과 과학적 발견들을 주도면밀하게 주시했다.

그는 1851년 런던에서 개최된 만국박람회를 관람하기도 했다. 이곳에서 그는 기술 발전, 특히 새로운 천연자원(구타페르카[gutta-percha]; 동남아시아에서 야생하는 여러 종류의 고무나무에서 얻는 천연 열가소성 고무. 치과[齒科] 충전, 전기절연용, 배드민턴공의 원료 – 옮긴이)와 기계장치 및 기술 공정 등에 각별한 관심을 보였다.

자본주의 생산 발전에서 기술의 진보가 차지하는 중요성을 익히 깨닫고 있던 마르크스는 응용과학사도 깊이 연구했다. 그는 이 과정에서 독일의 공학자이자 경제학자인 요한 베크만(Johann Beckmann)과 과학자이자 공학사가인 요한 포페(Johann Poppe)의 저서들, 그리고 앤드루 유레(Andrew Ure)의 『기술·제조·광업 사전Dictionary of Arts, Manufactures and Mines』 등을 참조했다. 마르크스는 1851~53년의 발췌 작업을 통해 물리학과 수학, 그 밖의 과학들이 수세기에 걸쳐 다양한 생산양식에 적용되는 과정을 재현해 보여주었다.

그는 종종 1840년대에 처음 읽었던 책들을 다시 읽곤 했다. 1852년에 그는 리카도의 『정치경제학과 조세의 원리에 관하여On the Principles of Political Economy and Taxation』 세부 요약에 붙이는 주제 색인을 만들었다. 그는 또한 경제이론 발전에서 고전경제학자들이 떠맡은 역할(그들의 공적과 역사적 한계)에 대한 보다 깊은 이해에 도달했다.

마르크스는 매뉴팩처 시대의 경제학자 스미스에 대한 리카도의 우월성을 명백히 강조했다. 스미스의 과학적 개념이 갖는 상대적인 부적합성과, 노동가치설을 적용하면서 보여준 그의 비일관성은 그 당시 사회적 관계들의 저급한 발전으로부터 연원하는 것이었다. 반면에 리카도는 사회적 관계들이 보다 성숙된 시대를 살았다. 따라서 그의 견해는 스미스보다 성숙했고 일관성도 있었다. 마르크스는 자신의 여러 초록(抄錄) 중 한 군데에서 이렇게 기술하고 있다.

"리카도와 관련해서 중요한 사실은 애덤 스미스와 세이조차도 여전히 노동의 **일정 산물**을 조정자로 여기고 있었던 반면에 그는 도처에서 노동·행위·산업 그 자체를, 즉 생산물이 아니라 창조 행위로서 생산 그 자체를 취급했다는 점이다. 그리하여 그는 부르주아 산업 시대 전반을 다룰 수 있었다."[431]

자본주의적 모순이 누적되고 계급투쟁이 첨예화되면서 부르주아 이데올로그들은 스미스와 리카도의 결론과 정치경제학 분야의 여러 전통들을 부정하고자 하는 유혹에 빠졌다. 그들은 특히 스미스와 리카도의 노동가치설을 일반 공격 목표로 삼았다. 이것은 결국 경제학을 속류화시키는 결과를 낳았다. 1851년 4월 2일 엥겔스에게 보낸 편지에서 마르크스는 다음과 같이 말했다.

"이 학문은 비록 그동안 개인적인, 그리고 종종 매우 난해한 연구 노선에 따라 많은 시도가 있었다. 하지만 근본적으로 스미스와 리카도 이후 결코 아무런 진전도 이룩하지 못했다."[432]

마르크스는 이즈음 여러 논술들을 통해 고전과 부르주아 정치경제학과, 자본에 대한 노골적인 굴종 및 타락의 조짐을 보이고 있던 그것의 세

---

431) K. Marx, *Grundrisse der Kritik der Politischen Ökonomie*(Rohentwurf) 1857~1858, Berlin, 1953, 808쪽.
432) Marx, Engels, *Werke*, Bd. 27, 228쪽.

속적 경향 사이에 일정한 경계선을(비록 아직은 명백히 체계화되어 있지 않았지만) 그어 놓았다.

마르크스는 자신의 초록 중 상당 부분에서 화폐와 화폐 순환에 관한 이론을 다루고 있다. 마르크스는 이 문제를 다룬 노트들을 체계적으로 통합·정리한 후, 1851년에는 「완벽한 화폐 체계*The Complete Monetary System*」[433]라는 제목의 짧은 초고(전지 3장 반 분량의)를 집필했다. 화폐는 자본주의 세계의 모순적 성격을 단적으로 표현해주는 것으로서 상품·가격·생산비용 등의 범주들과 관련되어 있기 때문에, 화폐에 대한 이해야말로 자본주의 전반을 과학적으로 설명하고 분석하는 데 필수적인 것이다.

결과적으로 마르크스는 리카도의 양적 화폐론(quantitative theory of money)을 반박했다. 마르크스는 이전에 자신이 취했던 관점을 탈피해서, 이제 더 이상 화폐가치를 통화량으로부터 생겨난 어떤 양적 파생물로 간주하지 않았다. 반면에 그는 화폐량 그 자체는 화폐를 매개로 해서 교환되고 있는 상품 가격의 총합으로 결정된다고 믿었다. 마르크스는 1851년 2월 3일자로 엥겔스에게 보낸 편지에서, 통화량은 리카도나 로이드(Lloyd) 그리고 많은 재정·금융 이론가 및 경영자들이 믿고 있는 것처럼 귀금속의 공급량에 따라 결정되는 것이 아니라, 산업과 무역 상황에 의해 결정된다고 주장했다.

"**통화**는 사업의 계속성을 보장받기 위해 보다 많은 통화량을 요구할 정도로까지 확장될 때만 **단지** 증가할 뿐이다. …… 통화량의 증가는 궁극적으로 사업에 투자된 자본 증가의 **결과**이지 결코 그 역(逆)이 아니다."[434]

엥겔스는 이러한 견해에 동의하면서 이러한 접근 방식이 "혼란에 빠진 순환이론을 단순 명쾌한 근본적 사실들로 환원시키는"[435] 데 일조하리라는 느낌을 받았다.

마르크스는 1851~53년의 경제학 관련 요약 작업을 통해 자본의 실체에

---

433) 마르크스·레닌주의연구소 중앙당 문서보관소.

434) Marx, Engels, *Werke*, Bd. 27, 75쪽.

435) Ibid., 200쪽.

관한 깊은 인식에 도달했다. 자본을 장래의 생산을 위해 투입되는, 그리고 부(富) 그 자체와 유사한 방식으로 증가할 수 있는, 국부(國富)의 특정 부분으로 보는 리카도의 자본관과 관련해서, 그는 다음과 같은 견해를 피력하고 있다.

"여기에서 리카도는 자본과 자본의 **요소**를 혼동했다. 부는 단순히 자본의 요소에 불과하다. 자본은 항상 생산을 위해 재차 선정된 **가치들의 총합**, 즉 단순히 생산물의 총합이나 심지어 생산물 생산을 위한 총합이 아니라 가치들의 생산을 위한 총합이다."[436]

이러한 발언과 그 밖의 다른 발언 속에서 리카도와 마르크스가 각각 제시한 자본관의 근본적인 차이점은 명확하다. 리카도에 따르면 자본은 단순한 물(物)의 총합이고, 마르크스에 따르면 그것은 역사상 특정한 상품생산 단계에서 특징적으로 나타나는 특정한 사회관계이다.

한동안 마르크스는 리카도를 논박함으로써 자본주의적 번영의 비밀을 파헤칠 과학적 발견에 이르는 길을, 즉 잉여가치론을 체계화하는 접근방식들을 개괄적으로 서술했다. 그는 다음과 같이 썼다.

"모든 부르주아적 생산과 목적과 부르주아적 부는 소비가 아닌 **교환가치**이다. 이러한 교환가치를 증대시키기 위해서는 생산물을 증대시키는, 즉 보다 많이 생산하는 길 이외에 다른 방도(물론 상호 사취행위[reciprocal surndling]는 별도로 하고)가 없다. …… 그러나 부르주아 생산의 목적은 결코 상품생산의 증대에 있는 것이 아니라 **가치**생산의 증대에 있다."[437]

마르크스는 이윤이 오로지 자본주의적 유산계급 내에 축적된 '총잉여(aggregate surplus)'의 적절한 분배와 재분배로부터 생성된다는 통속적인 부르주아 이론을 거부했다. 사실상 어떤 분배가 이루어지려면 우선분배 혹은 재분배될 만한 그 무엇인가를 갖고 있어야 한다. 잉여 그 자체는 결코 거래행위에서 파생될 수 없다(물론 '때때로 초과이윤'이 실제로 이 영역에서

---

436) K. Marx, *Grundrisse der Kritik der Politischen Ökonomie*(Rohentwurf) 1857~1858, 805쪽.

437) Ibid., 804쪽.

발생하기는 하지만).

"잉여는 이러한 교환 속에서 현실화되기는 하지만 결코 그 속에서 발생하지는 않는다. 잉여는 노동자가 20노동일이 투입된 이러한 생산물로부터 단지 10이나 20보다는 적은 노동일의 생산물을 받기 때문에 생겨나는 것이다. 따라서 임금의 가치는 정확히 노동생산력이 증가한 만큼 감소한다."[438]

여기에서는 아직 '잉여가치'라는 용어를 사용하고 있지 않다. 하지만 그것의 원천, 즉 자본주의적 착취와 이윤이 그 뿌리를 두고 있는 영역만큼은 분명히 지적하고 있다.

마르크스가 1850년대 초반에 이룬 주요한 학문적 업적들 중 하나로 지대설(地代說)을 들 수 있다. 그는 이 이론을 1851년 1월 7일자로 엥겔스에게 띄운 편지에서 간략히 제시하고 있다. 그는 이 이론을 체계화하는 과정에서 리카도의 지대설이 오류에 빠져 있음을 깨달았기 때문에 그의 지대론의 요점들을 근본적으로 재검토했다.

리카도는 가장 척박한 경작지를 고려할 경우, 지대의 총합이 단지 곡물가격의 상승을 통해서만 증대하는 상황이 가능하다는 가정을 수용했다. 하지만 이러한 가정은 과학적·기술적 진보의 경제적 결과들을 고려하지 않은 우를 범했다. 그것은 결국 맬서스주의자들이 인민대중의 빈곤을 '극복 불가능한' 자연현상 탓으로 돌리려는 의도로 확산시키고 있던, 이른바 악명 높은 수확체감의 법칙(law of diminishing returns)의 수용을 의미했다.

마르크스는 리카도의 견해가 그릇된 것임을 입증함과 아울러, 수확체감의 법칙도 전혀 근거가 희박한 이론임을 증명했다. 그는 차액지대(differential rent)의 형성과 농업생산력 발전 사이의 관계를 보여주면서, 지대가 농산물 가격의 하락과 더불어 반드시 함께 하락하는 것은 아니라는 사실을 강조했다. 그리고 실제로 농업생산성의 증대와 함께 농산물 가격이 하락하면 지대는 오히려 상승하는 경향을 보인다.

---

438) Ibid., 829쪽.

엥겔스는 즉각 마르크스의 이론을 수용하고, 그 이론의 열렬한 옹호자가 되었다. 엥겔스는 다음과 같이 말한다.

"당신은 이 점을 완벽히 해명했습니다. 그리고 이것이야말로 당신이 『정치경제학』을 서둘러 완성, 출판해야 할 또 다른 이유입니다."[439]

1854년에서 1856년에 이르는 기간 동안 마르크스는 정치경제학 관련 작업에 그다지 심혈을 기울이지 않았다. 이는 그가 신문 청탁 원고를 쓰느라 너무 바쁜 나날을 보내기도 했거니와, 정치경제학과는 직접 관련이 없는 다른 학문적 문제들에 몰두해 있었기 때문이기도 했다. 그리고 또 다른 이유로는 당분간 그의 책을 출판할 전망이 전혀 보이지 않았다는 점을 들 수 있을 것이다. 이 기간 동안 그는 특히 자신의 요약노트들을 다시 읽었다. 그의 말에 따르면 이는 "그 자료들을 최종적으로 마무리하지 못한다면 최소한 그것들을 숙지해서 정밀 분석할 준비를 갖추기 위해서"[440]였다. 1854년 말과 이듬해 초에 그는 그의 낡은 노트들을 꼼꼼히 재검토하면서 거기에 간략한 논평을 덧붙였다. 그리고 그의 초고 『화폐, 신용, 공황 *Money, Credit, Crises*』에 간단한 논평과 제목을 달았다.

마르크스는 다시금 경제학 연구에 박차를 가하기 시작하던 1857년에 이르러서는 방대한 양의 기초자료들을 자유자재로 이용할 수 있게 되었다. 그리고 이론적으로 한층 성숙해짐에 따라 얼마 후 정치경제학의 진정한 혁명이라 일컬을 만한 저작을 세상에 내놓을 수 있게 된다.

다른 분야의 과학적 연구

마르크스는 새로운 경제이론을 확립하는 데 온 힘을 쏟으면서, 사회과학과 자연과학의 모든 영역에서 이루어진 인간 지식의 발전 전반을 고찰하는 데 힘을 쏟았다.

또한 그는 유물론적 세계관을 보다 구체화하고, 유물변증법적 방법론

---

439) Marx, Engels, *Werke*, Bd. 27, 171쪽.
440) Ibid., Bd. 28, 434쪽.

을 개선하는 데 자연과학에 대한 연구가 대단히 중요한 의미를 지니고 있다고 생각했다. 그가 훗날『자본론』을 통해 개략적으로 기술했던 자연과학은 "모든 지식의 기반을 이루고 있다."[441] 마르크스는 엥겔스가 이 문제에 많은 관심을 기울이고 있다는 사실을 무척 흡족해했다. 그리고 물리학, 생리학 등 자연과학의 여러 발전들을 철학적 용어로 요약하겠다는(1850년대 후반에 가서야 실현되기 시작한) 그의 구상에 전적으로 동의했다.

그 당시 마르크스의 모든 탐구는 유물변증법적 방법론(그 탐구를 통해 훨씬 풍부해진)에 기반을 두고 있었으며, 본격적인 철학 저술들을 집필할 만한 시간이 없었지만 여전히 일반적 혹은 특정의 철학적 문제들을 체계화하는 일이 매우 중요하다고 믿고 있었다.

1857년 봄에 마르크스는 미학에 관한 평론을 쓰고자 하면서 그 분야에 상당한 시간을 할애했다. 이와 관련해서 그는 헤겔주의자 프리드리히 피셔(Friedrich Fischer)의 주요 저작『미학 또는 미(美)의 과학Aesthetics, or the Science of the Beautiful』과 에두아르트 뮐러(Eduard Müller)의『고대인들의 예술론사A History of the Theory of Art Among the Ancients』를 비롯한 다른 저작들을 연구했다.

마르크스와 엥겔스가 각기 자신의 분야에서 연구 작업을 진행 중이었음에도 불구하고 그들의 관심은 거의 일치했고 또 상당 부분 중복되었다. 그 한 예로 마르크스는 자주 전쟁사와 관련된 문제들을 다루곤 했는데, 이는 연구를 위한 목적도 있었지만 군사이론과 전쟁사의 탁월한 전문가인 엥겔스를 위해 여러 사실들을 수집하려는 목적도 아울러 갖고 있었다. 하지만 전쟁사에 관한 한 '맨체스터의 전쟁상(戰爭相)'[442]이라는 별명을 갖고 있던 엥겔스에게 그 모든 연구를 일임하고, 그는 그 문제를 체계적으로 다루지는 않았다. 철학 역시 엥겔스의 또 다른 전문 분야였다. 따라서 이 문제에 관해서도 마르크스는 그의 친구를 권위자로 인정했다. 물론 그는 언어와 관련된 제반 문제들에 관해 기본적인 사상 등을 피력했으며, 이 분야

441) Ibid., Bd. 20, ⅩⅤ쪽.
442) Marx, Engels, *Werke*, Bd. 28, 299쪽.

에 관한 지식을 보다 폭넓게 하는 데 꾸준한 노력을 기울였다. 훗날 그의 동료들은 마르크스가 즐겨 사용했던 "외국어는 삶의 투쟁을 위한 무기이다."라는 경구를 상기하곤 했다.

런던 망명 당시 마르크스는 세 가지 유럽 언어, 즉 독일어·영어·프랑스어로 말하고 사고하고 집필하는 습관에 젖었다. 또한 그리스어와 라틴어에 관한 그의 탁월한 지식은 과학적 탐구와 고전들을 탐독하는 데 많은 도움이 되었다. 마르크스는 런던에 도착할 당시 이미 이탈리아어에 능통해 있었다. 따라서 그는 그가 애독하던 단테의 『신곡』뿐 아니라 아리오스토 (Ariosto)와 보이아르도(Boiardo)의 시, 피에트로 아레티노(Pietro Aretino)의 풍자시, 마키아벨리의 역사책, 19세기 이탈리아 작가이자 평론가들인 구에라치(Guerrazzi)와 마시모 다첼리오(Massimo d'Azeglio)의 저작 등을 원문으로 읽었다. 1852년에는 이탈리아의 위대한 사상가이자 학문적 순교자였던 조르다노 브루노(Giordano Bruno)의 저작들을 이탈리아어와 라틴어로 읽었다.

1854년 봄 마르크스는 스페인의 위대한 고전인 칼데론(Calderon)의 『불가사의한 마력El Mágico Prodigioso』과 세르반테스의 『돈키호테』를 교재로 삼아 독학으로 스페인어를 공부하기 시작했다. 그리하여 대여섯 달 후에는 스페인 역사 연구에 필요한 스페인 원전들을 읽을 수 있게 되었다.

철학적 탐구 또한 마르크스의 경제·역사 연구와 일정한 관련을 맺고 있었다. 따라서 마르크스는 '자본', '이자', '이윤', '생산물' 등과 같은 용어의 기원과 그 중세적 의미를 정립하기 위해 뒤캉주(Du Cange)의 『중세 라틴 용어집Glossary of Medieval Latin』 등을 포함한 여러 철학 관련 저서들을 섭렵했다.

당시 그의 주요 관심사 중 하나는 세계사였다. 그는 제반 경제적 문제들에 접근하는 과정에서 자연히 그 분야에 주의를 기울였다. 그가 취한 방법은 과학적 추상들에 의거한 논리적 분석과 그가 연구하는 현상들의 구체적인 역사적 발전들에 대한 분석을 병행하면서, 전자를 후자에 종속시키는 것이었다. 동시에 마르크스는 역사학의 발전을 고찰하고 그것의 진전 상황을 요약함으로써 사적 유물론을 보다 발전시키는 일이 중요하다고 생각했다. 또한 그의 역사 관련 연구를 한층 더 자극했던 것은 그의 저널리스틱한 작업이었다. 그리고 당대의 여러 사건들을 깊이 통찰하고 그것들의 역사적 근원을 밝히려는 욕구도 한 요인이 되었다.

때때로 그는 경제이론의 체계화와 신문 기고문의 요구에 따라 역사 탐구의 주제를 변경할 수밖에 없었지만, 대체로 그것들은 역사 과정의 저변에 흐르고 있는 보편적 법칙성들과 그것들의 구체적 표현들을 입증하고자 하는 과제와 맞물려 있었다. 그는 부르주아 사회와 그것의 역사적 기원, 봉건주의에 대한 부르주아 사회의 승리, 내부 계급투쟁의 발전, 부르주아 이데올로기의 역사학에의 반영 등에 관심을 집중했다.

마르크스는 부르주아 '역사 편찬(historiography)'에 대한 자신의 입장을 1854년 7월 27일자로 엥겔스에게 보내는 편지에서 명확히 표명했다. 여기서 그는 왕정복고 시대의 탁월한 역사가였던 오귀스탱 티에리(Augustin Thierry)의 저서 『제3신분의 형성·발전사A History of the Formation and Progress of the Third Estate』에 관해 기술하고 있다. 티에리는 이 책에서 프랑스 역사가 봉건귀족제에 대한 제3신분의 투쟁을 중심축으로 하고 있다고 주장하면서, 프랑스 부르주아지의 요람이라 할 자유도시(코뮌)들의 발흥에 관해 상세히 설명했다. 마르크스는 티에리를 "프랑스 역사편찬에서 '계급투쟁'의 아버지"[443] 라고 불렀다.

마르크스는 티에리에 대해 공정한 평가를 내렸다. 그런데 그는 부르주아 역사 기술이 그 전성기일 때조차 지니고 있던 결점을 보여주는 데 이 책을

오귀스탱 티에리(1795~1856)

---

443) Marx, Engels, *Werke,* Bd. 28, 381쪽.

이용했다. 티에리와 그의 학파에 속한 다른 역사가들은 계급모순의 물적 토대에 도달하지 못했으며, 해외 정복이 사회를 여러 계급으로 구분하는 주된 요인이라고 믿었다. 마르크스는 티에리가 제3신분을 부르주아지와 동일시하고 그것을 일종의 단일계급으로 간주하는 오류를 범했으며, 그 내부에서 적대적 모순이 발생하고 있다는 사실을 주목하지 못했다고 비판했다. 티에리는 계급투쟁의 법칙이 작용하는 범위를 봉건제 사회에 한정하려 했고, 자본주의 체제에서 계급투쟁이 갖는 본성과 특징을 고려하지 않음으로써 관점의 편협성과 비일관성을 드러냈다. 티에리의 견해에 대한 마르크스의 비판은 혁명적 프롤레타리아의 계급투쟁관과 자유주의 부르주아의 계급투쟁관 사이의 심각한 대립관계를 보여주는 것이다.

티에리 학파를 계승한 실증주의 사회학(positive sociology) 및 역사 편찬은 마르크스가 지체 없이 주목했던 사실, 즉 역사 과정의 실체에 대한 이해를 상당한 정도로 후퇴시켜 놓았다. 1853년 봄 마르크스는 영국의 철학자이자 사회학자이면서 실증주의의 창시자였던 허버트 스펜서(Herbert Spencer)의 몇몇 저서들을 읽었다. 그중에서도 특히 그의 『사회정학社會靜學Social Statics』은 이미 생물학적 법칙을 사회현상에 기계적으로 적용하려는 실증주의 고유의 통속적 경향을 드러내고 있다.

마르크스는 자본주의 이전 시대를 연구하는 데 많은 시간을 할애했다. 그리고 1850년대에 출판된 각양각색의 저서들에서 발췌한 노트를 보면, 그가 중세 초기 및 그 절정기의 봉건제 아래서 켈트·게르만·슬라브 인민들이 겪게 되는 운명과 고대사에 상당한 관심을 갖고 있었다는 사실을 알 수 있다.

마르크스는 과거, 특히 19세기 중반의 식민정책이 갖는 중요성을 인식한 나머지 식민 침략사를 가장 중요한 연구주제 중 하나로 삼았다. 1851년 가을에 마르크스는 아시아 및 아프리카 식민사(植民史)와 스페인의 멕시코·페루 정복과 관련된 수많은 저서들을 연구했다. 1853년 4월 그는 신문지상을 통해 식민체제의 실체를 폭로하기로 작정하고, 특히 동양사를 집중적으로 연구하기 시작했다. 그는 또한 영국의 대(對)인도정책을 다루고 있는 의회 청서(靑書, Blue Book)와 의회 위원회 보고서들, 각종 지리·통계학적 저작들, 그리고 인도·중국·인도네시아에 관한 다른 글들을 섭렵했다. 그는 동양학자들의 저작을 통해 동양 고대사와 중세사에 정통하게 되었으며, 프랑수아 베르니에(François Bernier), 살티코프(A. D. Saltykov)와 같은 유럽인 여행자들의 기행문도 읽었다.

이 모든 연구 작업에 힘입어 그는 특히 이슬람교의 출현과 본질의 물질적 전제조건들, 그리고 일반적으로는 동양의 제반 종교운동의 계급적 근원에 관한 몇 가지 중요한 결론을 도출해낼 수 있었다.

마르크스는 인도, 이란, 아라비아의 사회체제에 대한 고찰을 마무리한 뒤 1853년 6월 2일자로 엥겔스에게 다음과 같이 편지를 보냈다.

"동양 내 모든 현상의 토대는 바로 …… **사적 토지소유의 부재**이다. 이것이야말로 동양인들의 천국까지도 열어 보여줄 수 있는 진정한 열쇠이다."[444]

마르크스는 동양에서 토지의 국가소유가 우세한 것은 거의 중앙권력에 의한 인공 관개의 필요성 탓이라고 주장했다. 그는 아시아 국가들에서 나타나는 발전의 낙후성과 '정체성(static character)'을 규정하는 요소로 토목공사가 전제봉건국가의 손아귀에 집중되어 있다는 점, 농촌사회의 자급자족능력(viability), 농촌사회의 고립과 격리 등을 꼽았다. 서방 세계가 봉건제에서 자본주의로 이행하던 바로 그즈음에 동양에서는 보다 발전된 사회질서의 성숙이 지체되었고, 그것은 치명적인 결과들을 낳았다. 즉 그러한 상황은 유럽 식민주의자들에 대한 아시아 인민의 저항을 약화시켰으며, 결국 수많은 아시아 국가들의 식민지적 종속을 야기했다.

마르크스는 해외 정책과 관련한 그의 혁명적 전술들을 체계화하는 과정에서 갖가지 문제들에 직면했다. 마르크스는 이른바 동양 문제의 역사적 근원을 분류해내기 위해 1853~54년의 노트에 발칸반도 여러 나라 인

---

444) Marx and Engels, *Selected Correspondence*, 81쪽.

민들의 역사와 관련된 광범위한 자료를 수집했다. 또한 그는 정부연감(portfolio almanac) 자료들을 포함한 수많은 간행 외교문서들도 연구했다.

1856년의 대여섯 달과 1857년 전반기에 마르크스는 18세기 러시아–영국 관계를 집중적으로 연구했으며, 이를 위해 각종 팸플릿·논문·대외정책 문서, 그리고 당시의 역사서들(예를 들면 슐로서[Schlosser]의 『18세기사History of the 18th Century』 등)과 영국·스웨덴·러시아 역사 관련 저작들로부터 자료를 수집했다.

이들 발췌 자료들은 차르 체제에 대한 단호한 반대자 마르크스가 이미 러시아 인민의 제반 조건과 관습, 일상생활 그리고 그들의 역사에 관심을 표명하고 있었음을 보여준다. 그는 또한 러시아 인민의 역사적·문학적 유산들에도 관심을 가졌다. 그는 아이히호프(Eichhoff)의 『슬라브족의 언어·문학사History of the Language and the Literature of the Slaves』에서 고대 러시아의 「이고르 운동의 노래The Lay of Igor's Campaign」라는 시의 프랑스 번역본을 우연히 접하고는, 이 탁월한 작품의 영웅적·서사적 성격에 관해 언급했다. 그는 1856년 3월 5일자로 엥겔스에게 보낸 서신에서 이렇게 썼다.

"이 시의 요점은 몽골 본토 유목민족들의 침략을 목전에 두고 있던 러시아 제후들의 통일을 향한 외침이다."[445]

이 시기에 마르크스는 폴란드 역사도 연구했는데, 1857년 초에 민주주의적 역사가 렐레벨이 이 주제와 관련하여 저술한 저작과, 미에로슬라브스키(Mieroslawski)의 『유럽의 평형 내에서의 폴란드 국민에 관하여On the Polish Nationality within the European Equilibrium』를 비롯한 여러 저작들을 읽었다.

프롤레타리아적 과학자로서 마르크스는 민중운동과 혁명적 사건들의 역사에 관해 각별한 관심을 쏟았다. 특히 그의 관심이 집중된 곳은 그것들이 민족해방투쟁과 뒤섞여 있는 부분이었다. 1854년 5월과 6월에 걸쳐 그는 1848~49년의 이탈리아 혁명과, 그 기간 동안 주세페 마치니(Giuseppe Mazzini)의 추종자들이 보여준 활약상들에 관한 제반 사실들을 수집하는

---

445) Marx, Engels, *Werke*, Bd. 29, 23쪽.

데 특별한 노력을 기울였다. 1854년 9월 2일 스페인에서 시작된 혁명투쟁이 절정에 달했을 즈음, 마르크스는 엥겔스에게 "스페인은 이제 나의 주요 연구대상이다."[446]라고 전했다. 다양한 출전들에서 발췌한 자료들을 풍부히 담고 있는 다섯 권의 노트는 그가 스페인 역사 전반과 국제적 상황의 맥락 아래서 스페인 부르주아 혁명기를 연구했음을 보여준다.

프롤레타리아 혁명가 양성 _ 독일 노동자들의 혁명적 전통 보호

마르크스와 엥겔스는 프롤레타리아 당 창건을 위한 어떤 실질적 조건들도 존재하지 않았던 당시의 상황에서 단계적으로 그것을 위한 기반 구축 작업을 시행했다. 마르크스는 기회가 닿는 대로 노동계급 운동 참가자들과의 접촉을 유지하고, 노동자들의 조건과 분위기 그리고 지하조직의 존재에 관한 각종 정보를 수집하려 애썼다. 또한 마르크스는 노동계급 운동을 금지하지 않았던 영국과 미국에서 그의 친구들을 통해 운동의 발전에 영향력을 행사할 방법을 모색했다. 그는 이들 국가 내에서 노동계급 정기간행물을 창간하고 과학적 공산주의를 확산시키는 데 도움을 주었다. 모진 곤경에도 불구하고 그는 여러 나라 프롤레타리아 지도자들 간의 국제적 결속을 확립하는 일을 게을리하지 않았다.

마르크스의 일차적 활동은 '공산주의자동맹'에서 부각된 프롤레타리아 혁명 기간요원들에게 이데올로기적 영향력을 행사하고, 그의 동지들로 하여금 휴전기를 이용해서 지식을 고양시키도록 유도하는 것이었다. 그는 추종자들과 동료들, 특히 리프크네히트·볼프·에카리우스·슈람·펜더·로흐너(Lochner)·이만트(Imandt)·피퍼(Pieper) 등이 정신적 지평을 확대할 수 있도록 그리고 시련기의 고난을 극복하는 데 능란하고 정신적으로 확고하며 혁명적 대의의 승리에 대한 확신에 가득 찬 의연한 혁명가가 될 수 있도록 독려하는 데 진력했다. 리프크네히트는 마르크스를 회상하면서 이렇게 술회하고 있다.

---
446) Ibid., Bd. 28, 389쪽.

"연구에 정진하라! 정진하라! 그것은 그가 우리에게 귀가 닳도록 들려준 그리고 그 자신이 본보기로서, 또 그의 강력한 두뇌의 연속적인 활동을 통해 우리에게 주입한 지상 명제였다."[447]

그 또한 끈덕진 궁핍 속에서 생활하고 있었음에도 불구하고 주변 동지들에게 지칠 줄 모르는 관심을 보여주었다. 그리고 많은 경우 마지막 남은 몇 페니까지도 그들과 나누어 썼다. 그의 가정은 사실상 매우 정숙한 집안이었지만 빈번히 혁명적 망명자들의 피난처가 되었다. 쾰른 공산주의자 재판의 피고인 중 한 사람이었던 아브라함 야코비는 1853년 6월 런던에 도착했을 때 마르크스 가족의 따뜻한 대접을 받았다. 그는 무죄로 석방되었음에도 불구하고 다시금 체포될 것을 우려해서 해외로 거처를 옮기지 않을 수 없었다. 또한 빌헬름 피퍼는 마르크스 집안의 오랜 그리고 빈번한 식객이었다. 그리고 다른 망명자들도 그의 집을 자주 왕래했다.

마르크스는 동지들이 재정적 어려움을 극복할 수 있도록, 또 생활비를 조달할 수 있도록 많은 노력을 기울였다. 1853년 그는 에카리우스를 위해 미국의 유급 통신원 자리를 수소문하기도 했다. 그 당시 에카리우스의 재봉기술로는 입에 풀칠이나 하기에 딱 맞았다. 게다가 1859년 2월 에카리우스가 결핵으로 앓아눕자, 마르크스는 그와 그의 가족을 위해 아내의 옷가지를 저당 잡혔다. 또한 콘라트 슈람이 미국에서 일자리를 찾는 일이 수포로 돌아가면서 1857년 여름 영국으로 돌아와 건강 때문에 저지섬(Island of Jersey)에 정착할 수밖에 없었을 때, 마르크스는 엥겔스와 함께 그를 돌보았다.

마르크스는 반동의 수년을 보내면서 초기 프롤레타리아 혁명가 집단 내에서 목숨을 잃는 사태가 속출하자 매우 상심했다. 그는 쾰른 재판을 기다리면서 18개월 동안 프로이센 감옥에서 투옥생활을 했던 롤란트 다니엘스가 1855년 8월 29일 결핵으로 끝내 사망하자 비탄에 젖었다. 마르크스는 엥겔스에게 보내는 편지에서 "그는 프로이센 경찰이 저지른 범죄행

---

447) *Reminiscences of Marx and Engels*, 102쪽.

위의 직접적인 희생자였다."[448]라고 분개했다. 1856년 7월 30일에는 게오르크 베르트가 열대성 열병으로 쿠바에서 사망했으며, 콘라트 슈람은 1858년 1월 중순경에 결핵으로 세상을 떠났다. 마르크스는 슈람이 죽기 직전에 저지섬을 방문했었다.

마르크스는 '공산주의자동맹'의 전 회원들 중에서 갈피를 못 잡고 부지불식간에 속물적인 습관에 젖어들거나, 부르주아 세계의 유혹들을 뿌리치지 못하는 경우들을 목격하면서 이를 매우 안타까워했다. 드롱케가 바로 그 경우로, 그는 노동계급 운동에 적극적으로 참여하기를 회피했다.

정치적 이탈행위를 좌시하지 않았던 마르크스는 노동계급을 배반한 사람들과 결별하는 데 결코 주저하지 않았다. 그리하여 1850년대 말과 1860년대 초에 걸쳐 전 '공산주의자동맹' 회원이었던 헤르만 베커·하인리히 뷔르거스·요하네스 미켈(Johannes Miquel) 등이 부르주아 진영으로 건너갔다는 확신이 서자, 마르크스는 그들을 친구로 여기지도 않았고 아예 아는 체조차 하지 않았다. 하지만 자신의 실수를 인정하는 사람들에게는 관대했다. 1856년 봄 마르크스는 한때 '공산주의자동맹' 내에서 종파주의적 집단을 선도했던 샤퍼와 화해했다.

온갖 고난에도 불구하고 마르크스는 여러 국가 내의 프롤레타리아·민주주의 모임과의 접촉을 가까스로 유지했다. 그는 특히 전 '동맹' 회원들이 혁명과업을 계속 수행하기 위해 지하로 잠적해 들어갔던 독일 내 노동계급 운동 지도자들과 접촉하는 데 대단한 의미를 부여했다.

1853년 12월 말에 마르크스는 전 '동맹' 서부 독일 지방조직들을 대표해서 그곳에 온 뒤셀도르프 태생 독일인 사회주의자 구스타프 레비(Gustav Levy)의 방문을 받았다. 그는 라인주 노동자들의 혁명적 분위기를 마르크스에게 전하면서, 마르크스에게서 무장봉기에 대한 묵시적 승인을 받고자 했다. 마르크스는 당시의 제반 조건에 비추어볼 때 이러한 발상은 무모하고 시기적으로도 부적절하다는 점을 설득하느라 진땀을 흘려야 했다.

---

448) Marx, Engels, *Werke*, Bd. 28, 458쪽.

2년 후인 1856년 2월 레비는 다시 뒤셀도르프 노동자들을 대표해서 마르크스를 만나러 왔다. 당시 그가 마르크스에게 전한 말들을 살펴보면, 라인주 노동자들 사이에서는 여전히 혁명적 선전활동이 계속되고 있으며, 그들이 마르크스와 엥겔스를 여전히 지도자로 받들고 있다는 사실을 명확히 알 수 있다. 그들의 요구사항은, 라인주에 프롤레타리아 혁명 상황이 도래한다면 마르크스와 엥겔스가 직접 거기에 참여해서 정치적·군사적 지도권을 인계받아야 한다는 것이었다. 마르크스는 레비에게 혁명 전술 원칙들을 설명하면서 엄청난 인내와 재치를 발휘했다. 독일 전역에서 혁명적 봉기가 발생하지 않는 한, 그리고 유럽에 혁명적 상황이 도래하지 않는 한 라인주에서 그 어떤 봉기를 일으켜도 수포로 돌아갈 수밖에 없다는 사실을 그곳 노동자들에게 전하라고 마르크스는 레비에게 요청했다. 그러고 나서 일단 프랑스 프롤레타리아트가 혁명의 봉화를 띄우면 그때 가서 최고의 활력과 각오로 혁명적 활동을 개시해야 한다고 강조했다. 따라서 당분간은 자제와 인내가 필요했다.

마르크스는 독일 노동자들과 접촉하고, 그들 사이에 전해 내려오는 '공산주의자동맹'의 전통을 유지·강화하는 일이야말로 독일 프롤레타리아트를 혁명정신으로 무장시키는 가장 중요한 수단이라고 생각했다.

마르크스와 1850년대 인민헌장운동

마르크스는 1850년대에 새로운 사회주의적 기초 위에서 인민헌장운동의 재개를 위해 진실로 헌신적인 노력을 기울이고 있던 혁명적 좌익 인민헌장운동가 지도자들에 대해 계속적인 지원을 아끼지 않았다. 마르크스와 엥겔스는 '전국헌장협회'가 비록 결집력이 약화되기는 했으나, 적절한 조건만 주어진다면 영국 프롤레타리아 대중 정당의 기초가 될 수 있으리라고 확신했다. 사실상 당시 영국은 그러한 정당 건설의 가능성을 갖고 있던 유일한 나라였다. 마르크스와 엥겔스가 영국 노동계급 운동에 그토록 많은 관심을 기울였던 것도 바로 이런 이유에서였다.

마르크스는 1852년 5월 8일 창간호를 낸 주간지 『인민신문The People's Paper』의 창간과 관련해서 인민헌장운동가 지도자 어니스트 존스에게 막대한 지원을 했다. 그는 그 신문을 위해 무료 기고문을 썼으며, 아울러 에카리우스·피퍼·클루스 등에게도 기고를 권유했다. 마르크스는 창간 후 18개월 동안 각종 성명서를 제외하고도 유명한 연재물 「파머스턴 경Lord Palmerston」(원제는 The Story of the Life of Lord Palmerston – 옮긴이)을 포함한 17편의 평론을 이 신문에 게재했다. 그는 이 신문 독자들에게 혁명적 프롤레타리아 전술의 원리를 1850년대의 영국 상황에 맞게 풀어 설명했다.

신문이 편집 문제나 재정 문제로 어려움에 처할 때마다, 마르크스는 존스로부터 거의 예외 없이 지원 요청을 받곤 했다. 1852년 9월 2일 엥겔스에게 보낸 편지에서 그는, "나 자신이 재정상 곤란을 받고 있음에도 불구하고 신문의 재정난을 해결하기 위해 그(존스)와 함께 '본디오(Pontius)에서 빌라도(Pilate)까지 돌아다니는 데'[449] 거의 대부분의 시간을 소비하고 있다."[450]라고 썼다. 마르크스는 때때로 편집에 참여하기도 했다. 그의 지원에 힘입어 『인민신문』은 투쟁적이고 진실로 혁명적인 프롤레타리아 신문이 될 수 있었다.

1853년 인민헌장운동가들은 인민헌장운동에 노동자계급을 참여시키기 위해 당시 영국을 휩쓸고 있던 파업의 물결을 활용하고자 노력했다. 마르크스는 각종 평론에서 이러한 파업운동의 중요성을 지적하면서, 영국의 노동자들이 자신들의 경제적 이익과 배치되는 고용주들의 공세를 격퇴하지 못한다면 "영국과 유럽 전체의 노동계급은 절망에 빠져 심약하고 무기력하며 양순한 대중으로 전락할 것이며, 또한 고대 그리스나 로마의 노예와 마찬가지로 노동자의 자기해방(self-emancipation)은 불가능하게 될 것"[451]이라고 강조했다. 동시에 그는 존스가 각종 회합이나 신문의 논설을 통해 경제적 요구에만 제한된 투쟁의 부당성을 지적하고, 이를 정치투

---

449) 이곳저곳을 누비고 다닌다는 뜻 – 옮긴이.
450) Marx, Engels, *Werke*, Bd. 28, 124쪽.
451) *New York Daily Tribune* No. 3819, July 14, 1853.

쟁과 결합시켜야 한다고 주장한 것에 대해서 그 정당성을 인정했다.

1853년 말과 1854년 초에 걸쳐 인민헌장운동가들은 광범위한 노동자계급의 조직화에 착수하여 이른바 대중운동(Mass Movement)을 전개하기에 이르렀다. 그것은 각종 노동조합과 비조직 노동자 그리고 인민헌장운동 그룹들을 망라한 것으로서, 그 대표기구로는 일정한 간격을 두고 소집되는 '노동의회(Labour Parliament)'를 두었다.

영국에서 제1차 '노동의회'는 존스의 주도 아래 1854년 3월 6일부터 18일까지 맨체스터에서 개최되었다. 마르크스는 명예대표 자격으로 초청을 받았으나 사정상 참석할 수 없었기 때문에 편지로 대신했다.

3월 9일자 이 편지는 곧 『인민신문』에 게재되었는데, 여기서 마르크스는 영국 프롤레타리아트에게 "노동하는 계급들을 전국적 규모로"[452] 조직화하는 전투적 임무를 수행하도록 호소했다.

그러나 '노동의회'에 걸었던 마르크스의 기대는 전통적인 노동조합주의자들의 득세로 실현되지 못했다. 이들은 노동계급 운동 앞에 가로놓인 중요한 정치적 문제들을 무시했고, 프티부르주아적 사회주의 노선에 따른 사회문제의 해결에만 관심을 갖고 있었다. 그리하여 존스와 그의 동료들은 노동조합주의자들과 부르주아적 협동조합주의자들(co-operativists)에 대한 이데올로기상의 중대한 양보를 피할 수 없었고, 따라서 '노동의회'에서 인민헌장운동가들의 정치적 요구를 기치로 내걸 수 없었다. 이는 결국 프롤레타리아 정당 건설을 위한 기초로 기능할 수 없는 강령을 낳았으며, 이에 따라 대중운동은 심대한 타격을 입게 되었다.

1855년 여름에 인민헌장운동가들은 의회에서 통과된 '일요거래법(Sunday Trading Bill)'에 항의하여 두 차례의 대규모 대중시위를 벌였다. 이 법안은 통상 토요일 밤에 주급을 받던 노동자들에게 큰 타격을 주었다. 1855년 6월 24일 일요일과 그다음 주 일요일인 7월 1일에 하이드 파크(Hyde Park)에는 수천 명의 군중들이 운집했다. 마르크스와 리프크네히트

---

452) *The People's Paper* No. 98, March 18, 1854.

는 이 시위에 참가했다가 경찰대의 공격을 받은 두 번째 시위에서 체포 일보 직전에 가까스로 위기를 모면하기도 했다.

그러나 이와 같은 급격한 고양에도 불구하고 인민헌장운동의 기치 아래 벌인 노동계급 운동은 전체적으로 쇠퇴일로를 걷고 있었으며, 정치적 행동에 대한 대중의 무감각과 환멸이 만연되어 있었다. 이러한 난항 속에서도 마르크스는 정열적으로 인민헌장운동가들을 지원하고 이 운동을 발전시키고자 열성적인 노력을 기울였다. 1856년 4월 14일 『인민신문』 창간 4주년을 기념하는 자리에서, 마르크스는 불가피한 사회주의 혁명과 프롤레타리아트의 창조적인 혁명 역량에 대한 불굴의 신념으로 가득 찬 참으로 감동적인 연설을 했다.

그는 점차로 존스의 행동에 우려의 눈길을 보내면서 이를 안타까워했다. 존스는 대중 속에서 일하는 대신에 부르주아 급진세력 및 프티부르주아 이주민들과 함께, 각종 국제기구 및 협회 등을 설립하려는 매우 일시적이고 또 무익한 각종 정치적 캠페인에 몰두했다.

마르크스는 그에게 급진주의자들과 밀접한 관계를 맺는 것은 프롤레타리아트 운동의 독자성을 상실케 할 것이라고 경고하고, 부르주아지나 프티부르주아지 세력들과 블록을 형성하는 데 시간과 정력을 낭비하지 말고 공장지역에 관심을 집중하도록 충고했다.

존스는 그러나 이 충고를 귀담아듣지 않았다. 존스가 급진주의자들과 타협함으로써 마르크스는 더 이상 『인민신문』에 영향력을 행사할 수 없었다. 1858년 초에 마침내 '전국헌장협회'가 사실상 붕괴되었으며, 이어서 6월에는 『인민신문』이 부르주아 실업가들의 손에 넘어가고 말았다. 마르크스는 비록 오랜 전우 중 한 사람과 결별하는 것이 쉽지 않다는 것을 알았지만 이런 종류와 우유부단함에 대한 입장은 단호했다. 그는 1859년 2월 1일 바이데마이어에게 "나는 E. 존스와 갈라섰다."[453]라고 썼다. 이후 1860년대 초 존스가 혁명적 입장을 다시 채택하면서 마르크스와 그의 동

---

453) Marx, Engels, *Werke*, Bd. 29, 571쪽.

지적 유대는 회복되었다.

마르크스와 엥겔스는 존스의 이데올로기적 방황이, 당시 점차 도를 더해가던 영국 노동계급 운동의 개량주의적 경향에 기인한 것이라고 보았다. 그들은 이러한 경향이 영국의 세계 산업 및 식민지 독점, 식민지적 수탈을 통해 영국 부르주아지의 수중에 축적된 초과잉여, 그리고 노동계급 엘리트에게 적선을 베풀 수 있는 부르주아지의 융통성과 여유에서 비롯된 결과라고 보았다. 영국의 프롤레타리아트는 부르주아지가 노동귀족을 그들 편으로 끌어들이는 데 성공하자 극도의 분열과 마비상태에 빠졌다. 그것은 자유노동조합주의자들의 득세와 혁명적 인민헌장운동 전통의 포기로 귀결되었다.

미국 노동계급 운동과의 연계

공화주의 체제와 몇몇 민주주의적 자유는 미국 북부 노동계급의 조직화를 위한 기반으로 작용했다(비록 남부의 노예 농장이 미국의 경제·정치적 발전에 족쇄를 채우고 있었지만). 노동자들은 황량한 서부지역으로 이동해 갔다. 미국 본토박이 노동자들과 독일, 이탈리아, 아일랜드 출신 이주 노동자들 간의 불화도 존재했다. 그리고 이데올로기상으로 볼 때 프롤레타리아 대중은 미숙하기 짝이 없는 단계에 머물러 있었다.

마르크스는 '공산주의자동맹' 회원이었던 요제프 바이데마이어와 아돌프 클루스를 통해 선진국인 미국의 노동자들과 접촉을 유지했다. 마르크스는 1851년부터 클루스와 정기적으로 서신을 왕래했으며, 이 서신 왕래는 클루스가 공산주의 이념을 유포시키려는 노력을 포기하면서 1854년 하반기에 중단되었다. 마르크스는 1866년 바이데마이어가 세상을 뜰 때까지 그와 밀접한 친분 관계를 유지했다. 클루스와 바이데마이어는 미국 내 마르크스주의 확산의 개척자였으며, 마르크스의 몇몇 저작들을 미국에서 출판했고, 신문지상을 통해 과학적 공산주의 이념을 유포했다. 그들은 1853년 미국으로 이주한 아브라함 야코비의 도움을 받기도 했다.

마르크스는 '공산주의자동맹'과 유사한 노선을 지향하는 프롤레타리아 조직체를 미국에 설립하려는 바이데마이어의 행동을 지지했다. 그리고 특히 바이데마이어가 1853년 3월에 '미국노동연합(United States Labour Union)'이라는 포괄적인 단체를 창설하는 데 참여하자 이를 전폭적으로 지지했다. 이 단체의 성원 대다수는 이주 노동자들이었는데, 바이데마이어는 이 단체를 미국 노동자 정당의 근간을 이루는 조직체로 탈바꿈시키려 노력했다.

　마르크스의 동료들은 뉴욕의 독일어 신문『개혁*Die Reform*』을 통해 미국 내에 과학적 공산주의를 유포시키려 애썼다. 이 신문은 1853년 3월 5일에 창간되어, 얼마 안 가 '노동연합'의 기관지가 되었으며, 1년 후인 1854년 4월에 폐간되었다. 마르크스는 이 신문의 편집부에 영향력을 확보함으로써 장차 이 신문을 프롤레타리아 기관지로 변모시키려는 바이데마이어와 클루스의 노력에 따뜻한 성원을 보냈다. 그는 최선을 다해 유럽의 각종 기삿거리를 그들에게 제공했으며, 존스·에카리우스·피퍼에게 이 신문에 기고할 것을 권유했다. 또한 클루스에게 그와 엥겔스가 정규 통신원으로 미국 신문을 위해 쓴 각종 평론들의 독일어 번역본을 무료로『개혁』에 게재할 수 있도록 허용했다. 그는 미국 독자들을 위해 중요하다고 생각되는 주제들을 일러주었고 부르주아 이데올로기, 특히 통속적인 미국 경제학자 헨리 케어리(Henry Charles Carey)의 이론(당시 미국에서 막 유행하기 시작한)에 맞서 싸울 방도를 모색해주기도 했다.

　마르크스의 도움에 힘입어『개혁』은 미국에서 권위 있는 노동자 신문의 대열에 끼게 되었다. 그러나 이 신문은 프티부르주아 편집요원들의 태도에서 야기된 내부 불화와 재정상의 어려움으로 문을 닫고 말았다. 마르크스는 1854년 5월 22일자로 엥겔스에게 보낸 편지에서 "『개혁』의 폐간은 혐오감마저 불러일으키는 일"[454]이라고 분통을 터뜨렸다.

　1857년 10월 바이데마이어와 관계를 맺고 있던 한 독일인 이주자 모임

---

454) Marx, Engels, *Werke*, Bd. 28, 362쪽.

(그중에는 프리드리히 캄[Friedrich Kamm], 알브레히트 콤프[Albrecht Komp]와 같은 인물이 포함되어 있었다)이 뉴욕에 '공산주의자클럽'을 창설했다. 그리고 바덴 봉기에 참여했던 프리드리히 아돌프 조르게(Friedrich Adolf Sorge)는 이 단체의 열성적 지도자 중 한 사람이었다. 클럽 회원들은 마르크스와 엥겔스의 각종 저작들을 학습했으며, 그것들을 노동자들을 대상으로 한 선전 활동에 이용했다. 이 단체 지도자들은 마르크스와 직접적인 접촉망을 확립하고자 애썼다. 1857년 12월 캄은 마르크스에게 다음과 같은 내용의 편지를 보냈다.

"당신은 공산주의 이념을 위해 과학적·비판적 투쟁을 계속해오셨고 또 앞으로도 그러한 투쟁을 계속 밀고 나가실 것이기 때문에, 당신이 구세계(Old World) 공산주의자들의 스승이자 당 지도자이심은 의심할 여지가 없는 것입니다. 바로 이러한 사실로 해서 본 단체는 그 중심점으로서 당신의 맥(脈)을 잇고자 합니다……"[455]

'공산주의자클럽' 회원들이 유럽에서 '공산주의자동맹'을 부활시켜야 한다고 주장하자, 마르크스는 이제 유럽 국가 내의 노동계급 운동은 새로운 상황 아래서 발전하고 있다고 전제하면서, 이렇듯 새로운 상황에서 노동계급의 역량을 재결집하기 위해 '공산주의자동맹'과 같은 상대적으로 편협한 구조들로 복귀한다는 것은 애당초 불가능한 일이라고 말했다. 마르크스가 대중적 조직체를 위한 기반을 닦고, 무엇보다도 혁명이론을 체계화하는 일을 주요 과제로 삼았던 것도 바로 이런 이유에서였다.

진보적인 부르주아 대중매체에 기고

마르크스는 심지어 제반 여건이 프롤레타리아적 정치평론 활동에 유리하다고 할지라도 프롤레타리아 혁명가들이 부르주아 민주주의적이거나 일반적으로 진보적인 간행물들에 기고하는 것은 바람직한 일이라고 믿었다. 특히 반동기에는 이러한 매체들을 활용하여 여론에 영향을 미치는 일

---

455) 마르크스·레닌주의연구소 중앙당 문서보관소.

『뉴욕 데일리 트리뷴』

이 대단히 중요한 의미를 지니고 있었다. 따라서 마르크스는 1851년 8월 초 런던 통신원으로 활동해 달라는『뉴욕 데일리 트리뷴』지의 제안을 기꺼이 수락했다. 더구나 그 당시 그는 별다른 생계수단을 갖고 있지 않았기 때문에 이런 직업이 절실히 필요했다.

『뉴욕 데일리 트리뷴』지는 미국 내에서 가장 광범위하게 읽히는 신문으로 손꼽히고 있었다. 이 신문은 1841년 4월에 가난한 집에서 태어나 일약 명망 있는 출판업자로 성공한 호러스 그릴리(Horace Greely)가 창간했다.『트리뷴』지는 진보적인 부르주아 서클들의 정치·경제 사상의 대변지가 되었다. 이 신문은 노예제의 확산을 저지하려는 캠페인을 전개했으며 흑인 해방운동을(가장 열성적인 대변자들은 후원하지 않고) 지원하기도 했다. 부르주아적인 북부와 노예제를 찬성하는 남부의 첨예한 갈등에 비추어『트리뷴』지는 광범위한 사회계층의 여론을 따르면서 대중적 독자층을 확보했다. 구독료가 쌌던 것도 대중성 확보의 큰 요인이었다.

『트리뷴』지의 또 다른 영향력 있는 편집위원이었던 찰스 다나(Charles Dana)는 좀 더 급진적인 견해를 표방했다. 그는 한때 미국 내 푸리에 추종자들과 긴밀한 접촉을 가진 바 있었고 사회주의 이론에 지속적인 관심을 갖고 있었다. 1848년 가을에 마르크스를 만난 그는 마르크스의 지식과 사상에 깊은 감명을 받았다. 마르크스가『트리뷴』지의 통신원이 될 수 있었던 것도 바로 그의 제안 때문이었다.

엥겔스는 다나의 제안을 받아들인 마르크스의 결정에 찬동했다. 엥겔스는 당시 경제학 연구에 몰두해 있던 마르크스가 통신원직 수락을 가시적인 형태로 뒷받침할 수 있도록 마르크스의 요청에 따라『독일의 혁명과 반혁명Revolution and Counter Revolution in Germany』이라는 연재물의 집필을 떠맡았다. 마르크스는 1852년 8월에 가서야 비로소 이 작업에 합류할 수 있었다. 처음에 마르크스가 독일어로 집필한 원고는 엥겔스가 다시 영어로 번역한 후 뉴욕으로 보냈다. 1853년 가을에 마르크스는 "다나를 위해 처음으로 영어 집필을 시도했다."[456] 엥겔스는 마르크스가 쓴 최초의 영어 평론을 읽어본 후 다음과 같이 썼다.

"그저 공치사로 받아들일지 모르지만, 그대의 영어 실력은 훌륭하다 못해 눈부시구려."[457]

뒤이어 두 사람은 각기 주제를 분담했다. 마르크스는 대부분 경제상황과 유럽 각국의 국내외 정책, 노동계급과 민주주의 운동의 발전상황을 다루었다. 그리고 엥겔스는 그 외 다른 테마에 관한 집필도 했지만 거의 전적으로 군사문제 분석에 매달렸다. 몇몇 기사는 두 사람이 공동으로 작성했다.

마르크스는 기사를 작성하는 데 상당한 노력을 기울였다. 그는 기사 한 편이나 단편적인 연재물을 집필할 때도 그것을 위해 엄청난 연구를 하는 것이 습관화되다시피 했다. 엥겔스는 훗날 다음과 같이 썼다.

"이것들은 상투적인 기사가 아니라 일련의 평론들로 구성된, 그리고 철저한 연구에 기초한 유럽 각국의 정치·경제상황에 관한 정세 개관이다."[458]

게다가 『트리뷴』지의 다른 기사들과 비교해볼 때 마르크스의 기사들은 각종 상황과 사건 그리고 주요 인물에 대한 분석의 깊이와 정확성은 타의 추종을 불허했을 뿐 아니라 중요한 이론적 종합을 내재하고 있었다.

통신원으로서 마르크스의 활동은 이론적 탐구, 특히 정치경제학 영역의 이론적 탐구와 매우 밀접한 관계가 있었다. 각종 기사에서 그는 자신이 발굴해낸 많은 숨겨진 사실(fact)들을 원용했고, 그가 도출해낸 과학적 결론들을 활용했다. 한편 새로운 사건과 사실들을 예의 주시하고 구체적인

---

456) Marx, Engels, *Werke*, Bd. 28, 209쪽.

457) Ibid., 249쪽.

458) Ibid., Bd. 22, 340쪽.

경제적 발전상들을 추적해야 하는 항상적인 필요성은 그의 경제이론 분석의 기반을 확장하는 데 도움이 되었다. 마르크스는 훗날 그의 주요 경제학 저작에서 그가 『트리뷴』지를 통해 제시했던 몇몇 사상들을 이용했다. 『경제학비판』의 서문에서 그는 정식 저널리스트 활동이 "현실적 정치경제학의 영역 밖에 있는 여러 실천적 세부사항들에 대한 지식을 얻게 해주었다."[459]라고 말했다.

독자들은 즉각 『트리뷴』지에 실린 마르크스의 논문들에 특별한 관심을 보이기 시작했고, 이것은 신문의 권위를 높이는 데 크게 기여했다. 편집진들 역시 이들 논문들의 이론적 수준이 특별히 뛰어나다는 점을 인정하지 않을 수 없었다. 그리하여 편집자들은 1853년 4월 7일자 머리기사에서 이 통신원의 뛰어난 역량에 찬사를 표하면서 다음과 같이 썼다.

"마르크스 씨는 때때로 우리가 전혀 동의할 수 없는 것들을 포함해서 자기 나름의 매우 과단성 있는 견해를 갖고 있다. 그러므로 그의 기사를 읽지 않는 사람이 있다면 그는 결국 현행 유럽의 제반 정책들과 관련한 중대한 문제들의 매우 교훈적인 정보원을 지나치는 우를 범하고 있는 것에 다름 아니다."[460]

1853년 7월 1일자로 예니 마르크스(마르크스의 아내)에게 보낸 편지에서 다나는 『트리뷴』지의 경영자들과 대중들이 그녀 남편의 평론을 높게 평가하고 있다고 전했다.[461] 마르크스의 몇몇 평론들은 미국의 다른 신문들, 그중에서도 특히 『뉴욕 타임스』에 원문 그대로 전재되거나 인용되었다. 그것들은 또한 유럽에서도 읽히고 있었다.

그러나 『트리뷴』지의 편집자들이 정녕코 진보적이었을지는 모르지만 통신원들에게 사용자의 태도를 취했으며, 통신원들이 받는 보수만큼의 가치를 그들로부터 얻어내고자 했다. 애당초 마르크스의 보수에 대해서는 사전에 어떤 합의도 없었으며 그나마 지불되는 소액의 고료도 날짜를

---

459) Marx and Engels, *Selected Works*, Vol. 1, 505쪽.
460) Marx, Engels, *Werke*, Bd. 28, 235쪽.
461) 마르크스·레닌주의연구소 중앙당 문서보관소.

어기기가 일쑤였다.

편집자들은 마르크스와 엥겔스가 집필한 논문들이 부르주아 독자층이 원하는 것과는 다르다는 것을 느꼈고, 또 두 사람이 논급하고 있는 사항을 편집자들이 그다지 달가워하지 않았기 때문에 상당수의 평론을 게재하지 않았다. 1856년 여름에 다나는 마르크스에게 범슬라브주의에 관한 엥겔스의 연재 논문을 반환했으며, 이어 차르 체제하의 러시아와 보나파르트 체제하의 프랑스가 다뉴브 유역 소공국(小公國)들에 대해 시행하는 제반 정책을 반박하는 마르크스의 논문도 같은 처지에 놓이게 되었다. 편집자들의 편집 태도 또한 엉망이었다. 그들은 곧잘 원문을 요약하거나 내용과 상충되는 문장을 삽입하기도 했다. 또한 마르크스와 엥겔스가 보낸 상당수의 원고를 무기명 머리기사로 게재했다. 마르크스는 이 무단 '착복정책(policy of annexations)'462) 에 대단히 분개했으나 편집자들은 그의 항의에도 전혀 아랑곳하지 않았다.

때로는 명백히 파당적인 입장을 배격하는 편집규칙이 특정 주제에 대한 자유로운 집필에 극복할 수 없는 장애가 되기도 했다. 그리하여 1853년 12월에 다나는 마르크스에게 독일 철학에 관한 연재물의 집필을 요청하면서 "미국인의 종교적 감수성에 충격을 줄 수 있는 어떤 내용도 포함되어서는 안 된다."463)라는, 다시 말하면 어떤 형태로든 무신론을 고취해서는 안 된다는 단서를 달았다. 마르크스는 당연히 이 조건을 받아들일 수 없었다. 또한 1857년 4월에 다나는 『트리뷴』지에 관계해온 진보적인 저널리스트 그룹이 발간할 예정이던 『신(新)아메리카 백과사전*New American Cyclopaedia*』에 실릴 원고를 마르크스에게 청탁하면서도 똑같은 요구조건을 제시했다. 이것은 물론 마르크스가 철학사, 인민헌장운동, 사회주의 및 공산주의에 관한 집필을 불가능하도록 만들었다. 그래서 마르크스는 주로 위인들의 전기물들이나 군사문제, 예컨대 엥겔스가 어느 한 편지에서 익

---

462) Marx, Engels, *Werke*, Bd. 28, 306쪽.
463) Dana to Mrs. Marx. 1853년 12월 16일자(마르크스·레닌주의연구소 중앙당 문서보관소).

살스럽게 표현한 '용감한 군대'[464]와 같은 주제에 작업을 한정시켰다. 이들 평론의 대다수는 엥겔스가 집필했고, 마르크스는 몇몇 약전(略傳)만을 썼다. 이 중에는 나폴레옹 휘하의 여러 장성들과 외교관들(브륀[Brune]·베르티에[Berthier]·베시에르[Bessières]·베르나도트[Bernadotte]·부리엔[Bourrienne], 라틴아메리카의 민족해방운동을 지도한 시몬 볼리바르[Simón Bolivar], 1848년 독일혁명에 참가했던 로베르트 블룸[Robert Blum]) 등의 약전이 포함되어 있다.

마르크스는 때때로『트리뷴』지와 갈라설 지경에 이르기도 했으나, 이같은 신문을 통해서라도 대중적 독자층과 관계를 유지하는 것이 중요하다는 인식 때문에 행동으로 옮기지는 않았다. 그는 궁여지책으로 그의 평론에 담긴 혁명적 프롤레타리아 이념을 보다 유연한 형식과 풍자를 통해 전달할 수밖에 없었다. 사실상『트리뷴』지 편집자들의 의도와는 달리 마르크스와 엥겔스는 부르주아 신문을 부르주아 체제 폭로에 활용했다. 심지어『백과사전』의 원고를 작성할 때도 마르크스는 건조한 학술용어로 써야 한다는 편집자들의 지시를 갖은 방법을 동원해 묵살하고자 애썼다. 따라서 그의 논문들에는 한결같이 그가 다루고 있는 사건들에 대한 당파적 태도와 혁명적·유물론적 신념이 반영되어 있었다.

『신질서신문』

1854년 가을에 마르크스는 라살레를 통해 독일의 부르주아 민주주의 신문인『신(新)질서신문-Neue-Oder-Zeitung』에 기고해 달라는 요청을 받았다. 그것은 1849년 3월 혁명의 와중에 브레슬라우에서 창간되었으며, 반동기의 처음 몇 년 동안 가까스로 그 명맥을 유지한 몇 안 되는 반정부 신문 중 하나였다. 이 신문은 여러 결함에도 불구하고 당시 독일내 민주주의적 신문 중에서는 유일하게 합법적인 정기간행물이었다. 마르크스는 편집

---

464) Marx, Engels, *Werke*, Bd. 29, 127쪽.

자 카를 엘스너(Karl Elsner)에게 보낸 한 편지에서 『신질서신문』은 현 상황에서 신문이 말할 수 있는 최고한도의 것들을 말하고 있다."[465]라고 썼다. 이 신문에 게재할 원고 집필 작업은 마르크스에게 독일 독자들과 직접 접촉하는 기회를 제공했다. 검열과 반동 독일 내의 진보적인 간행물의 발행자들이 부딪히는 다른 어려움을 알고 있었기 때문에 마르크스는 "기존 권력에 대항하는 (그들의) 비밀투쟁(underhand struggle)"[466]을 최대한 지원하는 것이 그들에 대한 자신의 의무라고 생각했다.

『신질서신문』에 기고한 마르크스의 첫 번째 평론은 1855년 1월 2일자에 게재되었다. 이후 두세 달 사이에 마르크스는 매주 정기적으로 두 편 이상의 글을 기고했다. 신문이 재정적으로 빈약하다는 사실을 안 뒤에는 자진해서 무료 기고를 약속하기도 했다. 그는 몇 편의 기사를 『트리뷴』지와 『신질서신문』에 동시에 기고했고, 또한 엥겔스가 미국 신문에 기고할 목적에서 영어로 썼던 크림전쟁의 군사작전에 관한 평론을 『신질서신문』에 싣기 위해 독일어로 번역하기도 했다.

1855년 10월 초에 이 신문은 엘스너가 마르크스에게 원고 우송을 중지해줄 것을 요청할 정도로 긴박한 곤궁에 빠졌고, 결국 신년을 맞이하기 바로 직전에 사실상 발행을 중단했다.

마르크스와 엥겔스는 『신질서신문』에 기고한 그들의 평론을 통해, 독일과 유럽 전역의 민주주의적 서클들에게 크림전쟁으로 야기된 복잡한 국제정세에 부합하는 혁명적 전술들을 제시하고자 했다. 상당수의 논문들은 러시아 차르 체제와 결탁한 프로이센 지배집단의 끊임없는 '불장난(flirtation)'을 반박할 목적으로 기고했다. 그들은 또한 비유적 표현으로 독일, 특히 프로이센 부르주아지의 정책을 비판했다. 여러 편의 평론에서 마르크스는 영국 입헌제도를 독일의 모범적 미래상으로 간주하고 있던 자유주의자들의 정치적 이상을 타파함으로써, 부르주아 민주주의자들의 입

---

465) Ibid., Bd. 28, 622쪽.
466) Ibid., 610쪽.

헌주의적 환상에 치명타를 가했다. 마르크스는 당시 영국의 프롤레타리아트가 취했던 몇 가지 행동들을 기술함으로써 독일의 독자들에게, 대중의 혁명적 에너지가 새롭게 고양되는 징후가 나타나고 있다는 사실과 함께 노동계급의 전투성은 설사 반동기라 할지라도 결코 짓밟힌 적이 없었다는 사실을 납득시키려 했다.

정치평론가 마르크스

『뉴욕 데일리 트리뷴』과 『신질서신문』에 기고한 마르크스의 평론과 기사들은, 극도로 어려운 반동적 여건에서도 자본주의와 유럽 제국의 반동적 정치체제 및 지배계급의 반대중 정책들에 대한 감동적인 폭로를 통해, 대중들 속에서 혁명적 감정을 일깨우는 프롤레타리아 정치평론가로서 마르크스의 자질을 생생하게 반영하고 있다. 그는 반동기가 안정기를 알리는 여명이라고 주장한(사회생활 내의 어떤 혁명적 격변도 배제한 채) 반동주의자들과 훌륭하신 부르주아들의 위선적 낙관론을 가차 없이 비판했다. 그는 또한 산업과 무역의 일시적 부흥을 영원한 풍요의 시작이라고 주장했던 '공인 경제 점쟁이들(official economical fortune-tellers)'에 대해서는 시종일관 경멸적 태도를 보였다. 마르크스는 다음과 같이 기술했다.

"영원한(single) 번영기란 존재하지 않는다. 하지만 그들은 이 시기에는 동전의 이면이 존재하지 않는다거나, 이 시기에는 냉혹한 운명이 완전히 청산되었다는 점을 입증할 만한 호기(好機)를 잡았다."[467]

마르크스는 부르주아 경제학자들과는 대조적으로 경제적 호황이 절정에 달한 바로 그 시점에서, 다음에 다가올 공황은 1847년의 공황보다 훨씬 심하고 광범위할 것이라고 내다보았다.

마르크스의 주장에 따르면, 부르주아지 이데올로그들은 경제적 번영이 노동인민에게 영원한 복지를 가져다줄 것처럼 말했다. 그는 이러한 경제적 약진이 결코 인민의 고통을 덜어주지 못할 뿐 아니라, 하층민들

----

467) *New York Daily Tribune* No. 3601, November 1, 1852.

의 심화되는 궁핍과 공장 노동자들의 사회적 박탈 및 정신적·육체적 불구를 청산하지도 못할 것이라는 점을 보여주기 위해 수백 가지 사실들을 인용했다. 그것은 또한 노동계급에게는 청천벽력과도 같은 실업을 없애주지도 못했다.

마르크스는 두 가지 사회 현상(기아와 강제이주)이 자본주의적 번영을 위해 노동인민이 지불해야 할 진정한 희생을 적나라하게 보여줬다고 말했다. 그것들은 대영제국에서 한창 나이의 생명들이 수많은 재화에 파묻힌 채, 그리고 전 세계의 부를 축적하는 데 기여하면서 영양실조로 죽어가는 사태를 야기했고, 수천의 인민들로 하여금 빈곤 때문에, 그리고 농사지을 땅뙈기를 갖지 못해 고국 땅을 떠나 대서양을 건너도록 했다. 자본주의 아래에서는 공공의 부(富)가 절대다수 인민의 피폐와 상상을 초월하는 고통을 먹고 자라는 동안, 극소수의 착취자들은 그 과실을 향유한다는 것이 마르크스의 일관된 신념이었다. 그러한 사회에서 진보란 마치 "시체의 두개골로부터 뽑아낸 것이 아니면 그 어떤 음료도 마시려 들지 않는 소름 끼치는 이교도들의 우상"[468]을 닮았다.

마르크스는 자본주의적 현실의 실체를 묘파하는 과정에서, 단순한 불평이나 비탄의 차원을 벗어나지 못하는 프티부르주아 작가들의 감상적 논조에 빠져들지 않았다. 진정한 혁명가 마르크스는 자본주의 모순의 심화야말로 새로운 사회체제의 기초를 다질 미래의 사회혁명에 필요한 선행조건의 원천이라고 보았다. 그는 다음과 같이 말하고 있다.

"부르주아적 공업과 상업은 지질 대변동이 지구의 표면을 창조했던 것과 마찬가지의 방식으로 새로운 세계의 이러한 물질적 조건들을 창출해 낸다."[469]

마르크스는 변함없는 혁명적 감정을 지닌 채, 프롤레타리아트가 힘을 키워가는 것은 필연적 사실이라고 확신했다. 동시에 그는 역사가 일보 전

---

468) Marx and Engels, *Selected Works*, Vol. 1, 499쪽.
469) Ibid.

진할 때마다 세계를 변혁시켜야 할 위대한 역사적 사명이 완수될 날도 가까워진다고 믿었다. 마르크스는 여러 평론을 통해서 계급투쟁의 터전이 보다 굳건해지고 있는 갖가지 징후를 인식하고 그것에 주목했다. 바로 이 계급투쟁이야말로 마르크스가 반동체제에 맞선 투쟁에서 가장 희망을 걸고 있는 것이었다. 외부상황이야 어떻든, 그것이 불타오르는 혁명이건 칠흑과도 같은 반동이건 마르크스는 자신의 목표를 충실히 견지해나갔다. 즉 프롤레타리아트에게 역사적 책무를 깨닫게 해주는 것, 그리하여 그들에게 끊임없이 투쟁을 호소하는 것, 이것이야말로 마르크스가 당시 추구하고 있던 목표였다.

영국 정치체제 관련 평론들

마르크스는 당시 가장 선진적인 자본주의 국가였던 대영제국에 많은 관심을 기울였으며, 이 '자본주의 수도(metropolis of capital)'의 경제발전을 기초삼아 자본주의 세계의 각 발전상들을 연구했다. 그는 영국의 국가체제와 지배계급의 정책, 각 정당과 집단들의 행태에 관한 포괄적인 분석을 시도했다. 그가 이러한 분석을 시도한 것으로는 「영국의 선거체제—토리당과 휘그당The Elections in England-Tories and Whigs」, 「인민헌장운동가들The Heidists」, 애버딘(Aberdeen) 연립내각(1852~55)을 분석한 연재기사, 소책자 「존 러셀 경」, 「영국 헌법The British Constitution」, 「파머스턴과 영국의 과두정치Palmerston and the English Oligarchy」, 「영국 선거The English Election」 등 다수의 평론이 있다.

마르크스가 설정한 과제 중 하나는 자본주의 대영제국이 자유와 경제적 평등의 보루라고 하는 자유주의적 신화를 무너뜨리는 것이었다. 그는 '자본의 전횡과 노동자의 노예화'가 그 어느 나라보다도 대규모로 발전한 나라의 허상을 파괴해버렸다.[470] 마르크스는 영국 인민이 획득한 약간의 민주적 자유가 존재함에도 불구하고, 이 나라의 정치체제가 전체적으로

---

470) Marx and Engels, *Articles on Britain*, Moscow, 1971, 216쪽.

보수적인 원리에 의거하고 있음을 명확히 보여주었다. 사실상 그 나라에서는 내각과 주요 행정관료, 의회를 독점하고 있는 토지귀족과 부르주아 엘리트(주로 금융 및 상업)의 정치적 특권을 그 누구도 침해할 수 없었다. 당시 영국은 두 개의 정당이 정치권력을 주고받는 상황에 있었는데, 토리당은 토지귀족의 이익을 대변하면서 "지대 이외에는 다른 어떤 것에도 관심을 갖지 않는 편집광 집단"이었으며, 휘그당은 "부르주아지, 즉 산업 및 상업 중간층의 **귀족주의적 대변자**"[471]였다. 이 양당제는 부르주아지—귀족의 과두지배집단으로 하여금 지배력 확보를 위한 책략의 사용을 가능케 했고, 마치 정치세력 간의 자유경쟁이 이루어지고 있는 것처럼 대중을 기만하는 수단으로 기능했다.

마르크스는 당시 영국에서 일어나는 일련의 과정, 즉 토지 및 금융귀족과 산업 부르주아지 간의 유착, 과두지배체제 내에서 부르주아지의 점진적인 득세, 점차 공공연히 부르주아적인 형태를 획득해가는 구 정당들의 재건 동향 등을 예의 주시했다. 당시 토리당은 대부르주아지 정당, 즉 보수당으로 변모해가고 있었고, 휘그당은 한층 광범위해진 중간층 및 프티 부르주아지 집단을 포괄하는 자유당으로 탈바꿈해가는 과정에 있었다.

마르크스는 부르주아 과두지배체제가 이 나라의 발전에 질곡으로 작용하고 있으며 그 어떤 형태의 민주적 변혁도 가로막는 장애요인이 되고 있다고 강조했다. 또한 의회의 입법 활동은 일종의 고식책(姑息策)으로 전락하고 말았는데, 이는 특히 예산안과 금융개혁 문제에서 더욱 분명히 드러났다. 예산안을 작성하는 과정에서 과두정치의 대표자들은 "노동자들에게 이익이 돌아가고 귀족과 중간계급들이 손해를 보는"[472] 일이 없도록 일정한 한계선을 긋고, 그 선을 넘어서지 않도록 세심한 신경을 썼다.

마르크스는 자주 유명 인사들에 대한 정치적 묘사를 통해 영국 과두정치의 실체를 폭로하기도 했다. 19세기 영국의 정치가들(파머스턴, 러셀, 애

---

471) Ibid., 110, 112쪽.

472) *The People's Paper* No. 51, April 23, 1853.

버딘, 클래런던[Clarendon], 글래드스턴[Gladstone], 더비[Derby], 디즈레일리[Disraeli] 등)에 관한 그의 묘사는 이들 부르주아 귀족주의적 정치인들의 독특한 특성을 드러내는 데 다채롭고 풍자적이며 예리할 뿐 아니라 대단히 정확하기도 하다. 마르크스는 또한 과두정치를 부르주아적 입장에서 반대하고 자유무역 산업부르주아지를 지도하고 있던 브라이트(Bright)와 코브던(Cobden)의 견해에도 대단히 비판적이었다. 그들의 정책은 공허했고, 대중행동에 대한 두려움과 독자적인 노동계급 운동에 대한 적대감으로 가득 차 있었다. 그들은 자신들의 두 적 중에서 "사회의 미래를 짊어질 책무를 안고 부상하고 있는 적을 강화시키기보다는, 일련의 중대한 양보(겉보기에는 그리 중요한 것처럼 보이지 않을지 모르지만)를 허용함으로써 장차 역사의 전면에서 사라질 적과 타협하는 쪽"[473]을 택했다.

목적의식을 가진 프롤레타리아 정치가로서 마르크스는 영국의 반대중적 정치체제를 비난하는 가운데 그에 대한 구체적인 역사적 접근방식을 채택했다. 영국의 이 정치체제가 비록 보수적이었을는지는 모르지만, 그것은 사실상 유럽 대륙에 구축되어 있던 어떤 정치체제보다도 노동자들에게 유리한 조건을 창출해주었다. 비록 형식적이기는 하나 영국에는 집회·결사 및 출판의 자유가 존재했다. 영국의 프롤레타리아트는 '외부로부터의 압력'을 통해 의회나 내각에 얼마간의 영향력을 행사할 수 있었다. 유럽의 다른 나라와는 달리 영국에서는 노동계급이 인구의 상당 부분을 구성하고 있었다. 당시 영국에는 위압적인 대륙형(continental-type) 군대도 관료적 국가기구도 존재하지 않았다. 마르크스는 제반 상황을 고려한 끝에, 영국에서는 대륙의 여러 나라와는 달리 노동계급에 의한 평화적 정권 인수가 가능하다는 결론에 도달했다. 마르크스는 영국의 프롤레타리아 권력을 장악하기 위해서는(상황에 따라 평화적으로 또는 비평화적으로) 현존하는 의회제가 급격히 분해되고 정치체제 전반이 민주주의화되어야 한다고 믿고 있었다. 이것이 바로 그가 인민헌장운동 강령에 그토록 커다란 중

----

473) Marx and Engels, *Articles on Britain*, 118쪽.

요성을 부여한 이유이자, 인민헌장운동 방식을 변화시키기 위해 그토록 적극적인 지원을 아끼지 않았던 이유이다.

마르크스는 보통선거권을 요구하는 영국의 인민헌장운동은 유럽 대륙의 그것과는 약간 다른 의미를 갖고 있다고 말했다. 유럽 대륙의 그것은 부르주아 민주주의적인 강령의 기본 틀을 벗어나지 못했고, 또 때로는 보나파르트 체제하의 프랑스와 마찬가지로 반혁명세력의 인민선동책으로 사용되기도 했다. 영국의 그것은 다른 급진적인 요구와 결합된 프롤레타리아적 슬로건이었다. 따라서 보통선거권이 도입되고 인민헌장운동의 다른 요구들이 관철되었더라면 노동계급의 정치권력 획득이 가능했을 것이다. 물론 가장 중요한 전제조건은 영국 프롤레타리아트의 성숙한 정치적 자각과 조직화 그리고 혁명적 프롤레타리아 당의 건설이었다.

대륙 반동체제에 대한 투쟁

마르크스와 엥겔스는 보나파르티슴을 프랑스와 유럽 전역의 노동계급 및 민주주의에 대한 주요 적으로 간주했다. 따라서 그것에 대항하는 투쟁이야말로 국제 노동계급 운동 앞에 가로놓인 일차적인 과제가 되었다.

마르크스는 그가 『루이 보나파르트의 브뤼메르 18일』에서 시도했던 보나파르트 체제에 대한 분석을 이후 각종 평론을 통해 더욱 확장시켰다. 이 주제에 관한 그의 평론들은 모두 팸플릿 분량의 글로 프랑스 보나파르트 도당의 전횡을 호되게 반박하고 있다. 이 평론들은 부르주아 사회 및 그 국가 내 집권 엘리트의 반혁명적 선회에 대한 과학적인 연구의 일환으로 이루어졌으며, 그 한 형태인 보나파르트 왕정의 본질을 규명하고 있다.

특히 「작은 보나파르트의 프랑스The France of Bonaparte the Little」, 「루이 나폴레옹 종말의 서막The Beginning of Louis Napoleon's End」, 「친위대의 규약The Rule of the Pretorians」 등의 평론에서 이 국가체제가 '칼집을 빠져나온 장검 (naked sword)'과 무자비한 폭력, 경찰독재의 도움을 빌려 공공연히 전제정치를 자행하려는 의도를 드러낸 일종의 적신호라는 점을 강조했다. 보나파르트 체제는 또한 부르주아 사회 최상층에 만연하고 있는 타락상을 반영하고 있었다. 전시내각을 포함한 모든 기생적 국가기구 영역에 뇌물과 독직이 만연되었다. 1856년 봄에 마르크스는 "프랑스 군대를 좀먹어 들어가고 있는 암(癌)은 동로마제국의 고질적(organic) 병폐였던 절도와 횡령"474)이라고 썼다.

또한 그는 「프랑스 곡물가격 규정안*The Project of Regulation of Prices on Grain in France*」과 그 밖의 다른 평론에서, 여러 계급 사이에서 줄타기 곡예를 하고 있는, 즉 프랑스 부르주아지에 대해서는 '재산의 구세주'로서, 도시 프롤레타리아에게는 일종의 사회주의적 섭리의 주재자로서 그리고 농촌 프랑스의 후원자로서 동시에 행동하려는 나폴레옹 3세의 전형적인 보나파르트주의적 행동에 주목했다.475) 마르크스는 '모든 계급의 욕구를 충족시키려는' 이러한 정책은 기본적으로 오류라고 지적했다. 하지만 그는 '프랑스 노동계급의 양심을 사고자 하는' 보나파르트 당국의 시도를 결코 악의 없는 어릿광대극으로 간주하지는 않았다.476) 그는 보나파르트적 인민 선동의 위험성과, 그것이 우유부단한 노동자에게 미칠 해악적 영향에 대해 경고하는 것이 자신의 의무라고 느꼈다.

마르크스는 또한 보나파르트 도당이 이익을 위해 민족운동을 이용하려는 기도에 대해 크게 우려했다. 그리하여 러요시 코슈트와 마치니에게 보나파르트 집단과 어떠한 관계도 맺지 말 것을 경고하면서, 만약 그럴 경우에 그들은 자칫 보나파르트주의자들의 음모에 무의식중으로 말려들 위험이 있으며, 그에 따라 헝가리와 이탈리아의 민족해방운동이 갖고 있는 대의가 손상될 위험이 있다고 지적했다. 1858년 3월에 쓴 「마치니와 나폴레옹*Mazzini and Napoleon*」이라는 평론에서 그는 탁월한 이탈리아 민주주의자들이 보나파르트의 민족문제 관련 정책의 실체를 깨닫게 된 것에 대단히 만족해했다.

---

474) *The People's Paper* No. 205, December 15, 1858.

475) *New York Daily Tribune,* No. 5507, April 5, 1856.

476) Ibid., No. 5287, April 1, 1858.

마르크스의 각종 논문은 대금융귀족과 산업주의자들에게 약탈적인 이윤의 수문을 열어주었던 제2제정의 계급 기반을 폭로하는 데 도움이 되었다. 그는 무제한적인 환전업이 프랑스를 '도박장'으로 전락시켰으며, 증권거래업의 투기적 성행은 경제법칙과는 전혀 무관한 '현 프랑스 제국의 절대불가결한 원칙'[477]이 되었다고 썼다. 한 연재 평론에서 마르크스는 나폴레옹 3세의 특별한 후원 아래 성장한 '크레디트 모빌리에(Credit Mobilier)'라는 은행에 관해 다루었다. 마르크스는 산업, 운하와 철도 부문의 투자를 포함한 이 은행의 각종 활동 등을 분석하는 가운데 은행의 경제적 역할이 변화되고 있음을 확인했다. 그것은 자본주의 최후단계에 가서야 완전히 꽃피우게 될 그런 변모 과정의 단초였다. 그는 "산업 부문에 주식회사 형태를 적용하면 근대국가의 경제생활에 하나의 신기원이 펼쳐질 것"[478]이라고 내다보았다. 마르크스는 프랑스의 경제적 '성공담'을 과장 보도하려는 보나파르트주의적 언론들의 시도나 궁정의 호사, 수도의 재정비(그은밀한 목적은 "내부의 격랑으로부터 자신을 보호하는 것"[479]이었다) 등이 제2제정의 내적 불안정과 임박한 파멸(지배집단은 모험적 투기에 참가함으로써 해외로 빠져나갈 기회를 찾고 있었다)을 은폐하기 위한 수단으로서만 봉사하고 있음을 명백히 간파했다. 체제에 대한 불만은 극도로 확산되어 마침내 1857년에는 사회의 표층이 이미 심층으로부터 타오르는 화염의 열기로 요동쳤다. 그러자 마르크스는 제2제정의 필연적 전복에 결정적인 역할을 수행할 세력은 이제 부르주아 반정인사들이 아니라 인민대중, 그중에서도 특히 자신들의 신조에 철두철미한 프랑스 프롤레타리아라는 사실을 드러내 보여주려 애썼다. 뛰어난 혁명가 라스파이유(Raspail)의 아내의 장의행렬에 참여한 노동자들이 보나파르트 체제에 반대하는 시위를 전개한 후인 1853년 3월 25일, 마르크스는 클루스에게 보낸 편지에서 "프롤레

---

477) *New York Daily Tribune* No. 4694, May 5. 1856, and No. 5028, June 1, 1857.
478) Ibid., No. 4751, July 11, 1856.
479) Ibid., No. 5312, April 30, 1858.

타리아의 투혼은 결코 죽지 않았다."480)라고 썼다. 마르크스는 당시 감옥에서 고난의 나날을 보내고 있던 프랑스 노동자들의 지도자 오귀스트 블랑키의 지칠 줄 모르는 혁명적 열정에 큰 기대를 걸고 있었다. 마르크스가 거듭 강조했듯이 유럽의 반동기는 반혁명정부들의 연합전선에 의해 지속되고 있었으며, 그중에서도 호엔촐레른가의 프로이센은 이 특수한 헌병·경찰체제 내에서 매우 적극적인 역할을 떠맡고 있었다. 마르크스의 기사들 중 상당수는 프로이센의 상황을 다루고 있는데, 이들은 모두 독일연방 반혁명세력의 최후의 보루인 프로이센 왕정하에서 편협하고 반동적인 융커귀족과 관료적인 경찰기구가 행사하는 지배력에 대항하는 가차 없는 투쟁정신으로 불타 있었다.

마르크스의 논문들 중에서 특히 「프로이센 왕의 광기The King of Prussia's Insanity」와 「프로이센의 제 사태들Affairs in Prussia」은 프로이센의 반동세력이 1848년 혁명기에 수행되었던 정치적 개혁의 모든 흔적을 깨끗이 뿌리 뽑고 그해의 끔찍스런 기억을 말살하는 데 골몰해 있다는 사실을 잘 보여주었다. 그것은 1848년 헌법에 대한 무수한 '칼질'의 이면에 존재하는 의미, 즉 "이렇듯 끈덕진 과정들은 모두 혁명적 소산들을 상기시키는 마지막 흔적들을 일소하려는 것이다."481)라는 사실을 보여주는 것이었다. 마르크스는 프로이센의 주 의회는 '단순한 사기'이자 '모의기구'482)라고 말했다.

마르크스의 논문 「호엔촐레른 지배집단의 신성권리The Divine Right of the Hohenzollerns」는, 이 왕조의 출현과정이 19세기 프로이센 정치의 특별히 반동적인 측면을 고스란히 드러내고 있다고 보았다. 좀도둑질, 배반 그리고 그들 이웃의 등 뒤에 있는 권력과의 반역적 협정들은 훗날(그들의 희생을 대가로 이익을 얻을 목적으로) 차례로 프로이센 왕에 오른 브란덴부르크 선제후(選帝候)들이 약탈적인 목적을 달성하기 위해 전통적으로 사용해온 수법들이었다.

---

480) Marx, Engels, *Werke*, Bd. 28, 574쪽.
481) *New York Daily Tribune* No. 5471, November 3, 1853.
482) Ibid., No. 3948, December 12, 1853.

마르크스는 프로이센이 절대주의로 사실상 복귀한 것은 독일 부르주아지의 우유부단과 소심함의 결과였다고 단언하면서, 결국 프로이센과 독일의 부르주아지는 이미 단호한 반정부적 태도를 취할 능력을 상실했으며 대중운동을 몹시 두려워하고 있다고 결론지었다. 그들의 모든 사고와 욕구는 오로지 이윤을 늘리는 데만 집중되었다. 부르주아지는 이제 기존 체제에 대한 저항을 반영했던 진보적인 철학에 아무런 흥미도 갖고 있지 않았다. 요컨대 "관념상의 공론(speculation)이 증권의 투기(speculation)를 낳았던 것이다."[483]

그러나 융커와 관료의 오만 그리고 부르주아지의 노예적 순종이 독일에서 이미 굳건히 뿌리내리고 있던 반동적 상황을 입증해주지는 못했다. 이 나라의 산업과 무역은 왕성히 발아하고 있었다. 일찍이 귀족정치의 본고장이었던 베를린은 신흥 기계공업의 중심지가 되었다. 독일 의회 내 제후들의 숫자보다도 더 많은 수의 은행들이 신설되었다. 산업혁명의 결과(프롤레타리아트의 형성, 프티부르주아지 및 농민의 몰락)는 국가 통일이라는 막중한 역사적 과제와 더불어 독일의 사회적 상황에 긴장감을 고조시켰고, 마르크스에게 머지않아 유럽의 이 지역에서 사회·경제적 변혁이 발생하리라는 기대를 품도록 해주었다.

오스트리아 제국은 유럽 내 반동의 주역 중 하나였다. 잡다한 다민족 절대주의 국가인 이 나라는 합스부르크 왕가의 지배 아래서 민족 간 투쟁에 의해 균형을 유지해왔다. 그럼에도 불구하고 마르크스는 그의 평론 「오스트리아의 몰락*Austrian Bankruptcy*」 등에서, 역사의 조류는 수세기 동안 유지되어왔던 반동 군주제의 토대를 씻어 내리고 있다고 강조했다. 관료와 경찰의 물리력이 구심세력의 증강과 민족해방투쟁의 격화, 내적 위기의 심화, 재정 및 기타 문제들의 심화를 저지할 수는 없었다.

그들이 호위병과 감옥과 교수대를 방패막이로 삼고 있음에도 불구하고 반동 지배집단들은 "혁명적 대변혁의 첫 번째 전조가 나타나는 바로 그 순

---

483) Ibid., No. 4694, May 5, 1856.

간 유럽의 왕좌가 뿌리째 흔들리는 것을 느끼게 된다."[484] 마르크스의 독자들은 혁명 폭풍우가 다시금 유럽 대륙을 휩쓸고 지나간 뒤 이들 타락한 체제들이 처하게 될 상황을 명백히 상상할 수 있었다.

자본주의 국가의 식민지 정책 폭로

1850년대 이후 식민지의 역사와 피억압 민족에 대한 마르크스의 관심이 커졌다. 그 당시 자본주의 국가에 의한 후진국의 식민지적 노예화는 상당 정도로 진행되어 있었다. 영국은 1849년 펀자브(Punjab)의 합병과 함께 인도 정복을 마쳤으며, 1852년에는 버마(지금의 미얀마)의 페구(Pegu) 지방을 장악했다. 그리고 1840~42년, 1856~58년, 1860년의 각 시기에 걸쳐 있었던 중국과의 식민지 전쟁을 비롯하여, 1838~42년에는 아프가니스탄과, 1856~57년에는 이란과 식민지 전쟁을 벌여 영토를 남아프리카까지 확장했다. 한편 프랑스 식민주의자들은 극동 정복에 골몰해 있었으며, 알제리의 카빌레(kabyle)족과 아랍에 토벌대를 파견할 준비를 갖추고 있었다. 미국의 부르주아지도 식민지 팽창에 적극 가담하기 시작했다. 그러나 그와 함께 아시아와 아프리카 인민대중의 식민주의자들에 대한 저항도 점차 거세졌다.

마르크스와 엥겔스는 동양에서 진행되고 있던 사건들을 예의 주시하면서 언론을 통해 항상 자신들의 의견을 밝혔다. 그들은 식민지 정책의 본질을 폭로했으며 피압박 인민의 해방투쟁에 대해 노동계급이 지녀야 할 태도를 구체화했다. 이를 통해 그들은 민족과 식민지 문제에 관한 혁명적 프롤레타리아 교의의 제반 원칙들을 정립했고, 프롤레타리아 국제주의 원칙에 대한 이론적 근거를 제시했다. 마르크스의 식민지 문제 연구는 자본주의 생산양식의 중요한 측면들을 검증하는 데 필요한 새로운 경험적 사실들을 그에게 제공했는데, 이것은 나중에 그의 노작 『자본론』에 반영되었다.

------

484) *New York Daily Tribune* No. 3710, March 8, 1853.

마르크스는 식민지 정책과 그 실태를 폭로함에 있어 순전히 이론적인 분석에만 머물지는 않았다. 하지만 유럽의 저명한 민주주의자들조차도 식민지 인민에 대해 오만한 태도를 갖고 있던 19세기 중반에, 프롤레타리아의 혁명적 입장을 일관되게 주장하면서 식민지 인민의 독립적인 발전 권리를 옹호하는 데는 엄청난 용기가 필요했다. 이것은 완고한 전통과 편견에 대한 정면 도전이었다.

마르크스는 특히 영국의 가장 큰 식민지였던 인도에 많은 관심을 갖고 있었다. 「영국의 인도 지배*The British Rule in India*」, 「동인도회사, 그 역사와 귀결*The Zact India Company Its History and Results*」, 「영국의 인도 통치에 대한 전망*The Future Results of British Rule in India*」 등이 그의 이러한 관심을 반영하고 있다. 그는 중국 문제에 대해서도 깊은 관심을 갖고 있었다. 「중국 내 혁명과 유럽 내 혁명*Revolution in China and in Europe*」, 「아편무역의 역사*History of Opium Trade*」, 「영·중분쟁*The British Quarrel with China*」 등을 통해서 중국을 희생양으로 만든 영국과 프랑스, 그 밖의 여러 식민주의자들의 극동정책을 비판한 것이다. 그 외에도 여러 평론이나 저작을 통해 이란·터키·아프가니스탄·버마 등에서 자행되고 있는 유럽인들의 침략행위를 다루었는데, 그의 평론 「이오니아 제도(諸島) 문제*Question of the Ionian Islands*」, 「인도 문제—아일랜드 자치권*The Indian Question-Irish Tenant Right*」, 「아일랜드의 소요 *Excitement in Ireland*」 등은 코르푸(Corfu)섬과 그 주위의 제도(諸島; 1815~64년에 걸쳐 영국의 보호령이었음)에 사는 그리스인들의 처지와 중세기 영국의 식민지가 된 아일랜드의 상황을 분석하고 있다.

식민지 정책은 자본주의 체제의 가장 흉포하고 잔인한 측면의 반영이었다. 영국의 인도 통치에 대해 마르크스는 다음과 같이 쓰고 있다.

"부르주아 문명의 뿌리 깊은 위선과 타고난 야만성이 바야흐로 적나라하게 우리 앞에 펼쳐지고 있다. 본국에서와는 달리 식민지에서 그것은 보다 노골적이다."[485]

---

485) Marx and Engels, *Selected Works*, Vol. 1, 498쪽.

그는 부르주아 이론가들이 식민주의자들에게 문명 전파의 사명을 부여한다든가, 식민주의자들이 마치 정복민의 복지를 걱정하고 있는 것처럼 표현하는 데 크게 분개했다. 그는 식민지 전쟁이란 가장 뻔뻔스러운 해적 행위이자 야만적인 폭력이며 전횡이라고 주장했다.

영국의 인도 정복은 영국과 그 식민지적 경쟁자들(포르투갈, 네덜란드, 프랑스) 사이의 격렬한 분쟁을 수반했다. 그것은 철면피한 냉소주의와 비열한 배신행위 그리고 전례 없는 야만성을 동반한 일련의 해적행위였다. 찬란한 고대문명을 자랑하던 한 광대한 나라에 대한 이 유혈 정복에서 중요한 역할을 한 것은 동인도회사였다. 그것은 "인도를 현금 탈취 대상으로 생각한 영국 상업투기꾼들이 세운 회사였다."[486]

마르크스는 식민주의자들이 그들의 목적을 달성하기 위해 사용하는 기본적인 수단들을 폭로했다. 그것은 주로 분할통치, 봉건적 분열, 지방 통치자들 사이의 경쟁 조장, 카스트적·종교적인 계층 구분, 서슴없이 제 본성을 드러냈던 봉건적 전제주의자들의 매수 등이었다.

마르크스는 중국을 노예화하기 위한 영국과 다른 식민주의자들의 군사적 만행을 맹렬히 비난했으며, 자본주의 권력과 중국 사이의 아편전쟁에 대해서는 그것이 중국 인민에 대한 침략정책의 수행을 뜻하는 것이라고 말했다. 그는 모든 국제적 규약을 짓밟은 유럽인 정복자들의 잔혹 행위를 이렇게 고발하고 있다.

"여자와 어린이에 대한 강간과 폭행, 마을의 방화 등은 그들의 자유분방한 스포츠에 불과했으며, 이러한 만행을 기록해둔 사람은 청나라 관리들이 아니라 다름 아닌 영국의 장교들이었다."[487]

마르크스는 자본주의에 의한 식민지 체제의 발전은 인간에 의한 인간 착취의 가장 혐오스러운 형태에 기반을 두고 있으며, 플랜테이션의 노예노동 및 '인간의 살과 피'[488]를 매매하는 행위 등 오래전부터 인류의 비난

------

486) Marx and Engels, *On Colonialism*, Moscow, 1968, 63쪽.
487) Marx and Engels, *On Colonialism*, 153쪽.
488) Ibid., 201쪽.

의 대상이었던 시대착오적이며 야만적인 제도를 부활시키는 것이라고 폭로했다. 영국 자본주의의 식민지 통치는 광범위한 봉건적·경제외적 강제에 의존했다. 데인겔트(Danegeld)와 같은 지세·염세 및 그 밖의 다른 세금 징수는 잉여 착취와 일부 생필품 수탈의 주요 수단이었다. 영국에 의해 인도에 도입된 토지세제는 사실상 인도 농촌에 영국 자본주의적 요구에 부합하는 봉건적 관계를 뿌리내리는 요인으로 작용했다. 그들은 벵골 관구(Bengal Presidency)에서 직접 경작자들과 동인도회사 사이의 중개자로 기능했던 현지 착취자들, 즉 봉건지주들의 군대에 농민들을 징발했으며, 마드라스(Madras; 지금의 첸나이) 및 봄베이(Bombay; 지금의 뭄바이) 관구에서는 농민들이 동인도회사의 소작농노로 전락했다.

영국의 유럽 내 식민지 에이레에서도 침략자들은 전 자본주의적 착취 형태를 도입, 마르크스의 표현을 빌리자면 "총을 들이대는 강도와 지갑을 꺼내주는 여행자"[489]의 관계를 상기시키는 외국인 지주와 현지 소작인들 사이의 관계를 확립·유지했다. 인도에서와 마찬가지로 아일랜드를 비롯한 모든 식민지에서 식민지 행정부, 사업부, 군대(거대한 기생적 종양과도 같은)의 고위직은 모두 영국인들로 채워졌으며, 이것은 피정복 인민의 억압 상태를 잘 말해주는 것이었다.

마르크스는 식민지 착취 형태와 그 방법이 자본주의의 발전에 따라 점차 변해왔다는 점을 보여주었다. 훗날 그가 원시적 축적기라고 불렀던 초기단계에서, 식민주의자들은 노골적이고도 탐욕스럽게 식민지 민중을 약탈했다. 그러나 유럽 산업혁명 이후 부르주아지 신흥 세력(근대 산업가와 제조업자)은 보다 지속적이고도 안정된 식민지 약탈 방식을 추구하게 되었는데, 식민지를 공업 생산품에 대한 높은 이윤이 보장되는 시장과 값싼 원료의 공급원으로 탈바꿈시킨 이유도 바로 여기에 있었으며, 이는 이후 식민지 착취의 주된 형태가 되었다. 식민지는 점차 농업국으로 전락하거나 자본주의 국가의 원료 공급처가 되어버렸다. 그들의 경제는 전적으로

---

489) Ibid., 57쪽.

종주국의 이해에 종속되었고, 경제발전은 한쪽으로 치우치거나 왜곡되었으며, 그들의 천연자원은 약탈당했다. 또한 식민지와의 무역은 불공정한 정도를 넘어서서, 종종 중국에 대한 아편의 밀수출과 같은 공공연한 해적 행위를 기반으로 삼고 있었다.

역사에 대한 풍부한 지식을 갖고 있던 마르크스조차, 노예상태에 내던져진 인민에게 식민지 통치의 비극적 결과를 일목요연하게 제시해줄 만한 척도를 찾아낼 수 없었다. 영국의 힌두스탄(Hindustan) 약탈은 이전에 그 지역에서 발생한 어떤 외부 침략이나 폭력적 전쟁 및 정복보다 훨씬 치명적인 것이었다. 영국의 동양 지배로 인해 그때까지 전제군주제조차도 결코 방치하지 않았던 관개체계가 엉망이 되면서 농업이 파탄에 이르렀으며, 이는 결국 잦은 흉년과 반복된 기근을 야기함으로써 수백만의 목숨을 앗아갔다. 식민지 통치는 인도와 아일랜드 그리고 다른 식민지 주민을 극도의 빈곤으로 몰아넣었고, 외국 식민주의자와 현지 착취자에 의한 이중의 속박에 시달리는 최하층민(pariahs)으로 전락시켰다.

마르크스는 식민지 지배체제를 폭로하는 한편, 그것의 고유한 모순과 취약성도 지적했다. 그는 인도와 다른 피정복 국가들의 사회·경제적 발전 방향을 예리한 통찰력으로 전망하면서 다음과 같은 사실을 지적하고 있다. 즉 가부장적인 공동체 질서를 파괴하고 식민지적 이익을 관철하기 위해 자본주의 경제발전의 단초를 제공함으로써, 비록 왜곡된 식민지적 형태이긴 하지만 영국은 부지불식간에 반식민지 세력의 성장을 위한 전제조건을 형성해놓고 있다는 것이었다. 민족자본가와 식민지 프롤레타리아의 성장이 바로 그것인데, 이들이 성장하는 가운데 식민지 지배의 기초가 점차 잠식당하고 있었다.

반식민지 운동의 여명기에 이미 마르크스는 식민지 해방에 대해 그 본질을 인식하고 있었다.

"인도인들은 대영제국에서 지배계급이 산업 프롤레타리아트에 의해 전복되거나 인도 인민이 영국의 속박을 일거에 깨뜨릴 정도의 강한 힘을 갖기 전까지는, 영국의 부르주아에 의해 그들 주변에 뿌려진 새로운 갖가지 열매들을 거둬들이지 못할 것"[490]이라고 쓰고 있다. 이것은 식민지 해방이 종주국에서의 프롤레타리아 혁명 또는 식민지 내 인민에 의한 민족해방투쟁의 승리를 통해 얻어진다는 것을 뜻했다. 그는 이 두 가지 방식이 상호배타적이 아니라 오히려 동전의 양면이며 해방을 위한 동시적인 혁명 과정이라고 보았다.

마르크스는 식민주의자에 대한 피압박 인민의 고양되는 저항의 가장 생생한 표현의 하나로 1857~59년에 걸쳐 인도에서 발생한 민족해방투쟁을 꼽았다. 그는 일련의 글을 통해 이 저항의 원인, 본질 그리고 원동력에 대해 표현했다(「인도의 고문실태 조사연구Investingation of Tortures in India」, 「인도에서 영국의 수익British Incomes in India」, 「인도의 세금제도Taxes in India」 등). 그는 그러한 저항을 군사적 폭동으로 표현하려고 하는 영국 부르주아 언론의 편견을 비난하면서, 그 투쟁은 "진실로 민족적인 저항"[491]이었다고 주장했다. 인도인들의 이 투쟁은 비록 좌절되기는 했지만 영국의 식민지 통치에 큰 타격을 가함으로써 통치방식에 일정한 변화를 강요했으며, 동인도회사를 해산시켰다.

마르크스는 1850~64년의 태평천국운동에도 주목했다. 농민전쟁은 만주왕조의 봉건적·민족적 압제에 대한 저항이자, 간접적으로는 중국의 독립을 저해하고 있던 식민주의자들에 대한 항거였다. 1853년 『뉴욕 데일리 트리뷴』지에서 마르크스는 태평천국운동이 구 제국의 기초를 뿌리째 뒤흔든 혁명이었다고 쓰고 있다. 그는 태평천국에 대한 자본주의 국가의 노골적인 개입이 있기 9년 전에 이미 "질서 유지"라는 미명하에 중국의 반동적인 만주왕조를 지원했던 그들의 행위를 예견하고 있었다. 또한 그는 1862년 「중국 문제Chinese Affairs」라는 논문에서 태평천국운동이 갖고 있던 보수적인 측면에 대해 분석하고 있다. 하지만 그는 태평천국의 혁명적 성

---

490) Marx and Engels, *Selected Works*, Vol. 1, 498쪽.
491) *New York Daily Tribune* No. 5091, August 14, 1857.

격을 더욱 중시했다. 그는 동양의 농민운동을 관념적으로 보지 않고, 중국의 태평천국운동과 인도의 1857~59년 반란에서 나타난 군주제적·종교적 이데올로기의 부정적 측면을 포함한 그들의 주요 결점들을 구체적으로 인식하면서도, 그들의 역사상 진보적 역할을 강조했다.

마르크스는 라틴아메리카 인민이 스페인의 지배에 대항하여 수행한 해방전쟁(1810~26)을 식민지 독립을 위한 성공적인 투쟁의 전형으로 보았다. 그는 『신아메리카 백과사전』에 실릴 「볼리바와 폰테Boliver y Ponte」라는 제하의 글에서 민족해방투쟁에서 인민의 역할을 설명하고 있다. 비록 객관적 자료가 없어서 독재권력을 향한 볼리비아의 돌진을 과장하고 있는 여러 유럽 모험가들의 편향적인 글들에 의거할 수밖에 없었기에 다소 일방적인 분석을 가하고 있는 것이 사실이지만, 라틴아메리카의 그러한 투쟁이 기본적으로는 해방을 위한 혁명적 투쟁이라고 평가했다.

식민지 문제를 다룬 그의 대다수 논문의 기조를 이루고 있는 것은 동양의 민족해방운동과, 서양의 프롤레타리아 혁명을 위한 사회경제적 조건의 성숙 사이에 존재하는 긴밀한 내적 관련성이라는 문제였다. 마르크스는 식민지 및 종속국이 세계 자본주의의 발전궤도 속으로 편입되고 있는 상황과, 특히 그들 내부에서 식민주의자에 대한 강력한 대중투쟁이 전개되기 시작하고 있는 일련의 변화가 자본주의 체제의 모순을 더욱 심화시키며 정치적 위기를 보다 첨예화할 수밖에 없다고 강조했다. 또한 식민지와 종속국의 민족해방투쟁이 자본주의의 근거를 약화시켜 노동계급의 승리를 보다 용이하게 해줄 것이라고 확신했다. 마르크스는 엥겔스에게 봉기가 한창이던 58년 1월에 다음과 같이 썼다.

"영국이 치르고 있는 인명과 재산상의 피해를 볼 때 인도는 우리의 가장 훌륭한 동지다."[492]

동시에 마르크스는 프롤레타리아 혁명가들에게 해방을 위한 식민지 인민의 투쟁에 지속적인 지원을 아끼지 말도록 거듭 호소하고 있다. 그의 영

---

492) Marx and Engels, *On Colonialism*, 321쪽.

향 아래 영국 인민헌장운동 지도자 존스는 1853년 식민지와 종속국 인민과 관련해서『인민신문』에 인도와 중국에서 식민주의자들의 정책을 폭로하는 격앙된 논조의 평론을 국제주의적 입장에서 쓰고 있다. 그는 인도의 반란세력을 옹호하는 데 매우 용기 있는 입장을 취했다.

피압박 인민의 해방운동과 자본주의에 대항하는 프롤레타리아 투쟁의 상호 관련 및 상호 의존에 대한 마르크스의 결론은 민족·식민지 문제에 대한 혁명이론의 발전상 가장 중요한 명제였다. 레닌은 식민지 민족해방 혁명을 혁명적 반제국주의 투쟁의 가장 중요한 부분으로 보는 자신의 교의를 정식화하는 데 마르크스의 이 이론을 원용했다.

지배계급의 대외정책에 대한 비판

국제관계와 대외정책 문제는 마르크스의 정치평론 저술 작업 중에서 상당히 중요한 부분을 차지하고 있다. 1848년과 1849년 혁명기간 중에 그는 노동계급과 혁명적 집단이 부르주아 정부의 외교 비밀을 파헤치고, 모든 대외정책의 이슈들에 대해 지배계급의 방식과 다른 자신들의 혁명적 태도를 공식화하는 것이 중요하다고 여겼다. 1850년대에 들어서면서 마르크스와 엥겔스는 부르주아 사회에서 모든 진보적인 요소들을 결집시키고 온갖 확장정책을 저지할 수 있는 유일한 세력이 바로 노동계급이라고 확신했다. 그래서 이 계급은 부르주아 사회를 완전히 전복하기 이전에도 각 정부의 대외정책에 능동적으로 대처하고, 부르주아 정부의 반혁명성과 호전적인 발상들을 포기하도록 만들어야 한다는 것이다. 마르크스의 일련의 평론들은 노동자 계급 내에 대외정책 관련 문제들에 대한 자각을 불러일으켰다. 그는 지배계급의 대외정책이 지닌 반대중적 본질을 폭로하는 것이야말로 프롤레타리아와 민주세력을 결집시켜 그들에게 다가오는 혁명전쟁을 준비하도록 하는 한 방법이라고 생각했다.

마르크스는 그 당시 국제적인 분쟁의 기본적 원인과 다양한 측면을 다루었다. 그는 독일에서의 주도권을 둘러싼 오스트리아와 프로이센의 분쟁, 유럽에서의 헤게모니 장악을 위한 나폴레옹 3세의 침략, 발칸과 중동에서의 이해충돌 등을 다루고 있으며, 프로이센 선제후들이 스위스 뇌샤텔(Neuchâtel)과 발랭장(Valangin)에 대한 권리를 놓고 벌인 프랑스·프로이센 분쟁, 당시 덴마크의 지배하에 있던 슐레스비히와 홀스타인의 장래를 둘러싼 유럽 제국의 알력 등도 다루고 있다. 그는 이런 분쟁들의 역사적 뿌리를 더듬어 올라가는 과정에서 절대왕정 시대로까지 거슬러 올라가는, 그리고 프랑스 혁명에 맞선 봉건군주들의 투쟁기 및 1815년의 신성동맹 시기까지 거슬러 올라가는 국제정책의 전통적 특징들을 묘파하고 있다.

그는 여러 평론과 편지에서 반혁명운동, 대(對)약소국 관계에서 국제법 위반, 민족 간 분쟁과 불신의 조장 및 이용 등을 거듭 지적하고 있다. 마르크스와 엥겔스는 18세기 말 폴란드 분할을 위한 오스트리아, 프로이센 그리고 차르 러시아의 외교적 음모를 엄청난 전횡으로 단죄했다. 그리고 마르크스는 1820년대 혁명운동을 짓밟는 데 앞장섰던 신성동맹 가맹국들의 반혁명적 역할을 폭로했으며, 위기에 처한 전제군주 왕권을 강화하기 위해 타국의 내정에 간섭하거나 군사개입을 감행한 것에 대해서도 신랄하게 비판했다.

마르크스는 새로운 시대의 외교문제를 분석하면서, 부르주아 정치가들의 외교방식은 전 시대인 절대주의 봉건정부로부터 차용된 것이며, 그것의 음모적인 성격을 더욱 개량시키기까지 했다는 점을 밝혔다. 또한 일단 권력을 장악한 부르주아 계급은 외교정책을 반혁명적인 목적에 이용하는 방식도 계승했는데, 그 좋은 예로 1814~15년 빈 회의의 결정을 들었다. 그것은 오스트리아·프로이센·러시아의 지주 및 귀족들의 왕정복고에 대한 열망을 표현한 것이었으며, 혁명적 분위기의 고양에 대비해 확고한 '질서'를 바랐던 서유럽 부르주아의 반혁명적 야심의 표현이었던 것이다. 그 회의에서 대부르주아지의 우상인 프랑스의 외교관 탈레랑(Charles Maurice de Talleyrand)이 회의의 주도 인물들 중 한 명이었다는 사실이 그러한 목적을 엿볼 수 있게 해준다.

마르크스는 빈 조약에 기초한 국제 체제를 반동적인 시대착오로 규정하면서, 그것의 주요 목표는 반혁명적 정부의 영속화, 독일과 이탈리아의 분할 상태 유지, 폴란드·헝가리·이탈리아 및 기타 피압박 민족들의 독립 지지 등이었다고 말했다. 부르주아 정부를 포함한 반혁명 정부들은 1815년의 체제야말로 고양된 혁명적 민주주의적 변혁을 막아낼 수 있는 주요 수단이라고 보았던 것이다.

1853년 10월에서 12월 사이에 집필한 마르크스의 소책자 「파머스턴 경」에는 부르주아 외교의 본질이 생생하게 폭로되어 있다. 영국과 미국에서 출판되고, 독일에서는 축약판으로 출판된 그 소책자는 정치평론서의 걸작이라 할 만한 것이었다. 여기에는 영국의 부르주아 귀족정치 지도자이며 수년간 영국 외교정책의 입안자였던 파머스턴 경의 초상화까지 실려 있는데, 영국 정치체제 전반을 비판하고 파머스턴과 다른 영국 정치가들이 추진한 정책의 진정한 계급적 본질을 폭로하고 있다. 그리고 그들의 대외정책과 국내 정책 사이의 연관성도 폭로했는데, 그들의 주요 관심은 "지주와 자본가들의 맑은 하늘"[493] 을 어둡게 하는 구름을 제거하는 데 있었다. 파머스턴은 '참된 영국 관료'의 자세를 고수하면서, 겉으로는 영국의 국가적 위신에 관심을 기울이는 듯 보이지만, 사실상 이를 통해 지주 및 재정귀족들의 이기적 이해관계를 옹호하는 자신의 입장을 은폐하려 했다는 것이다.

파머스턴은 이탈리아, 헝가리, 폴란드의 민족해방운동에 대해 꼴사나운 역할을 하기도 했다. 입헌주의의 옹호자로 자처하는 이 '참된 영국 관료'는 독립을 위해 싸우는 민족들을 동정하는 척했지만, 실은 그들의 덫으로 유인하기 위한 미끼에 불과했다. 도발과 외교적 책략의 대가였던 파머스턴은 이 민족들을 전제 권력의 손아귀로 몰아넣었는데, 이것은 국제관계에서 영국의 반혁명적 역할을 가장 잘 보여준 사례였다.

---

493) Marx and Engels, *Articles on Britain*, 211쪽.

동방문제에 관한 혁명적 전술 _ 크림전쟁에 대한 입장

또 다른 목전의 유럽 전쟁을 예고하는 중동과 발칸반도에서 차르 러시아와 서방 국가들 사이의 긴장이 고조됨에 따라, 소위 동방문제에 대한 마르크스와 엥겔스의 관심이 증대되었다. 당시로서는 제반 혁명세력들에게 문제의 본질을 드러내주고 정확한 전술노선을 정식화해서 그 내용을 제시하는 일이 절박했다.

두 사람은 피압박 민족과 유럽 프롤레타리아 그리고 민주주의의 이해관계에 부합할 동방문제에 대한 최선의 해결책을 찾으려고 노력했는데, 그들이 유럽 혁명이라고 부른 "여섯 번째 세력(Sixth Power)"의 관점에서 접근했다. 1853년 봄 엥겔스는 마르크스의 요청에 따라 이 주제에 관한 논문을 기고했다. 엥겔스가 군사작전을 분석하는 데 전념하고 있는 동안, 마르크스는 자신의 기사 속에서 동방분쟁의 발전과 크림전쟁의 정치적 측면을 다루기 시작했다.

그들은 중동과 발칸반도에서 유리한 고지를 점령하고 보스포루스 해협을 확보하여 터키 영토를 분할하려는 유럽 국가들의 중첩된 갈등, 그리고 발칸의 민족해방운동으로 야기된 오토만 제국(the Ottoman Empire)과의 충돌을 이 문제의 본질로 파악했다. 당시 그리스, 세르비아, 몰다비아(Moldavia), 왈라키아(Walachia) 등은 실제로 독립을 획득하여 터키에 대한 종속성의 마지막 흔적을 떨쳐버리려고 했었다. 반면에 불가리아, 마케도니아, 보스니아(Bosnia), 헤르체고비나(Herzegovina), 알바니아 등은 여전히 터키의 지배하에 있었다. 이러한 상황들은 이 나라들과 터키를 자신의 영향력 아래 종속시키려는 유럽 열강들(영국, 프랑스, 오스트리아, 러시아)의 분쟁 때문에 더욱 복잡해졌다.

교전국 쌍방은 이 분쟁을 통해 각자의 영토 확장을 꾀했는데, 마르크스와 엥겔스는 차르 러시아를 그중에서도 가장 위협적인 세력으로 간주했다. 왜냐하면 18세기 후반 이후 내내 러시아는 자국뿐만 아니라 다른 민족의 자유까지 짓밟았으며, 유럽 반혁명세력의 대들보로 기능해온 국제

반동세력의 보루였기 때문이다.

1909년에 레닌은 다음과 같이 말했다.

"반세기 전에 국제 헌병으로서 러시아의 명성은 요지부동하게 확립되었다. 지난 세기에 우리의 전제권력은 유럽의 다양한 반혁명운동에 적지 않은 지원을 해왔다. 그것은 심지어 이웃 나라의 혁명운동에 군대를 보내 개입할 정도로 노골적이었다."[494]

마르크스는 그의 정치평론에서 차리즘을 격렬하게 비판하면서, 차르 러시아의 전제정부를 침략적인 대외정책의 입안자로 낙인찍고, 차르의 외교적 책략을 폭로했다. 그는 차르 정부가 발칸반도에 있는 민족들, 특히 남부 슬라브족들이 러시아 민족에 대해 항상 지니고 있던 우호적 감정을 침략적이고 반혁명적인 목적에 이용하려 했다고 밝혔다. 터키와의 전쟁에서 러시아 군대가 승리를 거둠으로써 객관적으로 이 민족들이 터키의 지배에서 벗어나기는 했지만, '슬라브 동일종교 신자들의 보호자(protector of its Slav co-religionists)'라는 가면을 뒤집어쓰고 범슬라브 이념을 전파해온 차리즘은 사실상 발칸반도에서 지배력을 강화시키고자 했던 것이다.

중동정책에서 차르 러시아의 경쟁자들(영국과 프랑스)도 마찬가지로 자신들의 이해를 관철시키려고 했다. 그들의 표면적 명분은 터키 제국의 수호였지만 터키 영토를 집어삼키려는 그들의 계획도 차르 러시아만큼이나 야심만만했다. 그들은 '동맹국' 터키를 돕는다는 구실로 터키 내부문제에 간섭했고, 터키 군대를 이용해 오래전부터 해오던 재정적 지배를 더욱 강화했다. 1854년 4월에 마르크스는 "터키인들은 이제 프랑스와 영국을 차르보다 더 위험한 적으로 간주하기 시작했다."[495]라고 말했다. 소책자 「카르스의 몰락The Fall of Kars」에서 마르크스는 동맹국에 대한 영국의 외교적 배반을 폭로했다.

---

494) V. I. Lenin, *Collected Works*, Vol. 15, 461쪽.
495) *New York Daily Tribune* No. 4072, May 6, 1854.

「카르스의 몰락」 첫 페이지

반러시아 연합의 주축이었던 영국과 프랑스는 동상이몽이었다. 영국의 부르주아 과두 정권은 러시아 해군을 격퇴하고 크림반도와 코카서스를 장악하여 그곳에 자신들의 권력을 구축하려고 했다. 반면에 보나파르트 체제의 프랑스는 중동에서의 영향력 강화뿐만 아니라 유럽 전체에 대해 지배력을 행사하려고 했고, 또한 이웃 나라들을 희생시켜 자국의 영토를 확장하려 했다.

마르크스는 크림전쟁이 끝나고 나면 프랑스 지배층이 새로운 전쟁을 일으킬 것이라고 확신했다. 그는 영·프랑스 동맹이 필연적으로 붕괴될 것이라고 내다봤는데, 실제로 1856년 파리 평화회의에서 그러한 사태가 일어났다. 그러나 한 가지 점에서는 영국과 프랑스 지배층의 이해가 일치했다. 그것은 바로 러시아에 관한 것이었다. 그들은 동양과 유럽의 여러 지역에서 그들의 라이벌이었던 러시아의 힘을 약화시키려고 했으나 차르 전제를 완전히 붕괴시킬 의도를 갖고 있지는 않았다. 마르크스와 엥겔스는 보수적인 유럽(군주, 봉건귀족, 자본가의 유럽)은 반인민적인 체제와 착취적인 사회제도의 수호자로서 차리즘을 필요로 했다고 간파했다. 서유럽의 정치가들이 가장 두려워했던 것은 차리즘의 붕괴로 인해 고양될 혁명운동이었던 것이다.

그들은 '보수세력의 황금시대'가 지속되기를 바랐는데, 마르크스는 이것을 '정치의 난센스(eccentricities of politics)'[496]라고 표현했다. 이러한 반동적인 야망은 그들의 국가 전략에 걸맞은 것이었다. 그들은 혁명으로 인한 혼란을 막기 위해 군사작전을 러시아의 변경지대로 옮기는 일에 온 신경을 집중했는데, 이는 예상되는 혁명운동과 민족해방운동의 중심지로부터 가능한 한 멀리 떨어진 곳에 전장(戰場)을 설정하려는 목적에서였다. "국지

---

496) Ibid., No. 4437, July 10, 1855.

적 목적에는 국지적 전쟁을"이라는 표어를 내건 그들의 정책은 인간의 생명을 위한다거나 전쟁의 참화를 줄인다거나 하는 것엔 전혀 관심이 없었고, 다만 크림전쟁이 차리즘에 대항하는 인민 전쟁으로 전환되는 것을 차단하는 데 전념했다. 인민 전쟁이 일어난다면 영국과 프랑스의 반민주적 체제 자체가 위태로워지기 때문이었다.

마르크스는 또한 크림전쟁에 대한 오스트리아나 프로이센의 입장을 분석했다. 그는 합스부르크 제국의 지배계급들은 이중적인 정책을 추진했다고 말했다. 한편으로는 피압박 민족들(헝가리, 체코, 폴란드, 남부 슬라브족 등)의 민족운동이 고양되는 사태에 위협을 느껴 차르의 힘에 의존한 반면에, 다른 한편으로는 발칸반도에 대한 침략 계획을 세우면서 러시아를 라이벌로 간주하고 그 힘을 약화시키고자 했다. 마르크스는 만일 군사행동이 프로이센 지역에까지 확대된다면 유럽의 심장부에서 혁명운동이 발전할 우려가 있기 때문에 결국 프로이센은 그 전쟁에서 중립적인 태도를 취했다고 여겼다.

마르크스와 엥겔스는 유럽의 프롤레타리아와 민주주의를 위해서는 그러한 군사행동이 완전히 다른 방향으로 전환되어야 한다고 판단했다. 마르크스는 그 전쟁이 반드시 혁명으로 이어질 것이라는 통속적 견해에 뜻을 같이하지는 않았다. 다만 전쟁이 인민의 의지와는 상반되게 일단 촉발된다면 노동계급과 민주세력들은 그러한 군사적 위기를 자신들에게 유리하게 이용해야 한다고 생각했다. 그 점이 바로 마르크스와 엥겔스가 크림전쟁 기간 중에 구상해낸 혁명 전술의 대전제 중 하나였다.

마르크스와 엥겔스는 영·프 블록과 러시아 사이의 국지전을 통해 차르전제와 그것을 지원하는 반혁명 전쟁이 발생하기를 기대했다. 그렇게 되면 혁명과 민족해방투쟁이 새롭게 고조될 것이며, 이를 통해 1848~1849년 혁명기에 미처 이루지 못한 역사적 과제를 완수할 혁명적이고도 민주적인 길이 열림으로써, 결국 영국과 프랑스를 비롯한 반인민적 세력들이 일거에 타도될 것이기 때문이었다. 또한 유럽의 프롤레타리아들은 "1848

년 6월의 프랑스 투쟁에서 상실했던 지위를 다시 회복할 수 있을 것"이라고 마르크스는 「영국과 프랑스에 대한 전망*Prospect in France and England*」이라는 글에서 밝혔다.[497]

마르크스와 엥겔스는 오직 인민혁명만이 터키 제국에 속박당한 피압박 민족들에게 진정한 자유의 길을 열어줄 수 있다고 확신했다. 마르크스는 이 봉건적 야만의 보루인 반동적 압제 국가를 옹호하는 견해들에 반대하면서, 혁명적인 방법으로 이 압제 국가를 타도하여 그 위에 민족 독립 국가들을 건설해야 한다고 강조했다. 오토만 제국의 '완전성'을 보호하려는 서유럽 열강들의 방책은 발칸반도의 민족해방운동에 대한 위협이자, 그 민족들을 사악한 차리즘의 손아귀에 밀어 넣으려는 계략이라고 마르크스는 지적했다. 동방문제를 혁명적이고도 민주적으로 해결한다는 것은 무엇보다도 우선 터키의 압제로부터 남부 슬라브족과 발칸반도에 있는 모든 민족들을 완전히 해방시키는 것을 의미했다. 마르크스는 독립을 쟁취한 민족들이 어떤 형태의 국가를 세워야 할 것인가를 예견하는 것은 불가능하다고 여겼다. 그렇지만 발칸반도에 '슬라브 연방공화국'이라는 국가 형태가 들어설 가능성을 완전히 배제한 것은 아니었다.[498]

마르크스와 엥겔스는 그 전쟁이 혁명전쟁으로 전환되면 러시아 내에서 차리즘에 저항하고 있는 세력들이 크게 고무될 것이며, 유럽 혁명이 러시아에까지도 그 영향력을 확대할 가능성이 있다고 예견했다. 또한 엥겔스는 마르크스의 견해를 대변하면서 다음과 같이 말했다.

"혁명 상황은 1789년 이후 꾸준히 발전해왔다. 지난번 혁명의 전진기지가 바르샤바·데브레첸(Debrecen)·부쿠레슈티(Bucureşti)였다면, 다가올 혁명의 전진기지는 페테르부르크(Peterburg)와 콘스탄티노플이 될 것이다. 이 두 지역은 반동 괴물인 러시아가 가장 공격받기 쉬운 취약 지점이다."[499]

그 시기에 이미 마르크스와 엥겔스는 러시아 혁명운동에 깊은 관심을

497) *New York Daily Tribune* No. 4375, April 27, 1855.
498) Ibid., No. 3838, August 5, 1853.
499) Ibid., No. 3748, April 21, 1853.

갖기 시작했다. 마르크스는 외국에서 발행되는 러시아 혁명에 관한 자료들을 구했고, 파리에 살고 있는 러시아인 사조노프와 긴밀한 관계를 유지하고 있었다.

또한 마르크스는 1853년 런던에서, 알렉산드르 게르첸이 발행한 『자유 러시아 신문Free Russian Press』에도 관심을 기울였다. 그는 「러시아 혁명사상의 발전에 관하여On the Development of Revolutionary Ideas in Russia」라는 글을 비롯해 이 뛰어난 혁명적 저술가가 쓴 글들을 몇 편 읽어보았다. 하지만 마르크스는 그가 러시아 이주민들이 결성한 프티부르주아 서클과 밀접한 관련을 맺고 있고, 또 그의 몇 가지 유토피아적 견해(러시아 농촌공동체와 같은 방식으로 유럽을 혁신시키자는 등) 때문에 그에 대해 매우 신중한 태도를 취했다. 게르첸은 러시아의 자유주의적 지주인 골로빈(I. G. Golovin)과 독일의 천박한 민주주의자인 루게(Ruge)가 발행하는 자유주의적 신문 『모닝 애드버타이저Morning Advertiser』가 벌인 반(反)마르크스 캠페인에도 참여했다. 그들은 마르크스가 "F. M."이라는 필명의 한 기사를 통해 바쿠닌을 중상모략했다고 비난했는데, 사실 그 필명은 영국의 보수 정치평론가인 프랜시스 마르크스(Francis Marx)의 약자였다. 그래서 카를 마르크스(Karl Marx)는 몇 번의 기회를 통해 이 비난을 반박하는 글을 신문지상에 게재해야만 했다.

크림전쟁은 마르크스와 엥겔스가 기대했던 방향으로 발전하지 않았으며, 곧바로 서유럽의 혁명적 변화를 야기하지도 않았다. 또한 터키의 지배하에 있는 여러 민족들의 독립도 여전히 미해결 상태로 남았다. 그러나 러시아의 경우에는 전쟁의 영향력이 매우 컸다. 전쟁이 끝난 지 15년 후에 마르크스는 『프랑스의 내전The Civil War in France』이라는 글에서 다음과 같이 말했다.

"세바스토폴을 성공적으로 방어해냈더라면 러시아는 아마 그 영예를 지켰을 것이고, 파리에서도 외교적 승리를 얻어 외국인들을 놀라게 했을 것이다."

그러나 러시아는 크림전쟁에서 패배함으로써 "그 사회·행정 체제의 치부를 자국 내에 드러냈다."[500] 러시아에서 급속히 진행되고 있던 혁명 상황은 러시아의 사회변혁을 예고했을 뿐만 아니라, 마르크스와 엥겔스가 예상했듯이 유럽의 혁명세력과 반혁명세력 간의 균형을 깨는 데에도 크게 공헌했다.

「18세기 외교사의 폭로」

크림전쟁 이후 반동적 차르 정부에 대항하는 투쟁이 거세지자 이를 방해하려는 서유럽 국가들의 외교적 책략을 보고, 마르크스는 서유럽 국가들(특히 부르주아 귀족정치의 영국)이 취하고 있는 정책의 흑막을 생생하게 폭로할 계획을 세웠다. 1855년 12월에 그는 「전통적인 영국의 정책 *Traditional English Policy*」이라는 제목의 글에서, 차리즘에 대한 우호적 제스처는 18세기뿐만 아니라 19세기에도 영국 외교의 전형적인 특성이라고 주장했다. 그는 이 점을 1700~21년에 벌어진 북해전쟁(Northern War)에서 확인된 역사적 사실을 들어 입증하려 했다.

그가 이러한 생각을 갖게 된 것은 대영박물관에서 연구에 몰두하고 있던 1856년 봄의 일이었다. 그는 거기서 우연히 몇 권의 오래된 외교문서

집과 정치에 관한 소책자들을 발견했다. 그해 3월에 마르크스는 런던에 있는 독일인 출판업자 트뤼브너(trübner)에게 이 자료들과 그 밖의 것들을 묶어 인쇄전지 20장 정도의 소책자로 엮어내는 작업에 대해 교섭했으나 성사되지 않자, 영국의 정치가이자 정치평론가인 데이비드 어커트(David Urquhart)와 그의 동료들이 발행하는 정기간행물에 이 자료들을 정리해서 싣기로 했다.

스코틀랜드 출신의 외교관, 정치가이자
출판업자인 데이비드 어커트(1805~77)

---

500) Marx and Engels, *On the Paris Commune*, Moscow, 1971, 125쪽.

어커트는 주위에 저널리스트와 정치가들로 구성된 소규모의 그룹을 두고 있었는데, 그들은 과두지배 정치에, 특히 휘그당에 반대하고 있었다. 그들 중에는 런던에서 발행되는 이 그룹의 정기간행물인『자유신문*The Free Press*』의 편집자 찰스 돕슨 콜레트(Charles Dobson Collet)처럼 급진적 경향을 지닌 사람들도 몇 명 있었으나, 보수적 경향을 지닌 사람들이 대부분이었다. 어커트는 노동자들의 지지를 얻고자 하면서도 노동계급의 독자적인 활동에는 철저히 반대했다. 그렇지만 동양에서의 식민지 쟁탈전, 인도 반란 진압에 동원된 방식 등 정부의 대외정책에 대한 비판의 배후에 있는 그들의 동기가 아무리 보수적이라 하더라도, 어커트 그룹은 노동자들에게 정치적인 문제에 관심을 갖도록 해주었다.

이 그룹이 바로 마르크스에게 자기들의 정기간행물에 글을 실을 수 있도록 해준 것이다. 「파머스턴 경」을 비롯해 그의 글들이 연재될 무렵인 1853년 12월 9일 어커트는 마르크스에게 편지를 보내 자기 그룹과 가까운 출판업자 터커(Tucker)의 제안을 전달했는데, 그것은 그의 글 중의 하나를 따로 재출판하자는 것이었다. 얼마 후 어커트가 마르크스에게 개인적으로 만나자는 요청을 해왔다. 그들은 1854년 2월 초에 만난 자리에서 "오직 한 가지 사항, 즉 파머스턴에 대한 견해"[501]에서만 뜻이 통했고, 그 밖의 다른 모든 사항에 대해서는 정반대의 견해를 보였다.

그 직후 마르크스는 신문을 통해 '타고난 보수주의자'인 어커트는 실현 불가능한 관념적·주관적 견해를 지니고 있는데, '외교가 사회 발전에 결정적인 역할을 한다'는 그의 생각이 특히 그러하다고 비판했다. 마르크스는 이어 차르를 유럽 혁명의 비밀 잠입자로 간주하는 그의 비합리적인 생각과, 터키와 오스트리아 제국에 대한 그의 이상주의적인 사고를 폭로했다.[502] 그런데도 마르크스는 어커트의 신문을 계속 이용할 수 있으리라고 생각했다. 파머스턴의 대외정책에 대한 그 신문의 비판이 노동계급으로

---

501) Marx, Engels, *Werke*, Bd. 28, 608쪽.
502) Ibid., 735쪽.

부터 지지를 받고 있었기 때문이었다. 마르크스는 그 비판에 담겨 있는 주관적 동기와 그것들의 객관적 의미를 명확히 구분했다. 1860년에는 어커트에 대해 다음과 같이 지적했다.

"그는 분명 주관적 반동분자(낭만주의자)이다. …… 하지만 그것은 대외정책에서 그가 유도하는 하나의 흐름이 '객관적으로 혁명적'이라는 사실과 전혀 무관하다."503)

어커트 그룹과 마르크스의 관계는 더 위험한 적과 싸우기 위해서라면 프롤레타리아 운동의 적과도 일시적으로 타협할 수 있다는 혁명적 프롤레타리아의 전술을 보여주고 있다. 이와 관련해서 마르크스는 이렇게 말했다.

"정치에서는 주어진 목적을 위해 적과도 동맹을 맺을 줄 알아야 한다. 다만 적이 나를 이용하는 것이 아니라 내가 적을 이용해야 한다는 확신을 가져야만 한다."504)

마르크스는 자신이 어커트 그룹과 협력관계를 맺은 것이 결코 이념적으로 양보한다거나, 역사적 진리를 실현하는 프롤레타리아의 전도에 적대적인 견해를 가진 자들에 대한 비판을 기피한다는 것을 의미하지는 않는다고 강조했다.

「파머스턴 경」을 재출판한 것을 제쳐두고서라도 어커트의 동조자들은 1856~59년 사이에 그의 글들을 몇 편 더 발행했는데, 그중에서 가장 중요한 것이 18세기 영국과 러시아의 외교사에 관한 글이었다. 그 글은 애초에는 1856년 여름에 저자가 각 편을 일임해서 지방지인 『셰필드 자유신문 Sheffield Free Press』에 연재하기 시작했는데, 그 지방지가 원고의 일부를 계획적으로 삭제하는 등 너무 무성의한 편집 태도를 보이자 마르크스는 기고를 중단했다. 그때 어커트가 마르크스와 지방지 편집자 간의 마찰을 전해 듣고는 그 글의 발행처를 런던의 『자유신문』으로 옮기자고 제의했고, 결

---

503) Ibid., Bd. 30, 547쪽.
504) *New York Daily Tribune*, No. 3627, December 1, 1852.

국 거기에서 마르크스의 원문 전체가 1856년 8월부터 1857년 4월 사이에 게재되었다. 하지만 그것은 증거자료와 저자의 설명으로 구성되어 있어 단지 서문에 해당되는 것이었는데, 곧 「18세기 외교사의 폭로*Revelations of the Diplomatic History of the 18th Century*」라는 제목으로 출간했다. 그리고 마르크스 사후 1899년에 막내딸 엘레아노르가 이를 「18세기의 비밀외교사*Secret Diplomatic History of the Eighteenth Century*」라는 단행본으로 재출간했다.

마르크스는 당시 반혁명적인 지배층들이 추진하던 대외정책의 역사적 근원을 밝히려고 노력하면서, 그들의 선조인 18세기의 영국 외교가들과 정치가들의 결점을 폭로하는 데 주저하지 않았다. 그는 자신의 목적이 독자들에게 "영국 외교의 비행"[505]을 알리는 것이고, 차리즘에 대한 그들의 분노를 촉발시키는 것이라고 말했다. 또한 엥겔스는 이 작업이 "러시아에 대한 영국 휘그당 각료들의 끊임없는 이기적 의존성"[506]을 폭로하는 것이라고 말했고, 레닌도 그와 비슷한 말을 했다.

마르크스는 러시아의 차리즘과 "영국 인민으로부터 강탈한 부와 권력"에 기반을 둔 영국의 부르주아·귀족 독재권력의 공통점을 성실히 관찰했지만 영국과 러시아의 관계를 분석하면서 어느 정도 일방적인 견해는 피할 수 없었다. 그것은 이 저서의 시사평론적 성격 때문이었다. 이 두 나라의 관계는 혁명을 탄압하기 위해 차리즘을 이용하겠다는 영국 지배계급들의 열망과, 종종 러시아를 라이벌로 간주하는 침략적인 야심에 의해 결정되었다.

북해전쟁 시기와 파머스턴 시대의 영국 대외정책은 하등 다를 바가 없었다. 즉 차르 러시아를 제물로 삼아 영국을 강화시키고 적절하게 러시아를 지원하는 것이 그들의 일관된 정책이었다. 동방문제에 관한 글에서 마르크스는 영국과 러시아의 갈등이야말로 국제분쟁을 야기하는 중요한 요소라고 파악했다. 「18세기 외교사의 폭로」와 「파머스턴 경」의 몇 부분에서

---

505) 마르크스·레닌주의연구소 중앙당 문서보관소.
506) Marx, Engels, *Werke*, Bd. 22, 345쪽.

그는 이러한 사실들을 전면에 부각시키지 않았다. 따라서 차리즘의 침략적인 계획에 대한 영국의 묵인은 폭넓은 맥락에서 제시되고 있는 것이 아니라 단지 고립된 현상으로 나타나 있다. 그럼에도 불구하고 이 저작의 일반적 사상, 즉 호전적인 세력을 부추기고 그들에 대해 비굴하고도 자기 본위적으로 양보하는 것은 치명적인 오류라는 사상은 서유럽의 외교정책을 평가하고 대외정책에 대한 노동계급의 독자적인 입장을 정식화하는 데 아주 중요한 것이었다.

마르크스는 「폭로」라는 글에서 러시아 역사에 대해서도 몇 쪽을 할애했는데 그리 상세하게 기술하지는 않았다. 그의 주된 관심은 차르 전제에 의해 추진된 침략적인 대외정책의 역사적 조건을 규명하는 것이었기 때문이다. 또 하나 주의해야할 점은, 마르크스가 러시아 역사를 서유럽 역사가들의 저작들을 통해서만 살펴보았다는 사실이다(예를 들면 세귀르[Ségur]의 『러시아와 표트르 대제의 역사History of Russia and of Peter the Great』 등). 게다가 그것들은 러시아에 대한 악의와 편향적인 주장들로 가득 차 있었는데, 키예프 공국을 바이킹족이 세웠다는 노르만족 이론 등을 포함한 그들의 여러 주장들은 역사가들에 의해 반박당했다. 마르크스는 관련 자료들이 부족해 이들 사상들에 대해 비판적인 관점을 유지하지 못했으나, 후속적인 역사 연구를 통해 시각을 바로잡을 수 있었다. 1880년대 초에는 『연대기 Chronological Notes』에서 몽골족으로부터 해방되기 위한 러시아 인민의 영웅적인 투쟁을 기술할 수 있었다. 하지만 「폭로」라는 글에서는 이것이 모스크바 대제후들(Grand princes)의 외교적 노력의 결과로 표현했다.

그럼에도 불구하고 러시아 역사 발전의 각 국면에 대한 마르크스의 1856~57년에 걸친 관찰은 예리한 통찰력을 보여주었다. 키예프 공국의 역사에 대한 연구를 통해 그는 초기 봉건제의 전 기간을 명확히 조명해줄 중요한 결론을 제시했다. 중세 초기의 봉건제는 "봉토 없는 가신 혹은 곡물에만 의존하는 봉토"에 기반을 두고 있었다는 것이다. 그 시기의 제국들은 샤를마뉴 대제 시대의 제국이나 루릭 왕조(the Rurik dynasty)처럼 '지나치게 비대하고 짜임새 없는' 상태의 불안정한 제국이었다고 분석하고 있는데, 그러한 제국들은 결국 봉건제가 발달함에 따라 필연적으로 붕괴되어 분할·지배당하게 되었다.[507] 마르크스는 칭기즈 칸(Chingiz Khan)으로부터 시작된 몽골족의 정복사에 대해서도 자세히 언급했다. 그는 대량학살, 사물 파괴, 정복자의 압제하에서 강요된 노예적 삶 등 정복 상황의 처참함을 강조했다. 여기에서 "압제란 단지 짓밟는 것뿐만이 아니라, 정복당한 민족의 정신까지 굴종시키고 소멸시키는 멍에"[508]를 의미했다. '몽골족에 의한 노예화의 유혈낭자한 수렁'은 피정복 국가의 봉건 엘리트들을 타락의 길로 유도했으며, 결국 그들은 정복자 몽골족들이 쓰던 교활하고도 잔인한 지배방식을 빌려 쓰게 되었다.

마르크스는 15세기 러시아 전제군주의 형성과정(훗날 마르크스와 엥겔스는 이 과정이 대체로 볼 때 역사적으로 진보적이었다고 거듭 밝혔다)에 대한 연구를 통해, 이미 그 초기단계에서 명백히 드러난 전제체제의 추악한 모습을 폭로했다. 심지어 중앙집권화와 정복국의 종속화, 그 밖의 다른(예를 들면 속령 제후들의 예속화와 같은) 진보적인 과업들을 추진하는 과정에서도 전제적 지배자들은 줄곧 마키아벨리식의 독재적이며 반동적인 방식을 취했다. 모스크바 제후들과의 투쟁과정에서 중세 러시아의 봉건국가들이 몰락한 원인에 대한 마르크스의 고찰은 매우 흥미로운 사실들을 시사해준다. 그는 노브고로드 공국이 멸망하게 된 주요 원인이 이반 3세가 이용한 내부 계급투쟁과 "피렌체와 마찬가지로 노브고로드에서 일고 있던 귀족과 평민층 간의 분쟁"[509]이었다고 말했다.

마르크스는 표트르 대제의 정책 속에서 전제주의나 정복에 대한 열망 이외에도 넓은 시야와 정치가로서 대담한 활동성 등을 발견했다. 그는 "제국의 수도를 내륙의 중심으로부터 해안의 가장자리로 옮긴 그의 대담

---

507) *The Free Press*, February 4, 1857.
508) Ibid.
509) Ibid., February 25, 1857.

성과 개혁자로서의 역할, 일상성과 타성에 대한 비타협성, 러시아를 침체 상태와 아시아적 사고방식에서 벗어나 문명화시키고자 했던" 그의 욕구, 그리고 '서양의 기술 응용들'[510]을 도입하려 했던 그의 추진력에 대해서도 언급했다.

「폭로」는 러시아 역사에 대한 마르크스 최초의 부록을 담고 있다. 그것은 매우 한정된 목적(차르 외교와 그 기원을 폭로하려는)으로 집필한 것일지 모르지만, 마르크스는 그것을 통해 러시아 민족사의 몇 가지 측면에 대해 깊이 인식할 수 있었다. 그리고 이 부록은 앞으로 지속될 러시아에 대한 연구의 주춧돌이 되었다.

「혁명적 스페인」

1854년 6월 말 이베리아반도에서 폭발한 사태는 유럽의 전반적인 반동 상황과는 첨예한 대조를 이루었다. 반동적인 국왕의 비밀결사대(Camarilla)에 불만을 품은 장성들(generals)이 일으킨 무장반란이 급기야는 부르주아 혁명(19세기 스페인의 네 번째 혁명)으로 발전했던 것이다. 그리하여 자유주의적 진보정당이 정권을 장악했다.

마르크스는 이 스페인 혁명을 대중운동의 새로운 촉발을 알리는 신호탄으로 여겼다. 그는 그 경과를 설명하는 여러 글을 통해 스페인 혁명이 갖는 일반적·역사적 특징과 특수·민족적 특징, 즉 "스페인 혁명 고유의 몇몇 부수적 사건들"[511]에 관해 언급했다. 중세기 이후 스페인의 민중운동은 여러 지역에 고립·분산되어 있었으며, 오랜 동안 오로지 군대만이 궁정에 맞서 민족적 입장을 취할 능력을 갖춘 세력으로 존재해왔다. 하지만 그곳에서도 예외 없이 모든 부르주아 혁명에 공통된 계급적 전제조건들이 토대로 작용하고 있었다. 그래서 다른 국가와 마찬가지로 인민대중이 주요 원동력으로서 역할을 수행했으며, '단순한 군사반란'이 이베리아

---

510) Ibid., April 1, 1857.
511) *New York Daily Tribune* No. 4174, September 4, 1854.

반도 내의 '전면적 운동'으로 발전하는 상황이 반복적으로 연출되었다. 512)

마르크스는 스페인 대중의 혁명적 에너지를 높이 평가하면서도 그들의 정치적 지도자들, 즉 부르주아 자유주의자들에 대해서는 매우 회의적인 견해를 보였다. 그는 스페인 자유주의자들 역시 다른 유럽 국가의 소심하고 타협적인 자유주의적 부르주아지의 길을 답습하리라는 데 한 치의 의심도 품지 않았다. 이러한 우려는 이내 현실로 입증되었다. 1856년 여름 반동세력은 부르주아 정부의 정책에 힘입어 다시금 권력을 장악한 뒤, 제4차 스페인 부르주아 혁명의 결실들을 거의 완전히 소탕해버렸다.

마르크스는 스페인에서 일어난 혁명의 제반 과정들을 보다 심도 있게 이해하기 위해 스페인 역사에 관심을 돌렸다. 1854년 8월 그는 『뉴욕 데일리 트리뷴』지에 「혁명적 스페인Revolutionary Spain」이라는 제목의 평론을 연재하기 시작했다. 그는 이 평론을 통해 스페인 인민의 혁명적 과거, 즉 절대주의 체제 및 나폴레옹 지배에 맞섰던 투쟁 전통과 1804~14년, 1820~23년, 1834~43년에 있었던 스페인 혁명이 당시의 사건들과 맺고 있는 연관성을 조명하려 했다. 그러나 이 연재물은 완성을 보지 못하고, 제2차 부르주아 혁명(1820~23)의 촉발 시점까지 논의가 전개되던 중 제8회를 끝으로 연재가 중단되었다(1854년 12월 2일자로 기고가 끝났다). 그리고 마르크스가 『트리뷴』지에 송고한 세 편의 후속 평론은 실리지 않았다. 그중에서 현재 우리가 갖고 있는 것은 1820~23년 혁명의 패배 원인을 분석한 초고 단 하나뿐이다.

이 연재물에서 마르크스는 절대왕정의 역사적 역할에 대해 신선한 시각을 취하고 있으며, 더욱이 이 문제에 구체적인 역사적 접근이 필요하다는 사실을 강조하면서, 그의 초기 결론들에 일부 근본적 수정을 가하고 있다. 그는 절대주의가 애초부터 항상 그리고 모든 곳에서 진보적인 중앙집권화의 도구로 작용한 것은 아니라는 사실을 지적하면서, 그 실례로 스페인을 들고 있다. 그는 스페인의 절대주의 체제를 군주의 무제한적 권력과

---

512) Ibid., No. 4136, July 21, 1854.

지방분권주의(local particularism)가 양립하는 동양적 전제 지배형태(보다 구체적으로는 터키식 지배형태)로 보았다. 그리고 이러한 지배형태 때문에 스페인은 경제·사회적으로 쇠퇴의 길을 걷게 되었다.

그러나 절대주의 체제는 외부 침입자 나폴레옹에 맞선 싸움에서 힘을 과시한 스페인 인민들의 에너지를 영원히 억누를 수는 없었다. 마르크스는 나폴레옹 지배에 대항한 스페인 해방전쟁이 하나의 영웅적 서사시였다고 말하면서 "스페인 사회가 생명으로 충만해 있었고 그 각 부분이 저항의 힘으로 물결쳤다."513)라고 묘사했다. 그러나 한편으로 이 저항운동의 모순적 경향들을 관찰했던 것도 사실이다. 즉 해방을 위한 인민의 분투는 사회적·정치적 특권을 보전하려는 봉건 엘리트의 충동과 상충되기 때문에 마르크스는 민족해방운동이 진정한 안정을 획득하려면 "사회적 변혁이 민족수호를 위한 제반 수단들과 한데 어우러져야 한다."514)라고 말했다.

마르크스는 그런 운동이 부르주아 및 지주 출신 지도자들에게는 이 두 가지 과업을 융합할 능력이 없다고 강조하면서, 19세기 전반부의 스페인 혁명들이 갖고 있던 가장 두드러진 취약점, 즉 "혁명적 정당이 농민의 이익과 도시운동의 이익을 결합할 수 없었다."는 사실을 정확히 꼬집어냈다. 바로 이 점이야말로 농민이 당파투쟁에서 기껏해야 '수동적 방관자의 입장을 취하거나'515) 때로는 반혁명세력에게 이용당했던 이유였다.

마르크스는 1856년 7월과 8월에 걸쳐 집필한 스페인에 관한 개괄적 평론에서 제4차 스페인 혁명의 교훈은 어떤 의미심장한 징후들을 내포하고 있으며, 유럽에서 발생하고 있던 여러 변화가 후진적·반봉건적 스페인에 일정한 영향을 미쳤음을 보여준다고 강조했다. 요컨대 부르주아지가 반혁명세력으로 퇴락하고 있는 반면에, 프롤레타리아트는 농민대중과 손을 잡고 부르주아 혁명을 끝까지 관철시킬 세력으로 역사의 무대로 부상했다는 것이다. 이 새로이 부상하는 스페인 노동계급은 비록 여전히 자결성

---

513) Ibid., No. 4179, September 9, 1854.

514) Ibid., No. 4250, December 1, 1854.

515) Marx, Engels, *Werke*, Bd. 10, 632쪽.

(自決性)을 획득해야 한다는 과제를 안고서 부르주아 공화주의자들의 족적을 뒤따랐으나, 어쨌든 처음으로 1854~56년의 사태에 참여하게 된다. 그리고 이번 경우에는 농민들도 혁명에 전폭적인 지지를 표명했으며, 점차 전통적인 군부적·왕조적 특징을 벗어던졌다. 그리하여 반혁명의 일시적 승리에도 불구하고 이런 모든 상황은 마르크스의 다음과 같은 희망적 표현을 가능케 했다.

"다음에 일어날 유럽 혁명은 스페인을 성숙한 협력자로 동반하게 될 것이다."[516]

새로운 투쟁에 직면하여

마르크스의 창조력은 반동세력의 강압적 위세나 개인적인 역경에도 불구하고 약화되지 않았다. 매우 어려운 시기에 나온 그의 풍부하고도 다양한 학문적, 정치평론적 활동은 혁명이론과 전술의 발전에 지대한 공헌을 했다. 당시 마르크스는 경제적 탐구에 힘입어 바야흐로 커다란 사실을 발견했다. 그는 역사에 관한 유물론적 이해를 심화시키고 구체화시켜, 그것을 일반적인 역사 과정에 대한 분석뿐만 아니라 여태껏 자세히 연구하지 못했던 나라들(러시아, 스페인, 발칸 제국과 동양의 여러 나라들)을 비롯해, 그밖에 많은 국가들의 구체적인 역사 연구에 적용했다. 그리고 그것의 주요 성과는 마르크스가 부르주아 역사학이 설정해 놓은 편협한 지평을 극복할 수 있도록 해주었다.

당시만 해도 부르주아 역사학은 원칙적으로 연구 범위를 유럽의 역사만으로 제한시켰으며, 이 "유럽 중심주의"를 비유럽인에 대한 인종적 우월감에 결합시켰다. 마르크스는 아시아의 인민사 그리고 어느 정도는 아프리카와 라틴아메리카 인민사까지도 연구대상에 포함시켜 그것과 유럽 국가 발전의 상호유기적인 연관성을 밝히고, 자본주의 세계의 식민지와 식민지 본국에서 일어나고 있는 매우 복잡한 상황들을 파헤쳤다. 그리고 이

---

516) *New York Daily Tribune* No. 4783, August 18, 1856.

러한 작업을 통해 그는 역사를 전 인류의 역사 발전의 시각에서, 다시 말해 진정한 의미의 보편적 역사라는 시각에서 보는 과학적 사관의 기초를 마련했다.

당시의 사회현상을 신문지상을 통해 조명하는 과정에서 그는 부르주아 사회 내 삶의 매우 다양한 측면들과 자본주의적 관계가 현상화된 영역들, 즉 경제, 개별 국가들의 정치체제 및 그 발전, 국내외 정책, 이데올로기 등에 대한 심층적 분석의 모델을 제공해주었다. 그는 주요 저작들과 정치평론을 통해서 경제학자, 사회학자, 역사가, 정치가로서 탁월한 면모를 유감없이 발휘했다.

마르크스는 노동계급의 혁명 전략과 전술을 개발하는 데 전력을 기울이면서 식민지 민족해방운동에 대한 프롤레타리아의 입장을 정립하고, 국제 분쟁 및 전쟁에 대한 노동계급의 독자적 노선을 마련했으며, 프롤레타리아 혁명세력과 반정부세력의 일시적 동맹이나 연대, 그리고 그런 것들이 이루어질 수 있는 여러 가지 조건들에 대한 풍부한 견해를 정립시켰다. 마르크스와 엥겔스는 다음 혁명의 중심지는 1848년 이후 부르주아 민주주의적 변혁에 대한 요구가 가장 첨예하게 드러난 나라가 될 것으로 내다보았으며, 프랑스 프롤레타리아가 혁명의 주도권을 확보하리라는 기대를 버리지 않았다. 아울러 그들은 혁명 상황이 다른 양상을 띨 가능성을 배제하지 않았고, 특히 러시아 쪽으로 한층 더 확산될 수도 있다는 생각을 갖고 있었다. 그들은 1848~49년 혁명 이후에 여러 나라에서 일어나고 있던 사회변혁 움직임을 면밀히 검토함으로써 바로 이러한 결론에 도달했던 것이다.

수년간에 걸친 반동기에 대중들에게 영향력을 발휘하는 동안 여러 곤경이 따랐음에도 불구하고, 마르크스의 주장과 그의 여러 평론 및 기사를 통해 제시된 혁명사상은 선진 노동자들에게 충분히 전달되었다. 그의 정치평론들은 혁명적 분위기를 고양시키는 데 일익을 담당했고, 현존하는 반혁명 체제에 대한 증오심을 불러일으켰다. 그리고 이러한 결과는 새롭게 혁명 기운이 고양되면서 강력히 표출되었다. 마르크스는 여러 나라의 노동계급 지도자들과 계속 접촉하고 있었으며, 프롤레타리아 운동과 밀접한 관계를 맺기 위해서 온갖 방책들을 강구하고 있었다. 그리하여 그는 이론적 지식과 긴급한 전술적 과제에 대한 명확한 이해, 그리고 적과의 공개적인 투쟁에 동참하려는 숙련된 투사의 각오로 철저히 무장한 채 일단의 전우들을 이끌고 새로운 혁명적 사태를 향해 전진해나갔다.

알아두면 **잘난 척** 하기 딱 좋은 **영어잡학사전**

Dictionary of English Miscellaneous Knowledge
for Confidence

영단어 하나로 역사, 문화, 상식의 바다를 항해한다

이 책은 영단어의 뿌리를 밝히고, 그 단어가 문화사적으로
어떻게 변모하고 파생되었는지 친절하게 설명해주는
인문교양서이다. 단어의 뿌리는 물론이고 그 줄기와 가지,
어원 속에 숨겨진 에피소드까지 재미있고 다양한 정보를
제공함으로써 영어를 느끼고 생각할 수 있게 한다.

영단어의 유래와 함께 그 시대의 역사와 문화, 가치를
아울러 조명하고 있는 이 책은 일종의 잡학사전이기도
하다. 영단어를 키워드로 하여 신화의 탄생, 세상을
떠들썩하게 했던 사건과 인물들, 그 역사적 배경과 의미 등
시대와 교감할 수 있는 온갖 지식들이 파노라마처럼
펼쳐진다.

김대웅 지음 | 인문·교양 | 452쪽 | 22,800원

투 보이스 키싱

진솔하면서 열정적이고, 머뭇머뭇 조심스러운,
색색의 사랑을 보여주는 소설

실화에 바탕을 둔 소설 ≪투 보이스 키싱 Two Boys Kissing≫은 기네스의 세계 키스 기록 갱신에 도전해, 서른두 시간의 마라톤 키스를 하고 있는 열일곱 살 소년 해리와 크레이그의 뒤를 쫓아간다. 그들이 키스를 하고 있는 동안, 작가는 다른 10대 소년들의 삶에 초점을 맞추어 사랑과 정체성과 소속감이라는 보편적 문제를 다루고 있다.

피터와 닐은 사귀는 사이지만 당면한 사실을 숨기고 만난 적이 있다. 에이버리와 라이언은 이제 막 만남을 시작했지만 앞으로 어떻게 해야 할지 몰라 한다. 쿠퍼는 외톨이고 정체성의 혼란을 겪고 있어 현실 도피적이며 삶에 무관심하다. 작가는 이들 등장인물이 느끼는 고통과 분노와 희망과 사랑을 키스라는 렌즈를 통해 설득력 있게 펼쳐놓는다.

데이비드 리바이선 지음 | 김태령 옮김 | 소설 | 근간

On the 14th of March, at a quarter to three in the afternoon, the greatest living thinker ceased to think. He had been left alone for scarcely two minutes, and when we came back we found him in his armchair, peacefully gone to sleep-but forever.

3월 14일 오후 2시 45분, 살아 있는 사람 가운데 가장 위대한 사상가가 생각하는 것을 그만두었습니다. 겨우 2분 동안 혼자 남겨져 있던 사이, 우리가 다시 돌아왔을 때 그는 안락 의자에 앉은 채 평화롭게, 영원히 잠들어 있었습니다.

- 프리드리히 엥겔스 -